WETTERSTEIN UND MIEMINGER KETTE

Alpenvereinsführer

Ein Taschenbuch in Einzelbänden
für Hochalpenwanderer und Bergsteiger
zu den Gebirgsgruppen der

Ostalpen

Herausgegeben vom Deutschen Alpenverein,
vom Österreichischen Alpenverein
sowie vom Alpenverein Südtirol

Band

Wetterstein und Mieminger Kette

Reihe: Nördliche Kalkalpen

HÄRTER / BEULKE / PFANZELT

Wetterstein

SIEGFRIED AEBERLI

Mieminger Kette

Ein Führer für Täler, Hütten und Berge
mit 25 Fotos und 62 Routenskizzen
sowie einer Übersichtskarte im Maßstab 1:75000

Verfaßt nach den Richtlinien der UIAA

BERGVERLAG RUDOLF ROTHER GMBH · MÜNCHEN

Umschlagbild:
Oberreintalhütte mit Oberreintalturm (Mitte), Unterer Schüsselkarturm (links), dazwischen die Scharnitzspitze.
Foto: G. Härter

Bildnachweis (Seitenzahlen):
G. Plangger 137; F. Thorbecke 61, 67, 99;
die übrigen 21 Aufnahmen: G. Härter

Der Text aller in diesem Führer beschriebenen Wanderungen und Bergfahrten wurde nach bestem Wissen und Gewissen der Autoren ausgearbeitet. Der Verlag und die Autoren können jedoch keine Gewähr für die Richtigkeit der Angaben übernehmen.

Alle Rechte vorbehalten
3. Auflage 1984
ISBN 3 7633 1109 2
Redaktion: Herbert Konnerth
Hergestellt in den Werkstätten Rudolf Rother GmbH · München
(2088 / 635)

Geleitwort zum Alpenvereinsführer Wetterstein und Mieminger Kette

An den bisherigen Wettersteinführern haben seit beinahe 100 Jahren eine Reihe bekannter Bergsteiger gearbeitet. *Heinrich Schwaiger* hat 1893 den ersten Spezialführer für diese Berggruppe geschrieben und ihn auch noch in der 2. Auflage 1901 fortgeführt. Von der 3. Auflage 1909 an hat *H. Leberle* die Führerarbeit übernommen, bei der 4. Auflage 1921 war es *H. Kadner* und bei der 5. Auflage 1927 *Willo Welzenbach*. Ebenfalls 1927 kam erstmals im Bergverlag Rudolf Rother ein Wettersteinführer von *C. R. v. Overkamp* heraus. Nach dem zweiten Weltkrieg unternahm der Bergverlag den Bersuch, im „Sommerführerwerk Ostalpen" den Wettersteinführer nach den Schwierigkeitsgraden zweigeteilt herauszugeben; die Autoren waren *Wilhelm Voelk* und *Wolfram Spindler*. Als 12. Band in der Reihe der AV-Führer erschien der nunmehr wieder in einem Band zusammengefaßte Führer 1966 in der Bearbeitung von *Helmut Pfanzelt*. Bei einer Neuauflage 1971 wurde die Mieminger Kette, die nach der für den Alpenverein maßgebenden Einteilung der Ostalpen mit dem Wetterstein zusammen eine Gebirgsgruppe bildet, in der Bearbeitung von *Siegfried Aeberli* hinzugenommen; die Mieminger waren bisher in einem eigenen Führer behandelt worden. Für die Neuauflage 1984 zeichnen für den Wetterstein *Günther Härter* und *Stefan Beulke* verantwortlich. Sie haben das bewährte Führerwerk weitgehend neu gestaltet.

Die Reihe der Alpenvereinsführer, in der jetzt bereits 47 Bände vorliegen und die dem steigenden Bedürfnis und der großen Nachfrage nach abgeschlossenen Führern für jede einzelne Gebirgsgruppe der Ostalpen Rechnung trägt, wird weiter vervollständigt und ergänzt. Damit soll ein Werk entstehen, das einen zuverlässigen Ratgeber für alle Bergsteiger und Bergwanderer diesseits und jenseits der Grenzen darstellt.

Für den Österreichischen Alpenverein
GEDEON KOFLER
Vorsitzender
des Verwaltungsausschusses

Für den Deutschen Alpenverein
RAIMUND ZEHETMEIER
Vorsitzender
des Verwaltungsausschusses

Für den Alpenverein Südtirol
DR. GERT MAYER
Erster Vorsitzender

Vorwort (gekürzt) zur Auflage 1971

Die Grundlage für diesen Führer bildet der vor etwa 40 Jahren im Bergverlag Rudolf Rother, München, erschienene Wetterstein-Führer von *C. R. v. Overkamp,* der seinerseits den alten *Leberle*-Führer ablöste, dessen 5. Auflage von *Wilhelm Welzenbach* bearbeitet worden war. Nach dem Zweiten Weltkrieg wurde die Bearbeitung der leichten Bergfahrten von *Wilhelm Voelk,* die der oberen Schwierigkeitsgrade von *Wolfram Spindler,* später von *Horst Trautmann* vorgenommen.
Zur Abrundung des Führers wurde auf Vorschlag des Verlages der bisherige kleine Führer durch die Mieminger Kette von *Siegfried Aeberli* in den Wettersteinführer aufgenommen.

Helmut Pfanzelt

Der einzige Führer durch die Mieminger Kette ist im Jahre 1920 erschienen und längst vergriffen. Dies gilt auch für den „Hochtourist" Band I von 1925, der 15 Seiten über die Mieminger Kette enthält.
Das Fehlen eines Führers wird in weiten Bergsteigerkreisen als Mangel empfunden, stellt doch die Mieminger Kette eine selbständige und mächtige Gebirgsgruppe dar, die ihrer Lage nach von Innsbruck und von München aus schnell erreicht werden kann.
Für die Richtigkeit einiger Angaben kann keine Gewähr übernommen werden, da ich mich manchmal auf Mitteilungen von Dritten stützen mußte. Ich bitte deshalb alle Benützer, notwendige Verbesserungen sowie zeitbedingte Veränderungen dem Verlag mitzuteilen.

Siegfried Aeberli

Anmerkung des Verlages: Im Rahmen der Überarbeitung des AVF „Wetterstein" war eine textliche Angleichung des Teiles „Mieminger Kette" erforderlich. Dies wurde dankenswerterweise von Herrn *Wolfgang Zeis* übernommen, wobei er auch einige aktuelle Änderungen sowie die historischen Ersteigungsdaten, soweit noch bekannt, eingearbeitet hat. Der allgemeine Bearbeitungsstand entspricht dem des Jahres 1965, lediglich einige bekanntgewordene Neutouren wurden aufgenommen.

München, Frühjahr 1984   *Bergverlag Rudolf Rother GmbH*
                                                Lektorat

Vorwort

„Kaum 6 Jahre sind seit der letztvergangenen Auflage des Wettersteinführers verstrichen. Diese kurze Spanne hinterließ mancherlei Spuren, welche Kunde geben vom Gang der Entwicklung. Sie brachte einerseits den Beginn einer neuen wirtschaftlichen Erschließungstätigkeit (Bergbahnen, Berghotels), andererseits den Abschluß der letzten großen bergsteigerischen Eroberung".

Diese Worte des berühmten *Willo Welzenbach* eröffneten 1927 das Vorwort zur 5. Auflage eines kleinen Büchleins mit dem Titel „Führer durch das Wettersteingebirge".

Ein Blick auf das aktuelle Geschehen, Stand 1983, zeigt mehr als deutlich, wie zutreffend diese Aussage auch heute noch ist. Das Wettersteingebirge, im Einzugsbereich der Großstädte München, Augsburg und Innsbruck, übt das ganze Jahr über große Anziehungskraft aus. Während im Winter jedes Wochenende Tausende von Skifahrern die Pisten bevölkern, suchen die Skibergsteiger nach unberührten Pulverschneehängen, der ambitionierte Hochalpinist findet zur gleichen Zeit seine Freude an winterlichen Gratüberschreitungen. Frühjahr, Sommer und Herbst gehören dann den Wanderern und Hochtouristen, aber auch den Kletterern, den Jochbummlern, den Naturfreunden . . .

Leider hat die wirtschaftliche Erschließung vor den Interessen der Erhaltung der ursprünglichen Gebirgsnatur nicht haltgemacht, die Lift-, Seilbahn- und Wegeanlagen am Osterfelderkopf und im Gebiet um die Hochalm sprechen eine eindrucksvolle Sprache. Solchen Entwicklungen muß unbedingt Einhalt geboten werden, um uns unsere Naturschönheiten auch für die Zukunft zu erhalten. Deshalb auch hier ein deutliches „Nein" zum Projekt „Seilbahnbau zur Alpspitz-Schulter".

Allerdings sind auch einige positive Entwicklungen zu vermerken. Alte Steige und Wege wurden überholt und neu beschildert, zudem wurden neue Weganlagen nach Vorbild der gesicherten Klettersteige italienischer Prägung eröffnet.

Geradezu unvorstellbar ist die Entwicklung, die der alpine Klettersport im Wettersteingebirge durchlaufen hat bzw. noch durchläuft. Von einem „Abschluß" der „bergsteigerischen Eroberung" ist hier nichts zu spüren, gerade das Gegenteil ist der Fall.

Beeinflußt durch die leistungssportlich orientierte Freikletterbewegung hat in den letzten Jahren eine sehr erfolgreiche Neulandsuche eingesetzt, die zu einem kaum vorstellbaren Schwierigkeitsgrad der Kletterrouten geführt hat. Man ist sich allgemein darüber einig, daß dies erst den Beginn einer Entwicklung darstellt, dessen Ende noch nicht abzusehen ist. Ungeniert spricht man schon von Routen im VIII. Schwierigkeitsgrad, und wann die erste Route im Schwierigkeitsgrad IX im Wetterstein eröffnet werden wird, dürfte wohl nur eine Frage der Zeit sein. Eine nahezu vollständige Neubearbeitung des Wettersteinführers war unumgänglich. Die UIAA-Richtlinien für Führerwerke steckten die Anforderungen an das vorliegende Büchlein ziemlich genau ab.

In mühsamer Kleinarbeit wurden Informationen gesammelt, Skizzen gezeichnet, Beschreibungen getippt und Wandfotos beschriftet. Daß sich dabei wahrscheinlich wieder der eine oder andere Fehler eingeschlichen hat, bitten wir jetzt schon zu entschuldigen. Entsprechende Korrekturen werden natürlich in der nächsten Auflage berücksichtigt.

Der Schwerpunkt der Bearbeitung lag zwangsläufig bei den Beschreibungen der Kletterführen, aber auch der Hütten- und Wegeteil wurde durchgesehen und ergänzt.

„Möge das Werk in Bergsteigerkreisen freundliche Aufnahme finden und allen Besuchern des Wettersteingebirges ein treuer Begleiter auf sonnigen Fahrten sein!"

Hier können wir uns nur den Worten unseres Vorgängers *Willo Welzenbach* aus dem Jahre 1927 anschließen.

München, im Frühjahr 1984

Stefan Beulke *Günther Härter*

Dank an die Mitarbeiter

Ein ganz besonderer Dank gebührt allen unseren Freunden und Kameraden, die durch ihre selbstlose Hilfe und Unterstützung zum Gelingen dieses Werkes entscheidend beigetragen haben. Ohne ihre tatkräftige Mitarbeit hätten wir das Projekt wahrscheinlich schon im Anfangsstadium entmutigt aufgegeben.

Ein allgemeiner Dank geht an die *Jungmannschaft der Alpenvereinssektion Garmisch-Partenkirchen* des DAV sowie an *Charlie Wehrle* als Wirt der Stuibenhütte und der Oberreintalhütte für dessen ständige Gastfreundschaft.

Besonderen Dank für ihre unermüdliche Mitarbeit schulden wir: *Peter Swoboda, Christoph Krah, Alex Baier, Toni Härtl, Bernhard Schmid* (alle Jgm. Garmisch-Partenkirchen), *Bernhard Wölfl* (Hof), *Andreas Kubin* (München), *Wolfgang Henke* (Garmisch-Partenkirchen), *Marcus Lutz* (Buching) sowie *Herbert Konnerth* vom Lektorat und *Günther Bernhardt* für die Herstellung beim Bergverlag Rudolf Rother.

Inhaltsverzeichnis

Die Zahlen hinter den Orts- und Gipfelnamen von Kapitel III und V sind die Randzahlen.

	Seite
Geleitwort	5
Vorwort zur Auflage 1971	6
Vorwort der Verfasser	7
Verzeichnis der Fotos	12
Verzeichnis der Skizzen	13

I. Einführender Teil

1. Geographischer Überblick
1.1 Lage und Begrenzung ... 15
1.2 Zugänge ... 15
1.3 Wege und Unterkünfte ... 15

2. Geologischer Überblick
2.1 Wetterstein ... 16
2.2 Mieminger Kette ... 20

3. Allgemeines
3.1 Gliederung ... 24
3.2 Bevölkerung, Besiedlung ... 24
3.3 Bergführerwesen ... 25
3.4 Schrifttum und Karten ... 25

4. Bergrettung
4.1 Das Alpine Notsignal ... 28
4.2 Hubschrauberrettung ... 28

5. Zum Gebrauch des Führers
5.1 Allgemeines zu den Routenbeschreibungen ... 30
5.2 Aufbau einer ausführlichen Routenbeschreibung ... 31
5.3 Abkürzungen ... 32
5.4 UIAA-Symbole für Anstiegsskizzen ... 33
5.5 Schwierigkeitsbewertung nach UIAA ... 35

II. Talorte und Ausgangspunkte ... 47

III. Hütten und ihre Zugänge

1. Wetterstein ... 53
Wiener-Neustädter Hütte 30, Waxensteinhütte 35, Höllentaleingangshütte 40, Höllentalangerhütte 42, Knappenhäuser 48,

Kreuzeckhaus 55, Kreuzjochhaus 62, Kreuzalm 63, Hochalm 64,
Stuibenhütte 65, Trögelhütte 66, Rießerkopfhütte 67, Garmischer
Haus 68, Bayernhaus 69, Bockhütte 75, Gumpenhütte 76, Reintalangerhütte 77, Knorrhütte 80, Schneefernerhaus 85, Münchner
Haus 88, Gipfelhotel der Tiroler Zugspitzbahn 90, Höllentalgrathütte 95, Oberreintalhütte 96, Schüsselkarbiwak 99, Schachenhaus 100, Wettersteinalm 108, Meilerhütte 110, Erinnerungshütte
118, Wangalm 123, Wettersteinhütte 125, Hämmermoosalm 128,
Rotmoosalm 131, Gaistalalm 135, Tillfußalm 137, Steinerne
Hütteln 140, Feldernalm 142, Ehrwalder Alm 143, Arnspitzhütte 147.

2. Mieminger Kette 72
Buchen 160, Rauth-Hütte 163, Straßberg 168, Alplhaus 172,
Gaistalalm 177, Tillfußalm 180, Feldernalm 185, Ehrwalder Alm
190, Coburger Hütte 193, Breitenkopfhütte 200.

IV. Übergänge, Verbindungswege, Höhenwege
1. Wetterstein 79
2. Mieminger Kette 91

V. Gipfel und Gipfelwege
1. Wetterstein 97
1.1 Zugspitze und Plattumrahmung 97
Zugspitze 330, Zugspitzeck 350, Sonnenspitzl 360, Schneefernerkopf 370, Wetterspitzen 390, Wetterwandeck 400,
Westl. Plattspitze 410, Östl. Plattspitze 420, Gatterlköpfe 430.

1.2 Riffelwandkamm 127
Große Riffelwandspitze 450, Kleine Riffelwandspitze 460,
Riffelköpfe 470, Riffeltorkopf 490.

1.3 Waxensteinkamm 146
Südl. Riffelspitze 500, Nördl. Riffelspitze 510, Schönangerspitze
520, Schöneckspitze 540, Hinterer Waxenstein 550, Großer
Waxenstein 560, Zwölferkopf 580, Kleiner Waxenstein 590,
Bärnheimatkopf 600, Bärnalplgrat 603.

1.4 Blassenkamm 176
Innere Höllentalspitze 610, Brunntalkopf 620, Mittlere Höllentalspitze 625, Äußere Höllentalspitze 640, Kirchtürme 650,
Vollkarspitze 669, Hochblassen 670, Blassenspitze 690, Hoher
Gaif 700, Alpspitze 710, Kreuzjoch 720, Rauhkopf 722, Höllentorkopf 730, Bernadeinwand 750.

1.5 Wettersteinkamm 223
Kleiner Wanner 770, Hochwanner 790, Höhlenkopf 810, Hinterreintalschrofen 820, Jungfernkarkopf 830, Hundsställe 840, Kleiner Hundsstallkopf 850, Gamsanger 860, Großer Hundsstallkopf 870, Hochwannenkopf 881, Haberlenz 882, Predigtstuhl 883, Nördl. Zundernkopf 886, Mittlerer Zundernkopf 300, Südl. Zundernkopf 910, Nordwestl. Zundernkopf 920, Oberreintalschrofen 930, Oberreintalturm 950, Oberreintalköpfe 980, Scharnitzspitze 1000, Schüsselkartürme 1020, Schüsselkarspitze-Westgratturm 1070, Schüsselkarspitze 1080, Dreizinkentürme 1120, Pantherkopf 1130, Gehrenspitze 1140, Leutascher Dreitorspitze 1160, Söllerköpfe 1180, Öfelekopf 1190, Partenkirchener Dreitorspitze 1220, Signalkuppe 1270, Bayerländerturm 1280, Oberer Berggeistturm 1290, Unterer Berggeistturm 1310, Oberreintaldom 1330, Frauenalplkopf 1360, Törlspitzen und Törltürme 1370, Musterstein 1400, Wettersteinwand 1450, Obere Wettersteinspitze 1460, Untere Wettersteinspitze 1470.

1.6 Arnstock 491
Große Arnspitze 1500, Mittlere Arnspitze 1510, Arnplattenspitze 1520.

2. Mieminger Kette 497

2.1 Hauptkamm 497
Hohe Munde 1600, Karkopf 1610, Hochwand 1620, Hochplattig 1640, Mitterturm 1660, Mitterspitzen 1670, Östl. Griesspitze 1690, Westl. Griesspitze 1700, Grünstein 1710, Östl. Marienbergspitze 1730, Westl. Marienbergspitze 1740, Handschuhspitze 1750, Hochwannig 1760.

2.2 Nördliche Seitenkämme 524
Wampeter Schrofen 1770, Schartenkopf 1790, Sonnenspitze 1800, Breitenkopf 1810, Igelsköpfe 1820, Tajaköpfe 1830, Drachenköpfe 1850.

2.3 Südliche Seitenkämme 538
Hintereggenkamm 1870, Judenkopfkamm 1871, Schoßkopfkamm 1872, Wankspitzen 1890, Arzbergkamm 1895, Höllkopf 1896.

2.4 Tschirgant-Simmering-Stock 548
Tschirgant 1900, Simmering 1905.

Stichwortregister 550

Verzeichnis der Fotos

	Seite
Blick ins Reintal von Osten	61
Dreitorspitzgruppe von Norden	67
Zentraler Wettersteinkamm von Nordosten	99
Östlicher Riffelkopf von Südosten	137
Höllentalkopf von Norden	209
Höllentorkopf von Südwesten	217
Nördlicher Zundernkopf von Osten	259
Oberreintalschrofen, Südwand	267
Oberreintalturm, Westwand	275
Oberreintalturm von Südwesten	282
Scharnitzspitze, Südwand	314/315
Unterer Schüsselkarturm von Norden	323
Schüsselkarspitze, Westgratturm und Südwand, linker Wandteil	334/335
Schüsselkarspitze, mittlerer Wandteil	361
Schüsselkarspitze, rechter Wandteil	371
Partenkirchener Dreitorspitze von Osten	401
Partenkirchener Dreitorspitze und Bayerländerturm	403
Oberer Berggeistturm und Oberreintaldom von Südwesten	426
Unterer Berggeistturm von Westen	431
Unterer Berggeistturm und Oberer Berggeistturm von Südwesten	439
Oberreintaldom von Nordwesten	443
Oberreintaldom, Nordwand, linker Wandteil	448
Oberreintaldom, Nordwand, mittlerer Wandteil	449
Östliche Törlspitze	468
Musterstein, Südwand	478/479

Verzeichnis der Skizzen

	Seite
Östlicher Riffelkopf, Südostwand (R 477)	139
Riffeltorkopf, „Plattentwist" (R 495)	145
Zwölferkopf, „Zwölferkante" (R 583)	171
Schwarze Wand, Nordwestwand (R 629)	183
Hochblassen, Nordpfeiler (R 676)	195
Höllentorkopf, Nordostwand (R 733)	211
Höllentorkopf, Nordkante (R 734)	213
Höllentorkopf, Südwestwand, „Pfanzelt" (R 738)	219
Höllentorkopf, Südwestwand, „Weg der Freundschaft" (R 739)	219
Oberreintalschrofen, Südverschneidung (R 937)	271
Oberreintalturm, Alte Westwand (R 952)	279
Oberreintalturm, Südwestkante, „Fahrradlkant'n" (R 953)	281
Oberreintalturm, „Kalte Nummer" (R 954)	285
Oberreintalturm, Direkte Westwand, „Brych" (R 955)	287
Oberreintalturm, „Heiße Nummer" (R 956)	288
Oberreintalturm, „Sommernachtstraum" (R 956a)	290
Oberreintalturm, Neue Westwand, „Henke/Parzefall" (R 957)	293
Scharnitzspitze, Südwand, „Leberle" (R 1004)	307
Scharnitzspitze, Direkte Südwand, „Spitzenstätter" (R 1005)	308
Scharnitzspitze, Südwand, „Eberharter/Streng" (R 1006)	310
Scharnitzspitze, Schmidhuberkamin (R 1007)	312
Unterer Schüsselkarturm, Nordwand, „Schober" (R 1045)	326
Unterer Schüsselkarturm, Nordwestwand, „Herbst/Teufel" (R 1047)	328
Unterer Schüsselkarturm, „Niemandsland" (R 1048)	330
Westgratturm, Südwand, „Bergführerweg" (R 1072)	337
Westgratturm, Südwand, „Erdenkäufer/Sigl" (R 1073)	337
Westgratturm, Südwand, „Jörg/Simon" (R 1074)	339
Westgratturm, Südwand, „Knapp/Köchler" (R 1075)	341
Schüsselkarspitze, „Locker vom Hocker" (R 1084)	349
Schüsselkarspitze, „Morgenlandfahrt" (R 1085)	351
Schüsselkarspitze, Spindlerführe (Detailskizze) (R 1086)	352
Schüsselkarspitze, „Messner/Sint" (R 1087)	354
Schüsselkarspitze, Südverschneidung mit Auckenthaler-Einstieg (R 1089 + R 1086a)	356
Schüsselkarspitze, „Fiechtl/Herzog" (R 1091)	359
Schüsselkarspitze, Direkte Südwand (R 1094)	363
Schüsselkarspitze, „Hexentanz der Nerven" (R 1096)	365
Schüsselkarspitze, Südsüdostwand, „Bayerischer Traum" (R 1097)	367

Seite
Schüsselkarspitze, Südostwand (R 1098) 369
Schüsselkarspitze, Ostsüdostwand, „Schubert" (R 1099) 373
Pantherkopf, Südwandrisse (R 1131) 377
Pantherkopf, „Zweiter Streich" (R 1132) 378
Öfelekopf, Südwestpfeiler, „Rebitsch" (R 1198) 395
Bayerländerturm, Ostwand (R 1285) 419
Oberer Berggeistturm, Südwestwand, „Cukrowski" (R 1295) 425
Unterer Berggeistturm, Nordwestwand, „Gelbes U" (R 1312) 429
Unterer Berggeistturm, „Donnerwetter" (R 1313) 433
Unterer Berggeistturm, Westwand, „Spindlerriß" (R 1314) 434
Unterer Berggeistturm, Südwestkante, „Militärkante" (R 1317) ... 437
Unterer Berggeistturm, „Sepperlverschneidung" (R 1318) 440
Oberreintaldom, Nordverschneidung, „Gonda" (R 1334) 445
Oberreintaldom, Nordwand, „Er-Si-Pu-Weg" (R 1335) 447
Oberreintaldom, Nordwand, „Schließler" (R 1336) 451
Oberreintaldom, Nordwand, „PS-Verschneidung" (R 1337) 453
Oberreintaldom, Nordwand, „Sodbrennen" (R 1338) 455
Oberreintaldom, Nordwestwand, „Brandler" (R 1339) 457
Oberreintaldom, Nordwestwand, „Octopus" (R 1340) 459
Oberreintaldom, Nordwand, „Dornröschen" (R 1341) 461
Östliche Törlspitze, Südwand (Östlicher Weg) (R 1382) 467
Musterstein, Südwand, „Leberle" (R 1403) 473
Musterstein, Südwand, „Spindler/Wolf-Kamin" (R 1406) 475
Musterstein, Südwand, „Hannemannweg" (R 1407) 476
Musterstein, Südwand, „Kubanek/Spindler" (R 1409) 481
Westlicher Schoßkopf, Südostwand (R 1876) 541
Östlicher Schoßkopf, Ostwand (R 1884) 545

I. Einführender Teil

1. Geographischer Überblick

1.1 Lage und Begrenzung

Das Wettersteingebirge liegt in den Nördlichen Kalkalpen und wird im Osten vom Karwendelgebirge und im Westen von den Ammergauer Alpen eingerahmt. Westlich bildet außerdem das Loisachtal die Grenze, sowie südlich das Tal der Leutascher Ache und östlich das Isartal. Im Norden schließt sich das Estergebirge als Vorgebirge an.

Die Mieminger Kette ragt als mächtige Scheidemauer zwischen Inn- und Gaistal auf und zieht im allgemeinen in ostwestlicher Richtung vom Buchner Sattel zum Fernpaß. Der Holzleitensattel trennt die Mieminger Kette vom Simmering-Tschirgant-Stock, der Fernpaß von den Lechtaler Alpen, das Gaistal vom Wettersteingebirge; im O bilden der Buchner Sattel und das Kochental die Grenze gegen die Hügellandschaft von Seefeld.

1.2 Zugänge

Die Zugänge zum Wettersteingebirge sind denkbar günstig. Im Norden führt die Autobahn, von München kommend, bis kurz vor Garmisch, dem Hauptort des Wettersteingebirges heran. Von Südosten führt, von Innsbruck über den Zirlerberg, der Zugang zum Leutascher Tal hinauf. Von Südwesten kommt eine Zufahrtsmöglichkeit über den Fernpaß oder eine andere über die Straße Reutte—Lermoos an die Westseite des Wettersteingebirges.

Die Mieminger Kette ist dank ihrer Lage verkehrsmäßig sehr günstig zu erreichen; im Westen auf der Straße Garmisch — Ehrwald — Fernpaß, im Süden aus dem Inntal von Innsbruck über Telfs (Autobahn), im Osten auf der Straße Mittenwald — Scharnitz — Seefeld i.T. sowie im Norden aus dem Leutaschtal.

Bahn- und Busverbindungen: Garmisch-Partenkirchen ist sowohl mit der Eisenbahn, als auch mit verschiedenen Postbuslinien zu erreichen. Weitere Haltestationen der Zugverbindung sind Klais und Mittenwald im Norden. Alle anderen Talorte können mit Postbuslinien erreicht werden.

1.3 Wege und Unterkünfte

An der Erschließung des Wettersteingebirges durch die Anlage von weitverzweigten Wegen und der Errichtung zahlreicher Hütten haben Anteil die Alpenvereinssektionen: München, Bayerland, Hochland,

Garmisch-Partenkirchen, Mittenwald, der Akademische Alpenverein München und die Sektion Wiener Neustadt des Österreichischen Touristenklubs.
Die meisten Hütten, soweit sie nicht Privat- oder Skihütten sind, werden im Sommer bewirtschaftet. Im Sommer während der Hochsaison empfiehlt sich die Voranmeldung von Gruppen auf den vielbesuchten Hütten (z.B. Höllentalangerhütte und Meilerhütte). Das Wegenetz befindet sich weitgehend in einer guten Verfassung, ist bestens markiert und weist seit einigen Jahren auch einige Klettersteige leichterer Schwierigkeit auf (Alpspitze „Nordwandsteig" und Alpspitze „Via ferrata").

2. Geologischer Überblick

2.1 Wetterstein

Ähnlich den benachbarten Gebirgsgruppen ist das Wettersteingebirge hauptsächlich aus den Sedimenten des Mesozoikums (= Mittelalter der Erdgeschichte) aufgebaut. Den Hauptteil haben die Ablagerungen der Trias. Alle gebirgsbildenden Schichten sind als Ablagerungen auf dem Meeresgrund entstanden. Die Entstehungsbedingungen wechselten örtlich und zeitlich, so daß im Verlaufe langer Zeiträume große Massen kalkigen, mergeligen, tonigen oder sandigen Schlammes in buntem Wechsel angeschichtet wurden. Riffe wuchsen empor, gebildet aus Korallen und Kalkalgen. Durch Druckverfestigung und innere Umwandlungen entstand das harte Gestein. Im folgenden soll über jede der einzelnen Schichten ein kurzer Überblick erfolgen. Die Reihenfolge ist erdgeschichtlich gegliedert und beginnt mit den ältesten, untersten Schichten:
Muschelkalk, vor allem am Nord-, West- und Südrand, dunkelgrau, stets geschichtet, sockelbildend; in Oberreintal, Schüsselkar, Höllentalanger sichtbar, Partnachklamm, gut sichtbar vom Eibsee zwischen dem Fuß der Großen Riffelwand und den Ehrwalder Köpfen.
Partnachschichten, schiefrige Mergel mit eingelagerten Kalkbänken, großartig aufgeschlossen vor und hinter der Partnachklamm (wovon sie ihren Namen haben). Bauen mit dem Muschelkalk das waldreiche Wamberger Gebiet auf, verlieren gegen Westen an Mächtigkeit und Ausdehnung und verschwinden östlich des Eibsees ganz.
Wettersteinkalk, hauptsächlicher Bestandteil des Hochgebirges, hellgrau, Mächtigkeit bis etwa 800 m, bildet steile Wände, Grate und Türme. Ist das Gipfelgestein des Gebirges. Besonders gut sichtbar die deut-

liche Schichtung an Alpspitz-Nordwand, Plattspitzen, Zundernköpfen, Dreitorspitze. Am Gipfel des Zugspitzmassivs enthält er Versteinerungen röhrenförmiger Kalkalgen (Gyroporellen), sonst nicht sehr versteinerungsführend. Der Wettersteinkalk enthält an einigen Stellen Blei- und Zinkerze (silberhaltiger Bleiglanz, Gelbbleierz, Zinkblende, Molybdän), die schon vor Jahrhunderten Gegenstand des Bergbaues im Höllental waren.

Raibler Schichten (gebildet aus Kalkstein, Dolomit, Mergel, Rauhwacken, Sandstein, Schieferton), infolge ihrer lehmigen Verwitterung und ihrer Wasserführung bilden sie trotz ihrer geringen Mächtigkeit die fruchtbaren Wiesen und Almböden des Gebietes (Hochalm, Frauenalpl, Wettersteinalm, Kämialm, Wangalm u.a.).

Hauptdolomit, graue und braune Dolomite, splittrig brechend, große Mächtigkeit; bildet den Kranzberg, zieht dann zum Kreuzeck, baut (mit Plattenkalk, aus welchem sich der Daniel aufbaut) die Törlen, bildet Becken des Eibsees, Talboden der Leutasch, Kramer und Wank. Charakteristisches Zutagetreten in den Abstürzen zur Partnach westlich des Kälberhüttls und Südflanke Kreuzjoch.

Kössener Schichten (jüngste Trias) zeigen sich nur vereinzelt als graue Mergel im Zugwald und bei Ehrwald.

Jura- und Kreideschichten (Neocom) bilden schmalen Streifen von Leutasch über Scharnitzjoch zum Feldernjöchl bis Ehrwald, sind am Hohen Kamm eigenartigerweise gipfelbildend.

Melaphyr tritt in den Hornsteinbänken südlich des Hohen Kammes zutage und beweist eine vulkanische Tätigkeit in den Nördlichen Kalkalpen nach der Jurazeit. Dieses Gestein wurde auch im oberen Lehngraben über Ehrwald gefunden und erhielt deshalb den Namen **Ehrwaldit**.

Seitdem das Gebirge in der Kreidezeit dem Meere entstieg, hat es noch eine Reihe von Formveränderungen erfahren, welche aus den Bewegungsspannungen der Erdkruste und den Kräften der Atmosphäre resultieren. Versuchen wir uns, aus dem heutigen Gebirge den Bauplan des einstigen in großen Zügen zu bilden, so finden wir, daß das Wettersteingebirge das Gerippe einer großen von O nach W ansteigenden Mulde darstellt, deren südl. Flügel der Wettersteinkamm mit seinen nach N geneigten Schichten bildet. Vom Schachenpavillon blickt man gerade in die Mulde, deren Kern das Reintal ist, hinein, und erkennt im Schneefernerkopf deutlich den durch die Muldenform bedingten Wechsel in der Streichrichtung der Schichten. Der nördl. Muldenflügel verläuft, zunächst aus Wettersteinkalk mit südl. Schichtneigung, im Blassenkamm.

So einfach der Bau des Gebirges demnach scheinen möchte, so verwickelt ist er in Wirklichkeit. Untrügliche Merkmale beweisen uns, daß

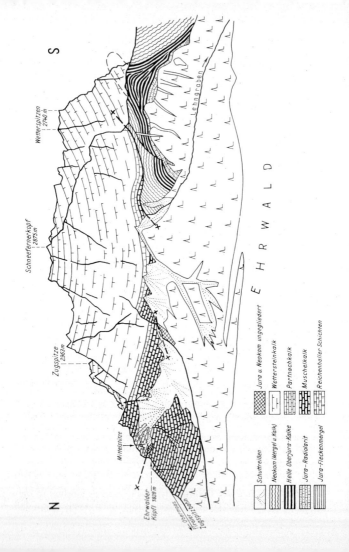

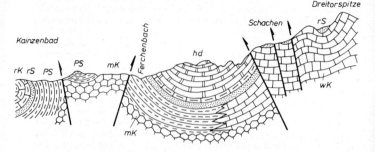

mk = Alpiner Muschelkalk, wk = Wettersteinkalk, ps = Partnachschichten, rs = Raibler Sandstein und Tonschiefer, rk = Raibler Kalke, hd = Hauptdolomit.

Geologische Profile durch den Wetterstein

Oben: **Profil durch die Wettersteinmulde am Schachen**
(Skizze: E. Ott)

Der mächtige Wettersteinkalk im Südflügel der Mulde (Dreitorspitze) kommt im Nordflügel nicht mehr vor; an seine Stelle treten dort die altersgleichen Partnachschichten, in die das Tal des Ferchenbaches eingeschnitten ist. Die Partnachklamm selbst liegt in dem Riegel aus Alpinem Muschelkalk nördlich davon. – Die Wiesen auf dem Schachen und dem Frauenalpl sind durch die auflagernden Sandsteine und Schiefer der Raibler Schichten bedingt.

Links: **Ansichtsprofil des Zugspitzmassivs von Westen**
(nach H. Miller, 1961)

Die Wettersteinmulde aus älteren Triasgesteinen hebt nach Westen hin in die Luft aus. Sie ist auf jüngere Schichten des Jura und der Unterkreide überschoben (sichtbar längs der Linie x – x). Diese Jungschichten ziehen in Form eines schmalen Streifens zwischen Wetterstein- und Mieminger Gebirge durch bis nach Leutasch.

Dr. Ernst Ott

der westl. Wetterstein als Teil eines in sich schon fertigen Gebirges über ein anderes hinübergeschoben wurde, so daß die obere Bergmasse gewissermaßen auf dem ursprünglichen Gebirge schwimmt. Steigt man nämlich vom Hauptkamm (z.B. von der Meilerhütte ins Puitental) nach S ab, so trifft man unter der Muschelkalkzone auf viel jüngere Schichten des Jura und der Kreide, die hier zwischen dem südl. Vorbergzug und dem Hauptkamm zutage treten und, stark gefaltet, stellenweise in die Hohlräume des darübergeschobenen starren Muschelkalks gepreßt sind. Solche Beweise für diese gewaltige Überschiebung findet man am ganzen S-Rand und am W-Fuß. Kleinere Merkmale trifft man beim Aufstieg zur Wiener-Neustädter Hütte am Ehrwalder Köpfl. Hier hat sich im Verlauf der Überschiebung Muschelkalk auf Muschelkalk geschoben, wobei eine Lage Jura mitgeschleppt und zwischen den beiden Muschelkalkschichten eingekeilt wurde. Vielerorts zeigt das Gebirge die Spuren des späteren Zerfalles. Gewaltige Massen an Gehängeschutt und Blockanhäufungen geben Zeugnis von den langsam, aber stetig wirkenden Kräften, die an seiner Zerstörung arbeiten. Teilweise ist der in früheren Zeiten durch Erosion gebildete Gehängeschutt zu einem Steingemenge verfestigt, der **Nagelfluh**, sichtbar in größerer Menge am Kreuzeck und unter dem Längenfeld, in kleineren Massen am Schachen und bei der Meilerhütte. Zur Zeit des Höchststandes der eiszeitlichen Vergletscherung war das Wettersteingebirge von einer weiten Gletscherfläche bedeckt, die durch den Zusammenfluß der einzelnen Ferngletscher gebildet wurde. Diese und der nach N strömende Isargletscher wurden von dem über Fernpaß, Marienbergjoch und Seefelder Sattel kommenden Inngletscher gespeist. Tausend Meter lag damals der jetzige Talgrund von Garmisch unter dem Eis. Reste der mächtigen Gletscher sind der Schneeferner und Höllentalferner. Die ausgeschliffene Form des Rein- und Höllentals ist eine Folge der Gletschertätigkeit. Nach dem Schwinden der Gletscher ging die Abtragung ungestört weiter. Von Ehrwald über den Eibsee, zur Schmölz und fast bis Griesen liegen die Trümmer eines gewaltigen Bergsturzes, der vom Waxensteinkamm und Zugspitzstock niederging und die älteren Ablagerungen verschüttete. Diesem Ereignis wird auch die Entstehung des Eibsees zugeschrieben.

2.2 Mieminger Kette

Die Mieminger Kette bildet zusammen mit dem Wetterstein- und Karwendelgebirge eine der höchsten und eindrucksvollsten Gebirgsgruppen der Nördlichen Kalkalpen. Diese Eigenart geht vor allem auf die besonders mächtige Ausbildung der Gesteine der mittleren Triaszeit zurück.

Die Gesteine und ihr Alter

Die ältesten aus der Mieminger Kette bekannten Gesteine gehören zu den sogenannten Reichenhaller Schichten. Die groblöcherigen Rauhwacken, hellen Kalke und braunen, im frischen Bruch nach Bitumen riechenden Dolomite dieser Serie fallen uns besonders in der Igelskarscharte und in den beiden Tajatörln auf. Viel häufiger und ebenfalls gut kenntlich sind die meist wohlgebankten, dunklen Gesteine des Muschelkalkes, die, auffallend gut geschichtet, den Vorderen Tajakopf in OW-Richtung überqueren und von dort weit nach Osten und Westen zu verfolgen sind. Auch die Nordwände des Hauptkammes werden am Fuße des Muschelkalk begleitet; die Karmulde des Drachensees ist ebenfalls in ihm eingetieft.

Darüber folgt nach einer Übergangszone, dem Partnachkalk und — auf der W-Seite — den Partnachmergeln, altersmäßig der hellgraue, großenteils ungebankte Wettersteinkalk. Nur an seiner Basis und im oberen Drittel kann man Schichtflächen erkennen; besonders schön sieht man sie an den Plattenwänden, die von den Gipfeln des Igelskopfes und Breitenkopfes, der Hochwand und der Hochmunde nach N ins Gaistal abstürzen. Alle bedeutenden Gipfel sind aus diesem über 1000 m mächtigen Gestein aufgebaut, das in einem warmen, von Korallen, Kalkalgen und Schnecken besiedelten Meer z.T. aus Kalkriffen gebildet wurde.

Wie ein mächtiger Riffklotz mutet auch heute noch das Gebirge von Ehrwald aus an. Im Süden ist den schroffen Gipfeln des Hauptkammes ein breiter Zug weichkuppiger Höhenrücken vorgelagert. Er besteht aus dem ebenfalls sehr mächtigen und weitverbreiteten Hauptdolomit. Charakteristisch für dieses Gestein sind der kleinstückige Zerfall, der dichte Latschenbewuchs und die tiefgreifenden Erosionsrunsen, die besonders gut an den Judenköpfen nördlich von Mieming zu beobachten sind.

Die Gipfel dieser „Vorberge" werden vom Hauptkamm durch tiefe Scharten getrennt, in denen stellenweise das geringmächtige Übergangsglied zwischen Wettersteinkalk und Hauptdolomit, die Mergel, Kalke und Rauhwacken der Raibler Schichten, zu beobachten sind. Alle diese Gesteine wurden in der Triaszeit, also vor etwa 200 Millionen Jahren, in einem ausgedehnten Meeresraum abgelagert. Das höchste Schichtglied der Trias, die Kössener Schichten, sowie die Fleckenkalke und Hornsteinkalke der Jurazeit finden sich nur am Westrand des Gebirges in größerer Menge. Sie bilden dort wegen ihres Tongehaltes die üppigen Wiesen der Nassereither Alm. Am Nordrand des Gebirges sind sie, wie auch die Mergel der Kreidezeit, zum größten Teil von Schutt und Moränen verdeckt.

Der Bauplan des Gebirges („Tektonik")

Diese Schichten liegen alle heute nicht mehr flach ausgebreitet wie zur Zeit ihrer Ablagerung, sondern sind durch die Kräfte der Gebirgsbildung mannigfach gefaltet, an Rutschflächen verschoben und endlich in die jetzige gewaltige Höhe gehoben worden.

Beim ersten und grundlegenden Verformungsakt bildete sich im Gebiet der Mieminger Kette ein weitgespannter Sattel, dessen in O-W-Richtung angeordnete Längsachse eine schwache Neigung nach O aufweist. Seinen Kern bilden die Reichenhaller Schichten; daran schließen sich im N wie im S Muschelkalk, Wettersteinkalk, Raibler Schichten und Hauptdolomit an. Im N sind die beiden letzteren Schichtglieder allerdings nur im Gaistal zwischen Leutasch und Tillfußalm zu sehen. Außer durch die annähernd regelmäßige, symmetrische Schichtabfolge kann man die Sattelform auch daran erkennen, daß die Schichten nördlich einer Linie, die etwa von der Hohen Munde über Breitenkopf und Igelskarscharte zu den Tajatörln führt, nach N und südlich davon meist nach S einfallen. Die Neigung der Sattelachse nach O bewirkt, daß dort — im Seefelder Plateau — ausschließlich Raibler Schichten und Hauptdolomit auftreten. Dieses Idealbild eines Sattels wurde später durch eine große Anzahl jüngerer Blockbewegungen gestört. Die beiden wichtigsten Störungsflächen bilden eine Art Dach. An diesen Dachflächen wurden von beiden Seiten her die Gesteinsmassen nach der Mitte zu aufgeschoben. Dadurch kamen beispielsweise neben den Wettersteinkalk des Hinteren Tajakopfes im Süden und Norden (Tajatörln) Reichenhaller Schichten zu liegen.

Eine weitere gut sichtbare Aufschiebungsfläche durchschneidet den Igelskopf, setzt geradlinig durch das Igelskar und streicht bei der Breitenkopfhütte, Muschelkalk von Wettersteinkalk trennend, in die Felsen des Breitenkopfs weiter.

Für den Zusammenhang mit der Umgebung ist eine Überschiebungsfläche von großer Bedeutung, in der die gesamten Triasgesteine des Hochgebirges auf die Juraschichten der Nassereither Alm nordwärts aufgeschoben sind; diese Störung läßt sich um den NW-Rand des Gebirges herum bis zur Ehrwalder Alm verfolgen; dann tritt sie in die südlichen Vorberge des Wettersteingebirges über.

Nach der Entstehung dieser gewaltigen Verbiegungen und Zerscherungen, die in der Kreidezeit und dem älteren Tertiär vor sich ging, begann im Jungtertiär, vor vielleicht 30 Millionen Jahren, die Heraushebung des Gesteinskörpers zum heutigen Hochgebirge. Mit ihr im Einklang steigerte sich aber auch die zerstörende Tätigkeit der Verwitterung und Abtragung. Diese Vorgänge finden in den durch die tektonischen Bewegungen stark zerrütteten Gesteinen der Mieminger Berge besonders günstige Angriffspunkte. Eine Folge davon sind die große Brüchigkeit der Felsen und die ausgedehnten Schuttreisen am Fuß der Wände.

Erzvorkommen
Die Mieminger Kette war lange Zeit berühmt wegen ihres Reichtums an silberhaltigem Bleiglanz und Zinkerzen. Von dem lebhaften Abbau, der bis in unser Jahrhundert hinein an vielen Stellen stattfand, zeugen heute noch Stollen und große Abraumhalden am S-Fuß des Wannigs, am „Schachtkopf" bei Biberwier, im Drachen- und Igelskar.

Spuren ehemaliger Vergletscherung
Eine ehemals reiche Vergletscherung der Mieminger Kette tut sich in den schönen parabelförmigen Endmoränenbögen kund, die insbesondere im Schwärzkar und im Igelskar gut zu erkennen sind. Sie entstanden bei kurzfristigen Neuvorstößen der Gletscher am Ende der letzten Eiszeit. Zur Zeit ihres Höhepunktes flossen aus allen Karen mächtige Eisströme zu Tal und vereinigten sich dort mit dem über den Fernpaß nach Norden drängenden Inntalgletscher. Die fließenden Eismassen schliffen ihren Untergrund zu jenen typischen, glatten, runden Geländeformen, die wir als Felswannen und Rundhöcker in den Karen der Nordseite des Gebirges musterhaft ausgebildet sehen. In historischer Zeit existierten im hintersten Igelskar und im Schwarzbachkar seit dem Ende des Mittelalters bis zum Beginn dieses Jahrhunderts wieder kleine Gletscher, die im Zuge des allgemeinen Gletscherrückgangs heute völlig verschwunden sind.

3. Allgemeines

Das Wettersteingebirge ist sowohl für den Wanderer als auch für den Kletterer bestens geeignet. Im Winter kommt der Pistenfahrer durch zahlreiche Seilbahn- und Liftanlagen an und auf der Zugspitze und im Gebiet des Osterfelderkopfes voll auf seine Kosten. Dem Skitourengeher bieten sich zahlreiche Tourenschmankerl an. Die bekannteste Skitour dürfte wohl die Alpspitze von Osten her sein.
Hauptwandergebiete sind die Anstiege auf die Zugspitze durch das Reintal und durch das Höllental. Jedoch sollte bei diesen Touren darauf geachtet werden, daß der Gipfel der Zugspitze auf fast dreitausend Metern liegt und bei einem Wettersturz oder Wärmegewitter sofort Schneefälle auftreten können.
Die Hauptklettergebiete befinden sich nördlich, im Oberreintal und im Höllental. Auf der Südseite werden überwiegend die Routen an den Südabstürzen der Scharnitz- und Schüsselkarspitze durchstiegen.

Die Gipfel sind auf den gewöhnlichen Anstiegen ohne große Schwierigkeiten zu erreichen, doch sind Trittsicherheit, Ausdauer und Bergerfahrung fast überall notwendig. Dies gilt besonders für den zentralen Teil des Hauptkammes. Die mitunter langen Zugänge zu den Einstiegen schrecken die reinen Sportkletterer ab, weshalb selbst schöne Führen verhältnismäßig selten begangen werden. Jeder Bergsteiger aber, der die Berge nicht nur als Klettergerüst betrachtet, findet in den weltabgeschiedenen Karen und auf den einsamen Höhen der Mieminger Kette das, was er in den Bergen sucht.

3.1 Gliederung

Im Kartenbild hat das Wettersteingebirge das Aussehen eines Kometenschweifes, dessen Kern- und Stirnpunkt das Zugspitzmassiv mit der Umrandung des Schneeferners bildet. Nördlich und südlich von diesem kern schweifen drei mächtige Kammverläufe nach Osten:
Der Waxensteinkamm zieht vom Zugspitzostgipfel zuerst in nordöstlicher Richtung und biegt später leicht nach Osten um. Er ist der kürzeste und niedrigste der drei Kämme. Der Blassenkamm zieht vom Zugspitzgipfel direkt nach Osten. Vom Hochblassen zweigt er einen Seitengrat nach Norden ab, dessen Endpunkt die formschöne Alpspitze ist. Der Wettersteinkamm verläuft im Süden und hält sich im allgemeinen in östlicher Richtung.
Die Mieminger Kette ist ein im allgemeinen in Ost-West-Richtung verlaufendes Kettengebirge. Von dem Hauptkamm strahlen vier Nebenkämme nach Norden aus; nach Süden ziehen ebenfalls vier Seitenkämme, die jedoch nicht so mächtig ausgebildet sind. Durch den Holzleitensattel von der Mieminger Kette getrennt, erhebt sich zwischen Inntal und Gurgltal noch der Tschirgant-Simmering-Stock.

3.2 Bevölkerung, Besiedlung

Wie Überreste prähistorischen Bergbaus und andere Funde beweisen, war die Gegend von Mittenwald, Garmisch-Partenkirchen und Ehrwald schon in vorgeschichtlicher Zeit besiedelt. Um die Zeitenwende kamen über den Seefelder Sattel die Römer ins Land und errichteten Straßen und Niederlassungen. Im Jahre 802 erscheint zum ersten Mal der Name „Germarskaue" (heute Garmisch). Durch Hinzunahme verschiedener umliegender Ländereien entstand die Grafschaft Werdenfels, die bis 1803 zum Bistum Freising gehörte und dann von Bayern übernommen wurde. Mit dem Abzug der Römer erlosch der frühere wirtschaftliche Aufschwung. Er erhielt erst wieder Auftrieb, als die Handelswege über den Fernpaß und Seefeld Bedeutung erlangten. Holz aus den Werdenfelser Wäldern wurde bis nach Ungarn verflößt. Durch den Dreißigjährigen Krieg verarmte die Gegend. Erst um 1850 wurde neues Leben durch den beginnenden Fremdenverkehr spürbar. Dafür war 1889 die Eröffnung der Bahnlinie von München nach Garmisch-Partenkirchen entscheidend. Sie wurde 1912 nach Reutte, bzw. Innsbruck verlängert.

3.3 Bergführer

Das Bergführerwesen ist sowohl auf bayerischem wie auf Tiroler Gebiet durch das nunmehr Jahrzehnte bewährte Zusammenwirken von Behörden und Alpenvereinen gut organisiert. Die staatlich geprüften Bergführer tragen das Zeichen des Verbandes Deutscher Berg- und Skiführer e.V. und besitzen die Mitgliedskarte mit der nationalen und internationalen Marke des Bergführerverbandes. Gewarnt wird davor, sich ab und zu immer noch anbietender sogenannter „wilder", d.h. ungeprüfter Bergführer zu bedienen, die in keiner Weise eine Gewähr für sachgemäße Führung bieten.

Führerstationen befinden sich in folgenden Talorten: a) Im bayerischen Teil des Wettersteins: Mittenwald, Garmisch-Partenkirchen, Grainau. b) Im Tiroler Teil: Ehrwald, Lermoos, Leutasch, Seefeld, Scharnitz.

3.4 Schrifttum und Karten
a) Wetterstein

Das über das behandelte Gebiet entstandene Schrifttum ist so umfangreich, daß es hier nur auswahlweise wiedergegeben werden kann. Die meisten der angeführten Werke sind im Buchhandel vergriffen.

Allgemein und wissenschaftlich

O. Ampferer, Geologische Beschreibung des Seefelder-Mieminger und südl. Wettersteingebirges, Jahrbuch der Geologischen Reichsanstalt, Wien 1905.

O. Schlagintweit, Die Mieminger-Wettersteinüberschiebung, Geologische Rundschau 1912.

O. Ampferer, Gedanken über die Tektonik des Wettersteingebirges. Verhandlungen der Geologischen Reichsanstalt, Wien 1912.

C. v. Loesch, Der Schollenbau im Wetterstein- und Mieminger Gebirge. Jahrbuch der Geologischen Reichsanstalt, Wien 1914.

Huber, Das Klima der Zugspitze, München 1914.

Leyden, Diluviale Talgeschichte des Werdenfelser Landes und seiner Nachbargebiete, Berlin 1920.

K. Leuchs, Geologischer Führer durch die Kalkalpen vom Bodensee bis Salzburg und ihr Vorland, München 1921.

Doposcheg, Berge und Pflanzen in der Landschaft Werdenfels. Naturkundlicher Führer Garmisch.

Henneberger, Wetterstein (Bildband) München 1963.

F. Schmitt, Wetterstein, Bergverlag R. Rother, 1979.

Zahlreiche Aufsätze und Tourenberichte finden sich in anderen Jahrgängen der ZAV, in den Mitteilungen, in der ÖAZ, DAZ, der ÖTZ. Beachtenswert sind vor allem die Jahresberichte der im Wetterstein „ansässigen" AVS Bayerland, München, Garmisch-Partenkirchen, Mittenwald, ASM, des AAVM, des AKB. Wertvolle Fahrtenberichte enthalten auch die Tourenbücher von Meilerhütte, Schachen, Oberreintalhütte, Kreuzeckhaus, Waxensteinhütte, Gumpenhütte und Coburger Hütte.

Im Zusammenhang mit der Veröffentlichung der AV-Karte (siehe unter Karten) finden sich in den Jahrbüchern 1960, 1962 und 1964 auch Aufsätze verschiedener Art.

Karten

Alpenvereinskarte Wetterstein und Mieminger Gebirge 1:25 000 in 3 Blättern (West 1964, Mitte 1962, Ost 1960).

Amtliche Wanderkarte Werdenfelser Land 1:50 000 (hrsg. vom Bayr. Landesvermessungsamt).

Topographische Karte von Bayern, 1:50 000, Blatt O und W.

Topographische Karte von Bayern, 1:25 000, Blatt 878—880 und 888 bis 890 (enthält nur deutsches Gebiet).

Karte der Zugspitze und Plattumrahmung 1:10 000 (Bayr. Landesvermessungsamt).

Österreichische Spezialkarte 1:75 000, Blatt 5046.

Reis, Geologische Karte des Wettersteingebirges, 1:25 000, 2 Blätter, München 1911.

b) Mieminger Kette

Zeitschrift des DÖAV, Jahrgang 1902 und 1903: Die Mieminger Kette, ein Beitrag zu ihrer eingehendsten Kenntnis von Dr. O. v. Unterrichter, Dr. O. Ampferer und Dr. Gustav Beyrer.

Burmester-Planck, Führer durch die Mieminger Berge, München 1920 (vergriffen).

Hanns Barth, Der Hochtourist in den Ostalpen, 5. Auflage, Erster Band, Leipzig 1925 (vergriffen).

Robert Schmid, Tiroler Zugspitzgebiet, Bergverlag Rudolf Rother, München 1969.

Tourenbuch der Coburger Hütte, Gipfelbücher.

Karten

Alpenvereinskarte 1:25 000 Wetterstein und Mieminger: Ostblatt 1982, Mitte 1962, Westblatt 1964.

Freytag-Berndt, Touristenkarte 1:100 000 Blatt 34 Wetterstein.

Alpine Auskunft

Mündliche und schriftliche Auskunftserteilung in alpinen Angelegenheiten für Wanderer, Bergsteiger und Skitouristen

➤ Deutscher Alpenverein

Montag bis Freitag von 8.30 bis 12.30 Uhr
D-8000 München 22, Praterinsel 5
Telefon (089) 29 49 40
[aus Österreich 06/089/29 49 40]
[aus Südtirol 00 49/89/29 49 40]

➤ Österreichischer Alpenverein

Montag bis Freitag von 8.30 bis 12.00
und von 14.00 bis 18.00 Uhr
Alpenvereinshaus
A-6020 Innsbruck, Wilhelm-Greil-Str. 15
Telefon (0 52 22) 2 41 07
[aus der BR Deutschland 00 43/52 22/2 41 07]
[aus Südtirol 00 43/52 22/2 41 07]

➤ Alpenverein Südtirol Sektion Bozen

Montag bis Freitag von 9 bis 12
und von 15 bis 18 Uhr
im Landesverkehrsamt für Südtirol –
Auskunftsbüro
I-39100 Bozen, Waltherplatz 8
Telefon (0471) 2 18 67
[aus der BR Deutschland 00 39/471/2 18 67]
[aus Österreich 04/471/2 18 67]

4. Bergrettung

Jeder verantwortungsbewußte Bergsteiger, insbesondere der Kletterer, sollte sich über die grundlegenden Fertigkeiten der Selbst- und Kameradenhilfe im klaren sein. Ein Sturz in das Seil kann bei einem Nichtbeherrschen der Sicherungstechniken fatale Auswirkungen haben.

Ist eine Hilfe nur über eine organisierte Rettung möglich, muß diese zuerst einmal alarmiert werden.

4.1 Das „Alpine Notsignal"

Dieses international eingeführte Notsignal sollte jeder Bergsteiger im Kopf haben:

- Innerhalb einer Minute wird **sechsmal** in regelmäßigen Abständen, mit jeweils einer Minute Unterbrechung, ein hörbares (akustisches) Zeichen (Rufen, Pfeifen) oder ein sichtbares (optisches) Signal (Blinken mit Taschenlampe) abgegeben.

  Dies wird so lange wiederholt, bis eine Antwort erfolgt.

- Die Rettungsmannschaft antwortet mit **dreimaliger** Zeichengebung in der Minute.

Die abgebildeten Alarmsignale im Gebirge wurden international eingeführt.

Um einen schnellen Rettungseinsatz zu ermöglichen, müssen die Angaben kurz und genau sein.

Man präge sich das „5-W-Schema" ein:

- **WAS** ist geschehen? (Art des Unfalles, Anzahl der Verletzten)
- **WANN** war das Unglück?
- **WO** passierte der Unfall, wo ist der Verletzte? (Karte, Führer)
- **WER** ist verletzt, wer macht die Meldung? (Personalien)
- **WETTER** im Unfallgebiet? (Sichtweite)

4.2 Hubschrauberbergung

Der Einsatz von Rettungshubschraubern ist von den Sichtverhältnissen abhängig.

Für eine Landung ist zu beachten:

- Hindernisse im Radius von 100 m dürfen nicht vorhanden sein.
- Es ist eine horizontale Fläche von etwa 30×30 m erforderlich. Mulden sind für eine Landung ungeeignet.

INTERNATIONALE ALARMSIGNALE IM GEBIRGE
SEGNALI INTERNAZIONALI D'ALLARME IN MONTAGNA
SIGNAUX INTERNATIONAUX D'ALARME EN MONTAGNE
SENALES INTERNACIONALES DE ALARMA EN MONTANA

JA
OUI
SI

Rote Rakete oder Feuer
Razzo rosso o luce rossa
Fusée ou feu rouge
Cohete de luz roja

WIR BITTEN UM HILFE
OCCORRE SOCCORSO
NOUS DEMANDONS DE L'AIDE
PEDIMOS AYUDA

Rotes quadratisches Tuch
Quadrato di tessuto rosso
Carré de tissu rouge
Cuadro de tejido rojo

NEIN
NON
NO

WIR BRAUCHEN NICHTS
NON ABBIAMO BISOGNO DI NIENTE
NOUS N'AVONS BESOIN DE RIEN
NO NECESITAMOS NADA

- Gegenstände, die durch den Luftwirbel des anfliegenden Hubschraubers umherfliegen können, sind vom Landeplatz zu entfernen.
- Der anfliegende Hubschrauber wird mit dem Rücken zum Wind von einer Person in „Yes-Stellung" eingewiesen.
- Dem gelandeten Hubschrauber darf man sich nur von vorne und erst auf Zeichen des Piloten nähern.

5. Zum Gebrauch des Führers

5.1. Allgemeines zu den Routenbeschreibungen

Bei **Wanderungen, Hüttenzustiegen** und **Übergängen** konnte die Beschreibung meist bewußt kurz gefaßt werden, da die Wege im Wettersteingebirge gut markiert und stark ausgetreten sind.

● Randzahlen

Alle in sich abgeschlossenen Angaben wie Beschreibungen eines Berges, Wanderweges oder einer Kletterführe, aber auch die Bemerkungen zu Talorten und Hütten sind jeweils mit Randzahlen (R) gekennzeichnet. Querverweise beziehen sich allemal auf diese Randzahlen.

● Routenbezeichnungen

Wie allgemein üblich tragen die Führen geographische Bezeichnungen, also etwa „Südkante"; ziehen durch eine Wand mehrere Führen, dann werden sie durch geeignete Zusätze unterscheidbar gemacht, wie zum Beispiel „Nordwand, Schoberführe"

● Abstiegsbeschreibung

Alle Abstiegsmöglichkeiten, auf denen auch bevorzugt abgestiegen wird, sind in Richtung des Abstiegs beschrieben und tragen bei der Randzahl den Buchstaben **A**.

● Varianten

Varianten sind durch dieselbe Randzahl wie der Originalweg gekennzeichnet, jedoch vermehrt um a (und b . . ., falls erforderlich).

● Zeitangaben

Diese beziehen sich auf die Distanz Ausgangspunkt — Zielpunkt. Für die kletterfreie Fortbewegung wird ein Durchschnittswert zugrunde gelegt, und zwar in der Ebene mit 5 km/h, für wandernden Aufstieg 400 Höhenmeter/h und 600 Höhenmeter/h im Abstieg.

● Richtungsangaben

Angaben wie „rechts" und „links" beziehen sich immer auf die Hauptfortbewegungsrichtung; um Unklarheiten zu vermeiden treten Bezeichnungen wie „nördlich" oder „orogr." hinzu.

Um bei der folgenden Auflage genügend Raum für Neutouren zu haben, werden im Anschluß an die Routenbeschreibungen zu Hütten, Scharten und Gipfeln jeweils einige Randzahlen für **Ergänzungen** freigehalten. Sie werden in diesem umfangreichen Führer aus Platzgründen nicht extra (z.B. ● 86—87 frei für Ergänzungen) erwähnt.

5.2 Aufbau einer ausführlichen Routenbeschreibung

Eine **ausführliche Routenbeschreibung**, die überall in diesem Führer (also auch bei leichten Normalwegen und Steiganlagen) angestrebt wurde, hat folgendes Aussehen:

Am Anfang befindet sich der sogenannte Beschreibungskopf, der alle Charakteristika der Route (sofern bekannt) enthält. Weiter folgen in wenigen Sätzen der etwaige Verlauf der Führe und nach der Erläuterung des Zuganges (mit Zeitangaben) schließlich die Beschreibung der eigentlichen Führe, gegebenenfalls aufgeschlüsselt nach einzelnen Seillängen. Bei gewöhnlichen Wegen wurden oft Übersicht, Zugang, Führe unter der Überschrift Anstieg zusammengefaßt.

Im einzelnen:

● Beschreibungskopf

Der Beschreibungskopf enthält der Reihe nach folgende Angaben, sofern sie bei Erstellung des Textes bekannt waren:
Erstbegeher in alphabetischer Reihenfolge oder beginnend mit jenem, der das meiste geführt hat; nur bei Frauen wurde der Vorname ausgeschrieben.
Die nun folgende **Schwierigkeitsangabe** in Fettdruck richtet sich nach der schwierigsten Stelle der Fahrt, so daß meistens noch weitere Daten zur Bewertung anschließen. Markante Schlüsselstellen oder -passagen (◢) werden eigens hervorgehoben. Danach folgen eine Charakterisierung der Kletterei sowie Angaben über die Felsbeschaffenheit. Als nächstes wird festgehalten, wie beliebt die Führe ist. Es folgt die Angabe, ob sich alle notwendigen **Haken** in der Wand befinden. Unabhängig davon sollte im übrigen jede Seilschaft ein ausgewogenes Haken-, Klemmkeil- und Schlingensortiment bei sich führen, das vor allem bei einer Verbesserung der Standplatzsicherung und in Notfällen Verwendung findet.

Gegebenenfalls erscheinen sodann einige kurze Empfehlungen für die **günstigste Jahreszeit** einer Begehung der Führe oder ob sie zum Beispiel nach Regenfällen gemieden werden sollte.

Die **Wandhöhen** basieren auf der AV-Karte (1 : 25 000) und stellen lediglich Näherungswerte dar. Die Seil- und in deren Folge die Klettermeter wurden geschätzt. Meterangaben im Verlaufe einer Führenbeschreibung sind stets Klettermeter; Höhenmeter sind als solche eigens hervorgehoben (mH).

Die **Zeitangabe** am Schluß des Beschreibungskopfes bezieht sich nur auf die eigentliche Führe und muß als ein Mittelwert aufgefaßt werden, der bedeutend überschritten (Verhältnisse, Verhauer . . .), doch auch wesentlich unterboten werden kann.

Hinweise auf den **Bild- und Skizzenteil** des Führers beschließen gegebenenfalls den Beschreibungskopf.

● **Übersicht, Zugang**

Es folgt eine kurze Darstellung des etwaigen Verlaufs der Führe und ihres Zuganges.

● **Führenbeschreibung**

Bei der Beschreibung der Route wurde auf größte Genauigkeit Wert gelegt und diese möglichst nach einzelnen Seillängen aufgeschlüsselt. Am Schluß des Textes einer jeden Seillänge findet man in Klammern ihre Länge in Klettermetern, ihren Schwierigkeitsgrad und das im Fels befindliche Material, sofern dies bekannt ist. Bisweilen wurden Schwierigkeitsangaben und einzelne Haken schon in den Text der einzelnen Seillängen eingearbeitet. Allerdings standen (wie schon oben erwähnt) bei den meisten Führen solche ausführliche Unterlagen nicht zur Verfügung.

Mancher Routenbeschreibung wurde eine **Anstiegsskizze** beigegeben. Es sei ausdrücklich darauf hingewiesen, daß sich die Angaben über die ZH und SH auf den Zeitpunkt der Begehung durch den Verfasser beziehen (1980 / 81 / 82).

5.3 Abkürzungen

a) Allgemeine Abkürzungen

Abb.	=	Abbildung
B.	=	Betten
bew.	=	bewirtschaftet
bez., Bez.	=	bezeichnet (markiert), Bezeichnung
BZB	=	Bayerische Zugspitzbahn
ca.	=	cirka

DuÖAV	=	Deutscher und Österreichischer Alpenverein 1873—1938
E	=	Einstieg
F	=	Fernsprecher
Ghs	=	Gasthaus
L.	=	Lager
Lt. Erstbeg.	=	laut Erstbeger (noch kein Wiederholerurteil)
M.	=	Matratzen
m	=	Meter
mH	=	Meter Höhenunterschied
Min.	=	Minuten
orogr.	=	orographisch (in Richtung des fließenden Wassers)
RP	=	Rotpunkt
SL	=	Seillänge(n)
Std.	=	Stunde(n)
SU	=	Sanduhr
TZB	=	Tiroler Zugspitzbahn
TB	=	Tourenbuch
♂	=	Schlüsselstelle
♂SL	=	Schlüsselseillänge
UIAA	=	Union international des associations d'alpinisme
Whs.	=	Wirtshaus
Ww.	=	Wegweiser

b) Abkürzungen für Haken u. ä.

H	=	Haken
AH	=	Abseilhaken
BH	=	Bohrhaken
RH	=	Ringhaken
SH	=	Standhaken
ZH	=	Zwischenhaken
HK	=	Holzkeil
KK	=	Klemmkeil

c) Abkürzungen von Himmelsrichtungen

N, O, S, W	=	Norden, Osten, Süden, Westen
NO, NW	=	Nordosten, Nordwesten
SO, SW	=	Südosten, Südwesten

5.4 Symbole für Routenskizzen (nach UIAA/DAV)
Siehe Skizze auf der nächsten Seite.

Symbole für Routenskizzen (nach UIAA/DAV)

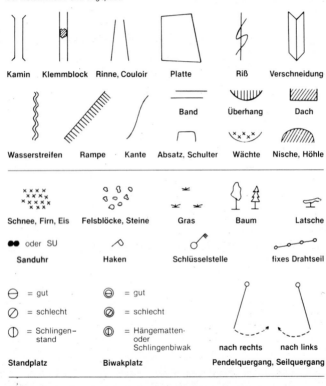

5.5 Die Schwierigkeitsbewertung nach UIAA

Soweit über eine Führe genügend Unterlagen zur Verfügung standen, wurden die UIAA-Richtlinien für Schwierigkeitsbewertung angewendet.

Nach Einführung des VII. Grades und der Öffnung der Schwierigkeitsskala nach oben im Mai 1979 durch die UIAA sind die Schwierigkeitsgrade I—VII wie folgt definiert:

I = Geringe Schwierigkeiten. Einfachste Form der Felskletterei (kein leichtes Geh-Gelände!). Die Hände sind zur Unterstützung des Gleichgewichtes erforderlich. Anfänger müssen am Seil gesichert werden. Schwindelfreiheit bereits erforderlich.

II = Mäßige Schwierigkeiten. Hier beginnt die Kletterei, die Drei-Punkte-Haltung erforderlich macht.

III = Mittlere Schwierigkeiten. Zwischensicherungen an exponierten Stellen empfehlenswert. Senkrechte Stellen oder gutgriffige Überhänge verlangen bereits Kraftaufwand. Geübte und erfahrene Kletterer können Passagen dieser Schwierigkeit noch ohne Seilsicherung erklettern.

IV = Große Schwierigkeiten. Hier beginnt die Kletterei schärferer Richtung. Erhebliche Klettererfahrung notwendig. Längere Kletterstellen bedürfen meist mehrerer Zwischensicherungen. Auch geübte und erfahrene Kletterer bewältigen Passagen dieser Schwierigkeit gewöhnlich nicht mehr ohne Seilsicherung.

V = Sehr große Schwierigkeiten. Zunehmende Anzahl der Zwischensicherungen ist die Regel. Erhöhte Anforderungen an körperliche Voraussetzungen, Klettertechnik und Erfahrung. Lange hochalpine Routen im Schwierigkeitsgrad V zählen bereits zu den ganz großen Unternehmungen in den Alpen und außeralpinen Regionen.

VI = Überaus große Schwierigkeiten. Die Kletterei erfordert weit überdurchschnittliches Können und hervorragenden Trainingsstand. Große Ausgesetztheit, oft verbunden mit kleinen Standplätzen. Passagen dieser Schwierigkeit können in der Regel nur bei guten Bedingungen bezwungen werden. (Häufig kombiniert mit künstlicher Kletterei: A 0 bis A 4).

VII = Außergewöhnliche Schwierigkeiten. Ein durch gesteigertes Training und verbesserte Ausrüstung erreichter Schwierigkeitsgrad. Auch die bester Kletterer benötigen ein an die Gesteinsart angepaßtes Training, um Passagen dieser Schwierigkeit zu meistern. Neben akrobatischem Klettervermögen ist das Beherrschen ausgefeilter Sicherungstechnik unerläßlich.

VIII, IX = Eine verbale Definition erscheint hier sowohl problematisch als auch nicht notwendig. Es handelt sich dabei um eine weitere Steigerung der zu bewältigenden Schwierigkeiten, die an das Klettterkönnen und an den notwendigen Krafteinsatz immer höhere Anforderungen stellen.

Ab dem Schwierigkeitsgrad III gelten die Zwischenstufen „—" und „+" für die untere und die obere Grenze eines Schwierigkeitsgrades.

Einige Bemerkungen zur Schwierigkeitsbewertung

Die Bewertung der zu erwartenden klettertechnischen Schwierigkeiten erfolgt in dieser Neuauflage zum ersten Mal nach der nun schon nicht mehr ganz neuen UIAA-Norm. Diese fordert eine genaue Trennung zwischen freier und technischer Kletterei, wobei jeweils die schwierigste zu bewältigende Einzelpassage zur Bewertung herangezogen wird. Die Reihenfolge der einzelnen Bewertungsteile besagt, ob es sich hauptsächlich um freie oder um technische Kletterei handelt.

BEISPIELE:

Unterer Schüsselkarturm, Nordwand „Schober", VI—/A0
d.h. überwiegend freie Kletterei, schwierigste Stelle VI—, einige technische Passagen A0.

Schwarze Wand, Nordwestwand „Lehne/Haag", A2/VI—
d.h. überwiegend hakentechnische Kletterei, schwierigste Passage A2, unterbrochen durch einige frei zu erkletternde Abschnitte, schwierigste Einzelstelle VI—.

Als Neuheit und Bereicherung erfolgt in diesem Führer eine Ergänzung der UIAA-Bewertung durch eine in Klammern aufgeführte, selbständige Freikletterbewertung, die eine Aussage über die zu erwartenden Schwierigkeiten bei ausschließlich freier Kletterei darstellen soll. Ansätze zu dieser neuen, ergänzenden Bewertungsform finden sich schon im AVF Sellagruppe (Auflage 1980). Allerdings erfolgte dort die Freikletterbewertung noch zu sporadisch und zog sich nicht konsequent durch den Führer durch, sondern beschränkte sich auf einige wenige Modetouren im Bereich des Sellapasses. Ein weiterer Nachteil war das Fehlen einer genauen Definition, wie diese Freikletterbewertung überhaupt zu verstehen sei. Dennoch war es ein sehr begrüßenswerter erster Ansatz und ein reizvoller Ansporn, im vorliegenden Wettersteinführer eine konsequente — selbstverständlich nur, soweit dies möglich war — und einigermaßen abgewogene Freikletterbewertung zu verwirklichen. Im AVF Marmolada-Hauptkamm (1. Auflage 1983) wurde diese Form der Bewertung konsequent weitergeführt.

Bei der in diesem Führer aufgeführten Freikletterbewertung handelt es sich um eine sog. „Rotpunktbewertung". Als Bewertungskriterium ist deshalb absolut freie Kletterei vorauszusetzen, woraus sich logischerweise ergibt, daß ein Rasten an Sicherungspunkten (Haken, Klemmkeile, Sanduhren usw.) nicht zulässig ist und nur natürliche Rastmöglichkeiten ausgenutzt werden dürfen. Die Bewertung bezieht sich folglich nicht unbedingt auf die schwierigste Einzelkletterstelle, die bei einer freien Begehung zu bewältigen ist, sondern auf die Gesamtschwierigkeit der durchgekletterten Seillänge, ohne zwischendurch an künstlichen Hilfsmitteln auszurasten. Diese kann auf Grund der Aneinanderreihung schwieriger Einzelstellen ohne geeignete Rastmöglichkeiten dazwischen natürlich wesentlich höher liegen. Dieser Umstand muß dann natürlich von der Bewertung berücksichtigt werden.

BEISPIEL:

Unterer Berggeisturm, „Gelbes U", V / A0 (Rotpunkt: VI)
d.h. bei einer Begehung unter Zuhilfenahme der vorhandenen Haken muß der V. Schwierigkeitsgrad bewältigt werden, außerdem einige kurze technische Passagen im Schwierigkeitsgrad A0. Bei einer „Rotpunktbegehung" erhöhen sich die Freikletterschwierigkeiten bis zum Schwierigkeitsgrad VI.

Während der Zusammenstellung dieses Führers wurde von den Autoren eine Umfrageaktion zum Thema „Schwierigkeitsbewertung im Wetterstein" gestartet. Dabei wurde an eine breite Gruppe von Kletterern ein Fragebogen verteilt und um Bewertungsvorschläge für die bekannten und populären Wettersteinrouten gebeten. Ein Großteil der Befragten nahm die Sache sehr ernst und gab sich bei ihrer Beurteilung viel Mühe. Dafür nochmals vielen herzlichen Dank. Ziel dieser Umfrage war es, eine möglichst abgerundete und ausgewogene Bewertung der Schwierigkeiten der einzelnen Routen zu erreichen und sich nicht zu sehr von subjektiven Beurteilungskriterien beeinflussen zu lassen. Inwieweit dies gelungen ist, muß jeder einzelne Kletterer selbst entscheiden.

Freikletterbewertung

Die rasante Freikletterentwicklung, die Mitte der 70-er Jahre in den Alpen einsetzte, hat sich selbstverständlich auch im Wetterstein niedergeschlagen. Ein Großteil der klassischen Routen erhielt innerhalb eines relativ kurzen Zeitraums freie Begehungen (Einzelheiten siehe „Entwicklung der Freikletterei"). Dieser Entwicklung soll nun auch in der vorliegenden Neuauflage Rechnung getragen werden. Deshalb wurde neben der traditionellen Bewertung einer Kletterroute, die (zumindest bei den schwereren Führen) eine Zweiteilung zwischen freier und künstlicher Kletterei vorsieht, auch eine Freikletterbewertung aufgeführt.

BEISPIEL:
Unterer Schüsselkarturm
Nordwand „Schober", R 1045
VI—/A0, meist V und V+/A0 (Rotpunkt: VI+)

Grundlage für die Freikletterbewertung war der **Rotpunkt**gedanke, d.h. eine freie Begehung einer Route im Vorstieg, ohne an den Sicherungspunkten (Haken, Schlingen, Klemmkeile usw.) auszuruhen. Die Bewertung trifft deshalb mit Einschränkungen auch für **Rotkreis**begehungen zu, Begehungen also, bei denen der Seilerste mehrere Versuche benötigt hat, um die Seillänge zu bewältigen (Sturz oder Aufgabe durch Ausruhen). Der durch sauberes Klettern zuletzt erreichte Sicherungspunkt bleibt dann zwar eingehängt, der Kletterer muß allerdings wieder vom Standplatz bzw. vom letzten natürlichen Ruhepunkt („no hand rest") einen neuen Versuch starten.

Die Bewertung ist deshalb als eine Gesamtschwierigkeit der durchzukletternden, schwierigsten Seillänge zu verstehen (Dauerkraftproblem) und bezieht sich nicht nur auf den schwierigsten Einzelkletterzug. Da zwischen der Schwierigkeit der Einzelzüge und dem Problem des Durchkletterns einer ganzen Seillänge oft beträchtliche Unterschiede liegen, wurde eine **a.f.-Bewertung** (Freiklettern mit Ausruhen an den Sicherungspunkten) nicht berücksichtigt. Ist dies ausnahmsweise geschehen, so wurde es ausdrücklich im Beschreibungskopf aufgeführt.

Die Bewertung erfolgte — so weit dies möglich war — für alle Routen (einige wenige Führen warten noch auf ihre erste freie Begehung), erfolgte in Absprache mit vielen kompetenten Gebietskennern und entspricht vom Bewertungsmaßstab in etwa dem im deutschsprachigen Alpenraum üblichen Vorstellungen (siehe auch Routenvergleichstabelle) Neben der Bewertung der Gesamtschwierigkeiten für eine freie Begehung sind die Freikletterschwierigkeiten für die einzelnen Seillängen in den Anstiegsskizzen aufgeführt. Eine weitere Nennung im Anstiegstext erfolgte nicht. Das Ideal sollte auch und vor allem im Gebirge eine sturzfreie, beherrschte Begehung einer Route sein. Nur in seltenen Fällen herrschen so sichere Umstände wie in den Klettergärten mit bombenfestem Fels und zementierten Haken. Der sportlich-ethische Gedanke des (sturzfreien) Rotpunktkletterns wird im Gebirge ergänzt durch die Komponente des Sicherheitsgedankens. **Jeder** Sturz im Gebirge bedeutet Lebensgefahr! (S. Beulke)

Die Bewertung der Schwierigkeit künstlicher Kletterei erfolgt nach der fünfstufigen Skala A0 bis A4 (A = artificiel).

A0

Die einfachste Form künstlicher Kletterei. Haken oder andere Zwischensicherungen (Holz- oder Klemmkeile, Sanduhr- oder Zackenschlingen) in vorwiegend freien Routen müssen als Griff oder Tritt benutzt werden, Trittleitern jedoch sind nicht erforderlich. Auch die Benutzung von Selbstzug, die Anwendung von Pendeltechnik und die des Seilzugquerganges zur Fortbewegung fällt unter künstliches Klettern A0.

A1

Haken und andere technische Hilfsmittel sind relativ leicht anzubringen und die Passage verlangt relativ wenig Kraft, Ausdauer und Mut. Die Verwendung einer Trittleiter pro Seilpartner, die mehrfach eingehängt wird, ist ausreichend, eine zweite ist nicht erforderlich.

A2—A4

Größere Schwierigkeiten beim Hakensetzen und Anbringen anderer technischer Hilfsmittel (kompakter Fels, geschlossene Risse, brüchiger und kleinsplittriger Fels) und/oder größere körperliche Leistungen beim Überwinden der Kletterstelle (Überhang, Dach, großer Hakenabstand) und/oder große Ausgesetztheit, welche vom Kletterer immer größere Fähigkeiten verlangen. Zwei Trittleitern notwendig.

Anmerkung zur Bewertung der künstlichen Kletterei

Die Kletterrouten im Wetterstein sind in der Regel mit dem notwendigen Hakenmaterial versehen. Die Bewertung der technischen Kletterei ist deshalb für die zu erwartenden Schwierigkeiten einer Begehung der eingenagelten Route zu verstehen und bezieht sich nicht auf die Anbringung neuer Fortbewegungshilfen. Bei einigen Routen mit relativ schlechtem Hakenmaterial, das möglicherweise die Anbringung neuer Fortbewegungsmittel verlangen kann (Ausbruch oder Sturz), können sich deshalb die hakentechnischen Schwierigkeiten beachtlich erhöhen. Bei dafür typischen Routen wurde dies auch im Beschreibungskopf berücksichtigt (z.B. Schüsselkarspitze, Ostsüdostwand „Schubert", R 1099; Schwarze Wand, „Lehne/Haag", R 629).

Routen-Vergleichstabelle für die Schwierigkeitsgrade I bis VIII

Alle angeführten Routen sind reine Freikletterrouten („Rotpunkt"). Zusammengestellt unter Mitwirkung von Stefan Glowacz (Oberau), Bernhard Schmid (Garmisch-Partenkirchen), Andreas Kubin (München), Kurt Albert (Oberschöllenbach).

	Wetterstein
I	Dreitorspitze, Hermann-von-Barth-Weg, R 1251
II	Dreitorspitze, Überschreitung, R 1252
III	Hochblassen, Blassengrat, R 674
IV−	Schüsselkarspitze-Westgratturm, „Siemens/Wolf", R 1071
IV	Scharnitzspitze, „Leberle", R 1004
V−	Oberreintalturm, „Fahrradlkant'n", R 953
V	Zundernkopf, Ostwand „Rittler", R 891
V+	Unterer Schüsselkarturm, „Herbst/Teufel", R 1047
VI−	Schüsselkarspitze, Südverschneidung, R 1089
VI	Unterer Schüsselkarturm, „Schober", R 1045
VI+	Schüsselkarspitze, Südostwand, R 1098
VII−	Schüsselkar-Westgratturm, „Knapp/Köchler", R 1075
VII	Oberreintalturm, „Henke/Parzefall", R 957
VII+	Oberreintaldom, „PS-Verschneidung", R 1337
VIII−	Oberreintalturm, „Heiße Nummer", R 956

	Wilder Kaiser	Dolomiten
I	Karlspitzen vom Ellmauer Tor	Erster Sellaturm, Normalweg
II	Scheffauer, Nordwand „Leuchsweg"	Große Zinne Normalweg
III	Ellmauer Halt, Kopftörlgrat	Dritter Sellaturm, „Jahnweg"
IV—	Ellmauer Halt, Südwandschlucht	Pordoispitze, „Maria-Kante"
IV	Predigtstuhl, Nordkante	Pordoispitze, Westwand „Fedele"
IV+	Predigtstuhl, Westwandl „Dülfer"	Cima della Madonna, „Schleierkante"
V—	Predigtstuhl, Westkante	Zweiter Sellaturm, Nordkante „Kasnapoff"
V	Predigtstuhl, Westverschneidung	Torre Venezia, Südwand „Tissi"
V+	Fleischbank, Ostwand „Dülfer"	Piz de Ciavazes, Südwand „Micheluzzi"
VI—	Bauernpredigtstuhl, Alte Westwand	Tofana di Rozes, „Constantini/ Ghedina" (Pilastrokante)
VI	Karlspitze, Ostwand „Göttner"	Erster Sellaturm Südwand „Schober"
VI+	Fleischbank, Südostwand, „Wießner/Rossi"	Marmolada, Südwestwand „Vinatzer"
VII—	Karlspitzpfeiler	Große Zinne, Nordwand „Comici"
VII	Fleischbank, Ostwand „Rebitsch/Spiegl"	Tofana di Rozes, „Pilastro"
VII+	Fleischbankpfeiler, „Schlemmerrisse"	Cima Scotoni, Südwestwand „Lacedelli"
VIII—	Fleischbank, Ostwand, „Frustlos"	Westliche Zinne, Nordwand „Cassin"
VIII	Fleischbank, Ostwand „Mythomania"	Rotwand, Südwestwand „Hasse/Brandler"

Routen-Vergleichstabelle für die Schwierigkeitsgrade A 0 bis A 2
(teilweise und vorwiegend künstliche Kletterei)

	Wetterstein	Karwendel
A 0	Unterer Schüsselkarturm, Nordwand (Schober) (VI—), R 1045	Lalidererwand, Nordwand (Auckenthalerführe) (VI—)
A 1	Schüsselkarspitze-Westgratturm, Südwand (Knapp/Köchler) (VI—), R 1075	Martinswand, Spitzenstätter/Troier-Führe (VI—)
A 2	Schwarze Wand, Lehne/Haag/Co. (VI), R 629	Grubenkarspitze, Dir. Nordostwand (Baumann/Wimmer-Führe) (VI—)
	Wilder Kaiser	**Sellagruppe**
A 0	Fleischbank, Südostwand (Wießner/Rossi (V+)	Pordoispitze, Südostkante (Abram) (V)
A 1	Predigtstuhl, Direttissima (VI—)	Piz de Ciavazes, Zeniverschneidung (V+),
A 2	Fleischbank, Ostwand (Scheffler/Siegert (VI—)	Piz de Ciavazes, Via Italia 1961 (V)

Zur Entwicklung des Freikletterns im Wetterstein

Das Wettersteingebirge als Klettergebiet war traditionell schon immer eine der Freikletterhochburgen in den Nördlichen Kalkalpen. So ist die 1913 von Fiechtl und Herzog erstbegangene Schüsselkar-Südwand zweifellos eine der bedeutendsten und schwierigsten Routen der damaligen Zeit gewesen, die den Routen von Hans Dülfer im Wilden Kaiser um nichts nachstand.

In den 30er Jahren setzte dann massiv die klettersportliche Extremerschließung, vor allem auf der Südseite, im Bereich der Schüsselkarspitze, ein. Obwohl es dabei auch schon vermehrt zur Anwendung technischer Fortbewegungshilfen kam, dominierte doch zweifellos die kühne und athletische Freikletterei.

Zu den herausragenden Routen dieser Zeit gehörten zweifellos die Direkte Südwand (Aschenbrenner/Rainer, 1939) sowie die Südostwand (Peters/Haringer, 1934) an der Schüsselkarspitze. Die „Südost" wurde damals der „Comici" an der Großen Zinne gleichgestellt und gehörte zu den ganz großen Führen in den Nördlichen Kalkalpen. Etwa zur gleichen Zeit erregte der junge Kletterer Michel Schober aus Garmisch-Partenkirchen mit neuen, schwierigen Erstbegehungen das Aufsehen der alpinen Kletterszene. Das Jahr 1938 wurde zum Höhepunkt seiner Laufbahn; seine Erstbegehungen der Nordwand des Unteren Schüsselkarturms, der Ostwand an der Schüsselkarspitze sowie der Südostwand am Riffelkopf dokumentieren dies eindrucksvoll. Es dominierte die strenge und anspruchsvolle Freikletterei, die dennoch Eleganz und Großzügigkeit besaß. Etwas in Vergessenheit geraten ist dabei der schon 1935 erstbegangene Blassenpfeiler (Hüttenhofer/Wiedemann), der den bekannten Spitzenrouten der damaligen Zeit in Bezug auf Schwierigkeit und Schönheit um nichts nachstand. Resümee: Bis 1939 wurde bei einer Handvoll Routen der VI. Grad erreicht oder zumindest gestreift. Der Krieg schob dann der weiteren Entwicklung erst einmal einen Riegel vor, die armen Bergsteiger hatten zwangsweise Schlechteres zu tun. Nach 1945 waren die Grenzen erst einmal geschlossen, es kam zu einer erschließungsgeschichtlichen Nord-Süd-Teilung. Während die Entwicklung an der Schüsselkarspitze erst einmal stagnierte, wurde im Oberreintal der Nachholbedarf gestillt. Die Südwestwand am Oberen Berggeistturm (Cukrowsky/Döllein, 1947) sowie die Nordverschneidung am Oberreintaldom (Gonda/Hackel, 1952) waren lange Zeit das Topgespann in der „Hitliste". Ihre VI+ überstanden auch unbeschadet einige Führerauflagen. Während die „Cukrowsky" mit ihrer Reibungsplatte vor allem im Zeitalter der Bollerschuhe einigen Seilschaften weiterhin Respekt einflößte, fielen die rassigen Piazrisse der „Gondaverschneidung" relativ bald einer geplanten Vernagelung zum Opfer – aus dem Musterbeispiel sächsischer Freikletterei wurde ein V+/A1. Die Welle der „Eisenzeit", die im Wilden Kaiser doch recht beachtliche Wogen schlug, streifte das Wetterstein nur am Rand, Direttissimas waren offensichtlich nicht gefragt und große Dächer und Überhänge gab's hier keine. Die Hakenzahl wuchs dennoch, bis fast jede Route auf V+ abgerutscht war. Freie und sparsam genagelte Routen wie die „Schließler" (1947) oder die „PS-Verschneidung" (1959) erfreuten sich nur sehr begrenzter Beliebtheit, da war der vermeintliche VI. Grad in der „Gonda" oder in der „Südost" doch wesentlich leichter abzuhaken.

Die 70er Jahre kamen und mit ihnen die Rückbesinnung aufs freie Klettern, wenn auch mit etwas zeitlichem Rückstand gegenüber dem Wilden Kaiser oder dem Sellapaß. 1977 begann das bis dahin recht schüchtern probierte Rotpunktklettern seine ersten Früchte zu tragen. Helmut Kiene kletterte die „Jörg/Simon" und die Direkte Südwand an der

Schüsselkarspitze ohne Hakenhilfe; im gleichen Jahr gelang Andreas Kubin und Thomas Nöldner die erste Rotpunktbegehung der Südostwand. Damit war zumindest die Tür zum VII. Grad aufgestoßen. Die weiteren freien Begehungen der klassischen Routen folgten Schlag auf Schlag. Der Wettersteinkalk erwies sich dabei als sehr kletterfreundlich, die Schwierigkeiten bei freier Kletterei lagen nicht selten nur unwesentlich höher als bei der Benutzung der Haken als Fortbewegungshilfe. Der neue Kletterstil schlug sich bald auch in – wenn auch zuerst eher bescheiden anmutenden – Erstbegehungen nieder. Aktiv war hier vor allem Sepp Gschwendtner, der mit seinen Routen am Pantherkopf („Südwandrisse", 1977, und „Zweiter Streich", 1978), Dreizinkenspitze „Freie Verschneidung" (1978) sowie der „Sepperlverschneidung" am Unteren Berggeistturm (1979) den Gedanken des „clean and free climbing" (Freiklettern mit Klemmkeilen zur Absicherung) auf neue Routen übertrug. Zwar wurde hier das bereits von Peters, Schober oder Gonda erreichte Schwierigkeitsniveau nicht übertroffen, der erste und wichtige Schritt in Richtung eines neuen Trends war es auf jeden Fall. 1979 gelang Michael Hoffmann die erste Rotpunktbegehung der „Knapp/Köchler" am Westgratturm, die damals wahrscheinlich die technisch anspruchsvollste Freikletterei im Wetterstein bot.

Im selben Jahr gelang Reinhard Schiestl und Luggi Rieser die Erstbegehung der „Morgenlandfahrt", wobei sie gleichzeitig die erste Neutour mit einem zwingend zu kletternden VII- eröffneten.

Zwei Erstbegehungen in der Ostsüdostwand der Schüsselkarspitze mit gänzlich unterschiedlichem Charakter waren der Höhepunkt des Jahres 1980.

Josef „Sani" Heinl und Albert Gilgenrainer eröffneten mit viel Materialaufwand, etlichen Bohrhaken und Fixseilen in mehreren Tagen in diesem abweisenden Wandteil ihren „Bayerischen Traum". Das Ergebnis war eine der schönsten und abwechslungsreichsten, aber auch anspruchsvollsten Freiklettereien im Wetterstein.

Völlig frei geklettert wird die Route mit VIII bewertet. Kurt Albert gelang die erste freie (zugleich zweite) Gesamtbegehung. Damit war der „Bayerische Traum" eine der ersten Routen im Alpenraum, in denen der VIII. Grad geklettert wurde. Allerdings kann die Schlüsselstelle (ein ansteigender Bohrhakenquergang) nur mit Seilsicherung von oben geklettert werden, da die Griffolge unterhalb der Bohrhaken verläuft und diese deshalb beim Klettern nicht eingehängt werden können.

Völlig anders dagegen der „Hexentanz der Nerven". Heinz Zak und Hans-Jörg Leis eröffneten in beispielhaftem, fairem und mutigem Kletterstil eine klettertechnisch und moralisch sehr anspruchsvolle Route und setzten zweifellos Maßstäbe für die Zukunft.

Ohne das beruhigende „Sprungtuch" einer sicheren Bohrhakenleiter ist der freie VII. Grad doch recht wörtlich zu nehmen. Während sich der voll eingenagelte „Bayerische Traum" reger Beliebtheit erfreut, sprachen die wenigen Wiederholer mit großem Respekt vom „Hexentanz". Allerdings ließ eine erneute Steigerung nicht lange auf sich warten. 1981 eröffneten Wolfgang Güllich und Kurt Albert in den Platten rechts der „Knapp/Köchler" einen echten Hammer. Mit dem „Locker vom Hocker" nahm der VIII. Grad endgültig Einzug ins Wetterstein. Auch wenn die Erstbegeher die Route nur a. f. (mit 4mal Ausruhen an den Klemmkeilen, teilweise bedingt durch das Schlagen von Bohrhaken) kletterten, so eröffneten sie doch zweifellos eine neue Schwierigkeitsdimension im Alpenklettern. Viele Wiederholungsversuche sind schon am problematisch abzusichernden Einstiegsriß gescheitert, bis endlich im Sommer 1982 die ersten Wiederholungen zu verzeichnen waren.

Das Jahr 1982 sollte ein besonders wichtiges Jahr für die Freikletterentwicklung werden. Zum einen erhielten einige „Klassiker" ihre lange Zeit nicht für möglich gehaltene erste freie Begehung, zum anderen schwappte eine regelrechte Erstbegehungswelle über das Wetterstein und erfaßte hier besonders das Oberreintal.

Schon zu Pfingsten gelangen drei Neutouren in freier Kletterei durch Wandpartien, an denen schon frühere Versuche zu Ende der 50er und 60er Jahre – dabei teils unter Verwendung von künstlichen Hilfsmitteln – gescheitert waren. Das „Donnerwetter" (Glowacz/Schmid) durch die Plattenwand links vom „Gelben U" erstaunte Erstbegeher und Wiederholer, klassische Plattenkletterei im VI. Grad vermutete in diesem kompakten Wandteil niemand. Das „Niemandsland" (Beulke/Gilgenrainer) am Unteren Schüsselkarturm war ebenfalls ein altes Problem, jeder wußte davon, jeder redete davon, doch niemand hat's gemacht. Auch hier klassische, wenn auch sehr ernste Kletterei. Absolute Toproute im Oberreintal sollte die „Heiße Nummer" (Beulke/Gilgenrainer) in der Westwand des Oberreintalturms werden, die dem Wetterstein eine weitere Neutour im VIII. Grad bescherte. In Verbindung mit dem sogenannten „Idealausstieg" zweifellos eine der anspruchsvollsten, aber auch eine der schönsten Routen im Wetterstein, die hohe Anforderungen an Kraft und Moral stellt.

„Octopus" (Schmid/Reindl) und „Sodbrennen" (Härtl/Krah) bewiesen, daß der Oberreintaldom für Neulandsucher noch interessante Möglichkeiten zu bieten hat – zwei lohnende Freiklettereien im klassischen, wenn auch extremen Stil.

Die „Schließler" am Oberreintaldom wurde frei geklettert und kann so weiterhin ihren Ruf als schwerste Domroute bewahren.

Das Jahr 1983 beginnt sehr verheißungsvoll mit einer neuen Domroute: „Dornröschen" (Härtl/Krah). Die ersten Wiederholerurteile waren sehr positiv – „klassischer VII. Grad"!?
Ein deutlicher Niveauanstieg ist nicht zu übersehen. So entwickelt sich „Locker vom Hocker" schon 1983 zur Modetour für Könner, ein Ende der Zählbarkeit der Begehungen ist schon in Sicht.
Das Wetterstein zählt zweifellos noch immer (oder mehr denn je?) zu den alpinen Spitzenklettergebieten in den Nördlichen Kalkalpen. Die Entwicklung der Freikletterei und die damit verbundene Eröffnung neuer Routen steht wahrscheinlich erst am Beginn einer neuen Entwicklungsphase. Man darf darauf gespannt sein, was die Zukunft noch bringen wird.

S. Beulke

Für Schlechtwettertage: Humor und Unterhaltung

Franz Xaver Wagner/Sebastian Schrank

Alpines Alphabet

Satirische Stichworte und Zeichnungen für Bergsteiger und Skifahrer haben die Autoren des „Alpinen Panoptikums" in ihrem zweiten Bändchen zusammengestellt. Sie schufen das „Alpine Alphabet", weil es bis dato noch kein Bergbuch gab, das bei einem Gewicht unterhalb dem einer Dose Bier auch in der Höhe und ohne künstlichen Sauerstoff Denkanstöße zu geben vermochte. Das „Alpine Alphabet" wird jedem die Zeit vertreiben, der sich auf faden Gipfeln langweilt, mutterseelenallein in den leeren AV-Hütten sitzt, oder die trostlose Einsamkeit eines beliebten Klettersteigs nicht aushält...

Größe 12 × 16 cm, kartoniert, 112 Seiten, 1. Auflage 1980.

Zu beziehen durch alle Buchhandlungen

Bergverlag Rudolf Rother GmbH · München

II. Talorte und Ausgangspunkte

● 1 Garmisch Partenkirchen, 700 m
27 000 Einwohner, Hauptort des Werdenfelser Landes, Sitz des gleichnamigen Landratsamtes und zahlreicher anderer Behörden. In einer Seehöhe von 700 m im Talkessel der Loisach und Partnach am Fuße der Berghäupter des Wettersteins gelegen, bietet es ein landschaftlich überaus schönes Bild. Von der Natur in ungewöhnlichem Maße begünstigt hat es sich außerdem vermöge seiner zahlreichen Fremdenverkehrs- und Sporteinrichtungen für Sommer und Winter zu einem Zentrum entwickelt, das es sowohl fremdenverkehrsmäßig wie sportlich zu einem der größten der Welt macht.
Sehenswürdigkeiten. Garmisch: Alte Straßen (Frühlingsstraße). Neue Kirche am Marienplatz, 1732 erbaut, mit prächtigen Stukkaturen des Wessobrunners Joh. Schmuzer in Frührokoko. Fresken der Decke (1734) vom Augsburger Math. Ginther. Alte Kirche, Passionsbilder an der Nordwand um 1400. Noch älter die Christophorusfigur. Zwei schöne Glasgemälde aus dem 14. Jahrhundert im Chor.
Partenkirchen: Kirche. Linksseitig Gemälde Mariä Himmelfahrt des Venezianers B. Litterini, eines Schülers Tizians (1732). Kriegerdenkmal von Professor Wackerle, Partenkirchen. Sebastianskirchlein mit sehenswerten Fresken. Das 1763 erbaute Wallfahrtskirchlein St. Anton. Bezirksmuseum schräg gegenüber dem neuen Rathaus.
Moderne Sehenswürdigkeiten: Olympia-Eisstadion, Garmisch; Olympia-Skistadion, Partenkirchen.

● 2 Klais, 932 m
Weiler. Schnellzugstation. Ghs. F. Postautoverbindung nach Krün, Wallgau, Walchensee. Zu Fuß in 1¼ Std. nach Elmau, in ½ Std. zum Barmsee.

● 3 Barmsee, 885 m
Von der Bahnstation Klais auf dem Sträßchen gegen Krün, bis links der Weg zum Barmsee abzweigt. Ghs. F. Badegelegenheit. ½ Std. von Klais.

● 4 Gerold-Wagenbrüchsee, 929 m
Weiler ungefähr in der Mitte zwischen Kaltenbrunn und Klais. Unmittelbar östl. davon der als Badegelegenheit beliebte Wagenbrüchsee.

● 5 Kaltenbrunn, 855 m
Weiler. Bahnstation. Whs., F. Beliebter Ausflug von Partenkirchen. Zu Fuß über das alte Gsteig und zum Schluß die neue Mittenwalder Straße. 1½ Std.

Zum Gschwandtnerbauer, 1020 m. Von der Partenkirchener Straße beim Ww. rechts ab, in ½ Std. Nach Wamberg ¾ Std.

● 6   Wamberg, 996 m

Höchstgelegenes Dorf Deutschlands. Ghs. F. Von Kainzenbad auf und neben einem Ziehweg, der zum Teil ziemlich steil durch Waldstücke und über freie Wiesenhänge zum Ort führt, etwa 1 Std. – Bequemer und kürzer von der Station Kaltenbrunn der Mittenwaldbahn. Vom Bahnhof wenige Minuten auf der Straße gegen Partenkirchen. Bald zweigt links der Fahrweg ab, der erst durch Wiesen, dann durch Wald, unterhalb des Rappenschrofens durch, zum Schluß durch ein Tälchen nach Wamberg führt. ¾ Std.

● 7   Elmau, 995 m

Auf einem grünen Plan, der durch den waldigen Fuß des Wettersteinkammes, den Eckbauernrücken und das Hügelgebiet des Kranzberges eingeschlossen ist, erfreut es sich einer landschaftlich besonders herrlichen Lage. Den Sockel des Wettersteinwaldes krönen die gezackten Gipfel der Partenkirchner Dreitorspitze, des Mustersteins und des östl. Wettersteingrates. Ausgangspunkt für Fahrten im östl. Wetterstein, Wanderungen am Wamberger Rücken und im Kranzberggebiet.

Von der Bahnstation Klais zu Fuß 1–1¼ Std. Gegen Gebühr befahrbares Sträßchen.

Von Mittenwald über den Lauter- und Ferchensee zu Fuß in 2½ Std. Diese Straße ist ab Ferchensee für den Kraftverkehr nicht zugelassen.

● 8   Grainau

Bestehend aus den Ortsteilen Ober- und Untergrainau und Hammersbach. 2700 Einwohner. Zugspitzdorf am Fuße der Waxensteine. Stationen Ober- und Untergrainau der Staatsbahn, Station Grainau-Badersee der BZB, Omnibus nach Garmisch-Partenkirchen. Ghs., Pensionen private Unterkünfte. Verkehrsverein, Schwimmbad, Kino usw. Für längeren Aufenthalt geeignet. Zahlreiche Ausflüge in der näheren und weiteren Umgebung. Ausgangspunkt für Bergfahrten aller Schwierigkeitsgrade im Zugspitz-Waxenstein-Alpspitz-Gebiet.

● 9   Eibsee, 972 m

Einer der Hauptanziehungspunkte des Werdenfelser Landes und einer der schönsten oberbayerischen Alpenseen. Der 2,5 km lange und 1 km breite See ist bis 28 m tief und hat sieben Inseln. Großes Hotel, Touristenstube, Posthilfsstelle, Schiffahrt, Badeanstalt mit Badestrand. Station der Bayerischen Zugspitzbahn und der Eibsee-Gipfelbahn.

a) Von Obergrainau hart südlich der Kirche und Schule durch ein Waldtälchen zu Punkt 841 der Eibseestraße. Nun entweder auf der

Straße oder besser auf dem hier rechts abzweigenden Fußweg zum Eibsee. 1 Std.
b) Von Untergrainau auf der Straße bis Punkt 841 und dann wie a).
c) Von Griesen: Auf der Ehrwalder Straße, bis die Loisach kurz nach Einmündung der Neidernach auf einem Steg überschritten werden kann. Anfangs in Kehren und ziemlich steil, bald aber sanfter auf der Höhe des Hintermooses und auf das sich immer großartiger entwickelnde Massiv der Zugspitze zuwandernd abwärts zum Eibsee, der bei seinem nördlichsten Zipfel, dem Untersee, erreicht wird. Etwa 2 Std., in umgekehrter Richtung etwas bequemer.

● 10 Griesen, 824 m
Bahnstation. Zollstation. Forsthaus. Ghs. F. Stützpunkt für Wanderungen und Touren in den südl. Ammergauern. Übergang zum Eibsee.

● 11 Mittenwald, 913 m
Der etwa 9000 Einwohner zählende Markt, der Hauptort des oberen Isartales, liegt mit dem größeren Teil auf dem linken Isarufer in einer an landschaftlichen Reizen reichen Talweitung, die, nach N offen, gegen W den Blick auf die Wettersteinspitzen, vom Ostufer der Isar auf die Alpspitze rechts und den Öfelekopf links der Wettersteinspitzen freigibt, während sie gegen O von den aufragenden Wänden der nördl. Karwendelkette jäh abgeschlossen wird. Im S als Talschluß erscheinend, die Seefelder Gruppe des Karwendels, im SW der Arnstock. Trotz der Einwohnerzahl und des immer wachsenden Fremdenverkehrs hat sich Mittenwald den Charakter des Gebirgsortes zu wahren gewußt. Die Bevölkerung lebt fast ausschließlich von Geigenbau und Fremdenverkehr. Die Viehzucht spielt eine verhältnismäßig geringe Rolle. Interessant ist die in verschiedenen Straßen zu sehende stufenförmige Anordnung der zusammengebauten Häuser – Mittenwald ist Grenzstation und Zollamt. Es verfügt über alle einem Fremdenort seiner Bedeutung zukommenden Einrichtungen. Unterkünfte, Sportanlagen usw. Lift und Seilbahn zum Kranzberg. – Sehenswürdigkeiten: Denkmal des Begründers des Geigenbaues in Mittenwald, Math. Klotz (1653–1743), der diesen heute noch wichtigen Erwerbszweig der Bevölkerung eingeführte und der den Ruf Mittenwalds in der Welt bekannt und berühmt gemacht hat. Geigenbaumuseum.

● 12 Scharnitz, 964 m
Hübsch am Eingang in die Karwendeltäler am O-Fuß des Arnstocks gelegenes Gebirgsdorf. Österr. Zollamt. Bahnstation. Post. F. Mehrere Ghs., Pens., Privatquartiere usw. 1000 Einwohner. Geschäfte, Verkehrsverein.

● **13** **Leutasch,** 1133 m

Bestehend aus den Ortsteilen Ober- und Unterleutasch. 1300 Einwohner. Langgestrecktes Hochtal in der östlichen Verlängerung des Gaistales. Bus von Seefeld und Mittenwald, Fahrstraße über Buchner Sattel nach Telfs. Nächste Bahnstation ist Seefeld, 7 km. Ausgangspunkt für die Almen im Gaistal und die Rauth-Hütte. Gipfel: Besonders Hohe Munde über Rauth-Hütte.

● **14** **Buchen**

Weiler mit schönem Blick ins Inntal. Whs. 1 Std. von Oberleutasch. Im Sommer Bushaltestelle. Von Buchen nach Telfs im Inntal 2 Std. Von Buchen nach Mösern etwa 1½ Std. Von Buchen über Wildmoos nach Seefeld 1¾–2 Std.

● **15** **Seefeld,** 1184 m

1800 Einwohner, am höchsten Punkt des Übergangs aus dem Inn- in das Isartal erfreut sich eines prachtvollen Landschaftsbildes. Auf einem Hochplateau gelegen bietet es einen weitreichenden Blick, den im S die Stubaier, im W die Mieminger und das Wettersteingebirge, im N und O die Berge des Karwendels einrahmen. Infolge seiner klimatisch und verkehrsmäßig günstigen Lage hat es sich in den letzten Jahren zu einer der bedeutendsten Fremdenorte Tirols entwickelt und genießt besonders als Wintersportplatz Weltruf. Als Schnellzugstation der Karwendelbahn und Ausgangspunkt dreier Autobuslinien ist es der beste Ausgangspunkt für Fahrten im südl. Wetterstein. Eine ganze Anzahl von Fahrten aller Schwierigkeitsgrade können von Seefeld aus an einem Tag unternommen werden.

Sehenswürdigkeiten: Die Kirche in der Ortsmitte, deren Anfänge auf das 14. Jahrhundert zurückgehen (sie gilt als eine der schönsten gotischen Kirchen Tirols); die angebaute Blutskapelle, die aus dem 16. Jahrhundert stammt, und die Seekapelle am Weg nach Mösern (17. Jahrhundert).

● **16** **Telfs,** 633 m

Marktgemeinde im Inntal am Fuße der Hohen Munde, 27 km westl. von Innsbruck. Bahnstation. Fahrstraße über Mösern nach Seefeld sowie über Buchen in die Leutasch und weiter nach Mittenwald. In Telfs zweigt auch die Straße auf das Mieminger Plateau von der Inntalstraße ab. Ausgangspunkt für Buchen, Straßberg, Alplhaus. Gipfel: Hohe Munde, Karkopf, Hochwand, Hochplattig.

● **17** **Mieminger Plateau**

Mittelgebirge, zwischen Telfs und Nassereith den Mieminger Bergen südl. vorgelagert und steil ins Inntal abfallend. Die Mieminger Hochebene ist eine sonnige Landschaft mit freundlichen Dörfern inmitten von Fichten-, Föhren- und Lärchenwäldern. Über die Mieminger Hochfläche führt die Buslinie Innsbruck – Telfs – Mieminger Plateau – Nassereith – (Imst) – Fernpaß – Ehrwald – Reutte.

● 18　　　　　　　　　Wildermieming, 884 m

Etwas abseits der Straße gelegenes kleines Dorf. Nächste Bahnstation ist Telfs-Pfaffenhofen. Ausgangspunkt für Straßberg, Alplhaus und alle Gipfel im östlichen, aber auch im zentralen Teil der Mieminger Kette.

● 19　　　　　　　　　Mieming

Obermieming, 869 m, Untermieming, 807 m, Barwies, 881 m, 9 km westlich von Telfs. Ausgangspunkt für Bergfahrten auf der Südseite der Mieminger Kette. Gipfel: Hochplattig, Mitterspitzen, Griesspitzen, Schoßköpfe.

● 20　　　　　　　　　Obsteig, 995 m

12 km westlich von Telfs, 38 km westlich von Innsbruck, bekannt wegen seiner Lärchenwälder, beliebte Sommerfrische wie alle Orte auf dem Mieminger Plateau; Wintersport. Ausgangs- bzw. Endpunkt für die Übergänge über das Marienbergjoch und die Grünsteinscharte sowie für die Gipfel im westlichen und zentralen Teil der Mieminger Kette, ferner für Simmering und Tschirgant.

● 21　　　　　　　　　Nassereith, 884 m

Größerer Ort an der Fernpaßstraße, 12 km von Imst, 20 km von Telfs. Ausgangspunkt für Wannig und Simmering.

● 22　　　　　　　　　Biberwier, 991 m

Nördlich des Fernpasses an der Fernpaßstraße in Nähe der Fernpaßseen, 3 km von Ehrwald. Ausgangspunkt für Coburger Hütte über die Biberwierer Scharte, für das Marienbergjoch von N und für die Gipfel im westlichen Teil der Mieminger Kette.

● 23　　　　　　　　　Ehrwald, 1000 m

Bahnstation der Mittenwaldbahn, Bus nach Reutte und über den Fernpaß in das Inntal. Sommerfrische und Wintersportplatz. Ausgangspunkt für Coburger Hütte, Breitenkopfhütte, für die Gipfel im westl. Teil der Mieminger Kette und für die in den nördlichen Seitenkämmen.

Neuerscheinung:
Alpinmonografie

Horst Höfler
Bayerische Voralpen

Glänzender Saum
eines großen Gebirges
DM 32,80

Aus der Reihe **Alpinmonografien**
sind bisher erschienen:

Bergell, Granitgipfel über südlichen Tälern (Stiebler/Nigg), DM 32,80

Bernina, Eisgipfel und Wanderwege über dem Engadin (Stiebler/Nigg), DM 32,80

Gröden, Herzstück der Dolomiten (Trenker), DM 32,80

Kaisergebirge, Leuchtender Kalkfels über lieblichen Tälern (Stiebler), DM 32,80

Karwendel, Urweltliches Gebirge zwischen Bayern und Tirol (Löbl/Höfler), DM 32,80

Sextener Dolomiten, Klassisches Bergland um die Drei Zinnen (Springenschmid), DM 32,80

Wallis, Täler und Menschen, Gipfel und Wege (Stiebler/Burkhardt), DM 32,80

Wetterstein, Täler, Grate und Wände im Banne der Zugspitze (Schmitt), DM 32,80

Bergverlag Rudolf Rother GmbH
8000 München 19

III. Hütten und ihre Zugänge

1. Wetterstein

● **30** **Wiener-Neustädter Hütte,** 2213 m

Am NW-Abfall des Zugspitzstockes im Österreichischen Schneekar. Herrlicher Anblick von dem 10 Min. über der Hütte gelegenen und leicht erreichbaren Ehrwalder Kopf auf einen Teil der Mieminger, das Ehrwalder Becken, die Lechtaler, die Berge um Reutte, Ammergauer, Eibsee, Badersee und die Ebene. Unmittelbar südl. der Felsturm des Sonnenspitzls und die Wände des Zugspitzecks. Ausgangspunkt für Zugspitze, Zugspitzeck, Sonnenspitzl. Sektion Wiener-Neustadt des Österr. Touristenklubs. 24 B, 38 M, im Sommer bew., WR.

● **31** **Vom Eibsee**
Weg Nr. 821, ab Mittelstation Weg Nr. 801. Stellenweise Drahtseilsicherungen, Schwindelfreiheit und Trittsicherheit erforderlich. Grenzübertritt. 1300 mH. 4 Std.

Von der Bahnstation der BZB horizontal, Wiese mit Skilift querend, auf die Trasse der Riffel-Skiabfahrt und auf ihr oder einem sie in steter Nähe begleitenden Weg bis zur Grenzgasse auf den Törlen (Landesgrenze). Von hier auf Steig durch die schutt- und latschenbedeckten Hänge der Luttergrube südwestl. gegen einen Felsvorbau. An diesem mit Hilfe von Drahtseilen steil auf den Grat der Ehrwalder Köpfe. Immer dem Steig folgend (drei Abzweigungen führen nach rechts: unter, zur und über die Mittelstation der Tiroler Zugspitzbahn) bis zum langen Quergang in der NO-Flanke des Ehrwalder Kopfes auf Bändern mehrere Gräben querend, zum Teil versichert, ins Österreichische Schneekar und rechts zur Hütte.

● **32** **Von Ehrwald über den Georg-Jäger-Steig**
Weg Nr. 801. 1200 mH. 4 Std.

Von Ehrwald-Unterdorf beim Ghs. „Schwarzer Adler" nordöstl. aus dem Ort. Erst über Wiesen, dann durch Wald und Latschen zur „Tiefeten Wies", etwa ½ Std. Nun auf dem Georg-Jäger-Steig in zahlreichen Kehren hinauf zur Mittelstation der Tiroler Zugspitzbahn und auf dem vorbeschriebenen Weg zur Hütte.

● **33** **Von Obermoos über den Binderweg**
Weg Nr. 822, ab Gamskar Weg Nr. 801. 1000 mH. 2½ Std.

Der Weg beginnt an der Talstation der TZB und führt auf der Skiabfahrt zum Georg-Jäger-Steig. Weiter wie R 32.

● 35   **Waxensteinhütte (Alplehütte),** 1380 m

Unbewirtschaftete Hütte der DAV-S. München, nur für deren Mitglieder. Am unteren Nordsteig gelegen. Wasser wenige Minuten unterhalb der Hütte. 6 M.

● 36   **Von Hammersbach**
            620 mH. 1½ Std.

Vom Feuerwehrhäusl westl. des Hammersbaches auf einem Steig den bewaldeten Rücken hinauf. Ein kurzes Stück steil, dann flacher, nahe am Waldrand in westl. Richtung. Alle Abzweigungen links bleiben unbeachtet. Bald kreuzt man den Weg Obergrainau — Höllental und etwas später den Weg Eibsee — Klammeingang. Auf dem Weg weiter in langen Schleifen und mäßiger Steigung aufwärts. Etwa 15 Min. nach der ersten Kehre nach links wendet der Weg scharf rechts (Achtung, nicht geradeaus!) Es folgen eine steile Kehre nach links, und noch eine nach rechts. Dann verjüngt sich der Weg zum Steig, der bald die von der Mittagsschlucht kommende Sandreiße quert und zur Waxensteinhütte führt.

● 37   **Von Obergrainau**
            620 mH. 1½ Std.

Gegenüber Hotel Post durch ein Gatter zu einem Wegkreuz. Nach ca. 20 Min. kreuzt dieser Weg im Wald R 36. Wie dort zur Hütte.

● 40   **Höllentaleingangshütte,** 1045 m

Am unteren Eingang zur Höllentalklamm luftig auf einen Felsvorsprung hingebaut. DAV S. Garmisch-Partenkirchen. Bew. von Mai bis Anfang Oktober. Keine Übernachtungen.
Zugang: Siehe R 43.

● 42   **Höllentalangerhütte,** 1381 m

Am Höllentalanger unter dem Höllentalferner gelegen. Der Blick von der Hütte auf den von mächtigen Wänden umringten Talschluß und die Zugspitze gehört zu den Glanzpunkten des Wettersteins. Ausgangspunkt für Waxensteine, Riffelwandspitzen, Zugspitze, Höllentalspitzen, Hochblassen, Alpspitze, Höllentorkopf.
DAV S. München. Bew. von Anfang Juni bis Mitte Oktober. 6 B., 90 M. WR 8 L. Tel. 0 88 21 / 88 11.

● 43   **Von Hammersbach durch die Höllentalklamm** (Unterer Klammweg)

Die Klamm ist eine beeindruckende Sehenswürdigkeit. 12 Felstunnel. Im Winter nicht begehbar. 600 mH. 2 Std.

Von Hammersbach am Bachufer talein. Zuletzt auf einem aus dem Fels
gesprengten Steig in Kehren zur Höllentaleingangshütte. Weiter durch
die Klamm. Vom oberen Klammausgang folgt der Weg noch kurze Zeit
der Talsohle und steigt dann auf der westl. Talseite steil bergan. (Hier
mündet vom rechten Ufer der Obere Klammweg ein.) Kurz vor dem
ebenen Höllentalanger tritt der Weg auf das rechte Ufer über und erreicht gleich darauf die Hütte.

● **44** **Von Obergrainau über den Stangensteig**
Vor der Erschließung der Klamm der gebräuchliche Weg, inzwischen wesentlich verbessert. Schwindelfreiheit erforderlich. 600 mH. 2½ Std.

Gegenüber Hotel Post durch ein Gatter und ansteigend bis kurz vor die
Stelle, wo der Weg den Wald verläßt. Hier in wenigen Kehren rechts
hinauf an den Fuß der Manndlwand. An ihr entlang und durch Wald
zur eisernen Brücke (29 m lang, 73 m über der Klamm). Jenseits in einigen Kehren aufwärts und hoch über der Klamm talein. Etwas hinter
dem oberen Klammende trifft man auf R 43.

● **45** **Von Hammersbach über den Stangensteig**
600 mH. 2 Std.

Wie R 43 zur Wegteilung unter der Höllentaleingangshütte. Hier scharf
rechts aufwärts auf dem Weg von Obergrainau in den Wald und kurz
danach zu R 44. Weiter wie dort.

● **48** **Knappenhäuser,** 1527 m

Am Weg vom Hupfleitenjoch ins Höllental (R 243) auf aussichtsreichem Vorsprung inmitten wildromantischer Umgebung. Privatbesitz.
Im Sommer bew. 6 B., 25 M. Aus- und Durchgangspunkt für Hupfleitenjoch, Höllentorkopf, Höllentor, Grieskarscharte, Alpspitze, Hochblassen, Höllentalgrat, Zugspitze, Waxensteine.

Zugänge:
a) Vom Kreuzeck über das Hupfleitenjoch (R 243), 1½ Std. Bester
Zugang.
b) Vom Kreuzeck über das Höllentor (R 244), etwa 3 Std.
c) Von der Höllentalhütte (R 243) etwa ½ Std.
d) Bester Zugang von der Bergstation der Osterfelderbahn, absteigend
über das Hupfleitenjoch, bez., R 243.

● **49** **Von Hammersbach durch das Höllental**
750 mH. 2½ Std.

Wie R 43 zum oberen Ende der Klamm. Man verfolgt den Weg ins Höllental an der Einmündung des Stangensteiges vorbei, bis er, etwa

½ Std. nach der Klamm, den Bach überschreitet (Wegweiser). An interessanten Wasserorgeln entlang aufwärts zum von der Höllentalangerhütte kommenden Weg und weiter zu den Knappenhäusern.

● **50   Von Hammersbach über den Stangensteig**
Sicherungen teilweise verfallen oder beschädigt. Schwindelfreiheit erforderlich. Von der Begehung wird im Interesse der Sicherheit abgeraten. Der Weg über die Höllentalangerhütte (R 43, 243) ist bequemer und nur unwesentlich länger. 750 mH. 2½ Std.

Wie R 43 und 45 über den Stangensteig, der bis nach der Oberen Klammbrücke verfolgt wird. Bei der zweiten Wegteilung hält man sich links und steigt steil und mühsam den ungepflegten Steig zu den Knappenhäusern hinauf. Etwa ¾ Std. von der Klammbrücke.

● **55   Kreuzeckhaus (Adolf-Zoeppritz-Haus),** 1652 m
Auf dem Kreuzeck. Großartiger Panoramablick auf das ganze Wettersteingebirge. DAV S. Garmisch-Partenkirchen, ganzj. bew., 61 B., 74 M., 10 L. Tel. 088 21 / 22 02. Die Bergstation der Kreuzeckbahn liegt wenige Meter unterhalb der Hütte.

Zugänge und Übergänge:
a) Kreuzeck—Hupfleitenjoch—Höllental, siehe R 243.
b) Kreuzeck—Bockhütte, siehe R 245.
c) Kreuzeck—Reintalangerhütte (Schützensteig), siehe R 250.
d) Kreuzeck—Höllentor—Höllental (Rinderweg), siehe R 244.
e) Kreuzeck—Grieskarscharte—Mathaisenkar—Höllental, siehe R 242.

● **56   Von Garmisch-Partenkirchen über die Rießerkopfhütte** (Tonihütte)
900 mH. 3 Std.

Vom Rießersee oder der Talstation der Kreuzeckbahn dem bez. Weg zur Forststraße folgen und auf ihr zur Rießerkopfhütte. Nun weiter auf der Forststraße oder (kürzer) südwestl. über das Moos und durch Wald auf bez. Weg zur Trögelhütte. Nun am waldigen N-Hang gegen W ansteigend zur Kreuzalm, zum Kreuzjochhaus oder rechts hinauf zum Kreuzeckhaus.

● **57   Von Hammersbach**
Steiler Weg. 3 Std.

Von Hammersbach ein kurzes Stück auf dem Klammweg und bei einem Ww. links ab. Der steile, oft kotige Weg leitet auf eine Wiese und führt an einem Feldkreuz vorbei zu einer zweiten. Hier rechts über sie in den Wald, durch den der Weg steil zum Boden südl. des Waldecks bringt.

Von da östl., erst eben, dann in mäßiger Steigung durch den Wald zur Trögelhütte, 1½—2 Std. Von hier weiter wie R 56 zum Kreuzeck.

Variante: Südlich vom Waldeck steil zwischen Henneneck und Rauhkopf direkt zum flachen Sattel südlich des Kreuzeckhauses empor. Kürzer als über die Trögelhütte.

● 58   **Durch das Bodenlahntal**
Besser als Abstieg geeignet. 4½ Std.

Von Garmisch-Partenkirchen auf dem Hohen Weg zum Reintaler Hof. Dort, wo er beginnt sich zum Reintaler Hof zu senken, zweigt rechts ein breiter Weg ab (Ww.), der durch Wald eben ins Bodenlahntal führt. Im Bodenlahntal (bez.) gleich rechts (nicht über den Bach) und zu einer Almhütte. Jenseits der Lichtung auf dem gleichen Ufer erst an einer Jagdhütte, dann rechts an einem auffallenden Felsturm vorbei und am Berghang aufwärts. Zuletzt gelangt man in Kehren auf die lange Einsattelung westl. des Kreuzecks.

● 59   **Von der Hausbergbahn**
1 Std.

Von der Hütte über das Rimlermoos in 20 Min. zur Trögelhütte. Nun wie R 56 zum Kreuzeck.

● 62   **Kreuzjochhaus,** 1600 m

Am Westhang des Kreuzjochs. TVN. 39 B., 88 M.

Zugänge und Übergänge: Wie Kreuzeckhaus, R 55.

● 63   **Kreuzalm,** 1600 m

In der Nähe der Bergstation der Kreuzeckbahn. Eigentum der Weidegenossenschaft Garmisch-Partenkirchen. Im Sommer und Winter bew.

Zugänge und Übergänge: Wie Kreuzeckhaus, R 55.

● 64   **Hochalm,** 1705 m

In einem Kessel unter der Alpspitze gelegen. Privat, ganzj. bew. 7 B., 30 L.

Zugang: Vom Kreuzeckhaus (R 55) in 30—40 Min. auf breitem, bez. Weg.

● 65   **Stuibenhütte,** 1620 m

Auf der Stuibenalm über der Waldgrenze hart an der Stuibenmauer gelegene Skihütte der DAV S. Garmisch-Partenkirchen. Hüttenwart Dezember bis April. 30 M.

Zugang: In 1½ Std. vom Kreuzeck, siehe R 55.

● 66   Trögelhütte (Forstamtshütte), 1489 m

Halbwegs zwischen Rießerkopfhütte und Kreuzeck; von der DAV S. München für ihre Mitglieder gepachtet und nur diesen zugänglich.
Zugang: Siehe R 57.

● 67   Rießerkopfhütte, etwa 1130 m

Südlich des Rießerkopfes am Rießermoos gelegen. Erholungsheim.
Zugänge:
a) Vom Marienplatz in Garmisch über den Rießersee der Bez. zum Kreuzeck folgend, meistens schattig. Etwa 1½ Std.
b) Von der Talstation der Kreuzeckbahn (Busverbindung) über Aule-Alm und die neuerbaute Fahrstraße (für Kfz. gesperrt), 1½ Std.

● 68   Garmischer Haus, 1320 m

Das Garmischer Haus des SC Garmisch liegt am O-Ende des Rimlermooses mit prachtvollem Blick auf Alpspitze, Zugspitze und Waxensteine. Privat, ganzj. bew. 4 B., 10 M. Telefon. 5 Min. von der Bergstation der Hausbergbahn.

● 69   Bayernhaus, etwa 1250 m

Das Bayernhaus befindet sich in herrlicher Lage unweit der Bergstation der Hausbergbahn mit prachtvollem Blick auf den Wettersteinkamm. Ganzj. bew. 30 B., 30 M. Telefon.

● 70   **Von der Hausbergbahn**

Unmittelbar südl. der Bergstation teilt sich der Weg (Ww.). Man hält sich links und gelangt meist durch Wald in 8 Min. auf bequemem Weg in sanftem Gefälle zum Haus.

● 71   **Von Garmisch-Partenkirchen**
1¾—2 Std.

Vom Bahnhof zum Hausberg, durch einen Hohlweg, bei einem Ww. rechts auf das Plateau des Kochelberges und noch vor der Kochelbergalm rechts ab. Der Pfad führt, spärlich bez., über die Wiesen der Kochelberg-Skiabfahrt aufwärts. Nach einiger Zeit teilt er sich. Nun entweder bequemer, aber etwas weiter links auf einem Ziehweg, zum Teil durch Wald, zum Schluß wieder über freies Gelände von der S-Seite zum Haus. Oder auf dem Pfad des Aufstiegs bleibend ziemlich steil zum Ziel.

● 75   Bockhütte

Die Bockhütte liegt im Reintal an der Stelle, wo sich dem vom Tal Kommenden zum erstenmal der Blick auf den malerischen Talhintergrund (Plattspitze) öffnet. Sie ist lediglich Hirtenhütte und bietet keine Unterkunft. Während der Almzeit einfache Erfrischungen.

Zugang: Siehe R 58.

● **76   Gumpenhütte,** 1184 m

An der Blauen Gumpe im Reintal in großartiger Lage. Privathütte der Bergsteigerriege des TV München 1860. Nicht allgemein zugänglich.

Zugang: Siehe R 58.

● **77   Reintalangerhütte,** 1366 m

Am Reintalanger, unmittelbar am Fuß der gewaltigen N-Abstürze des Hochwanners und des Kleinen Wanners. Ausgangspunkt für Wanner-Nordanstiege, Kirchtürme, Hochblassen, Zugspitze. DAV S. München. Bew. von Ende Mai bis Mitte Oktober. 31 B., 34 M., WR 7 L. (AV-Schlüssel). Telefon: 0 88 21 / 29 03.

● **78   Durch die Partnachklamm**
  5—5½ Std. Foto S. 61.

Vom Olympiastadion zur Partnachklamm und hinter ihr genau auf die Ww. achtend auf der neuen Forststraße ins Reintal. Nach Einmündung der Bodenlahn kann eine Straßenserpentine auf dem alten Weg rechts abgekürzt werden. Auf der Straße, später Weg zur Bockhütte (Hirtenhütte). 3 Std. Am linken Ufer in mäßiger Steigung, einige Lichtungen und Gräben querend, zur Blauen Gumpe, ½ Std. Der tiefblaue Gebirgssee, durch Anstauung der Partnach infolge eines Bergsturzes entstanden, liegt in einer wildromantischen Landschaft. Packend ist der Blick auf die himmelragenden N-Wände des Jungfernkarkopfes, des Hochwanners und den Hintergrund des Tales. Der Weg folgt nun dem nördl. Talhang sanft ansteigend gegen den Talriegel, über den die Partnach in tosendem Fall herabspringt. (Ww. zum Wasserfall. Wenige Min. Umweg.) Zwei Lawinenzüge querend meist durch Wald zur Hütte.

● **80   Knorrhütte,** 2051 m

Unter dem Zugspitzplatt am Brunntalkopf gelegen, mit schönem Blick auf Hochwanner, Gatterlköpfe, Plattspitze. Ausgangspunkt für Plattumrahmung. Zugspitze, Höllentalspitzen, Kirchtürme und Hochwanner. DAV S. München. Bew. von Ende Mai bis Anfang Oktober. 17 B., 80 M., 20 L. WR 4 L. (AV-Schlüssel). Telefon: 0 88 21 / 29 05.

● **81   Von der Reintalangerhütte**
  Markierter Weg. 2 Std. Foto S. 61.

Von der Reintalangerhütte auf dem linken Partnachufer talein. Nach wenigen Minuten auf das rechte Ufer und zur Wiesenfläche des Oberen

Angers, die 1920 durch einen mächtigen Bergsturz aus den N-Wänden des Kleinen Wanners teilweise verschüttet wurde. Der Pfad hält sich am Rand der Trümmer. (Der Weg zum Partnachursprung, einer Felsspalte, aus der die Partnach in ansehnlicher Stärke hervorquillt, hält sich hart am rechten Ufer aufwärts und quert dann über den oberen Anger wieder zum Hüttenweg. 15 Min. Umweg). Der bisher ebene Weg steigt nun in Kehren steil gegen einen Felsriegel an und wendet sich unter ihm nordwestl. ins Brunntal. Man kommt an einem offenen Unterstand vorbei, nach dem sich bald der Weg teilt (Ww.). Von hier entweder rechts durch Krummholz und über eine lange Sandreiße empor oder besser der Sohle des Brunntales folgend, dann an dessen rechter (nördl.) Begrenzung steil empor zur Hütte, die unter dem W-Fuße des Brunntalkopfes liegt.

● **82** **Von Ehrwald über das Gatterl**

Mühsam, im Aufstieg nicht zu empfehlen. Grenzübertritt. 6 Std.

Von Ehrwald zur Ehrwalder Alm (R 144) und östl. zur Pestkapelle. 2½ Std. Nun (Ww.) links durch einen Waldstreifen und nordöstl. in Kehren zu dem von den Gatterlköpfen herabstreichenden Rücken (P. 2129). Die Wiesenmulde östl. des Rückens querend zum Feldernjöchl, 2024 m. Hier treffen auch die aus der Leutasch kommenden Wege zusammen. Nun links am steilen Hang erst absteigend, dann steil aufwärts, zuletzt durch eine felsige Gasse, zum Gatterl, 2 Std. (Der Übergang liegt etwa 100 m über dem tiefsten Einschnitt.) Jenseits auf dem Steig zum Grenzerhüttl, dann die Hänge fast horizontal querend in weitem Bogen zur Knorrhütte, 1 Std.

● **83** **Aus der Leutasch**

Von Leutasch 6¼ Std., von der Tillfußalm 4½ Std. Grenzübertritt.

Von Leutasch durchs Gaistal zur Tillfußalm (R 137, 180). Oberhalb des Jagdhauses in den Wald (Ww.) und auf gutem Steig meist in Kehren, später durch Latschen hoch über dem Kothbach zu den Steinernen Hütteln, 1920 m, 1¾ Std. Nun links über Rasen und Schutt hinauf zum Kothbachsattel, 2184 m, 1 Std. Westl. weiter in einigen Minuten zu einem zweiten Sattel und westl. an der Lehne und auf dem Rücken hinab zum Feldernjöchl, 15 Min. Weiter zur Knorrhütte.

● **85** **Schneefernerhaus**, 2650 m

Am Zugspitzplatt. Endstation der Zahnradbahn der Bayerischen Zugspitzbahn. Herrlicher Blick auf die Umrahmung des Zugspitzplatts und große Teile der zentralen Ostalpen von den Ötztalern über Stubaier,

Blick ins Reintal von Osten

- R 78: Durchs Reintal zur Reintalangerhütte
- R 81: Von der Reintalangerhütte zur Knorrhütte
- R 103: Schachenweg
- R 111: Vom Schachen zur Meilerhütte
- R 242: Kreuzeck – Grieskarscharte
- R 246: Knorrhütte – Gatterl – Ehrwald
- R 250: Kreuzeck – Mauerscharte – Reintalangerhütte („Schützensteig")
- R 672: Durch die Schneerinne
- R 674: Blassengrat
- R 712: Alpspitze über den Stuibensee
- R 713: Alpspitze von der Grieskarscharte
- R 719: Nordwand-Ferrata

Zillertaler bis zu den Tauern. Ausgangspunkt für alle Touren in der Umrandung des Zugspitzplatts, einschließlich der Zugspitze selbst. Das Schneefernerhaus besteht aus einem Hotel und dem Touristenhaus mit zusammen 100 B. Ganzj. bew. Telefon: 0 88 21 / 5 80 11.

Zugang: Siehe R 89.

● 88　　　　　　　　**Münchner Haus,** 2957 m

Auf dem W-Gipfel der Zugspitze. 1897 von der AVS München erbaut; 1900 folgte dem Bau des Hauses der des meteorologischen Turmes, der das ganze Jahr von wissenschaftlichen Beobachtern besetzt ist. Inzwischen ist die Beobachtungsstation durch Anbauten bedeutend vergrößert worden. DAV S. München. Bew. von Mitte Mai bis Mitte September. 17 M. Telefon: 0 88 21 / 29 01.

● 89　　　**Von der Knorrhütte**
　　　　I (Stellen im Gipfelbereich), Drahtseilsicherungen. Bei unsichtigem Wetter, besonders aber bei Neuschnee, ist das Zurechtfinden auf dem Zugspitzplatt außerordentlich schwierig.

Von der Knorrhütte führt der Pfad erst über einen steilen Rücken meist in Kehren in nordwestl. Richtung über die Buckel und durch die Mulden des Zugspitzplatts aufwärts. Der Einschnitt des Weißen Tales, über dem sich die schroffen Abstürze des Höllentalkammes aufbauen, bleibt rechts. Dort, wo die Steigung sanfter wird, erblickt man bald rechts auf der großen Schuttreiße das **Schneefernerhaus.** Man betritt am besten den Schneeferner ungefähr in Fallinie des Hauses und steigt über ihn empor, bis man auf fast ebenem Pfad rechts zum Haus hinüberqueren kann. In Kehren östl. des Hauses über die steile Schuttreiße hinauf zu den Felsen. Ab hier teilweise gesicherte Steiganlage zum Grat (Grenzerhütte) und auf diesem zum Gipfel.

● 90　　　**Gipfelhotel der Tiroler Zugspitzbahn,** 2950 m

Westl. des Münchner Hauses befindet sich der komfortable Bau, Bergstation der Tiroler Gipfelbahn, der Restaurant und Unterkunft bietet.

Zugang: a) Vom Schneefernerhaus, siehe R 89.
b) Vom Höllental, siehe R 332.

● 95　　　　　　　　**Höllentalgrathütte,** 2700 m

Diese Hütte der AVS München befindet sich etwas westl. der Äußeren Höllentalspitze. Sie ist keine Unterkunftshütte im üblichen Sinn und dient nur als Notunterkunft bei Witterungsumschlägen oder ähnlichen

Ereignissen. Weder Holz noch Decken. Türe stets wieder schließen wegen Schneeverwehung! 6 L.

Zugang: Siehe R 338.

● 96 Oberreintalhütte (Franz-Fischer-Hütte), 1530 m

Im landschaftlich großartigen Hochtal des Oberreintalbodens gelegen, das auf drei Seiten von den himmelstrebenden Wänden der Dreitorspitze, Schüsselkarspitze, Scharnitzspitze, des Oberreintalschrofens und des Zundernkammes umschlossen ist. DAV-S.: Garmisch-Partenkirchen. Hüttenwart von Mai bis Oktober. 40 M.

Übergang: Zur Meilerhütte siehe R 112.

● 97 Von Garmisch-Partenkirchen
    Bez. Weg. 3—4 Std.

Wie R 78 durch das Reintal bis zur Abzweigung (Ww.). Links (südl.) zunächst eben durch Wald, dann über viele Serpentinen, zuletzt über Schutt und durch Latschen zur Hütte.

● 99 Schüsselkarbiwak, etwa 2530 m

Unterhalb des Gipfels der Schüsselkarspitze am Westgrat auf der Nordseite. DAV S. Garmisch-Partenkirchen. 6 L., Rettungsgeräte.

Zugang: Siehe bei Schüsselkarspitze, R 1080.

● 100 Schachenhaus, 1866 m

Auf dem Schachen steht das von König Ludwig II. erbaute Jagdschloß, das Königshaus. Besichtigung unter Führung. das Erdgeschoß enthält die Wohnräume des Königs. Das Obergeschoß wird ganz von dem Maurischen Saal eingenommen. Der Raum, mit einem Springbrunnen in der Mitte, seinen ein magisches Licht spendenden farbigen Fenstern und reichem Zierat, bildet einen merkwürdigen Kontrast zur Bergnatur außerhalb. Etwas unterhalb des Königshauses befinden sich die Touristenhäuser, die dem allgemeinen Verkehr zugänglich sind. Im Sommer bew., 22 B., 12 M., Tel. 08821/2996. Keine AV-Hütte. Im Winter verschlossen.

Einen mit Recht berühmten Rundblick bietet der vom Schachen am Schloß vorbei in wenigen Minuten erreichbare Schachenpavillon auf einer senkrecht ins Reintal abbrechenden Felskanzel. In der Tiefe liegt das waldige Reintal mit der Blauen Gumpe zwischen himmelstrebenden Wänden. Nach links fällt der Blick ins Oberreintal, das ein grandioser Felszirkus umschließt. Von der Dreitorspitze bis zum Hochwanner läßt sich die Reihe der mächtigen Gipfel verfolgen. Über dem Reintal und dem Platt mit seinen Karren- und Firnfeldern steht die Plattspitze und der prächtige Schneefernerkopf. Rechts davon ziehen die Gestalten des Hochblassens und der Alpspitze das Auge an, während es nach N über Partenkirchen und das Loisachtal weit in die Ebene hinausschaut. Vom Schloß ist im Einschnitt zwischen Schachenplatte und Frauenalplkopf die Meilerhütte sichtbar. In der Nähe des Schlosses befindet sich der sehenswerte, reichhaltige und gepflegte Alpengarten. Besichtigung unter Führung.

● **101   Von Garmisch-Partenkirchen über die Wettersteinalm**
Bez. Weg. 5—5½ Std.

Wie bei R 78 durch die Partnachklamm. Bei der Wegteilung hinter der Klamm rechts über den Ferchenbach. sofort nach der Brücke (Ww.) links und am Ferchenbach auf der neuen Forststraße talein. Diese wird nach etwa 5 Min. nach rechts verlassen und ein Weg führt an den sogenannten Steilen Fällen vorbei auf den von Graseck zum Wettersteinwald ziehenden Holzabfuhrweg. (Hierher über Graseck mit 15—30 Min. Umweg.) Der breite Weg steigt in Kehren steil bergan, verläuft aber bald sanfter durch Wald und auf eine Lichtung (Holzerhütte). Man quert sie (Ww.), tritt jenseits wieder in den Wald und erreicht bald darauf den von Elmau kommenden Königsweg. Dieses breite und bequeme Sträßchen führt in recht mäßiger Steigung in den Kessel der Wettersteinalm, R 108. 3½ Std. Der Königsweg führt etwas vor der Alm in einigen Kehren steiler empor, umgeht den Steilenberg nördl., quert fast eben den N-Abfall des Schachentorkopfes und biegt endlich in die weite Mulde der Schachenalm ein (schöner Blick auf den Schachensee). Nun in großem, nach NW offenem Bogen, zuletzt vom Weg links ab zum Schachenhaus, 2 Std.
Von der Wettersteinalm führt erst südl., dann westl. ein Steiglein durch das Hochtal „In der Nadel" auf das Schachentor und jenseits steil hinab zum Königsweg. Etwas mühsam, aber landschaftlich schöner Umweg.

● **102   Von Garmisch-Partenkirchen über das Kälberhüttl**
Besser als Abstieg geeignet. 4—4½ Std.

Wie R 78 über die Ferchenbachbrücke. Dann überquert man die Forststraße und geht über den bewaldeten Rücken empor, der zwischen Ferchenbach und Partnach liegt. Auf kleiner Lichtung teilen sich die Wegspuren. Die linke Spur führt, nicht so steil und bald besser kenntlich, erst durch Wald, dann hart über dem die Steilen Fälle bildenden Graben („Schindlriß", Vorsicht!) steiler hinan, bis sie den fast ebenen

Waldboden betritt. Hier scharf rechts zum Kälberhüttl. Die rechte Wegspur leitet sehr steil gerade aufwärts, zuletzt über bröckelige Felsstufen. Oberhalb wird der Pfad besser und führt nach links fast eben zum Kälberhüttl, das auf einer großen Lichtung steht, 1½ Std. vom Ferchenbach. Jenseits (südl.) der Lichtung auf steinigem Weg durch Hochwald in einer Schneise mäßig steil aufwärts. Nach etwa ½ Std. biegt der Weg rechts und führt steil in kurzen Kehren auf den Keilschrofen und zuletzt zum Königsweg, den er kurz oberhalb des Steilenberges trifft. Auf dem Königsweg wie R 101, 103 zum Schachenhaus.

- **103 Von Elmau**
  Bequemster Weg. 3½—4 Std. Foto S. 61.

Von Klais (Bhf.) nach Elmau auf der Mautstraße, 1½ Std. Beim Ghs. in Elmau beginnt der Königsweg, der als guter Fahrweg in mäßiger Steigung über die Wettersteinalm zum Schachenhaus führt.

- **104 Von Mittenwald auf dem Bannholzweg**
  5 Std.

Von Mittenwald auf dem Elmauer Sträßchen am Ferchensee vorbei. Einige hundert Meter nach dem Ghs. zweigt links (Ww.) der Bannholzweg ab. Er führt schattig durch den Wettersteinwald auf das Königssträßchen, das er etwa 40 Min. unterhalb der Wettersteinalm erreicht. Bei Wegteilungen Achtung auf die Markierung!

- **105 Vom Oberreintal**
  1 Std. Foto S. 67.

Wie R 78, 97 ins Oberreintal (oder von der Oberreintalhütte einige Minuten absteigen) bis zur Abzweigung (Ww.). Nun längs des meist trockenen Bachbettes, dann dieses überschreitend zunächst wenig steigend nach links, bald aber verschiedene Rinnsale querend in Kehren steil hinauf auf die Höhe des Schachens, den man nahe dem Aussichtspavillon erreicht. Hübsche Blicke ins Reintal und besonders ins Oberreintal. Empfehlenswerter für den Abstieg. Man merke hierfür: Vom Pavillon links, aber nicht zum Wasserreservoir, sondern vorher rechts hinunter.

- **108   Wettersteinalm,** 1464 m

In einem großartigen Kessel zu Füßen der Wände, die vom Musterstein zur Wettersteinwand ziehen. Almwirtschaft. Keine Übernachtung.
Zugang: Von Garmisch-Partenkirchen siehe R 101; von Mittenwald siehe R 104.
Übergang: Zum Schachen siehe R 101; zur Meilerhütte durch die Hirschbichlschlucht siehe R 113.

● 110   Meilerhütte, 2380 m

Unmittelbar am Grat in der Einschartung des Dreitorspitzgatterls gelegen. Die Fernsicht ist der eines Gipfels ebenbürtig. Die Hütte ist Ausgangspunkt für eine große Zahl schwieriger und schwierigster Klettertouren im Dreitorspitz- und Mustersteingebiet. Übergang ins Leutaschtal. DAV S. Garmisch-Partenkirchen. Bew. von Anfang Juni bis Anfang Oktober. 8 B., 70 M., 20 L. WR 8 L. (in der alten Hütte, AV-Schlüssel). Materiallift vom Schachen.

● 111   Vom Schachen
Bester Zugang, bez. Weg. 1½ Std. Fotos S. 61, 67.

Vom Schachen führt der gute Weg über den begrünten Rücken des Teufelsgsaß zum Anschluß an die Felsen des Frauenalplkopfes. Auf ausgesprengtem Steig in Kehren hinauf auf die Höhe des Frauenalpls. Ein kurzes Stück absteigend gelangt man an einem Felsen (links Denkmal für die gefallenen Bayerländer) rechts vorbei in eine Schuttgasse, die scharf links zu dem schmalen Schuttfeld leitet, über das man in wenigen Minuten die Hütte erreicht. 1½ Std. vom Schachen.

● 112   Von der Oberreintalhütte durch die Frauenalplschlucht
II (eine Stelle), I und leichter. 2 Std.

Von der Oberreintalhütte östl. über den Talboden und zum Schuttkegel, der in Fallinie des Eichhorngrates aus einer schmalen Schlucht mündet. In der Schuttschlucht einige Min. hinauf, dann nach links (II) auf den latschenbewachsenen Rücken bis zu seinem oberen Ende. Waagrecht nach links, über den Bach und auf einem Steig hinauf auf das Frauenalpl. Man erreicht den Weg vom Schachen (R 111) wenige Min. unterhalb der Hütte.

● 113   Durch die Hirschbichlschlucht und das Angerlloch
II (auf 100 mH). 1 Std. kürzer als beim Weg über den Schachen. Trittsicherheit erforderlich. 2 Std.

Von der Wettersteinalm zum Hochtal „In der Nadel". Zwischen den Felsen des Hirschbichlkopfes links und des Frauenalplkopfes rechts zieht die plattige Hirschbichlschlucht empor. Unter Benützung einer aus den Platten nur wenig hervortretenden Rippe, die von links her erreicht wird, gerade hinauf in den Schuttkessel des Angerlloches. Durch das wilde Kar steigt man rechts nahe den Wänden des Frauenalplkopfes auf Pfadspuren zum Frauenalplsattel hinauf, wo man auf den vom Schachen kommenden Weg (R 111) trifft.

Dreitorspitzgruppe von Norden

R 105: Vom Oberreintal auf den Schachen
R 111: Vom Schachen auf die Meilerhütte
R 1061: Östliche Wangscharte von Norden
R 1256: Nordwestgrat „Eichhorngrat"

● **114 Durch das Berglental**
Bez. Weg. 4½—5 Std. von Leutasch.

Von den Gehöften Reindler und Fickter (Haus-Nr. 166, Ww.) auf bez. Steig erst über Wiesen, dann durch Wald (hier kommt von links der Weg von Leutasch-Gasse), um den O-Abfall des Öfelekopfes herum zum Berglenboden. Nun links aufwärts über den Berglenkamm taleinwärts. Unter den Wänden des Mustersteins wechselt der Steig die Talseite und bringt, zuletzt in Kehren, zur Hütte.

● **115 Über den Söllerpaß**
Bez. Weg. Bei Nebel sehr schwer zu finden. Kürzester Zugang. Im Aufstieg nur bei kühlem Wetter empfehlenswert. Landschaftlich großartig. Trittsicherheit und Schwindelfreiheit erforderlich. 4½—5 Std. In Gegenrichtung: R 248.

Man verläßt Leutasch-Gasse (Haltestelle des Postautos), indem man in Richtung Mittenwald einer alten zur Meilerhütte weisenden Betafelung folgt. Der Weg führt, ein Feldkreuz rechts lassend, durch eine Einzäunung zum Wald, wo man bald auf den aus dem Puitental herabkommenden Puitbach trifft. An seinem jenseitigen Ufer sofort scharf links bergauf.

Von Mittenwald Kommende steigen vom Weiler Puitbach (an der Leutascher Straße) längs des Puitbaches aufwärts, bis sie im Wald auf den von Leutasch-Gasse kommenden Weg treffen.

Man gelangt so auf einen Pfad, der zum Teil durch Wald und in Kehren steil zum landschaftlich großartigen Puitental hinaufführt. Etwa 45 Min. In sanfter Steigung talein, bis eine Bez. rechts weist. Sie führt zu einem Graben und an seiner Seite empor bis er felsig wird. Hier anfangs links, bald aber wieder rechts außerordentlich steil hinauf über die Latschengrenze, wo sich der Steig an einer grünen Rippe fortsetzt. Schon ziemlich hoch links durch einen felsigen Graben auf eine andere Rippe. Nahe unterm Absturz leitet der Steig rechts zum Söllerpaß.

Nun genau auf die Bez. (wenige rote Tupfen, etwas zahlreichere Steindauben) achtend über die Mulden und Buckel des Leutascher Platts auf den Hermann-von-Barth-Weg, den man weit unterhalb des Einstieges zum W-Gipfel der Partenkirchener Dreitorspitze ungefähr da trifft, wo er von der Meilerhütte kommend die Felsen verläßt. Auf ihm rechts erst über gesicherten Fels, dann auf normalem Steig zur Hütte.

● **118** **Erinnerungshütte,** 2050 m

Die Hütte befindet sich in landschaftlich großartiger Lage etwas südl. oberhalb des Scharnitzjoches. Prachtvoller Blick nach N auf einige der steilsten und berühmtesten Kletterwände des Wettersteinkammes.

AAVM, unbew. Nur für dessen Mitglieder. Kein AV-Schloß. 10 L. Wasser etwa 10 Min. tiefer nächst dem Steig ins Puitental. Brennholz: Die Hütte steht hoch über der Baumgrenze. Das nächste Brennholz befindet sich in Gestalt von Latschen auf den nach S gegen die Leutasch abfallenden Hängen oder (ebenfalls Latschen) im Puitental.

● **119   Von Leutasch durch das Puitental**
Bez. Weg. 3 Std.

Wie R 249 bis zur Wegteilung (rechts zum Söllerpaß). Nun flach ansteigend ins hintere Puitental, den Bach querend und hinauf zum Scharnitzjoch und zur Hütte.

● **120   Von Oberleutasch über die Wangalm**
Bis zur Wangalm Fahrweg, dann bez. Weg 2½—3 Std.

Wie R 124 zur Wangalm. Von der Alm nördl. in den obersten Weidegrund, wo man auf einen Steig trifft, der rechts (östl.) zum Einschnitt des Scharnitzjoches hinaufführt.

● **123**   **Wangalm,** 1751 m

Auf einem aussichtsreichen Vorsprung unter Scharnitzspitze und Oberreintalschrofen gelegen. Die Alm ist Durchgangspunkt für die S-Anstiege auf die genannten Gipfel, die Schüsselkarspitze und die Gehrenspitze sowie für die Übergänge über Oberreintalscharte, Westl. und Östl. Wangscharte und das Scharnitzjoch. Während der Saison voll bew., 20 L.

● **124   Von Oberleutasch**
Fahrweg, bez. 1½—2 Std.

Beim Ghs. Gaistal in Oberleutasch über die Brücke. Jenseits neben dem Feuerwehrschuppen rechts auf eine niedrige Stufe. Oben links und bei Haus Nr. 74 rechts durch die Einzäunung. Der Feldweg bringt auf die Lärchenwiesen oberhalb der Ortschaft und in mäßiger Steigung zu einer Einzäunung mit Übersteig. (Hier kommt von links der Weg herauf, der an der Einmündung des Scharnitzbaches in die Leutascher Ache abzweigt.) Nun gemeinsam rechts, stets hoch über dem Bach, auf nicht zu verfehlendem Almweg zur Baumgrenze und über die freien Hänge zu der schon längere Zeit sichtbaren Hütte.

● **125**   **Wettersteinhütte,** 1717 m

Westl. der Wangalm, etwas tiefer gelegen, auf aussichtsreichem Vorsprung.

Eigentum der Bergwacht Leutasch. Gemütliche Gaststube. 29 L. Im Sommer werden auch Selbstverpfleger akzeptiert. Geöffnet von Silvester bis Ostern und eine Woche vor Pfingsten bis Ende Oktober. Im Winter ist Voranmeldung unerläßlich, Gruppen werden bevorzugt. Zelten im Hüttenbereich gestattet. Telefon: 0 52 14 / 66 88, aus Deutschland: 00 43 / 52 14 / 66 88.

- **126 Von Oberleutasch**
  Fahrweg, bez. 1½—2 Std.

Wie R 124, zuletzt über eine Brücke und nach links zur Hütte.

- **128 Hämmermoosalm,** 1419 m

Herrlicher Blick auf Wetterstein, Mieminger, Zillertaler und Seefelder Berge. Die Alm ist normalerweise von Mitte Juni bis Mitte September bezogen und während dieser Zeit einfach bewirtschaftet. 5 M., 25 L. Hübscher, lohnender Ausflug von Oberleutasch, Ausgangspunkt für die Zugänge zur Rotmoosalm durchs Leithenbachtal und das Sulzbachtal. Wegverbindung zur Wangalm.

- **129 Von Oberleutasch**
  1—1¼ Std.

Von Oberleutasch auf einer Forststraße ins Gaistal, bis kurz nach der Brücke über den von rechts kommenden Sulzbach rechts ein Almweg zur Hämmermoosalm abgeht (Ww.). Die Hütten liegen ungefähr am oberen Rand der Weidefläche.

- **131 Rotmoosalm,** 1810 m

Die Rotmoosalm liegt auf der S-Seite des Wettersteinkammes oberhalb der Baumgrenze und unterhalb der Wände, die vom Hochwanner zum Hinterreintalschrofen ziehen. Die Rotmoosalm ist der zur Gaistalalm gehörige Hochleger und dementsprechend nur von Anfang Juli bis Ende August bezogen. Sie ist während dieser Zeit einfach bew., bietet jedoch meist keine Unterkunft.

- **132 Von der Gaistalalm**
  Karrenweg. 1½ Std.

Der ausgeprägte Karrenweg führt von der Gaistalalm erst gerade, dann rechts über die Almhänge empor. Er biegt ungefähr an der unteren Latschengrenze entlang ins Tal des Leithenbaches ein und steigt aus ihm in weitausholenden Kehren hinauf nach Rotmoos.

- **133 Von der Hämmermoosalm**
  Günstigster Zugang. 1½ Std.

Aus dem nordwestl. Winkel der Almfläche durch Wald erst in sanfter Steigung aufwärts, dann hinunter zum Leithenbach. Jenseits trifft man

auf den Karrenweg von der Gaistalalm (R 132). Auf ihm nach Rotmoos.
Für den Abstieg merke man: Wo die Kehren des Karrenweges auf einen grünen Boden auslaufen, scharf links über den Bach und auf dem nicht zu verlierenden Steig nach Hämmermoos.

● **135**   **Gaistalalm,** 1356 m

Die Gaistalalm liegt im gleichnamigen Tal. Sie ist der Niederleger zur Rotmoosalm und ist von Juni bis September einfach bewirtschaftet. 15 L.

● **136**   **Von Oberleutasch**
       1½ Std.

Von Oberleutasch auf dem Fahrweg ins Gaistal bis rechts oberhalb des Sträßchens die Hütte sichtbar wird (nicht übersehen!).

● **137**   **Tillfußalm,** 1380 m

Idyllisch im Gaistal gelegen. Unmittelbar oberhalb das ehemalige Jagdhaus Ganghofers, wo ein Teil seiner Hochlandsromane entstand. Almwirtschaft. Heulager für 10 Personen. Siehe auch R 180.

● **138**   **Von Oberleutasch**
       1½—2 Std.

Wie R 256; 1 km weiter westlich zweigt ein Fahrweg nach rechts zur Tillfußalm ab.

● **139**   **Von Ehrwald**
       4 Std. Siehe R 182.

● **140**   **Steinerne Hütteln,** 1920 m

Diese schon hoch über der Baumgrenze am S-Hang des Kleinen Wanners befindlichen Almhütten, liegen zwar außerordentlich malerisch, bieten jedoch, halb im Erdboden vergraben, nur sehr beschränkte und primitive Unterkunft. 2 L. Während der Almzeit Milch und andere Getränke.

● **141**   **Von der Tillfußalm**
       Bez. Weg. 1½ Std.

Von der Tillfußalm auf Serpentinen durch den Wald zum Bach. Auf der anderen Seite hinauf, nordöstl. querend und hinauf zu den Steinernen Hütteln.

● **142**   **Feldernalm,** 1522 m

Am östl. Abfall des Sattels gelegen, über den der Weg von Ehrwald durch das Gaistal nach Leutasch führt (R 256). Während der Almzeit Milch und andere Getränke. 5 Heulager.
Zugang: Siehe R 186, 187.

● **143**   **Ehrwalder Alm,** 1493 m

Die Ehrwalder Alm befindet sich hingebreitet in herrlicher Umgebung auf einer geräumigen Einsattelung zwischen Wetterstein und Miemingern. Privat. Ganzj. bew. 10 B. und M. Ghf. Alpenrose ganzj. bew., 40 B. Internat. JH der Tiroler Landesregierung, ganzj. bew., 43 M.
Übergang: Nach Leutasch siehe R 256.

● **144**   **Von Ehrwald**
             Breiter Ziehweg. 1½—2 Std. Siehe auch R 191.

Man verläßt das Oberdorf an seinem südöstlichsten Ende (Ww. „Ehrwalder Alm"). Ein breiter Ziehweg bringt durch schöne Lärchenwiesen und Wald zum Almgelände.
Von Ehrwald-Oberdorf mit dem Sessellift bis zur Ehrwalder Alm.

● **147**   **Arnspitzhütte,** 1955 m

Offene Unterstandshütte der DAV S. Hochland. 4 Bänke. Ungefähr an der Latschengrenze südöstl. unterhalb der Gr. Arnspitze. Kein Wasser.
Zugang: Von Unterleutasch siehe R 271, 1502; von Mittenwald siehe R 271, 1502; von Scharnitz siehe R 1501.

2. Mieminger Kette

In der Mieminger Kette gibt es zur Zeit nur eine einzige AV-Hütte, die im Sommer bewirtschaftet ist, die Coburger Hütte am Drachensee. Im Alpltal steht das mit AV-Schlüssel zugängliche unbewirtschaftete Alplhaus und im Igelskar die kleine Breitenkopfhütte. Im übrigen ist man auf Gasthöfe, Privathütten und Almen angewiesen.

● **160**   **Buchen,** 1210 m

Kleiner Weiler an der Fahrstraße von Telfs nach Oberleutasch, knapp unter dem Buchner Sattel, 1256 m; Ghf.
Von Buchen schöner Blick in das Inntal, auf das Mieminger Plateau, den Tschirgant, die Lechtaler und Stubaier Alpen.

● 161 Von Telfs
2 bzw. 2½ Std.

Von Telfs nach O zum Ortsteil Sagl und auf der breiten Fahrstraße über Pairbach nach Buchen, 2½ Std. Kürzer von Sagl über den Weiler Brand nach Buchen oder von Sagl in das Kochental, aus dem ein steiler Steig nach Buchen hinaufführt.

● 162 Von Oberleutasch
1 Std.

Von der Oberleutasch auf der Fahrstraße, Abzw. beim Ghf. „Zugspitze", oder vom Weiler Moos durch das Katzenloch, wobei man im allgemeinen der elektrischen Leitung folgt, die nach Buchen führt.

● 163 Rauth-Hütte, 1600 m

Privathütte knapp oberhalb der Baumgrenze auf einem aussichtsreichen Kopf der Moosalm. Ganzjährig bew., Unterkunft. 45 B. Lohnendes Ausflugsziel für Sommer und Winter. Auch mit Lift erreichbar.

● 164 Von Oberleutasch
1½ Std.

Vom Weiler Obern gegen den Weiler Moos bis zur bez. Abzw. Nun in westlicher, später südwestlicher Richtung durch den Wald, zuletzt in einer großen Kehre zur Hütte hinauf.

● 165 Von Buchen
1 Std.

Der Steig zur Rauth-Hütte zweigt bei der letzten Kehre unter dem Buchner Sattel von der Fahrstraße Telfs — Leutasch ab. Man folgt zuerst dem Fußweg ins Katzenloch und steigt dann nach links über Wiesen zum Waldrand empor. Hier beginnt ein sehr guter Steig, der in Serpentinen durch den Wald zur Rauth-Hütte führt.

● 168 Straßberg, 1200 m

Alpengasthof inmitten von Lärchenwiesen, im Sommer durchgehend, sonst nur am Wochenende bew., Übernachtungsmöglichkeit.

● 169 Von Telfs
1½ Std.

Von der Obermarktstraße abzweigen, an der Pischl-Fabrik vorbei in nördlicher Richtung nach Lehen und weiter zum Ghf. Straßberg. Mehrere Wege. Auch mit Kfz erreichbar. Parkplatz.

● 170 Von Wildermieming
1 Std.

Beim Haus westlich der Kirche verläßt man die Dorfstraße und folgt einem Feldweg in nordöstlicher Richtung zum Waldrand. Weiter auf breitem Karrenweg an einer Kapelle vorbei, an den Südhängen der Judenköpfe mäßig ansteigend empor und um den östlichen Ausläufer der Judenköpfe herum zum Ghf. Straßberg.

● 172 Alplhaus, 1506 m

Im landschaftlich großartigen Alpltal hoch über dem Bach auf einer Kuppe; von der DAV S. München erbaut. Die Hütte ist unbew., 18 L; der Schlüssel ist von AV-Mitgliedern bei der Sektion München zu erhalten. Das Wasser muß vom Alplbach heraufgeholt werden (etwa 10 Min.). Das Alplhaus ist der wichtigste Stützpunkt für die Besteigung von Hochplattig, Hochwand und Karkopf.

● 173 Von Telfs
2½ Std. Vom Gasthof Straßberg 1 Std.

Wie R 169 zum Ghf. Straßberg und weiter nach W in das Alpltal. Bevor der Alplbach überschritten wird, nach rechts abzweigen und durch Wald hinauf, an einer Gedenktafel vorbei, zum Alplhaus.

● 174 Von Wildermieming über Straßberg
2 Std.

Von Wildermieming wie R 170 zum Gasthof Straßberg und weiter wie R 173 zum Alplhaus.

● 175 Von Wildermieming über die Ochsenbrünnl-Kapelle
1½ Std.

Vom NW-Ausgang des Dorfes in nördlicher Richtung zum Waldrand. Diesem entlang ein kurzes Stück nach rechts, dann nach links abbiegend und einem verfallenen Kreuzweg folgend zur Ochsenbrünnl-Kapelle (Quelle). Auf dem Steig weiter, bei einer Abzw. den unteren Steig benützen, bis auf den Rücken, der von den Judenköpfen nach O zieht. Nun fast waagrecht in das Alpltal hinein. Direkt unter dem Alplhaus über den Alplbach und durch Latschen auf den Riegel hinauf, auf dem die Hütte steht.

● 177 Gaistalalm, 1356 m
Im Gaistal gelegen. Von Juni bis September einfach bew. 15 L.

● 178 Von Oberleutasch, siehe R 256.

- **179 Von Telfs oder Wildermieming**
  4—5 Std.

Über den Niedermundesattel wie bei R 281.

- **180**   **Tillfußalm,** 1391 m

¼ Std. westlich der Gaistalalm unmittelbar unterhalb des ehemaligen Jagdhauses Ganghofers. Durchgangspunkt für die Talwanderung von Ehrwald über die Pestkapelle nach Leutasch oder umgekehrt. Hier zweigt auch der Steig über das Steinerne Hüttl und das Gatterl zur Knorrhütte und weiter zur Zugspitze ab. Ausgangspunkt für die N-Anstiege auf Hohe Munde, Karkopf, Hochwand und für den Übergang über die Niedermunde nach Telfs. Almwirtschaft. Heulager für 10 Personen.

- **181 Von Leutasch,** siehe R 138.

- **182 Von Ehrwald**
  3½—4 Std.

Von Ehrwald über die Ehrwalder Alm (hierher auch mit Gondelbahn), Pestkapelle und Feldernalm.

- **183 Von Telfs oder Wildermieming**
  4—5 Std.

Über den Niedermundesattel wie bei R 281.

- **185**   **Feldernalm,** 1525 m

Ungefähr in der Mitte zwischen Ehrwalder Alm und Tillfußalm nördlich der Gaistalstraße. Unterhalb der Feldernalm die Abzw. in das Schwarzbachkar und zur Alplscharte. Almwirtschaft. 5 Heulager.

- **186 Von der Ehrwalder Alm**
  1 Std.

Von Ehrwald zur Ehrwalder Alm und am Ghf. „Alpenglühn" vorbei bis zum Bach, wo sich der Weg zur Seeben-Alm nach SW wendet. Man überschreitet den Bach nicht, sondern steigt am rechten Ufer zur Pestkapelle auf, ½ Std. Links Abzw. zum Federnjöchl, Gatterl und zur Knorrhütte. Von der Pestkapelle in östlicher Richtung weiter, über einen niederen Riegel und über einen Zaun auf eine Almwiese, nach deren Überschreitung der Fußweg rechts abwärts zur Feldernalm und zur Gaistalstraße führt.

- **187 Von Oberleutasch**
   3 Std.

Von der Oberleutasch in das Gaistal und an der Gaistal- sowie Tillfußalm vorbei. Nach etwa 3 Std. werden rechts oberhalb der Straße die Almhütten sichtbar.

- **190   Ehrwalder Alm,** etwa 1500 m

Lohnendes Ausflugsziel von Ehrwald aus. Mehrere Unterkünfte.

- **191 Von Ehrwald**

a) Fahrweg von der Kirche in Ehrwald in östlicher Richtung auf breitem Fahrweg zur Ehrwalder Alm, 1½ Std.
b) Wiesenweg. Schöner als Weg a).
Wie unter a) bis zum „Gaistaler Hof". Bald rechts ab, an der Talstation der Gondelbahn vorbei und auf dem linken Weg zum Bach. Über diesen hinweg und durch Wiesen und Lärchenwälder zur Ehrwalder Alm, 1½ Std.
c) Gondelbahn, Talstation beim „Gaistaler Hof", Bergstation neben Ehrwalder Alm.

- **193   Coburger Hütte,** 1916 m

DAV S. Coburg. Einzige, in den Sommermonaten bew. AV-Hütte der Mieminger Kette, 6 B., 80 M., 20 L. Landschaftlich großartig gelegen, bietet sie einen vorzüglichen Stützpunkt für die Gipfel im westlichen Teil der Mieminger Kette. Bew. Pfingsten bis Ende September. Winterraum mit 5 M.

- **194 Von Ehrwald über den Hohen Gang**
   3 Std., Trittsicherheit erforderlich.

Auf dem Fahrweg zur Ehrwalder Alm bis zu einer kleinen Kapelle (Hof), 15 Min. von der Kirche in Ehrwald. Nun nach rechts über den Bach und jenseits etwas links haltend auf bez. Steig über sumpfige Wiesen durch Lärchen- und Tannenwald gegen die Seebenmauer hinauf. Später führt der Weg durch Latschen und über Schutt zu einer vorspringenden Ecke. Einige Schritte nach N ein herrlicher Aussichtsplatz mit der Coburger Bank. Für das folgende Steilstück ist etwas Trittsicherheit erforderlich. Der Steig leitet durch Latschen und über Felsen zur Höhe des Seebenplateaus empor. Nun leicht abwärts zum Seebensee, über dessen Abfluß an die Ostseite des Sees und dem Ufer entlang in den Talgrund. Der letzte Steilhang zur Hütte hinauf wird auf gut angelegtem Zickzackweg überwunden.

- **195   Von der Ehrwalder Alm**
    2 Std. Kürzester Zugang.

Wie R 191 zur Ehrwalder Alm und am Ghf. „Alpenglühn" vorbei zum Bach, der von der Pestkapelle herabkommt. Über den Bach und auf breitem Weg nach rechts auf einen Waldrücken, dann abwärts zum breiten Fahrweg, der von der Leutasch durch das Gaistal bis zur Seebenalm führt. Weiter auf dem Fahrweg oder einen Fußweg benützend, der nach ungefähr 500 m vor einer Waldschneise links abzweigt und an der Nordflanke des Vorderen Tajakopfes entlang führt, zur Seebenalm. Nach weiteren 15 Min. zum Seebensee und wie R 194 zur Hütte.

- **196   Von Biberwier über die Biberwierer Scharte**
    3 Std.

Südl. an der Rochuskapelle, die auf den Lärchenwiesen am Fuße der Sonnenspitze steht, vorbei zum Waldrand empor. Der gerade und gleichmäßig ansteigende breite Weg, der sich einige Meter weiter rechts befindet, ist eine ehemalige Fördergasse und führt zu einem verfallenen Bergwerk. Links dieser Gasse gelangt man auf gut bez. Steig durch Wald, später in vielen Serpentinen durch Latschenfelder und über Schutthalden auf die Biberwierer Scharte, 1999 m, zwischen Sonnenspitze und Schartenkopf. Nun etwas abwärts durch das Schwärzkar und nördlich am Vorderen Drachenkopf vorbei zur Hütte. Großartiger Blick auf Seebensee und Zugspitzmassiv.

- **197   Von Obsteig über die Grünsteinscharte**
    4 Std.

Siehe R 291. Ausdauernden Wanderern kann eine Rundtour über Marienbergjoch, Biberwierer Scharte, Grünsteinscharte und Hölltörl als lohnend empfohlen werden; Beginn kann beliebig gewählt werden (Obsteig, Biberwier, Ehrwald), Kürzungen möglich.

- **200   Breitenkopfhütte, 2020 m**

Einstmals Werkhütte am Breitenkopf im einsamen Igelskar, einfaches unbew. Hüttchen; 5 M., 2 L. Wird von der DAV S. Coburg betreut. Schlüssel bei Ignaz Wilhelm, Bauernhof 9, Ehrwald.

- **201   Von der Ehrwalder Alm**
    2½ Std.

Auf dem Weg zur Coburger Hütte (R 195) bis zur Einmündung in den Fahrweg Leutasch—Seebenalm. Von hier in Richtung Leutasch am meist eingetrockneten Igelsee vorbei bis zu einer scharfen Wegbiegung an der Ostseite des Seebodens. Nun Abzw. nach rechts und anfangs sehr flach gegen das Igelskar. Die Steilstufe zum oberen Karboden wird nahe dem Igelskopf an der Westseite des Kares in Serpentinen überwunden (früher Bergwerkswege und Knappensteige). Im oberen, flacheren Teil in südöstlicher Richtung quer durch das Kar, zuletzt über Schutt zum Hüttchen, das unter einem gewaltigen Überhang neben einem Stolleneingang steht.

● **202 Von der Leutasch**
5½ Std.

Auf dem breiten Fahrweg durch das Gaistal bis zur Abzw. in das Igelskar vor dem Igelsee. Weiter wie R 201.

Für Schlechtwettertage: Humor und Unterhaltung

Karl Tiefengraber

Alpines Panoptikum

Ein gelungener Versuch von Franz Xaver Wagner, dem langjährigen Kolumnist Karl Tiefengraber in der Zeitschrift Bergwelt, Bergsteiger auf den Arm zu nehmen, sie auf satirische Gipfel zu tragen und ihnen die Aussicht von dort oben zu zeigen. Daß dabei Ähnlichkeiten mit tatsächlichen Verhältnissen sichtbar werden, ist der zunehmenden Annäherung alpiner Wirklichkeiten an satirische Übertreibung zuzuschreiben. Das Büchlein gehört in die geistige Rucksackapotheke jedes Bergsteigers!

Illustriert von Sebastian Schrank, Größe 12 × 16 cm, kartoniert.
112 Seiten. 2. Auflage 1980.

Zu beziehen durch alle Buchhandlungen

Bergverlag Rudolf Rother GmbH · München

IV. Übergänge, Verbindungswege, Höhenwege

1. Wetterstein

- **230** Eibsee — Törlen — Ehrwald
  3½ Std.

Vom Eibsee auf der Riffel-Skiabfahrt (Weg zur Wiener-Neustädter Hütte) bis zum Wegweiser (1 Std.) und auf einem Steig zur Höhe der Törlen. Über Lichtungen rechts abwärts auf Fahrweg zur Zugspitzbahn-Talstation.

- **231** Hammersbach — Unterer Nordsteig — Eibsee
  3½ Std. Umgekehrt nicht zu empfehlen.

Wie R 36 zur Waxensteinhütte. Nun folgt man dem in Windungen westl. ansteigenden Weg. (Der absteigende führt in 5 Min. zur Quelle und weiter nach Obergrainau.) Bald lichtet sich der Wald und der Weg verläuft eben nach W, quert später die Brandlahnrinne und die beiden Rinnen des Alplbaches, führt bald nachher, etwas undeutlicher, durch düsteren Wald aufwärts und über eine Lichtung, wird dann wieder eben und tritt aus dem Wald heraus, ½ Std. Beschränkter Blick auf Eibsee, Bärnheimatkopf und die N-Wände. Der Weiterweg führt, nun eben, am Latschenhang unterm Bärnheimatkopf durch, senkt sich dann in Kehren hinab zur Zuggasse und überschreitet den Bach. Im Bachbett und bald östl. desselben auf Ziehweg zum Weg Eibsee — Höllentalklamm und auf diesem westl. in 5 Min. zum Eibsee.

- **232** Oberer Nordsteig
  Nicht bez., häufig unterbrochen.

Wie R 36 vor die Mittagsschlucht. Man wendet sich bei der letzten Serpentine, mit der der Weg die den Mittagsgraben orog. rechts begrenzende Rippe ersteigt und er den Namen Unterer N-Steig annimmt, scharf links (östl.) Steigspuren nach, die sehr bald undeutlich werden. Hier steigt man ein kurzes Stück gerade weglos an, bis man wieder auf den Steig trifft, der in Windungen hart an die Manndlwand hinaufführt.

Vom Fuß der Manndlwand im allgemeinen eben unter den Wänden entlang zu dem Eckpunkt (P 1699) des von Garmisch aus im Profil sichtbaren und unter den Wänden vorspringenden Grasrückens des Bärnalplgrates. Der Steig biegt an der Manndlwand nach W und erreicht durch Latschen den östl. Rand der Mittagsreiße, die er eben quert. Weiter eben zur Brandlahnrinne. Der Steig quert weiterhin fallend die Lahnrinne des Alplebaches und führt, im allgemeinen wieder eben, und einige Rinnen überschreitend, zu der Bergwiese des Bärnalpls. Sie liegt dicht östl. unterhalb des links oben sichtbaren P 1699, 25 Min. von der Mittagsreiße; dort endet der Steig.

Variante

Von der Waxensteinhütte folgt man den Windungen des Unteren Nordsteiges in westl. Richtung. (Der absteigende Weg führt in 5 Min. zur Quelle und weiter nach Obergrainau.) Bald lichtet sich der Wald und der Weg verläuft eben nach W. Etwa 40 m später zweigt links ein anfangs schlechter Jägersteig ab. Er führt an die Brandlahnrinne heran und an dem sie begrenzenden Rücken herauf zum Oberen Nordsteig. Etwa 25 Min.

● 235　　　　　　　　　Mittagsscharte, 2045 m

Die Mittagsscharte ist der tiefe Einschnitt zwischen Kleinem Waxenstein und Zwölferkopf. Sie kann zwar sowohl von der Süd- wie von der Nordseite erreicht werden. Bei ihr befindet sich das östl. Ende des vom Riffelkar kommenden Schafsteiges (R 238). Sie spielt eine wichtige Rolle bei den Zugängen zum Kleinen Waxenstein und zum Zwölferkopf.

● 236　Von Norden

II. 1¼ Std. Zeitangabe und Beschreibung gelten für aperen Zustand der Schlucht. Je nach Schneelage und -beschaffenheit kann sie leichter, aber auch viel schwieriger sein. Bei Schnee im Abstieg Vorsicht! Nicht abfahren! Eispickel und Steigeisen ratsam.

Wie R 36 und dann entlang der Schuttreiße zum unteren Ende der Mittagsschlucht. Den untersten Abbruch umgeht man rechts unter Benützung der Felsrippe, die die untere Fortsetzung der Zwölferkante bildet. Dann in der Schlucht selbst über mehrere Absätze empor. Zuletzt über erdiges, rotes Gestein zur Scharte.

● 237　Von Süden

2½ Std. von der Höllentalangerhütte.

Auf dem bez. Waxensteinanstieg (R 561) und wie dort vermerkt auf dem Schafsteig (R 238) zur Scharte.

● 237A　Abstieg nach Süden

Schwierig zu finden. Trittsicherheit erforderlich. 1½ Std.

Von der Mittagsscharte auf gutem Grasband in die auffallende Scharte des Zwölferkopf-Südgrates (wenige Minuten). Jenseits auf spärlichen

Steigspuren über steile Grasschrofen etwa 100 m schräg unter dem Zwölfer-Südabsturz abwärts bis in eine Plattenrinne. Hier Quergang fast eben 50 m rechts (westlich) auf eine Rippe. Jenseits hart an der Wand durch eine plattige Rinne hinab zu einem gelben Fleck. Bei ihm erst eben, dann ansteigend in das untere der beiden Scharteln in der nächsten Rippe. Von ihm durch eine gelbe Rinne hinab und in das nächste begrünte Schartel. In der folgenden Mulde nicht der alten dunklen Bez. nach, sondern leicht absteigend in das grüne Schartel der nächsten Rippe. In der nun folgenden Mulde trifft man auf deutlichen Spuren die Bez. ins Höllental.

● **238 Schafsteig (Mittagsscharte — Riffelscharte)**
Kein angelegter Steig; spärlich rot markiert. Führt durch die Südhänge des Waxensteinkammes. 2—3 Std.

Von der Mittagsscharte in scharfem Auf und Ab über mehrere Gratrippen und Mulden. Dann gemeinsam mit dem (gut markierten) Südstieg zum Großen Waxenstein (R 561), der den Schafsteig hier benützt, in die auffallende „Waxensteinrinne", die man quert. Der Steig führt dicht unter einem abenteuerlich aussehenden Felsturm, dann nahe unter den Südabstürzen des Hinteren Waxensteins vorbei, mehrere Rippen und Rinnen sowie die „Schöneckmulde" querend zum Schönecksattel (südl. der Schöneckspitze, nicht im Hauptkamm), und weiter zu der zwischen Schönangerspitze und Riffelspitzen herabziehenden Mulde des Schönangers. Er quert diese fallend, um jenseits steil zu der von der Nördl. Riffelspitze herabziehenden Gratrippe anzusteigen. Jenseits ins Riffelkar absteigend, erreicht man den von der Riffelscharte zur Höllentalangerhütte führenden Weg (R 241).

● **240 Riffelscharte**, ca. 2190 m

Sie trennt den Riffelwandkamm vom Waxensteinkamm. Übergang vom Höllental zum Eibsee.
Vom oberen Höllental siehe R 471.

● **241 Höllentalanger — Riffelscharte — Eibsee** (Riffelweg)
Teilweise mit Drahtseilen gesicherter Weg. Schwindelfreiheit und etwas Kletterfertigkeit erforderlich. 4—5 Std.
Foto S. 99.

Von der Höllentalangerhütte führt ein guter Weg (Ww.) über das Geröllbett und in mäßiger Steigung in den Talhintergrund. Hier steigt der Weg rechts an zu den Felsen. Bei einem Ww. (nicht übersehen!) zweigt er vom Zugspitzweg rechts ab, führt bald durch ein Klamml (Drahtseile), dann im Zickzack rasch empor und wendet sich links, mäßiger steigend, der begrünten untersten Mulde des Riffelkares zu. Am Rande des Gerölls biegt er erst rechts, quert dann scharf links (hier kommt von rechts der Schafsteig, siehe R 238) den Schutt zur oberen Karmulde und führt schließlich unter dem Riffeltorkopf zur Scharte, 2161 m. 2 Std.

Von der Scharte westl. an der N-Seite des Riffeltorkopfes herum erst etwas bergan, dann quer über glatte Platten (trotz Drahtseil Vorsicht, nur für Schwindelfreie!) hinunter auf die gewaltige Geröllhalde der Riffelriß. Nun entweder:

a) Auf dem alten Riffelschartenweg, der seit Erbauung der BZB an Bedeutung verloren hat, die Riffelreiße hinunter (bei Schnee vorsichtig abfahren), zuletzt zu dem die Reiße rechts begrenzenden Steilrand und auf nun wieder sichtbarem Steiglein, die Zahnradbahn beim unteren Eingang des Kleinen Tunnels überquerend, durch Hochwald abwärts über die Wiese „Am Wasserbühel" und zum Eibsee. 2 Std. Oder besser

b) immer am Fuß der Felsen über Schutt links abwärts auf den oben begrünten mit zunehmender Tiefe auch bewaldeten Kegel, auf dem ein guter Steig zur Station Riffelriß der BZB hinableitet. Von hier mit Bahn oder auf bequemem Steig links abwärts zur Landesgrenze, wo man auf den Weg von der Wiener-Neustädter Hütte zum Eibsee trifft (R 31).

● **242 Höllental — Mathaisenkar — Grieskarscharte — Kreuzeck**
I, bis zur Grieskarscharte gesicherter Klettersteig. Großartiger, doch anstrengender Übergang. Nur für geübte ausdauernde Geher, 7 Std. Foto S. 61.

Gleich westl. der Höllentalangerhütte (Ww.) führt ein Steig im Zickzack über der Hütte empor, dann links um eine Ecke ins Mathaisenkar, das in ansteigender Linie zu dem in der östl. Begrenzung liegenden Einstieg in die Felsen gequert wird (auffallende Bez., Beginn der Drahtseile). Den Sicherungen und der Markierung folgend zur Grieskarscharte, zwischen Hochblassen rechts und Alpspitze links, 3½—4 Std. (Von der Scharte über den gesicherten SW-Grat in 40 Min. zum Alpspitzgipfel, R 713). —

Kommt man von den Knappenhäusern, so benützt man zunächst den Weg zum Höllentor (R 244). Er wird so lange verfolgt, bis man rechts in eine breite, ausgewaschene Felsrinne hinabsteigen kann. An ihren jenseitigen Hängen führt der Steig in Kehren hinauf und mündet nach etwa ¾ Std. in den von der Höllentalhütte kommenden.

Von der Grieskarscharte erst etwas rechts auf Steigspuren, dann in Windungen über Schrofen hinab zum Schutt, der steil zum Boden des Grieskars hinunterleitet. Von seinem unteren Ende hält man sich nordöstl., links am Stuibensee vorbei, dann auf dem von der Alpspitze kommenden Steig im allgemeinen in östl. Richtung abwärts bis man im Wald auf den breiten Bernadeinweg (R 245) trifft. 2—2½ Std. von der Grieskarscharte. Auf dem Bernadeinweg links in 1 Std. zum Kreuzeck.

Kürzer, aber schwieriger kommt man zum Kreuzeck, wenn man am unteren Ende des Grieskars ansteigend links dicht unter den Felsen des südöstl. Eckpfeilers der Alpspitze herum über Gras und Schrofen zum oberen Endpunkt der Schöngänge strebt. Über sie hinab (R 711) und über die Hochalm zum Kreuzeck, 1½—2 Std. vom unteren Ende des Grieskars. Dieser Weg ist auch dann zu empfehlen, wenn man den Übergang in Richtung Kreuzeck — Höllental unternimmt und nicht den Umweg über die Alpspitze nehmen will.

- **243 Kreuzeck — Hupfleitenjoch (1754 m) — Höllental**
  Sehr beliebter und landschaftlich schöner Übergang. Stellenweise Drahtseile. 2 Std.

Vom Kreuzeckhaus südwestl. bis sich der Weg gabelt. Man hält sich rechts (Ww.), anfangs eben auf gutem Weg zur obersten Mulde der Hammersbacher Alm und in wenigen Kehren zum Hupfleitenjoch; 1 Std. Großartiger Blick ins Höllental. (Vom Joch in ¼ Std. auf gutem Steig auf den aussichtsreichen Schwarzenkopf, 1818 m.) Jenseits in Serpentinen auf gutem Weg (teilweise Drahtseile) links hinab, mehrere Felsgräben querend zu den Knappenhäusern (R 48), die auf einer gegen das Höllental vorspringenden Rippe liegen. Zwischen den Häusern durch nach links zu einer Schlucht, die gequert wird. (Gleich darauf trifft von links der Weg vom Höllentor, R 244 ein.) Auf dem guten Weg weiter zur Höllentalangerhütte, oder bei der ersten Abzweigung nach rechts an Wasserorgeln entlang direkt ins Höllental (kürzer, jedoch nicht empfehlenswert, da steil und ausgesetzt, Sicherungen verfallen oder beschädigt).

- **244 Osterfelderkopf — Höllentor (2090 m) — Höllental (Rinderweg)**
  Beliebter, gut angelegter und landschaftlich schöner Übergang von der Bergstation der Osterfelderbahn, 2 Std.

Von der Bergstation der Osterfelderbahn Richtung Alpspitze „Nordwandsteig" waagrecht in ca. 10 Min. zur Abzweigung „Rinderscharte". Nach rechts zur Scharte empor und auf gut ausgebautem Weg bis zum Weg (R 243) Knappenhäuser — Höllental. Von hier in 10 Min. rechts zu den Knappenhäusern und nach links in ½ Std. zur Höllentalangerhütte.

- **245 Kreuzeck — Reintal (Bockhütte) über den Bernadeinweg**
  2½ Std. Foto S. 99.

Vom Kreuzeck auf dem Hochalmweg bis zum Wegweiser Stuiben. Dem Weg (Bernadeinweg) folgend, vorbei an der Bernadeinhütte, bald darauf Abzweigung nach rechts zur Alpspitze auf das untere Ende der langgestreckten Stuibenmauer. (Hier Abzweigung zu Stuibenhütte und Mauerscharte.) Nun abwärts in Serpentinen (einmal kurze Drahtseilsicherung) zur Bockhütte im Reintal.

- **246 Knorrhütte — Gatterl — Ehrwald (Leutasch)**
  Bester Übergang von N nach S und über den Niedermundesattel nach Telfs im Oberinntal. Knorrhütte — Ehrwald 4¼ Std., Knorrhütte — Feldernjöchl — Gaistal — Oberleutasch 5 Std., Knorrhütte — Steinerne Hütteln — Oberleutasch 5¾ Std. Foto S. 61.

Von der Knorrhütte auf dem unter R 82 beschriebenen Weg zum Gatterl, 1 Std. und zum Feldernjöchl, wo sich die Wege teilen (Ww.).

- **247 Schachen — Meilerhütte — Berglental — Leutasch**
  Bester Übergang ins Leutaschtal. 4½ Std.

Vom Schachen zur Meilerhütte 1½ Std. (R 111). Von der Hütte wenige Minuten dem Hermann-von-Barth-Weg nach, dann links in Kehren über die Sandreiße hinab und bei Wegteilung links (der Weg rechts führt zum Söllerpaß) ins Berglental und weiter auf dem R 114 beschriebenen Weg, bis er hinter dem Berglesboden etwas ansteigt. 1¾ Std. Hier teilen sich die Wege: Rechts dem Holzziehweg nach, der später den Puitbach überschreitet und die Straße bei der „Gasse" erreicht, nach Oberleutasch in 1½ Std., oder links der alten Wasserleitung folgend zu den Gehöften Reindler und Fikter und auf der Straße links in 1 Std. nach Unterleutasch.

- **248 Meilerhütte — Söllerpaß — Leutasch (— Scharnitzjoch)**
  I, nur für Geübte. Landschaftlich großartiger Übergang. Bei Neuschnee oder Nässe erfordern die steilen Grasflanken der S-Seite große Vorsicht. Schachen — Leutasch 5 Std. Meilerhütte — Scharnitzjoch, 2½ Std. In Gegenrichtung: R 115.

Von der Meilerhütte auf dem Hermann-von-Barth-Weg, bis er den Schutt des Leutascher Platts betritt. Hier links ab und genau auf die vorwiegend nur aus Steindauben bestehende Bez. achtend zu dem westl. des Öfelekopfes befindlichen Söllerpaß. Dieser ist nicht die tiefste Einsenkung, sondern er liegt weiter westl. und höher. 1 Std. Bei Nebel sehr schwer zu finden. Nun wie unter R 115 ins Puitental und in die Leutasch. 2½ Std. von der Meilerhütte. Der Weg zum Scharnitzjoch zweigt ungefähr an der unteren Latschengrenze rechts ab. Er leitet erst eben, dann steigend zum Joch. Etwa 1½ Std. vom Söllerpaß.

● **249** **Oberleutasch — Scharnitzjoch — Puitental — Unterleutasch**
5½ Std. Puitental von Leutasch-Gasse siehe R 115. Das Puitental gehört zu den Glanzpunkten des südlichen Wettersteins. Seine Durchwanderung führt an den berühmten Kletterwänden von Schüsselkarspitze, Leutascher Dreitorspitze und Öfelekopf entlang. Einer der lohnendsten Tagesausflüge in der Leutasch.

Von Oberleutasch zur Wangalm (124) 1½—2 Std. Von der Alm nördl. auf bez. Pfad in den obersten Weidegrund, wo man auf einen Steig trifft, der rechts (östl.) zum Einschnitt des Scharnitzjoches hinaufführt. 1 Std. (Etwas oberhalb die Erinnerungshütte des AAVM, R 118.) Der Steig führt jenseits auf der Seite der Gehrenspitze abwärts. Die Markierung leitet durch den Bachgrund und jenseits durch Latschengassen, einmal über eine kleine Gegensteigung auf den untersten Boden des Puitentales, von wo man in die Leutasch gelangt (R 115). Etwa 1½ Std. vom Scharnitzjoch. — Der vom Scharnitzjoch östl. über einen kleinen begrünten Sattel führende Steig bringt zum Söllerpaßweg (R 115), der ungefähr an der Latschengrenze erreicht wird.

● **250** **Kreuzeck — Mauerscharte** (ca. 1890 m) **— Reintalangerhütte**
(Schützensteig)
Der Übergang ist landschaftlich hochinteressant, aber schwierig und anspruchsvoll. Trotz streckenweiser Bezeichnung ist der Steig bei Nebel leicht zu verfehlen. In umgekehrter Richtung mühsamer. 5—6 Std. Foto S. 61.

Vom Kreuzeck folgt man dem (R 245) beschriebenen Weg auf die Stuibenmauer. Hier rechts (Ww.) aufwärts über der Stuibenmauer entlang an der Stuibenhütte vorbei, nach Belieben hinauf in allgemeiner Richtung auf den höchsten Punkt. Über den Stuibenkopf hinab in die tiefste Einschartung (Mauerscharte). 2 Std.

Hierher auch kürzer, aber pfadlos und mühsam, wenn man vor der Stuibenmauer den Weg nach rechts verläßt und unter der Wand entlang emporsteigt, bis man an ihrem oberen Ende links in die steile, grüne Mulde einbiegt, die zur Scharte hinaufführt. —

Von der Mauerscharte der Markierung folgend auf dem Gaif-O-Grat aufwärts bis zu einem horizontalen Gratstück. Hier über Schrofen nach links hinunter, bis der Schützensteig, teils nur schwach ausgeprägt, unter den S-Wänden des Gaif-Blassenkammes im wesentlichen horizontal nach W führt. Eine plattige Rinne (Gaifrinne) wird gequert, später sieht man über dem Blassenloch die mächtigen S-Abbrüche der Blassenspitze. Zuletzt führt der Steig durch die Latschen steil abwärts auf den Reintalweg, der 10 Min. östl. der Reintalangerhütte erreicht wird.

● **251 Bockhütte — Schützensteig**
  Schwierig zu finden, nicht empfehlenswert. 2 Std.

Etwa 450 m von der Bockhütte talein, rechts ab auf einen undeutlichen Steig. Er geht erst in gerader Richtung durch den Wald in Serpentinen aufwärts, dann über den freien Hang. Nach etwa 30 Min. bleibt man bei einer Gabelung links (weiter oben mündet von links her ein Weg, der bald darauf wieder rechts abzweigt und unberücksichtigt bleibt). Nachher führt das Steiglein lange fast eben nach links (W) und trifft dann ansteigend auf den Schützensteig.

● **252 Blaue Gumpe — Schützensteig**
  II (stellenweise); 1½ Std.

Vom Reintalweg (R 78) bei der kleinen Lichtung kurz vor der Blauen Gumpe rechts ab zum Graben und mühsam zum überhängenden Abbruch der Rinne, der westl. umgangen wird. Dann in und am Rand der Rinne zum Schützensteig.

● **253 Gatterl — Scharnitzjoch (Südsteig)**
  Der Südsteig führt, meist hoch über der Baumgrenze, auf der Südseite des Wettersteinkamms vom Gatterl unter den Wänden entlang bis zum Scharnitzjoch. Er ist kein angelegter Weg. Seine Entstehung verdankt er der Begehung durch Mensch und Vieh, streckenweise wohl auch dem Hochwild. Häufig unterbrochen und nicht bezeichnet, ist er bei unsichtigem Wetter nicht leicht zu finden. Er führt durch ein Gebiet ausgeprägter landschaftlicher Eigenart. 5 Std.
  Gipfelbesteigungen siehe R 880.

Wie R 82 oder 246 zum Feldernjöchl. Auf dem begrünten Rücken östl., in seiner mergeligen N-Flanke zu der Doppeleinsattelung südl. des Hohen Kammes (Kothbachsattel) und jenseits östl. auf gutem Steig hinab zu den Steinernen Hüttlen, 1¼ Std. vom Gatterl. Nun östlich, auf- und absteigend auf Steigspuren bis zum Scharnitzjoch.

● **254 Oberreintal — Oberreintalscharte — Leutasch**
  II (einige Stellen). Landschaftlich großartiger Übergang für Geübte. In umgekehrter Richtung weniger anstrengend.
  5—6 Std.

Auf dem Steig hinter der Oberreintalhütte ins Oberreintalkar zwischen Oberreintalturm und Nordöstlichem Zunderkopf. Nun anstrengend die endlosen, steilen Schuttströme des Oberreintalkares empor, zuletzt links zur Scharte rechts des Oberreintalschrofens. 3 Std. Nun durch die südseitig hinabführende Schlucht und im untersten Teil derselben in eine begrünte westl. Nebenrinne. Durch diese auf die Wiesen und Sandreißen unter den S-Wänden. Auf grasiger Rippe, dann links haltend zur Wangalm und nach Wackerle im Leutaschtal.

Soll der Übergang in Richtung S—N begangen werden, so ersteigt man wie bei R 871 den Anschlußpunkt des Roßbergrückens an die Felsen. Man quert von ihm östl. auf deutlichen Steigspuren hinüber an den Fuß der von der Oberreintalscharte herabziehenden „begrünten Nebenrinne".

- **255 Schachen — Kämitor — Elmau oder Mittenwald**

    II (stellenweise ab dem Zirbelsattel).

    Dem östl. Teil des Wettersteinhauptkammes ist, beim Schachen beginnend, nördl. eine begrünte und teilweise auch bewaldete Stufe vorgelagert, die hinauszieht bis unterhalb der Oberen Wettersteinspitze. Sie trägt als wiederum nördl. vorgeschobene Erhebungen Schachentorkopf, Kämitorkopf, die beiden Kämiköpfe, Zirbelkopf und Gamsanger. Sie alle sind als Sättel mit dem felsigen Fuß des Hauptkamms verbunden. Eine Wanderung vom Schachen über sie hinweg, immer im Schatten der riesigen N-Wände mit Abstieg nach Elmau oder Mittenwald ist eindrucksvoll und besonders lohnend. 4—5 Std. nach Elmau; 5—6 Std. nach Mittenwald.

Vom Schachen auf dem Königsweg abwärts. Wo er bei der Schachenalm nach N umbiegt, verläßt man ihn nach rechts und steigt über die Rasenhänge nach Belieben zum **Schachentor** hinauf, das zwischen Schachentorkopf und Frauenalplkopf eingebettet ist. Etwa 40 Min. Jenseits durch das malerische Tal „In der Nadel", an der Mündung der Hirschbichlschlucht vorbei hinunter zu den Hängen der Wettersteinalm. ½ Std. Oberhalb der Alm östl. durch, über Schutt, Schnee und zuletzt auf guten Steigspuren in Kehren hinauf zum **Kämitor.** Etwa ½ Std. Von der Wettersteinalm etwa 1 Std. Jenseits erst etwas abwärts, dann im allgemeinen eben unter den Wänden entlang zum nächsten Sattel (etwa 20 Min.), der die Kämiköpfe mit dem Hauptmassiv verbindet **(Kämisattel).** Jenseits abermals etwas abwärts und, die Karmulde nach rechts ausgehend, zu den Hängen, die zum **Zirbelsattel** hinaufleiten. Etwa ½ Std. östl. kurz gerade abwärts. Dann in langem Quergang oberhalb der Abbrüche nach rechts auf eine latschenbedeckte und mit einzelnen Zirben bestandene Rippe. Mit ihrer Hilfe hinunter ins Kar, dasselbe hinaus, zum Schluß dem Wasserlauf folgend auf den vom Windfall kommenden Steig (Achtung! Nicht übersehen!) und auf ihm zum Ferchensee. Nun auf dem Weg nach Mittenwald.

Diese Wanderung kann an verschiedenen Stellen durch Abstieg nach N unterbrochen oder beendet werden:

a) Oberhalb der Wettersteinalm, indem man aus dem Tal „In der Nadel" den Steigspuren folgt, die links zur Alm hinunterführen. Für die Abstiege vom Kämitor und östl. davon gelte als Anhalt: Sie alle führen in den mit zahlreichen Ziehwegen und Steigen durchzogenen Wettersteinwald, in dem das Zurechtfinden nicht ganz einfach ist. Jedoch gelangt man nördl. absteigend früher oder später immer auf den unverkennbaren Bannholzweg (R 104), der rechts auf das Sträßchen Mittenwald — Elmau bringt, das er etwa 500 m nordwestl. des Ferchensees erreicht. Auf diesem links in etwa ¾ Std. nach Elmau, rechts in 1¼ Std. nach Mittenwald.

b) Vom Kämitor zunächst in das Kar unter der Wettersteinwand, dann links hinunter. Eine felsige Stufe wird auf der Seite der Kämialm (rechts, östl.) umgangen. Dann folgt man im allgemeinen dem Talgrund, manchmal etwas rechts von ihm, wobei man ab und zu auf eine alte Markierung stößt. Immer in nördl. Richtung zum Bannholzweg und auf ihm rechts zum Sträßchen Mittenwald — Elmau. Etwa 1½ Std.

c) Vom Sattel südl. der Kämiköpfe auf deren erste Erhebung und nördl. hinunter auf die Einsenkung, die die Almhütte trägt. Hier links (westl.) auf einem alten, spärlich markierten Steig ins Kämital, wo man auf den Weg vom Kämitor trifft. Auf ihm zum Bannholzweg. Etwa 1½ Std. zum Mittenwalder Sträßchen.

d) Vom Kämisattel in der Mulde rechts (östl.) der Kämiköpfe abwärts, bis sie sich erweitert. Hier rechts heraus und schräg abwärts in die Mulde des Zirbelkars, wo man auf Weg e) trifft.

e) Vom Zirbelsattel auf dem Weg des Aufstiegs westl. hinunter ins Zirbelkar und das Kar abwärts, bis das Gelände steiler wird. Kurz vorher links heraus. Hier beginnt, wenig unterhalb der untersten Zirben, ein Steig, der erst in langem Quergang hinüberführt in die Mulde, die vom Kämisattel herabstreicht. Nun in Kehren hinunter auf den Windfallboden, den man an seinem rechten (südöstl.) Eck betritt. An der rechten (östl.) Seite talaus. Wo sich der Wald wieder schließt, trifft man auf einen Ziehweg, der, z.T. steil, hinunterführt zum Bannholzweg. 1—1¼ Std. vom Zirbelsattel. Oder: Wo der vorbeschriebene Weg dicht unterhalb des Windfallbodens steiler wird, scharf rechts heraus und an einem Zaun entlang aufwärts, bis man ihn mit Hilfe eines Gatterls durchschreiten kann. Dann in wechselndem Auf und Ab ostwärts, unterhalb der Hanimoosalm durch (prachtvoller Blick auf den Talhintergrund) und abwärts zum Ferchensee, den man an seiner NO-Ecke erreicht. Etwa 1½ Std. vom Zirbelsattel. (Markiert.)

- **256   Ehrwald — Gaistal — Leutasch — Mittenwald**
  Lange, aber leichte und an Eindrücken reiche Wanderung. 9½ Std.

Von Ehrwald-Oberdorf zur Ehrwalder Alm (R 191) 1½—2 Std. Auf einem Ziehweg, bis er sich nach Gasthof Alpenrose nach rechts aufsteilt. Von hier links am Bach entlang zur Pestkapelle (1640 m), ½ Std. (Hier zweigt links der Weg zur Knorrhütte ab.) — Man folgt dem steinigen Weg weiter östl. zur Feldernalm (1522 m) und gelangt steil hinab ins Gaistal, wo man die vom Negelsee kommende Straße trifft. Auf ihr bequem zur Tillfußalm, 1380 m, 1½ Std. — Nun auf breitem Fahrweg durch das waldige Gaistal, die von links herabkommenden Täler des Kothbaches, Leithenbaches und Sulzbaches querend, zuletzt durch die Talenge der Oefen (Nagelfluh, in deren Höhlungen zahlreiche Heiligenbilder) ins Leutaschtal, das bei den Gehöften Wackerle betreten wird. Im Osten tauchen die Berge des Karwendels und vorne der Arnstock auf. Auf der Straße weiter nach Oberleutasch mit Kirche, 2¼ Std. Von Oberleutasch nach Unterleutasch 2 Std. und von da nach Mittenwald 1¼ Std.

- **257   Mittenwald — Elmau — Partenkirchen**
  Sehr lohnender, bequemer Übergang. 4½—5 Std.

Von Mittenwald auf der Fahrstraße am Lautersee und Ferchensee vorbei und das Ferchenbachtal hinab nach Elmau, 2—2½ Std.
Der Weiterweg führt beim Gasthaus über den Bach. Auf der neuen Forststraße durch das Ferchenbachtal zur Partnachklamm oder vorher rechts abzweigen und über Hinter- und Vordergraseck hinunter zur Wildenau.

- **258   Mittenwald — Franzosensteig — Leutasch**
  Besonders in Verbindung mit dem Aussichtspunkt des Grünkopfes empfehlenswert. 3—3½ Std.

Von Mittenwald auf R 257 zur Straßenhöhe östl. des Ferchensees. Hier (Ww.) links ab, im Wald aufwärts bis unter die Ferchenseewände und ein langes Stück fast eben westl. Dann wieder bergan, bis sich der Weg teilt; 1½ Std. (Geradeaus zum Gamsanger, R 860). Der Franzosensteig (Ww.) führt scharf links in Kehren den steilen Wald hinan und biegt oberhalb der Ferchenseewände deren Rand entlang neuerdings links (östl.) zur Einsattelung westl. des Grünkopfes. (Dieser wird auf bez.

Steig in 15 Min. erreicht.) Von der Einsattelung in der Grenzschneise hinauf zum höchsten Punkt. Jenseits erst sanfter, dann steil in einem Graben, später ihn nach rechts verlassend (nicht übersehen!) hinab in die Leutasch, die bei der Häusergruppe „Bei der Kirche" betreten wird.

● 270 **Riedbergscharte,** 1450 m

Leichter, landschaftlich lohnender Übergang über den N-Ausläufer des Arnstocks aus dem Leutaschtal nach Mittenwald.

● 271 **Unterleutasch — Riedbergscharte — Mittenwald**
2½—3 Std.

Der Steig beginnt hinter dem Ghs. „Zur Mühle", in Unterleutasch. Er führt in den Wald und in zahlreichen Kehren hinauf zur Riedbergscharte. 1½ Std. Jenseits scharf links, oberhalb einer Jagdhütte durch und in wechselndem Gefälle, teilweise markiert, hinunter zum Ghs. Gletscherschliff. Man gelangt rasch auf den Talboden, über die Isar und jenseits links auf der Hauptstraße nach Mittenwald.
Von Mittenwald ausgehend benützt man zunächst den Weg zur Leutaschklamm und biegt von ihm links ab unterhalb der Gaststätte „Zum Gletscherschliff" hindurch.

● 272 **Hoher Sattel,** 1483 m

Scharte zwischen Arnspitzen im Norden und Zunteregg im Süden.

● 273 **Leutasch — Hoher Sattel — Scharnitz**
3 Std.

In Leutasch-Arn über die Brücke auf das östl. Ufer der Leutascher Ache. Von hier ab bez. Nach etwa 10 Min. kommt von rechts der Weg von Weidach. Immer in Nähe des vom Hohen Sattel herunterkommenden Rinnsals, das streckenweise oft ausgetrocknet ist, hauptsächlich durch Wald auf den Hohen Sattel.

Vom Sattel auf die Markierung achtend in der bisherigen Richtung weiter und in Kehren an der Seite des nur zeitweise wasserführenden Satteltales hinunter. Wo sich an seiner Mündung der Schuttkegel weitet, gerade hinunter zu dem schon von weitem sichtbaren Gießenbach oder links und im Talgrund auf bescheidenem Weg am Fuß der Arnspitzen entlang nach Scharnitz.

2. Mieminger Kette

● 280　　　　　　　　Niedermundesattel, 2055 m
Breite Einsenkung zwischen Hoher Munde und Karkopf, dient als Übergang zwischen Telfs oder dem Mieminger Plateau und dem Gaistal.

● 281　Von Süden
Teilweise deutlicher Steig. 2 Std. vom Ghf. Straßberg.

Von Telfs oder Wildermieming zum Straßberg (R 169, R 170) und etwa 15 Min. in das „Kar" hinein. Nun an einer bez. Abzw. nach rechts und auf gutem Steig in Serpentinen gegen den Niedermunde-Sattel. Der Steig hört bei einigen Heuhütten auf. Kurz vor seinem Ende, wo er sich fast waagrecht nach rechts wendet, steigt man, undeutlichen Pfadspuren folgend, steil nach links über einen Grashang an. Der Steig wird zunehmend deutlicher, führt auf einen Grasrücken hinauf und leitet in die Latschen hinein. Bald mündet von links der Steig ein, der vom Alplhaus über Hintereggen, durch das Kar und einige Rinnen herüberzieht. 1 Std. vom Ghf. Straßberg, 1½ Std. vom Alplhaus. In einer weiteren Stunde zum Sattel. Auf der Nordseite in weiten Serpentinen in das Gaistal hinab und über die Leutascher Ache auf die breite Gaistalstraße. Nach links zur Tillfuß-, nach rechts zur Gaistalalm. 1¼ Std. vom Sattel.

● 284　　　　　　　　Alplscharte, 2313 m
Tiefe Scharte zwischen Hochwand und Hochplattig, selten begangener, nicht ganz einfacher Übergang über den Hauptkamm, wird meist in Verbindung mit dem Anstieg über den NO-Grat auf den Hochplattig, bzw. den Westgrat auf die Hochwand bestiegen, die hier ihren Anfang nehmen.

● 285　Von Süden
II (stellenweise), überwiegend Gehgelände, teilweise undeutliche Pfadspuren. 2 Std. vom Alplhaus.

Von der Alplscharte zieht eine Rinne schräg gegen das Alplhaus hinunter. Durch sie erfolgt der Anstieg. Vom Alplhaus 5 Min. talein und nach einer Wasserrunse über eine Wiese in die linke obere Ecke, wo eine Latschengasse auf eine weitere Wiese führt. 30 m unter deren oberem Ende leitet ein halbverwachsener Steig durch Latschen auf ein Schuttfeld. Nun schräg aufwärts an den Fuß der geschlossenen Felsen. Diesen entlang, in der Rinne oder links daneben, bis sie sich gabelt. In der rechten Rinne (II) zum tiefsten Punkt der Scharte.

- **286 Von Norden**
  II (stellenweise), überwiegend Gehgelände, teilweise undeutliche Pfadspuren. 2½ Std. von der Gaistalstraße.

Auf der breiten Gaistalstraße von der Abzw. zur Feldernalm einige Min. nach O, dann über die Leutascher Ache und am NO-Abhang des Breitenkopfes auf gutem Steig in Serpentinen in das Schwarzbachkar, ein einsames Hochkar zwischen Hochwand und Breitenkopf. Am unteren Rand der Karmulde verliert sich der Steig. Durch Latschengassen und über Grashänge wird der obere Karboden erreicht. Von diesem über Schutt zum Beginn der Felsen und in einer großen Spitzkehre, deren Spitze der Hochwand zugekehrt ist, auf die Schuttreißen, über die man dann die Alplscharte erreicht. Schöner ist es, man hält sich am Beginn der Felsen etwas mehr rechts (Plattigseite), klettert in einer plattigen Rinne gerade empor und gewinnt dann über Schrofen nach links aufwärts die oberen Schuttreißen nahe der Alplscharte und in wenigen Min. die Scharte selbst.

Der Absteigende findet den Beginn des Steiges, indem er sich absteigend auf der Breitenkopfseite hält (Westseite des Kares), bis er an eine Schuttrunse kommt, die vor dem oben mit Latschen, unten mit Wald bestandenen Ostabsenker des Breitenkopfes liegt. Die deutlichen Pfadspuren, welche die Runse weiter unten queren, sind der Beginn des gesuchten Weges.

- **288 Grünsteinscharte, 2263 m**

Landschaftlich großartiger Übergang von Ehrwald nach Obsteig oder umgekehrt.

- **289 Von der Coburger Hütte**
  1 Std.

Von der Coburger Hütte zum Drachensee hinab und von der Ostseite des Sees in Kehren bergan bis zu den Schuttreißen am Fuße der Nordwand der Westlichen Grießspitze. Quer durch die Schutthänge führt der Steig nach rechts unter die Grünsteinscharte und in kurzen Serpentinen auf die Scharte selbst.

- **290 A Abstieg nach Süden nach Obsteig**
  2½ Std.

Von der Grünsteinscharte durch ein breites Schuttal zwischen Westlicher Grießspitze und Grünstein in die „Hölle" hinab, von wo nach W das Hölltörl und nach O das Stöttltörl erreicht wird. Auf gutem Steig durch Latschen weiter talaus, bis bei der Quellfassung der Obsteiger Wasserleitung ein breiter Weg nach links zur Lehnbergalm führt. Von hier auf breitem Fahrweg nach Arzkasten und Obsteig, 2 bzw. 2½ Std. von der Scharte.

● **291 Von Obsteig**
3½ Std.

Von Obsteig entweder über Lärchenwiesen oder auf dem Fahrweg nach Arzkasten und über die Lehnberg-Alm zur „Hölle" (2½ Std.) und zur Grünsteinscharte (1 Std.).

● **294   Marienbergjoch,** 1788 m

Breiter Sattel zwischen Westlicher Marienbergspitze und Handschuhspitze. Raschester Übergang von Obsteig nach Biberwier.

● **295 Von Obsteig**
2¾ Std.

Von Obsteig wie beim Weg zur Grünsteinscharte bis Arzkasten, ¾ Std. Nun in westlicher Richtung zum Weiler Weisland und nach rechts auf breitem Fahrweg in das Bachtal. Bald nach der Überschreitung des Marienbergbaches zweigt rechts ein Forstweg ab, der in einer großen Kehre die steilen Hänge westlich des Baches überwindet und dann in sanfter Steigung zur Marienbergalm führt.
Hierher gelangt man auch auf einem Alpsteig, wenn man von Arzkasten geradeaus weitergeht und die Abzw. zur Lehnbergalm rechts liegen läßt. Der anfangs breite und flache Weg wird bald schmal und steil und leitet immer auf der orogr. linken Talseite zur Marienbergalm hinein. Von der Almhütte (1623 m) über mäßig steile Almwiesen in ½ Std. zum Marienbergjoch; 2 Std. von Arzkasten.

● **296 A Abstieg nach Biberwier**
1—1½ Std.

Vom Marienbergjoch in nordwestl. Richtung auf einen Rücken hinab. Ein kurzes Stück unterhalb der Ruine des 1945 zerstörten Naturfreundehauses nach rechts durch den Wald auf die Fernpaßstraße hinunter, die man einige Minuten vor Biberwier betritt. 1 bis 1½ Std. vom Joch, etwa 4 Std. von Obsteig (in umgekehrter Richtung von Biberwier auf das Marienbergjoch etwa 2 Std., vom Joch nach Obsteig ebenfalls 2 Std.).

● **297 Von Norden vom Fernpaß**
1¾ Std.

Vom Ghf. Lärchenheim am Fernpaß (beim Verkehrszeichen „Durchfahrt verboten") in südl. Richtung durch ein meist trockenes Bachbett nach rechts über einen kurzen steilen Grashang zu hier beginnendem, schmalen Weg, der über einen langen Rücken (beidseitig schöne Flora) zur Abzweigung des Weges in das Bergletal (rechts) führt. Hier behält man den links abzweigenden Weg bei, der durch lichten Wald und über Wiesen (die Ruine des abgebrannten Naturfreundehauses bleibt links liegen) zum weithin sichtbaren Marienbergjoch (Viehgatter und Masten) führt. Von hier herrliche Sicht auf Wetterstein, Lechtaler Alpen und Zentralalpen.

● **298   Verbindungssteig**

Direkt bei der Ruine des Naturfreundehauses zweigt nordöstlich ein Steig ab, der bis zum Schachtkopf nahezu waagrecht, dann fallend auf die Schutthalden unterhalb der Biberwierer Scharte hinüberleitet. Für die Jochrundtour Marienbergjoch — Biberwierer Scharte — Grünsteinscharte von großer Bedeutung, da man auf ihm mit nur geringem Höhenverlust vom Marienbergjoch auf den Steig von Biberwier zur Biberwierer Scharte hinüberqueren kann.

● **300   Hölltörl,** 2127 m

Zwischen Grünstein und südlich vorgelagertem Höllkopf, Übergang von der „Hölle" zur Marienbergalm bzw. zum Marienbergjoch. Bester Zugang zum Arzbergkamm. Gute Biwakmöglichkeit.

● **301   Von Obsteig oder der Coburger Hütte**

a) Von Obsteig über die Lehnbergalm oder b) von der Coburger Hütte über die Grünsteinscharte in die „Hölle" und über Schutt, teilweise auf Steigspuren, nach W auf das Hölltörl, 45 Min. von der „Hölle". Jenseits auf bez. Steig zum Marienbergjoch hinab, ½ Std., im Aufstieg 1 Std.

● **303   Stöttltörl,** 2039 m

Zwischen Westlicher Grießspitze und Wankspitzen.

● **304   Von Obermieming**
3 Std.

Von Obermieming bzw. Barwies zur oberen Stöttlbrücke und über diese auf das westliche Ufer. Hier Ende des breiten Weges. Auf anfangs gutem Steig, später oft auf kaum erkennbaren Pfadspuren über die Schuttfelder am Fuße der Wände mühsam zum Stöttltörl hinauf. Jenseits auf Steig und über Schutthalden in 10 Min. in die „Hölle" hinunter.

In umgekehrter Richtung von der „Hölle" nach O in 30 Min. auf gut bez. (blau) Steig auf das Stöttltörl und drüben auf Schuttfeldern zum

Stöttlbach hinunter und nach Obermieming oder Barwies hinaus, 2 Std. vom Törl.

● **306**   **Biberwierer Scharte,** 1999 m

Zwischen Sonnenspitze und Schartenkopf.

● **307**   **Von Biberwier**
        2½ Std.

Von Biberwier an der kleinen Kirche St. Rochus rechts vorbei über Wiesen zum Waldrand empor. Auf gut bez. Steig durch den Wald ansteigend zu den Schutthalden und Latschenfeldern. In vielen Kehren hinauf zur Biberwierer Scharte (der Verbindungssteig, R 294, zum Marienbergjoch zweigt an der oberen Waldgrenze knapp unter dem auffallenden Felspfeiler ab, mit dem der NW-Grat des Wampeten Schrofen im Schutt aufsetzt).

● **308**   **Von der Coburger Hütte**
        ½ Std.

Von der Coburger Hütte erreicht man in westlicher Richtung die Biberwierer Scharte auf gutem Steig.

● **310**   **Hinteres Tajatörl,** 2257 m

Von der Coburger Hütte auf dem Weg zur Grünsteinscharte, bis dieser über die Schutthänge nach rechts zur Scharte hinüberzieht. Man verläßt den Weg nach links und steigt auf einem begrünten Rücken, dann über Schutt zum Hinteren Tajatörl auf, 1 bis 1¼ Std. von der Hütte. Jenseits leiten dürftige Pfadspuren in das Brendlkar und zum Verbindungsweg Seebenalm — Ehrwalder Alm hinab. Von hier in ½ Std. zur Ehrwalder Alm, vom Törl 1½ Std. Im Abstieg dient der Brendlsee als Richtpunkt, da von diesem ab der Steig nicht mehr zu verlieren ist.

Für Bergwanderungen und Bergtouren
FÜHRER und KARTEN aus der
Bergverlag Rudolf Rother GmbH · München
Zu beziehen durch alle Buchhandlungen
Verlangen Sie bitte unverbindlich einen Gesamtprospekt!

Neu
und unentbehrlich dazu

sind für jeden Bergsteiger
und Bergwanderer die

BV-Tourenblätter

**Jede Mappe enthält
16 Tourenblätter
mit je 8 Seiten.**

Die besonderen Vorteile: Die schönsten Bergwanderungen aus den Alpenvereinsführern mit etwa fünf Gipfelzielen pro Blatt sind erfaßt.

Ihr Rucksack wird erleichtert. Nur das Tourenblatt, das Sie brauchen, wird mitgenommen. Gewicht knapp 40 Gramm!

Führertext, 6farbige Spezialkarte 1:50000 und Übersichtskarte sind jederzeit lesbar und wetterfest verpackt.

Der neue Führerstil im Baukastensystem verhilft ihnen rasch zu einer umfassenden Information, zu einem Wandern ohne Belastung.

Mappe 1: Karwendel, Rofan, Wetterstein
Mappe 2: Kaisergebirge, Berchtesgadener Alpen
Mappe 3: Allgäuer und Lechtaler Alpen, Bregenzerwaldgebirge
Mappe 4: Rätikon, Silvretta, Ferwall, Samnaun
Mappe 5: Ötztaler und Stubaier Alpen
Mappe 6: Skihochtouren in Südtirol
Mappe 7: Zillertaler Alpen, Venediger- und Glocknergruppe
Mappe 8: Dolomiten und Südtirol östlich der Etsch
Mappe 9: Südtirol westlich der Etsch, Ortler, Brenta
Mappe 10: Bernina, Bergell, Ober- und Unter-Engadin
Mappe 11: Schweizer Berge zwischen Rhein und Reuß
Radtourenmappe Oberbayern
Radtourenmappe Allgäu/Schwaben

Zu beziehen durch alle Buchhandlungen

Bergverlag Rudolf Rother GmbH · München

V. Gipfel und Gipfelwege

1. Wetterstein

1.1. Zugspitze und Plattumrahmung

Das Zugspitzplatt ist der hochgelegene Knoten, in dem sich die Kämme des Wettersteingebirges vereinigen. Es ist ein ausgedehntes Schutt- und Karrenfeld. Am oberen Rande die fast spaltenlosen Eisfelder des Schneeferners. Die Gipfel der Plattumrahmung erheben sich, mit Ausnahme der Plattspitzen, nur wenig über das Platt, brechen aber nach Westen und Süden mit gewaltigen, zum Teil 1000 m hohen Steilwänden gegen den Ehrwalder Talkessel ab.

● **330**   **Zugspitze**, 2964 m

Erstbesteigung (vom Platt) K. Naus, Deuschl, Maier, 1820. Erstbesteigung des Ostgipfels, S. Resch, 1823.

Die Zugspitze ist die höchste und bedeutendste Erhebung des Wettersteingebirges. Ihre hervorragende Stellung nach Höhe, Gestalt und Lage hat von jeher eine gewaltige Anziehungskraft ausgeübt, welche durch ihre Bedeutung als höchster Berg Deutschlands noch zugenommen hat.

Sie ist der touristisch am frühesten erstiegene Gipfel (1820) des Wettersteins und in neuerer Zeit jährlich das Ziel von Tausenden. Fast die Hälfte der Wettersteinhütten und drei Bergbahnen dienen ihrem Besuch und reichen trotzdem nicht immer aus, dem Andrang der Besucher restlos gerecht zu werden.

Die Aussicht (namentlich vom O-Gipfel) ist eine der großartigsten in den ganzen Nördlichen Kalkalpen. Die Fernsicht reicht von den Höhen der Donauberge bis zu Ortler und Bernina, vom Salzkammergut bis zum Tödi in der Ostschweiz, im SO zu den Dolomiten. Im S liegen die Ketten des Wettersteinkammes von der Plattumrandung bis zur Dreitorspitzgruppe und dahinter die Mieminger Berge. Nach W zu überblickt man das Zackenmeer der Allgäuer und Lechtaler Alpen. Am schönsten ist der Blick auf die gewaltige Kette der firngekrönten Zentralalpen, die man von den Hohen Tauern und Zillertalern, Stubaiern und Ötztaler Alpen bis zum Ortler und der Bernina-Gruppe verfolgen kann.

- **331 Vom Schneefernerhaus**
  I (Stellen), Drahtseilsicherungen. 300 mH. 1 Std. Siehe R 89.

Der Ostgipfel wird von einer Türe an der O-Seite der Bergstation der Bayer. Zugspitzbahn, einer Drahtseilsicherung folgend, in wenigen Minuten erreicht.

- **332 Durch das Höllental**
  I (Stellen), Drahtseilsicherungen und Eisenstifte. Im Herbst sind Steigeisen auf dem Höllentalferner zu empfehlen. Gelegenheitsbergsteigern nur mit Führer anzuraten, da lang und anstrengend und bei Wetterumschlag gefährlich. (Blitzschlaggefahr im oberen Wandteil entlang der Drahtseile). 1580 mH. 5—6 Std. von der Höllentalangerhütte. Foto S. 99.

Nach der Höllentalangerhütte über den Steg auf dem Weg ins Höllental bis in den Talgrund, von dem der Steig in Serpentinen gegen die Riffelseite anzusteigen beginnt. (Nach ½ Std. Abzweigung nach rechts zur Riffelscharte, R 241). Der Zugspitzweg führt nach links und man gelangt über die sog. „Leiter" und das „Brett", immer der Sicherung und Markierung folgend, in das Höllentalkar. Auf deutlichem Steig zum „Grünen Buckel". Dem Steig im Moränengelände folgend auf das schuttbedeckte untere Eisfeld des Höllentalferners. Ungefähr in der Gletschermitte, links des Gletscherbruches, aufwärts und oberhalb des erwähnten Gletscherbruches nach rechts zur Randkluft. Über die Randkluft (bei starker Ausaperung Umgehung etwas höher möglich) und an den Eisenleitern empor bis für eine Schutterrasse. An ihrem rechten Ende beginnen die Drahtseile, die von hier bis zum Gipfel fast ununterbrochen durchlaufen. Von der Irmerscharte Tiefblick ins Bayerische Schneekar und zur Eibseeseilbahn. Von hier ½ Std. zum Gipfel.

- **333 Von der Wiener-Neustädter Hütte**
  I, Drahtseilsicherungen.
  750 mH. 2½ Std.

Der Steig führt von der Hütte aus durch Schutt zum linken oberen Ende des Österreichischen Schneekares. Von hier durch eine schräge,

Zentraler Wettersteinkamm von Nordosten

R 241: Riffelschartenweg	R 711: Alpspitze über die Schöngänge
R 245: Kreuzeck-Bockhütte über den Bernadeinweg	R 716: Nordwand
R 332: Höllentalanstieg	R 717: Nordwestabbruch
R 338: Jubiläumsgrat	R 718: Nordwandsteig
R 472: Riffelkante	R 719: Nordwand-Ferrata

kaminartige Rinne, „Stopselzieher", aufwärts und immer den Sicherungen und der Markierung folgend zur Bergstation der TZB. Weiter über den Grat zum Gipfel.

● 334 Nordostgrat
F. Resch, C. Sam, 1886.
III, stellenweise leichter, brüchig. 2½ Std.

Vom Gipfel der Großen Riffelwandspitze (R 450) dem Grat folgend bis zu einem Schuttplatz unter einem senkrechten, glatten Abbruch. Dieser wird auf der Nordseite umgangen, indem man durch Schutt etwas absteigend quert. Über Rinnen und Wandln wird der Grat wiederum erreicht. Nun entweder auf ihm zur Irmerscharte oder links abwärts querend auf den Zugspitzweg (R 332).

● 335 Nordgrat
H. Pfann, Frh. v. Hertling 1906. Führenänderung: J. Ittlinger, 1907, und Haff, 1907.
IV (einige Passagen) und **III**, stellenweise leichter. Landschaftlich großartig; teilweise brüchig; sehr selten begangen.
Von der Wiener-Neustädter Hütte 5—6 Std.

Zugang: Von dem Schutt des Öster. Schneekars zieht ein von der Hütte sichtbares, breites grünes Band von rechts nach links zum NW-Grat hinauf. Dieses Band erreicht man durch Queren vom Zugspitzweg (R 332) aus und verfolgt es bis zum NW-Grat.

Führe: Am NW-Grat 2 SL gerade hoch, bis man ohne Schwierigkeiten nach links in die zwischen NW-Grat und N-Grat liegenden, nicht sehr geneigten plattigen Felspartien queren kann. Man quert nun erst etwas absteigend, dann so hoch wie möglich zu der am Fuß der W-Flanke des N-Grates emporziehenden, gut kenntlichen Schneerinne hinüber. In ihr so lange hinauf (60—70 m), bis man in die linksseitige Begrenzung über griffarme Platten einsteigen kann und über die anschließenden Schrofen den N-Grat erreicht. (Tiefblick ins Bayer. Schneekar.) Man folgt ein Stück dem Grat, weicht dann westl. aus, und erreicht ihn wieder bei einer markanten Einschartung. Jenseits von rechts nach links über eine etwa 5 m hohe Wandstufe (III) empor und nahe östl. unter dem Grat weiter, bis er sich in die 300 m hohe Schlußwand auflöst.

Nun (Weg Pfann/Hertling) durch den im östl. Teil der Wand eingeschnittenen kurzen Kamin, der unten mit einer überhängenden Wandstufe beginnt, bis zur östl. Kante der Schlußwand („N-Kante") und auf gutem Band in sehr ausgesetzter Querung (grandioser Blick ins Bayer. Schneekar und dessen abschreckende Schlußwände) links um die Kante herum (IV), wo gutgriffiger Fels wieder rechts aufwärts in die N-Flanke

leitet. Man erreicht so eine flache Steilrinne mit kaminartigem Ausstieg. Durch sie und über die anschließenden steilen Wandstufen etwas links haltend, betritt man die hier ausgeprägte N-Kante wieder in einer kleinen Scharte (Blick auf Münchner Haus).
(Hierher gelangte Ittlinger, indem er am Fuße der Schlußwand ganz links zur Kante querte, und längs dieser immer über dem Bayer. Schneekar, sehr schwer und ausgesetzt emporkletterte. Nur bei trockenem, warmem Fels ratsam.)
Von der Scharte leitet ein sehr brüchiges Band schräg rechts aufwärts, in gefährlicher Querung zu einem kurzen, gelbroten Riß (IV) in einer Verschneidung („Pfannriß"), der am höchsten Punkt der Schlußwand, dem Vorgipfel der Zugspitze, endet. (Besser umgeht man diese schwerste Stelle rechts, indem man unter dem Riß nach rechts quert und über die rechte Begrenzung [brüchig] den Vorgipfel erreicht.)

- **336** **Aus dem Bayerischen Schneekar**
  H. Gazert, F. Völcker, 1895, zum Westgipfel. A. und V. Heinrich, O. Schlagintweit, 1900, zur Irmerscharte. Steinschlaggefährdet; seit Verbauung des Zugspitzgipfels auch Latrinenablauf und Müllabwurf. Von einer Begehung wird abgeraten. Nur noch von historischer Bedeutung.

- **337** **Nordwestgrat**
  Erstbegeher unbekannt.
  IV (überwiegend), stellenweise leichter. Teilweise brüchig; sehr selten begangen. Von der Wiener-Neustädter Hütte 5—6 Std.

Zugang: Von der Wiener-Neustädter Hütte wie R 335 auf den NW-Grat.

Führe: Nun immer auf und wenig neben dem Grat bis über die Wände des Kaiserkopfes, die steil nach W abbrechen. Über den Kopf in eine Geröllscharte. An der gegenüberliegenden Wand durch einen Riß und weiter den Grat entlang zum Gipfel.

- **338** **Jubiläumsgrat**
  III— (zwei Stellen) oder abseilen, sonst meist II und leichter. Lange, teilweise sehr ausgesetzte Gratkletterei; ab der Inneren Höllentalspitze Drahtseilsicherungen. Häufig begangen, auch beliebtes Winterziel. Stellenweise markiert.
  6—9 Std. bis zur Grieskarscharte. Foto S. 99.

Vom Ostgipfel auf dem Weg ins Höllental. Wo dieser den Grat nach links verläßt, zunächst auf ausgebautem Steig auf dem Grat weiter. Stets auf oder nur wenig neben dem Grat weiter in Richtung zur Inneren Höllentalspitze. In die Scharte vor derselben gelangt man vom letzten Turm durch Abstieg oder Abseilen in der plattigen S-Seite desselben. Von der Scharte nach rechts, dann wieder links haltend und dann gerade hinauf zum Drahtseil. Diesem folgend auf den Gipfel der **Inneren Höllentalspitze** (2737 m), 2—3 Std. Ab hier Seilsicherungen an den schwierigeren Stellen bis zur Grieskarscharte. Auf dem Grat weiter (nach einigen Minuten Abzweigung nach rechts zur Knorrhütte, seilgesichert und markiert) zur **Mittleren Höllentalspitze** (2740 m) und zur Höllentalgrathütte (R 95) 1—2 Std. Von der Hütte aufwärts zur **Äußeren Höllentalspitze** (2716 m). Bald danach besteht die Gefahr, sich bei Nebel auf einen Gratabsenker nach links, der ins Höllental abbricht, zu verirren; darum immer rechts bleiben. Abwärts, dann aus einer Scharte steil und luftig auf die **Vollkarspitze**. Jenseits wieder hinab und dann immer aufwärts, bis die vom Hochblassen kommenden Seilsicherungen erreicht werden. Vor diesen auf Steigspuren nach links abwärts (nicht zu tief!) und unter der W-Wand des Hochblassen-Signalgipfels querend, zuletzt noch etwas ansteigend auf die Schuttfelder zwischen Grieskarscharte und Hochblassen. Über diese zur Grieskarscharte hinunter. 3—4 Std. Abstieg entweder nach O durch das Grieskar (R 242) oder nach W durch das seilgesicherte Mathaisenkar zur Höllentalangerhütte.

● 350   Zugspitzeck, 2820 m

Der Eckpunkt des Zugspitz-W-Grates tritt aus der Umrandung des Schneeferners wenig hervor, bricht aber mit mächtigen Wänden und Graten nach W und NW ab.

● 351   Von der Schneefernerscharte
II (Stellen) und I. 1 Std.

Meist auf der O-Seite des Grates und auf der Gratkante, prächtige Tiefblicke ins Gamskar. Vom Gipfel über den zerhackten Grat (diesen nie verlassen) zur Bergstation der Tiroler Zugspitzbahn.

● 352   Nordwestgrat
O. Leixl, R. Hoferer, 1919.
V (stellenweise). Sehr selten begangen; teilweise brüchig.
Ca. 500 mH. 6 Std.

Übersicht: Der NW-Grat verbreitert sich, an der Scharte südl. des Sonnenspitzls ansetzend, zu einem ungeheuren Plattenschuß, der nach links und rechts schwach umbiegend, mehr den Charakter einer Wand trägt. Die im Durchschnitt nur mäßig geneigte Plattenwand ist von zwei senkrechten, zum Teil überhängenden Zonen horizontal durchzogen;

unterhalb des Gipfels schwingt sie sich nochmals zu einer 40 m hohen, senkrechten Wand auf.

Zugang: Von der Wiener-Neustädter Hütte über Schutt und Schnee in die Scharte südl. des Sonnenspitzls. ¾ Std.

Führe: Über nur wenig geneigte Platten gerade empor. Eine etwas stärker geneigte Zone, die von einem gelblichen Riß durchzogen ist, umgeht man links, und gelangt wieder über schwachgeneigte Felsen zum ersten überhängenden Gürtel. Die einzige Durchstiegsmöglichkeit bietet hier ein schräg nach rechts aufwärts ziehender Riß, der sich oben, wie schon von unten sichtbar, in ein rechts bis zum Grat hinaufziehendes Band fortsetzt. Über senkrechte, brüchige Felsen ansteigend gewinnt man einen Stand am unteren Ende des Risses. Von hier klettert man in dem überhängenden Riß 5 m empor zu einer Unterbrechung und weiter 5 m nach rechts (♂) zu Stand auf einem kleinen Schuttplatz. Von hier leicht das Plattenband schräg nach rechts empor, und, am Schluß in einem Riß, auf den Grat. Nun zuerst gerade empor, später leicht links haltend an den Fuß der Gipfelwand. An das untere Ende des diese durchziehenden Risses gelangt man querend (V) an herausdrängender Wand. Man durchklettert den überhängenden, brüchigen Riß, dann folgt eine tiefe Rinne, durch die man nach 7 m den Grat gewinnt. Nach links zum nahen Gipfel. Man kann unter der Gipfelwand auch nach links queren, bis sich eine Ausstiegsmöglichkeit ergibt.

● **353 NNW-Pfeiler, Schneekarpfeiler**
  W. Fuchs, K. H. Schennach, 10. 8. 1980.
  V+ (eine SL), A0 (eine kurze Stelle), überwiegend V und IV. Schöne Freikletterei an meist gutem Fels. Da wenig begangen, empfiehlt sich die Mitnahme eines Sortimentes an Haken und Klemmkeilen. 400 mH, 4—5 Std.

Übersicht: Die Führe verläuft über den Eckpfeiler zwischen Nord- und Westflucht des Wettersteinmassives; sie wird links von einem großen gelben Überhang, rechts von einer auffallenden Rinne begrenzt.

Zugang: Von der Mittelstation der TZB zur Wiener-Neustädter Hütte und gerade hinauf zur Stütze 5 der TZB. Von hier über das Schneekar nach links in südöstl. Richtung ansteigend zum Fuß des Pfeilers (Steinmann).

Führe: Über griffige Wandstellen 2 SL gerade empor (IV, 1 H). Weiter links haltend und durch eine Verschneidung, die von einem, schon von unten gut sichtbaren Schild gebildet wird, hinauf zu Stand (IV). Nun in einer Rechts-Links-Schleife in einem 15 m hohen Riß (3 H). Hier nicht gerade weiter, sondern 20 m nach links queren zu Stand (V, 2 H). Nun

15 m gerade hinauf (V+, ⚹), nach rechts um eine Kante in eine 5 m hohe Verschneidung und zu gutem Stand. Der folgende Rißüberhang wird direkt überstiegen (A0) und gerade weiter über eine Wandstelle zu Stand auf Pfeilerkante (IV, 4 H). Weiter der Pfeilerkante folgend 4—5 SL hinauf (IV und V) und über Schrofen (II) auf den Grat.

(Erstbegeher)

● **354 Westwand**
W. Welzenbach, H. Rüsch, 1925.
V (stellenweise), meist IV und III. Großzügiger, jedoch steinschlaggefährdeter Anstieg. Sehr selten begangen.
800 mH. 7—8 Std.

Übersicht: Durch den oberen Teil der Wand zieht eine Schlucht, die etwa in halber Höhe über einem mächtigen Plattengürtel endet. Diese Plattenzone setzt direkt auf den Schutt ab. Sie wird stellenweise von Rissen und Kaminen durchzogen, die den Durchstieg ermöglichen. Der weitere Anstieg bewegt sich im wesentlichen durch die Schlucht bzw. an ihrer linken Begrenzungsrippe. Die Schlucht besteht teilweise aus brüchigem gelben Fels.

Zugang: Von der Wiener-Neustädter Hütte etwa ½ Std. auf dem Weg nach Ehrwald abwärts bis in die große Mulde am Fuß der Wand. Etwa in 2000 m Höhe verläßt man den Weg und quert absteigend unter einem Felssporn durch an den Fuß der Wand. Der Einstieg befindet sich etwa in Gipfelfallinie, etwa 100 m unterhalb eines senkrechten Wandabbruches. (Kommt man von Ehrwald, so steigt man vom tiefsten Punkt der Wand längs des untersten ungangbaren Abbruches über Schutt nach links empor, bis man über steile Schrofen in die Wand einsteigen kann.)

Führe: Über gestuften Fels erreicht man Schuttbänder, die nach rechts aufwärts bis zu einer Schuttkanzel verfolgt werden. Rechts davon befindet sich eine von Steinschlag glattgescheuerte Platte. Links von ihr an winzigen Haltepunkten 5 m empor, dann an ihrem oberen Rand 15 m nach rechts zu einer Steilrinne. Durch diese, nach 20 m Stand. Weiter durch die Rinne, welche sich allmählich in eine schmale Plattenrampe umbildet. Nach 15 m quert man nach links hinaus zu einem seichten Riß (H), und an seiner rechten Kante zu Stand. Nun 12 m nach rechts und durch eine 20 m hohe Rinne empor zu einem begrünten Winkel. Aus ihm führt ein kurzer senkrechter Spalt links aufwärts zu einem Band. Dieses verfolgt man nach links zu einem großen Schuttplatz. Hier führt eine seichte Wandeinbuchtung hoch. Man umgeht ihren unteren Teil durch einen Riß 10 m weiter links hinter einer Ecke. Vom Ende des Risses einige Meter rechts abwärts in die Wanddepression und sofort an ihre südl. Begrenzungskante. Über diese wenige Meter empor, dann nach links in eine Gufel. Aus der Gufel etwa 20 m gerade hinan dann wieder nach links durch einen auffallenden Spalt. Kurz oberhalb gabelt sich die Wandeinbuchtung in zwei etwa 80 m hohe Rißsysteme. Man verfolgt die rechte Rißreihe bis zu einem Schuttband an ihrem Ende. Sich stets links haltend, gewinnt man von hier eine große flache Mulde, welche unter einer überhängenden Zone in halber Wandhöhe eingelagert ist (Wasser). Oberhalb dieses Abbruches setzt die eingangs erwähnte Schlucht an. Vom höchsten Punkt der Mulde steigt man über glattgescheuerten Fels schräg rechts aufwärts bis auf die Höhe des Schluchtbeginns. Diese wird von rechts her durch einen 12 m langen Quergang an glatter Wand erreicht.

Der Grund der Schlucht wird sofort überschritten, und zum besseren Schutz gegen Steinschlag links der Schlucht bis zu einer Rinne angestiegen, die nach rechts zurück zur Hauptschlucht leitet. Der Einstieg in die Rinne ist glatt und von Wasser überronnen. Man verläßt sie alsbald und steigt nach rechts über die Trennungsrippe beider Rinnen hinan bis zu deren Vereinigungspunkt. (Hier steinschlagsicherer Standplatz, von dem aus sich die ganze oberste Wandpartie überblicken läßt. Nun 1–2 SL im meist schneegefüllten Schluchtgrund empor, bis es möglich wird, nach links über kleingriffige Platten herauszusteigen, um weiterhin über Gesimse und Wandstellen den linken Begrenzungsrücken der Schlucht zu erreichen. Über diesen gerade empor zu einer splittrigen Schutterrasse am Fuß der steilen Gipfelwand. (Die Schlucht selbst führt in eine Gratscharte südwestl. des Gipfels. Die Schlußwand wird in ihrem linken Teil von einem auffallenden Riß durchzogen. Man erreicht den Beginn des Risses von links her über herausdrängende Wandstellen. Der Einstieg ist außerordentlich brüchig. Nach 6 m verläßt man den Riß und quert um seine rechte Begrenzungskante in eine parallele Verschneidung. In ihr empor bis unter eine Überdachung, dann nach links zurück in den Riß und zu einem Stand. Durch die hier ansetzende Rinne 15 m zum Grat und über diesen in wenigen Schritten nach links zum Gipfel.

- 355 **Westsüdwestgrat**
  W. Welzenbach, K. Wien, 1925.
  IV und **III**, nur selten leichter. Teilweise brüchig. Sehr selten begangen. 5–6 Std.

Übersicht: Das Zugspitzeck entsendet nach SW eine Gratrippe, welche sich in halber Höhe in eine Reihe von Ästen auflöst, die unvermittelt zu dem am Fußpunkt der Schneefernerscharte eingebetteten Kar abbrechen. In gleicher Höhe löst sich von jenem Grat ein Felssporn ab, der ostwestl. streichend das Kar auf seiner N-Seite begrenzt. Über diesen Sporn vollzieht sich der erste Anstieg.

Führe: E rechts vom tiefsten Punkt des Sporns. Erst gerade aufwärts, dann nach links um die Kante herum. Über steile Grasschrofen wieder nach rechts, dann im wesentlichen gerade empor, bis die Rippe sich steiler aufschwingt und fester Fels ansteht. Hier durch eine Rinne nach rechts in ein Schartel des Grates und auf dessen S-Seite mittels eines Risses 20 m empor. Durch einen weiteren Riß nach links aufwärts, und über lockeres Blockwerk schräg links hinan zum Beginn einer brüchigen, blockerfüllten Rinne. Diese und der anschließende Spalt werden durchstiegen und hierauf nach links der Kopf des Spornes gewonnen (Steinmann).

Der Sporn endet an einer plattigen Wandstufe, die zum oben erwähnten SW-Grat emporleitet. In dieser Wandstufe auf einem plattigen Bande schräg rechts aufwärts zu einem Schuttplatz. Von hier durch einen Riß und anschließenden Kamin (IV) auf eine Kanzel. Über eine Platte und Schrofen nach rechts, dann durch ein gelbes Rißsystem links aufwärts und nach rechts heraus an die Gratkante. Die folgenden Aufschwünge werden teils rechts, teils links umgangen und darauf ein Schuttplatz am Fuße gelber Gratzacken erreicht.

Die beiden folgenden Gratzacken werden durch Rinnen erklettert; hierauf wird ein weiterer Schuttplatz gewonnen. Es folgen abermals zwei Aufschwünge, die rechts ihres Abbruches erstiegen werden (der zweite sehr brüchig). Der letzte Aufschwung wird von der Scharte aus an seiner Kante über plattige Stellen erklettert. Man erreicht so den von der Schneefernerscharte heraufziehenden Grat, den man nach links zum Gipfel verfolgt.

● 360   **Sonnenspitzl,** etwa 2600 m

Erstbesteiger: A. Heinrich, O. Schlagintweit, 1899. Untergeordneter, kühn geformter Zacken der westl. Begrenzung des Österr. Schneekars.

● 361   **Von Nordwesten**
       Erstbegeher unbekannt.
       IV und III. Zwei Möglichkeiten. Sehr selten begangen.
       Ca. 2 Std.

Zugang: Von der Wiener-Neustädter Hütte zur Seilbahnstütze 5 hinauf. Von der Scharte aus leicht rechts über Rinnen und Platten zu einem kleinen Schuttkessel.

Führe: a) (weniger schwierig): Nach links durch 15 m hohen Kamin zu einem kleinen Schartl, von dem man die schon von unten sichtbare, schiefe Kaminreihe gewinnt, die einmal durch einen plattigen Quergang unterbrochen wird. Man verläßt sie später nach rechts auf breitem Schuttband. Dieses wird 20 m verfolgt und der Grat über eine gutgriffige, 25 m hohe Plattenwand erklettert. Dann links unterhalb von ihm, bis er in die horizontale Gipfelschneide verläuft, zuletzt mittels weiten Spreizschrittes über eine Kluft zum Kreuz.

b) Von dem Schuttkessel nach rechts (W) und luftig empor zu einem Zacken, der links umgangen wird. In die Scharte hinter ihm und in die S-Seite hinaus zu gutem Stand. Nun rechts oder auf dem Grat sehr ausgesetzt zu einer Einkerbung empor. Einige Schritte nach links (nördl.) und über eine steile, griffarme aber feste Wand zu Schutt empor. Von dort zum Grat hinauf und auf seiner Schneide zum Gipfelkreuz.

● 362 A Abstieg über den Südgrat
O. Ampferer, C. Berger, H. v. Ficker, 1899.
III und 2 Abseilstellen. Stellenweise brüchig und steinschlaggefährdet. Einzementierte AH vorhanden. V— bei Abklettern über die Abseilstellen. Ca. 1 Std.

Über die bei R 361 a erwähnte Kluft hinunter zu dem Abbruch, zu dem gerade über der tief unten sichtbaren Scharte ein überhängender Kamin heraufzieht. Man seilt sich 20 m durch ihn ab (AH). Dann über Platten gerade hinunter zur zweiten Abseilstelle und in die Scharte. Von der Scharte führt eine brüchige, plattige Rinne auf den steilen Firn des Österreichischen Schneekars hinab.

● 370 Schneefernerkopf, 2875 m

Die schön geformte Kuppe des Schneefernerkopfes, der besonders von Ehrwald aus beherrschend erscheint, ist ohne Schwierigkeiten zu erreichen. Die Aussicht kommt der von der Zugspitze nahe.

● 371 Vom Schneefernerhaus
I (Stellen), Drahtseilsicherungen und Stufen. 225 mH. 1 Std.

Vom Schneefernerhaus über den Schneeferner an den Fuß des Gipfelaufbaues links der tief eingeschnittenen Schneefernerscharte. Dem gesicherten Steig folgend auf die Nordschulter des Schneefernerkopfes und über den flachen Grat zum Gipfel.

● 372 A Abstieg über Südgrat-Südostwand
J. Enzensperger, A. Heinrich, 1900.
II. 250 mH. 1¾ Std. bis zum Ferner.

Man folgt dem Südgrat bis kurz vor dem Abbruch zur Scharte nördl. der Wetterspitzen. Hier links in die SO-Wand hinab und auf dem größten der vielen geneigten Schichtbänder nach N zum Ferner.

- **373 Südgrat**
    H. Rüsch, W. Welzenbach, 1925.
    IV. Brüchig. 150 mH. 1 Std.
 Von der Scharte zwischen Schneefernerkopf und Nördl. Wetterspitze direkt über den Grat zum Gipfel.

- **374 Durch das Kar „Neue Welt"**
    Vermutlich A. Fuchs und Gef., 1896.
    III (bis zum Holzereck), dann I. Landschaftlich großartig, aber steinschlaggefährdet. Im Aufstieg sehr selten begangen, im Winter beliebte extreme Skiabfahrt (bis 40°), im Schluchtgrund Abseilstellen, einzementierte AH vorhanden. 3½—4 Std. Frühere Anstiege zur Neuen Welt führten durch die weiter rechts befindliche schluchtartige Abflußrinne des Kars selbst. Nicht leichter und steinschlaggefährdet, nicht mehr benützt.

Übersicht: In die scheinbar ungegliederten W-Abstürze des Wettersteinmassivs ist das weite Kar der „Neuen Welt" eingelagert, das von der N-Schulter des Schneefernerkopfes südwestl. herabzieht und orogr. rechts von einer kulissenartigen Gratrippe begrenzt wird. Sie fällt von ihrem südlichsten Eckpunkt, dem Holzereck (P. 2373) unvermittelt mit steiler, wenig hervortretender Kante zu den Holzerwiesen ab, um sich dann als begrünter Kamm (Wiesgrat) fortzusetzen.

Zugang: Von Ehrwald über die Holzerwiesen zum Wiesgrat. Man folgt ihm bis zum Beginn der Felsen. Ca. 3½ Std.

Führe: Hart rechts der in der Übersicht erwähnten Kante zieht eine tiefe Schlucht bis zum Holzereck hinauf. Links von ihr bewegt sich der Anstieg. Vom Anschlußpunkt des grasigen Kammes an die Felskante erst 30 m über Schrofen gerade empor, dann eben, später steigend, etwa 50 m links in die Wand hinaus. Nun gerade empor und allmählich über grasige Schrofen nach rechts bis an den Rand der Schlucht (1 Std. E). Dicht links neben der Schlucht über Schrofen und eine steile Wandstufe hinauf. Dann luftiger an- und absteigender Quergang in die Schlucht hinein. Gleich wieder links heraus und über eine brüchige Wandstufe hinauf (III). Oberhalb erst auf einem Schuttband nach links, dann aber sobald wie möglich über grasdurchsetzten Fels wieder gerade empor und zur Schlucht zurück, die an ihrem oberen Ende gequert wird. Damit ist das Holzereck und die „Neue Welt" erreicht. 2—2½ Std. E. Nun entweder im Kar selbst (nicht zu weit rechts halten!), oder schöner an der westl. Begrenzungsrippe des Kars in 1½ Std. zur Schulter des Schneefernerkopfes und über den flachen Grat zum Gipfel.

- **375   Holzerwand auf das Holzereck**
  A. Larcher, P. Steiner, 1966.
  VI und **A2** (überwiegend), nur wenige Stellen leichter (lt. Erstbeg.). Sehr selten wiederholte, überwiegend technische Kletterei. Die Erstbeg. verwendeten 80 H und 7 HK.
  Ca. 400 mH, 10 Std.

Zugang: Wie R 374 zum Wiesgrat. E links eines angelehnten Turmes. Durch einen feinen Riß auf eine grasige Rampe, die schräg rechts aufwärts zieht. Nach 40 m zu Stand. 1 SL gerade hinauf zu leichten Schrofen. Man befindet sich unter der schon von unten auffallenden gelben Wand. Durch Kamin nach links 30 m zu Stand am Beginn einer nach rechts ziehenden Rampe. Beginn der Schwierigkeiten.

Führe: Von den zwei auffallenden Rissen durch die erwähnte gelbe Wand vermittelt der linke den Durchstieg. Man erklettert die Rampe 6 m bis zu ihrem Ende. Nun Quergang 8 m nach links (Vorsicht beim 2. H), dann 3 m gerade hinauf zu Schlingenstand. Hier beginnt der schräge Riß. Den Haken folgend 30 m hinauf zu Schlingenstand (A2). Ein schwarzer Rißüberhang (HK) führt gerade weiter, dann an schöner grauer Platte wieder nach rechts. Schräg rechts hinauf (BH) zu Schlingenstand (A2). Jetzt wieder dem Riß folgend, teilweise überdacht, immer schräg nach rechts bis über eine grasige brüchige Gufel (Eishaken). In schwarzem Fels wieder gerade aufwärts und in leichterem Gelände bis auf ein schrofiges Band, das von rechts unten nach links oben zieht. Hier Stand. Wenige Meter nach links und durch den hier ansetzenden Riß gerade hinauf, nach 4 m leichter zu einigen H unter einem Riß, den man in freier Kletterei bis zum Stand durchsteigt. Nun 40 m nach rechts queren und hinauf zum Beginn einer auffallenden schwarzen Rißverschneidung. Diese 2 SL meist in freier Kletterei hinauf (VI). Dann leichter unter einem Überhang nach rechts. Von hier auf brüchigem Band nach links hinauf, bis ein kurzer überhängender Riß (HK, einige H) rechts hinaufführt. Durch Schrofen leicht zum höchsten Punkt.

- **376A   Abstieg vom Holzereck**
  II (Stellen) und **I**. Drahtseilsicherung. Mehrere Abseilstellen; H vorhanden. 1—2 Std. ins Kar.

Man hält sich über den Abbrüchen nach Süden. Der Einstieg zur ersten Abseilstelle ist markiert und mit einem dünnen Stahlseil gesichert. Mehrere Abseilstellen leiten in die große Schlucht. Wenn diese ausgeapert ist, muß in ihr nochmal abgeseilt werden. In der Schlucht hinab oder in ihrem unteren Teil auf die südl. Rippe queren und ins Kar hinab.

● **377   Westwand, Larcherführe**
A. Larcher, W. Fuchs, L. Jetler, 7. 10. 1977.
VI (einige Stellen), meist V und IV, im unteren Teil auch III und II. Großzügiger Anstieg. Einige H vorhanden.
1000 mH. 7—12 Std. (je nach Verhältnissen).

Übersicht: Die Führe verläuft durch die vom rechten Schneefernerkopf gebildete 70 bis 100 m breite Wand.

Zugang: Von der Bergstation des Wettersteinliftes nach links ansteigend durch Wald in ein großes Kar, das man bis zum Wandfuß verfolgt. E 100 m links, unter einem schon von unten sichtbaren gelben Wandausbruch.

Führe: Über glattgeschliffene Platten leicht rechts haltend auf ein Band, das man nach rechts bis zu einem H verfolgt (II und III). Von hier gerade über eine Wandstufe hinauf (IV und V) in leichtes Gelände. Die folgende Wandstufe umgeht man links und gelangt über eine Rampe rechts hinauf zu einer steilen Wand. Über diese hinauf in eine meist nasse Verschneidung, die auf ein Schuttband führt (IV und V—). Das Schuttband und die folgende Wandstelle gerade hinauf, bis diese überhängend wird (IV). Von hier Querung nach links und die folgende Verschneidung hinauf hinter eine von der Wand abgesprengte Schuppe (IV). Durch diese hindurch auf ein schmales Band und nach links zu einem 80 m hohen Riß (H), der auf ein weiteres Schuttband führt (V). Von hier zum linken Ende des Bandes und zu einem markanten Felsturm (BH). Die folgende Wandstelle wird gerade durchstiegen (VI, mehrere H) und weiter über gut gestuften Fels zu einer Verschneidung. Durch diese hinauf (V) zu einem Überhang, der links umgangen wird und über eine Platte zum Gipfel. (Erstbegeher)

● **378   Westwandpfeiler**
G. Kerber, H. Somweber, K. H. Schennach, R. Bader, 10. 8. 1980.
V (2 SL), sonst überwiegend IV und III. Schöne Freikletterei an meist festem Fels. Die meisten ZH (7) und SH (17) wurden belassen. Sicherung überwiegend an Felszacken. Mitnahme einiger Haken und Klemmkeile empfehlenswert. Ca. 800 mH, Kletterlänge ca. 1000 m. 5—6 Std.

Übersicht: Durch die Westwand des Schneefernerkopfes zieht eine riesige Schlucht zu einem Schneekegel am Wandfuß herab. 50 m südl. des Schneefernerkopfes beginnt ein ausgeprägter Pfeiler, der bei dem Schneekegel endet. Eine Schuttrinne zieht vom Pfeilerfuß zum Wettersteinlift herab.

Zugang: Von Ehrwald über die Skiabfahrt des Wettersteinliftes in Richtung Gamskarlift; man trifft auf einen Forstweg, den man ca. 200 m nach rechts verfolgt und gelangt zur Skiabfahrt. Diese steigt man aufwärts bis zur großen Schotterrinne, die in die Mitte des Wettersteinmassives hinaufführt. Durch die Schotterrinne hinauf und zu einem großen Schneefeld. An seinem oberen Rand befindet sich der E in der Mitte. Ca. 1½ Std.

Führe: 1. SL: Gerade hinauf zu einer Latsche (III u. IV; 40 m). **2. SL:** Weiter durch eine Verschneidung zu Stand (III; SH). **3. SL:** In leichtem Gelände aufwärts zu einem Steinmann (III; H). **4. SL:** Schräg rechts haltend empor zu einem Kamin (IV; SH). **5. SL:** Durch den Kamin hinauf (IV; 40 m). **6. SL:** Weiter ca. 30 m hinauf zu einem schwarzen Loch oberhalb eines Überhanges (IV+; SH). **7. SL:** Schräg links hinauf zu Stand bei einem Felszacken (IV). **8. SL:** Quergang 10 m nach links und gerade aufwärts zu einer Verschneidung (III, IV; SH). **9. SL:** Durch die Verschneidung empor zu gutem Standplatz mit Sicherungszacken (IV; 40 m). **10. SL:** Weiter schräg rechts hinauf (III, IV; SH; 45 m). **11. SL:** Über eine senkrechte Platte leicht schräg 5 m nach links und 2 m hinauf zu H. Von hier nach 8 m zu einem Kamin (H). Gerade weiter bis zu einem Schotterband unter einer Plattenwand. Sicherungszacken (V−). **12. SL:** Quergang 15 m nach links und 30 m durch eine Schlucht gerade empor zu Stand mit Sicherungszacken (III). **13. u. 14. SL:** Durch die Schlucht weiter aufwärts (IV+; 80 m). **15. SL:** Durch die Schlucht noch 10 m empor, dann 10 m nach links auf einen Pfeiler und gerade 20 m aufwärts zu Stand (IV; SH). **16. SL:** Über einen Pfeiler 40 m hinauf bis zu einer Verschneidung (III, IV; H). **17. SL:** Ca. 20 m empor, dann Quergang 15 m nach rechts (H) und weiter 6 m zu Stand (IV+; SH). **18. SL:** Vom Stand gerade 8 m hinauf zu H und weiter nach 30 m zu Stand (IV; SH). **19. SL:** Über Platten hinauf in eine Schlucht zu Stand bei einem Felsblock (III). **20. SL:** Durch die Schlucht in brüchigem Fels schräg links empor zu Stand (III; SH). **21. SL:** Weiter schräg rechts hinauf bis unter einen Überhang (IV; SH). **22. SL:** Quergang 10 m nach rechts (H). Über einen Überhang gerade hinauf zu einer Verschneidung und weiter empor zu einem Schotterband (IV+; SH). **23. SL:** Auf dem Schotterband ca. 10 m nach rechts, dann 5 m hinauf in eine gelbe Höhle (III; 2 SH; Wandbuch). **24. SL:** 8 m hinauf bis zu einem Überhang (V; ✶; 2 H), dann rechts auf die Kante und über eine senkrechte Platte bis zu einem großen Klemmblock; über diesen hinauf und durch eine Verschneidung schräg links haltend (V; 2 SH). **25. SL:** Über die brüchige Ausstiegswand ca. 20 m empor zur Gipfelplatte (IV; SH).

(G. Kerber)

- **379　Westwand**
  M. Winkler, 1911.
  IV— und III. Großzügige Kletterei, steinfallsicher, sehr selten begangen. 1000 mH. 6—7 Std.

Übersicht: Die W-Abstürze des Wettersteins gegen Ehrwald entsenden ungefähr in ihrer Mitte, d.h. südl. der Mulde, die von der Schneefernerscharte herabzieht, eine markante Rippe, die als Aufstieg dient. Diese 1000 m hohe Rippe beginnt an der westl. Begrenzungskante des obersten Schuttkessels der „Neuen Welt", bei dem letzten Grataufschwung (etwa 2800 m; großer, von den Ehrwalder Köpfen sichtbarer Steinmann), vor der Schneefernerschulter, biegt leicht nach N um und fußt am tiefsten Punkt der Wand (1800 m) rechts von den großen Lawinenresten. Von den Ehrwalder Köpfen gesehen bildet die besonders am Schluß sehr steile Aufstiegsrippe die rechte Begrenzung des Wettersteinmassivs.

Zugang: Von der Wiener-Neustädter Hütte absteigend umgeht man den spornartigen Ausläufer der Rippe, um von rechts her über Schutt die letzten Latschen und Rasen zu gewinnen.

Führe: Man hält sich stets links von der Kante, diese einige Male berührend, bis nach einem wenig steilen Stück die Rippe rechts einige gelbe Abbrüche zeigt. Nach diesen auf der Kante selbst weiter, bis links von der eigentlichen Rippe eine weniger steile Nebenrippe läuft und dadurch eine schon von unten auffallende Rinne bildet. Auf der Nebenrippe klettert man empor, bis sie endet. (Links befinden sich nun mächtige, ungangbare Plattenwände.) Man ist jetzt etwa 200 m unter dem Grat der „Neuen Welt" am Beginn des letzten, ungewöhnlich steilen Aufschwunges. Hier beginnen erst die eigentlichen Schwierigkeiten. In der rechten Begrenzung der Rinne setzt ein schroffer Pfeiler an. Man quert um ihn herum, indem man nach Erkletterung einer Wandstufe eine mit roten Überhängen und Löchern durchsetzte Verschneidung überschreitet, um auf einem langen schmalen Bande horizontal nach rechts um eine Kante zu queren. Über eine Wandstufe gewinnt man ein höheres, ganz ähnliches Band, das um eine zweite Kante herum zu besserem Gelände führt, von dem man vollends zu der kleinen Scharte hinter dem erwähnten Pfeiler ansteigen kann.

Nun steht man vor einer ungangbaren Platte. Man überschreitet die kleine Scharte, steigt links einige Meter ab, quert nach links in einen versteckten seichten, plattigen Kamin, den man in seiner ganzen Länge durchklettert. Nach rechts ansteigend gerät man in die letzten schwarzen Überhänge, zwischen denen man sich, wenig links haltend, hindurchwindet. Das letzte Stück ist das schwierigste. Dann erreicht man nach wenigen Schritten über eine Platte den Steinmann auf dem Grataufschwung (etwa 2800 m), und in einigen Minuten über Schutt die Schneefernerschulter und weitersteigend den Gipfel.

● **380 Westwand, „Arnold-Larcher-Gedächtnisweg"**
G. Kerber, R. Cremaschi, Chr. und P. Spielmann, 1983.
V (5 SL), längere Passagen IV und III. Schöne Führe, die überwiegend Freiklettern bietet. Kaum H vorhanden. 700 mH. Kletterzeit der Erstbegeher 6½ Std.

Übersicht: Die Führe verläuft rechts des Westwandpfeilers, R 378.

Zugang: Vom Parkplatz Wettersteinlift in Ehrwald über die Skipiste hinauf zum Gamskarlift und auf Forstweg etwa 200 m rechts. Man folgt nun der Skiabfahrt bis zu einer großen Schotterrinne. Durch die Rinne hinauf zum Wandfuß, hier etwa 200 m rechts durch eine schmale Rinne über einen markanten Block und nach links zur E-Verschneidung.

Führe: 1. SL: Über Plattenverschneidung hinauf zu SH (IV). **2. SL:** Gerade hinauf auf einen Absatz zu Sicherungszacken (IV—). **3. SL:** Zuerst leicht linkshaltend (III), dann in Kamin zu SH (IV). **4. SL:** Von hier etwa 3 m rechts, dann gerade hinauf zu Block (IV+). **5. SL:** Leicht rechts durch Riß hinauf unter Dach, von hier etwa 10 m nach links queren zu Stand bei einem Block (V —). **6.—9. SL:** Über leichteres Gelände 4 SL hinauf, linkshaltend in Richtung eines großen Verschneidungssystems zu SH (III und II; links oben drei markante Dächer als Richtungspunkte). **10. SL:** Gerade hinauf unter einen Riß zu SH (IV+). **11. SL:** Nun den Piazriß hinauf (oder rechts über Platten hinauf und am Ende des Piazrisses nach links zurück in die Verschneidung) und weiter durch die Verschneidung, bis sie rechts ausbiegend sehr steil wird (V). **12. SL:** Man quert nach links über ein ausgesetztes Band zu Stand an SH (V—). **13. SL:** Weiter durch eine Verschneidung hinauf zu SH (IV). **14./15. SL:** Von hier 2 SL schräg rechts hinauf über brüchiges Gelände zu einem Schotterband (III; gelbe, brüchige Kante. **16. SL:** Nun etwa 3 m senkrecht über sehr brüchigen Fels hinauf (H, ⚷, V), dann links und über einen Steilaufschwung (H) gerade empor, durch eine Verschneidung (H) gerade weiter und über Platten zu Stand an SH (V). **17. SL:** Zuerst leicht links, dann gerade in einer Rinne empor und wieder rechts über Band zu H, von hier schräg links hinauf über Platten und Risse auf ein schmales Band und rechts auf Rampe zu SH (V). **18. SL:** Eine Rinne nach links querend weiter auf Platten (etwa 10 m)

zu einer roten brüchigen Rinne; dieser folgt man gerade hinauf zu einem Grasband unter der Gipfelwand, SH (V, III; Wandbuch).
19. SL: Nun noch 1 SL über Plattenwand gerade empor auf Schulter (IV) und weiter zum Gipfel. (G. Kerber)

● **390**   **Wetterspitzen,** 2700—2750 m

Nur wenig aus dem Kammverlauf aufragende brüchige Felszacken. In der Mittleren Wetterspitze biegt der vom Schneefernerkopf nordsüdl. streichende Kamm nach OSO um. Alle drei Wetterspitzen bieten schöne Tiefblicke.

● **391**   **Nördl. Wetterspitze vom Schneeferner**
       P. Naumann, 1894.
       II. ½ Std. vom Schneeferner.

Vom Schneefernerhaus über den Ferner an den Fuß des Schneefernerkopfes. Hart unter seiner SO-Flanke hindurch und über Schnee zum Verbindungsgrat von Schneefernerkopf und Wetterspitze. Von der Scharte zwischen beiden über den scharfen Grat und, einen kleinen Felsturm östl. umgehend, über Platten zum Gipfel.

● **392**   **Mittlere Wetterspitze über die Ostflanke**
       II. 1½—2 Std. vom Schneefernerhaus.

Vom Schneefernerhaus unterhalb des Schneefernerkopfes und der Nördlichen Wetterspitze durch, bis man die etwas nördl. des Gipfels herabziehende glatte, gelbe Plattenlage erreichen kann. Hart links davon klettert man zum Grat hinauf, den man wenige Schritte nördl. des Gipfels betritt.

● **393**   **Östl. Wetterspitze von Nordwesten**
       I. ½ Std. vom Schneeferner.

Vom Schneeferner in die tiefe Einschartung zwischen Mittlerer und Östlicher Wetterspitze und über mehrere Felszacken zum höchsten Punkt.

● **394**   **Westkante, „Wetterkante"**
       H. und R. Haff, 1908.
       IV (einige Stellen), meist IV— und III, stellenweise leichter. Lange Route in nicht immer festem Gestein. Wenig begangen. Einige H vorhanden. Ca. 900 mH. 5—6 Std.

Übersicht: Der Anstieg verläuft über die im unteren Teil schwach ausgeprägte Kante, die am weitesten nach WSW vorspringt.

Zugang: Von Ehrwald in 2 Std. zu den Holzwiesen. Von hier quert man hoch im Bogen nach rechts zum Fuß der Kante (Steinmann). Zunächst steigt man lange links der Kante über Schrofen gegen eine rote, höher oben durch überhängende Wände abgeschlossene Steilrinne an. Man quert, wo sie sich kurz vor ihrem Ende kesselartig verengt, auf einer brüchigen Rampe nach rechts auf die Kante (bis hierher II, ½ Std.).

Führe: Von den hier auf der Kante stehenden Türmen wird der erste durch einen Riß erklettert (IV—) und die weiteren rechts leicht umgangen. Man gelangt an eine etwa 40 m hohe, glatte Platte, die oberhalb von wulstigen Plattenwänden abgeschlossen wird. Man ersteigt diese Platte bis zur Hälfte (1 H) nach links zu einem Schuttplätzchen. Von hier quert man etwas absteigend einige Meter nach links und klettert durch eine rißartige, wenige Meter hohe Verschneidung (IV, 2 H) auf leichteres Gelände. Dieses leitet, einmal unterbrochen, auf den terrassenartigen Absatz der Kante oberhalb der Plattenwände (2230 m).

Von hier erst gerade hinauf, dann (brüchiger Fels) durch den linken von zwei Kaminen empor. Unter dem abschließenden Überhang nach rechts heraus und ca. 3 SL auf der Kante, zuletzt etwas gegen links, hinauf unter den hereinhängenden Kopf eines Turmes (II, III). Von hier 7 m Quergang nach rechts zu H und gerade aufwärts zu einer 50 m hohen, auffallenden, von mehreren Rissen gespaltenen Platte. Durch den mittleren Riß (eine Stelle IV, 1 H), später kaminartig 50 m hinauf auf ein schmales Gratstück. Der nächste große Aufschwung ist 40 m hoch. Man ersteigt ihn zuerst durch einen Riß links der Kante (IV—, 3 H), dann wenige Meter südlich der Kante und schließlich auf ihr. Weiter etwas links durch eine Rinne aufwärts zu einem steilen, griffarmen Stück, das direkt auf der Kante erklettert wird (IV—, 3 H, etwa 30 m). Noch etwa 3—4 SL (II), mit einer kleinen Umgehung nach links, gerade aufwärts zum Gipfel der Mittleren Wetterspitze.

(G. Wanner)

● 395   **Mittlere Wetterspitze, Südwand**
W. Welzenbach, J. Dreher, 1926.
V—, stellenweise leichter. Sehr selten begangen. Ca. 950 mH. 8 Std.

Zugang: Von der Ehrwalder Alm über steile Schuttreißen an den Fuß der Wände. Einstieg bei dem am tiefsten in den Schutt vorspringenden Felssporn in der Fallinie der knapp östl. des Gipfels eingeschnittenen Scharte.

Führe: Von links her bis fast auf die Höhe des Felsspornes, dann durch Einrisse und Steilrinnen etwa 30 m gerade aufwärts, bis es möglich wird, schräg links empor auf eine abschüssige Plattenterrasse zu gelangen, welche rechts von einer senkrechten Wandstufe begrenzt wird. Auf einem ansteigenden Gesimse durch diesen Abbruch nach rechts, dann durch einen besonders schwierigen, senkrechten Riß auf seinen Kopf. Ein kleiner Schuttkessel wird nach rechts gequert, und hierauf etwa 25 m gerade angestiegen. Ein 30 m langer, zuletzt fallender Quergang bringt auf ein von rechts nach links ansteigendes Band- und Gesims-System, das nach etwa 50 m in einem unter gelben brüchigen Wänden eingelagerten Schuttkessel endet. Über eine Rampe und ein anschließendes Band nach rechts empor um eine Felsecke. Von hier 1 SL über brüchigen Fels nach links aufwärts in eine gelbe, brüchige, von zwei Überhängen durchsetzte Steilrinne. Man verfolgt sie etwa 30 m und steigt dann etwa 15 m unter ihrem Ende nach links hinaus, um über ein 60 m langes, flach nach links ansteigendes Band- und Rißsystem einen tief eingeschnittenen Spalt zu gewinnen, den ein vorspringender Felspfeiler mit dem Bergmassiv bildet. Nach Durchsteigung des Spaltes über Bänder weiter nach links ansteigend in einen Kessel, der unter dem Abbruch einer mächtigen, nach rechts aufwärts ziehenden Schlucht eingelagert ist. Man umgeht den Abbruch über steile Wandstellen zur Linken und erreicht nach einem besonders schwierigen Quergang den Schluchtgrund. In der Schlucht ohne besondere Schwierigkeiten 150—200 m empor bis 50 m unter ihrem Ende. Die direkte Durchkletterung der Gipfelwand erwies sich als unmöglich. Man wendet sich daher über ein steil emporziehendes Rampensystem nach links und erreicht nach etwa 150 m die Wetterkante (R 394), welche ¾ Std. unter dem Gipfel betreten wird.

● **400**   **Wetterwandeck,** 2699 m

Wenig über den Firn emporragende Felskuppe, bildet die S-Ecke des Schneeferners und bricht mit gewaltiger Wand gegen die Ehrwalder Alm ab. Zwischen Wetterwandeck und Westl. Plattspitze die Wetterscharte.

● **401**   **Vom Platt**
      H. v. Barth, 1871.
      I, 1¼ Std.

Vom Schneefernerhaus unterhalb Schneefernerkopf und Wetterspitzen die Rundung des Platts ausgehend zum NW-Fuß des Wetterwandecks und vom Firn auf den Fels übertretend rasch zum Gipfel.

● **402**   **Ostgrat**
      O. Nonnenbruch, A. Schulze, 1907.
      III (überwiegend), stellenweise leichter. 1 Std.

Zugang: Von der Knorrhütte oder dem Schneefernerhaus in die tiefste Einschartung zwischen Plattspitze und Wetterwandeck, die „Wetterscharte".

Führe: Über den Grat oder dessen N-Flanke zum steilen O-Abbruch des Wetterwandecks, in dem sich zwei parallele Risse befinden. Der linke wird von links her erreicht und durchklettert (III). Eine Plattenrinne und Wandstufen leiten zum Grat, der bei Umgehung einiger Türme auf der S-Seite bis zum Gipfel verfolgt wird.

- **403 Übergang von der Plattspitze**
  I. 2 Std.

Beim Gratübergang von der Plattspitze quert man besser von ihrem W-Grat die Flanke unter der Wetterscharte durch zu dem schuttbedeckten zahmen NO-Grat und steigt über ihn zum Gipfel.

- **404 Südwand, Schmidführe**
  A. Schmid, K. Markert, F. Müller, B. Neigert, 1921.
  IV+ (einige Stellen), meist IV und III. Brüchig, nicht steinschlagsicher; selten begangen. 800 mH. 6 Std.

Übersicht: Westlich vom Gipfel des Wetterwandecks schiebt sich aus der Wand eine Gratrippe vor, die bald nach O umbiegt und durch eine Schlucht von der Wand getrennt ist. In etwa zwei Fünftel Wandhöhe biegt die Rippe wieder nach S um und bricht, etwa in Gipfelfallinie, steil zum Schutt ab, während die Schlucht, ebenfalls nach S abbiegend, sich in eine breite Wanddepression auflöst.

An ihrem oberen Knickpunkt entsendet die Rippe einen parallel zur Wetterkante absinkenden Ast, der mit der Hauptrippe einen mächtigen Vorbau umgrenzt. Westlich der mit der Wetterkante gleichlaufenden Rippe ist ein Kar eingebettet. Dieses vermittelt den Anstieg.

Führe: E in der Fallinie des Abbruchs der Rippe, an der Stelle, wo ein breites Plattenband von links nach rechts emporzieht. Vom linken, oberen Eck des breitesten, zur Wand hinaufreichenden Latschenstreifens durch einen Kamin (IV), oder (weniger schwierig) links von ihm auf das Band. Von seinem oberen Ende rechts aufwärts zu einem Kessel, in dem von links her eine Schluchtreihe abbricht. Zum Vorsprung rechts dieses Abbruches empor, dann kurz absteigend auf einem Horizontalband über dem Abbruch in die Schlucht. In ihr zu einem Seitengrat hinauf und jenseits in der Schlucht weiter, bis man nach 60 m, hinter einer Felsnadel, ihre linke Kante erreicht. Querung durch den oberen Teil einer abbrechenden Schlucht. Von einem Köpfl absteigend auf einen begrünten Fleck, und durch einen Schrägriß auf die jenseitige Scharte. Nun ohne Schwierigkeiten in das links gelegene kleine Kar, an dessen W-Rand man die unterste Stufe des eingangs erwähnten Kars erreicht hat.

Zu einer sperrenden Wandstufe und in ihr auf einem waagrechten Band nach links in den Winkel (im Frühjahr Lawinenzug). An einer kurzen Plattenwand (IV) zur Sohle des Kars. Anfangs über Platten rechts der Sohle, dann durch Rinnen im Grunde des Kares zum Fuß der Schlußwand und auf einem Schrofenband nach rechts zur Gratscharte, die der Weg der Erstbegeher von O her erreicht.

Auf dem Grat an die Schlußwand. (Eine breite, unten abbrechende Schlucht, die rechts ohne Schwierigkeiten zum Gipfel leitet, kann von hier nicht erreicht werden.) Zu einem Schuttkessel, dann durch eine Schrofenrinne nach links an einer roten Höhle vorbei, und in einer Rinne nach rechts zu einem Kessel mit anschließender roter Stufe. Vom Spalt hinter derselben schräg rechts zu einem Schuttkessel unter zwei nach links emporziehenden steilen Schrofenrinnen. (Rechts befindet sich eine kaminartig verengte Schlucht.)

Nun zwei Möglichkeiten: a) An der linken Begrenzung der linken Rinne 40 m empor auf einen kleinen Grat und über ihn 15 m zur letzten Wandstufe. Nun direkt an der Kante über drei schwierige, aber schöne Überhänge in einen Spalt (Stand, 15 m) und im Zickzack durch Schrofen zum 30 m entfernten Gipfel.

b) Etwas schwieriger: Durch die rechte der beiden Rinnen (nach 10 m Überhang) bis unter die senkrechte Wand. Hier horizontal nach rechts in einen Winkel, in dem ein unten abbrechender Riß herabzieht. Von rechts her zu ihm und über einen sehr schwierigen Überhang in ihm empor. 5 m darüber auf einem Band 2 m nach rechts, zu einem niedrigen, kleingriffigen Wandl und über dieses zu einer Schutterrasse unter den Grattürmen. Durch eine Rinne zur Gratscharte wenige Minuten westl. des Gipfels.

- **405   Südwand, Laßberg / Leberle-Führe**
  M. v. Laßberg, H. Leberle, 1903.
  IV (überwiegend). Kürzer und weniger schwierig als R 404. Brüchig und steinschlaggefährdet. 800 mH. 5 Std.

Übersicht: Siehe R 404.

Der Anstieg benutzt die eingangs erwähnte Schlucht am östl. streichenden Ast der Rippe. Die dort erwähnte Wandeinbuchtung wird durch eine schwach ausgeprägte Rippe in einen breiten östl. und einen schluchtartigen westl. Teil getrennt.

Führe: Man steigt von rechts her über Schuttbänder und Rinnen in die Wand ein, durchquert den östl. breiten Teil der Wandeinbuchtung steil

ansteigend auf schuttbedeckten Gesimsen und strebt nach links der Trennungsrippe zu. Auf ihr über brüchige Steilschrofen empor zu einem Schuttkessel am Knickpunkt der Schlucht (300 m F).
Der rechte Ast der Schlucht wird ohne besondere Schwierigkeiten verfolgt, bis zu dem Punkt, wo sich die Gratrippe aus dem Massiv loslöst. Hier kommt von W die Führe R 404 herauf. Wie dort beschrieben zum Gipfel.

- **406** **Südwand des Vorbaues**
  K. Heitner, M. Kötterl, A. Simon, R. Steineberger, 1931.
  IV+ (einige Passagen), meist IV und III. 850 mH. 7 Std.

Übersicht: Diese Führe leitet gerade auf den Vorbau hinauf, auf den von links und rechts R 404 und R 405 hinaufführen. In der Fallinie des höchsten Punktes des Vorbaues sieht man in halber Wandhöhe einen großen gelben Fleck, etwas links davon eine Höhle, die als Richtpunkt dient. Von der Höhle zieht eine lange plattige Rinne nach links herab und bricht mit kurzer Steilwand ins Kar ab. Hier reicht eine Latschenzunge am weitesten das Kar hinauf. Hier befindet sich der Einstieg.

Führe: Man steigt von rechts über den Abbruch in eine schluchtartige Rinne, die bis an ihr Ende durchklettert wird. Hier scharf rechts eine steile Rinne hinauf, nach einiger Zeit an der erwähnten Höhle vorbei, und weiter in eine Scharte. Nun etwas links haltend gegen die Gratkante zu einem Standplatz (H), nach rechts über eine glatte Platte, und den anschließenden Riß in eine Rinne. Links hinauf und auf einem Band um einen Grataufschwung herum in einen großen Schuttkessel. Über Platten nach links an den westl. Rand des Schuttkessels (Scharte). Ein versteckter, links befindlicher brüchiger Riß leitet auf Platten, die links ansteigend zu einer Nische führen, kurz unterhalb des Grates. Ausstieg über einen brüchigen Wulst luftig nach links in eine Rinne und auf den Grat. Durch Rinnen auf den Grat und an die Gipfelwand (5½ Std. E), und wie R 404 zum Gipfel.

- **407** **Direkte Südwand des Gipfels**
  W. Utzmeier, H. Wels, 1955.
  VI (lt. Erstbeg.). Die Führe zweigt etwa in halber Höhe der Wand von der Laßberg / Leberle-Führe, R 405, ab und erreicht in gerader Linie den Gipfel. Nähere Einzelheiten nicht bekannt.

- **410**   **Westl. Plattspitze,** 2678 m
- **411** **Vom Platt**
  H. v. Barth, 1871.
  I und leichter. 1½ Std.

Zugang: Von der Hütte auf dem Gatterlweg (R 82), bis er die Sohle des Brunntales gequert hat. Hier steigt man steil südwestl. über das Platt gegen den O-Gipfel an und erreicht unter seinem N-Absturz entlang die Mulde am Fuß der Westl. Plattspitze. 2 Std.

Führe: Von der ersten Einschartung im W-Grat westl. des Gipfelaufschwungs, links (östl.) einer höckerigen Graterhebung, zieht eine markante Rinne herunter. (Die Wetterscharte bleibt ziemlich weit rechts liegen.) Man steigt durch die Rinne bis zum Grat und erreicht auf ihm oder an seiner N-Seite das auf der S-Seite zum Gipfel ziehende Schuttfeld. Zuletzt über Schrofen zum W-Gipfel.

● **412   Ostgrat zur Östl. Plattspitze**
   III und II. 1½ Std.

Immer auf dem Grat. Felstürme können auf der Südseite des Grates umgangen werden.

● **413   Südgrat**
   B. Backmund, W. Spindler, 1922.
   III. Teilweise brüchig. Sehr selten begangen. 3 Std.

Übersicht: Der S-Grat ist jene mächtige, im oberen Teil von mehreren turmartigen Absätzen unterbrochene markante Gratkante, die von der Ehrwalder Alm aus gesehen das Profil der S-Abstürze gegen O bildet. Der Grat setzt mit einem etwa 60 m hohen ungangbaren Abbruch auf den begrünten Rücken ab, der das Issentalköpfl mit dem Massiv verbindet.

Zugang: Von der Ehrwalder Alm auf den Sattel nördl. des Issentalköpfls und über den Rücken zum Fußpunkt des Südgrates. 1½ Std.

Führe: E links (westl.) des Gratabbruches am Beginn einer Reihe von Kaminen und Rissen, die den nicht leichten Zugang zu dem von unten deutlich sichtbaren Band vermitteln, das links (westl.) unterhalb des Grates hoch hinaufzieht. Von seinem oberen Ende schräg rechts haltend erreicht man über Platten und durch eine schluchtartige Rinne die letzte Scharte im S-Grat unter dem Gipfelaufschwung. Man quert auf Bändern rechts unter roten, zerfressenen Wänden hindurch zwei Schluchten und kommt so auf schrofiges Gelände, über das nach links der Gipfel erreicht wird.

● **414   Direkter Südgrat**
   W. Welzenbach, H. Rüsch, 1925.
   IV, stellenweise leichter. Sehr selten begangen. 5 Std.

Übersicht: Der S-Grat ist jene mächtige, im oberen Teil von mehreren turmartigen Absätzen unterbrochene, markante Gratkante, die von der Ehrwalder Alm aus gesehen, das Profil der S-Abstürze bildet.

Zugang: Der Grat setzt mit einem 60 m hohen, ungangbaren Abbruch auf den begrünten Rücken ab, der das Issentalköpfl mit dem Massiv verbindet. (1½ Std. von der Ehrwalder Alm). Der Einstieg ist knapp westl. der Kante, etwa 30 m oberhalb ihres tiefsten Punktes.

Führe: Durch ein System von schwierigen, glatten Rissen gewinnt man (stets rechts haltend) nach etwa 50 m einen Grasfleck. Nun durch einen Blockkamin nach links um eine Ecke herum und durch eine 12 m hohe Verschneidung zum Beginn eines Grasbandes. Sofort wieder gerade aufwärts über Platten und Einrisse zur Gratkante. Man erreicht nun flachere Strecken mit Graswuchs und Schuttbelag. Durch eine plattige Rinne gegen den nächsten Abbruch. Da, wo die Rinne durch eine schwarze, senkrechte Wand gesperrt ist, steigt man nach rechts heraus und gewinnt über eine steile Wandstelle und weiterhin durch einen Riß die Gratschneide. Über diese zu einem weiteren Abbruch. Zuerst im wesentlichen auf dem Grat hinan bis zu einer Platte. Auf ihr etwa 10 m waagrecht nach links, dann über den Scheitel des Turmes in eine kleine Scharte. Die hier ansetzende, mächtige, überhängende Kante des folgenden Turmes ist nicht direkt erkletterbar. Man steigt von seinem Fuß etwa 15 m nach O abwärts und quert in die Flanke bis an den Fußpunkt eines etwa 80 m hohen Kamins. Das untere Viertel des Kamins stellt eine von mehreren Überhängen unterbrochene Steilrinne dar, der obere Teil ist sehr eng und anstrengend. Nach seiner Durchkletterung erreicht man einen kleinen Schuttplatz. Hier kurze Querung nach links und durch einen Riß, der bald zur plattigen Verschneidung wird, auf die Spitze des Turmes. Der folgende scharfe Zacken wird direkt erklettert und nach Überschreitung einiger weiterer Türmchen der Gipfelaufbau erreicht. Erst gerade empor zu einer gelben überhängenden Wandstelle. Unter ihr auf einem Band nach links, bis es möglich wird, auf das nächste Band zu gelangen (IV). Über dieses nach rechts zu einem Riß, den man bis zu einem ausgeprägten, von rechts nach links ansteigenden Band durchklettert. Mittels dieses Bandes gewinnt man die Gratkante, die man etwa 10 m ausgesetzt verfolgt (IV), bis es gelingt, weiter nach links auf gestuftes Gelände zu queren. Über Rinnen und Wandstellen erreicht man in kurzem direkt den Gipfel.

● **415 Südwestwand**
J. Brandl, M. Gämmerler, 1923; Gipfelwand: C. R. v. Overkamp, W. Spindler, 1926.
IV, stellenweise III. Sehr selten begangen. 4—5 Std.

Übersicht: Die westl. Plattspitze bildet mit ihrer SW-Wand den östl. Flügel der prallen Wände, die den Almboden der Ehrwalder Alm nordwärts umrahmen. Von dieser Alm gesehen, zieht in der Fallinie des Gipfels eine Verschneidung herab bis auf den weniger geneigten Plattenkegel am Fuße der Wand.

Führe: E etwas unterhalb der Stelle, wo der Schutt am höchsten hinaufreicht. Unter überhängender Wand auf einer Plattenrampe nach rechts auf den Vorbau ohne Schwierigkeiten hinauf zum Beginn der schluchtähnlichen Verschneidung. In ihr empor (II). Eine Verschneidung (15 m), die eine spiegelglatte Platte mit der schon von unten sichtbaren rotgelben linken Seitenwand bildet, wird stemmend überwunden. Bald folgt ein Riß (IV), der in eine steile Schrofenmulde führt, die im Hintergrund von roten, ungangbaren Klippen abgeschlossen wird. Nach rechts auf die Begrenzungsrippe. (15-m-Verschneidung und Riß können besser in gutem Fels rechts umgangen werden; man gelangt so direkt auf die Rippe.) Diese bildet sich in ein breites Band um, das wiederum bald in eine 50 m hohe glatte, steile Platte übergeht. In der Verschneidung rechts 25 m empor, dann über die ganze Platte hinauf in einen Kessel unter gelben Wänden. Zuerst kurz in der Verschneidung im Grunde, dann an der senkrechten Wand 30 m empor in eine Mulde.

Oberhalb der Mulde ist ein etwa 50 m hoher, roter, schief ziehender Kamin eingeschnitten. Vor dem Beginn des Kamins über eine kurze Wand (IV) nach links auf die Begrenzungsrippe. Dicht unter dem hereinhängenden grauen Wandbauch 25 m Quergang über griffarme Platten bis an eine Kante. Hart neben ihr setzt eine schon von unten sichtbare Verschneidung an, die höher oben von zersplitterten Türmchen links flankiert wird. Über Platten in sie hinein (IV) und etwa 40 m hinauf. Unter zwei kleinen Höhlen quert man 25 m schräg rechts aufwärts. Dann über steile Schrofen zum Grat knapp westl. des Gipfels, oder schräg rechts direkt zu diesem.

● **420** **Östl. Plattspitze,** 2679 m

● **421 Ostflanke**
    III (Stellen), meist II und leichter. 1 Std.

Zugang: Von der Knorrhütte aufs Platt und auf die Scharte zwischen Westl. Gatterlkopf und Plattspitze, die durch eine schon von der Knorrhütte sichtbare Schneerinne erreicht wird, 1½—2 Std.

Führe: Auf langen, südl. wenig unterhalb des O-Grates und mit diesem gleichlaufenden ansteigenden Bändern längere Zeit aufwärts, bis man in eine flache, gutgestufte Rinne kommt. In ihr empor, dann rechts gegen den Grat in eine steilere plattige Rinne bis zu einem Kamin und durch diesen hinauf. Oberhalb auf Schutt rechts zu einem Seitengrat, der zum O-Grat leitet. Über ihn plattig (III) zum Gipfel.

● 422 A Abstieg zum Platt
I. ½ Std.

Auf oder neben dem Grat zur tiefsten Scharte zwischen Östlicher und Mittlerer Plattspitze, von der man durch schrofige Rinnen zum Platt absteigt.

● 423 Südhänge
II (überwiegend). 2—3 Std.

Zugang: Von der Ehrwalder Alm zum Issentalköpfel und die Grashänge östl. querend, bis man die Felsen in der Fallinie der Scharte zwischen westl. Gatterlkopf und Plattspitze erreicht. E an der orog. rechten Begrenzung einer Schuttrinne. 2 Std.

Führe: Aus der S-Wand des O-Gipfels löst sich ein wenig ausgeprägter Grat ab, der in seinem mittleren Teil, gut 100 m unter der oben erwähnten Scharte, ein Stück fast eben verläuft. Dieses wird über brüchigen Fels schräg links ansteigend erreicht. Einige Meter am Grat, dann wenig links in die Wand hinaus und durch einen nicht leichten Riß zu dem westl. des Gipfels eingelagerten Schuttabsatz. Links von einem auffallenden Zacken im W-Grat zieht ein breiter Kamin herab, in den man auf steilem Band von links her gelangt. Wenig unter dem Grat rechts heraus, um den Turm auf der S-Seite herum und steil zum Grat und Gipfel.

● 424 Ostgrat
K. Gürtler, O. Oppel, 1904.
IV (mehrere Stellen), III und II. Sehr selten begangen.
2 Std.

Zugang: Von der Knorrhütte über die deutlich erkennbaren, glatten Platten in die Scharte östl. der Östl. Plattspitze. 1½—2 Std.

Führe: Über die Gratschneide bis zum ersten Grataufschwung. Der sehr steil ansetzende Grat wird entweder durch einen Riß hart südl. seiner Kante (IV, Überhang), oder (gleich schwierig) einige Meter weiter links durch eine griffarme, steile Plattenrinne bezwungen (♂). Nun auf der Gratschneide über glatte Platten (III) noch etwa 30 m weiter, bis sie in eine Wand übergeht, die von einer kaminartigen Schlucht durchzogen wird. Kurze Traverse nach rechts und durch die Schlucht (II) zu einer Scharte zwischen Hauptmassiv und einem nach S vorspringenden Pfeiler. Hier kurzer, aber sehr heikler Quergang nach rechts in eine schutterfüllte Schlucht, die zum Hauptgrat führt. Über sehr glatte Platten zum Gipfelmassiv, und auf brüchigen Schrofen zum Gipfel.

- **425 Nordostwand**
  E. Gerber, H. Lechner, J. Sengmüller, 1911.
  IV und III. Fester Fels, selten begangen. 2½ Std.

Übersicht: Die NO-Wand ist die imposante plattengepanzerte Pyramide, die vom Reintal aus gesehen den westl. Talschluß bildet.

Führe: E dort, wo der Schutt bzw. der Schnee am höchsten in die Wand hinaufreicht. Über eine kleine Rippe, dann Quergang nach links zu einer rotgelben, tiefen Rinne. An ihrer linken Begrenzung empor zum Beginn des mittleren Plattenschusses. Man sieht im folgenden Wandgürtel einen schwarzen, höhlenartigen Kamin und rechts davon einen schwarzen Riß, der sich beim Näherkommen als schöner Kamin entpuppt und den Durchstieg vermittelt. Durch eine der rechtsseitigen Rinnen über gutgriffigen Fels zum Riß. In ihm empor. Am oberen Ende Ausstieg nach rechts (IV). Dann einige Meter nach links aufwärts zu einer kleinen Höhle und an deren rechter Begrenzungskante empor zu einem kleinen Schuttkessel. Aus diesem etwa 12 m Quergang nach rechts zur Kante und an ihr zu einem Rinnensystem, das nach links zum Grat und in einigen Minuten zum Gipfel führt.

- **426 Nordkante**
  F. Bachschmid, L. Pistor, 1920:
  IV, im oberen Teil leichter. Sehr selten begangen.
  1½ Std.

Führe: Der N-Grat setzt mit einem annähernd senkrechten Abbruch zum Platt ab. 25 m östl. des Abbruches durch eine plattige, bandartige Rinne 25 m aufwärts zu einer schon von unten sichtbaren Nische. Kurz vor ihr Quergang 4 m nach links (IV) über eine Platte und 25 m gerade empor zu einem nach rechts aufwärts ziehenden, steilen Plattenband. Auf ihm 40 m entlang, dann über eine kleine Wandstufe zu einem schmalen Geröllplatz an der Kante oberhalb des Abbruches. Von hier in der W-Flanke etwas schräg rechts aufwärts, aber bald wieder nach links über brüchige Wandln zum Grat und auf Schutt und Schrofen zum Gipfel.

- **430 Gatterlköpfe,** 2476—2490 m

Schroffe Felsköpfe von untergeordneter Bedeutung, die das östl. Ende der Plattumrahmung bilden.

- **431**   **Östl. (Vorderer) Gatterlkopf,** 2476 m

- **432**   **Vom Gatterl**
  I. 1½ Std.

Zugang: Wie R 82 zum Gatterl.

Führe: Über Schutt zum Grat, der links (östl.) von einem Turm mit dünnen Riß überschritten wird. In der S-Seite ziemlich tief auf grasigen Bändern nach W, bis die vom Feldernjöchel heraufziehenden Grashänge einen leichten Anstieg zum Gipfelgrat vermitteln. Über diesen zum Gipfel. Die unmittelbare Erkletterung des Grates vom Gatterl weg ist schwierig.

Vom Feldernjöchel kann der Östl. Gatterlkopf ohne Schwierigkeiten über die Grashänge erreicht werden.

- **433**   **Nordwand**
  W. Welzenbach, Hanny Lechner, 1925.
  IV (längere Passagen), im oberen Teil leichter. Sehr selten begangen. 2½ Std.

Übersicht: In der Fallinie des Gipfels zieht vom Fußpunkt der Wand eine mächtige, von mehreren Abbrüchen durchsetzte Verschneidung empor, die rechts begrenzt ist durch die große, vom Mittleren Gatterlkopf herabziehende Plattentafel.

Führe: E am Fuß der Verschneidung. In ihr empor, 5 m vor dem ersten Abbruch links heraus, dann über ein Schichtband rechts aufwärts zu einer niederen Stufe, die rechts umgangen wird. In einer glatten Steilrinne nach 10 m über einen Überhang in ein größeres Rinnensystem (bis hierher durchwegs IV), das die Verschneidung gegen die gelbe Gipfelwand hinauf fortsetzt. Nach 30 bis 40 m links hinan, über Wandstufen und Rinnen gegen parallele Bänder, die nach links gegen den Grat leiten. Auf dem obersten Band zu einer in einer Höhle endenden Steilrinne, dicht unter dem Grat. Von der Höhle rechts aufwärts zum O-Grat, und über ihn in kurzem zum Gipfel.

- **434**   **Übergang zum Westl. Gatterlkopf**
  III. Teilweise brüchig, sehr selten begangen. 2 Std.

Führe: Vom O-Gipfel am Grat in die Scharte vor dem Mittleren Gatterlkopf. Über Schrofen, in die N-Seite ausweichend, hinauf zum grasbewachsenen Mittleren Gatterlkopf. Von hier auf dem Grat in die tiefste Scharte vor dem Westl. Gatterlkopf an einem Gratfenster vorbei. Ein Turm wird, wenig absteigend, umgangen, der nächste Aufschwung hart links (südl.) seiner Kante bezwungen. Weiter auf dem Grat über den Vorgipfel zum Westlichen Gatterlkopf. Um in die Scharte vor der Östlichen Plattspitze zu gelangen, muß vom Gipfel nach S abgestiegen werden. Dann Querung in die Scharte.

● **438**   **Mittlerer Gatterlkopf,** 2480 m

● **439**   **Nordkante**
W. Welzenbach, H. Rüsch, 1925.
III. Schönster und bequemster Anstieg vom Platt, sehr selten begangen. 1 Std.

Übersicht: Der westl. Vorgipfel des Mittleren Gatterlkopfes entsendet nach N eine ebenmäßig gebaute Kante, die die westl. Begrenzung der in die N-Wand eingelassenen Plattenflucht darstellt. Die Kante bricht in einer ungangbaren, etwa 40—50 m hohen Wandstufe ab.

Führer: Von rechts her über geneigten Fels (III) gegen die Kante. Man erreicht sie kurz oberhalb ihres Abbruchs. Auf der Kante gerade empor zur Schlußwand (II) und über sie zum westl. Vorgipfel. In wenigen Minuten zum Hauptgipfel.

● **440**   **Nordostwand**
E. Gerber, O. Rath, 1911.
IV, stellenweise leichter. Sehr selten begangen. 2 Std.

Führer: Man folgt zunächst R 433 durch die Verschneidung und die anschließende Rinne. Dann hält man sich rechts über Rinnen und Einrisse empor bis auf den oberen Rand der großen Plattenflucht, die in die NO-Wand eingelagert ist. Hier über Bänder rechts aufwärts bis in die Fallinie der westl. des Gipfels gelegenen Scharte. Durch eine Rinne aufwärts zu einem Felsvorsprung und nach links in die Scharte. Ohne Schwierigkeiten zum Gipfel.

● **445**   **Westl. (Hinterer) Gatterlkopf,** 2490 m

● **446**   **Nordwand**
W. Welzenbach, H. Rüsch, 1925.
II. 1 Std.

Führer: Vom W-Gipfel des Westl. Gatterlkopfes zieht eine markante Schichttafel herab, die mit einem kleinen Abbruch über dem Schutt endet. Dieser Abbruch wird rechts durch einen Einriß erklettert. Nun durch Rinnen und Risse erst am rechten Rand, dann durch die Mitte der Plattenflucht empor gegen die schrofige Gipfelwand und durch diese rechts haltend zum Gipfel.

1.2. Riffelwandkamm

Der kurze Riffelwandkamm strahlt von der Zugspitze in nordöstl. Richtung aus, schnell zur Riffelscharte absinkend, von der er sich im Waxensteinkamm fortsetzt.
Er umfaßt nur wenige Gipfel, als einzigen bedeutenden das kühne Horn der Gr. Riffelwandspitze. Ein kurzer Seitengrat, die Riffelköpfe, trennt das Riffel- vom Höllentalkar.
Der einzige hochgelegene Stützpunkt ist die Höllentalangerhütte, 1381 m, die für die Riffelköpfe günstig liegt. Die Anstiege der Nordseite müssen vom Tal aus durchgeführt werden (eventuelle Benützung der Zugspitzbahn bis Riffelriß).

● 450   **Große Riffelwandspitze,** 2626 m
Kühn geformter, sehr steiler und schlecht zugänglicher Gipfel. Übergang zur Zugspitze siehe R 334.

● 451   **Südostwand**
        M. v. Laßberg, J. Ostler, 1900.
        III+ (einige Stellen), meist III und II. Brüchig, selten begangen. 2 Std.
Zugang: Wie bei R 463 in den dort erwähnten zweiten Schuttkessel.
Führe: Aus ihm links hinauf durch eine kaminartige Rinne (unten III) auf ein breites Schuttband, das links zu einer schon links unterhalb des Gipfels befindlichen Kaminreihe leitet. Durch sie auf einen breiten bandartigen Absatz etwa 50 m unter dem Gipfel. Man benützt dazu von zwei Rissen erst leicht den linken, dann den rechten (↗) und gelangt dann über Schrofen auf den erwähnten Absatz. Auf ihm rechts ansteigend, dann abwärts in eine große Rinne, die zum Grat leitet. Über ihn in 10 Min. westl. zum Gipfel.

● 452   **Ostgrat von der Kleinen Riffelwandspitze**
        F. Resch, C. Sam, 1886.
        IV— (Stellen), meist III. Ausgesetzte Kletterei in teils brüchigem, teils festem Fels. 2 Std.
Führe: Von der Kleinen Riffelwandspitze (R 460) erst 40—50 m nördl. abwärts auf den Schutt der N-Flanke, dann nach links (W) über steile, schuttbedeckte Schrofen und schmale Bänder in die Scharte zwischen Großer und Kleiner Riffelwandspitze hinab. Den Turm in der Scharte durch kurzes Ab- und Wiederansteigen auf der Höllentalseite umgehend, wendet man sich etwas unterhalb der Scharte hinter dem Turm

nach links, und steigt durch einen kurzen, seichten und griffarmen Riß auf den Scheitel des großen Plattenschusses empor. Auf der Schneide der Platte weiter, dann Quergang nach links und über einen senkrechten Abbruch empor (III). Dieser kann auch weiter links, ebenso schwierig und ausgesetzt, umgangen werden. Über einen kleinen Schuttfleck südl. nahe unter dem Grat und einen kurzen Kamin zum Grat. Man blickt hier bereits in die tiefe Schlucht, welche die Große Riffelwandspitze nordseitig durchzieht. Auf dem Grat zu einem großen, turmartigen Aufschwung. Durch eine schwierige, oben überhängende Verschneidung (nicht durch die beiden rechts bleibenden Risse!) zu der von einer aufrecht stehenden Felsplatte gebildeten Kanzel (III). Hier zieht links ein Kamin, rechts davon ein plattiger, seichter Riß in die Höhe. Zu letzterem kurzer, sehr luftiger Quergang und ausgesetzt (IV—) durch ihn auf die Höhe des Aufschwunges; die ganze Stelle kann weniger schwierig, aber ebenfalls ausgesetzt, auf der Höllentalseite umgangen werden. Am Grat weiter, bis vom Höllental herauf eine breite rote Rinne in einer tiefen Scharte mündet. Hier weicht man kurz in die Höllentalseite aus und steigt durch eine brüchige Rinne zum Grat zurück und über diesen zum nahen Gipfel.

- **453 Westwand**
    A. Heinrich, M. v. Laßberg, H. Leberle, 1902.
    IV (Stellen), meist III, im oberen Teil leichter. Sehr selten begangen. 4—5 Std.

Übersicht: Von der Großen Riffelwandspitze zieht nach N ein Gratabsenker, der ins Bayer. Schneekar in steiler Plattenflucht abstürzt. (Diesen Grat erkletterten die Erstbegeher, IV+). Seinen oberen Teil benützt R 455. Das Bayer. Schneekar stürzt in Steilwänden, die sich kulissenartig nach O vorschieben, auf die Schuttströme oberhalb des Zugwaldes ab.

Zugang: a) Von der Station Riffelriß der Zugspitzbahn auf einem Serpentinenweg gegen die Kleine Riffelwandspitze aufwärts. Oberhalb der untersten, nach O in die Sandreiße verschwindenden Felsgürtel führt ein vom Bahnbau herrührender Steig zum Fuß der Großen Riffelwandspitze und auf einem Schichtband des Muschelkalksockels in die Felsen wenig oberhalb des Bayer. Schneekars, in das man ohne Schwierigkeiten absteigt.

b) Auf dem gleichen Weg von Station Riffelriß aufwärts bis auf die Höhe des Tunnelfensters (Ausstieg für die Skiabfahrt). Die Schutthalden unter diesem querend in die Schlucht, die aus dem Bayer. Schneekar kommt, und über die rechte Flanke in das Kar. 2 Std. vom Eibsee.

Führe: Im Kar bis zu einem niedrigen Felsriegel, der es in halber Höhe durchsetzt. Hier E links in die Wand. Über steile Schrofen erst gerade aufwärts, dann rechts haltend zu einem Felsköpfel, das vom Massiv durch eine 5 m tiefe Scharte getrennt ist (Ende der Schrofen). Von der Scharte steigt man gerade empor (IV), dann über weniger schwierige Platten nach rechts und durchklettert (IV) die zerrissenen, dunklen Wandpartien; sodann stark nach rechts, bis eine tiefe, mächtige Schlucht den Anstieg versperrt. Man folgt erst 30 m ihrer Begrenzungsrippe (unten kurzer Überhang, IV), dann wird die Schlucht seicht, geht aber bald in einen engen, tief eingerissenen Kamin über. In diesem Kamin, in dem sich senkrechte Wände und Überhänge entgegenstellen, klettert man weiter. Bei einer durch splittriges Gestein auffallenden Stelle spreizt man 5 m empor und steigt dann entweder im Kamin weiter oder an der rechten (südl.) Begrenzungswand 25 m rechts (westl.) hinauf. Man erreicht so unschwieriges Gelände und den Grat, auf dem man, einige Türme überkletternd, nach O zum Gipfel gelangt.

- **454 Nordwand**
  O. Leixl, R. Hoferer, 1919.
  V— (Stellen), IV und III. Sehr brüchig und steinschlaggefährdet. Kaum begangen. Ca. 500 mH. 5—6 Std.

Übersicht: Die N-Wand der Großen Riffelwandspitze wird von drei großen Schluchten durchrissen, die alle über der die Große von der Kleinen Riffelwandspitze trennenden Hauptschlucht überhängend abbrechen. Nur die am weitesten links befindliche Schlucht, die von der scharf eingeschnittenen Gratscharte links des Gipfels schräg nach links herunterzieht, ist von unten erreichbar. Durch sie führt der Anstieg. Ihr unteres Ende wird von links her durch Risse und über eine Rippe erreicht.

Zugang: Von der Station Riffelriß der Zugspitzbahn auf Serpentinenweg zum Fuß der Kleinen Riffelwandspitze. Man wendet sich nun entweder gleich nach rechts in die Hauptschlucht, die man sehr bald wieder verläßt, um einen ungangbaren Abbruch in großer Schleife nach links durch eine Nebenschlucht in plattigem Fels zu umgehen. Oder man benützt einen vom Bahnbau herrührenden Steig in der Flanke der Kleinen Riffelwandspitze und quert an geeigneter Stelle in die Hauptschlucht hinüber.

Führe: Der E in die N-Wand befindet sich links der großen gelben Wand, in welche die linke (die Aufstiegsschlucht) und die mittlere Schlucht gemeinsam abbrechen. An stark heraushängender Wand quert man 2—3 m nach rechts (IV) und steigt in einem unregelmäßigen Rißsystem halbrechts empor (zuletzt V—) bis zu einem auffallenden gelben Schuttplatz am Fuß des letzten, überhängenden Abbruches der Schlucht, der links von einer glatten Platte gebildet wird. Den Überhang umgeht man in den Felsen rechts und gelangt in die Schlucht selbst, deren schnee- und eiserfüllten Boden man aber nicht betritt. Vielmehr hält man sich stets auf den sie rechts begrenzenden, weniger schwierigen Felsen. Nahe dem hinteren, in einem gewaltigen gelben Überhang abbrechenden Ende der Schlucht klettert man rechts durch Rinnen und Risse empor, bis die Wand sehr steil und brüchig wird. Hier (H) quert man nach rechts auf weniger steilen Fels (V—) und klettert durch Risse in eine Scharte der die Schlucht rechts begrenzenden Kante. An ihrer W-Seite quert man einige Meter auf einem Bande nach rechts und steigt in einem Riß wieder hinauf auf die Kante, in deren unmittelbarer Nähe man sich nun stets hält. Nach wenigen SL kann man rechts auf eine Schutthalde hinübersteigen und unschwierig über eine Scharte eine zweite Schutthalde erreichen, die zu der anfangs erwähnten, scharf eingeschnittenen Gratscharte hinaufzieht. Von hier nur wenige Schritte zum Gipfel.

- **455 Direkte Nordwand**
  M. Schober, L. Kleisl, 1938. Der untere Wandteil wurde 1930 weiter westl. von K. Simon und W. Weippert bis zu einem Stollen der Zugspitzbahn durchklettert.
  VI— (Stellen), meist V. Selten begangen. Ca. 600 mH.
  6—8 Std.

Zugang: Von der Station Riffelriß auf dem Weg zur Riffelscharte, dann auf einem Steig (Zugspitzbahnbau) gegen die große Schlucht empor, die zwischen der Großen und Kleinen Riffelwandspitze herabzieht. 30 m rechts der Stelle, wo die Schlucht ziemlich steil und plattig abbricht, ist zwischen zwei gelben Wandpartien der E (Steinmann).

Führe: In einer Rinne, die in einen Kamin übergeht, 35 m empor zu einer Nische. Den nun teilweise überhängenden Kamin aufwärts; nach 30 m quert man rechts heraus in eine plattige Rinne und in derselben noch 7 m aufwärts zu einer zweiten Nische. Das nun ansetzende mächtige Plattenband verfolgt man zuerst 15 m, dann über eine gutgriffige Felsrippe weitere 15 m empor zu Stand (H). Das mächtige Plattenband quert man noch 40 m schräg links aufwärts bis zum Beginn eines großen Kamins (SH). In diesem aufwärts, über einen Klemmblock hinweg auf einen Schuttfleck und weitere 10 m empor auf ein Band. Nun etwa 35 m über Risse und Wandstellen gerade empor zu gutem Stand. Den folgenden Kamin ein paar SL aufwärts, unter einen Klemmblock hindurch auf eine Terrasse. Nun rechts 15 m durch einen Kamin aufwärts auf den Kopf einer abgespaltenen Platte. Von hier 5 m empor bis unter den sperrenden Überhang, dann nach links heraus (H) und weiter gerade empor nach 40 m zu gutem Stand (Steinmann). Vom Steinmann 10 m schräg rechts aufwärts und die Rinne empor, nach 40 m zu Stand. Von hier über brüchige Rinnen und Risse empor, dann noch über 50 m Schrofen zu einem Schuttfleck rechts von der mächtigen Schlucht. Die folgenden Wandstellen schräg rechts 15 m aufwärts zu Stand. Dann 2 m rechts von dem rechten, 30 m hohen Riß an grauer, fester Plattenwand (H) empor zu einem Grat. Der folgende mächtige Turm wird links umgangen. Von dem großen Spalt, der den Turm vom Bergmassiv trennt, gerade empor, dann in einer kleinen Schleife nach rechts und wieder gerade empor in mehreren SL direkt zum Gipfel.

- **456** **Nordpfeiler**
  W. Lindauer, R. Leutenbauer, 1967.
  VI. Freie Kletterei, eine der großzügigsten Klettereien im Riffelwandkamm. Sehr selten begangen. 8 Std.

Zugang: Von der Station Riffelriß der Bayer. Zugspitzbahn auf dem Riffelschartenweg (R 241), dann auf einem alten Steig (weiter oben Drahtseile) in der Westflanke der Kleinen Riffelwandspitze aufwärts. Der Steig endet bei einem Auswurfstollen des Zugspitzbahntunnels. Wenige Serpentinen unterhalb quert man über Steilschrofen nach rechts in die große Schlucht zwischen Kleiner und Großer Riffelwandspitze. Man erreicht sie an einer schwarzgelben, nassen Höhle unmittelbar über dem großen, plattigen Steilaufschwung. Etwa 30 m höher ist der Einstieg am Fuß einer senkrechten Rißverschneidung.

Führe: In der Verschneidung 2 SL empor zu einem Schuttband. Dieses verfolgt man 35 m nach rechts in eine gelbe Nische. Es gilt nun den etwa 80 m höher ansetzenden, auffälligen Kamin zu erreichen. Aus der Nische schräg nach rechts hinauf an die schwach ausgeprägte Pfeilerkante und in einigen SL gerade empor zu einem Felskopf rechts des erwähnten Kamins.

5 m Quergang nach links in den Kamin und in ihm hinauf zu einem großen Absatz mit aufgesetztem Riesenblock. Der folgende Steilaufschwung wird links von einem Riß durchzogen. Man erreicht ihn vom linken Rand des Blocks aus (H) und verfolgt ihn 40 m zu Stand. Nun immer etwas links haltend über grauen Fels bis zu einem ausgeprägten Schuttplatz. Von hier zum Teil auf einer rampenartigen Plattenzone in 2 SL schwach rechts haltend empor zur Pfeilerkante. Unter Ausnützung der besten Möglichkeiten steigt man jetzt auf oder rechts der Kante möglichst gerade empor zum Gipfel (etwa 200 m).

- **460**   **Kleine Riffelwandspitze,** 2536 m
- **461**   **Von der Riffelscharte**
  I. 360 mH. 1½—2 Std.

Von der Riffelscharte (R 240) zur begrünten Kuppe des Riffeltorkopfes und jenseits in eine Scharte, die auch vom Riffelweg unmittelbar erreicht werden kann. Über den hier ansetzenden kurzen und breiten Grat auf Steigspuren zu den Felsen. Nun links über Schutt aufwärts. Kurz bevor der Schutthang nahe dem Grat Riffelköpfe — Riffelwand in eine zu diesem emporziehende Schuttrinne übergeht, steigt man rechts über Schrofen auf ein breites Schuttfeld östl. unterhalb des Gipfels. Man quert es rechts gegen eine brüchige Rinne, durch die man einen nach N streichenden Grat und über ihn und Schutt der N-Seite den Gipfel erreicht.

- **462**   **Südostwand**
  O. Nonnenbruch, 1903.
  III, stellenweise leichter. Brüchig, selten begangen.
  2½ Std.

Zugang: Im untersten Teil der Wand zwischen Riffelköpfen und Kleiner Riffelwandspitze befindet sich eine auffallende Einbuchtung, zu der man über die Moräne des Ferners gelangt. 2—2½ Std. von der Höllentalangerhütte.

Führe: E etwa 20 m links der am höchsten in die Wand reichenden Schuttzunge. Ein wenig ausgeprägtes Band leitet nach links zum Beginn eines engen Kamins. Durch ihn und in gleicher Richtung weiter auf ein Schuttband. Einige Meter rechts, dann über schwierige Wandstellen leicht rechts haltend empor auf ein breites, grasbesetztes, nach links ansteigendes Band. Man verfolgt es jedoch nicht, sondern erreicht in der bisherigen Richtung weitersteigend eine Rinne, die sich bald zu einem plattigen Kamin verengt. Oberhalb davon erst links, dann wieder nach rechts und durch eine brüchige Scharte zum Gipfel.

- **463**   **Westgrat**
  A. Schmid, H. Federschmidt, 1908.
  III und II. Kaum begangen. 2 Std.

Zugang: Auf dem Zugspitzweg bis zum Ferner (R 332). Hier hält man sich bei großen Blöcken rechts gegen die Große Riffelwand.

Führe: Nun über Schutt und Schrofen links aufwärts und dann schräg rechts in einen kleinen Schuttkessel. Durch eine plattige Rinne schwierig hinauf in einen zweiten Schuttkessel. Von hier über Schutt in eine Rinne, die mittelschwr durch den großen Plattenschuß zur Scharte zwischen Großer und Kleiner Riffelwandspitze führt. Von der Scharte

durch ein kleines Klamml hinauf, dann auf schmalen Bändern und über
steile, geröllbedeckte Schrofen auf den Schutt der N-Flanke, der 40 bis
50 m unterhalb des Gipfels erreicht wird. Über den Schutt zum Gipfel.

● 464 Nordostpfeiler
J. Ostler, W. Kraus, 6. 11. 1982.
V+ (zwei Stellen), sonst meist III und IV. Riß- und Plattenkletterei in meist festem Fels. 3 Std.

Übersicht: Die Route verläuft in einer Rechtsschleife über den nordseitigen Plattenschuß und quert dann nach links über ein markantes Band unter dem überhängenden Pfeiler hindurch, den sie über einen markanten Riß erreicht und über eine kurze Ausstiegsplatte verläßt.

Zugang: Von der BZB-Station „Riffelriß" auf dem Riffelschartenweg (R 241) bis er die Riffelreiße nach Osten zur Riffelscharte verläßt. In einer markanten Rinne gerade aufwärts bis in Fallinie der Pfeilerwand, wo der leichteste Zugang den E vermittelt.

Führe: Durch kurze Verschneidung weiter über die Schrofen nach rechts querend unter einen Plattenschuß zu Stand vor einer Rinne (40 m). Gerade empor durch kurzen Riß und über die folgenden Platten, bis sich die Wand aufsteilt (25 m). Quergang nach links zu Stand vor der Kante. Um die Kante herum und auf markantem Band nach links aufwärts zu Stand (H). Weiter um die Kante und die folgende Nische herum und schräg nach links heraus zu ihrer Begrenzungskante queren, auf dieser Kante dann empor zu Stand unter markantem Riß. Durch ihn empor, Quergang nach rechts und hinauf zu Stand auf dem Pfeilerkopf. Über eine Platte linkshaltend empor und zur Kante, die auf die Schrofenterrasse des Pfeilers führt. (J. Ostler)

● 470 Riffelköpfe
Westlicher, 2459 m; **Mittlerer,** 2412 m; **Östlicher,** 2403 m

Der von der Kleinen Riffelwandspitze abzweigende Seitengrat der Riffelköpfe trennt das Riffelkar vom Höllentalkar und -ferner. Der Östliche Riffelkopf bricht zum Höllentalanger mit kühner Kante (die Überquerung ihres Fußes durch den Zugspitzweg ist das „Brett"), zum Höllentalkar mit senkrechten O- und SO-Wänden ab.

● 471 Vom Höllentalkar zum P. 1996 und zur Riffelscharte
I. 2 Std.

Vom Zugspitzweg (R 332) geht bald oberhalb des Grünen Buckels eine schlechte Steigspur ab und wendet sich scharf rechts gegen die senkrechte S-Wand des Östl. Riffelkopfes. Über steilen Schutt an die Felsen und erst auf Bändern hart an der Wand, dann den spärlichen Steigspuren nach, durch die Schrofenhänge empor zu der mit einem Steinmann bezeichneten Einschartung (P. 1996). Etwa 1 Std. E. Jenseits auf besser kenntlichem Steig an der NW-Seite gegen das Riffelkar hinunter und die plattigen Steilwände hoch oben nach links in Richtung auf die Kleine Riffelwandspitze querend auf den Riffelweg (R 241), den man etwas unterhalb des Riffeltorkopfes erreicht.

● **472 Riffelkante und Überschreitung der Riffelköpfe**
A. Schmid, 1908.
IV (überwiegend) und III. Genußvolle, meist ausgesetzte Kletterei an überwiegend festem Fels. Wenig begangen. Bis P. 1996 2½—3 Std.; bis zum Westl. Riffelkopf 5—5½ Std. Foto S. 99.

Zugang: Von der Höllentalangerhütte auf dem Zugspitzweg (R 332) über das „Brett" ins Höllentalkar. Wo sich die letzten Schutthalden des Höllentalkars rechts gegen den Absturz des P. 1996 einspitzen, ist der Einstieg. Über ein Wandl auf ein Grasband, das fast waagrecht nach rechts gegen die Kante hinausführt. (Keine Steine ablassen, da unterhalb das „Brett" liegt!) Steile Grashänge leiten bis zu einem an der Kante vorspringenden Zacken. (Hierher vom Riffelkar aus auch R 471.

Führe: Vom Zacken luftig an der Kante empor (IV), etwas rechts haltend zu dem großen, schon von der Höllentalangerhütte aus an der Kante sichtbaren Überhang. Dieser wird an seiner rechten Ecke über eine äußerst luftige, griffarme Platte und eine rechts über die N-Wand abbrechende, kurze Verschneidung erklettert. Man erreicht damit eine Art Schulter. Nun an und links der Kante, zuletzt westl. durch eine Plattenrinne, zum Ende der Kante (P. 1996; von hier kann man auf undeutlichem Steig nach NW gegen das Riffelkar absteigen und die plattigen Steilwände hoch oben links querend zum Riffelschartenweg gelangen). Weiter auf der Gratschneide (ein senkrechter Aufschwung wird durch einen Riß und Kamin bezwungen) in schöner Kletterei auf den Östl. Riffelkopf.

Über den schwierigen Grat zum Mittleren und, unter Benützung eines Plattenbandes in der N-Seite, weiter zum Westl. Riffelkopf.

● **473 Riffelkante aus dem Riffelkar**
K. Hannemann, Lilly Steppes, 1920.
V— (Stellen im unteren Teil) und IV. Sehr selten begangen. 4—4½ Std. zum Östl. Riffelkopf.

Zugang: Siehe R 241.

Führe: Vom Riffelkar zieht zu dem bei R 472 erwähnten Zacken an der Kante ein Kamin hinauf, der den Anstieg vermittelt. E bei einer großen

Höhle. Von ihr durch einen Riß (V—) auf ein Band. 10 m nach links und über ein Wandl in den höhlenartigen Kamin. In diesem über das Höhlendach empor (V—), dann (weniger schwierig) stemmend zur Scharte hinter dem Zacken und damit zu R 472. Weniger schwierig gelangt man (W. Spindler, 1922) von rechts her in den Kamin oberhalb des Höhlendaches, indem man ein großes, von W nach O ansteigendes Plattenband benützt und von ihm in einer kaminartigen Steilrinne absteigt, bis man bequem nach O aussteigen kann. Dann an- und absteigend, zuletzt sehr schwierig, nach O in den Kamin.

- **474 Ostwand**
  A. Deye, R. Peters, 1933.
  VI— / A0 (einige Stellen) und V. Anspruchsvolle und abwechslungsreiche Freikletterei in festem Fels mit interessanter Schlüsselstelle („Problemwandl"). Wenig begangen.
  Einige H vorhanden. 2. Seil für Seilquergang erforderlich.
  350 mH. 4—5 Std.

Übersicht: In der rotgelben, meist ungegliederten Steilwand sieht man einen dunkler gefärbten Streifen zwischen zwei gelben Wandteilen gerade emporziehen. Dieser Streifen ist rechts von einer langen Rißreihe begrenzt, die mit mehreren Überhängen auf die zum P. 1996 ziehenden Schrofen abbricht. Diese Rißreihe kennzeichnet im mittleren und oberen Teil der Wand den Anstieg, ihre unteren Überhänge werden über einen an die Wand rechts angelehnten, steilen Plattenschuß umgangen.

Zugang: Vom Zugspitzweg (R 332) über die zum P. 1996 ziehenden Schrofen zum E, 40 m rechts der erwähnten Rißreihe.

Führe: Links von einer kurzen, von Überhängen flankierten Verschneidung über eine 10 m hohe Wand (V) zu Stand. Auf dem etwas begrünten Gesimse nach links um die Ecke und schräg links aufwärts zum oberen Ende einer zweiten Verschneidung (rechts oben Sicherungsstand auf einem Köpfl).

Durch diese rinnenartige Fortsetzung der Verschneidung kurzer Quergang nach links. Weiter schräg links aufwärts, mit den Händen ein Gesimse fassend, bis zu dessen Ende und an die sehr ausgesetzte Kante. Über eine senkrechte Stufe zu schmalem Stand (H). Kurzer Quergang nach links, 1 m aufwärts und nochmals etwas weiter links über eine plattige freie Wand (12 m), zuletzt nach rechts aussteigend, auf eine Rampe („Problemwandl", VI—). An teilweise losen Graspolstern schräg links aufwärts zu einem Band. Durch die hier ansetzende, rinnenartige Ausbuchtung (z.T. links davon und über eine griffarme Stufe wieder nach rechts zurück) bis zu einer tiefen, engen Höhle. Unter ihr kurzer Quergang nach links zum Beginn eines Seilquergangs (H).

Dieser leitet um einige Kanten, etwas fallend, dann wieder waagrecht in eine seichte Rinne. In ihr einige Meter hinauf zu einem Stand unter großen Überhängen. 2 m schräg links aufwärts (H), dann Quergang nach links (über eine Stufe absteigend) in die große Verschneidung (Stand). Diese ermöglicht den Weiteranstieg. Zuerst eine kurze Rißstufe empor. Der folgende Riß wird an seiner linken Kante bezwungen. Nach 15 m zu einer Gufel und an besser gestuftem Fels über mehrere Überhänge zum Fuß der gelben Wand. Kurzer Quergang an kleinen Griffen nach links und wieder aufwärts bis an die Wand. Durch den Riß 5 m weiter, dann 3 m Hangelquergang an einer gelben Plattenkante nach links und gleich wieder über den Rißüberhang auf eine waagrechte Rampe. Auf ihr nach links in eine Verschneidung. In ihr empor bis zu ihrem Ende unter Überhängen (schlechter Stand). Nun Quergang (Seilhilfe, H, evtl. Seilquergang) 10—15 m nach rechts, z.T. etwas absteigend, in eine Rinne. Durch diese über mehrere Stufen auf unschwieriges Gelände und in kurzem zum Gipfel.

- **475   Direkte Ostwand**
    A. Lippl, A. Jörg, 1949.
    VI / A 1 (stellenweise), sonst V.
    Meist fester Fels. Sehr selten begangen.
    2. Seil für Seilquergang sowie einige KK erforderlich. Teilweise morsche Holzkeile. 350 mH. 3—4 Std.

Übersicht: Siehe R 474.

Zugang: Wie R 474. Der E befindet sich in Fallinie der in R 474 genannten großen, die ganze Wand durchziehenden Rißverschneidung, die hier auch in ihrem unteren Teil durchklettert wird.

Führe: Man steigt empor auf einen kleinen Vorsprung und gerade hinauf über eine Wandstelle zu einem Riß mit Graspolstern. Diesen, zuletzt an der rechten Begrenzungswand empor zu Stand. Nun unter den Überhang und mit Seilzug (H, Holzkeile) dem Riß folgend über ihn hinauf. Den nunmehr senkrechten Riß weiter verfolgend gelangt man nach 15 m zu der Stelle, wo die alte Führe (R 474) einmündet (Stand). Diese verfolgt man bis etwa zur Mitte des Quergangs nach rechts. Hier klettert man über den griffigen Überhang gerade empor und erreicht unschwieriges Gelände.

Östlicher Riffelkopf von Südosten

R 477: Südostwand „Schober"
R 478: Südostpfeiler „Henke/Hillmaier"
R 479: Südkante

- **476 Ostwand, Spaeth / Mey-Führe**
  W. v. Spaeth, A. Mey, 1959.
  VI— und **A2** (Stellen), meist V+, IV und III. Kaum begangen. 350 mH. 3 Std.

Zugang: Wie R 474. Der E befindet sich etwa 30—40 m rechts von R 474 bei einer Rißverschneidung.

Führe: Im Riß etwa 10 m hinauf (V) zu schmaler Leiste, die nach rechts führt. Rechts zu H und weiter nach rechts querend (Hände auf dem Band), bis es möglich wird, das Band zu betreten (V+). Einige Meter hinauf zu Stand. In einem feinen Riß gerade hinauf (V+) und rechts über Wandstelle ansteigend (VI—) zu H. Mit Seilzug nach rechts in eine Rinne und rechts hinauf zu Stand bei abgesprengter Platte. Von hier nach rechts unter einen Überhang. Gerade über ihn hinauf (A2) und links haltend über Platte zu Stand. Nun rechts über eine Rampe und im Riß nach 35 m (III, IV) zu Stand. Ende der Schwierigkeiten. Weiter rechts haltend (II, III), dann wieder nach links und gerade hinauf über eine kurze Wandstelle zum Gipfel.

- **477 Südostwand**
  M. Schober, K. Münch, 13. 9. 1938.
  VI—/A1 und V, im oberen Teil II. Überwiegend Wand- und Rißkletterei mit einigen längeren technischen Passagen, stellenweise brüchig. Wenig begangen. Die meisten SH und ZH sind vorhanden. Ca. 250 mH, Kletterlänge ca. 400 m. 3—4 Std. Foto S. 137, Skizze S. 139.

Zugang: Von der Höllentalangerhütte über den Zugspitzweg (R 332) bis unter die SO-Wand. Am tiefsten Punkt der SO-Wand über einen Schrofenvorbau empor zum E unter einer grauen Platte (II, 30 m). 1 Std.

Führe: 1. SL: Über die Platte rechtshaltend empor unter einen Überhang. Unter ihm nach links auf eine Rampe und über sie zu Stand unter einem großen, gelben Überhang (V+/A0, 4 H, 40 m). **2. SL:** Quergang nach links und linkshaltend über zwei Überhänge empor zu Stand (VI—/A0, mehrere H, 25 m). **3. SL:** Links aufwärts in einen Riß und durch ihn, einmal links ausweichend, in eine Verschneidung; durch sie zu Stand (VI—/A1, mehrere H, 35 m). **4. SL:** Nach links um eine Kante und über Überhänge zu Stand in Nische unter einem großen Dach (A1/IV, mehrere H, 40 m). **5. SL:** Unter dem Dach nach links, gerade empor und über einen Überhang nach rechts in eine Verschneidung; durch sie zu Stand (VI—/A0, mehrere H, 30 m). **6. SL:** Kurz nach rechts in eine Rißverschneidung und durch sie zu einer kleinen Nische. Rechts heraus und an der Kante über zwei kleine Überhänge.

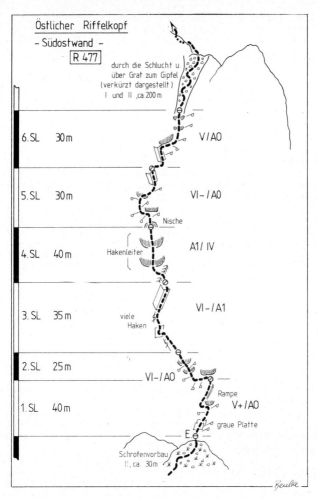

Rechts haltend und gerade empor zu Stand in der Gipfelschlucht
(V / A 0, mehrere H, 30 m). Durch die Schlucht auf einen Grat und
über Schrofen zum Gipfel (II, 200 m). (A. Baier, Ch. Krah)

- **478 Südostpfeiler**

  W. Henke, H. Hillmaier, 28. / 29. 9. 1968.

  VI / A 2 (überwiegend), stellenweise V+ und V—, im oberen
  Teil wesentlich leichter. Interessante und abwechslungsreiche
  Kletterei in festem Fels. Selten begangen. Die meisten SH
  und ZH sind vorhanden. Ca. 250 mH, Kletterlänge ca.
  400 m. 4—5 Std. Foto S. 137.

Übersicht: Die Führe zieht rechts der SO-Wand (R 477) durch die gelben Abbrüche empor und mündet im oberen Teil in sie.

Zugang: Wie bei R 477 zum Wandfuß. Über Schrofen bis unter einen Y-artigen Riß, hier E. Von der Höllentalangerhütte 1 Std.

Führe: 1. SL: Den Riß bis zur Gabelung (Standmöglichkeit) und im rechten Ast des Y weiter zu Stand knapp unter einem Band (V—, 1 H, 50 m). **2. SL:** Von hier leicht linkshaltend in die Scharte eines etwa 6 m hohen Turmes. Gerade aufwärts zu einem Zacken, von dem aus eine schwache Rißspur nach links zieht. Äußerst schwierig zum 1. H und dann den H folgend zu Stand in einer seichten Gufel (VI). **3. SL:** 4 m empor zu einem abgebundenen H. Jetzt wieder gerade empor zu sehr großem Hakenabstand (VI). Weiter in teilweise freier Kletterei zu Stand (V+) unter nach rechts ziehenden Überhängen. **4. SL:** Über eine glatte Platte zuerst gerade hoch und dann linkshaltend zu H. Diesen folgend und nach links hinaus zur Kante (A 2). Waagrecht 2 m nach links zu verkeiltem H. Auf diesem aufrichten, bis man oben für die Finger ein rundes Loch erreicht. Nun äußerst schwierig nach links hinüberlassen, wo man gute Griffe erreicht (♂, VI). Das ansetzende Band weiter zu gutem Sicherungsblock (Biwak der Erstbegeher). **5. SL:** Auf den Sicherungsblock zu einem BH und den H folgend zu einem Riß, der schräg links aufwärts in den großen Trichter führt. **6. SL:** Eine SL empor bis in den Verschneidungsgrund. **7. SL:** In prächtiger Rißkaminkletterei weiter bis unter einen Klemmblock, den man links mittels 3 H (1 BH) umgeht. Dann wieder in den Riß zurück (VI) und durch ihn in eine Scharte (Stand) am Rande der Ausstiegsschlucht der Südostwand. Nun in unschwierigem Gelände und später über Schrofen zum Gipfel (Steindauben). (W. Henke)

- **479 Südkante**

  R. Leutenbauer, F. Vojik, 1956.

  VI— / A 0 (überwiegend), lt. Erstbegeher, im oberen Teil bedeutend leichter. Abwechslungsreiche und anspruchsvolle

Freikletterei in nicht immer festem Fels. Sehr selten begangen. Die meisten SH und ZH sind vorhanden. Nicht zu früh im Jahr begehbar, da der Höhlenkamin mit Schnee angefüllt und unpassierbar sein kann. 4—5 Std. Foto S. 137.

Übersicht: Die S-Kante ist die südl. Begrenzung der SO-Wand (R 477). Sie ist genau in der Fallinie des vom oberen Höllentalkar aus sichtbaren höchsten Punktes und wird bis etwa in halber Wandhöhe von einem schmalen, senkrechten Pfeiler gebildet. Dieser endet unter den gewaltigen Überhängen des oberen Kantenteils.

Zugang: Siehe R 497. Der E befindet sich in einer vom Zugspitzweg aus gut erkennbaren, wannenartig ausgewaschenen Gufel am Fuße der mächtigen, senkrechten Rißreihe links der Kante.

Führe: Aus der Gufel etwa 6 m rechts hinaus an die Kante; 10 m an ihr empor zu H und an abdrängendem Fels einige Meter Quergang nach rechts. Durch einen kurzen Riß und über die anschließende senkrechte Wandstufe zu abschüssigem Standplatz. Über die hier ansetzende große Rampe schräg links ansteigend wieder zur Kante zurück und auf ihr in weniger schwierigem Fels bis etwa 10 m unterhalb eines mächtigen, gelben Überhangs. Hier Standplatz einige Meter rechts der Kante (Graspolster, H). Zuerst gerade, dann schräg links empor unter den Überhang direkt an der Kante. Hier beginnt eine brüchige, gelbe Rampe, die nach rechts hinaufleitet (12 m); an ihrem Ende spärlicher Stand. Man klettert nun an einem feinen, gelben Riß ein Stück empor (H) und gelangt durch einen Quergang nach links wieder zur Kante zurück über dem oben erwähnten großen Überhang (schlechter Stand, H). Den folgenden senkrechten Riß 10 m hinauf und auf seiner rampenartigen Fortsetzung weitere 12 m schräg links empor zu Stand. Durch einen kurzen Quergang erreicht man die schon oben erwähnte, senkrechte Rißreihe, die hier einen glatten Kamin bildet. Durch diesen in 1 SL zu der schon vom Höllentalkar aus sichtbaren, von mächtigen Überhängen überdachten Höhle. Im Hintergrund der geräumigen, teilweise mit Schnee angefüllten Höhle klettert man in einem großen, geschlossenen Kamin etwa 40 m senkrecht empor und gelangt dann, durch einen Quergang an der rechten Kaminwand zu einer schmalen Scharte draußen an der Wand, unmittelbar über den Dächern des oberen Kantenteiles. Nun in schöner Kletterei immer etwas links haltend an der linken Begrenzungswand der Kante gut 50 m empor bis unter eine gelbe, überhängende Wand (kleiner Rasenplatz). An brüchigem Fels zu einer Höhle hinauf (H) und in dem darüber ansetzenden Riß zuerst schräg rechts, dann gerade 20 m hinauf zur Kante. Diese legt sich nun bedeutend zurück und leitet in unschwieriger Kletterei direkt zum Gipfel.

- **490**   **Riffeltorkopf,** 2230 m

Begrünte Kuppe südl. der Riffelscharte, ohne Gipfelcharakter, bricht nach N mit senkrechten Wänden ab. Von der Riffelscharte in ¼ Std. ohne Schwierigkeiten zu erreichen.

- **491**   **Nordostwand**

    M. Gämmerler, K. Markert, 1922.

    V+ (zwei Stellen) und V, sonst meist wesentlich leichter. Sehr selten begangen. 5—6 Std.

Übersicht: Die außerordentlich steile NO-Wand stößt links in stumpfem Winkel schluchtartig an die NW-Wand der Riffelspitze und wird rechts von der markanten N-Kante begrenzt.

Führe: E 50 m links der Kante. Man erklettert den 30 m hohen Abbruch der Schlucht, steigt in ihr 20 m empor, wendet sich dann rechts und erreicht über steile Risse und Wandln nach 100 m die Nordkante. Hier setzt ein 10 m breites, 70° geneigtes Plattenband an, das sich unterhalb der Nordkante durch die ganze NO-Wand zieht und den Anstieg vermittelt. Auf schmaler Leiste nach links an die Kante des Plattenschusses und an ihr 10 m empor (V, Stand). Nun 15 m links aufwärts auf einem Band, bis es durch eine angelehnte Platte versperrt wird. 1 m absteigend links um eine Kante und 4 m hinauf in den Spalt hinter der Platte (V). Auf stark herausdrängendem Gesimse 5 m links aufwärts zu einer angelehnten Platte, an ihren oberen Rand hangelnd 4 m rechts an die Kante. Noch 4 m empor, dann schwieriger Quergang nach rechts und 5 m hinauf auf einen Absatz (Stand). Die Platten gehen in eine 50 m hohe, vollkommen senkrechte, aber gutgriffige und feste Wandstufe über. Über mehrere Überhänge empor (V), bis neuerdings ein Plattenschuß ansetzt. An seiner linken Kante 4 m hinauf, dann auf schmaler, mit Rasenpolstern durchsetzter Leiste 15 m Quergang nach rechts (Seilzug, H an einer Unterbrechung), und anschließend durch einen 4 m hohen schwarzen Riß hinauf auf die nunmehr weniger steile, plattige Fortsetzung des Bandes. In gleicher Höhe befindet sich rechts die auffallende Scharte in der Nordkante vor dem Ansatz der überhängenden Türme. Vom Beginn des Bandes bis hierher fast durchwegs schöne Wand- und Plattenkletterei (V).

Nun weniger schwierig auf dem Band 40 m empor, nach einer kleinen Unterbrechung links um einen Pfeiler, bis von rechts oben eine größere Rinne herabzieht und das Band sich verliert. Von der Nordkante sieht man jetzt zwei Risse herabziehen, links von ihnen eine Schlucht, die man zu erreichen trachtet. 30 m durch eine Rinne am Fuß des linken Kamins empor und nach links unter die überhängende Wandstufe, mit welcher die Schlucht abbricht. 8 m schräg rechts den unteren Teil des

Überhanges hinauf und auf seinem Rücken 8 m Quergang nach links
(H, V). Nun mittels großen Spreizschrittes (V+) links um eine Kante
und hinter eine angelehnte Platte (Stand). Über mehrere Schichtköpfe
10 m schräg aufwärts und über eine 20 m hohe Wandstufe in die flache
Schlucht (Wandeinsenkung). Nun in ihrem Grunde hinauf unter einen
schwarzen Riß. Von hier entweder an der rötlichen, brüchigen Seitenwand 5 m links empor (V+) und mittels Querganges nach rechts hinauf in ein schwarzes Felsloch (Stand). Oder durch den schwarzen Riß
hinauf in den Spalt. Von da 5 m Quergang in ein zweites, größeres
Loch und nach rechts auf die Kante. Auf dem anschließenden Band
nach 40 m hinaus auf das Gipfelplateau.

- **492   Nordkante**
    M. Oberniedermaier, K. Simon, 1935.
    V+ / A1, meist leichter. Teilweise brüchig. Sehr selten begangen. 3½—4 Std.

Übersicht: Die NO- und NW-Wand bilden in der linken Hälfte des Berges eine wuchtige Kante. Die untersten 60 m der Kante sind abgebrochen und spalten sich vom Massiv 2—3 m zu einem mächtigen Block ab.

Führe: Man erreicht den Block von rechts nach links, zuerst im Spalt,
dann an der rechten Kante zur obersten Schneide des Blockes (50 m).
Man überquert nun (Trittschlinge, A1) den 1½ m breiten Spalt, der
den Schcitel des Blockes vom Hauptmassiv trennt, zu spärlichem Stand
über dem Abbruch. Von hier etwa 5 m nach links (H) zu einem Riß.
Durch ihn gerade, dann links haltend über Platten und Wülste einige
SL zum ersten, schon unten sichtbaren Kantenabbruch, den man in einer Schleife rechts umgeht. In steiler Plattenflucht kommt man zur fast
senkrechten Kante. Nun zuerst über splittrigen Fels zu einem Stand,
von hier 40 m gerade empor (IV, ausgesetzt, H) zu einem schräg rechts
aufwärts ziehenden Riß, der sich zu einem Kamin erweitert. Man folgt
diesem 15 m, bis er seicht und splittrig wird. Dann quert man links hinaus zu einem zweiten Kamin, der in eine Höhle führt (Steinmann). Nun
wieder links hinaus, immer an der Kante, über splittrigen Fels zu einer
weiteren Abbruchstelle der Kante. Von hier nach rechts zum Ausstiegskamin. In einigen SL zum begrünten Gipfelplateau.

- **492a   Direkte Nordkante**
    R. Mayer, T. Bader, 1960.
    V+. Sehr selten begangen. 4 Std.

Variante: Auf R 492 bis zum Kantenabbruch (Stand). Nun 5 m schräg
links hinauf zu Podest, dann noch 1 m hinauf und links an die Kante.

Weiter zuerst auf der Kante, dann links davon über einen Blocküberhang zu Stand. Über einen weiteren Überhang und in 3 SL direkt zum zweiten Abbruch. Nun auf R 492 weiter zum Gipfel.

● **493 Nordwestwand**
M. Gämmerler, K. Markert, E. Scherer, 1923.
V— (Stelle), meist IV und III. Luftige Wandkletterei in meist festem Fels. Sehr selten begangen. 3 Std.

Übersicht: Die Nordwestwand wird begrenzt: rechts durch die die Riffelriß östl. begleitende Gratrippe, links durch die Nordkante. Einstieg an der Gratrippe, wo sie sich an die Wand anlehnt. In der Mitte der Wand sieht man eine auffallende mauerglatte Platte eingelassen. Sie wird von zwei Rissen durchzogen. Die Bezwingung des rechten Risses ist die Schlüsselstelle.

Führe: Über gutgestuften Fels schräg links empor gegen den Beginn dieses Risses. Platten drängen schließlich zu geradem Anstieg, worauf man bei einer gelben Wand den unteren Rand der großen Platte erreicht. Auf einem Band, das einmal durch einen Plattenwulst unterbrochen ist, langer Quergang nach links unter den hier nur sehr schwer sichtbaren Riß (100 m E). Vom Band (Sicherungsblock) 2 m aufwärts, dann 8 m Quergang nach rechts und an einer großgriffigen, überhängenden Rippe nach 5 m in den Beginn des Risses (V—). Nun in ihm empor (IV). Nach 30 m bildet er sich zu einer steilen Rampe um und endet nach weiteren 30 m als kurzer, enger Riß. Kurz vor diesem nach links auf eine Rippe hinaus, und nach rechts auf ein Köpfl. Hier setzt ein steiles, nach links hinaufziehendes Band an, das nach 60 m in eine Schrofenmulde führt, welche an der schon von unten auffallenden Scharte in der Nordkante liegt. Aus der Mulde gerade empor zu einem flachen, glatten Kamin und durch ihn auf die Gipfelfläche.

● **494 Direkte Nordwestwand**
H. Ettl, R. Kunze, 1969.
V+. Lohnende Route in festem Fels, genußvolle und elegante Kletterei. Sehr selten begangen. 4 Std.

Übersicht: Die Route verläuft westl. von R 493 in gerader Linienführung zwischen zwei Wasserstreifen über den markanten Plattenschuß und anschließende Platten und Risse zum Gipfel.

Führe: E wie R 493. Die Route wird zunächst 4 SL schräg links aufwärts verfolgt, bis sie auf das ausgeprägte Band leitet, das sich unter dem Plattenschuß befindet. Stand auf einem an die Wand angelehnten kleinen Turm. (Hier quert R 493 noch 40 m nach Osten.) Über eine Wandstelle schräg rechts, dann (H) schräg links aufwärts zum Beginn

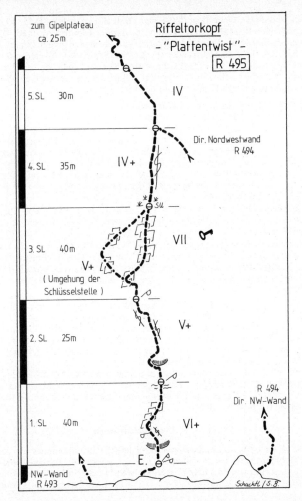

der Platte (H). Über diese (V+) etwa 20 m (H) zu gutem Stand. 40 m gerade hinauf, zunächst etwas splitterig, dann wieder fest zu Stand. Die nächste SL (40 m) über schöne Platten und Erosionen gerade hinauf in Richtung eines überhängenden Kopfes zu Stand (H). Weitere 40 m durch einen Riß, der sich auf die letzten 10 m aufsteilt (H), zu Stand (H) rechts des erwähnten Kopfes. Der Riß wird weiter verfolgt. Er leitet nach 40 m auf das Gipfelplateau des Riffelkopfes.

● **495** **Nordwestwand, „Plattentwist"**
A. Gilgenrainer, S. Ketterer, S. Schachtl, 3. 9. 82.
VII (einige Meter), VI+ (eine Stelle), sonst meist V bis VI—. Lohnende Plattenkletterei, viel Reibungs- und Rißkletterstellen in festem Fels. 4 SH und 1 ZH geschlagen und belassen, sonst Stopper (Größe 1—4) und Friends (Gr. 1—3) nötig. Schlüsselstelle kann umgangen werden, dann VI+ (eine Stelle), sonst V bis VI—. Zeit der Erstbeg. 6 Std.
Skizze S. 145.

Übersicht: E zwischen NW-Wand (R 493) und Dir. NW-Wand (R 494), wo der Plattenabbruch von feinem Riß durchzogen wird; 2 SH an Band.

Zugang: Hierher gelangt man a) auf R 493 4 SL schräg links aufwärts (II, III) oder b) in direkter Linie vom Wandfuß in 3 SL. Einstieg bei dreieckiger Platte, dann zu Rißkaminsystem, durch es hinauf (IV, V—), dann in gerader Linie in leichterem Gelände hinauf (III) zu o.g. Band.

Führe: 1. SL: Dem Riß über Überhang folgen, einige Meter in den Rißspuren links (VI—, ZH) an deren Ende über Wandstelle (VI+) zu Riß und 15 m gerade hinauf zu Stand (VI+, 1 H, 40 m). **2. SL:** In Links-Rechts-Schleife zu Doppelriß, diesem folgend zu Stand (V u. V+, 25 m). **3. SL:** 2 m gerade hinauf, kurzer Linksquergang (V+), nun immer gerade aufwärts (eine Passage VII) zu Stand an Graspolstern (SU) (VII, 40 m **oder** nach kurzem Linksquergang weiter links ansteigende Querung zu Einbuchtung, aus dieser leicht rechtshaltend zu Stand (V+, 40 m). **4./5. SL:** Den Rissen folgend gerade empor zum Gipfelplateau (IV u. IV+, 70 m). (S. Schachtl)

1.3 Waxensteinkamm

Der Waxensteinkamm, die Fortsetzung des Riffelwandkammes von der Riffelscharte, ist der nördlichste Grat des Wettersteins. Seine Nordwände stehen frei über dem Loisachtal, während die Südhänge ins wildromantische Höllental absinken. Der schroffe Abbruch des Grates formt mit Kleinem Waxenstein (Manndlwand), Zwölferkopf und Großem Waxenstein die von Garmisch ins Auge fallenden kühnen Felspyramiden. Die Südflanke ist meist grasig und bietet nur Orientierungsschwierigkeiten. Dagegen sind die Nordabstürze durchweg steiler Fels. Während am Großen Waxenstein mehrere Gratpfeiler eine verwirrende Gliederung schaffen, schließt sich der Westteil in der Schönangerspitze-Nordwand zu einer der großen Steilwände des Wettersteins zusammen. Ausgangspunkte: Mit Ausnahme der nur für Mitglieder der hüttenbesitzenden Sektion (DAV S. München) zugänglichen kleinen Waxensteinhütte (Alplehütte) hat der Waxensteinkamm keine hochgelegenen Stützpunkte. Die Höllentalangerhütte kommt nur für die leichten Südseiten in Frage. Die ausnahmslos an der Nordseite liegenden Kletterfahrten müssen daher vom Tal aus durchgeführt werden.

- **499** **Überschreitung des Waxensteinkammes von der Riffelscharte zum Kleinen Waxenstein**

Diese sehr beliebte großzügige und schwierige Kletterfahrt wird am besten von der Höllentalhütte über die Riffelscharte ausgeführt. Zeiten: Höllentalhütte — Riffelscharte 1½—2 Std., Riffelscharte — Kl. Waxenstein 6—6½ Std. Abstieg über das Manndl nach Hammersbach 2½—3 Std. Gesamtzeit 10—12 Std.

In umgekehrter Richtung hat man, von Hammersbach ausgehend, mehr an Höhe zu überwinden. Zeiten: Hammersbach — Kl. Waxenstein 4 Std., Kl. Waxenstein — Riffelscharte 6—6½ Std., Riffelscharte — Höllentalhütte 1 Std., Höllentalhütte — Hammersbach 1½ Std. Gesamtzeit vom Tal ins Tal 13—14 Std. ohne größere Rasten. Die Windhaspel kann dabei umgangen werden.

- **500**   **Südliche Riffelspitze**, 2263 m

- **501**   **Von der Riffelscharte**
       I. 20 Min.

Von der Riffelscharte (R 240) folgt man, anfangs auf Steigspuren, dem begrünten, später schrofigen Grat mit mehrmaligem Ausweichen nach der Höllentalseite zum Gipfel.

- **502**   **Übergang zur Nördlichen Riffelspitze**
       I. 20 Min.

Man folgt immer dem Grat zur Nördlichen Riffelspitze.

- **503**   **Nordwestwand**
       M. Gämmerler, K. Markert, 1922.
       V— (Stellen), überwiegend IV. Teilweise brüchig. Sehr selten begangen. 4—5 Std.

Zugang: Unter den Wänden entlang mühsam. In der Fallinie zieht eine Kaminreihe herab, die da aus der Wand heraustritt, wo unten einige Zirben am höchsten emporreichen (Quelle). E 30 m östl. der Schlucht, 1650 m.

Führe: Über den aus der Wand vorspringenden Plattenkegel im Zickzack 70 m empor, bis ein Band nach rechts in die Schlucht leitet. Teils in ihr, teils auf der linken Begrenzungsrippe 100 m empor in eine grasdurchsetzte Schrofenmulde, die von mehreren kulissenartig aufgebauten Wandstufen abgeschlossen wird. Diese werden nicht rechts, sondern in einer Schleife nach links überwunden, indem man schräg links aufwärts unter einer schwarzgelb gestreiften Wand auf eine Rippe quert und nun hinter mehreren Schichttafeln in gleicher Richtung weiterquerend zu einer markanten Rippe gelangt, von der sich ein Überblick über den ganzen östl. Teil der Wand bietet. Damit ist der untere Wandgürtel überwunden (250 m E). Auf der Rippe und in Schrofen leicht empor, sich ständig rechts haltend auf einen begrünten Rücken (350 m E). Auf ihm empor und nach rechts in eine Mulde, in welche auch die anfangs verfolgte Schlucht mündet, und aus der sich nun die plattengepanzerte Schlußwand 200 m hoch aufbaut. Zwei spaltenähnliche Schächte leiten an ihren Fuß. Man wählt den linken und klettert in ihm, mehrere Stufen überstemmend, aufwärts. Er führt in die eingangs erwähnte Kaminreihe. In ihr in schwerer Kletterei weiter. Eine senkrechte Wandstufe wird an der linken Begrenzung durch einen brüchigen Riß (10 m) überwunden, der nach rechts an die Kante führt. Man ist nun aus dem Kamin gedrängt und muß versuchen, in einer Schleife in der ausgesetzten Plattenwand ihn wieder zu gewinnen. Auf der Rippe 8 m empor, an einer Leiste 10 m Quergang nach rechts zu einem Riß. An ihm (IV) 8 m empor, bis er durch eine völlig glatte Platte von 2 m Länge abgeschlossen wird. Diese (H) hinauf und in die Fortsetzung des Risses, der sehr anstrengend nach 12 m auf ein in den Kamin zurückführendes Band mündet. Im Kamin, anfangs sehr eng und anstrengend, 30 m empor zu einem Stand. Dann nach links aus ihm heraus und über Schrofen und Wandstufen 30 m gerade empor auf den Gipfelblock.

● **510** **Nördliche Riffelspitze,** 2242 m

Normalweg siehe R 502.

● **511 A Abstieg über den Südostgrat**
 I. ½ Std. zum Schafsteig.

Über die steilen Schrofen des SO-Grates hinab zum Schafsteig (R 238) und auf ihm zum Riffelweg (R 241) und in die Riffelscharte.

● 512A Abstieg über den Nordostgrat
II. 30—40 Min. zum Schönangersattel.

Vom Gipfel erst auf einem breiten, begrünten Seitengrat einige Meter gegen den Schönanger ab zu einer kleinen Schulter. Von hier auf einem schmalen Schrofenband steil links abwärts durch die luftige Nordflanke des Gipfelbaues. Vom Ende des Bandes (überraschender Blick über die Nordwand auf den Eibsee) steigt man in einer schiefen Rinne, die rechts von einer später in den Hauptgrat übergehenden Platte gebildet wird, etwas ab, dann rechts von ihr über plattige Schrofen hinunter, bis man leicht auf den nun weniger steilen Hauptgrat hinüberqueren kann. Auf und teilweise neben ihm zum Schönangersattel. Von hier zum Schafsteig (R 238) und rechts auf den Riffelweg (R 241).

● 513 Nordwestwand
W. Welzenbach, E. Müller, 1925.
V— (Stellen) und **IV**. Sehr selten begangen. Ca. 4 Std.

Übersicht: Die Nordwestwand der Riffelspitzen tritt links der Fallinie der Nördl. Riffelspitze zurück und bildet eine Kante. Auf ihr führt die Route.

Führe: Man erreicht den Vorbau am Fuß der Wand, indem man vom Riffelschartenweg (R 241) unter den Wänden auf- und absteigend quert. Man ersteigt den Vorbau, steigt in einer grasigen Wandeinbuchtung gerade empor, dann etwas nach links zu steileren Felsen. Durch eine brüchige Rinne nach rechts zu einem schwach ausgeprägten Gratrücken und auf ihm zu einem Absatz unter gelben Wänden. Von hier nach links durch einen Spalt mit eingeklemmtem Block, dann durch eine Rinne etwas absteigend zu einer Verschneidung. In dieser 10 m empor, dann nach rechts zu einem Riß und in ihm einige Meter bis zu einer Gabelung. Nach rechts in einen anderen versteckten Riß und in ihm 10 m zu Stand. Einige Meter nach rechts, dann durch einen glatten, grifflosen Riß (V—; H rechts vom Riß) 5—6 m empor, dann leichter durch seine Fortsetzung weiter, durch die man den Nordgrat erreicht. Auf grasdurchsetzten Schrofen, in die Höllentalseite ausweichend, zum Gipfel.

● 520 Schönangerspitze, 2273 m
Wenig hervortretender Gipfel. Während von S die Grashänge bis zum Gipfelgrat emporreichen, bildet dieser die Bekrönung der eindrucksvollen, senkrechten Nordwände.

● 521 Westgrat
I, 40 Min. vom Schönangersattel.

Zugang: Vom Schafsteig (R 238) durch die Mulde des Schönangers in den Schönangersattel.

Führe: Man umgeht die ersten Grataufschwünge auf der Südseite, gelangt zum Grat und über ihn zum Gipfel.

● **522   Südseite**
         I. Empfehlenswerter Abstieg. 30—40 Min. vom Schafsteig.

Man verfolgt vom Riffelweg (R 241) aus den Schafsteig (R 238) etwa 45 Min., bis man, schon unter der Schöneckspitze, aber vor Erreichen des Schönecksattels, eine grüne Rinne trifft, die zur Scharte zwischen dem grünen Kopf im Verbindungsgrat und dem steilen Grataufschwung östl. von ihm hinaufführt. Von der Scharte links über den Kopf hinweg zum Gipfel.

● **523   Gratübergang zur Schöneckspitze**
         II. 30—40 Min.

Auf dem Grat erst leicht zu einem begrünten Kopf und in die tiefste Scharte östl. von ihm. Am jenseitigen Steilaufschwung einige Meter hinauf, dann auf plattigem Gesimse rechts empor und über den luftigen, zuletzt brüchigen Grat zum Gipfel der Schöneckspitze.

● **524   Nordwand, Alte Führe**
         A. Adam, G. Scheuer, 1903.
         IV, im oberen Teil leichter. Sehr selten begangen. Luftige Kletterei, teilweise brüchig. 3—4 Std.

Übersicht: Vom Bärnheimatkopf (R 680) gewahrt man rechts (westl.) vom Gipfel der Schönangerspitze, die als höchster Punkt erscheint, zwei spitze Felszacken. Der ausgeprägte, turmähnliche am weitesten rechts ist der Scheitelpunkt eines der sonst ungegliederten Nordwand vorgelagerten Strebepfeilers. Von diesem Zacken zieht auch ein Kamin herab, der von hier gesehen als feiner Riß erscheint. Dieser Kamin und die rechts von ihm befindliche Wand des Strebepfeilers vermitteln den Anstieg. Der Kamin läuft unten in eine mächtige Schuttrinne aus, die am Fuß des Strebepfeilers eine Art Kessel bildet, in dem sich mehrere Rinnen vereinigen.

Zugang: Man geht auf dem vom Bärnheimatkopf südwärts ziehenden Rücken durch Latschen (Steigspuren) gegen die Wand und quert dann mühsam möglichst nahe an den Wänden an- und absteigend zu der Schuttrinne. Über Schutt und Schrofen erreicht man eine kleine Schutterrasse am Beginn des hier flachen und rinnenartig erweiterten Kamins. Hier E.

Führe: Im Kamin (teilweise IV) 140 m empor bis zu einem Absatz, von dem man nach rechts in flacheres Gelände zu einer Schuttrinne queren kann. Diese führt bis unter den Gipfelgrat, den man, zuletzt links haltend, wenige Meter nordwestl. der ersten Gratfelsen erreicht.

Der Strebepfeiler wurde auch in seiner ganzen Höhe von unten her überklettert (E. Buchner, M. Mayerhofer, 1906). Schwieriger.

● **525 Nordwand**
P. Bauer, W. Welzenbach, 4. 10. 1925.
VI—/A0 (eine Passage), sonst V, stellenweise leichter. Wand- und Rißkletterei; durchgehend brüchig, teilweise sogar sehr brüchig. Selten begangen. Kaum H vorhanden.
Ca. 250 mH, Kletterlänge ca. 320 m. 4—6 Std.

Übersicht: Im zentralen Teil der NW-Wand befindet sich ein auffallend gelber Wandbereich. Links davon zieht eine markante Kante bis kurz unter den Gipfel hinauf. Die Führe leitet immer knapp rechts dieser Kante ziemlich direkt zum Gipfel empor.

Zugang: Von der Station Eibsee der Zugspitzbahn zuerst kurz über eine Forststraße, dann durch steilen Bergwald auf einen bewaldeten Kopf, welcher der Nordwand nordwestlich vorgelagert ist. Von hier waagrecht durch ein dichtes Latschenfeld (Steiglein) und über Schrofen empor zum Plattenvorbau der Nordwand. 1½ Std.

Immer etwas rechts der Kante über den Vorbau empor, bis man links haltend zum Fuß der steilen Nordwand gelangt. E etwas links (wegen Steinschlaggefahr) eines 30 m hohen, brüchigen Pfeilers (I und II, 250 m), ½ Std.

Führe: 1. SL: Von rechts auf den Pfeilerkopf. Quergang nach rechts zu einer Rampe, diese kurz empor und gerade unter einen Überhang hinauf. Links daran vorbei zum Beginn eines kurzen Risses (V, 1 H, 40 m). **2. SL:** Durch den Riß aufwärts und Quergang nach links, links haltend empor zu Stand auf pfeilerartigem Gratabsatz (IV+, 40 m). **3. SL:** Durch einen Riß 15 m empor zu Absatz und weiter durch einen Riß (sehr brüchig, 20 m) zum Beginn einer nach links ziehenden Platte (V, 40 m, 3 H). **4. SL:** Über die Platte links haltend empor und durch eine nach rechts ziehende Rinne hinauf. Rechts aus ihr heraus zu Steilschrofen unter einer weiteren Rinne (V, 3 H, 40 m). **5. SL:** Rechts der ausgeprägten Rinne über Steilschrofen zu einem kleinen Absatz (IV—, 40 m). **6. SL:** Zuerst rechts, dann links haltend empor zu einem Absatz (III, 30 m). **7. SL:** Nach links zu einer breiten Rampe und über sie zu ihrem Ende bei einem Köpfel (II und III, 45 m). **8. SL:** Durch einen gelben Riß (sehr brüchig) und rechts haltend zu einem Band. Links über eine Wandstelle und durch einen kurzen Riß auf den Gipfelgrat, wenige Meter links des Gipfels (VI—/A0, 4 H, 35 m).

(G. Härter)

- **526 Nordwestpfeiler**
    R. Leutenbauer, L. Sittenauer.
    VI— und V, stellenweise leichter. Brüchig, sehr selten begangen. Ca. 250 mH. 5—7 Std.

Übersicht: Der NW-Pfeiler der Schönangerspitze ist der auffallende schmale Pfeiler westlich von R 525 und 527. Er endet mit seinem schwach ausgeprägten Kopf in der senkrechten Gipfelwand. Die Kante des Pfeilers und die Rißreihe, die vom Pfeilerkopf an die Gipfelwand durchzieht, ermöglichen den Anstieg.

Zugang: Siehe R 525.

Führe: E am Fuße des Pfeilers. Zunächst unschwierig über Schrofen, dann mit stetig zunehmender Schwierigkeit immer auf der Pfeilerkante oder knapp rechts von ihr empor. Nach etwa 250 m gelangt man zu einem Standplatz unmittelbar unter einem schon vom E aus sichtbaren Plattenaufschwung. Von hier 5 m Quergang nach links (2 H) und den anschließenden kurzen, senkrechten Riß empor zu einem schmalen, waagrechten Band, das von abgesprengten Felsschuppen gebildet wird. Man quert auf dem Band weiter nach links um die Pfeilerkante herum und erreicht über gelben, brüchigen Fels (1 H) den Grund der großen Verschneidung links des Pfeilers. Etwa 5 m links des Verschneidungswinkels zieht ein senkrechter Riß empor. Man verfolgt ihn 40 m. Durch einen weiteren, schräg rechts aufwärtsführenden Riß gelangt man in den Grund der Verschneidung zurück, der hier von tiefen, kaminartigen Rissen gebildet wird. Durch diese in einigen SL auf den Kopf des Pfeilers. Nun verfolgt man ohne Unterbrechung die Rißreihe durch die Gipfelwand und erreicht nach etwa 200 m den Grat.

- **527 Nordwestwand**
    O. Eidenschink, A. Lippl, 1946.
    VI / A0, im oberen Teil IV und III. Interessante und anspruchsvolle Wandkletterei; im unteren Teil fester Fels, der obere Teil ist brüchig. Sehr selten begangen. Einige H vorhanden. Ca. 250 mH. 4—5 Std.

Übersicht: Die NW-Wand der Schönangerspitze bricht in ihrem unteren Teil mit einer gelben, überhängenden Wand ab. Diese gelbe Zone wird in der Mitte durch einen senkrechten, grauen Felsstreifen geteilt. E an der linken Begrenzung dieses grauen Streifens. Hier zieht ein feiner, von zwei Überhängen gesperrter Riß empor. Sein erster Überhang wird rechts umgangen.

Zugang: Siehe R 525.

Führe: Vom E 15 m gerade empor, dann kurzer Quergang nach links in den Riß. Einige Meter im Riß selbst empor, dann kurzer waagrechter Seilquergang nach rechts zu schlechtem Stand. Über einen schwachen Überhang wieder in den Riß und in ihm hinauf bis unter den zweiten sperrenden Überhang (Stand). Man erklettert den großen brüchigen Überhang, dann auf der schon von unten sichtbaren Rampe zu Stand unterhalb des großen, schwarzen, überhängenden Risses. Von hier 10 m durch einen Kamin, nach weiteren 3 m kurzer Seilquergang nach rechts und um die Kante zu Stand (sehr luftig). 8 m Quergang in eine schwach überdachte Verschneidung und in ihr hinauf zu Stand. In der sich erweiternden Verschneidung einige Meter weiter, dann nach rechts in weniger schwieriges Gelände. In der links ansetzenden Kaminreihe einige SL weiter bis zu einem Turm. 15 m überhängend, aber gut griffig hinauf und nach links zu Stand. Die hier ansetzende Rinne verfolgt man, bis sie durch einen großen Überhang gesperrt wird. Entweder durch den Riß links oder rechts an der Kante hinauf auf den Grat.

- **528 Nordpfeiler**
  D. Cukrowski, O. Eidenschink, 1948.
  VI, stellenweise leichter. Brüchig. Sehr selten begangen.
  Ca. 250 mH. 5—7 Std.

Zugang: Siehe R 525.

Führe: Der E zum auffallenden Pfeiler befindet sich zwischen R 544 und 525. Etwas links der Pfeilerkante oder auf ihr 40 m über graue Platten auf ein Köpfl. Kurzer Quergang nach rechts in eine brüchige Rinne und in derselben 40 m hinauf zu Stand. Nach links hinauf an die Pfeilerkante zieht nun ein steiles, plattiges Band. Dieses verfolgt man bis zu seinem Ende und gewinnt über einen kleinen, brüchigen Überhang ein Köpfl. Nach links hinauf (an die Pfeilerkante) zieht ein Riß. Mit einer brüchigen, etwa 4 m langen Querung erreicht man diesen und steigt in ihm 30 m empor (H). An seinem Ende nach links zu schmalem Stand. Weiter 10 m im folgenden Riß zu besserem Stand. Nun 35 m in dem sich fortsetzenden Riß senkrecht hinauf zu Stand. Etwas rechts davon zieht ein feiner Riß in die Platten hinauf. Man verfolgt ihn etwa 30 m, an einem Schild vorbei (H), und erreicht einen Stand auf einer Leiste (H). 5 m schräg rechts hinauf zu SH, dann über eine graue Wandstelle und die folgende, etwas überhängende Platte mit Hilfe eines feinen Risses noch 15 m empor zu Stand am Beginn einer schräg links emporziehenden Rampe. (Gerade oberhalb steckende H rühren von mißlungenen Versuchen her.)

Man verfolgt die Rampe bis zu ihrem Ende (schlechter Stand). Einige Meter nach links hinauf an die Kante, und 15 m fallender Quergang nach links über brüchige gelbe Wand auf ein Köpfl. Über eine glatte Platte frei hinweg und etwas nach links zu einem Riß, den man 30 m verfolgt (H, schlechter Stand). 3 m schräg links hinauf zu H, kurzer Quergang nach links und über eine senkrechte Platte empor zum Grat, den man 15 m unterhalb des Pfeilergipfels erreicht.

● **529   Nordwestkamin**

Th. Gruhl, G. Härter, 31.7.1976.

V+ (eine Stelle), überwiegend V— und IV. Kamin- und Verschneidungskletterei. Teilweise sehr brüchig. Keine Wiederholung bekannt. ZH und SH müssen angebracht werden. Etwa 300 mH, Kletterlänge etwa 350 m. 3—4 Std.

Übersicht: Etwa 60 m rechts des Nordwestpfeilers (R 526) zieht eine auffallende Kaminreihe empor. Im oberen Wandteil leitet die Führe durch eine nach rechts aufwärts ziehende Schlucht.

Zugang: Wie bei R 525 (Nordwand „Welzenbach") zum Beginn des Vorbaus. Über Schrofen und Wandstellen (II und III) bis unter einen 25 m hohen Riß, der den Zugang zur Kaminreihe vermittelt. Etwa 2 Std. vom Eibsee.

Führe: Durch den Riß empor (V—). Über leichteres Gelände im Grunde der Kamine oder auf der links begrenzenden Plattenwand empor (III und IV), bis sich das Gelände aufsteilt und man in den Kamingrund gezwungen wird.

Eine SL äußerst brüchig im gelbsplittrigen, bemoosten Kamin aufwärts zu Stand unter Kaminüberhang (V). 7 m empor (lockeres Köpfl, 1 H, V—) zum Überhang und über diesen hinweg (V+) in die folgende Rinne.

Nach zwei SL (zwei Klemmblöcke, V—) in eine nach rechts ziehende Rinne, welche nach 3 SL (IV— und III) zu einem Schuttband führt. Über dieses Band nach rechts in die Ausstiegsschlucht. In dieser über 2 Klemmblöcke (IV— und V, 1 H) empor, bis sie nach rechts auf einem abdrängenden Band verlassen werden kann (IV, 10 m).

Vom Band 10 m gerade empor zu kleinem Grat und links haltend nach 20 m brüchigem Fels (IV—) Ausstieg auf die Schrofen des Gipfelgrates.
(G. Härter)

● **540   Schöneckspitze,** 2258 m

Die Schöneckspitze ist ebenfalls ein nur wenig hervorragender Gipfel. Sie fällt gegen O mit kurzem Steilabbruch (Schönes Eck) in die Einsenkung zwischen ihr und der Windhaspel ab, die den Namen Schöneckscharte führt. (Nicht zu verwechseln mit dem Schönecksattel.)

● **541 Ostgrat**
Erstbegeher unbekannt.
III. 30—40 Min. von der Schöneckscharte.

Zugang: Über den Schafsteig (R 238) und durch die Schöneckmulde in die Schöneckscharte. 2¾—3 Std. von der Höllentalangerhütte.

Führe: Von der Schöneckscharte erklettert man den großen Grataufschwung, indem man erst schräg links in einen hart an der SO-Kante emporziehenden luftigen, aber gutgriffigen Riß gelangt. Durch ihn zum Eckpunkt des Gipfelgrates und über ihn zum nahen Gipfel.

● **542 Nordwand**
A. Chandon, K. Hannemann, Lilly Steppes, 1920.
V—. Sehr selten begangen. Teilweise brüchig. 3—4 Std.

Übersicht: Vom Bärnheimatkopf aus gesehen zieht von der pyramidenförmigen Windhaspel nach NW eine sehr steiler Plattenschuß herab, der mit der NO-Wand der Schöneckspitze eine große Verschneidung bildet. Der erwähnte Plattenschuß fußt auf dem (auch bei R 525 erwähnten) Plattenvorbau, der, ein Drittel bis die Hälfte der gesamten Wandhöhe einnehmend, den Nordabstürzen der Windhaspel, Schöneck- und Schönangerspitze vorgelagert ist. Auf ihn setzen die eigentlichen Nordwände ab.

Zugang: Vom Bärnheimatkopf (R 600) auf dem nach S ziehenden Latschenrücken gegen den Vorbau und an geeigneter Stelle (am besten am rechten Rand der ziemlich weit hinaufziehenden Latschen) ansteigend, etwa in der Fallinie der Schöneckscharte empor über steile Plattenschrofen, später weniger steil bis an den Fuß der eigentlichen Nordwände.

Bequemer, aber ohne die gute Orientierungsmöglichkeit vom Bärnheimatkopf, gelangt man hierher, wenn man vom Bärnalplgrat (südöstl. von P. 1699) auf Gamswechseln das Waxensteinkar knapp unter der es trennenden kurzen Felsrippe quert, und (etwa in der Fallinie des Hinteren Waxensteins) über Schrofen und einen begrünten Rücken ansteigend die Höhe des Plattenvorbaues gewinnt. Am Fuß der eigentlichen Wand nach rechts bis vor den gelben, brüchigen Schluchtabbruch, mit dem die eingangs erwähnte Verschneidung endet, 3½—4 Std. von Hammersbach.

Führe: Die Nordwand bricht unmittelbar rechts von der Verschneidung überhängend ab. Dieser Abbruch wird umgangen, indem man erst in der Verschneidung ansteigt und dann durch eine auffällige, von einer großen Platte gebildete, von links nach rechts emporziehende Rißreihe zu einem Köpfl hinaufklettert. Von diesem kommt man nach unschwierigem Quergang rechts aufwärts in die gewundene, schon von unten in der Gipfelfallinie deutlich erkennbare Rißreihe. In ihr an einer kaminartigen Gufel über einen Überhang (V—) empor, dann rechts der nun schlecht gangbar werdenden Rißreihe über die Begrenzungskante zuerst nach rechts, dann, nach einer sehr schwierigen glatten Wand, wieder über einen kurzen, überhängenden Riß nach links zurück. Über den obersten Teil der Rißreihe leicht rechts haltend empor bis etwa 50 m unter den Gipfel, und weiterhin rechts haltend, unschwierig zum Hauptgrat, der etwas rechts vom Gipfel erreicht wird. Man kann auch, etwas schwieriger und brüchig, direkt zum Gipfel aussteigen.

Auch die Wand wenig westl. der Rißreihe wurde (1931 durch R. Sedlmayer und H. Ziegler) durchklettert. Wesentlich schwieriger. Vom Schutt unter der Scharte kann man (IV) die Schöneckspitze direkt durch die NO-Wand erreichen.

● **543 Von Norden**
Erstbegeher unbekannt.
IV (oberer Teil), sonst II. Brüchig. 2¾ Std.

Übersicht: Vom Bärnheimatkopf aus gesehen zieht von der pyramidenförmigen Windhaspel nach NW ein nicht sehr steiler Plattenschuß herunter, der sich mit der Nordwand der Schöneckspitze verschneidet und einen verhältnismäßig einfachen Durchstieg durch die sonst ungegliederten Nordabstürze ermöglicht. Der Anstieg benützt diese Verschneidung und erreicht zum Schluß den Grat etwa 50 m östl. der beiden durch einen Felszacken getrennten Einsenkungen der Schöneckscharte.

Zugang: Von Hammersbach wie bei R 605 auf den Bärenalplgrat und unter die Felsen. Nun unter den Wänden nach W queren und auf die sich von der Windhaspel-Nordkante nach unten fortsetzende Rippe hinauf. 3 Std.

Führer: Westl. der Rippe befindet sich der Plattenschuß, der den Durchstieg vermittelt. Auf ihm aufwärts und zuletzt 50 m links der östlichen der beiden Schöneckscharten durch einen Riß etwa 40 m senkrecht empor zum Grat. Über ihn zum Gipfel.

● **544 Nordwestwand**
O. Eidenschink, A. Lippl, 1946.
VI— (stellenweise) und V. Teilweise brüchig. Sehr selten begangen. 3—5 Std.

Zugang: Wie bei R 542 zum Beginn der zur Schöneckscharte führenden Plattenverschneidung. Hier erblickt man rechts einen auffallenden Turm. Hier E.

Führe: Durch eine Plattenverschneidung (H) zu Stand; nach einer weiteren SL auf den höchsten Punkt des Turmes. Von hier Quergang nach rechts (4 m) in einen Riß und durch ihn unter einen Überhang (H). Über diesen nach rechts ansteigend (sehr brüchig) auf eine schmale Rampe und zu Stand. 10 m nach links aufwärts, dann gerade weiter zu Stand. Nun in weniger schwierigem Gelände gerade aufwärts, später links haltend zum Beginn der schmalen Rampe und über diese in eine Rinne, die zur Gipfelwand führt. Rechts vom Ausstieg von R 542 weist der Gipfelgrat eine kleine Einschartung auf. Hier liegt der Ausstieg. 1 SL hinauf zu einem großen Block (Stand). Über einen Überhang und weiter etwa 15 m gerade hinauf, dann Quergang 5 m nach links und über den Überhang (H) hinauf in eine Rinne. Nach einigen Metern zum Gipfelgrat.

● 550 Hinterer Waxenstein
Hauptgipfel, 2268 m, **Windhaspel,** 2253 m

Wenig selbständige, doppelgipflige Erhebung zwischen Schöneckspitze und Großem Waxenstein. Die pyramidenförmige Windhaspel tritt nur von N gesehen hervor.

● 551 Von der Schöneckscharte
Erstbegeher nicht bekannt.
VI (eine Stelle) und III. 1 Std.

Zugang: Wie bei R 541 zur Schöneckscharte.

Führe: Von der Schöneckscharte hält man sich in der splittrigen Südflanke bis zum Aufschwung der Windhaspel, die direkt erklettert wird (15 Min.). Auf dem brüchigen und schmalen Grat weiter und über eine Platte hinab in eine Scharte. Diese kann auch unter südl. Umgehung der Windhaspel leicht unmittelbar von der Schöneckscharte und aus der Schöneckmulde erreicht werden.

Einige Zacken auf der Südseite umgehend gelangt man zu einem Block, der von dem hier ansetzenden Gipfelaufschwung nur durch eine schmale spaltartige Scharte getrennt ist. Die 20 m hohe Gipfelwand beginnt mit einem Überhang, nach dessen Überwindung (IV) der Gipfel über kleingriffige, plattige Schrofen erstiegen wird. Umgehung auf der Nordseite möglich.

● 552 Ostgrat zum Hauptgipfel
II. ½ Std. von der Waxensteinscharte.

Zugang: Von der Höllentalangerhütte, 2½—3 Std. Wie R 561 von Hammersbach in 4 Std. zur Waxensteinscharte.

Führe: Von der Waxensteinscharte umgeht man den westl. befindlichen großen Gratturm und den nächsten kleineren, indem man schon südl. unterhalb der Scharte in der Südflanke über schrofige Grashänge aufwärts quert. Hierher vom Schafsteig auf R 553. Der nun ansetzende Aufschwung wird über gute Schrofen von rechts nach links aufsteigend überwunden. Weiter hält man sich auf und dicht südl. der Gratschneide bis zum Gipfel, oder man steigt zu dem bei einem von zwei Felsblöcken gebildeten Tor beginnenden Grasband in der Südseite ab, das leicht unter dem gespaltenen Gipfelblock durch zum Steinmann führt.

- **553   Vom Schafsteig**
  II. 40 Min.

Vom Riffelweg (R 241) kommend folgt man dem Schafsteig (R 238) bis kurz hinter den „abenteuerlichen Felsturm". Von der zweiten Rinne vor (westl.) der Waxensteinrinne auf gutem Schrofenband aufwärts und über die anschließenden grasigen Hänge zum Grat und wie R 552 zum Gipfel.

- **554   Windhaspel, Nordkante**
  W. Welzenbach, K. Wien, 1925.
  V (Stelle), sonst IV und III. Sehr selten begangen. Teilweise brüchig. 3 Std.

Übersicht: Die Nordkante ist die linke (östl.) Begrenzung des bei R 542 erwähnten, von der Windhaspel nach NW herabziehenden Plattenschusses, der auf dem großen Plattenvorbau fußt.

Zugang: Siehe R 542.

Führe: Wie bei R 542 auf die Höhe des Vorbaues und an den Fuß der Kante. Ihren untersten Abbruch durchzieht von rechts nach links ansteigend ein steiles Plattenband, das oben in eine rißartige Verschneidung verläuft. Auf dem Band, bis es durch eine steile Wandstufe unterbrochen wird. Hier rechts 6 m durch einen Riß, dann über eine steile Platte nach links zu einem Felszahn. Von da kurz gerade hoch und auf einem Gesims nach links unter die erwähnte Verschneidung. Durch sie und den anschließenden kurzen Riß (schwierigste Stelle) 18 m hinauf. Durch die anschließende Steilrinne und Platten, hart rechts der Kante etwa 100 m empor auf ein kurzes waagrechtes Schuttband. (Die Kante biegt hier über einem Überhang stark nach links.) Vom Band 10 m über eine Wand (IV) und links haltend durch schräg ziehende Rinnen 60 m gegen die Kante. Hier (oberhalb einer flachen Höhle) durch die rechte von zwei parallelen, schwach rechts emporziehenden Rißreihen (IV) zu einem Schuttplatz, wo die Kante in einen scharfen Grat (Nordgrat) übergeht. Nach links um die Kante, dann über die sehr steile, brüchige

Schneide und unter einem Köpfl durch in eine kleine Gratscharte. Der nächste Aufschwung wird von links her durch einen kurzen Riß überwunden und der Grat bis zum Gipfelaufschwung verfolgt. Dieser wird (IV) durch eine 20 m hohe Verschneidung direkt erklettert.

- **555   Windhaspel von NW und über den Nordgrat**
  E. Bärlein, C. Ibscher, G. Oswald, 1912.
  Nähere Einzelheiten nicht bekannt.
- **556   Nordwand**
  A. Eichinger, L. Späth, 1904.
  IV— (eine Passage), überwiegend III und II. Stellenweise brüchig; sehr selten begangen. 3 Std.

Zugang und Übersicht: Von P. 1699 auf dem Bärnalplgrat (R 603) südöstl. bis zum Anschluß des Grates an die Wände und auf Gamswechsel zu der das Waxensteinkar teilenden, kurzen Felsrippe. Hinter dieser spitzt der Schutt hoch in die Wand hinauf als Ausläufer einer großen Schlucht, die rechts (westl.) von den gelben Wänden der Windhaspel begrenzt wird. Oben, unter den Überhängen, bildet diese Schlucht einen Kessel, der zunächst erreicht werden muß. Links der Schlucht erblickt man oben im Grat einen eigentümlich gekrümmten Zacken (hinter diesem liegt der Gipfel). Von diesem Zacken zieht eine Rippe herab, die eine in halber Wandhöhe abbrechende Rinne links begrenzt. Von dem erwähnten Kessel in der Schlucht erreicht man durch einen langen Quergang die Rinne und durch sie den Gipfel. Den Zugang zu dem Kessel in der Schlucht vermittelt deren rechte (westl.) Begrenzungsrippe, die nach oben steil und plattig in die O-Wand der Windhaspel verläuft.

Führe: Man steigt vom Schutt weg auf die rechte Begrenzungsrippe der Schlucht, hält sich in ihrer O-Flanke nach links gegen den Beginn der großen Schlucht und überschreitet dann die Rippe nach rechts aufwärts gegen einen gelben Kamin in der Wand der Windhaspel. Gegen die links oben befindlichen gelben Wände ansteigend, erreicht man einen Kamin, der mit einem Überhang beginnt (bis hierher II).

Von rechts nach links über den Überhang hinauf und gleich nach links wieder auf die Rippe. An ihr empor, bis sie in Form einer Verschneidung in die Wand verläuft. Die Verschneidung führt oben durch einen kurzen Riß und einen Quergang, der unschwierig in die hier nicht sehr steile Schlucht führt. (Von der Rippe bis zum Quergang 35 m, IV—, brüchig.) In der Schlucht auf gutem Fels 2 SL hinauf in den Kessel. Vom Kessel in langem, anfangs unschwierigen, später schwierigen Quergang nach links in die zum Gipfel leitende Rinne. Nach einigen schwierigen Absätzen gabelt sich die Rinne. Durch den linken Ast erreicht man bald den Grat wenig links vom Steinmann.

● **560**   **Großer Waxenstein,** 2277 m

Der höchste Gipfel des Waxensteinkammes.
Erstbesteigung: H. v. Barth, M. Ostler, 1871.

● **561**   **Südflanke aus dem Höllental**
        II. 900 mH. Bis zur Waxensteinrinne bez., aber keine Steiganlage. Beim Abstieg bei unsichtigem Wetter genau auf die Bez. achten! 3—3½ Std.

Übersicht: Gegenüber der Höllentalangerhütte gewahrt man in Richtung auf den nicht sichtbaren Gipfel des Großen Waxensteins einen markanten, doppelgipfligen Felsturm. Links von ihm zieht eine unten gebleichte Rinne empor, die Waxensteinrinne, die früher von ihrem Beginn bis zum Hauptgrat verfolgt wurde. Der jetzt gebräuchliche Anstieg bewegt sich rechts vom Turm in einer Rinne, die bald nach rechts verlassen und weiter oben wieder nach links gequert wird, wonach man im allgemeinen von rechts nach links ansteigend über ziemlich verwickeltes Gelände, zuletzt auf dem Schafsteig (R 238), die Waxensteinrinne dort erreicht, wo sie den Schafsteig kreuzt.

Führe: Schräg nordwestl. gegenüber der Hütte steigt man über einen Schuttkegel (oft Schneerest) gegen die Wand an und gewinnt links der Wasserleitung von links her die Höhe einer Art Kulisse, hinter der das Wasserreservoir der Hütte liegt. Vor ihm rechts vorbei und der Bez. folgend auf schmalen Grasbändern und durch kleine Rinnen längere Zeit rechts aufwärts. Etwa 200 m über der Hütte wendet sich der Steig nach links und erreicht nach einiger Zeit ein Graskopfel, von dem man in den vorerwähnten Spalt hinunter sieht. Hier geht es wieder nach rechts. (Im Abstieg: Achtung! Leicht zu verfehlen!) Zuletzt erreicht man den Fußpunkt des eingangs erwähnten doppelgipfligen Turmes. Nun in der rechts von ihm herabziehenden, flachen Rinne erst nahe der Turmwand empor, dann, die Rinne querend, aus ihr unterhalb eines Abbruchs rechts hinaus und an dem die Rinne östl. begrenzenden Grasrücken ein kurzes Stück aufwärts. Nun links quer über den sich hier einschiebenden Plattenschuß. Eine hier gerade ansteigende, alte dunkle Bez. bleibt unbeachtet. Die neuere helle Bez. führt weiter links unter Platten durch, dann scharf rechts über Schutt und Grasschrofen empor in eine Mulde hart an der Wand, wo der obere Schafsteig erreicht wird. (Hier rechts zur Mittagsscharte, R 235.) Man folgt nun schräg links ansteigend dem Schafsteig (R 238, dort Beschreibung für den Abstieg), der einige Rippen und Mulden querend, zuletzt durch ein von einem gelben Zacken gebildetes Schartel die Waxensteinrinne erreicht. An der rechten Begrenzungswand auffallende Bez. „Höllental". 2—2½ Std. Hierher gelangt man auch über den Riffelweg (R 241) und den Schaf-

steig (R 238) in 3 Std. von der Höllentalhütte. Weniger empfehlenswert, bei Nässe sehr gefährlich.
Nun in der Rinne empor, weiter oben auch neben ihr, bis man nahe unter der Waxensteinscharte über brüchige Schrofen rechts heraussteigt und nahe dem Grat in dessen Südflanke auf deutlichen Pfadspuren den Gipfel erreicht. 45 Min. Übergang zum Ostgipfel siehe R 562.

- **562 Gratübergang zum Zwölferkopf**
    E. Diehl, 1896.
    III (stellenweise), meist leichter. Teilweise brüchig. 1 Std.

Führe: Vom Hauptgipfel durch eine kurze Schuttrinne zu einem Klemmblock, unterhalb dessen sich die Rinne als Kamin zur Scharte fortsetzt. 20—25 m vom Gipfel. (Leichter: Vom Ende der Rinne an der den Kamin südl. begrenzenden Rippe über abgespaltene Blöcke zum Fuß des Kamins.) In der Scharte über Schutt wenige Meter südl. absteigend und durch einen 15 m hohen, unten engen und schwierigen Kamin schräg links zu leichten Schrofen, über die der Mittelgipfel erreicht wird. Von ihm leicht in die nächste Scharte und in der N-Flanke über eine kurze Stufe und eine Platte zum O-Gipfel. — Nun auf der S-Seite über Schrofen und durch eine grasige Rinne in die tiefste Scharte vor einem großen Turm. Den Turm umgeht man auf der N-Seite, indem man aus dem rechts von einem auffälligen rötlichen Zacken flankierten Schartel durch eine Rinne wenige Meter nach N absteigt, bis man auf luftigem Plattenband nach rechts (östl.) unter dem Turm durch in die jenseitige Scharte queren kann. Die nächste Graterhebung wird auf der Höllentalseite umgangen: Man steigt in einer kurzen Schrofenrinne an und quert einige Meter unter dem höchsten Punkt durch in die letzte Scharte dicht unter dem Zwölferkopf. Nun auf der N-Seite, aber nahe der Kante des Gipfelaufschwungs über Schrofen und eine Platte zum Gipfelgrat. — In umgekehrter Richtung ist der Übergang etwas leichter, vor allem das letzte Stück zum Hauptgipfel. Man merke: Am Grat des Zwölfers so weit vor, bis er abbricht. Hier nach N hinab. Aus der ersten Scharte in die S-Seite ausweichen. Erst der große Turm in der tiefsten Scharte wird nördl. umgangen. Vom Mittelgipfel erst kurz nach W vorgehen auf eine Art Vorbau (gute Sicherungsmöglichkeit), von dem links der Kamin hinabzieht, der bis zum Ende durchstiegen wird. Beim Aufstieg zum Hauptgipfel beim Klemmblock oder schon vorher links hinaus.

- **563 Von Nordosten**
    E. John, O. Kunze, Josef u. Johann Ostler, 1892.
    III (stellenweise), meist II und I. Brüchig und steinschlaggefährdet; sehr selten begangen. 3 Std.

Übersicht: Der Anstieg führt durch den mittleren Teil der gewaltigen Brandlahnschlucht, die die Nordseite des Berges vom Fuß bis zum Gipfel durchreißt. Ihr unterster Teil ist sehr steinfallgefährdet, weshalb man sie vom oberen Ende der Mittagsreiße in ansteigendem Quergang nach rechts erreicht.
Zugang: Von Hammersbach auf R 231 zur Mittagsreiße und hinauf bis in die Mulde, in der sich Mittagsschlucht und die zwischen Zwölferkopf und seinem nördl. vorgelagerten Turm (Elferkopf) herabziehende Plattenschlucht vereinigen. Hier liegt meist Schnee.
Führe: Nördl. des Elferkopfes befindet sich eine hier nicht sichtbare Scharte, zu der man zunächst ansteigt. Etwa 30 m unterhalb des Endes der erwähnten Plattenschlucht leitet eine bandartige, geröllerfüllte Rinne schräg rechts aufwärts auf einen stark geneigten Schrofenabsatz, über den man bald sichtbare Scharte dicht nördl. des hier ansetzenden großen Turmes erreicht. Einige Meter eben in die grüne Einscharung der nächsten Rippe.
Von hier der Wand entlang auf brüchigem Band ansteigend zu einem etwa 60 m entfernten, dritten Schartel. Von hier blickt man in einen kleinen Kessel. (Durch die aus seinem hintersten Winkel emporziehende plattige Verschneidung führt R 586. Zur gleichhohen vierten Einschartung in der jenseitigen Begrenzung des Kessels, indem man über Schutt nach W in ihn absteigt und jenseits über Plattenschrofen emporklettert. Vom Schartel aus übersieht man das in der Brandlahnschlucht zusammenlaufende Rinnensystem und den Weiterweg bis zum Gipfel.
Vom Schartel einige Meter westl. abwärts und auf einem Schuttband wieder rechts ansteigend auf ein Köpfl, von dem das nun breite Band eben weiterführt bis an den Rand der Brandlahnschlucht. Man quert dabei einige Gräben, die einen nicht sehr schwierigen, aber brüchigen und mühsamen Anstieg zum Zwölferkopf vermitteln. Die Schlucht selbst zeigt hier einen rotgelben, ungangbaren Abbruch. Gegenüber dem Ende des Bandes befindet sich in gleicher Höhe auf der anderen Seite ein Felsköpfel, zu dem aus der Schlucht ein etwa 8 m hoher, kaminartiger Riß hinaufzieht. In die Rinne hinab, durch den Kamin auf das Köpfl und sogleich über eine kurze plattige Wandstufe nach links in die Hauptschlucht oberhalb des Abbruchs (✓). In der Schlucht über drei Absätze empor zu einer oft schneerfüllten Erweiterung, bevor sich die Schlucht gabelt. Nun, sobald wie möglich, rechts hinaus über plattige Schrofen gegen den vom Gipfel nördl. streichenden Grat und in seiner Flanke so weit nach rechts, bis rinnenartige Einrisse den Durchstieg durch die glatten Schrofen gestatten. Man erreicht den Grat bei einem tiefen Felsschacht (Wetterloch) und gewinnt über ihn in wenigen Minuten den Gipfel.

Beim **Abstieg** folgt man dem Grat bis zum Wetterloch und steigt an seinem rechten (südl.) Rand durch eine Rinne abwärts, bis man schräg rechts in die Schlucht queren kann. Nicht zu tief halten! In der Schlucht hinab, bis man das unverkennbare Schuttband sieht. Der Weiterweg ist dann nicht zu verfehlen.

● **564   Von Nordwesten**
    W. Nonnenbruch, E. und O. Schlagintweit, 1911.
    II. Kürzester Zugang von Norden. Empfehlenswerter Abstieg, aber nur, wenn schon im Aufstieg bekannt, sonst schwer zu finden. 2 Std. im Aufstieg.

Zugang: Von Hammersbach auf R 605 zum Bärnalplgrat und auf dem von P. 1699 gegen die Wand ziehenden Rücken an die Felsen. Rechts ansteigend zum Beginn eines von rechts nach links in die Wand hinaufziehenden steilen Schrofenbandes, das man erst im letzten Augenblick gewahr wird. Hier E, Steinmann. 3 Std.

Führe: Anfangs leicht, später steiler und schwieriger durch kleine Kamine und über Wandln empor zu der höchsten, schon von unten sichtbaren dreieckigen Scharte links von einem schwarzgelben Zacken (20 Min.). Man sieht nun in eine Schuttrinne, die höher oben eine von zwei Kaminen durchrissene Steilstufe aufweist. An der rechten Seite der Rinne etwa 20 m hinauf, bis man leicht in ihren Grund spreizen kann. Um die Steilstufe zu umgehen, hält man sich an der linken Seite der Rinne, überschreitet mittels eines steilen Bandes die linke (orogr. rechte) Begrenzungsrippe und gelangt so in eine Parallelrinne. In ihr und an der eben überschrittenen Rippe so lange aufwärts, bis ein deutliches Band in die erste Rinne oberhalb der Steilstufe mit den Kaminen zurückführt. Die Steilstufe kann schwieriger auch rechts umgangen werden. In der die Fortsetzung des linken Kamines bildenden Rinne noch 20—25 m hinauf zu einem über der Rinne liegenden Block (20 Min.). Man quert nun rechts ansteigend die Rinne und eine weitere, von ihr abgegabelte und erreicht so, sich scharf rechts haltend, über leichtere grasdurchsetzte Schrofen bei einem steinmanngekrönten grünen Buckel die große Schutt- und Schrofenterrasse, die leicht zur Waxensteinscharte hinaufführt. Von der Scharte in wenigen Minuten östl. zum Gipfel des Großen Waxensteins.

Im **Abstieg** ist das Stück von der Terrasse bis in die Rinne schwer zu finden. Man geht vom Steinmann schräg rechts abwärts bis an den Wandabbruch, dann scharf rechts, bis man das Rinnensystem übersieht. Man beachte, daß man über den Kaminen in die Rinne kommen muß!

- **565 Nordwestwand**
    Erstbegeher unbekannt.
    III, stellenweise leichter. 3 Std.
Zugang: Wie R 564, 3 Std.
Führe: Wie R 564, bis man die von zwei Kaminen durchrissene Steilstufe umgangen hat. In der die Fortsetzung des linken Kamines bildenden Rinne weiter bis zu einem Block über ihr. Von hier gewahrt man als höchsten Punkt in der den Ausblick begrenzenden Gratlinie in genau ostsüdöstlicher Richtung einen kleinen, rechteckigen Zacken, hinter dem der Gipfel liegt. Dieser Zacken ist einziger Richtpunkt in dem hier überall gangbaren Gelände. Weiter gewinnt man durch schutterfüllte Rinnen und über brüchige Schrofen den Grat knapp rechts des Gipfels.

- **566 Nordwestgrat, „Leixlgrat"**
    O. Leixl, A.W. Forst, W. Hannemann, 1919.
    IV— (mehrere Passagen), meist **III**. Teilweise brüchig. Kaum begangen. 3—4 Std.

Übersicht: Die orographischen Verhältnisse an der Nordseite des Großen Waxensteins sind ziemlich verwickelt. Vom Gipfel bzw. der Waxensteinscharte westl. des Gipfels zieht nach NW eine breite Schutt-Terrasse herab (Schlagintweit-Weg). Unterhalb dieser Terrasse befindet sich die breite, schrofige NW-Flanke. Vom Gipfel nach NO zieht ein zunächst mäßig steiler Grat zu einem Vorbau, der durch eine tief eingerissene Schlucht (Westschlucht, R 567) gegen die NW-Flanke abgesetzt ist. Dieser Vorbau bricht mit einer steilen, konkaven und stark gegliederten Wand, der N-Wand, ab, die im O von dem steilen NO-Pfeiler (R 571), im W von dem ziemlich weit vorspringenden NW-Grat (Leixlgrat) begrenzt wird. Dieser weist im untersten Teil einen markanten Turm auf, von welchem er in ungangbarer Kante abbricht.

Zugang: Auf dem Oberen Nordsteig (R 232) über die Brandlahne. Dann steigt man an geeigneter Stelle (nicht zu nahe am Turm) gegen die Nordwände an (mühsam), quert dann die Schrofen im untersten Teil der Wand nach W bis unter die erwähnte Scharte und erreicht sie durch eine kaminartige Rinne (II). 3 Std. von Hammersbach.
Von W (schwieriger und länger) erreicht man die Scharte vom Bärnalpl aus über einen Seitengrat: durch die Mulde des Bärnalpls (R 600) hinauf bis etwas über die Höhe des links befindlichen Fußpunktes des Gratabbruches. In der Westseite der hier ebenfalls abbrechenden Seitenrippe, etwa 50 m über dem untersten Gratansatz, befindet sich ein auffallender, rautenförmiger Grasfleck, bei dem ein Block liegt (rechts davon überhängende Wand). 2¾ Std. von Hammersbach.
Man quert den Grasfleck nach links und auf dem ihn fortsetzenden

schmalen und luftigen Grasband (III) um die Kante herum. Gleich hinter dieser, immer in der Nähe des Grates, über gutgriffigen Fels etwa 70 m aufwärts zu einem Steinmann. Von ihm noch 25 m ansteigend, dann 50 m nach links in die erwähnte Scharte des Hauptgrates.

Führe: Man erreicht nun durch einen 20 m hohen Kamin die südlichste Einschartung vor dem großen Grataufschwung, steigt 10 m durch eine Rinne rechts aufwärts und weiter 30 m, zuletzt links haltend, wieder zum Grat. Noch 30 m gerade empor, wobei der enge Riß durch einen anderen Riß links umgangen wird. Dann links empor durch einen 10 m hohen Kamin und an unschwierigen Felsen 50 m links empor zum Grat. Westl. von ihm wieder 30 m hinauf, dann ein paar Meter links und durch eine brüchige Rinne und den anschließenden 20 m hohen Kamin Ausstieg (IV—) zu einer Gratscharte. Nun 35 m hinauf zu einer Seitenrippe rechts und weitere 25 m gegen einen großen gelben Grataufschwung, der auf einem Band rechts umgangen wird. Durch einen 10 m hohen Kamin wieder zurück zum Grat (Steinmann). Auf dem hier sehr breiten und zunächst unschwierigen Grat weiter, bis steile Türme nach rechts abwärts auf eine Schutterrasse drängen. Man kann auch (etwas kürzer: Barnsteiner, v. Overkamp, 1923) von der Scharte oberhalb des Einstiegturmes in der NW-Seite des hier wenig ausgeprägten Grates stellenweise zu einem von der Scharte aus sichtbaren moosigen Fleck emporsteigen, und von ihm schräg rechts aufwärts durch einen Riß (IV—) auf weniger schwieriges Gelände gelangen, das man wieder links aufwärts gegen den Grat verfolgt. Man steigt in einer weiten Rinne an. Wo sie sich kaminartig verengt, durch einen kurzen Riß an der rechten Begrenzung empor und links über einen Überhang (IV—) auf ein kleines Köpfl. Ein Quergang bringt wieder in den Kamin hinein, der auf die Schutterrasse leitet.

Über die Geröllterrasse um einen Steilabbruch herum in eine versteckte Geröllschlucht (den obersten Teil der Westschlucht, R 567), die oben sehr steil mit 30 m hoher Schlußwand (III) auf den Grat führt, kurz vor einem neuen großen Steilaufschwung (Höhe des eingangs erwähnten Vorbaues). Einige Meter aufwärts; dann rechts um eine Ecke und nun auf oder neben dem Grat zum Gipfel.

● **567 Westschlucht**
F. Dubios, W. Gerner, J. Kotzbauer, 1921.
IV—, im oberen Teil II und III. Sehr selten begangen, teilweise brüchig. 3 Std.

Übersicht: Die Westschlucht trennt den bei R 566 erwähnten Vorbau vom Massiv des Großen Waxensteins; sie endet dort, wo der Leixlgrat (R 566) mit einem waagrechten Stück an das Massiv anschließt.

Zugang: Wie R 506 zum E des Leixlgrates vom Bärnalpl aus (Westseite). Von hier zieht südl. eine schiefrige, schutterfüllte Rinne empor, rechts begrenzt von einem splittrigen, auffallenden Felsriegel, der oben mit einem grünen Sattel an das Massiv anschließt (15 Min.). Von diesem Sattel, den man nur zur Orientierung betritt, erblickt man in östl. Richtung in etwa 60—70 m Höhe den Beginn einer schwarzen, blockerfüllten Schlucht, der Westschlucht.

Führe: Ihr Abbruch wird in der Fallinie der Schlucht folgendermaßen überwunden: Über das hart an der Wand beginnende Steilband und durch die anschließende kaminartige Verschneidung östl. empor. Über ihr gleich einige Meter nach links auf das durch eine angelehnte Platte gebildete Köpfl (20 m E). Links um dieses herum, dann durch eine kaminartige Rinne einige Meter gerade empor zu einem Stand und rechts durch einen flachen, plattigen Riß zu einem Vorsprung vor einem zweiten Köpfl. Um dieses Köpfl rechts herum, unschwierig zur letzten, etwa 20 m hohen Stufe vor dem Schluchtbeginn. Hier entweder durch einen brüchigen Riß (IV—) in der rechten Ecke mit überhängendem Ausstieg oder auf plattigem, stark herausdrängenden Band nach links in den auffallenden, durch einen Zacken gebildeten Spalt und von dort (I) durch eine 8 m hohe Verschneidung empor.

Nun ohne Schwierigkeiten zur Schlucht. In ihr über Klemmblöcke in ein dunkles Gewölbe und, durch ein enges Loch in der Decke stemmend, in einen Geröllkessel. (Falls durch Schnee versperrt, muß dieses Stück links umgangen werden, indem man vor dem Schluchtbeginn etwa 20 m schräg links ansteigt und in schwierigem, luftigem, aber schönem Quergang die Schlucht bei dem Schuttkessel erreicht.) Nun ohne Schwierigkeiten in der Schlucht weiter. Bald erblickt man das ebene Stück des Leixlgrates. Durch die Schuttschlucht in die von links R 566 mündet, über die Ausstiegswand (III) auf den Grat und weiter wie R 566 zum Gipfelkreuz.

● **568 Nordwestpfeiler**
O. Eidenschink, A. Lippl, 1946.
VI—, meist leichter. Sehr selten begangen. 3—4 Std.

Übersicht: Die ziemlich stark gegliederte, schmale Nordwand zwischen der NO-Kante und dem stark vorspringenden Leixlgrat weist in ihrem westl. Teil, neben dem Leixlgrat, einen ausgeprägten Pfeiler auf.

Führe: Man strebt, am besten vom Fuß der NO-Kante, der auffallenden Rippe zu, die zum NW-Pfeiler emporzieht. E etwas östl. der Pfeilerkante. 30 m gerade hinauf zu einem Überhang. Diesen links umgehend, weitere 60 m hinauf in ein Schartl (Steinmann). Nun direkt an der Kante etwa 2 SL empor bis zu einer senkrechten, schwarzbemoos-

ten Wandstelle und über sie zu Stand. Kurzer Quergang nach rechts und durch einen überhängenden Riß (H) zu Stand. (Hier führt R 569 nach links.)
2 SL weniger schwierig rechts aufwärts zum Beginn einer großen, stumpfen Verschneidung. In ihr wenige Meter hinauf, dann rechts über ein plattiges Wandl zu Stand. Man verfolgt nun die nach rechts aufwärts ziehende Rampe (etwa 30 m) bis zu ihrem Ende. Dann kurzer Quergang über plattigen Fels nach links und in dem folgenden, z.T. leicht überhängenden Riß (H), am Ende etwas rechts aufwärts zu Stand. Nun rechts um die Kante über weniger schwierig werdenden Fels einige SL zum Ende des Pfeilers auf der Höhe des Vorbaues. Auf oder neben dem Grat ohne Schwierigkeiten zum Gipfel.
Oder in der stumpfen Verschneidung einige Meter hinauf, dann rechts über ein plattiges Wandl zu Stand. Nun links an der Kante 15 m empor, dann etwas nach rechts und über einen Überhang zu schlechtem Stand. 15 m hinauf, dann Quergang nach rechts über eine Rinne und weiter über einen Überhang zu gutem Stand. Nun weniger schwierig rechts aufwärts und durch einen kurzen Kamin auf den Grat. Auf ihm unschwierig zum Pfeilerkopf.

● **569 Nordwand**
O. Eidenschink, H. Erhardt, 1946.
V. Sehr selten begangen. 3—4 Std.

Führe: Auf R 568 bis zu dem dort angegebenen Punkt. Nun wendet man sich links aufwärts, ein längeres Band verfolgend. Von seinem Ende weiter links aufwärts haltend, zuletzt über einen Überhang auf ein schmales Band, das nach rechts auf ein Köpfl leitet. Kurzer Quergang nach links, und im allgemeinen gerade aufwärts in 3 SL auf die Höhe des Vorbaues.

● **570 Direkte Nordwand**
H. Paidar, L. Schmaderer, J. Thürstein, L. Vörg, 1936.
VI— (Stelle), meist V. Teilweise brüchig. Kaum begangen.
4—5 Std.

Übersicht: Die Nordwand des Gr. Waxensteins zwischen NW-Pfeiler und NO-Kante wird von graugelben Überhängen gebildet. Im unteren Teil der Wand vermittelt eine kaminartige Verschneidung den Durchstieg.

Führe: Zunächst zum Einstieg des NO-Pfeilers, R 571 (Schartl mit Steinmann). Von hier kurzer Quergang nach rechts und weiter etwa 100 m in einer Rinne aufwärts zu einem kleinen Schartel. Nun 15 m empor und nach links in eine rißartige Verschneidung. In dieser aufwärts zu schlechtem Stand. An der senkrechten linken Seitenwand zu zwei gelben, sehr brüchigen Überhängen. Über sie empor zu Stand (V, H). Die Verschneidung erweitert sich zu einem Kamin, der bis zu seinem Ende durchklettert wird (mehrere Überhänge; H). In überhängendem Riß etwa 5 m etwas links haltend aufwärts, bis sie sich an einer schwach ausgeprägten Kante verliert. An der Kante etwa 10 m aufwärts zu einem gelben Überhang. Über ihn hinauf (VI—) und über einen zweiten Überhang zu Stand (H). Senkrecht etwa 30 m empor zu einem Gratschartl, und über den brüchigen Grat weiter zum Gipfel.

- **571**   **Nordostpfeiler**
  L. Kubanek, T. Leis, 1925.
  V + (Stelle), meist V, stellenweise leichter. Brüchig.
  Sehr selten begangen. 3—4 Std.

Übersicht: Der NO-Pfeiler (vgl. Vorbemerkung zu R 566) begrenzt die Nordwand gegen die Brandlahnschlucht. Er baut sich in drei Abschnitten auf, von denen der mittlere, 120 m hohe Wandabbruch die Hauptschwierigkeiten bietet.

Zugang: Über den Oberen Nordsteig bzw. vom Waxensteinhüttel zur Brandlahnrinne. In ihr, dann auf dem sie begrenzenden Rücken durch Latschen, zuletzt über Schrofen zum Fuß der Wand in ein Schartel (Steinmann; von hier nach rechts R 570).

Führe: An der zunächst noch unschwierigen Kante, am besten in einer Schleife nach links ausholend weiter, bis sie sich in praller Steilstufe aufschwingt. (Diese Steilstufe wurde von A. Göttner direkt erklettert.) Am Fuß der Steilwand auf- und absteigender Quergang (zwei schwierige Unterbrechungen) nach rechts (1 SL). Vom Ende des Bandes in einer brüchigen Steilrinne empor zu einem schmalen Schärtchen. Fallender Quergang nach links (zwei weite Spreizschritte), dann über eine plattige Wand hinauf zu einem schon von der Rinne sichtbaren Gratfenster. Dieses durchkriechend (sehr eng) oder überkletternd gelangt man in die Ostflanke der Kante oberhalb der Brandlahnschlucht. Nun Querung nach rechts und durch eine Rinne zu einem Stand hinter einem auffallenden Felskopf. Über das folgende Wandl gerade hinweg und weiter über brüchigen Fels mit Graspolstern zur Scharte vor der glatten senkrechten Wand des zweiten Gratabschnittes. Quergang in die 5 m rechts der Scharte emporziehende Steilrinne. In ihr nach 10 m über einen Überhang (H) und weiter über einen zweiten Überhang in eine Nische (V, Stand). Nun nach links um die Kante herum (H) in die freie Wand hinaus, und in derselben etwa 8 m empor (V +, ⚹, ausgesetzt) und weiter in eine Steilrinne (Stand). Der folgende Überhang wird erklettert (V) und die Fortsetzung der Rinne bis zur Gratschneide verfolgt. Über einen sehr brüchigen Gratabsatz und einen plattigen Wandabbruch weiter zu dem horizontal verlaufenden Gratstück vor dem dritten Aufschwung. Seine vier brüchigen Türme teils umgehend, teils überkletternd erreicht man den dritten Grataufschwung bei einer Scharte. Einige Meter gerade empor, dann nach rechts um die Kante querend gelangt man in eine Rinne. An ihrem Ende über grasdurchsetzte Felsen zu einem „Wetterloch" und weiter unschwierig zum Gipfel.

● 580 Zwölferkopf, 2232 m

Felsgipfel zwischen Großem und Kleinem Waxenstein. Die plattige NO-Flanke ist von Garmisch ein eindrucksvoller Anblick.

● 581 Von der Mittagsscharte
H. Gazert, J. Ruederer, M. Schönherr, 1893, anläßlich der Erstbesteigung.
II (einzelne Stellen) und I. Steile Schrofen. Trittsicherheit erforderlich. ½ Std.

Zugang: Wie R 236, 237 zur Mittagsscharte.

Führe: Von der Mittagsscharte auf dem Steig etwa 30 m in südl. Richtung. Dann der Markierung folgend nach rechts. Über Steilschrofen auf eine Terrasse. Auf den darüber befindlichen Grat und auf diesem zum Gipfel.

● 582 Übergang zum Großen Waxenstein
E. Diehl, 1897.
III— (stellenweise), meist einfacher. 1 Std.

Man folgt im wesentlichen dem Grat. Der große Turm in der tiefsten Scharte wird nördl. umgangen. Zur letzten Scharte vor dem Hauptgipfel des Großen Waxensteins steigt man etwas südlich durch einen Kamin ab und klettert direkt hinauf zum Gipfelkreuz.

● 583 Nordostkante, „Zwölferkante"
K. Hannemann, E. Hösch, 1920.
IV, überwiegend III und IV—. Schöne Platten- und Kantenkletterei an festem Fels. Sehr oft begangen. Die meisten SH und ZH vorhanden. Bei mehreren Seilschaften Steinschlaggefahr! Ca. 300 mH, Kletterlänge ca. 450 m. 3—4 Std.
Skizze S. 171.

Übersicht: Die markante, nach Norden senkrecht begrenzte NO-Kante zieht vom Beginn der Mittagsschlucht empor. Die Führe verläuft im unteren Teil rechts der eigentlichen Kante, im oberen, längeren Teil links und direkt an der Kante.

Zugang: Wie in R 36 zur Mittagsreiße und zum unteren Ende der Mittagsschlucht. Über die orog. linke Begrenzungsrippe bis zu einer kleinen Nische bei gelbsplittrigem Fels. Hier E. Von Hammersbach ca. 2 Std.

Führe: 1. SL: Etwas links der Kante empor, 10 m schräg rechts aufwärts (teilweise brüchig) und Quergang nach rechts (IV— und III, 45 m). **2. SL:** Leicht fallender Quergang nach rechts und über eine kurze Wandstelle in eine Verschneidung. Diese kurz empor, rechts heraus und weiter über gestuftes Gelände (IV und III, 1 H, 40 m). **3. SL:** Über Schrofen in eine Gufel (II, 40 m). **4. SL:** Über ein Plattenband nach links zur Kante und etwas links der Kante empor (II, 40 m). **5./6. SL:** Gerade hinauf zu einem Latschenkopf an der Kante (II, 75 m). **7. SL:** Kurz an der Kante empor und etwas links der Kante über Platten mit Erosionsrillen (III und IV, 2 H, 40 m). **8./9. SL:** Über Platten und kurze Verschneidungen etwas links der Kante auf breiten Absatz (IV und IV—, mehrere H, 70 m). **10. SL:** Etwas nach links und über einen Überhang in eine Rinne (III, 35 m). **11./12. SL:** Durch die Rinne empor und rechts heraus an den Nordgrat. Über ihn zum Gipfel (II, 80 m). (H. Wehrs, G. Härter)

● **584   Nordostwand**
J. Hetzenecker, G. Kuglstatter, G. Lettenbauer, 1925.
VI— (1 SL), sonst wesentlich leichter. Sehr selten begangen.
3—4 Std.

Übersicht: Die breite, überall gangbare NO-Wand setzt mit überhängendem Abbruch in die Mittagsschlucht ab. Dieser Abbruch wurde, bei der die Schlucht sperrenden, abgesprengten Platte einsteigend, durch eine vom Einstieg sichtbare, 50 m hohe Verschneidung (VI—) überwunden.

● **585   Nordwand**
M. Hutter, H. Ostler, 1947.
VI— und V. Sehr selten begangen. 3 Std.

Zugang: Man folgt dem NO-Anstieg zum Großen Waxenstein (R 563) und steigt in die Scharte zwischen dem Elfer- und dem Zwölferkopf. Von der Scharte sieht man in der Nordwand einen auffallenden gelben Streifen senkrecht herunterziehen. Etwa 10 m links davon ist der Einstieg in die eigentliche Wand.

Um ihn zu erreichen, steigt man am Nordgrat bis in die Höhe der rechten, senkrechten Begrenzung der Nordwand. Hier quert man auf einem Band nach links, bis man die steile Plattenschlucht und die Wand übersehen kann (AH). Man seilt sich nun 25 m schräg links ab bis zu einer

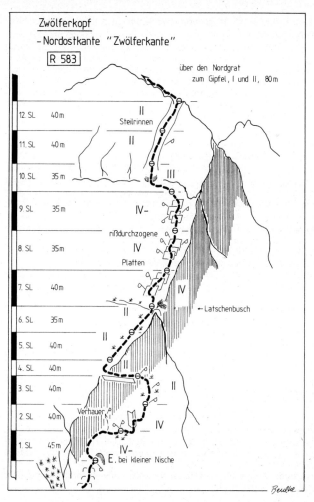

Verschneidung, die rechts von einer senkrechten Rippe begrenzt wird.

Führe: In der Verschneidung empor zu einem Überhang und mit Seilzug über ihn hinweg (H). Nun 7 m schräg links aufwärts zu Stand. Quergang nach links um eine freistehende Platte herum in einen feinen Riß (H). Durch ihn und über den folgenden Überhang hinauf auf ein Band. Nach links absteigend zu Stand (H). Im folgenden Rißsystem 2 SL aufwärts an die direkte Zwölferkante. Auf einem Band rechts aufwärts, noch 3 m nach rechts und über eine Wand (H) 30 m gerade empor. Dann auf leichtem Gelände zum Gipfel.

● **586 Nordgrat**
G. Frey, D. Groz, 1906.
III, überwiegend leichter. Stellenweise brüchig. 3½ Std.

Zugang: Man folgt dem NO-Weg zum Großen Waxenstein (R 563) und steigt zur Scharte zwischen Zwölfer- und Elferkopf. Links Tiefblick in die Plattenschlucht. Nach rechts über einen abschüssigen Grashang zum Ansatz des eigentlichen Zwölferkopf-Nordgrates.

Führe: Der Grat wird, soweit möglich, auf der Schneide begangen. Die sehr brüchigen Aufschwünge umgeht man am besten auf der Westseite in Kaminen und Rinnen. Kurz unter dem Gipfel schließt der Grat an die senkrechte N-Wand an. Hier entweder:
a) Durch eine Rinne nach links auf einen dachartigen Vorbau unter einem gelben, 10 m hohen, senkrechten Abbruch mit großartigem Tiefblick. Über den Abbruch (III+) sehr ausgesetzt hinauf in eine Rinne, die rechts auf den Gipfelgrat leitet, oder:
b) Etwas leichter und weniger ausgesetzt: Man läßt die links hinaufziehende Rinne unbeachtet und geht geradeaus an die Wand zu einer von zwei Rissen durchzogenen 15—20 m hohen Verschneidung. Im linken Riß, den man zum Schluß, wo er brüchig wird, rechts verläßt, zum Gipfelgrat (III) und in wenigen Minuten zum höchsten Punkt.

● **587 Von Nordwesten**
Erstbegeher unbekannt.
II, stellenweise leichter. Brüchig; mühsam. 2½—3 Std.

Man benützt den Aufstieg auf den Großen Waxenstein von NO (R 563) bis zum letzten Quergang vor der Brandlahnschlucht. Von dem hier genannten Band ziehen verschiedene Gräben nach oben. Man steigt in dem gegen den Gipfel ziehenden hinauf bis in die Höhle an seinem oberen Ende. Die Höhle wird durch ein Loch verlassen, worauf man über guten Fels und Gras bald den Gipfel erreicht.

● **590** **Kleiner Waxenstein,** 2163 m

Der kühn gebaute Felsobelisk, der den Abschluß des Waxensteinkammes bildet, ist eines der Wahrzeichen von Garmisch-Partenkirchen. Erstbesteigung: O. Schuster, J. Ostler, 1892.

● **591** **Normalweg über das Manndl**
   II, stellenweise leichter. 2½ Std.

Zugang: Von Hammersbach auf R 36 zur Mittagsreiße. Man überschreitet sie nicht, sondern steigt in ihrem östl. Teil noch ein gutes Stück hinauf gegen die Mittagsschlucht. 2½ Std.

Führe: Von hier zieht zum Sattel zwischen Manndl und Kleinem Waxenstein ein Schrofenhang hinauf, auf den die steilen Wände des Kleinen Waxensteins absetzen. Vom mittleren Teil der Mittagsreiße (E) leiten schuttbedeckte Bänder fast eben in die Schrofenwand nach links. Am besten hält man sich hart am Rand der in die Wand hinaufziehenden Latschen. Wo sie an die Wand anschließen, links über ein breites, plattiges Band und Schutt zu grasigen Schrofen, die leicht zu dem grünen Sattel zwischen Manndl und Kleinem Waxenstein führen. Vom Manndl erreicht man den hier steil ansetzenden Grat des Kleinen Waxensteins auf zwei Wegen:

a) Durch den Manndlkamin (II), einen gleich am Sattel beginnenden Stemmkamin, der bis zu seinem Ende in einem höhlenartigen Kessel durchstiegen wird. Dort über eine schwierige Wandstufe, erst links hinauf, dann luftiger Quergang nach rechts in eine brüchige Rinne, die zum Grat leitet. Auch der Riß rechts neben dem Kamin wurde schon durchstiegen.

b) Leichter und weniger anstrengend: In dem großen auf der Höllentalseite eingelagerten Schuttfeld stehen zwei niedrige Zacken. Oberhalb von ihnen steigt man durch ein kurzes, erdiges Klamml in die Gratflanke ein, in der man erst schräg links in einer Schrofenrinne emporklettert, dann nach rechts auf gutem Band ansteigend, den Grat über dem Ausstieg aus dem Kamin gewinnt.

Der Grat wird mit geringem Ausweichen bis zum Gipfel verfolgt. Auch den Aufschwung kurz vor dem Gipfel erklettert man am besten direkt. Man steigt auf der Höllentalseite durch eine kurze Rinne in die Scharte vor ihm ab und gewinnt hart links der Kante in schöner Kletterei seine Höhe und gleich darauf den Gipfel.

Für den **Abstieg** merke man: Vom Manndlsattel möglichst nahe den Steilwänden schräg links hinab, bis man das breite, plattige Band hinter sich hat. Dann immer am linken Rand der Latschen hinab zur Reiße.

- **592 Nordwand des Manndl**
  G. Schwaiger, H. Weise, 1937.
  VI, unterer Teil weniger schwierig. Teilweise brüchig.
  Sehr selten begangen. Zeit der Erstbeg. 10 Std.

Zugang: Auf dem Stangensteig (R 45) bis unter die Wand und dicht unter ihr aufwärts bis zu einem großen Felsblock in der Sandreiße. 50 m unterhalb ermöglichen latschenbewachsene Schrofen den E.

Führe: Etwas links haltend durch einen flachen Kamin zu rinnenartigen Bändern, die man nach rechts verfolgt bis zu einem flachen Köpfl. Nun über grasdurchsetzte Platten, dann links haltend zum Fuß eines geschwungenen Kamins und nach links um die Kante. Einige SL aufwärts zu einem brüchigen Kamin und durch ihn zu Stand. Von hier schwach links haltend zu der gelben Bruchstelle. Nun einige SL sehr brüchig und ausgesetzt zu einer Höhle (H). Durch den rechts ansetzenden Riß, bis er sich zu einem Kamin verbreitert. Hier nach links heraus, 12 m aufwärts (3 H) und über den folgenden Überhang empor. Noch 15 m über ein grasiges Steilband zu einem waagrechten, breiten Band. 50 m nach rechts zu einer großen Verschneidung und durch diese zu einem weiteren Band. Nun über Risse und Kamine, dann über Platten 100 m aufwärts und über den Grat ohne Schwierigkeiten zum Manndl.

- **593 Nordwandschlucht des Manndl**
  P. Ass'n, A. Bonacossa, G. Dumontel, K. Friedl, A. Schmid, 1909.
  IV, stellenweise auch leichter. Sehr selten begangen.
  Ca. 500 mH. 3—4 Std.

Zugang: Die Nordwandschlucht (die von rechts unten nach links oben ziehende, schluchtartige Verschneidung) bricht unten überhängend ab und wird von links her auf einem Band erreicht.

Führe: Man verfolgt die Schlucht bis zu einer ungangbaren Stufe. Diese wird an der linken Begrenzung zu einer Nische umgangen, dann (♂) über eine überhängende abbrechende Platte wieder nach rechts in den hier rißartig verlaufenden Winkel. Durch den Riß zu einer Höhle. Beim Beginn einer Kaminreihe links um eine Ecke auf weniger schwierigen Fels. Einige Meter vor dem überhängenden roten Abschluß der Schlucht eben nach links zur Kante, über sie luftig empor und auf schmalen Bändern in das Schartel vor dem Manndl und zu diesem empor.

Der rote, überhängende Schluchtabschluß wurde 1948 durch H. Bader und E. Zannantonio (VI, Seilquergang) direkt erklettert. — Auch die Nordkante des Manndl wurde überklettert (G. Haber und Begleiter, 1928).

- **594 Westgrat**
    Erstbegeher unbekannt.
    III. Schöne und abwechslungsreiche Kletterei in festem Fels; bietet in Verbindung mit dem Normalweg (R 591) die Möglichkeit zu einer schönen Überschreitung des Kleinen Waxensteins. 30—45 Min.

Zugang: Wie bei R 236, 237 zur Mittagsscharte.

Führe: Von der Mittagsscharte über den anfangs leichten, begrünten Grat zum ersten Aufschwung. Erst einige Meter an der Kante, dann links davon über gut gestuften Fels und zum Grat zurück auf einen Absatz unter dem zweiten Aufschwung. Dieser wird durch eine glatte Platte gebildet, die sich links mit der Wand verschneidet. Im Grunde der Verschneidung ist ein schmaler Riß. An ihm gutgriffig empor, zuletzt etwas rechts über die Platte auf ein Köpfel. Nun schräg links über eine nach SW geneigte, etwa 5 m hohe Platte an guten Griffen zu leichteren Platten und zum Gipfel.
Im Abstieg an der Höllentalseite vorgehen, bis man Überblick gewinnt. (Eingebohrter AH.)

- **595 Nordwestwand**
    Erstbegeher unbekannt.
    III. Kaum begangen. Nicht steinschlagsicher. 2½—3 Std.

Zugang: Wie bei R 36 zur Mittagsschlucht.

Führe: Vom Beginn der Mittagsschlucht über einige Wandstufen in einen wenig ausgeprägten Riß. Durch ihn zu einem Rinnensystem, das an einer schwarzgelben Wand endet. Über die längs der Wand hinziehenden Plattenschüsse erreicht man gestufte feste Felsen, die rasch zum Grat und über ihn in wenigen Minuten zum Gipfel leiten.

- **596 Südwand des Gipfelaufbaues**
    K. Hannemann, Lilly Steppes, 1920.
    IV. Kaum begangen. Nähere Einzelheiten nicht bekannt.

In den plattigen Wänden des Gipfelvorbaues befindet sich in ¾ Höhe ein Latschenfleck. Dieser wird durch eine rechts unter ihm emporziehende Verschneidung erreicht. Über einen zweiten Latschenfleck auf die Höhe des Vorbaues.

- **600** **Bärnheimatkopf,** 1600 m

Eine vom Waxensteinkamm nördl. vorgeschobene, latschenbedeckte Kuppe mit vorzüglichem Überblick auf die Nordanstiege zum Hinteren Waxenstein sowie zur Schöneckspitze und zur Schönangerspitze.

- **601   Vom Unteren Nordsteig**
  Wie R 231 in die Latschengassen, dann durch Latschen auf den höchsten Punkt.

- **603   Bärnalplgrat**

Der Bärnalplgrat ist der vom mehrfach genannten P. 1699 südlich zu den Felsen ziehende Rücken.

- **604   Von der Bärenwiese**
  Einziger latschenfreier Zugang. 35 Min.

Man steigt vom Bärnalpl links (östl.) der Felsen des Bärnalplgrates, immer wieder auf von den Weideschafen herrührende Steigspuren stoßend, einen schmalen, ziemlich steilen Hang hinauf. Nach seiner Überwindung erhält man Überblick über die bis zum Bärnalplgrat und zum Fuß der Wände hinaufziehenden freien Hänge. Über sie nach Belieben hinauf.

- **605   Vom Unteren Nordsteig**

Von der Waxensteinhütte (R 35) auf dem Unteren Nordsteig bis kurz vor den Punkt, wo man den Eibsee erblickt. Hier zweigt links ein gut kenntlicher Steig ab, der in wenigen Serpentinen aufwärts führt und dann rechts in eine Art Gasse leitet, die zwischen dem Wald einer- und den Latschen andererseits nach oben zieht. Man steigt sie hinauf, bis sie sich schließt, und gelangt, zuletzt mühsam, durch die Latschen zum Bärnalplgrat.

1.4 Blassenkamm

Der Blassenkamm trennt Zugspitzplatt und Reintal vom Höllental. Er zieht in westöstl. Richtung von der Zugspitze über Hochblassen und Hohen Gaif zur Mauerscharte. Von der Zugspitze bis zum Signalgipfel des Hochblassens wird er Höllentalgrat genannt. Ab hier unterteilt er sich in den Blassengrat (bis zum Hohen Gaif) und in den Gaif-Ostgrat (bis zur Mauerscharte). Vom Signalgipfel des Hochblassens streicht ein Grat nach Norden zur Alpspitze, um von hier zum Höllentorkopf abzusinken. Zwischen Alpspitze und Blassengrat ist das Grieskar eingebettet. In die Nordseite des Höllentalgrates buchten sich zwei wilde Kare ein: Mitterkar und Mathaisenkar, welch letzteres den Übergang vom Höllental ins Grieskar vermittelt. Ein von der Mittl. Höllentalspitze herabziehender Grat bricht als sog. „Schwarze Wand" in den Höllentalanger ab. Ein von der Äußeren Höllentalspitze nach Süden hinunterziehender Seitengrat trägt die wilden Zacken der Kirchtürme. Östlich davon liegt das Vollkar. Auch von der Mittleren Höllentalspitze senkt sich ein Grat nach Süden zur Gamskarspitze ab. Östl. davon das Kirchlkar, westl. das Gamskar. Von der Inneren Höllentalspitze zieht ebenfalls nach Süden ein Grat zum Brunntalkopf hinunter, auf dem sich der teilgesicherte Abstieg zur Knorrhütte befindet.

Die Gipfel des Höllentalgrates sind verhältnismäßig leicht zu erreichen, erfordern aber trittsichere Geher und Orientierungsgabe. Der Gratübergang von der Zugspitze zur Alpspitze ist durch eine von der Inneren Höllentalspitze bis zur Alpspitze reichende Drahtseilsicherung (Jubiläumsweg der DAV S. München) R 338, erleichtert und zählt es zu den schönsten Gratklettereien im Wetterstein.

● **610**   **Innere Höllentalspitze, 2743 m**

Turmartiger Gipfel im Grat, der von der Zugspitze zur Alpspitze zieht. Erstbesteigung: H. v. Barth, 1871, aus dem Gamskar. Übergang von der Zugspitze (Jubiläumsgrat) siehe R 338.

● **611**   **Südostgrat**
    I. Markiert. Durch Anlage eines gut gesicherten Klettersteiges wesentlich erleichtert. 2½ Std. von der Knorrhütte.

Fünf Minuten oberhalb der Knorrhütte vom Zugspitzweg rechts ab (Ww.) und an die Felsen. Hier durch eine erst zuletzt sichtbare Rinne etwas rechts hinauf und über grasiges Gelände und wieder schräg rechts, eine breite Schuttrinne querend zum Grat, den man in Höhe des Brunntalkopfes etwas über der tiefsten Einsenkung erreicht.

Nun immer der Markierung und den Sicherungen folgend, teils auf dem Grat, teils westl. desselben in eine Scharte unter dem Gipfel. Aus dieser östl. in wenigen Minuten zum Jubiläumsweg, der östl. der Inneren Höllentalspitze erreicht wird.

● **612**   **Südwestflanke**
    K. Babenstuber, G. Hofmann, H. Schwaiger, 1882.
    II. Selten begangen. Brüchig und schuttbedeckt. 3 Std. aus dem Weißen Tal.

Man verläßt den Zugspitzwg (R 332) bei dem grünen Kopf 10 Min. oberhalb der Knorrhütte rechts zu einer großen kegelförmigen Schuttreiße, von deren Kopf zwei Rinnen in die Wand hinaufziehen. Man verfolgt eine Zeit lang die westl., verläßt sie dann links, nach Durchkletterung zweier Kamine und erreicht schließlich, ständig links über Rippen und Rinnen ansteigend, den Verbindungsgrat zwischen Haupt- und westl. Vorgipfel.

- **613   Südgrat**
  W. Leiner, A. Sattler, 1926.
  V (längere Passagen) und **IV**. Teilweise brüchig, sehr selten begangen. Ca. 550 mH. 5—6 Std.

Übersicht: Die Innere Höllentalspitze entsendet nach Süden eine Gratrippe, die in mächtigen, turmartigen Abbrüchen zum Platt abstürzt und sich etwa 40 m über dem Schutt in einen gelben Wandgürtel auflöst.

Führe: E von einem Schneekegel in der Fallinie des Grates. Von hier zieht eine schräg links ansteigende Rampe durch die gelben Wände. (Längs der Rampe nischenartige Vertiefungen im Fels.) Über sie und durch einen kurzen Riß zu einer brüchigen Steilrinne. Durch diese gerade hinauf (15 m), dann über Schrofen nach rechts in ein Schartel. Unter dem gelben Grat aufwärts und Quergang (IV) südwestl. zum Grat. An der schmalen Schneide empor zu einem Köpfl. Eine 3 m tiefe Scharte trennt es vom Turm. (An der rechten Begrenzung und im Riß des Turmes je ein H.) Mit Steigbaum empor (♂), dann nach rechts und wieder auf die Schneide. Auf dieser weiter bis zu einem gelbbrüchigen Aufschwung. Nach rechts unter einem Überhang auf brüchigem Gesimse und über guten Fels (Überhang) empor. Bei einer Scharte schräg links aufwärts und hinauf unter den großen rotgelben Grataufschwung. Dieser ist ungangbar. Auf einem Schuttband nach links aufwärts unter der Wand zu einem 4 m hohen, überhängenden Riß (V). In der anschließenden Steilrinne nördl. aufwärts zu einem Stand. Nach rechts in die Fortsetzung der Rinne, die oben auf einige Meter kaminartig wird. Von der Scharte ober der Rinne sieht man den Hauptgrat (Drahtseil). Man quert in die plattige Mulde und steigt, rechts haltend, empor zum Weg und Gipfel.

- **614   Südwestgrat**
  R. Eck, E. Müller, H. Rüsch, W. Welzenbach, 1925.
  IV. Kaum begangen. Ca. 550 mH. 4 Std.

Zugang: Wie bei R 613 zum dort erwähnten Schartel.

Führe: Vom Schartel (Steigbaumstelle) der Führe R 613 kann man den Hauptschwierigkeiten jener Führe ausweichen. Man steigt zunächst an der Kante empor, dann weiter nach rechts in eine größere Rinne, die zum Fuß eines grauen glatten Plattenschusses leitet. Hier biegt die meist schneegefüllte Rinne nach rechts um. An ihrer linken Begrenzungswand über steilen Fels empor in eine steile Mulde. Durch diese hinan, dann nach links heraus auf ein Köpfl an der Gratkante, direkt unter einem Steilaufschwung. Man befindet sich nun am Kopfe des erwähnten Plattenschusses. Nun 10 m durch eine Rinne nach links abwärts, dann auf einem Bande in die W-Seite des Gratturmes. Hier durch eine Steilrinne in ein Schartel und nach rechts auf die Höhe des Turmes. Man verfolgt nun den zersplitterten Grat bis in eine schmale Scharte am Fuß eines weiteren Abbruches. Von der Scharte erst etwas ansteigend, dann 15 m rechts querend erreicht man einen glatten, mit Graspolstern besetzten Riß. Durch ihn auf den Scheitel des Turmes und über seine scharfe Schneide zu einem kurzen Abbruch. Dieser wird knapp rechts von seiner Kante durch einen Riß erklettert. Weiter über den Grat an den Fuß des ungangbaren Gipfelabbruches. Links von ihm zieht über einer senkrechten Wandstufe eine breite Rinne zum Gipfel. Über ein Band zu einer Plattenterrasse am Fuß des senkrechten Abbruches. Dieser wird von zwei Rissen durchzogen, von denen der linke (30 m) durchklettert wird. Man erreicht so die oben erwähnte Rinne und durch diese in 4 SL den Gipfel.

● 615   **Nordwand**
A. Heinrich, M. v. Laßberg, 1902.
III+. Brüchig. Sehr selten begangen. Ca. 400 mH. 3 Std.

Zugang: Auf R 332 zum E.

Führe: Wo der Höllentalferner am höchsten in die Wand hinaufreicht befindet sich der E (etwa 2350 m). Die Überwindung der Randkluft ist oft recht schwierig. Nach Betreten der Felsen sofort senkrecht und schwer 20 m in die Höhe an der orog. rechten Seite einer hier sehr steil abfallenden Rinne. Die nun folgende Kletterei bringt in der Rinne ein kurzes Stück empor, worauf man links aufwärts über Platten gegen eine hellgelbe Wand emporstrebt, die die nördl. Begrenzung eines, ständig mit Schnee gefüllten Grabens bildet. In ihm rechts aufwärts und in gerader Richtung über Platten, Rinnen und Stufen durch die sehr steile Wand zum Steinmann.

● 620   **Brunntalkopf,** 2265 m

Felskopf am unteren Ende des (gesicherten) SO-Grates (R 611) der Inneren Höllentalspitze, gegenüber der Knorrhütte.

● 621   **Südwand**
W. Leiner, T. Schmid, 1930.
VI— (Stelle), V und IV. Teilweise brüchig. Kaum begangen.
Ca. 250 mH. 3 Std.

Übersicht: In Fallinie des Gipfels ist in der Mitte der Wand ein riesiges Tor sichtbar. Die linke Ecke dieses Tores gilt es zu erreichen.

Führe: Zunächst über gestufte Platten zu einem Rasenfleck. Von hier über zwei kleine schwarze Überhänge gerade empor, zuletzt über brüchige Felsen unter einen weitausladenden Überhang (25 m). Über den Überhang (VI—) anstrengend hinauf auf steile Schrofen. Über sie rechts haltend aufwärts, dann rechts einer markanten Gratrippe hinauf, bis man nach links zum Fuße einer von den Schrofen gut sichtbaren Verschneidung queren kann. Durch sie hinauf, zum Schluß links hinaus auf eine steile Platte. Schwach links aufwärts zu einer zweiten 60 m hohen, flachen Verschneidung und durch sie auf ein Felsköpfl. Nach links einige Meter absteigen, dann auf steilem Schuttband nach links und gerade empor, zum Schluß über gestufte Felsen zum Gipfel.

● 625 Mittlere Höllentalspitze, 2745 m

Tritt kaum aus dem Kammverlauf hervor und wird meist nur in Verbindung mit einem der anderen Gipfel besucht.

Von der Inneren Höllentalspitze und durchs Gamskar: H. v. Barth, 1871. Aus dem Gamskar: S. Jäger, 1892. Über den O-Grat: O. und W. Nonnenbruch, 1907.

● 626 **Durch das Gamskar**
II und leichter. Trittsicherheit und Orientierungsgabe erforderlich. Bei Nebel schwer zu finden. Einstieg bez. 3 Std.

Zugang: Von der Knorrhütte auf dem Weg zur Reintalangerhütte über die Sandreiße unter den Wänden des Brunntalkopfes hinab. Eine Kehre bevor der Weg in die Latschen tritt, quert man das Geröll östl. und trifft nahe dem oberen Ende der Latschen auf Steigspuren, die unter dem Brunntalkopf durch zu den Grasterrassen unterhalb des Gamskars führen. Man erreicht die aus dem Gamskar kommende Rinne da, wo sie sich in zwei ins Kar hinaufziehende Rinnen gabelt. 20 Min.

Führe: In der rechten (östl.) Rinne hinan, dann über Gras links aufwärts zur westl. Rinne querend, wendet man sich vor ihr wieder rechts (östl.) zu einer etwas plattigen Rinne. In ihr empor, bei einer Gabelung rechts zu den Grashängen des eigentlichen Gamskars nahe deren östl. Rand. Nun im Grund des Kars bis dicht unter den Wandgürtel, der das Kar einschließt. Durch die gelbe Wandzone führt eine von links nach rechts emporziehende gut gangbare Rinne auf weniger geneigte, teilweise plattige Schutthänge. Über sie schräg rechts empor, quer durch einige Rinnen auf einen Schuttsattel, von dem eine Rinne dicht unter dem das Gamskar und Kirchlkar trennenden Südgrat zum Gipfel hinaufleitet.

● 627 **Durch das Gamskar direkt zum Gipfel**
II. 3 Std. von der Knorrhütte.

Zugang: Wie bei R 666.

Führe: Wie R 666 zu den Grashängen des eigentlichen Gamskars und rechts aufwärts. Man umgeht dabei den ersten und den folgenden Aufschwung auf der Westseite und verfolgt dann den Grat mit nochmaligem, kurzem Ausweichen in grasigen Schrofen der Ostseite bis zum Gipfelmassiv. Dort über Schutt und Platten auf der Kirchlkarseite zum Gipfel.

- **628 Nordgrat**
  W. Engelhardt, 1905.
  III (überwiegend), stellenweise leichter. Ca. 550 mH.
  3 Std.

Zugang: Vom untersten Boden des Mitterkars zieht nach O ein grünes, an seinem Ende terrassenartig verbreitertes Band in die Wand hinaus, in der Mitter- und Mathaisenkar zum Höllental abstürzen. Den Endpunkt des Bandes erreicht man über die zu ihm hinaufziehende Schuttreiße. Auf dem Band führen Steigspuren über eine plattige Unterbrechung ins Kar. Man quert es ansteigend gegen die das Mitterkar vom Höllentalkar trennende Gratrippe. Von ihr ziehen etwa in Höhe der Kammlinie links einer großen gelben Wand begrünte Schrofen ins Mitterkar herab. Links davon ist hinter einer Felskulisse eine Rinne eingeschnitten. Vom Fußpunkt dieser Rinne gelangt man nach rechts auf einem in den Fels gehauenen Steig zu einem begrünten Rücken und über ihn zu der grünen Scharte im N-Grat, die den Übergang vom Mitter- ins Höllentalkar vermittelt (alter Zugspitzanstieg). 2 Std. von der Höllentalangerhütte.

Führe: Nun verfolgt man erst ein Stück weit den Kamm selbst, dann weicht man auf die Höllentalkarseite aus, geht auf Schuttbändern unter den Gratürmen durch und gelangt nach einiger Zeit durch eine plattige Rinne zu einer kleinen Seitengratscharte. Von hier wenige Meter hinauf zu einer Scharte im Grat selbst, vor dem letzten, jenseits senkrecht abbrechenden Gratturm. Man umgeht ihn links, wendet sich dann aber wieder auf die Höllentalkarseite und steigt hier in einer Rinne weiter. Bei einem Schuttplatz betritt man den Grat, geht aber sofort wieder schräg rechts hinaus und durchklettert von links nach rechts eine plattige Wand (III). Noch ein Stück neben dem Grat, dann auf ihm bis zu seinem Anschluß an das Massiv. Man quert neun unter zwei von oben kommenden Mulden nach links. Man steigt dann hinter dem links von ihnen aufragenden Felsturm, in seiner O-Flanke, über Platten hinauf und geht dann wieder zu der Rippe hinaus, in die sich der Grat jetzt verwandelt hat.

Hierher kann man auch von dem zwischen Mittlerer und Äußerer Höllentalspitze eingebetteten Schneefeld über ein auffallendes Band gelangen. Hier setzt nun im spitzen Winkel ein Band an, das links zu einer Rinne führt. In ihr etwa 50 m hinauf und wieder zur Rippe, dann wieder auf den Schrofen zum Grat, den man wenige Minuten vom Gipfel entfernt am Ausgangspunkt der Rippe erreicht.

● **629   Nordwestwand, „Schwarze Wand"**
J. Lehne, P. Haag, G. Schnaidt, R. Rosenzopf, nach Vorbereitungen am 22. / 23. 7. 1967.
A2 und **A1/VI—**. Überwiegend technische Kletterei an kompaktem, hakenabweisendem Fels mit ernsten Freiklettersteilen. Selten begangen. Die meisten ZH und SH sind vorhanden. Die Mitnahme eines kleinen Haken- und Klemmkeilsortiments inklusive BH und Friends ist empfehlenswert. Ca. 300 mH, Kletterlänge ca. 430 m. 6—8 Std. Skizze S. 183.

Übersicht: In die Wand zieht von rechts nach links eine Rampe hinein. Die Führe setzt auf halber Höhe an und verläuft ziemlich gerade bis zum Grat links des Gipfels.

Zugang: Von der Höllentalangerhütte taleinwärts und nach links auf die oben erwähnte Rampe. E bei einem 30 m hohen, gelben Pfeiler rechts eines Wandausbruches. 30 Min.

Führe: 1. SL: Über den Pfeiler auf den Pfeilerkopf (V+, 3 H, 20 m). **2. SL:** Den H folgend (A2/V+, mehrere H, 25 m). **3. SL:** Gerade empor zu einem Band, auf ihm 5 m nach rechts und über eine Hangelleiste (V und IV—, 3 H, 35 m). **4. SL:** Nach rechts über die Platte und den H folgen (A2/VI—, mehrere H, 45 m). **5. SL:** Quergang nach links und gerade hinauf zu einem schrägen Riß. Durch ihn und über eine Wandstelle (V—, V+, 3 H, 40 m). **6. SL:** Den BH folgend und über ein Dach (A1/VI—, mehrere BH, 45 m). **7. SL:** Durch den linken Riß hinauf bis unter senkrechte Wände (V—/A0, 4 H, 35 m). **8. SL:** Links hinauf auf großen Grasplatz unter dem „Säbelriß" (V—, 1 H, 15 m). **9. SL:** Mit Hilfe von (teils schlechten) HK durch den Riß zu Stand (A2/VI—, mehrere H und HK, 35 m). **10. SL:** Gerade empor zu schlechtem Stand (A1/VI—, mehrere H, 4 HK, 35 m). **11. SL:** Durch den Riß und weiter in eine Nische (V+/A1, 3 H, 1 HK, 30 m). **12. SL:** Rechts um die Kante in leichteres Gelände und unter einen Überhang (III+, 1 H, 35 m). **13. SL:** Rechts am Überhang vorbei und gerade hinauf zur Scharte am Grat (IV, 20 m). Über den Grat unschwierig 50 m zum Gipfel.

Abstieg: Vom Gipfel auf dem Grat südl. in Richtung Mittlere Höllentalspitze zu einem Grasbuckel. Von hier südwestlich über Schrofen hinunter ins Höllentalkar und hinüber zum Zugspitzweg (R 332).

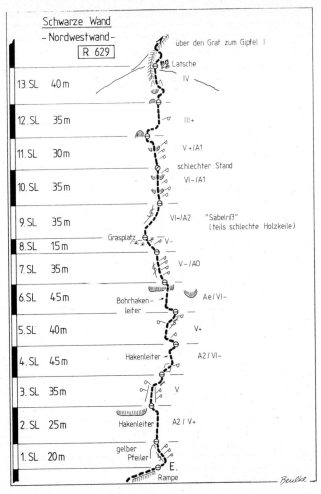

Oder (schwieriger, aber kürzer): Vom Ausstieg gleich den Grat über steile Schrofen hinunter, oberhalb des Abbruches etwas nach N queren und über Schrofen hinunter ins Höllental. (P. Swoboda, G. Härter)

● **640** **Äußere Höllentalspitze,** 2721 m

Wenig hervorragender Gipfel. Lohnt nur in Verbindung mit dem Gratübergang oder beim Übergang von der Höllentalhütte durch das Mathaisenkar zur Knorrhütte.
1880: Durch das Mathaisenkar: J. Bessinger, G. Hofmann, J. Sonnweber; 1882: Überschreitung sämtlicher Höllentalspitzen: L. Gerdeissen, J. Dengg; 1892: Abstieg ins Reintal: C. Höllerer, W. Landfritz, H. Staudinger; 1892: Über den Kirchlgrat: O. Jäger.

● **641** **Durch das Kirchlkar**

II, überwiegend Gehgelände. Orientierungsgabe erforderlich. 3 Std.

Zugang: Von der Knorrhütte folgt man der Markierung ins Gamskar bis zu der Stelle, an der sie durch Fels nach oben leitet. Hier abwärts, die Gamskarrinne querend, und unter dem Wandabbruch des das Gamskar östl. begrenzenden Grates auf Bänder, die ins Kirchlkar leiten. (Vorsicht, unterhalb sind Schichtabbrüche!) 1 Std.

Führe: Im mittleren Teil der das Kar trennenden grasdurchsetzten Steilstufe befindet sich ein Grasplatz, dem man zustrebt. Von ihm steigt man unter Ausnützung der grasbewachsenen Stellen nach rechts und hält sich gegen die links des großen Kirchturmes sichtbaren Felstürme hinauf, in deren einem sich eine Höhle befindet. Dicht unter ihnen gewinnt man nach links durch eine flache, geröllführende Rinne den zur Äußeren Höllentalspitze hinaufziehenden Südgrat, oberhalb des Nordabsturzes des Großen Kirchturms. Über den Grat, den letzten Aufschwung links (westl.) umgehend, zum Gipfel der Äußeren Höllentalspitze.
Für den **Abstieg** merke man, daß das Kirchlkar nicht unmittelbar unter dem Absturz des westl. Eckpfeilers, sondern etwa 30 m tiefer auf zunächst schwachen Steigspuren nach W verlassen wird.

● **642** **Durch das Vollkar**

II und I. Sehr mühsam und wenig lohnend. 5 Std. von der Reintalangerhütte.

Wie R 653 ins Vollkar und zu dem Felskopf in der das Kar vertikal teilenden Rippe. Von da gesehen erscheint die Höllentalspitze als dreigipfliger Bau. Man steigt über die Schrofenhänge gegen die linke Erhebung an, die der Gipfel ist.

- **643** **Durch das Mathaisenkar**
    II. Brüchig, viel Schutt, mühsam, nicht empfehlenswert.
    5 Std. von der Höllentalangerhütte.

Vom Mathaisenkar (R 242) gesehen durchziehen zwei rinnenartige, teilweise schneebedeckte Bänder die Ostflanke des Nordgrates der Äußeren Höllentalspitze. Das obere Band vermittelt den Durchstieg. Man steigt vom Mathaisenkar auf die es westl. begrenzende Gratrippe und folgt ihr mit häufigem Ausweichen nach links (O) bis zum Band. Auf ihm etwa 300 m empor. Von seinem Ende über Schutt zum Ostgrat wenig östl. des Gipfels.

- **650** **Kirchtürme**

Untergeordnete, aber kühne Felstürme im Trennungsgrat von Kirchlkar und Vollkar.

- **651** **Großer Kirchturm,** 2514 m

- **652** **Nordgrat**
    H. Buchenberg, A. Zott, 1894, anläßlich der Erstbesteigung.
    III. ½ Std. vom Beginn des Grates.

Zugang: Von der Knorrhütte wie bei R 641 ins Kirchlkar und auf die Scharte nördl. des Großen Kirchturms. 3 Std.

Führe: Aus der Scharte in den etwas links oberhalb befindlichen, tief eingeschnittenen Kamin und durch ihn auf den Gipfel.

- **653** **Ostwand**
    Gebr. v. Bernuth, 1912.
    V— (Stellen) und IV. Sehr selten begangen. 2 Std.

Übersicht: Der obere Teil wird von einem schief nach links aufwärts ziehenden Riß durchzogen, der den Anstieg vermittelt.

Zugang: Von der Reintalangerhütte vermittelt den kürzesten Zugang die aus dem Vollkar herabziehende, plattige Vollkarrinne, deren untersten Abbruch man östl. umgeht, indem man zuerst ein kurzes Stück den Schützensteig (R 250) hinaufsteigt, bis er oberhalb eines Schuttstroms rechts abbiegt. Hier links haltend über Latschen und Platten an die Rinne östl. begrenzenden Hängen empor, bis man bequem die Rinne überschreiten kann. Etwa 30 m westl. von ihr aufwärts. Am unteren Ende eines großen, grasdurchsetzten Schutthangs verfolgt man eine sich links (gegen den Kl. Kirchturm) abgabelnde Rinne ein Stück weiter und hält sich dann an ihrer linken (südwestl.) Begrenzung über steiles Gras und Schrofen hinauf bis an den Fuß der Ostwand des Kleinen Kirchturms. 1 Std. Hart unter der Wand aufwärts über plattigen

Fels zum Fuß der zwischen beiden Kirchtürmen herabziehenden Schlucht. Über Schrofen zum Beginn des Risses.

Führe: Durch den Riß empor (IV), bis er sich überhängend schließt. Etwa 7 m abwärts und links über ein Köpfl um eine Ecke. Von hier aus Querung waagrecht über die Platte nach links (V—). Die folgende, durch eine glatte Platte gebildete Verschneidung wird 4 m erklettert, dann Quergang nach rechts und über einen Überhang in einen gerade aufwärts ziehenden Riß hinein (V—), der in die Fortsetzung des zuerst erwähnten schiefen Risses leitet. Nun weniger schwierig schräg links aufwärts bis auf ein begrüntes Köpfl. Die sich hier aufbauende Plattenwand wird erst schräg links, dann rechts aufwärts zu ihrer obersten Ecke erklettert. Von hier Quergang nach rechts um die Ecke auf ein Köpfl und 4 m abwärts. Es folgt ein Kamin mit einem großen Überhang. Durch das Tor hindurch und schräg rechts empor zu einem Riß, der auf den Gipfelgrat führt.

● **654 Südwand**
K. Gürtler, O. Oppel, 1905.
III. 2 Std.

Zugang: Wie bei R 653 zum Fuß der zwischen den beiden Kirchtürmen herabziehenden Schlucht. Über die diese Schlucht südlich begleitende Rippe erreicht man in kurzer Kletterei (III) die nördliche Scharte zwischen den Kirchtürmen. 3 Std. von der Reintalangerhütte.

Führe: Unmittelbar an der nördl. Scharte ist der E in die Südwand. Nach rechts etwa 80 m in die Höhe. Von gutem Stand etwa 30 m empor, bis gut gangbares Gelände nach links leitet. Querung etwa 60 m empor zum Grat und auf diesem zum Gipfelaufbau. Über Wandln zum Gipfel.

● **655 Neue Südwand**
H. Rüsch, E. v. Siemens, 1926.
IV, im oberen Teil leichter. Kaum begangen. 1 Std.

Übersicht: Vom höchsten Punkt zieht ein Kamin mit eingeklemmten Blöcken herab, der nach 30 m abbricht. Von seiner Abbruchstelle zieht eine teilweise rißdurchsetzte Wandeinsenkung nach rechts herunter, die oberhalb der Scharte abbricht. Rechts davon ein Köpfl.

Zugang: Wie R 653, 654.

Führe: Von der Scharte mit Hilfe von Kaminstücken bis 3 m unterhalb des Köpfls, dann Quergang nach links in die Wandeinsenkung, die bis unter den Kamin verfolgt wird. Über den Überhang, mit dem der Kamin ansetzt, hinweg (IV), dann weniger schwierig zum Gipfelgrat und Gipfel.

● **656 Südwestwand**
O. Oppel, L. Späth.
IV. Sehr selten begangen. 1½—2 Std.

E links der gelben Westwand des südl. Vorgipfels. Über brüchige Schrofen bis zu einem gelben Überhang empor, dann nach links zu einem Kamin, der den Gipfelturm durchreißt. Durch einen überhängenden Riß (IV) in diesen und durch ihn (80 m) zum Gipfelgrat.

● **660 Kleiner Kirchturm, 2368 m**
Südlich des Großen Kirchturmes. Erstbesteigung: S. Bischof, O. Nonnenbruch, 1903.

● **661 Vom Kirchlkar**
Erstbeger siehe R 660.
II. 2½—3 Std. von der Knorrhütte.

Zugang: Wie R 641 ins Kirchlkar und zur senkrechten Westwand.
Führe: Nun entweder links aufwärts über Platten und durch Rinnen zur südlichen Scharte zwischen beiden Kirchtürmen und über den kurzen Nordgrat zum Gipfel, oder man steigt rechts an einer Höhle vorbei zum Südgrat hinaus und erreicht über ihn den Gipfel.
Der Südgrat kann auch unmittelbar über dem gewaltigen überhängenden Abbruch betreten werden, worauf ein schwieriger Riß und einige Rinnen auf leichteres Gelände führen, über das man in 1 Std. den Gipfel erreicht.

● **662 Ostwand**
W. Leiner, A. Sattler, 1926.
IV, stellenweise leichter. Hübsche, kurze Kletterei. Nicht sehr oft begangen. 1—1½ Std.

Übersicht: In etwas über halber Wandhöhe erblickt man in der Gipfelsenkrechten ein weit vorspringendes Dach, das durch eine kranartig aus der Wand ragende Platte gebildet wird. In seiner Fallinie liegt der Einstieg.
Zugang: Siehe R 653.
Führe: Erst auf gutem Schrofenband schräg links aufwärts zum Beginn einer plattigen Rampe, die schräg rechts aufwärts bis zu ihrem Ende verfolgt wird. Dann scharf nach links in einer schiefen Schrofenrinne bis an eine kleine Höhle, aus der ein rauher, schwarzer Riß emporzieht. Nicht durch ihn, sondern 5—6 m nach links, dann ausgesetzt gerade empor (IV) und auf gutgriffigem Fels wenig rechts haltend noch etwa 30 m empor. (Man ist hier schon nahe unter dem Dach.) Nun weiter schräg links haltend hinauf zu einem breiten Schuttband, das schließ-

lich horizontal gegen eine Kante verläuft, und über dem sich ein Plattengürtel befindet. Etwa 15 m vor seinem Ende zieht ein enger, griffarmer und glatter Riß 12 m empor. Durch ihn, dann auf luftigem Band nach rechts in ein Schartel. Sogleich in ausgesetztem Quergang 4–5 m nach links und unter Benützung eines Risses über die Plattenzone hinauf auf ein breites Plattenband (schon nahe unter dem Südgrat), das die ganze Wand durchzieht. Wie R 663 zur gelben Wand und links zum Grat oder rechts unterhalb von ihm zum Gipfel.

- **663   Südostwand**

  M. Rohrer, H. Rüsch, W. Welzenbach, 1925.

  VI— (eine Stelle), sonst meist V. Sehr selten begangen.

  4–5 Std.

Zugang: Wie R 653.

Führe: Am Fuße der SO-Wand ist eine Plattenrampe vorgelagert, die steil von links nach rechts emporzieht und nach unten in zwei sichelförmigen Abbrüchen endet. Am Beginn des zweiten Bogens über glatte Platten nach rechts aufwärts bis zu einem gelben Winkel, aus dem ein kurzer, überhängender Riß nach links zu einem Stand führt (IV). Von hier über eine glatte Platte und einen kurzen Riß nach links ansteigend auf weniger schwieriges Gelände. Erst unschwierig, dann schwieriger etwa 40 m nach rechts empor zu einem niederen Abbruch; über ihn und eine anschließende 20 m lange Rinne zu einem Schuttfleck. Links davon ist unter einer leicht überhängenden Wand eine glatte Platte eingelagert. Durch einen 5 m langen Quergang (VI—) gewinnt man von rechts her einen Riß am östl. Rande der Platte; durch diesen an ihre obere Kante und an guten Griffen luftig 12 m nach links um eine Ecke. Von hier durch ein Rißsystem etwa 30 m empor, dann wenig links haltend über Wandstellen und Risse auf ein Schrofenband. Dieses verfolgt man nach rechts und steigt dann gerade zu einem Grasband unter senkrechter Wand an. Von hier führt ein Spalt nach links empor zu einem guten Stand. Der hier ansetzende senkrechte Riß wird 15 m durchklettert (V) und weitere 10 m zu einem Bande angestiegen. Nun 1 SL nach rechts in eine Steilrinne. In ihr oder links davon 30 m empor gegen einen schwarzen Zacken, der sich aus der Wand abhebt. Unter ihm nach links aufwärts zu einem Stand. Von hier führt ein Riß und anschließend ein Erosionsspalt nach 30 m zu einem blockerfüllten Kamin, nach dessen Durchkletterung man einen Schuttplatz erreicht. Durch blockerfüllte Steilrinnen und eine anschließenden glatten Riß gewinnt man nach 30 m einen Schuttbalkon. (Hier macht die Wand eine deutliche Biegung nach Osten.) Auf einem Schuttband einige Meter nach rechts und 15 m über eine von Wasserstreifen überzogene, glatte Wand gerade aufwärts zu schlechtem Stand (V). Einige Meter nach links auf ein großes Plattenband (Schichtband), welches hier, schon nahe der Grathöhe, die ganze Wand durchzieht. Auf ihm 2 SL nach rechts hinauf bis zu seinem Ende. Hier 8 m gerade empor und in einer Schleife nach rechts ausholend zu einer gelben Wand. Links von ihr durch auf den nahen Südgrat oder unter ihr rechts in ein Schartel und weiterhin dicht unter dem Grat zum Gipfel.

● 664   Südostwand, Schichtband
W. Leiner, A. Sattler, 1926.
IV, stellenweise leichter. Kaum begangen. 3 Std.

Übersicht: Die Südostwand wird unter dem Südgrat von einem Schichtband durchzogen, auf dessen oberen Teil die Anstiege R 662 und 663 münden. Dieses Band vermittelt den Durchstieg.

Zugang: Wie R 653.

Führe: E östl. des riesigen Überhanges, mit dem der Südgrat zum Anger abbricht. Zunächst über steilen, mit Graspolstern besetzten Fels gerade aufwärts, dann nach rechts zu einem Latschenbusch und zu einer Nische westl. davon (35 m). (Von hier zieht das unterste Steilband zum Südgrat). Aus der Nische nach rechts auf ein überdachtes Band und in ausgesetzter Querung horizontal 15 m nach rechts; durch einen Riß oder über ein Plattenband auf das große Schichtband.
Man folgt nun diesem Band über mehrfache Unterbrechungen und Hindernisse bis zu seinem Ende. Kurz vorher trifft R 662 und 663 auf dieses Band. Wie bei R 663 zur gelben Wand und zum Gipfel.

● 665   Südwestwand
W. Köberle, W. Leitner, 1928.
V+. Einige H vorhanden. Sehr selten begangen. 3 Std.

Zugang: Siehe R 641. Man strebt dem von weitem sichtbaren Riß zu, der die ganze Wand von unten bis oben durchreißt.

Führe: Zunächst 50 m in dem Riß über einige Überhänge aufwärts bis zu der Stelle, an der er glatt und überhängend wird (H). Von hier rechts um die Kante und in ausgesetztem Quergang, etwas absteigend, 25 m nach rechts. Nun über zwei Überhänge steil nach links empor zum Beginn von zwei 10 m hohen Kaminen und durch den linken hinauf. Weiter 15 m steil links aufwärts, dann Ausstieg nach rechts auf eine kleine Terrasse. Nun über Platten zum Beginn von zwei sich nach unten gabelnden Rissen (H). Im linken über einen Überhang empor (H). Die folgenden 5 m überhängend weiter bis unter den dachartigen Überhang. Nur einige Meter sehr ausgesetzt nach rechts und in wenigen Minuten nach links zum Gipfel.

● **669**   **Vollkarspitze,** 2638 m

Ganz unbedeutender, schlanker Felsturm im Hauptkamm. Erstbesteigung: E. Diehl, H. Hartmann, 1896. Überschreitung von W nach O: L. Späth, O. Wengner, 1904.
Überschreitung (Jubiläumsgrat) siehe R 338.

● **670**   **Hochblassen**
                Signalgipfel, 2698 m; Hauptgipfel, 2706 m

Der zweigipflige Hochblassen zählt zu den vornehmsten Erhebungen des Wettersteins, wenngleich er vom Tal und vom nördl. Vorland weniger zur Geltung kommt. Von der Alpspitze, vom Grieskar und vor allem vom Schachen aus aber erscheint sein stolzer Bau in voller Größe. Nach N und S fällt er in prallen Wänden ab. der Ostgrat (Blassengrat), vom Gaif aus begangen, ist eine höchst genußreiche Kletterfahrt. Der Westgrat des Signalgipfels, auf dem alle leichteren Anstiege führen, vermittelt einen einfacheren Zugang. Die Routen durch die NO-Wand dürfen als die eindrucksvollsten im Blassenkamm gelten.
Erstbesteigung: H. v. Barth, P. Klaisl, 1871. Abstieg ins Mathaisenkar C. Babenstuber, Führer J. Dengg, 1881.

● **671**   **Von der Grieskarscharte**
         H. Schwaiger, Führer J. Dengg, 1881.
         II (Stellen), I und Gehgelände. 270 mH. 1¾ Std.

Zugang: Wie bei R 711 zum grünen Sattel am oberen Ausgang der Schöngänge südl. über Gras und möglichst hart unter dem felsigen Eckpfeiler der Alpspitze hinunter auf den Schutt oberhalb des Stuibensees. (Hierher auch länger auf dem Bernadeinweg, R 245, und über den Stuibensee, R 712.) Eben, möglichst nahe den Felsen, um die Ecke ins Grieskar. Im Grunde des Kars, zuletzt über Schrofen, auf die Steigspuren achtend zur Grieskarscharte. 2½–3 Std. vom Kreuzeck. Vom Höllental zur Grieskarscharte auf R 242 in 3½–4 Std.

Führe: Südl. der Grieskarscharte liegt dicht unter dem Verbindungsgrat Hochblassen — Alpspitze in seiner O-Flanke ein Schuttfeld, über das man zum Anschlußpunkt des Verbindungsgrates an den senkrechten Abbruch des Hochblassens gelangt. Hier befindet sich dicht unter dem Abbruch ein kleines Schartl. Aus ihm durch eine gesicherte, kurze, kaminähnliche Rinne gegen W hinab, bis man eben an der Westseite des erwähnten Abbruches durchqueren und über schuttbedeckten Fels gerade zum Hauptgrat zwischen Vollkarspitze und Hochblassen hinaufsteigen kann. ½ Std. (Hier auf dem Grat westl. weiter über den Jubiläumsweg zur Vollkarspitze usw., R 338.) Jenseits südl. 3 m in einer

Rinne hinunter und sofort scharf links (östl.) in ein Schartel. Von ihm steigt man erst einige Meter ab. Dann parallel mit dem Grat zu einer plattigen Rinne. In ihr hinauf, hinter einem Felszahn rechts auf einen Vorbau und durch Queren plattiger Felsen zum Grat unmittelbar am Massiv des Signalgipfels. Nun links zwischen einem Felszahn und der Wand durchschlüpfend in einen großen Schuttkessel. (Beim Abstieg lasse man sich nicht verleiten, hier gleich rechts auf die Höllentalseite abzusteigen. Man muß vielmehr erst auf die Reintalseite des Grates kommen, wo die Drahtseile wieder beginnen.) Vom Schuttkessel zu dem schluchtartigen Kamin, durch den man mittels der Drahtseile eine Scharte im Westgrat des Signalgipfels erreicht. (Hier kommt von N die Schneerinne herauf.) Aus der Scharte, hart an der Gratkante, auf der Grieskarseite durch einen Kamin hinauf auf ein zweites Schartel und von dort gerade hinauf zum Signalgipfel. 45 Min.

Nun auf dem Grat, mit geringem Ausweichen in die Reintalseite, in die tiefste Scharte vor dem Hauptgipfel und auf diesen.

- **672   Durch die Schneerinne**
   Josef und Johann Dengg, 1880.
   II. Nur bei Schneeverhältnissen, die ein sicheres Steigen gestatten (meist im Frühjahr), zu empfehlen. 270 mH.
   1½ Std. Foto S. 61.

Zugang: Wie R 711, 671 zur Grieskarscharte.

Führe: Von der Grieskarscharte quert man das unter R 671 genannte Schuttfeld nach links wenig ansteigend zum Beginn der steilen, tief eingeschnittenen Schneerinne, die vom Geröllfeld aus schlecht sichtbar ist. Sie zieht zu der bei R 671 erwähnten tiefen Scharte im W-Grat des Signalgipfels hinauf. Durch sie zur Scharte und wie R 671 zum Gipfel.

Anmerkung: In guten, schneereichen Wintern kann die Rinne auch mit Skiern befahren werden (bis 45°, allerdings sehr eng, Skilänge nicht über 1,80 m).

- **673   Nordflanke**
   Gebr. Nonnenbruch, 1907.
   III— und II. 270 mH. 1½ Std.

Zugang: Wie R 711, 671 zur Grieskarscharte.

Führe: Von der Scharte wie bei R 672 zur Schneerinne. Man überschreitet sie und ihre linke (östl.) Begrenzungsrippe. Jenseits klettert man in einer Rinne empor, verläßt sie etwas oberhalb eines kurzen in sie eingeschalteten Kamins und quert auf einem Band unter einem Felskopf durch nach links, bis sich das Band verliert. Nun über Wandstufen schräg links aufwärts zu einer in gleicher Richtung ziehenden kaminartigen Rinne. Durch sie und in der gleichen Richtung weiter über schuttbedeckte Platten in die tiefste Scharte westl. des Hauptgipfels. Wie R 671 weiter zum Gipfel.

- **674** „Blassengrat" vom Hohen Gaif
  A. Heinrich, H. Leberle, G. Leuchs, 1899.
  III (stellenweise), meist II und I. Luftige und abwechslungsreiche, teilweise ausgesetzte Gratkletterei. Häufig begangen; auch als Winterziel beliebt. 1 Abseilstelle (20 m). 4—5 Std. Foto S. 61.

Führe: Vom Hohen Gaif (R 700) folgt man dem Westgrat abwärts in die tiefste Scharte und wieder hinauf bis fast auf die Höhe eines jenseits steil in eine enge Scharte abbrechenden, schönen Turmes, der besonders vom unteren Grieskar aus einen imposanten Eindruck macht. Etwa 6 m unter seinem Scheitel quert man auf der Nordseite schräg links abwärts auf einen kleinen Vorsprung, von dem auf der Nordseite eine rißartige Verschneidung bis zur Höhe der Scharte hinabzieht (♂). Sie kann allenfalls auch durch Abseilen (guter Abseilblock) überwunden werden. Dort, wo die Verschneidung in die Wand abbricht, spreizt man zur Scharte hinüber, zu einem Block über einem Gratfenster. Vom Block erst einige Meter nahe der Gratkante auf der Nordseite empor, dann auf der Südseite über ein steil aufwärts führendes Band zu einer Platte mit dünnem Riß, über die man rechts hinauf den Grat in einer Scharte erreicht. Nun auf breitem Band einige Meter in der Nordflanke weiter und über brüchige Schrofen wieder zum Grat hinauf. Die Gratschneide wird nun mit ganz unwesentlichen Abweichungen bis zum Gipfel der Blassenspitze verfolgt. Bald folgt die Überkletterung einer sehr brüchigen, nicht hohen Graterhebung. Der Gipfelaufschwung der Blassenspitze mit zwei Grattürmen wird immer hart an der Kante in festem Gestein in sehr schöner Kletterei erstiegen. Von der Blassenspitze umgeht man den senkrechten Abbruch ihres Westgrates indem man vom Gipfel in einer Rinne der Südflanke dicht unter dem Grat schräg abwärts steigt, bis man rechts zur scharfen Gratschneide unterhalb des Abbruchs hinüberqueren kann. Dann auf ihr bis in die nahe Scharte, die durch einen fingerähnlichen Felsturm gekennzeichnet ist. Hier mündet von rechts R 691, von links R 693. Nun in der Südflanke des hier mit brüchigen Türmchen besetzten Grates über Schutt und Schrofen links aufwärts, bis man ihn unter dem ersten großen Aufschwung wieder betritt. Man hat damit den schon von der Blassenspitze aus sichtbaren, flachen Vorgipfel des Hochblassens erreicht. Nun ohne wesentliche Schwierigkeit bis zum nächsten Aufschwung, der ebenfalls direkt erklettert wird und auf das Massiv des Hochblassens bringt. Man bleibt am Grat, bis er sich mit zersplittertem Türmchen zu einer Scharte absenkt. Schon vor ihr biegt man rechts abwärts in die Nordseite aus und erreicht auf gutem Band, das manchmal Schneereste trägt, querend eine Seitengratscharte, hinter der man wieder zur Scharte im Hauptgrat aufsteigt. Nun über den Grat zum nahen Gipfel.

- **675 Nordostwand**
  E. Gretschmann, C. R. v. Overkamp, 1921.
  V—, im oberen Wandteil IV und III. Sehr selten begangen.
  Ca. 650 mH. 4—5 Std.

Übersicht: Die gewaltige, ins Grieskar abstürzende Wandflucht wird durch die Nordkante (R 676) in die meist schrofige, unbedeutende Nordwand und die mächtige NO-Wand geteilt. Letztere läßt sich in drei horizontale Abschnitte einteilen: einen untersten, senkrecht auf den Schutt des Kars absetzenden, auffallend schwarzen Wandabbruch, der im rechten Teil höher erscheint als im linken (Höhe etwa 170 m). Zweitens einen mittleren Plattengürtel vom oberen Ende des Wandabbruches bis zu einem ebenfalls schwarzen, etwa 30 m hohen Wandabsatz, der diesen vom dritten, obersten, Plattengürtel trennt. Letzterer reicht bis zum Gipfelgrat. Der unterste Wandabbruch wird etwas links von seiner Mitte von einer Rißreihe durchzogen. Etwa 20 m rechts von dieser nahe der Nordkante beginnend, zieht eine rißartige Rampe von rechts unten schräg nach links oben durch die senkrechte Wand bis zum mittleren Plattengürtel. Sie vermittelt den ständig sehr ausgesetzten Durchstieg.

Zugang: Wie bei R 711, 671 ins Grieskar.

Führer: Man verfolgt den Schrägriß, dessen Beginn man vom Kar über etwas brüchige Schrofen erreicht, bis er durch einen glatten Wandbauch unterbrochen wird. Über diesen zur Fortsetzung des Risses (V—), der, hier erweitert, in eine rote Höhle leitet, wo er endet. Von der Höhle links heraus (sehr ausgesetzt und brüchig) auf ein Band, das nach links zu einem hellgefärbten Block leitet, womit der Beginn des mittleren Plattengürtels erreicht ist. Über die anfangs geneigten Platten zuerst etwas links in einer Rinne, dann mehr rechts in sehr genußreicher Kletterei in den Winkel empor, in dem der die beiden Plattengürtel trennende Wandabsatz sich nach unten knickt. Im Winkel nach links (teilweise IV) zum oberen Plattengürtel und über steile Platten in der Fallinie des Gratkopfes einmal etwas rechts auf ein Band hinaus, dann wieder links, zuletzt durch den unteren Teil einer Verschneidung bis fast unter die überhängende, gelbe Schlußwand des Vorkopfes. Diese links umgehend auf den Kopf (IV). Über den unschwierigen Gipfelgrat mit wenigen Schritten zum Gipfel.

● **676 Nordkante, „Blassenpfeiler"**
Th. Hüttenhofer, T. Wiedemann, 1935.
VI—/A0 (R P VII—) im unteren, senkrechten Wandteil, selten leichter, III und II im oberen, gratartigen Abschnitt. Schwierige und ernste Freikletterei in rauhem Fels. Riß- und Wandkletterei. Wegen der abgelegenen Lage relativ selten begangen. Die meisten ZH und SH vorhanden (teilweise schlecht). Bis zum Schrofengrat ca. 250 m, Kletterlänge ca. 300 m. Wandfuß — Gipfelgrat ca. 400 mH. 3—4½ Std.
Skizze S. 195.

Übersicht: Aus den steil ins Grieskar abbrechenden Nordwänden hebt sich deutlich ein ca. 100 m hoher Pfeiler ab, der an seiner rechten Seite mit der Wand eine markante Rißverschneidung bildet. Durch diese erreicht die Führe den Pfeilerkopf. Der darauffolgende steile und wenig gegliederte Wandteil wird mit einigen Ausweichungen relativ gerade durchstiegen. Danach legt sich das Gelände zurück und ein wenig ausgeprägter Grat leitet zum Gipfelgrat.

Zugang: Wie bei R 711, 671 ins Grieskar. Dieses hinauf, bis es merklich steiler wird. E in Fallinie des oben beschriebenen markanten Pfeilers. Von der Osterfelderbahn-Bergstation 1½ Std.

Führe: 1. SL: Über plattigen Fels linkshaltend empor zu H, dann schräg rechts empor unter Riß (V—/A0, 1 H, 50 m). **2. SL:** Im Riß empor bis über einen Überhang, Quergang nach rechts in Parallelriß und diesen empor (VI—/A0, 3 H, 25 m). **3. SL:** Die Rißverschneidung empor (VI—, 4 H, 45 m). **4. SL:** Den Riß weiter bis auf den Pfeilerkopf, und weiter gerade empor zu schlechtem Stand unter einem großen Überhang (VI—/A0, 7 H, 40 m). **5. SL:** Quergang nach rechts und gerade empor auf schuttbedecktes Band (V+, 1 H, 15 m). (Mit einem 50-m-Seil ist es auch möglich, nach der 3. SL den Stand erst auf dem Pfeilerkopf zu beziehen. Dann kann man die 4. und 5. SL in einer SL zusammenfassen und erspart sich so den Schlingenstand nach der 4. SL.) **6. SL:** Auf dem Band nach rechts unter einer angelehnten Platte hindurch, anschließend gerade, dann linkshaltend empor (VI—/A0, 4 H, 25 m). **7. SL:** Gerade empor unter markante gelbe Kante und die rechts aufwärtsziehende Rampe hinauf (III und IV, 1 H, 25 m). **8. SL:** Gerade empor unter nasse Überhänge, nach links und über einen Überhang empor (IV+, 2 H, 40 m). **9. SL:** Schräg links empor auf schrofigen Grat (III und IV, 30 m). Ende der Schwierigkeiten. Nun über die Gratrippe beliebig empor zum Gipfelgrat („Blassengrat") und nach rechts zum Gipfel (II und III, ca. 200 m).

(G. Reindl, Chr. Krah)

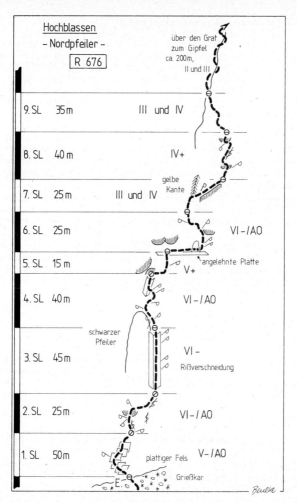

- **676a Nordpfeilerwand, „Jung und Alt"**
  P. Frei, S. Ketterer, 26./27.7.1983.
  VI, einige Stellen VI—, meist V und IV. Klassische und abwechslungsreiche Freikletterei in durchwegs festem Fels. Meist Wand- und Rißkletterei. Mit dem Weiterweg über den klassischen Nordpfeiler (R 676) ergibt sich eine lange, sehr empfehlenswerte Route. Einige SH vorhanden, dazu notwendig Stopper 3—6, Hexentric 5—9, mittlere Friends empfehlenswert. 3 Std. bis R 676.

Übersicht: Links der klassischen Nordpfeilerroute (R 676) befindet sich die eigentliche, etwas nach Osten gerichtete Pfeilerwand. Durch diese führt der Anstieg, der etwa 50 m links der Fallinie einer deutlich sichtbaren Höhle beginnt, diese später durch eine lange Rechtsquerung erreicht und durch überhängende Risse und eine Rißverschneidung direkt zum Pfeilerkopf leitet.

Zugang: Wie bei R 676 zum Wandfuß. Im linken Teil der Pfeilerwand etwa 50 m links der Fallinie der oben erwähnten Höhle zieht eine Rampe schräg links empor. Auf ihr etwa 30 m ansteigend zum eigentlichen E (I).

Führe: 1. SL: Schräg rechts empor zu altem H. Von dort leicht fallend, dann schräg rechts ansteigend weiterqueren um eine Kante zu Stand auf Band (VI—, 2 H, 35 m). **2. SL:** Kurz gerade hinauf, dann kurze Querung nach links (nicht den Rißspuren folgen!), eine plattige Wand hinauf und oberhalb um die Kante nach rechts; weiter rechts aufwärts queren zu kurzem Piazriß und an seinem Ende nach links zu seichtem Riß. Durch diesen zu einem breiten Überhang, der links umgangen wird, und weiter zu Stand auf schrägem Band (VI, 35 m). **3. SL:** Links vom Stand gerade empor, dann langer Quergang auf Bändern nach rechts zu Stand in der Höhle (V—, dann III, 35 m). **4. SL:** In der Höhle hinauf zu einem Loch, nun weiter links dem leicht überhängenden Riß folgend zu Stand an einem Block (VI, 25 m). **5. SL:** In der Rißverschneidung weiter empor bis zum Pfeilerkopf (IV+, 35 m).
Ab hier weiter wie R 676, ab 4. SL. (S. Ketterer)

- **677 Direkte Südwand**
  H. Pfanzelt, K. Simon, 1949.
  V, stellenweise leichter. Sehr selten begangen. Ca. 300 mH. 4 Std.

Zugang: Vom Grat Hochblassen — Vollkarspitze über Schuttbänder abwärts zum Fuße der Wand. E 40 bis 50 m links unterhalb eines gelben mehrere Meter langen Flecks.

Führe: Zuerst einen Riß in grauen Platten 1 SL gerade aufwärts. (Man sieht links oben einen schräg nach links aufwärts ziehenden, rampenartigen Riß.) Bis unter diesen hinauf zu Stand in einer flachen Nische unter einem splittrigen Wandl. Nun über den Überhang hinauf in den Riß und in ihm aufwärts, bis er sich in ein fast waagrechtes Band verliert. Weitere 10 m schräg links aufwärts zu Stand. Nun in den markanten, wenige Meter links davon senkrecht emporziehenden engen Kamin und in diesem aufwärts und über Schutt in eine Nische unter splittrigem, gelbem Überhang. Wenige Meter nach rechts und auf die große, unter auffallenden Wänden eingelagerte Platte, und auf dieser 2 SL rechts haltend aufwärts bis auf ein Band, unmittelbar unter der am weitesten rechts befindlichen gelben Wand. Auf dem Band bis zu seinem rechten Ende. Nun kleingriffig wenige Meter nach rechts um die Ecke in einen Riß und in diesem gerade aufwärts bis zu einem rötlichen, ganz im Riß befindlichen, kleinen Türmchen. Weiter den Riß aufwärts, nach etwa 15 bis 20 m in einen Felsspalt und aus diesem gerade hinauf über eine graue Wand direkt zum Gipfel.

● 678 **Südwand**
A. Sattler, 1919.
III+, im oberen Teil leichter. Ca. 300 mH. 1½ Std.

Übersicht: Der Hochblassen bricht nach S (genauer SW) in breiter im Durchschnitt 300 m hoher Wand ab. Sie weist östl. der Gipfelfallinie einen ausgeprägten Pfeiler auf, der östl. durch eine Schlucht, westl. durch eine Reihe von Rissen begrenzt wird.

Zugang: Siehe R 677.

Führe: Von links nach rechts ansteigend über eine Zone glatter Platten zum Beginn der Risse. 15 m in ihnen empor, dann über eine Wandstufe nach rechts. Durch den rechten von zwei Rissen und die anschließende Steilrinne auf einfacheres Gelände. Auf schuttbedeckten Bändern links aufwärts zum Grat, der dicht beim Gipfel erreicht wird.

● 679 **Südpfeiler**
H. Pfanzelt, K. Simon, 1949.
VI-- (Stellen), überwiegend leichter. Sehr selten begangen.
Ca. 300 mH. 4 Std.

Übersicht: Die Südabstürze des Hochblassen haben in ihrem östl. Teil einen mächtigen, gelb abbrechenden Pfeiler, der sich nach 120 m als markanter Grat erhebt und zur letzten östl. Erhebung vor dem Hochblassen-Hauptgipfel führt.

Zugang: Den E erreicht man am besten vom Blassenloch (s. R 250) aus, indem man links ansteigend die geneigten Schafweiden zu erreichen sucht, sie durchquert bis zur westl. abbrechenden Schneide, die in das Vollkar abfällt und bis unter den erwähnten Pfeiler hinaufzieht. Der E befindet sich 40 m westl. der Schneide.

Führe: Einen seichten Riß 15 m aufwärts, dann links haltend zu Stand im Grunde einer gelben Verschneidung, die sich rechts einer markanten grauen Kante befindet. Diese Verschneidung 25 m aufwärts (Schlüsselstelle), dann wenige Meter Quergang nach links und wieder gerade empor zu Stand. Etwa 40 m schwach rechts haltend auf den Pfeilerkopf bei einem kleinen Schärtchen. Nun dem links aufwärtsziehenden Grat folgend in mehreren SL in genußvoller Kletterei zum Vorgipfel des Hochblassens.

● **690**   **Blassenspitze,** etwa 2400 m

Abweisender Felsklotz im Blassengrat zwischen Hohem Gaif und Hochblassen. Von allen Seiten schwer zugänglich. Erstbesteigung: J. Landauer, J. Ostler, 1899. Überschreitung vom Hohen Gaif zum Hochblassen siehe R 674.

● **691 Nordwand**
A. Heinrich, 1899.
III und II. Sehr selten begangen. 2—2½ Std.

Übersicht: Der Gipfel der Blassenspitze stürzt in praller Wand auf einen Vorbau ab, der als flacher Sporn weit ins Grieskar vorspringt. Über ihn erreicht man den rechten (westlichen) Teil einer Schutterrasse, die sich weiter nach links unter den Gipfelwänden ausdehnt.

Zugang: Wie bei R 711, 671 ins Grieskar.

Führe: Von der in der Übersicht erwähnten Schutterrasse gibt es zwei Möglichkeiten: a) Man steigt schräg rechts aufwärts unter kulissenartig hereinhängenden Rippen und prallen Wänden durch mehrere Rinnen querend, bis man etwa 150 m schräg rechts über dem rechten Ende der Schutterrasse in eine kesselartige Rinne gelangt, die höher oben mit schwarzgelben Überhängen abschließt, über denen man ein zersplittertes Türmchen wahrnimmt. Etwa 20 m unter ihrem oberen Ende steigt man links heraus (III) und gelangt über ein Wandl gerade empor in eine seichte plattige Parallelrinne (III), die schief rechts emporzieht und auf das äußerste Ende eines Schuttbandes leitet. Dieses führt, einmal plattig unterbrochen, links (östl.) in die Scharte zwischen Blassenspitze und dem unter R 674 erwähnten markanten „Fingerturm". Nun auf dem Grat bis zum senkrechten Gipfelaufschwung. Hier wenige Meter in die Südflanke und durch eine Rinne zum Gipfel.

b) Etwas schwieriger und länger, aber schöner: Vom östl. Ende der Schutterrasse zieht eine gut gangbare Rinne, die vom Grieskar aus als schiefes Band erscheint, schräg links hinauf zum Ostgrat. Auf ihm nach rechts wie R 674 zum Gipfel.

- **692A Abstieg nach Norden ins Grieskar**
  III (Stellen), überwiegend leichter.

Vom NW-Fuß des fingerartigen Turmes westl. der Blassenspitze auf einem Band nach W über eine plattige Unterbrechung bis zu seinem Ende. Die letzte deutliche Rinne steigt man nach N hinab, dann nach links über eine schwierige Wandstufe in eine größere Rinne wenig unterhalb gelbschwarzer, abschließender Überhänge. Weiter rechts haltend hinab auf eine Geröllterrasse; von ihrem westl. Ende über Schrofen hinab ins Grieskar.

- **693 Aus dem Reintal**
  Erstbegeher nicht bekannt.
  III, meist II und leichter. Einfachster Anstieg. 4—5 Std.

Zugang: Wie R 250 zum Blassenloch, einer begrünten Mulde, etwas über der Mitte zwischen den beiden Gumpen hoch in der Südflanke des Blassenkammes.

Führe: E im obersten Winkel. a) Man steigt im Blassenloch hinauf bis zum höchsten Punkt einer Rippe, die es im oberen Teil in zwei Rinnen teilt. Von hier rechts auf einer plattigen Rinne empor zu einem begrünten Plätzchen unter zwei höhlenartigen Löchern. Nun scharf rechts zu der Wand des orog. linken Begrenzungspfeilers des Blassenloches. Hier über eine Wandstufe in eine weitere Rinne neben den Höhlen. Gleich darauf rechts über eine kleine Scharte in eine Parallelrinne, die zur tiefsten Einschartung zwischen Hochblassen und Blassenspitze bei dem unter R 674 erwähnten Fingerturm führt. Von dort wie R 691 zum Gipfel oder nach W auf R 674 zum Hochblassen.

Man kann auch vom Anfang der letzten Rinne rechts unter den gelben Wänden queren bis unter das rechte Ende eines höher oben die Wand von rechts nach links durchziehenden Bandes, zu dem man über schwierige Wandstellen emporklettert. Das häufig von Platten unterbrochene Band verfolgt man bis unter die Scharte zwischen beiden Gipfeltürmen, steigt in einer Rinne zu ihr hinauf und westl. über den Grat zum Gipfel.

b) Einen schwierigeren, aber interessanteren Zugang vermittelt die das Blassenloch östl. begrenzende, teilweise begrünte Rippe, die wandartig zum Schützensteig abbricht. Den oberen Ausgangspunkt der grünen Rippe, oberhalb des Abbruchs zum Schützensteig, gewinnt man vom

Schützensteig aus leicht, entweder vom Blassenloch nordöstl. oder von der Gaifrinne nordwestlich über Gras ansteigend.
Unter der Wand einige Meter westl., durch ein Klamml mit anschließender Rinne zu einem Latschenbusch hinauf. An einer Rippe aufwärts, dann rechts ausbiegend in eine grasige Rinne und in ihr zu einer Scharte. Auf einem Band unter der glatten Platte links zu kaminartiger Rinne hinauf. Durch diese und ähnliche Rinnen am W-Rand der großen Steilwand empor. Eine Rinne wird gegenüber der Ostkante eines ausgeprägten Turmes über eine kleingriffige senkrechte Wand verlassen. Höher oben quert man rechts um einen Pfeiler in eine verdeckte Rinne und gelangt durch ein Fensterl auf leichtes Gelände und rechts haltend zu einem rasengepolsterten Vorsprung oberhalb der Wand. — Eine Rippe, deren Felshöcker man östl. umgeht, führt zum nahen Hauptgrat östl. des Gipfelbaues und über ihn zum höchsten Punkt.
Man kann auch unter den Wänden links zum Anstieg a) hinüberqueren. Will man zum Hohen Gaif, dessen wildeste Seite man hier sieht, so quert man nordöstl. zum Hauptgrat, den man oberhalb (!) und westl. der tiefen Fensterscharte westl. des schönen Gratturmes (R 674) erreicht.

- **694   Südpfeiler**
  W. Lindauer, Th. Reindl, 1962.
  VI/A1 und V. Selten begangen. Die meisten H sowie HK sind vorhanden. Zählt zu den schwierigsten und anspruchsvollsten Routen am Blassenkamm. 10 Std. lt. Erstbeg.

Zugang: Der Südpfeiler fußt als gelbschwarze Wand im Blassenloch. Auf dem Schützensteig ins Blassenloch (R 250) und in diesem aufwärts zum Einstieg. Dieser befindet sich in der Fallinie des großen, dachartigen Überhanges in einer Höhle.

Führe: An ihrer linken Begrenzung durch eine kurze Verschneidung empor zu gutem Stand. Man verfolgt den schräg nach rechts aufwärts ziehenden Riß, bis Überhänge den Weiterweg versperren (Beginn der Hauptschwierigkeiten). Zunächst 10 m gerade empor, 4 m Quergang nach rechts; von hier über Überhänge links aufwärts zu Hängestand. Zunächst 3 m nach links in eine überhängende Verschneidung (HK), in ihr empor und durch Risse zu Stand (Beginn des dachartigen Überhanges). Man quert nach rechts um eine Kante und verfolgt den stark überhängenden, nach rechts aufwärtsziehenden und von unten sichtbaren Riß (HK) zu Hängestand. Den hier ansetzenden gelben Riß umgeht man zunächst rechts und verfolgt ihn erst im oberen Teil, bis er sich in einer großen geneigten Platte verliert (Stand). An ihrer rechten Begrenzung durch eine Verschneidung (HK); Querung nach links um die Kante zu gutem Stand. Gerade empor zu einem kurzen, splittrigen Kamin, 5 m Quergang nach rechts zu einer Verschneidung. In ihr empor zu gutem Stand. Weiter 10 m empor zu einer gelben, überhängenden Wandstelle links der Kante. Über diese hinweg zu gutem Stand. Nun folgt ein kurzer grauer Riß zu Stand. Von hier gerade aufwärts zum Gipfel.

● 695   Südwand
J. Bertl, J. Durrance, L. Kleisl, B. Pflugmacher, 1934.
V / A0, im oberen Teil leichter. Teilweise brüchig. Kaum begangen. 2. Seil für Seilquergang erforderlich. 2—3 Std.

Zugang: Auf dem Schützensteig (R 250) ins Blassenloch und in diesem aufwärts zum Einstieg, der sich 40 m rechts von den ungangbar scheinenden, gelbschwarzen Wänden des Südpfeilerfußes befindet.

Führe: Über einen 3 m hohen Überhang, dann etwas rechts haltend 20 m empor (H) und über eine brüchige, rechts aufwärts ziehende Rampe zu Stand. Von hier eine glatte Rinne mit Steilstufen empor, bis sie in eine ungangbare Verschneidung übergeht (H). Seilzugquergang nach rechts, dann 20 m aufwärts und wieder nach links zur Fortsetzung der Steilrinne. 2 SL auf Platten empor bis an sperrende Überhänge. 5 m Quergang nach rechts (H), über einen Überhang hinauf und weniger schwierig rechts aufwärts in eine Gratscharte. Hier zieht eine Schlucht aufwärts. Durch sie auf flaches, schuttbedecktes Gelände, das dem Gipfelaufbau südl. vorgelagert ist. Der Gipfelaufbau kann in 20 Min. ohne Schwierigkeiten beliebig erklettert werden.

● 700   Hoher Gaif, 2288 m
Niedriger, jedoch aus vielen Blickrichtungen scharf hervortretender Gipfel am O-Ende des Blassengrates.

● 701   Von Norden
II, überwiegend I und Gehgelände. 1 Std.

Zugang: Wie R 711 durch die Schöngänge und von deren Höhe wie bei R 712 hinab auf den Schutt über dem Stuibensee. Von hier geht man fast eben gegen die Nordwand des Gaifs. (Hierher auch auf dem Bernadeinweg auf R 245. Etwas länger.)

Führe: In die Nordwand des Hohen Gaifs ist eine in ihrem östl. Teil grasige, karähnliche Mulde eingelagert, deren östl. grüne Begrenzungsrippe bis zum Ostgrat hinaufzieht. Man erreicht die Mulde über die darunter liegenden Schrofen durch eine Rinne mit Drahtseil. Aus der Mulde entweder besser und schöner an ihrer linken Begrenzungsrippe zum Ostgrat und über ihn zum Gipfel. Oder weniger schön und nicht leichter: Man quert den Schutt der Mulde rechts aufwärts und steigt über die steile Schrofenwand fast direkt zum Gipfel. Die Schrofen sind überall gangbar, eine genaue Wegangabe daher nicht nötig.

- **702 Ostgrat**

    L. Distel, A. Schulze, 1904 (von der Mauerscharte).

    III (einige kurze Stellen), meist II und I, teilweise Gehgelände. Genußvolle und abwechslungsreiche Gratkletterei, stellenweise luftig. 2 Abseilstellen (40-m-Seil erforderlich). Auch im Winter beliebtes Ziel von der Stuibenhütte. 2 Std. von der Mauerscharte.

Zugang: Siehe R 250 und wie dort auf das ebene Stück, wo der Schützensteig links hinabführt.

Führe: Nun auf dem Grat weiter bis zum ersten großen Abbruch. Hier erst am Grat einige Meter in eine kleine Scharte. Von ihr rechts (nördl.) hinab in eine Rinne. Nach etwa 5 m steigt man links hinaus und erreicht über eine kurze Wand brüchig mit anschließendem Linksquergang (III) die Scharte unter dem Abbruch. Nun über den Grat zum zweiten Abbruch, der durch Abseilen überwunden werden muß. (15 m Wandhöhe, eingebohrter AH.) Bald darauf kommt von rechts herauf der Nordanstieg (R 701). Man verfolgt nun den Grat in hübscher Kletterei bis zum Gipfel.

- **703 Südwand, „Rittler"**

    L. Rittler, H. Schneider, 1928.

    V+ / A0, meist V, nur im oberen Teil leichter. (Rotpunkt: VI—) Wand- und Rißkletterei in meist festem Fels, abwechslungsreich. Sehr selten begangen. Empfehlenswertes extremes Winterziel von der Stuibenhütte. Die meisten SH und ZH vorhanden, einige KK mittlerer Größe empfehlenswert. 2—3 Std.

Übersicht: Die Führe beginnt rechts der Gipfelfallinie und erreicht weiter über ein Riß- und Verschneidungssystem den Gipfel.

Zugang: Vom Kreuzeck über den Schützensteig (R 250) unter die Südwände des Hohen Gaifs und über Latschen und Schrofen gerade empor zum Wandfuß. **Oder:** Überschreitung des Hohen Gaifs (I und II). In der Scharte nach dem Westgrat 40 m AS (2 Seile!) nach Süden zum Wandfuß. Der E befindet sich etwa 50 m rechts der Gipfelfallinie unter auffallend gelben, überhängenden Plattenwänden. Vom Kreuzeck 3 Std., von der Stuibenhütte 1½—2 Std.

Führe: 1. SL: Gerade empor zu überdachter Höhle, nach rechts zur Kante, dann eine senkrechte Verschneidung empor zu Stand unter Überhang (V+ / A0, RP VI—), 4 H, 40 m. **2. SL:** Über den Überhang rechts empor zu kurzer Wandstelle, und gerade empor zu Stand (V+, 2 H, 25 m). **3. SL:** Durch die Verschneidung über zwei Überhänge zu einem Kamin und durch diesen zu Stand (V, 2 H, 40 m). **4. SL:** Durch kurzen Kamin und plattige Verschneidung empor und linkshaltend in leichterem Gelände empor zu Stand (V—, 1 H, 25 m). **5./6. SL:** Schräg links empor zum Gipfel (II und III, 70 m). (S. Schachtl)

● **704 Direkte Südwand**
A. Jörg, L. Kleisl, 1949.
VI / A2 (?), im oberen Teil wesentlich leichter.
Teilweise recht luftig. Sehr selten begangen. Ca. 450 mH. 4—6 Std.

Übersicht: Die Gaif-Südwand teilt sich in eine südliche und eine südwestliche Wand. In der Gipfelfallinie stoßen die beiden Wände zusammen und bilden einen stumpfen Winkel. 15 m links dieser schwach ausgeprägten Kante befindet sich der E.

Zugang: Siehe R 703.

Führe: Eine senkrechte Wandstelle 20 m gerade empor zu einem Riß und über den anschließenden Überhang zu Stand. Durch die hier ansetzende Verschneidung zu einer gelben Nische und über einen Wulstüberhang zum Beginn der großen, steil nach rechts ziehenden Verschneidung. Diese wird verfolgt bis zu ihrem Ende. Kurzer Quergang nach rechts abwärts und auf ein Köpfl zu Stand. Die folgende überhängende Wandstelle umgeht man kurz rechts. 4 m Quergang nach links und weiter einen Riß gerade empor bis unter ein Dach. Kurzer Quergang nach links (etwa 5 m) und nun schwach rechts haltend auf weniger schwierigem Gelände nach 2 SL zum Gipfel.

● **705 Südostwand**
S. Müller, K. Simon, 1963.
IV (Stellen), meist III und leichter. Wenig begangen. 2 Std.

Zugang: Von der Stuibenhütte über die Mauerscharte, der Markierung des Schützensteiges (R 250) auf-, dann abwärts folgend, bis man die Südabstürze des Hohen Gaifs sieht. Von hier geht es die Schrofenhänge aufwärts, indem man einem schon unten sichtbaren Felskessel zustrebt.

Führe: Den Kessel erreicht man am besten von rechts, indem man eine etwa 8 m hohe Felsstufe ersteigt, dann ein waagrechtes Band nach links in den Kessel benützt. Über plattigen Fels 1 SL hinauf, dann hält man sich an der linken Seite der SO-Wand, die mit der Südwand kantengleich zusammenstößt. Die folgenden 6 SL immer scharf an den Abstürzen der S-Wand haltend, mit einigen Ausweichungen in dieselbe. Dann zu den Ausstiegsfelsen, die zum Ostgrat des Hohen Gaifs führen, wo der Weg von N (R 701) heraufkommt. Von hier über den Ostgrat zum Gipfel.

- **706 Nordwestwand**
  J. Pröbstl, G. Schwaiger, 1935.
  V (Stellen). Keine weiteren Einzelheiten bekannt.

- **710**   **Alpspitze, 2629 m**

Die formschöne Felspyramide der Alpspitze beherrscht das Tal von Garmisch-Partenkirchen und ist schon vom Werdenfelser Vorland aus weit sichtbar. Auf Grund ihrer freistehenden, überragenden Lage stellt sie einen hervorragenden Aussichtsberg dar. Von besonderer Schönheit ist dabei der Blick ins Höllental und auf den Jubiläumsgrat hinüber zur Zugspitze.
Die Erstbesteigung erfolgte vermutlich durch J. Burger aus Partenkirchen 1825, der wahrscheinlich den einfachsten Weg durch die Ostflanke wählte. Heute zählt die Alpspitze zu einem der beliebtesten Tourenziele im Wetterstein und ihr Gipfel wird sowohl im Sommer als auch im Winter sehr häufig besucht. Einen besonderen Anreiz dazu bieten auch die Seilbahnen auf das Kreuzeck und zum Osterfelderkopf, die den Zugang sehr erleichtern und eine Besteigung der Alpspitze zu einer relativ bequemen Tagestour machen.
Alle Anstiege auf die Alpspitze können als interessant und abwechslungsreich bezeichnet werden und sind zur Erleichterung zum Teil mit Steiganlagen und Drahtseilen gesichert. Der klassische Anstieg von Norden führt über die drahtseilgesicherten Schöngänge (R 711) und über den Ostgrat zu Gipfel. Dieser Aufstieg läßt sich mit dem Abstieg über den Südwestgrat (R 713) zur Grieskarscharte und weiter ins Grieskar zu einer reizvollen und abwechslungsreichen Rundtour verbinden. Es empfiehlt sich dabei ein Abstieg über den Stuibensee und den Bernadeinweg zur Kreuzeckbahn. Der 1975 eröffnete Nordwandsteig (R 718) quert mit Hilfe von Drahtseilen und Tunnels die Nordwand nahezu waagrecht und stellt die kürzeste Verbindung vom Osterfelderkopf ins Oberkar dar. Man spart sich dabei den Höhenverlust bis zum Einstieg der Schöngänge. Den letzten Stand beton- und stahltechnischer Wegeerschließung stellt die 1978 installierte sog. „Nordwand-Ferrata" dar, eine gutgemeinte Werbeaktion einer Bergbahngesellschaft auf Kosten der Gebirgsnatur, über deren Sinn man sich streiten kann. Zweifellos stellt die „Ferrata" (R 719) den kürzesten Weg von der Osterfelderbahn zum Alpspitzgipfel dar und erfreut sich relativ großer Beliebtheit. Leider wurde bei der Anbringung von Leitern, Klammern und Drahtseilen geradezu verschwenderisch umgegangen. Es bleibt zu hoffen, daß die

„Ferrata" ein Einzelfall bleibt und nicht zu weiteren Bauwerken ähnlicher Art animiert. Da die Nordwand relativ flach ist und teilweise Schrofen und brüchiger Fels aufweist, ist bei einer Begehung der „Ferrata" wegen möglicher Steinschlaggefahr Vorsicht und Aufmerksamkeit geboten.

Die früher klassische Route durch die Alpspitz-Nordwand über das Schnee-„Herzerl" hat mit der Einrichtung der „Ferrata" stark an Bedeutung verloren, obwohl es sich zwar um recht kurze, aber nette Genußkletterei im III. Grad handelt (R 716).

Ein beliebtes Tourenziel stellt die Alpspitze auch im Winter und Frühjahr dar. Sie ist zweifellos einer der lohnendsten Skiberge im Wettersteingebirge. Der steile Osthang vom Gipfel kann leider nicht immer gefahren werden (Schneebrettgefahr), und besonders die steile Rinne vom Gipfelhang ins Oberkar (35—40°) ist oft heikel und nicht ganz ungefährlich zu fahren (schon mehrere Unfälle!) Als Schmankerl für extreme Skifahrer bietet sich die Alpspitz-Nordwand an, wobei der Gipfelaufschwung am besten auf der „Ferrata" umgangen wird. Allerdings ist große Vorsicht notwendig, da in der Nordwand oft Schneebrettgefahr herrscht (Neigung ca. 35—40°, je nach Spurwahl, mehrere Möglichkeiten, von der Schneelage abhängig).   (S. Beulke)

● **711   Über die Schöngänge**
F. v. Schilcher, N. Grasegger, 1858.
I. Gebräuchlichster Weg. Markiert und gesichert. 3—4 Std. vom Kreuzeck. Foto S. 99.

Vom Kreuzeck auf gutem Weg zur Hochalm. Weiter aufwärts in den Sattel zwischen Bergwachthütte und **Aschenköpfen.** Von hier jenseits waagrecht auf Steig in das große Kar unter der Bernadeinwand und der Alpspitz-Nordwand. Über die Schuttreiße gegen die Bernadeinwand ansteigend und den Seilsicherungen und diesen folgend zum grünen Sattel westl. des **Bernadeinkopfes,** zu dem von der anderen Seite der Weg vom Stuibensee heraufkommt. Weiter der Markierung folgend, auf die sogenannte Schulter und über den Ostgrat auf den Gipfel. Oder vor Erreichen der Schulter nach rechts immer im Kar aufwärts und bei den Felsen Querung nach rechts, bis man über den Schutthang gerade ansteigend den Gipfel erreichen kann.

● **712   Über den Stuibensee**
Deutliche Pfadspuren. Ca. 700 mH. 4—5 Std. vom Kreuzeck. Foto S. 61.

Vom Kreuzeck auf R 245 an der Bernadeinjagdhütte vorbei und auf dem Bernadeinweg weiter, bis nach Querung des Bernadeintales ein

Ww. rechts zur Alpspitze weist. Nun dem spärlichen Steig folgend durch lichten Wald aufwärts, bis sich der Steig auf einer großen Grasterrasse verliert. Man hält sich in Richtung auf den hier schon sichtbaren Alpspitzgipfel westl. durch Latschen oberhalb der Grasterrasse. Bald wird der Steig wieder deutlicher. Man gelangt, von der bisherigen Richtung etwas links abweichend, auf eine weitere Terrasse dicht oberhalb nördl. des Stuibensees. Hier führt der ausgeprägte Steig rechts (nördl.) über eine Schrofenstufe auf schwach geneigte Grashänge, über die man den Ausstieg der Schöngänge (R 711) erreicht. Weiter wie R 711 zum Gipfel.

- **713 Von der Grieskarscharte**
  I und Drahtseile. Auch für den Abstieg geeignet. 40 Min. Foto S. 61.

Zugang: Wie bei R 242, 711 + 671 in die Grieskarscharte.

Führe: Von der Scharte längs des gesicherten Grates manchmal ausweichend zum Gipfel.

- **716 Nordwand**
  A. Adam, L. Puckshofer, 1903.
  III (1 SL), meist II und I, über längere Passagen Gehgelände. Sehr beliebt, hat jedoch durch die „Nordwand-Ferrata" an Bedeutung verloren. 2—3 Std. Foto S. 99.

Übersicht: In halber Wandhöhe befindet sich in der Gipfelfallinie ein dreieckiger, selten ganz abschmelzender Schneefleck („Herzl").

Zugang: Vom Kreuzeck zu den Schöngängen (R 711). Nun in dem großen, unter der Nordwand eingebetteten Kar bis zum höchsten, westl. gelegenen Punkt empor. Oder von der Osterfelderbahn zum Beginn der „Ferrata".

Führe: Durch Risse und Kamine aufwärts (teilweise Sicherungen der „Ferrata"), bis man auf Bändern schräg nach links den erwähnten Schneefleck erreichen kann. Ab hier gibt es verschiedene Möglichkeiten, die teils links, teils rechts zum Gipfel führen. Am zweckmäßigsten ist folgende: Vom Schneefleck aus sieht man drei parallele Verschneidungen. Jede wird durch einen von links hereinfallenden, senkrechten Schichtabbruch und einen Plattenschuß gebildet. Man steigt zu dem am weitesten links befindlichen hinauf und klettert dann 20—30 m rechts davon, hart rechts eines kleinen, etwa 2 m hohen Schichtabbruchs über die Platten hinauf. Oben gelangt man auf ein breites Schuttband, über das man den Nordgrat etwa 20 m unterhalb des Gipfels erreicht. Auch der mittlere und der rechts befindliche Plattenschuß können durchstiegen werden (schwieriger).

● **717 Nordwestabbruch**
K. Hannemann, E. Hösch, 1920.
IV (eine SL), sonst III und II. Kurze Kletterei an festem Fels.
Die meisten SH und ZH vorhanden. 1—2 Std.
Foto S. 99.

Übersicht: Die Nordwand wird rechts vom NW-Grat begrenzt, der mit einem auffallenden Steilabbruch endet. Die Führe verläuft über das mittlere Plattenband zum NW-Grat hinauf.

Zugang: Über die „Nordwand-Ferrata" bis etwas oberhalb des Beginns des mittleren Plattenschusses. Absteigend zu seinem Fuß queren. Von der Bergstation der Osterfelderbahn ½ Std.

Führe: 1./2. SL: Über den Plattenschuß bis unter einen auffallenden Riß an seinem Ende (II und III, 70 m). **3. SL:** Durch den Riß über eine Wandstelle, und durch einen weiteren kurzen Riß auf ein nach links ziehendes Plattenband. Über dieses zum NW-Grat. (IV, 3 H, 35 m). Über den NW-Grat (I und II) bis zur „Nordwand-Ferrata" und über diese zum Gipfel. (G. Härter)

● **718 Nordwandsteig**
I (Klettersteig, einige kurze Stellen), meist jedoch Gehgelände auf gut angelegtem Weg mit einigen Tunnels. Vom Osterfelder Kopf (Seilbahn) der bequemste Weg auf die Alpspitze. Markiert und gesichert. Trittsicherheit jedoch unbedingt erforderlich. Vom Osterfelder Kopf bis ins Oberkar (hier trifft der Nordwandsteig auf R 711) 45 Min. Foto S. 99.

Vom Osterfelderkopf auf gut markiertem Weg zum Fuß der Alpspitz-Nordwand (Abzweigung der „Alpspitz-Ferrata" — R 719 — nach rechts). Nun den Wegweisern, Steiganlagen und Drahtseilen folgend bis ins Oberkar. (S. Beulke)

● **719 „Nordwand-Ferrata"**
I (Klettersteig), sehr gut gesichert. Schwindelfreiheit und absolute Trittsicherheit jedoch unbedingt notwendig. Der kürzeste Weg vom Osterfelderkopf zum Alpspitzgipfel. Mit Einschränkungen auch in schneearmen Wintern gut zu begehen. Für Begeher des „Jubiläumsgrates" (R 338) die beste Abstiegsmöglichkeit vom Alpspitzgipfel zur Osterfelderbahn. Vom Osterfelderkopf zur Alpspitze 1½—2 Std.
Fotos S. 61, 99.

Vom Osterfelderkopf zum Wandfuß der Alpspitz-Nordwand. Den Markierungen folgend bis zum Beginn der Drahtseilsicherungen; an diesen entlang bis zum Gipfel der Alpspitze. (S. Beulke)

● **720**   **Kreuzjoch,** 1719 m

Lohnender Aussichtspunkt.

● **721**   **Vom Kreuzjochhaus**
         Deutliche Pfadspuren. ½ Std.

Hinter der Kreuzalm zum Wald, wo man auf einen Pfad trifft, der nahe dem steil nach Süden abstürzenden Grat zum höchsten Punkt führt.

● **722**   **Rauhkopf,** 1621 m

Ein dem Kreuzeck westlich vorgelagerter felsiger Kopf.

● **723**   **Vom Kreuzeckhaus**
         Etwa ¼ Std.

Vom Kreuzeckhaus (R 55) entlang des Verbindungsgrates und auf der Südseite (nicht auf die Nordseite ausweichen!) zum höchsten Punkt.

● **730**   **Höllentorkopf,** 2150 m

Der Höllentorkopf ist der Eckpfeiler des nördlichen Ausläufers der Alpspitze. Schon vom Tal aus ist er als markanter, dunkler Felskegel unterhalb der Alpspitze zu erkennen, während er vom Osterfelderkopf aus betrachtet, nur noch relativ wenig selbständigen Gipfelcharakter erkennen läßt.

Genaue Angaben über eine mögliche erste Besteigung sind nicht bekannt. Vermutlich haben Hirten den Gipfel schon zu Beginn des 19. Jahrhunderts bestiegen. Heute ist der Höllentorkopf ein beliebtes Tourenziel, allein schon auf Grund des bequemen Zugangs mit Hilfe der Osterfelderbahn. Außerdem ist er ein hervorragender Aussichtsberg mit informativem Blick ins Höllental und auf die Zugspitze.

Wegen der direkten Nachbarschaft zur wesentlich höheren Alpspitze wird der Höllentorkopf allerdings relativ selten über den Normalweg besucht. Dagegen ist er ein sehr beliebtes Ziel für mittlere und schwere Kletterfahrten. Dies hat mehrere Gründe: Die Osterfelderbahn ermöglicht einen kurzen und dadurch schnellen Zugang zu den Einstiegen. Der Abstieg über den Ostgrat ist relativ kurz und einfach. Der meist feste und gutgriffige Fels am Höllentorkopf ermöglicht elegante und

Höllentalkopf von Norden

R 733:   Nordostwand
R 734:   Nordkante
R 734a: „Kreitzverschneidung"

genußreiche Klettereien. Die Südwestwand bietet kurze, aber reizvolle Genußklettereien in bestem Fels. Besonders zu empfehlen sind hier die „Pfanzelt", R 738, und der „Weg der Freundschaft", R 739, die dank des kurzen Abstieges an einem Tag gemeinsam begangen werden können. Außerdem stellen sie beliebte Winter- und Frühjahrsziele dar, da die Wand nach Süden exponiert ist und schnell abtrocknet.

Die Routen auf der Nord- und Nordwestseite dagegen werden relativ selten begangen. Da sie teilweise brüchig und schwer zu finden sind, stellen sie nicht zu unterschätzende Anforderungen. Eine Ausnahme stellt die Nordkante (R 734) dar. Sie zählt zweifellos zu den lohnendsten Routen im mittleren Schwierigkeitsbereich im Wetterstein und erfreut sich konstanter Beliebtheit. (S. Beulke)

● **731 Normalweg über den Südostgrat**
Erstbegeher unbekannt.
II (2 Stellen), sonst I und Gehgelände. 20 Min. vom Höllentor.

Zugang: Vom Kreuzeck zum Höllentor siehe R 244.
Führe: Von der Einschartung des Höllentors steigt man auf der Höllentalseite 20 m ab, bis man nach rechts über Gras und Schrofen zu den Felsen aufsteigen kann. Auf einem Band westl. des Grates zu einer Wandstufe und über diese und weiter gerade aufwärts auf einen Turm. Jenseits hinab in eine Scharte und von dieser westl. absteigend auf ein Schuttband. Über dieses und dann über Schrofen nach rechts hinauf und zum Gipfel.

● **731 A Abstieg über den Südostgrat**
II (2 Stellen), sonst I und Gehgelände. Deutliche Steigspuren. 15 Min. bis zum Höllentor.

Vom Gipfel auf deutlichem Steig südöstl. hinab bis vor einen Felsturm. Links (westl.) vorbei und hinab zu Scharte. Rechts haltend durch eine Rinne hinab (2 Stellen II) auf ein Schuttband, dann rechts über Schutt und Gras hinab zum Rinderweg und links hinauf zum Höllentor.

● **733 Nordostwand**
A. Reinhard, K. Seifert, 1953. **V + / A0** überwiegend. Schöne Kletterei an meist festem Fels; nur die 1. SL ist zum Teil brüchig. Riß- und Wandkletterei. Wenig begangen. Die meisten ZH und SH sind vorhanden. Bis zur Nordkante etwa 150 mH, Kletterlänge etwa 200 m. 3—4 Std.
Foto S. 209, Skizze S. 211.

Übersicht: Vom E der Nordkante zieht nach links eine ausgeprägte Schlucht (R 732) empor. Aus dieser nach rechts heraus zum Riß, den

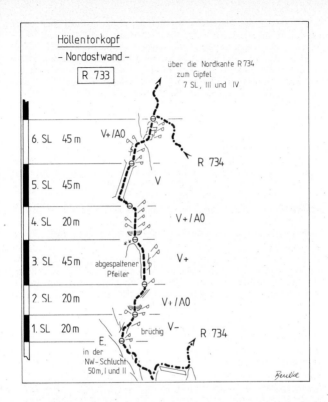

ein abgespaltener Pfeiler bildet. In der Folge über Wandstellen nach links zu einem markanten Kamin. Nach ihm über Wandstellen zur Nordkante (R 734) und über sie zum Gipfel.

Zugang: Wie in R 734. Links vom Absatz am Beginn der Kante durch die Schlucht (R 732) 50 m empor (brüchig), zu zwei H (II). Hier E.

Führe: 1. SL: Rechts haltend über brüchigen Fels empor unter einen Überhang (V—, 1 H, 20 m). **2. SL:** Über den Überhang und nach rechts auf ein Band, das zum Beginn des Pfeilerrisses führt (V + / A0,

211

1 H, 20 m). **3. SL:** Durch den Riß und nach links auf den Pfeilerkopf (V+, 2 H, 45 m). **4. SL:** Über einen Überhang und die anschließende Wand empor. Beim letzten H nach links (V+ / A0, mehrere H, 20 m). **5. SL:** Nach links und gerade hinauf in den markanten Kamin. Durch ihn bis an sein Ende (V, 45 m). **6. SL:** Durch den Riß rechts heraus, um die Kante und über Platten auf einen Absatz an der Nordkante (V+ / A0, mehrere H, 45 m). Weiter über die Nordkante (R 734) in 7 SL zum Gipfel (W. Pohl)

● **734 Nordkante**
Freudenberg, 1904 m.
IV (überwiegend), im Oberen Drittel III und II. Sehr schöne Kletterei an überwiegend festem Fels. Viel begangen. Erforderliche H vorhanden, vielfach natürliche Sicherungsmöglichkeiten. Etwa 350 mH, Kleterlänge etwa 420 m. 3—4 Std. Foto S. 209, Skizze S. 213.

Übersicht: Die Führe beginnt direkt am Fuß der Kante. Sie verläuft im unteren Teil rechts der Kante und hält sich nach einem markanten Kamin mehr oder weniger direkt an der Kante bis zum Gipfel.

Zugang: Zwei Möglichkeiten:
a) Von den Bergstationen der Osterfelder- oder Kreuzeckbahn zum Hupfleitenjoch. Von hier etwa 100 Höhenmeter auf R 243 Richtung Höllental absteigen, bis kurz vor breiter Plattenrinne, die vom Höllentorkopf zum Weg herabzieht, nach links Steigspuren durch die Latschen ziehen. Von hier leicht ansteigend durch Latschen und über Schrofen aufwärts bis zum Absatz am Beginn der Kante (Steinmann). Etwa 1 Std. von den Bergstationen.
b) Vom Höllental auf R 243 über die Knappenhäuser ansteigend bis in die Mulde, welche vom Höllentorkopf herabzieht. Über Schrofen zum oben erwähnten Absatz. Von der Höllentalangerhütte 1 Std.

Führe: 1. SL: Vom Absatz nach rechts und gerade hinauf über Schrofen zu großem Köpfl (IV, und II, 30 m).
2. SL: Quergang rechts aufwärts in die Verschneidung und durch diese auf kleinen Absatz (IV, III, 3 H, 30 m). **3. SL:** Leicht rechtshaltend empor zu schlechtem Stand (III, 35 m). **4. SL:** Gerade empor und nach links zum Beginn des Kamins (III und II). Durch diesen in eine Höhle unter riesigem Klemmblock (IV, 1 H, 45 m). **5. SL:** Aus dem Kamin links heraus, gerade empor und nach links über brüchigen Fels in eine Rinne. Durch diese auf ein Band (IV—, 2 H, 40 m). **6. SL:** Nach links an die Kante und über diese auf einen Absatz (IV, 1 H, 35 m). **7. SL:** Über die Kante, bis sie sich unter einem Aufschwung verliert (III,

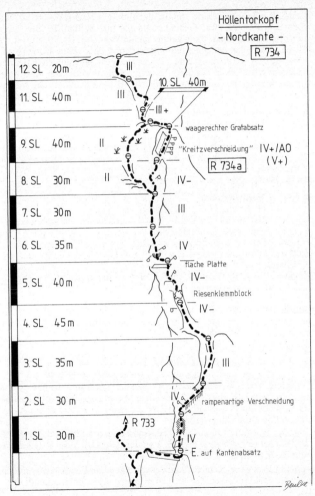

30 m). **8. SL:** 6 m gerade empor, nach links heraus (IV—, 1 H) und über Schrofen zu zwei Gedenktafeln (30 m). **9. und 10. SL:** Über Schrofen linkshaltend, dann gerade hinauf zum Grat (II, 70 m). **11. bis 13. SL:** Über den waagrechten Grat (II) und über einen kleinen Aufschwung (III+) in die rechte der beiden Verschneidungen links der Kante. Nach 15 m in die linke Verschneidung und danach nach links auf ein Band (III). Über eine Wandstelle (III) auf den Grat und wenige Meter rechts zum Gipfel (insgesamt 120 m). (G. Härter, S. Beulke)

● **734 a Kreitzverschneidung**
H. Kreitz und Gef., 1914.
IV+ / A0 (Rotpunkt: V+). Foto S. 209, Skizze S. 213.

Variante: Rechts der beiden Gedenktafeln nach der 8. SL auf einen Absatz an der Kante. Durch die einige Meter rechts der Kante ansetzende Verschneidung empor zum Grat (IV+ / A0, mehrere H, 30 m). Weiter wie R 734, 11. SL.

● **735 Nordwestband**
H. Kreitz, H. Graf v. Lambsdorf, 1916.
III, im unteren Teil II. Viel Schuttgelände, sehr selten begangen. Etwa 250 mH, 2 Std.

Übersicht: Das NW-Band zieht zwischen Nord- und Westkante schräg links empor und mündet etwa 80 m unterhalb des Gipfels auf der Nordkante.

Zugang: Wie in R 738 zum Fuß der Westkante auf den großen Schuttabsatz. Von hier absteigend auf das NW-Band. Von der Bergstation der Osterfelderbahn etwa 45 Min.

Führe: Beliebig über das Band empor, am Schluß links, dann rechts haltend auf den waagrechten Gratabsatz der Nordkante (R 734). Über sie in 3 SL zum Gipfel.

● **736 Nordwestwand**
R. Sedlmayer, H. Ziegler, 1932.
V. Sehr selten begangen. Etwa 200 mH, 2—3 Std.

Übersicht: Die NW-Wand setzt zwischen der Nord- und der Westkante auf das breite NW-Band ab. Über einen bereits von unten auffallenden Riesenblock im NW-Band zieht eine Folge senkrechter Risse empor, welche den Durchstieg vermitteln.

Zugang: Wie in R 738 auf das NW-Band und von links auf den Kopf des Blockes (Steinmann). Hier E. Von der Bergstation der Osterfelderbahn etwa 50 Min.

Führe: Links einer kleinen Höhle etwas empor und nach rechts in den über der Höhle ansetzenden Riß. 20 m zuletzt etwas links haltend. Einige Meter nach rechts in einen engen Kamin, der nach 5 m auf eine auffallende Platte leitet. Quergang 4 m nach links und gerade empor bis unterhalb eines Kamins. Über glatte Platten 8 m nach rechts in einen weiteren, rechts von gelben Überhängen begrenzten Kamin. In ihm 10 m, zuletzt überhängend, empor. In der darüber ansetzenden Verschneidung unter Benützung des rechts eingeschnittenen glatten Risses 12 m empor. Über den abschließenden Überhang hinweg und weniger schwierig gerade empor zu einer moosigen Höhle. Rechts aus ihr heraus und auf steilem Plattenband 15 m empor. Dann wieder gerade aufwärts und durch einen kurzen Stemmkamin auf ein breites Band, das so lange nach rechts verfolgt wird, bis man nach links herausqueren kann. Leicht links haltend über Platten und Rinnen zum Gipfel.

● **737   Westkante**
K. Hannemann, U. Hösch, Lilly Steppes, 1920.
V + / A0 (1 SL), meist IV und III, im oberen Teil leichter.
Mit dem sog. „Direkten Durchstieg": V—/A0.
Überwiegend schöne Wandkletterei an festem Fels. Erforderliche H vorhanden. Oft begangen. Bis zum Ende der Schwierigkeiten etwa 100 mH, Kletterlänge etwa 130 m. 1—2 Std.
Foto S. 217.

Übersicht: Der markanteste Punkt der Westkante ist ein überhängender Abbruch in ihrem unteren Teil. Die Originalführe umgeht den Abbruch links, der „Direkte Durchstieg" führt an Haken darüber hinauf. In der Folge hält sich die Führe immer leicht links der Kante, bis diese sich verflacht.

Zugang: Wie in R 738 zum Fuße der SW-Wand und bis zu einer weit herabziehenden Rippe queren. Über sie und über Schrofen bis zu einem großen Schuttabsatz am Fuße der Westkante. An der Kante 50 m empor (II und III) zu kleinem Absatz unter dem überhängenden Abbruch. Hier E. Von der Bergstation der Osterfelderbahn etwa ½ Std.

Führe: 1. SL: Bis kurz unter den überhängenden Abbruch hinauf und Quergang nach links um die Kante. Über eine Rampe und anschließende Wandstelle zu leichtem Gelände bei Köpfl (V + / A0, mehrere H, 45 m); oder „Direkter Durchstieg"; den H folgend und gerade empor (A0/V—, mehrere H, 40 m). **2. SL:** Leicht rechts haltend und gerade hinauf bis kurz unter die Kante. Quergang nach links (IV, 2 H, 25 m). **3. SL:** Gerade empor und über eine Rampe nach rechts an die Kante (V—/A0, mehrere H, 30 m). **4. SL:** Weiter über die Kante zu großem Absatz an der Kante (IV und III, 2 H, 35 m). **5.—7. SL:** Über den Grat zum Gipfel (stellenweise II, 100 m). (G. Härter)

● **738 Südwestwand, Pfanzelt / Panholzer-Führe**
H. Pfanzelt, H. Panholzer, 1948.
V / A0 (Rotpunkt: VI). Ausgesprochen schöne Kletterei an festem Fels. Viel begangen. Die meisten ZH und SH vorhanden. Bis zum Ende der Schwierigkeiten etwa 100 mH, Kletterlänge etwa 130 m. Etwa 1 Std.
Foto S. 217, Skizze S. 219.

Übersicht: Im zentralen Wandteil ist etwa 40 m über dem Wandfuß ein großer, gelber Überhang mit auffallender Nische darunter. Aus dieser leitet die Führe nach links heraus und in der Folge gerade empor. Die abschließende Plattenwand wird durch einen markanten Riß erklettert.

Zugang: Von der Bergstation der Osterfelderbahn auf R 244 zur Rinderscharte und jenseits bis auf Höhe des Wandfußes hinab. Über Schrofen nach rechts bis zu einem Rasenrücken. Von links nach rechts und gerade zur oben erwähnten Nische empor (II und III).

Führe: 1. SL: Nach links heraus auf die Rampe und über einen kleinen Überhang (V / A0) in den folgenden kurzen Riß. Über ein Grasband nach links (V / A0 und IV, mehrere H, 25 m). **2. SL:** Gerade empor und über eine Platte unter einen Überhang. Rechts daran vorbei und nach links (V / A0, mehrere H, 25 m). **3. SL:** 8 m nach links und gerade empor über einen kleinen Überhang rechts haltend (V—, 2 H, 20 m). **4. SL:** Den H folgend durch den Riß der Plattenwand zu einem Köpfl im Schrofengelände (A0 / V, mehrere H, 30 m). Ende der Schwierigkeiten. Nun über die Schrofen gerade empor und über die 1. Felsstufe. Danach nach links auf den Grat und über ihn zum Gipfel (stellenweise II, 150 m). (S. Beulke, G. Härter)

● **739 Südwestwand, „Weg der Freundschaft"**
H. Henke, H. Hillmaier, 1968.
VI—/A0, meist V— und V (R.P. VI+). Schöne und abwechslungsreiche Wand- und Rißkletterei in festem, rauhem Fels, vergleichbar mit der benachbarten „Pfanzelt"-Führe, R 738. Auf Grund der exponierten südseitigen Lage schon früh im Jahr und bis spät in den Herbst hinein begehbar, da schnell trocken. Die meisten SH und ZH vorhanden, teilweise aber auch Verhauerhaken! Bis zur Westkante etwa 120 mH, Kletterlänge 155 m. 1½—2 Std.
Foto S. 217, Skizze S. 219.

Höllentorkopf von Südwesten

R 737: Westkante
R 738: Südwestwand, „Pfanzelt"
R 739: Südwestwand, „Weg der Freundschaft"

Übersicht: Die Route verläuft durch den Wandteil links der „Pfanzelt"-Führe, R 738.
Zugang: Zum Wandfuß wie bei R 738. Über einen brüchigen Schrofenvorbau von rechts her zu Grasplatz. Nun gerade bis unter die Wand am rechten Ende des Vorbaues zu einem Block (vom Wandfuß etwa 50 m, II und III). Von der Osterfelderbahn 30 Min.
Führe: 1. SL: Zuerst gerade empor, dann links haltend empor (V, 2 H, 35 m). **2. SL:** Nach rechts zu Verschneidung, durch diese und über den anschließenden Rißüberhang empor, dann an Plattenleiste rechts aufwärts (VI—/A0, mehrere H, 40 m). **3. SL:** Zuerst rechts empor, dann nach links zurück zu Kamin, diesen empor und über Platten rechts haltend (V+, 4 H, 40 m). **4. SL:** Durch die markante Verschneidung empor in leichteres Gelände (V, 2 H, 35 m). Durch Rinnen nach links empor zur Westkante, R 737, und über diese zum Gipfel (III und II, etwa 150 m). (S. Beulke, M. Lutz)

● 750   **Bernadeinwand,** 2134 m

Grasige Kuppe ohne Gipfelcharakter, deren senkrechte Nordwand die Fortsetzung der Alpspitze-Nordwand östl. der Schöngänge bildet.

● 751   **Nordwand**
E. Hoferer, H. Kreitz, 1913.
IV / A0 (Stellen), überwiegend III, Vorbau II und I.
Kurze Kletterei mit originellen Passagen, jedoch häufig nasser Fels. Alle erforderlichen H vorhanden. Selten begangen. Etwa 200 mH, Kletterlänge etwa 300 m. 1½ Std.

Übersicht: In der Wand erblickt man links der glatten, gelben Gipfelwand eine langgestreckte, kaminartige Höhle. Durch diese führt der Anstieg. Der E befindet sich in der Fallinie der Höhle.
Führe: Über gutgestuften Fels immer links haltend die Rampe hinauf, bis man das große Plattenband erreicht, das man nach rechts bis zu zwei Höhlen hinauf verfolgt (II und I). **1. SL:** Drei Möglichkeiten:
a) Direkt über den splittrigen Pfeiler zwischen den Höhlen hinauf zu kleiner Terrasse unter einem Überhang (empfehlenswert).
b) Aus der rechten Höhle durch ein Loch links heraus zur Terrasse.
c) Unter der rechten Höhle rechts vorbei und ober ihr links absteigend zur Terrasse. Nun gemeinsam: Direkt über den Überhang (A0), gerade hinauf zu nasser Wandstelle und links über sie zu gutem Stand auf einem Schuttplätzchen (IV und III, 2 H, 40 m; Wandbuch). **2. SL:** Zwei Möglichkeiten: **a)** Rechts die erdige Grasrinne hinauf zu einem Klemmblock (III, 20 m). Kurzer Quergang links an die Kante und durch eine gelbe Verschneidung zu Stand auf einem Köpfl (III, 1 H, 30 m). **b)** Di-

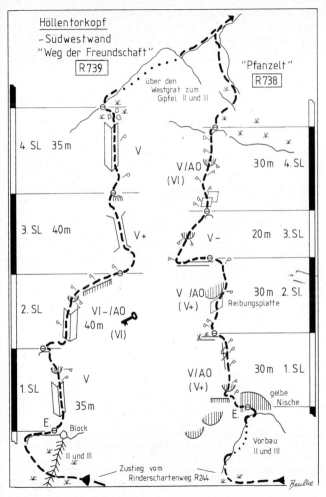

rekt an der Kante in herrlicher Kletterei links hinauf zur gelben Verschneidung und auf das erwähnte Köpfl (IV und III, 3 H, 40 m). **3. SL:** Über die Plattenrampe hinauf zu einem Schuttplatz (III, 30 m). **4. SL:** Links über eine glatte Platte in eine Gratscharte (II, 20 m). Über Gras in wenigen Min. rechts hinauf zum Gipfel. (B. Wölfl)

● **752   Direkte Nordwand**
H. Bammert, H. Hintermeier, 1939.
V (Stellen), überwiegend IV, selten leichter. Interessante, luftige Kletterei an meist festem Fels. Alle erforderlichen H vorhanden. Etwa 200 mH, Kletterlänge 280 m. Selten begangen. 2 Std.

Zugang: Man verläßt den Schöngängeweg, R 711, dort, wo er sich unter senkrechter Wand nach rechts wendet. Nach 30 m über Schrofen links aufwärts erreicht man den höchsten Punkt des Vorbaues.

Führe: 1. SL: Durch den breiten Kamin hinauf und rechts über eine glatte Platte (IV, 1 H, 40 m). **2. SL:** Rechts haltend zu kleinem Schuttplatz und gerade bis rechts eines Türmchens (II, 35 m). **3. SL:** Links 10 m auf ein Köpfl und 15 m Quergang nach links, zuletzt etwas absteigend unter einen kleinen Überhang (IV, 1 H, 25 m). **4. SL:** Von rechts her über den Überhang, dann gerade und links über abwärtsgeschichteten Fels in eine Nische (V—, 3 H, 27 m). **5. SL:** Gerade hinauf in eine Rinne (IV+, 2 H, 30 m). **6. SL:** Über gestuften Fels gerade weiter bis unter einen Überhang (IV, 18 m). **7. SL:** Kurzer Quergang rechts ansteigend unter einen gelben Riß, diesen hinauf bis zu seinem Ende und links heraus unter die Ausstiegsverschneidung (V und IV, 3 H, 35 m; Wandbuch). **8. SL:** Die glatte Verschneidung links hinauf, durch einen Spalt in leichteres Gelände (IV, 40 m). **9. SL:** Links durch die Rinne auf den Grat (II, 20 m). Wenige Meter rechts zum höchsten Punkt.

(B. Wölfl)

● **752 a   Variante im mittleren Wandteil**
Vermutlich A. Hofherr, B. Wölfl, 1979.
V+, meist V, selten leichter.
Lohnende Rißkletterei in festem Fels. Anspruchsvoller als die Originalführe, keine ZH, KK notwendig. Bisher (1983) vermutlich nur zwei Begehungen.

Übersicht: Die Variante verläßt die Originalführe nach der 3. SL und erreicht diese wieder in gerader Linienführung nach der 6. SL vor der Schlüsselstelle der Originalführe.

Führe: 1. SL: Vor dem Quergang der Originalführe in der 3. SL durch ein Rißsystem gerade empor (V und V+, 35 m). **2. SL:** Weiter das Rißsystem empor (V und V+, 30 m). **3. SL:** Querung hinter einem abgespaltenen Turm hindurch unter die Schlüsselstelle der Originalführe (Beginn der 7. SL) (III, 10 m). Weiter wie dort. (B. Wölfl)

- **753 Nordwand, Pfeilerkamin**
  K. Müsch, V. Schlegel, 1971.
  V+ (2 Stellen), meist V und IV, selten leichter. Schöne Kletterei an überwiegend festem Fels. Alle erforderlichen H vorhanden. Wandbuch nach der 7. SL. Bis Ende 1981 etwa 15 Begehungen. Etwa 200 mH, Kletterlänge 300 m. 2 Std.

Zugang: Siehe R 752.
Führe: 1. SL: Durch den Einstiegskamin der Direkten Nordwand, R 752, hinauf und links neben ein Türmchen (IV, 1 H, 35 m). **2. SL:** Über brüchige Wandstufen gerade hinauf zu schiefem Band (III, 2 H, 28 m). **3. SL:** Einige Meter links absteigen, von rechts her in eine Verschneidung, diese bis zu ihrem Ende und unter Überhang nach links zu schiefem Band (IV, 4 H, 35 m). **4. SL:** Einige Meter links absteigen und immer links haltend hinauf über eine Rampe (III, 40 m). **5. SL:** Unter Überhängen nach rechts, bis man links über einen kleinen Überhang gelangt (IV, 1 H, 28 m). **6. SL:** Nun den auffallenden Riß hinauf und über einen grasigen Überhang (V und IV, 1 H, 23 m). **7. SL:** Durch den schmalen und rauhen Spalt (Pfeilerkamin) hinauf auf den Pfeilerkopf (V+ und IV+, 2 H, 38 m; Wandbuch). **8. SL:** Spreizschritt über den Spalt nach rechts zu Überhang und dann zuerst links über ihn und durch eine überhängende Rißverschneidung in leichteres Gelände (V+ und V, 3 H, 35 m). Zuerst rechts, dann links haltend über Schrofen zu den Gipfelwiesen und in wenigen Min. zum höchsten Punkt. (B. Wölfl)

- **754 ASM-Verschneidung**
  K. Münch, V. Schlegel, 3.10.1971.
  VI— (eine Stelle), meist V+/A0 und V; im unteren Teil IV und leichter. Alle H und HK vorhanden; Mitnahme von einigen KK Größe 10 und 11 empfehlenswert. Quergang in der 4. SL nach Regen und im Frühjahr immer naß! Bis Ende 1981 erst 2 Begehungen bekannt. 200 mH, Kletterlänge 250 m. 2 Std.

Übersicht: Rechts der gelben überhängenden Wand erkennt man eine riesige, von gewaltigen Überhängen überdachte Plattenverschneidung; eine Links-Rechts-Schleife führt zu dem schwarzen Wasserstreifen, der die Verschneidung rechts begrenzt.

Zugang: Unterhalb der Schöngänge (R 711) leitet ein kleines Schuttsteigerl zu den östlichen Nordabbrüchen der Bernadeinwand. Zuletzt auf einen Schuttkegel hinauf und hinunter zu brüchigen Nischen.

Führe: 1. SL: Gerade hinauf unter schwarzen Überhang (H) und links hinauf auf ein Schrofenband (II und III, 40 m). **2. SL:** Absteigender Quergang nach links und über eine Rippe hinauf in eine schwarze Nische (I und III, 40 m). **3. SL:** Rechts um die Kante, hinauf (H) zu Überhang, dann rechts (H) in eine Rinne und im Schrofengelände hinauf zum Wasserstreifen (V, II und I, 50 m). **4. SL:** Links in den Wasserstreifen (H), über eine Wandstelle hinauf (Köpfl und H), dann Quergang nach links und hinauf auf Pfeilerkopf (V+ und V, 25 m). **5. SL:** Quergang nach links in eine Rinne, diese zu H und über mehrere Überhänge (3 H, 3 HK) die riesige Rißverschneidung hinauf (V+ und V, 50 m). **6. SL:** Über einen Rißüberhang (HK) in Verschneidung und auf einen Absatz (V+ und V, 20 m). **7. SL:** Über das kleine Dach hinauf (2 schlechte H), nach links über eine glatte Platte und nach rechts in Schrofengelände (VI—, ♂ 25 m). **8. SL:** Zuerst rechts, dann links haltend über steiles Gras hinauf in Gratscharte. In wenigen Min. rechts über Wiesengelände hinauf zum höchsten Punkt. (B. Wölfl)

- **755 Neue Nordwand**
M. Olzowy, Herbst 1976.
VI— (2 Stellen), **A0** (ein Seilzugquergang), überwiegend V und IV. Etwa 200 mH.

Übersicht: Zwischen Nordwand (R 751) und Direkter Nordwand (R 752) links der Gipfelfallinie in der gelben Gipfelwand, im oberen Wanddrittel angelehnter Turm, der rechts tiefen Kamin bildet. Rechts davon breiter grauer Wandstreifen, der bis zum Band oberhalb des Schrofenvorbaues gerade hinunterzieht. Durch diesen Streifen geht die Route oben durch den Kamin. E vom breiten Band oberhalb des Schrofenvorbaues, genau am linken Rand des grauen Wandstreifens bei SU.

Führe: In der Fallinie des grauen Wandstreifens über Schrofen gerade hinauf auf das Band (I, II). Dort, wo es steiler nach links unten abbricht, einzige schwache Stelle der Überhänge darüber. Wenige m rechts davon Stand bei SU. Auf dem Band noch etwa 3 m links abwärts. Überhang an der schwächsten Stelle hinauf in einen von teilweise losen Blöcken gefüllten Riß (1 H, IV). Den Riß bis zu seinem Ende bei einem spitzen, angelehnten Block verfolgen (Schlinge, IV). Nun entlang einer glatten Rampe einige m schräg rechts aufwärts (V) zu Stand auf der Rampe. Die Rampe einige m bis zu ihrem Ende verfolgen. Dann über steile Wandstellen zuerst gerade, dann schräg links auf ein Gesimse (IV+, V—). Auf dem Gesimse nach links in den Grund einer kurzen Verschneidung (1 H). 3 m oberhalb glatte, nach rechts ansteigende Rampe. Mittels Seilzug (1 H links oberhalb) auf die Rampe und in Piaztechnik bis an ihr Ende (VI—). Nun 8 m am rauhen Fels hoch in eine kleine Gufel (VI—, 2 H, nicht belassen) und wenige m rechts aufwärts in kleine Höhle. Von hier etwa 15 m zunächst auf- dann absteigend; dann horizontal nach rechts bis zu Kessel (V, hierher auch von rechts über Bänder). Nun nicht in den Kessel, sondern über die linke Begrenzungswand etwa 8—10 m empor (IV) auf ein links aufwärts ziehendes Band. Dieses etwa 25 m links ansteigend zum Beginn einer nach rechts ziehenden Rampe (III). Die Rampe etwa 10 m rechts hoch bis zu ihrem Ende. Von hier zieht mit einem rauhen Riß ansetzend eine Rinne schräg links hoch zum Gipfelkamin. Den etwas überhängenden Riß hoch (IV+) und die folgende Rinne empor unter Überhang. Über ihn gerade empor (V, 1 H) und weiter bis zum Kamin. Überhängend hinein (V, 1 H) und in herrlicher Spreizarbeit (meist außen) bis an sein Ende (Gipfel des angelehnten Turmes) zu Stand. Von hier durch die Gipfelwand einen rauhen, wasserzerfressenen Riß gerade hoch auf das Gipfelplateau (V, V+, 1 H). (M. Olzowy)

1.5. Wettersteinkamm

Die Orographie dieses längsten und mächtigsten der drei Flügel des Wettersteingebirges, der östl. des Gatterls ansetzt und erst nach rund 16 km westl. Mittenwald endet, ist in großen Zügen schon unter „Allgemeines" behandelt. Die Gipfel des Teils bis zum Oberreintal sind schwer zugänglich und erfordern lange Anmärsche. An Stützpunkten stehen im S nur einige Almen, die Steinernen Hütteln, Rotmoosalm und Wangalm (R 140, 131, 123), im N die Reintalangerhütte (R 77) und Oberreintalhütte (R 96) zur Verfügung. Wildromantische und einsame Kare sind in die Nordwände dieses Gebietsteiles eingeschnitten: Das Kar „Im Fall" und „In der Jungfer", die beiden Hundsställe, das Oberreintal-, Scharnitz- und Schüsselkar.

Für den mittleren Teil, das Oberreintal und die Dreitorspitzegruppe bilden Oberreintalhütte (R 96), Schachen (R 100), die hochgelegene Meilerhütte (R 110) und die Erinnerungshütte (R 118) am Scharnitzjoch günstige Stützpunkte. Das Gebiet der Oberreintal- und der Meilerhütte ist das eigentliche Kletterparadies der Gruppe, da es eine reiche Wahl leichterer bis schwierigster Kletterei mit kurzen Zugängen bietet. Langwieriger und seltener begangen sind die Touren im östl. Teil, der Wettersteinwand. Dort stehen außer den Talorten nur die Wettersteinalm (R 108) und zur Not die Kämialm als Stützpunkte zur Verfügung.

● **770**   **Kleiner Wanner,** 2546 m

Der Kleine Wanner ist der erste felsige Gipfel östl. des Zugspitzgatterls. Der zahme **Hohe Kamm,** 2371 m, der auf den gewöhnlichen Anstieg zum Kleinen Wanner überschritten wird, kann nicht als touristisch in Frage kommender Gipfel angesprochen werden. Der lange Gipfelgrat des Kleinen Wanners fällt mit 1000 m hoher Wand ins Reintal ab. Über den Westgrat ist er am leichtesten zu erreichen. Im N ist ihm ein durch eine tiefe Scharte vom Massiv getrennter kleiner Gipfel vorgelagert, der **Wannerkopf,** 2449 m. Über ihn führen die großzügigen Kletteranstiege (Nordgrat und Nordwand) aus dem Reintal zum Gipfel. Erstbesteigung: H. Staudinger, 1895.

● **771**   **Ostgrat**
        H. Staudinger, 1895.
        II. 1½ Std.

Zugang: Von S auf R 791 oder auf R 793 aus dem Kar „Im Fall" zu dem Schuttsattel zwischen Kleinwanner und Hochwanner.

Führe: Von dem Schuttsattel folgt man dem Grat bis zur tiefsten Einschartung. Die Grathöhe wird auch weiterhin fast stets beibehalten. Ein brüchiger gelber Turm wird zu einem schmalen Schartel überklettert, worauf man den Grat durch einen Riß von N her wieder erreicht und eine auffallende nach S geneigte Platte überschreitet. Nach einem schlanken Turm weicht man dem plattigen Grat wenige Meter unterhalb auf einem Band nach N aus und erreicht, zuletzt südl. ausweichend, den Gipfel.

● **772**   **Westgrat**
        Erstbegeher unbekannt.
        II (überwiegend). Stellenweise brüchig. 2 Std.

Zugang: Wie R 82 über das Gatterl zum Kothbachsattel, 4½ Std. von Ehrwald, 2½—3 Std. von der Tillfußalm.

Führe: Vom Kothbachsattel ersteigt man nördl. über den mergeligen Rücken den Hohen Kamm und folgt der Kammlinie nach O bis dicht an den gelbroten Grataufschwung des Kleinen Wanners. Der Aufschwung ist ungangbar. Man quert daher vorher nördl. in die NW-Flanke, wo man über Geschröf ansteigend den Westgrat gewinnt. Man folgt ihm über brüchigen Fels, bis er sich steil aufschwingt. Hier weicht man, etwas absteigend, in die S-Flanke aus und erreicht in ihr erst eben, dann ansteigend, über Schutt und Platten wieder den Grat und kurz darauf den Gipfel.

Abstieg: Den Hohen Kamm unbedingt bis zum Kothbachsattel überschreiten. Man lasse sich nicht verleiten, gleich nach W abzusteigen!

- **773 Vollständiger Westgrat**
    A. Göttner, Käthe Häußler, 1935.
    V—, im oberen Teil leichter. Kaum begangen. Stellenweise brüchig. 1 Std.

Zugang: Wie R 82, 772.

Führe: Wie R 772 zum gelbroten Grataufschwung des Kleinen Wanners. Links einer gewaltigen gelben Verschneidung, die den Abbruch durchreißt, ist ein Kamin eingeschnitten. Diesen gilt es zu erreichen. An einer abgesprengten Platte 3 m empor. 8 m langer Quergang nach links über eine glatte Wandstufe nach links ansteigend bis unter einen Überhang. Über ihn hinweg, dann an festen Griffen zuerst nach rechts in die glatte Wand hinaus, dann nach links in den Kamin. Im Kamin 10 m empor, dann nach links hinaus zu einer grauen Platte und über sie an schönen Griffen zum Grat. Man folgt nun dem Grat über brüchigen Fels, bis er sich steiler aufschwingt. Hier weicht man, ein wenig absteigend, in die Südflanke aus. Erst horizontal querend, dann ansteigend erreicht man über Schutt und Platten wieder den Grat und kurz darauf den Gipfel.

- **774 Nordwestgrat**
    J. Dreher, F. Möhn, W. Welzenbach, 1925.
    IV und III, im oberen Teil leichter. Stellenweise brüchig. Kaum begangen. 4—5 Std.

Übersicht: Der NW-Grat bildet die westl. Begrenzung der Kleinwanner-Nordwand. Er ist im unteren Teil ausgeprägt, löst sich aber in seiner oberen Hälfte in eine flache Wand auf. Der Grat fußt an der zwischen Kleinwanner und Hohem Kamm herabziehenden Schlucht und bricht wie diese in hoher Steilwand zum oberen Anger ab.

Zugang: Wie R 776 zum E der Nordwand. Von hier erreicht man den Fußpunkt des Grates in langem Quergang über eine nach W ansteigende, breite Rampe.

Führe: Man quert um die Kante und gelangt gerade ansteigend von rechts her über grasige Bänder und brüchige Rinnen auf die Gratkante. Ein Steilabbruch wird mittels eines schräg rechts aufwärts zu einer Ecke ziehenden grasdurchsetzten und brüchigen Risses und durch eine hinter der Ecke befindliche Steilrinne überwunden (IV). Auf dem Grat, bis er nach kurzem Horizontalstück an eine mäßig geneigte Plattenwand stößt (2½—3 Std. E). Über Gras empor gegen einen schräg nach links ansteigenden, überhängend abbrechenden Plattenwulst. An seinem rechten Fußpunkt um eine plattige Ecke. Jenseits durch eine Rinne gerade hinauf, bis sie sich in der Wand verliert, dann weiter in Richtung auf die höchste Spitze der dreieckförmigen Plattenflucht. Man erreicht schließlich ein Grasband, welches nach links ansteigend zu einem Kamin führt. Nach dessen Durchkletterung gewinnt man flache gras- und schuttbedeckte Wandpartien, über die man unschwierig zum Westgrat gelangt. Auf diesen vollends zum Gipfel.

● 775 **Nordnordwestgrat**
H. Breiteneicher, M. Gammel, 1933.
V—. Sehr selten begangen, teilweise sehr brüchig. Etwa 600 mH. 7—8 Std.

Zugang: Siehe R 776.

Führe: Vom unteren Ende der großen Mulde in der Nordwand (R 776) nach rechts zu dem die Mulde begrenzenden NNW-Grat. Man erklettert zunächst direkt den im allgemeinen sehr steilen Grat über eine Reihe von Überhängen. Von einer schuttbedeckten Scharte (Steinmann) Quergang 15 m rechts abwärts, dann in einer anfangs gutgestuften Schlucht, die sich zum Kamin verengt, wieder zum Grat; etwas rechts vom Grat empor zur gelbbraunen Schlußwand. Man überklettert sie, nach längerer Querung nach links, an ihrer niedrigsten Stelle (15 m, sehr brüchig). Nun auf flacherem weniger schwierigem Gelände nach links zum Gipfelgrat.

● 776 **Nordwand**
F. Schneider, G. Schulze, 1905.
IV (überwiegend), nur selten leichter. Kaum begangen. 1080 mH. 6—8 Std. von der Reintalangerhütte.

Zugang: Der E liegt in der Fallinie der großen Mulde, welche unter der Gipfelwand eingelagert ist. Von der Reintalangerhütte über die Partnach. Westl. einer herabziehenden Schuttrinne (links davon ein gelber Abbruch) zieht ein Grasrücken zur Wand (vgl. auch R 793).

Führe: Von diesem gerade empor auf ein wenig ausgeprägtes Felsband, das waagrecht nach links (über der Schuttrinne) auf schuttbedeckte Platten leitet. Senkrecht unter der eingangs erwähnten Mulde sieht man eine schluchtartige Kaminreihe. Nach rechts über Platten zu ihrem Beginn empor und im Kamingrund hoch, bis ein Überhang nach links auf ein breites ebenes Plätzchen hinausdrängt. Nun rechts eines Kamines durch Risse und über Wandstufen hinauf, bis das flachere Gelände der erwähnten Mulde erreicht ist. Weiter gerade hinauf bis nahe ihrem oberen, schluchtartigen Ende. Wo die westl. Schluchtwand ungangbar wird, quert man an dem meist schnee-erfüllten Grund von rechts nach links auf steile Platten hinaus. Gerade über der Mulde baut sich die gelbe Gipfelmauer auf, beiderseits begrenzt durch zwei riesige, steil zu den

Graten ziehende Schluchten, von welchen die linke in die Scharte hinter dem Wannerkopf mündet.

Von hier mehrere Führen:

● 776 a   Ass'n / Schmid-Führe
   P. Ass'n, A. Schmid, 1908.
   III. Führe mit den geringsten Schwierigkeiten und verhältnismäßig festem Fels; etwas länger als R 776 b.

Führe: Über steile Plattenhänge unter der linken roten Schlucht in Richtung gegen einige Felszacken hinauf. Man erreicht schließlich durch eine lange, glatte Rinne die westl. Kante des Wannerkopfes bei einem Schuttbalkon. Von hier nach links über eine Schlucht an griffarmen Platten in eine Mulde hinüber und gegen den linksseitigen Grat empor, bis man wieder nach rechts abgedrängt wird. Über die rote Schlußwand gerade empor zum Grat und auf ihm zum Wannerkopf. Vom Gipfel des Wannerkopfes klettert man an steiler Wand schief nach links durch Kamine und Risse zur schuttbedeckten Scharte hinab. (Kann auch durch zweimaliges Abseilen von je 15 m erreicht werden.) Von der Scharte erreicht man ohne Schwierigkeiten, nach O ansteigend, den Kleinwanner-Ostgrat (R 771) und über ihn den Gipfel. Oder man geht auf die Geröllschneide der Scharte an die Wand und klettert durch den mittleren von drei Kaminen und in seiner Fortsetzung durch Rinnen direkt zum Gipfel des Kleinen Wanners empor.

● 776 b   Eichhorn / Theato-Führe
   H. Eichhorn, H. Theato, 1916.
   IV. Etwas kürzer als R 776 a, jedoch brüchig.

Führe: Die Scharte hinter dem Wannerkopf wird durch die linke rote Schlucht direkt erreicht: Von einem Stand unter der großen gelben Wand, in die sie abbricht, steigt man (brüchig) schräg links ein paar Meter aufwärts, dann waagrecht (im ganzen 15 m), dann ein paar Schritte abwärts um eine Ecke zu einer von unten nicht sichtbaren, senkrechten Verschneidung. In ihr (15 m, schwierigste Stelle, da brüchig) hinauf. Nun 15 m schräg links aufwärts über eine Platte und schräg rechts in ein Schartl nahe der Schlucht, deren ungangbarer Abbruch damit links umgangen ist. Man überschreitet wenig höher die Schlucht unterhalb eines gewaltigen, höhlenartigen Überhanges, der rechts umgangen wird. Dadurch erreicht man das obere, block- und schutterfüllte Ende der Schlucht und die Scharte hinter dem Wannerkopf. Weiter wie R 776 a zum Gipfel.

● **776 c Rüsch / Welzenbach-Führe**

    H. Rüsch, W. Welzenbach, 1925.

    IV. Die Führe leitet durch die gelbe Gipfelwand unmittelbar zum Gipfel. Sehr brüchig.

Führe: Man überschreitet die im Grunde der Mulde eingeschnittene Schlucht nach links und steigt über steile, abschüssige Plattenlagen, zuletzt durch einen kurzen, brüchigen Riß gegen die Gipfelwand an. Ihrem Fußpunkt sind zwei graue Plattenkegel vorgelagert. Als Richtpunkt dient der linke Fuß des östl. der beiden Kegel. Von hier durch eine steile Lehmrinne auf den Sattel zwischen dem östl. Plattenkegel und der Wand und weiter auf Schutt nach W bis an den Beginn der nach rechts emporziehenden großen Schlucht. In ihr 8—10 m empor, dann kurzer Quergang nach links in eine plattige Rinne. Sie wird bald blockerfüllt und geht schließlich in einen kurzen Kamin über, der in einem kleinen Schartl endet. Nun mit Hilfe eines Risses ausgesetzt 10 m empor, dann rechts heraus und durch eine Rinne weitere 10 m zu Stand. 10 m langer Quergang nach links in eine seichte Rinne, dann etwas absteigend 8 m auf schmalem Gesimse in eine nach O ansteigende, größere Rinne. In ihr 40 m empor, und über eine brüchige Wandstelle zu einem Schuttplatz. Nach links an eine Kante und über diese 20 m empor zu einer kleinen Schutt-Terrasse. Von ihrem rechten Ende einige Meter sehr ausgesetzt nach abwärts. Kurzer Quergang nach rechts und durch einen kurzen Riß rechts aufwärts in ein kleines Schartl. Weiter im Zickzack über Wandstellen und Risse empor gegen eine größere Terrasse unter einer Plattenwand. Links der Wand ist eine schwarze Höhle eingelassen, die östl. von einer vorspringenden Kante begrenzt wird. Man steigt rechts der Kante empor, bis etwa in die Höhe der Höhle und quert hier nach links an die Kante. Über sie ein Stück empor, dann nach links über steile Schrofen in ein Schartl. Nun durch einen schwierigen Riß, dann durch Rinnen, zuletzt durch einen brüchigen Kamin empor gegen ein scheinbares Schartl links eines sich aus der Wand abhebenden Köpfls. Man erreicht bald eine schwach ausgeprägte Gratrippe. Links davon ziehen zwei mächtige Rinnen zum Grat. Durch die linke der beiden erreicht man über steile Schrofen den Gipfel.

● **776 d Schließler / Spindler-Führe**

    M. Schließler, J. Spindler, 1947.

    VI (längere Passagen) und IV. Objektiv gefährlich.

Führe: Wie bei der Welzenbach-Führe (R 776 c) bis zur großen Schlucht (Schneefeld). Am Schluchtende in einer kaminartigen Verschneidung 20 m empor bis unter einen Überhang. Von hier 10 m Quergang nach links und über steile, glatte Platten 1 SL (IV) empor.

Dann weniger schwierig zum Ende des grauen Vorbaues in einen Geröllkessel. In ihm links haltend bis zum Beginn einer steilen Rinne. Durch sie 2 SL empor, bis sie kaminartig endet. An der rechten Begrenzungswand 40 m empor (IV), bis zu einer schwach links aufwärtsziehenden Rampe. Diese wird nach links verfolgt. Nach 30 m Querung erreicht man eine mehrfach überhängende Verschneidung (etwa 100 m östl. der Welzenbach-Führe). In der Verschneidung (drei Überhänge) (VI) 40 m empor zu gutem Stand in einer Nische. Von hier über eine steile, griffarme Wandstelle 20 m empor auf ein schmales, schuttbedecktes Band (VI). Von ihm schwach rechts haltend 1 SL in brüchigem Fels bis zum Beginn eines auffallenden Risses. In ihm unter seinen abschließenden Dachüberhang (VI). Über diesen und brüchig (VI) gelangt man in flacheres Gelände. Noch 2 SL schräg links aufwärts zu einer Kante. An ihrer östl. Begrenzungswand emporsteigend erreicht man nach 40 m über nicht sehr steile Platten den Westgrat, 20 m vom Gipfel entfernt.

● 777   Nordostgrat
W. Nonnenbruch, E. Schlagintweit, 1910.
III + (überwiegend), im unteren Teil leichter. 1080 mH.
7—8 Std. von der Reintalangerhütte.

Übersicht: Das Reintal schließt, vom Bockwald aus gesehen, ein scharfer, steiler Grat ab, der noch unterhalb der Kammhöhe im Gipfel des Wannerkopfes, 2449 m, endet. Dieser Grat (NO-Grat) scheidet die Nordwand vom Kar „Im Fall". Er besteht im wesentlichen aus drei Abbrüchen: einem latschen- und grasbewachsenen unteren, und zwei oberen, zwischen denen ein kurzes, weniger steiles Stück liegt.

Führe: Den untersten Abbruch überwindet man, indem man auf R 793 bis in die Scharte steigt, die den Eingang ins Fallkar bildet. Vom Fußpunkt des hier ansetzenden steilen Grates steigt man, ihn gegen die Fallkarseite verlassend, schräg aufwärts und gelangt so in einen schneeerfüllten Kessel. Von ihm aus strebt man, sich rechts haltend, wieder dem Grat zu: Ein 30 m hoher Kamin leitet auf steiles, brüchiges Gelände, das man kurze Zeit nach links quert, bis man durch seichte Rinnen in schwerer Kletterei den Grat wieder erreichen kann. Man befindet sich nun auf dem oben erwähnten weniger steilen Teil des Grates. Der Aufschwung des Wannerkopfes wird ziemlich nahe der Kante schwierig erklettert, wo nötig auf die Fallkarseite ausweichend. Von seinem Gipfel klettert man schief nach links an steiler Wand durch Kamine und Risse zur schuttbedeckten Scharte hinab, die auch durch zweimaliges Abseilen zu je 15 m erreicht werden kann. — Von der Scharte gelangt man ohne Schwierigkeit nach O ansteigend zum Kleinwanner-O-Grat und über ihn (R 771) zum Gipfel. — Schöner, aber schwerer geht man auf der Geröllschneide der Scharte an die Wand und klettert durch den mittleren von drei Kaminen und in seiner Fortsetzung unmittelbar zum Gipfel des Kleinen Wanners.

● **778 A Abstieg vom Wannerkopf durch die Ostschlucht ins Fallkar**
   A. Sattler, 1926.
   IV, stellenweise leichter. Wenig begangen. 1—1½ Std.

Übersicht: Die Ostschlucht zieht von der Scharte südl. des Wannerkopfes (oben ungangbar) ins Fallkar hinab und vermittelt den kürzesten Abstieg zu diesem. (Bei Zeitmangel oder Wetterumschlag wichtig.)
Von der Scharte quert man links (südöstl.) ansteigend auf einem Band in die Ostflanke des Kleinen Wanners hinaus. In der ersten, gegen das Fallkar hinabziehenden Rinne, die bald plattig wird, etwa 200 m hinab, dann schräg links (IV, evtl. etwa 40 m abseilen!) in die Schlucht, die gut gangbar zum Karboden leitet. Für den weiteren Abstieg siehe R 793.

● **779   Aus dem Kar „Im Fall" über den Plattenschuß**
   F. Fischer, 1934.
   IV (überwiegend). Wenig begangen. 1—1½ Std.

Zugang: Wie R 793 in das Kar „Im Fall".

Führer: Vom Fallkar aus sieht man rechts eine ausgeprägte Plattenwand mit einem etwa 30 m langen Riß. Man steigt in der Fallinie des Risses ein und erreicht ihn nach 2—3 SL und einem kurzen Quergang. Durch den Riß in einen kleinen Schuttkessel. Von hier rechts haltend 5—6 SL auf den Grat und über ihn zum Gipfel.

● **780   Südwand**
   E. Gerber, O. Rath, E. Scherer, 1911.
   III + (stellenweise), im oberen Teil leichter. Kaum begangen.
   2 Std.

Zugang: Wie R 792 auf den Hohen Kamm. Von hier aus quert man das unter der Südwand gelegene Kar bis in die Mitte und strebt der Stelle zu, wo es am höchsten hinaufreicht.

Führer: An der rechten Begrenzungsseite der hier ansetzenden Rinne aufwärts in einen kleinen Kessel. Von hier 45 m Quergang links zu einer grasbewachsenen Platte. An ihrer rechten Seite leitet eine hinter einer Kulisse versteckte kaminartige Rinne nach 25 m zu gutem Stand. Von hier in einer Verschneidung an wenigen aber festen Griffen schräg links aufwärts (III). Hierauf folgt ein Plattenquergang nach links auf einen stark geneigten Schuttfleck. Von ihm 4 m hinauf und auf einem

Kriechband links zum Beginn einer brüchigen Rinne, die man nach links zu einem Gratrücken verläßt. Auf ihm gerade hinauf zum Gipfel.

● **790** **Hochwanner,** 2746 m

Der Hochwanner ist der Hauptgipfel des westl. Wettersteinkammes und bietet eine großartige Aussicht. Von S her ist er leicht, aber mühsam zu erreichen, während seine 1400 m hohe Nordwand lange, zum Teil äußerst schwierige Anstiege aufweist. Der direkte Durchstieg gehört zu den großzügigsten Fahrten im Wetterstein.
Erstbesteigung: H. v. Barth, 1870.

● **791** **Von den Steinernen Hütteln**
I (stellenweise), vielfach Gehgelände. Stellenweise ziemlich mühsam. 800 mH. 2½ Std.

Zugang: Wie R 138, 141 zu den Steinernen Hütteln.

Führe: Von den Steinernen Hütteln auf dem Südsteig (R 253) zum Mitterjöchl, ½ Std. Am begrünten Rücken entlang nördl. zu den Felsen. Etwa 40 Min. Neben ihnen über Schutt aufwärts zu dem Felsriegel, der den Zugang zum Hochwannerkar sperrt. Er wird mit Hilfe einer etwa 30 m hohen Schrofenrinne erstiegen. Steinmann am E. Oberhalb auf Steigspuren rechts ins Hochwannerkar und gegen den Sattel zwischen Klein- und Hochwanner. Noch vorher auf deutlicher Spur ins Kar. Wo sie undeutlich wird, links aufwärts über Schutt und Platten in Richtung auf die immer wieder sichtbar werdende Gipfelstange.

● **792** **Vom Kothbachsattel**
I (stellenweise) und Gehgelände. 480 mH. 2½ Std.

Zugang: Von der Knorrhütte (R 246) über das Gatterl, 2 Std. oder von der Ehrwalder Alm (R 82) über das Felderjöchl, 2½ Std.

Führe: Vom Sattel nördl. und nordöstl. aufwärts über den mergeligen Rücken des Hohen Kamms bis zum gelbroten Grataufschwung des Kleinen Wanners. Etwa ½ Std. Nun rechts unter den Wänden des Kleinen Wanners entlang über Rasen und Schutt zum Anschlußpunkt des vom Mitterjöchl heraufkommenden Rückens an die Felsen. ½ Std. Weiterweg auf R 791.

● **792 A** **Abstieg zum Kothbachsattel**
I (stellenweise) und Gehgelände. Ca. 1 Std.

Im Abstieg quert man besser aus dem Hochwannerkar möglichst hoch unter der Südwand des Kleinwanners durch zum Hohen Kamm und steigt der Kammlinie nach südwestl. (keinesfalls westl. hinunter!) zum Kothbachsattel ab, und zur Knorrhütte. 3 Std.

- **793   Durch das Kar „Im Fall"**
    J. Mainzer, Führer J. Dengg, 1892.
    II, stellenweise auch leichter. Wenig begangen. Mühsam.
    5 Std. von der Reintalangerhütte.

Übersicht: Das schmale, zwischen Hochwanner und Kleinwanner eingeschnittene Kar „Im Fall" (Fallkar) vermittelt einen einfachen, aber mühsamen Zugang von N. Es bricht mit etwa 500 m hoher Wandstufe ins Reintal ab. Das Fallkar ist für den Abstieg (3 Std.) geeignet, doch ist der Ausstieg unten nicht leicht zu finden.

Zugang: Der Zugang erfolgt von W her unter der Nordwand des Kleinwanners. Von der Reintalangerhütte über die Partnach. Westl. einer gegen die Partnach herabziehenden Schuttrinne, die an der östl. Wandseite einen gelben Abbruch zeigt, leitet ein Grasrücken gegen die Wand. Durch ihren untersten Teil steigt man gerade vom Lawinenrest aus über eine kurze Wandstufe, westl. des Wasserlaufs, zu einem wenig ausgeprägten Band hinauf. (Bei Ausaperung besser östl. der Schneereste über steilen Fels, oder westl. davon auf kleinen Geröllabsätzen, die ein Erreichen des großen, schon von der Reintalangerhütte aus kenntlichen Bandes (Gamswechsel) ermöglichen, das, unter der Nordwand des Kleinwanners südöstl. ansteigend, den besten und einzigen latschenfreien Zugang zum Kar vermittelt. Man benützt hierzu die nächste unter der Nordwand hinanziehende Schuttrinne, steigt von ihrem Ende links (nördl.) heraus und ist nun auf dem großen Band. Dieses führt, einige Male felsig unterbrochen, zur Scharte am Fußpunkt des Kleinwanner-NO-Grates über dem untersten Absatz (siehe R 777), hinter dem den Kareingang westl. flankierenden ausgeprägten Felskopf. 2 Std.

Führe: Kurz hinunter auf den Grund des Kars und durch dieses mühsam empor bis in den obersten Winkel, wo eine schmale, wilde, sich nach O wendende Schneeschlucht beginnt. Über die orog. rechte Begrenzungsrippe hinauf zu Schutt und mühsam zum Schuttsattel zwischen Hochwanner und Kleinwanner. Weiter wie R 791 zum Gipfel.

- **794   Nordwestgrat**
    P. Preuß, Th. Wetlesen, 1913.
    IV— (einige Passagen), meist III. Teilweise brüchig. Sehr selten begangen. 5—6 Std.

Übersicht: Der Hochwanner entsendet nach NW einen in seinem unteren Teil sich spaltenden Grat, dessen kürzerer westl. Ast an der ersten Steilstufe des Kares „Im Fall" endet, während der nördl. seine letzten Ausläufer als Begrenzung dieses Kares bis ins Reintal zwischen Hinterer Gumpe und Partnachfall entsendet. Dies ist der Nordwestgrat.

Zugang: Die Scharte zwischen dem ersten, den Eingang ins Fallkar östlich flankierenden Gratturm und dem weiteren Gratverlauf erreicht man am besten durch das Kar „Im Fall". Dieses bricht mit 500 m hohe Wand ins Reintal ab. Wie R 793 zur Scharte am Fußpunkt des Kleinwanner-NO-Grates, hinter dem den Kareingang westl. flankierenden, ausgeprägten Felskopf. 2 Std.

Führe: Im untersten Karteil hält man sich zuerst gegen die überhängende Wand und steigt dann östl. durch eine schrofige, zum Teil schneeerfüllte Rinne in die eingangs erwähnte Scharte hinauf. Nun über eine steile Plattenrampe halblinks hinauf. Wo die Rampe unten an die überhängenden Wände stößt, schwieriger Quergang über Platten nach rechts an den Fuß eines kaminartigen Risses, der (IV—) bis zu einem Standplatz durchklettert wird. Nun kurzer, ausgesetzter Quergang nach rechts, dann noch einige Meter (III), bald darauf weniger schwierig zur Grathöhe, die bei einem Köpfl erreicht wird. Weiter stets über den Grat, der sich oft zu einem System von Rinnen und Rippen auflöst, die sich aber stets wieder zu einer einheitlichen Schneide vereinigen, in schöner, nicht zu schwieriger Kletterei. Man hält sich anfangs etwas links, erreicht mehrere Gratvorsprünge, von denen man vorzüglichen Einblick in die N-Wand des Hochwanners genießt. In der Höhe eines rechts befindlichen, rötlichen Wandabbruches, in dem auch der aus dem Kar „Im Fall" kommende Seitengrat verläuft, geht der Grat wieder in plattige Wände über. Rechts haltend erreicht man ober dem Wandabbruch wieder die Fortsetzung des Grates, den man nun, einige brüchige Türme überkletternd, bis zum Gipfel verfolgt.

● **795   Nordwand**
   L. Heis; neue Routenführung L. Distel, A. und G. Schulze, 1904.
   III—, meist leichter. Viel Schrofen und steiles, latschenbewachsenes Gelände im unteren Teil, dennoch als klassische Führe durch eine der höchsten Ostalpenwände recht beliebt. Öfters begangen. 7—8 Std. von der Reintalangerhütte.

Übersicht: Die beste Übersicht bietet der Weg Reintalangerhütte — Bockhütte (R 78), wo er über der Hinteren Gumpe hinführt. In Höhe von etwa 1700 m weist die Wand einen terrassenartigen Absatz auf, der mit Schutt und Latschen bedeckt ist. Etwa 300 m höher zieht, nicht gut kenntlich, unter schwärzlichen, glatten Wandpartien ein Band auf- und absteigend von W nach O durch die Wand, das erreicht werden muß. Zu ihm führen zwei Wege:

Führe: a) Route Distel / Schulze: Nach Durchwaten der Partnachbäche oberhalb der Hinteren Gumpe steigt man zwischen Buschwerk und

Krummholz in einer Geröllgasse zu den Felsen empor. Es gilt, den schon von der gegenüberliegenden Talseite auffallenden, schmalen und sehr steilen Latschensaum zu erreichen, der eine ausgewaschene, ungangbare Felsrinne rechts (westl.) begrenzt und den Zugang zu der eingangs erwähnten Terrasse vermittelt. Zu diesem Latschenstreifen führt von W her ein auf- und absteigendes Band, dessen Beginn sich beim Näherkommen als westöstl. ansteigende Rinne entpuppt. Über eine Wandstufe in die Rinne und durch sie auf das Band. Auf ihm östl. zum Latschensaum, der den mühsamen Weiterweg bildet. Oben quert man rechts (westl.) ansteigend auf den terrassenartigen Absatz hinüber. (Früher benützter Biwakplatz.) 2—2½ Std.

Vom Biwakplatz über Schutt und Schnee etwas nach rechts. Nach schwierigem, plattigem Einstieg und Überschreitung einer gleichfalls plattigen Rinne gelangt man zu steilem, teilweise grasdurchsetztem Geschröf, über das man nach links emporklettert. Über eine kurze Stelle gerade (südl.) zu einem Band (III—) das östl. auf- und absteigend zu einem meist schneegefüllten schluchtartigen Kessel führt. Im Kessel über den Schnee gerade hinauf und durch die anschließenden sehr glatten Felsen auf das eingangs erwähnte, breite, östl. ansteigende Band. Gegen W steigt es nach kurzer Senkung ebenfalls an und bildet an seinem westl. höchsten Punkt einen breiten Vorsprung („Heiskopf").

Vom Biwakplatz kann man die zum Band führende Schlucht (Kessel), die unten abbricht, auch erreichen, indem man erst links (südöstl.) ausbiegt und dann gegen die Schlucht ansteigt.

b) Route Heis: Die südl. Seite des Reintals wird oberhalb der Hinteren Gumpe durch einen Latschenkegel verengt. Ein schmaler Schuttstreifen führt hinauf zu einer Plattenwand in der linken Flanke des Kegels, die rechts von einer dicken Schichtplatte zugedeckt ist. Oberhalb des Kegels klettert man in einem Rinnensystem durch die Latschen zu einer großen Terrasse hinauf. Dann weiter auf Schutt und Bändern nach links (östl.) an einen Abgrund. Von hier rechts aufwärts und durch eine steile Rinne auf die obere Stufe der Terrasse. Dann links zum unteren Ende einer großen Schlucht, die links von einem mächtigen auffallenden Felskopf begrenzt wird. Erst in der linken plattigen Begrenzung der Schlucht, dann in ihr zu einem Schuttkessel hinauf und links aufwärts zu dem Sattel, der den erwähnten Felskopf mit der Wand verbindet. Von hier, östl. ab- und wieder ansteigend, erreicht man das unter a) erwähnte große Band an seinem westl. höchsten Punkt, wo es einen begrünten Vorsprung bildet (Heiskopf).

Nun gemeinsam: Vom östl. (!) höchsten Punkt des großen Bandes klettert man gerade (südl.) empor zu einem schmalen Felsband, das ausgesetzt links zu einer Nische mit natürlichem Wasserbecken verfolgt wird.

Von hier wieder gerade empor und über eine 10 m hohe Wand zum tiefsten Punkt des gewaltigen Schrofentrichters, dessen oberer Rand der Gipfelgrat ist. Durch seinen plattigen und steilen Grund (etwa 45 Grad) noch 400 m hoch, erst gerade südl., dann mehr rechts haltend, empor zum Grat zwischen östl. Vorgipfel und Hochwanner und über ihn leicht nach W zum Gipfel.

- **796 Direkte Nordwand**
    L. Bauer, G. Gruber, 1923.
    V + / A 0, meist IV und III, weite Abschnitte (auf der Nordwandführe, R 795) auch bedeutend leichter. Lange Kletterfahrt in abgeschiedener, hochalpiner Umgebung; zählt zu den längsten Führen im Wetterstein. Sehr selten begangen.
    6—10 Std. von der Reintalangerhütte.

Übersicht: Den besten Überblick über die Hochwanner-Nordwand bietet der Weg Reintalangerhütte — Bockhütte, wo er über der Hinteren Gumpe hinführt. In Höhe von etwa 1700 m weist die Wand einen terrassenartigen Absatz auf, der mit Schutt und Latschen bedeckt ist. Etwa 300 m höher zieht sich (nicht gut kenntlich) unter schwärzlichen, glatten Wandpartien ein Band auf- und absteigend von W nach O durch die Wand. Von seinem östl. Ende führt die Nordwandführe (Distel-Schulze, R 795 a) links aufwärts durch den östl. Teil der Wand, während die gerade Führe vom westl. Ende durch die pralle Wand oberhalb des Bandes gerade zum Gipfel führt. Es gilt zunächst, das Band zu erreichen. Zu ihm führen zwei Anstiege: Weg Heis (R 795 a) oder Weg Distel-Schulze, R 795 b.

Führe: Gegenüber dem Heiskopf befindet sich der Einstieg zur geraden Nordwand. Über den scharfen First zur Wand. Vom Fuße des freistehenden, markanten Felsturms links aufwärts zu einer versteckten Rinne. Durch sie nach rechts zu einem Schartl; nach links über eine Wandstelle zu einem Absatz. Schräg links (15 m) auf einem Band hinan, dann über eine senkrechte Wandstelle (5 m) in eine Verschneidung und in ihr rechts aufwärts zu einem Felskopf. Über einen Schuttkessel nach rechts zu einem schiefen, mehrfach von Überhängen unterbrochenen Riß und durch ihn zu einem Absatz. Über eine Wandstufe, dann über ein kurzes Schuttband nach rechts in eine plattige Steilrinne und in ihr empor bis kurz unter den mächtigen, grauen Plattenschuß unter gewaltigen gelben Überhängen. Nach links zum Beginn einer großen Verschneidung. Bis zu ihrem Ende empor (mehrere Überhänge), dann Quergang nach links (5 m, H) und über einen stark vermoosten Überhang (H) schräg links hinauf. Durch die folgende, überhängende Verschneidung 30 m hinauf zu einem Felszahn.

Wenn die Verschneidung wegen Nässe ungangbar ist, kann man sie umgehen, indem man nach kurzer Querung nach links in die sehr ausgesetzte Plattenwand an seichten Rissen zu einer überdachten Nische emporklettert. Links davon über stark abdrängenden Fels zu Hakenstand (10 m). Etwas fallender und dann wieder ansteigender Quergang an überhängender Wand nach rechts auf den Pfeilerkopf (A. Deye, R. Peters, ebenso schwierig wie die Verschneidung (1933); schwierigste Stelle der Wand.)

Gerade empor, bis sich bald die Möglichkeit bietet, nach links durch eine plattige Zone einen kleinen Kessel und somit leichteres Gelände zu erreichen. Nach links aus dem Kessel und — immer die gangbarsten Möglichkeiten ausnützend — im wesentlichen gerade empor zum Gipfelgrat und östl. auf den Gipfel.

● **797   Nordwand, Frenademetz-Führe**
H. Frenademetz, H. Tiefenbrunner, 1935.
V, stellenweise auch leichter. Teilweise brüchig. Sehr selten begangen. 6—8 Std. vom Biwakplatz (siehe R 795).

Übersicht: Der Anstieg hält sich vom gemeinsamen Einstieg mit R 796 am Heiskopf im allgemeinen nach links. Ungefähr 100 m oberhalb des Heiskopfes ist in der riesigen grauen Plattenwand zur Linken ein die Wand durchziehendes Band sichtbar, das seinen tiefsten Punkt in der Senkrechten des vom Biwakplatz heraufführenden Weges Distel/Schulze erreicht.

Zugang: Wie R 795 zum Heiskopf.

Führe: Vom Heiskopf über den Verbindungsgrat zur Wand. Links eines Turmes aufwärts in eine Schuttrinne und in ein Schartl. Über ein brüchiges Wandl gerade, dann, eine Rampe schräg rechts hinauf verfolgend, in eine plattige Rinne. Zuerst gerade, dann links ansteigend auf ein Band. Nach links hinaus in die Nähe einer Wasserstelle und mit Hilfe eines 30 m hohen Risses zum westl. Ende des anfangs erwähnten Bandes. Nach links abwärts zur tiefsten Stelle des Bandes und wieder ansteigend weiter auf dem Band auf ein großes erkerförmiges Köpfl unterhalb einer schwach ausgeprägten, überhängenden Kante. Etwas höher zieht ein schmales Band rechts aufwärts, das zu zwei Einrissen leitet. Das Band wird 10 m verfolgt, dann durch die graue Wand senkrecht empor und durch eine 8 m hohe, überhängende Rißverschneidung auf ein Köpfl. 3 m aufwärts und auf einem Band 20 m nach links in einen Riß. Durch ihn hinauf, über einen Überhang, bis der Riß in glatter Wand endet. Über die glatte Platte nach links (Seilzug) auf ein Köpfl. Quergang nach links und über einen Plattenwulst zum Beginn eines brüchigen Risses. Ausgesetzt über ihn und den abschließenden

Überhang (V). Weniger schwierig im Zickzack in eine Rinne. Über einen Überhang und 4 m weiter zu H. Quergang nach links zu der grauen Platte (H) und gerade hinauf in eine erdige Höhle. Schräg links heraus über einen rißdurchzogenen Überhang (H) in eine Steilrinne. Bis zu ihrem Ende auf einem steigenden Band nach links, zuletzt über einen Überhang. Nun zu einem rechts oben sichtbaren Kamin gerade empor. (Kann auch links umgangen werden.) Immer gerade ansteigend zur Gipfelwand und direkt zum höchsten Punkt.

● 798   Nordostgrat
A. und L. Sattler, 1919.

III +, stellenweise leichter. Teilweise sehr brüchig. Kaum begangen. 8—9 Std. vom Reintal.

Übersicht: Der NO-Grat begrenzt das Jungfernkar im W. Er hebt sich am deutlichsten vom Partnachfall ab. Seine Begehung bietet meist Wandkletterei.

Zugang: Wie R 799 ins Jungfernkar.

Führe: Vom untersten Absatz des Jungfernkars (R 799) über den begrünten Hang schräg rechts empor gegen die linke Höhle in der Wand. Über schwierige Wandstufen die Höhle links umgehend, dann westl. und gerade hinan zu dem latschenbedeckten Felskopf, der, das Kar westl. begrenzend, an die Wand anschließt. Hierher auch leicht vom zweiten Karabsatz aus rechts aufwärts querend. Durch die Steilwand links von zwei auffallenden, parallelen, kaminartigen Rinnen empor. Über ihnen wird der Grat als steile Kante wieder kletterbar. Bei einem gescharteten Felskopf, schon höher als die schwarzgestreifte Nordwandpartie, enden die eigentlichen Schwierigkeiten. Von da steigt man in südwestl. Richtung unter Benützung der Verbindungsrippen über das für den oberen Teil der Nordanstiege typische, nirgends leichte Gelände (plattige Schrofen) zum Hochwanner, bzw. dessen östl. Vorgipfel.

● 799   Aus dem Jungfernkar
O. Oppel, L. Späth, 1904.

III + (stellenweise), meist II und I. Sehr selten begangen. 8—9 Std. von der Reintalangerhütte.

Übersicht: Das Jungfernkar liegt zwischen Hochwanner und Hinterreintalschrofen in die Nordhänge eingebettet. Es baut sich in drei durch Plattenwände getrennten Terrassen auf, deren unterste in hoher Wand zum Reintal oberhalb der Blauen Gumpe abfällt. Über diese Wand stürzt ein Bach herab. Das Kar wird über die Wandpartien östl. des Karabflusses erreicht. Doch ist auch westl. von ihm ein Zugang möglich.

Zugang: Südl. der Blauen Gumpe steigt der Jungfernkarkopf mit gewaltiger Wand auf. Am rechten (westl.) Fußpunkt der Wand, an der Spitze des riesigen Geröllkegels östl. der aus dem Jungfernkar kommenden Abflußrinne, befindet sich der E.

Führe: Hier zieht hinter einer Kulisse verborgen eine tiefe Schlucht ins Berginnere. Bevor sie tunnelartig in den Berg einmündet, erklettert man über ein Schrägband (nicht über den Überhang dicht bei der Höhle) ihre nördl., etwa 5 m hohe Begrenzungswand. In der freien Wand verfolgt man ein plattiges Band 8 m nach O und klettert über plattigen Fels etwa 15 m gerade aufwärts auf die unterste Geröllterrasse des Jungfernkarkopfes. Von hier quert man fast horizontal westl. auf teilweise grasigen Bändern, bis man ein breites und langes, schräg rechts aufwärts gegen die Abflußschlucht des Kars ziehendes Schuttband erreicht, das bis zu seinem Ende verfolgt wird. Hier leitet, hinter einem Zacken versteckt, eine Rinne links (östl.) bis an die pralle Wand. Nunmehr in spitzem Winkel rechts auf breitem Gemswechsel, dann durch eine schrofige Rinne gerade hinauf und über Schrofen wieder rechts bis nahe an die Hauptschlucht. Sobald wie möglich wieder links aufwärts an eine steile Plattenwand, unter der man etwas links quert, bis ein Durchstieg möglich ist. Nun etwa 10 m gerade empor (III+) und links zu einer Rinne, die das Kar wenig oberhalb der Abflußrinne erreicht. 1½—2½ Std. von der Gumpe.

Die Wandstufe zur Mittleren Terrasse wird, ungefähr wo sie am niedrigsten ist, unmittelbar rechts der Wasserrinne über eine steile, plattige Rinne erklettert. Die Wand zur nächsten oberen Karterrasse setzt mit glatten Platten auf die meist vorhandenen Schneereste ab. Sie werden entweder schwierig in ihrer Mitte von rechts nach links erklettert oder leichter am rechtsseitigen Hang. Man steigt über einige Abstürze schräg links an und quert über Platten von rechts nach links zum oberen Karboden. Über den Schutt links hinauf und in den hoch hinaufziehenden Fortsetzung des Kars empor, bis man eine hinter einem kulissenartigen Turm von links nach rechts emporziehende Schlucht über Schnee und plattigen Fels erreicht. Der Schnee ist oft unterwaschen, weshalb man die tiefste Einsenkung des Hanges nach Möglichkeit meidet. In der Schlucht hinauf zu einem etwa 6 m hohen Wandabbruch oberhalb eines kleinen Kessels. Der Abbruch wird erklettert (III+). Die Schlucht leitet als steile Schutt- oder Schneerinne zur roten, überhängenden Schlußwand, wo ein mächtiges, tunnelartiges Loch den Durchgang gestattet. Über ein Schuttband erreicht man nach rechts ein Gratschärtchen. In der nun weniger steilen, aber brüchigen Wand steigt man, sich ständig etwas rechts haltend, zum bald sichtbaren Hauptgrat hinauf (III), der kurz östl. des Vorgipfels betreten wird. Diesen ersteigt man in der SO-Flanke und erreicht über den Grat in 15 Min. vom Vorgipfel den Hochwanner, 5 Std. vom Jungfernkar. Viel Winterschnee kann die Tour wesentlich vereinfachen.

- **800** **Gratübergang zum Hinterreintalschrofen**
  III. 3 Std. Siehe R 876.

- **801** **Südverschneidung**
  H. Eberharter, K. Rainer, 1946.
  V—, nur selten leichter. Wenig begangen. 2½—3 Std.

Übersicht: Der östl. Teil der S-Wand weist im höchsten, geschlossensten Teil eine flache Kante auf. Ihr unteres Drittel bilden gelbgraue Pfeiler, das mittlere Drittel eine glatte Wand, die von einem Rißkamin von rechts nach links durchzogen wird. Darüber baut sich als oberstes Drittel ein weiterer Pfeiler auf. Der Rißkamin der Mittelzone setzt sich nach unten in einer gut sichtbaren Verschneidung fort.

Führe: E etwa 10 m rechts unterhalb der Verschneidung (Steinmann). Zuerst 8 m empor, zu einem Überhang (H, IV) dann 10 m links empor zum Beginn der Verschneidung. In ihr immer gerade empor zum mittleren Wanddrittel. (Hier mündet R 801 a.)

In oder rechts neben dem Rißkamin empor, bis er sich gabelt. In der rechten Rinne weiter bis zu einer Höhle. Hier schließt sich die Rinne tunnelartig. Man klettert im Innern des Berges weiter und erreicht ein Schartl. Über den gratartigen Pfeiler in 2 SL auf weniger schwieriges Gelände, das zum Gipfel führt.

- **801 a** **Pfeilereinstieg**
  R. Lanznaster, H. Seelos, 1947.
  V—.

E einige Meter links einer auffallenden gelben Kante (nach dem dritten Wandeck von W). Einige Meter links, dann ansteigend nach rechts zur Kante, und links durch einen überhängenden Riß (H) zu gutem Stand. Schwach links haltend 50 m durch Risse empor und auf einem Band nach rechts. Über eine Wandstelle, dann weniger schwierig zum Fuß der glatten Wandzone. Weiter wie R 801.

- **810** **Höhlenkopf,** 2403 m

Dem Hochwanner nordöstl. vorgelagerter Gipfel, der mit 1000 m hoher Nordwand ins Reintal abfällt.

- **811** **Nordwand**
  T. Meier, M. Schober, 1939.
  V+ (stellenweise), überwiegend jedoch leichter. Teilweise brüchig. Kaum begangen. 1000 mH. 6—7 Std.

Im unteren Drittel der Wand ist eine riesige Bruchstelle sichtbar. Etwa 150 m rechts der Fallinie dieser Bruchstelle zieht eine schluchtartige Rinne empor, die im unteren Teil der Wand den Durchstieg vermittelt. Man verfolgt sie bis zu ihrem Ende, dann folgen etwas brüchige Wandstellen; weiter über Schrofen und Schuttabsätze, etwas links haltend empor zu einem riesigen Kessel, von dem aus sich die Wand senkrecht aufschwingt. Man klettert zunächst etwas nach rechts, dann nach links aufwärts bis zum Beginn einer steilen Felsrippe. Diese 20 m empor, dann nach links queren und wieder gerade aufwärts auf ein kleines Felsköpfl. Weiter eine nasse, gutgriffige Verschneidung aufwärts zu einem kleinen Schuttfleck. Nun 80 m nach rechts aufwärts zu einem gelbsplittrigen Überhang. Rechts von diesem an senkrechter grauer Wand gerade empor zu gutem Stand. Von hier 40 m gerade empor über zwei Überhänge, und weitere 40 m gerade hinauf auf eine kleine Leiste. Dann 20 m links aufwärts auf einen kleinen Absatz. Von hier ziehen mehrere Verschneidungen in die Höhe. In der rechten klettert man 30 m hoch und quert dann 5 m nach links zu Stand. Weiter noch einige Meter links, dann durch eine steile, von einigen Überhängen unterbrochene Wasserrinne aufwärts. Nach 30 m zieht eine zweite Rinne nach rechts empor. Diese wird verfolgt, bis man zu zwei nebeneinanderstehenden Felsköpfen gelangt (Steinmann). Weiter 20 m nach rechts aufwärts zu einem Kantenabsatz. Nun an der Kante, die zum Schluß sehr steil wird, gerade empor, dann 80 m über unschwierigen Fels, bis die Wand sich nochmals steil aufschwingt. Hier ist in der Mitte eine steile, kaminartige Schlucht eingeschnitten, durch die man 40 m emporklettert. Man gelangt so auf unschwieriges Gelände und in kurzer Zeit zum Gipfel.

● 820   Hinterreintalschrofen, 2674 m

Der Hinterreintalschrofen ragt aus dem langen, wenig gegliederten Hauptteil des Kammes östl. des Hochwanners nur unbedeutend hervor. Nach N zweigt von ihm ein Grat ab, der das Jungfernkar vom Kleinen Hundsstall trennt und als selbständige Erhebung den Jungfernkarkopf trägt. Erstbesteigung: A. Heinrich, F. Henning, 1897.

● 821A Abstieg nach Süden zur Rotmoosalm
    I (überwiegend) und leichter. Nicht immer leicht zu finden.
    770 mH. 2 Std. Im Aufstieg 2½—3 Std.

Vom Gipfel über den Westgrat hinab, bis man leicht in östl. Richtung durch die teilweise begrünten Südhänge bis über die zum Almboden abstürzenden Wände absteigen kann. Sie sind von vielen Rinnen durchzogen, die meist unten abbrechen. Wo die gutartige Südflanke nach O zu schroffer wird, zieht eine ziemlich breite, oben gegabelte Rinne hinab, durch die der Abstieg führt. Man befindet sich hier östl. über dem durch mächtige Blöcke gekennzeichneten Anschlußpunkt des Schönberggrates ans Massiv. In der Rinne erst über Gras leicht hinab. Unterhalb einer glatten Platte quert man eben westl. hinaus in eine tiefe, nach W führende Geröllschlucht, von deren unterem Ende man durch einen Riß das Geschröf am Anschlußpunkt des Schönberggrates erreicht.

- **822 Gratübergang vom Großen Hundsstallkopf (Teufelsgrat)**
  L. Distel, F. Schön, 1897. Weiterweg zum Hochwanner A. Heinrich, F. Henning, H. Leberle, 1897. Der Teufelsgrat wurde aus der Scharte südl. des Kleinen Hundsstallkopfes im Jahr 1919 durch A. Sattler erstiegen; aus dem Großen Hundsstall durch H. Genseder und W. Medow, 1919.
  III. 3—4 Std. Weiterweg zum Hochwanner 3 Std. Siehe R 876.

- **823A Abstieg zur Jungfernkarscharte**
  III. Zugleich nächster, jedoch mühsamer Zugang von N, in der Aufstiegsrichtung leicht zu finden. Im Abstieg 1 Std.

Etwa 10 Min. westl. des Gipfels liegt der Punkt, wo sich der kaum ausgeprägte Nordgrat vom Hauptkamm ablöst. An der Ostseite des Grates durch Einrisse auf ein kleines Schuttfeld und über Geschröf in gleicher Richtung weiter hinab auf ein großes Schuttfeld. Es läuft in schuttbedeckte Platten aus, die wenig geneigt, bis über die Scharte hinableiten, wo sie abbrechen. Über ein von O nach W abwärtsführendes Plattenband gelangt man zum oberen Ende des Schuttes in der Scharte. Aus der Scharte unschwierig in den Kl. Hundsstall, siehe R 842, 843.

- **824 Aus dem Jungfernkar**
  G. Burghard, A. Sattler, 1911.
  III. 2½ Std. vom obersten Karboden.

Zugang: Ins Jungfernkar wie bei R 799.

Führe: Man folgt dem Anstieg zum Hochwanner (R 799) in der zum Tunnel ziehenden Schneeschlucht, bis einige SL unterhalb des in einen kleinen Kessel abbrechenden 6-m-Wandls. Von da erreicht man unschwierig ein mehrere hundert Meter langes, brüchiges, oft unterbrochenes Band, das schräg links aufwärts zieht. Es geht in eine Rinne über, die zum schwach ausgeprägten Nordgrat führt. Über ihn zum Hauptgrat und zum Gipfel.

● **830** **Jungfernkarkopf,** etwa 2300 m

Dem Hauptkamm wenig westl. des Hinterreintalschrofens vorgelagerter kühner Felsgipfel in dem das Jungfernkar vom Kleinen Hundsstall trennenden Grat. Trotz seiner geringen Höhe ist der Jungfernkarkopf der schönste Kletterberg des hinteren Reintales. Die N-Anstiege sind großzügige, landschaftlich hervorragende Kletterfahrten. Erstbesteigung: L. Distel, K. Herr, 1900.

● **831 Von der Jungfernkarscharte über den Südgrat**
 L. Distel, K. Herr, 1900.
 II. ½ Std. von der Scharte.

Von der Scharte (R 823 A) übersteigt man den nördl. gelegenen Buckel zu einem in seiner Ostseite begrünten Sattel. Der hier ansetzende Südgrat wird überklettert, nur der rote senkrechte Abbruch wird von W her genommen, worauf man bald den Gipfel erreicht. Vom begrünten Sattel aus kann man leicht zum Hundsstall absteigen. Auch im Aufstieg aus dem Hundsstall kürzer gleich hierher.

● **832 Aus dem Jungfernkar über den Westgrat**
 J. Färber, W. Grundner, 1911.
 II, stellenweise auch leichter. 2 Std.

Zugang: Wie R 799 ins Jungfernkar.

Führe: Der Westgrat ist nur teilweise ausgeprägt und löst sich namentlich im mittleren Teil in mehrere gleichlaufende Rippen auf. Von der obersten Terrasse des Jungfernkars quert man von rechts nach links über schuttbedeckte Platten an den Fuß der Westflanke des Berges. (Man kann aber auch von unten unmittelbar am Grat aufsteigen.) Nun in gut kletterbaren Felsen, später über Schrofen auf ein Schuttfeld unter der Gipfelwand. Durch Rinnen gelangt man, wieder rechts haltend, auf den Grat, der bald zum Gipfel führt. Man kann auch vom oberen Schuttfeld leicht in 10 Min. zum grünen Sattel nördl. der Jungfernkarscharte hinüberqueren.

● **833 A Abstieg durch den Kleinen Hundsstall**
 II. 2 Std. zur Blauen Gumpe. Der Ausgang aus dem Kl. Hundsstall ist schwierig zu finden.

Vom Gipfel über den kurzen Südgrat zur Scharte zwischen Jungfernkarkopf und Hinterreintalschrofen und nach O hinab in den Kl. Hundsstall. Die das Kar teilende Wandstufe wird an ihrem östl. Ende umgangen. Etwa in der Mitte des Kares, westl. der tiefsten Abflußrinne, hinab bis an den Abbruch. Nun nach W querend zu einem eigenartigen geschlossenen Felskessel, in den man von O hineingelangt. Man verläßt ihn durch eine Schlucht nach W. Von ihrem Ausgang waagrecht auf begrüntem Band, dann am unteren Rand zweier Schuttkegel zu einer grünen Scharte. Durch eine kurze Schlucht hinab, von ihrem Ende erst unschwierig, dann schwieriger, ganz wenig links haltend, etwa 30 m hinab auf das unterste Band über der abbrechenden Wand. auf ihm wenige Meter nach W an den Rand der Einstiegsschlucht und auf schrägem Band durch die 5 m hohe Wand in diese hinab. Über Schutt zur Blauen Gumpe.

- **834   Nordwand, Seidlkamin**
  C. Gürtler, A. Seidl, 1909.
  V— (Stellen), meist leichter. Sehr selten begangen. Teilweise brüchig. Eine der großzügigsten Wettersteinführen. Insbesondere die Verbindung NO-Kamin — Seidlkamin bietet hervorragend schöne Kaminkletterei. 6—8 Std.

Übersicht: Der Jungfernkarkopf erhebt sich unmittelbar aus dem Hinterreintal südl. der Blauen Gumpe mit einer mächtigen Steilwand. Diese geht, schmaler werdend, in einen zunächst flachen Grat über, der zu dem zurückstehenden Gipfelbau leitet. Der Grat setzt sich in der östl. Kante der nach NW schauenden Gipfelwand fort (NW-Wand, vgl. R 836). Hart rechts dieser Kante ist der Seidlkamin eingeschnitten.

Zugang: Siehe R 835.

Führe: Am rechten (westl.) Fußpunkt der Wand, an der Spitze des riesigen Schuttkegels östl. der aus dem Jungfernkar kommenden Abflußrinne, befindet sich der E. Hier sieht hinter einer Kulisse verborgen eine tiefe Schlucht ins Berginnere. Bevor sie tunnelartig in den Berg einmündet, erklettert man über ein Schrägband (nicht über den Überhang dicht bei der Höhle!) ihre nördl. 5 m hohe Begrenzungswand. In der freien Wand verfolgt man nun ein plattiges Band waagrecht etwa 8 m nach O und klettert über den plattigen Fels etwa 15 m gerade aufwärts (hier rechts ab ins Jungfernkar), bis man eine der Einstiegsschlucht ähnliche Schlucht (von der Gumpe sichtbar) schwach links haltend erreicht. Durch sie in eine grüne Scharte, von der aus man die beiden Schuttkegel vor sich sieht, die von der gegenüberliegenden Bergseite aus deutlich sichtbar sind. Von der Scharte aus (Führe Gürtler-Seidl) steigt man ein kurzes Stück nach O ab und klettert dann über Platten aufwärts (besser erst noch weiter nach O, dann schräg rechts zurück), bis man über brüchigen Fels nach W querend und zum Schluß über stark verwittertes Gestein ansteigend, eine weitere Scharte erreicht. Nun gerade durch einen Riß aufwärts, worauf man sich am westl. Ende des langen Schuttbandes in der Mitte der Wand befindet; dieses Band ist vom Zugspitzweg (Reintal) aus deutlich erkennbar. Von hier lassen sich zwei Rinnen unterscheiden, die von O nach W ansteigen. Man benützt die linke (östl.), die bald in einen Kamin übergeht. An den Kamin reiht sich ein anstrengender Riß an, worauf sich Platten anschließen, die bis zu einer mächtigen, gelben Wand gerade aufwärts erklettert werden. Nun wird das äußerst brüchige, gefährliche Band, das unter der Wand durchzieht, nach W verfolgt. Man quert nach W weiter und erreicht die westl. Begrenzung der Nordwand. Hierauf steigt man wieder über schuttbedeckte Platten gerade aufwärts, nach O und dann wieder gerade aufwärts über brüchige, schwierige Platten. Man erreicht so einen Grat, der, von W nach O ansteigend, auf seiner nördl. Seite verfolgt wird, bis man abermals zu einer Scharte kommt. Hier reihen sich sehr steile Türme an, die man nach rechts (südl.) ausbiegend, umgeht (Latschen). Über Gras geht es nun, von W nach O steil ansteigend, gerade aufwärts, bis der Grat erreicht wird, der von der Gipfelwand nach N zieht. (Bis hierher viel brüchiger Fels und Schutt.)

Ein anderer Anstieg (A. Sattler), der mehr Felskletterei bietet: Von der grünen Scharte nach der zweiten Schlucht quert man am Fuß der beiden Schuttkessel nach O durch, an einem freistehenden Felszacken vorbei. Kurz darauf steigt man über einen schrofigen Vorbau schräg links in die Wand. Bald trifft man ein gutes Band, das links (östl.) auf den ersten Absatz des NO-Grates leitet. Man steigt jedoch gerade weiter und erreicht, etwas rechts haltend, unter Benützung einer steilen bandartigen Rippe, das linke (östl.) Ende des großen Schuttbandes, welches die Führe Gürtler-Seidl am rechten Ende betritt. Nun wieder schräg links über die schwierige Wand zu den obersten, vom Tal aus in dieser Richtung sichtbaren Latschen und in gleicher Richtung (teilweise IV) weiter. Bänder und Einrisse leiten zum obersten Teil des NO-Grates, kurz bevor er mit der Führe Gürtler-Seidl zusammentrifft.

Nun gemeinsam: Auf dem Grat steigt man gegen S weiter, bis man einen allseitig steil abbrechenden Turm erreicht, den letzten vor dem großen Grataufschwung mit dem Seidlkamin. In die tiefe Scharte vor dem letzteren, gelangt man am besten, indem man etwas vor dem höchsten Punkt des Turmes in einer begrünten Rinne 20—25 m gegen den Hundsstall (südöstl.) absteigt und dann waagrecht in die Scharte hinüberquert. (Man kann auch, viel schwieriger, vom Turm erst nach W, dann nach S über brüchigen Fels zur Scharte absteigen.) Der folgende, mächtige Grataufschwung wird links von einer ungangbaren Schlucht, rechts von einem etwa 100 m hohen, rißartigen Kamin, dem Seidlkamin, durchzogen. Der Einstieg liegt etwa 30 m über der Scharte und wird über Geschröf erreicht. Der Kamin wird (V, namentlich in nassem Zustand) durchklettert (1 Std.). Die schwierigste Stelle liegt vor der Mitte. Über dem Kamin verfolgt man den Grat bis zu einer kleinen

Scharte, an welcher der sehr steile und brüchige Gipfelaufschwung ansetzt. Hier quert man auf schmalem Gesimse, über eine glatte Platte hin, waagrecht etwa 30 m in die O-Flanke hinaus (ausgesetzt), bis man über steilen, aber gutgriffigen Fels schräg rechts wieder zum Grat gelangt, der in kurzer Zeit zum Gipfel bringt.

A. Schmid und W. Voelk, 1909, umgingen den Kamin in einer Schleife in der Ostwand. Fast ebenso schwierig, sehr zeitraubend. 3 Std. Die Scharte vor dem Seidlkamin kann auch aus dem Kleinen Hundsstall unmittelbar über die Ostflanke erreicht werden. (Kommt auch als Notabstieg in Frage.) Von mehreren gegebenen Möglichkeiten dürfte folgende die beste sein: Einstieg bei einem meist vorhandenen Schneerest etwas nördl. der Fallinie der Scharte, über Platten zunächst empor, bis zunehmende Steilheit nach rechts (N) drängt. Über rasendurchsetzten Fels immer steiler etwa 100 m gerade hinauf, worauf man wieder in die Wand zurückgelangt (Band). Südl. querend und über eine Stufe hinaufzu einer von der Scharte herabziehenden Rinne; in dieser oder rechts davon weiter zur Scharte, 3 Std. von der Gumpe.

● **835 Nordostgrat, Nordostkamin**
A. Sattler, Erna Ledl, 1920.
IV (bis zum Seidlkamin). Sehr selten begangen. Vom Kleinen Hundsstall 4—5 Std.

Zugang: Den Kleinen Hundsstall erreicht man aus dem Reintal in 1½—2 Std. wie folgt: Von der Blauen Gumpe aus sieht man den unteren Ausgang einer in Berginnere ziehenden Schlucht, welche die Nordwand des Jungfernkarkopfes östl. begrenzt und dann mit etwa 100 m hoher Wandstufe ins Reintal abbricht. Etwas links von ihr zieht ein breiter Latschensaum bis zu einer Waldzunge herunter. Die Schlucht wird erreicht, indem man den Nordwandanstieg zum Jungfernkarkopf (R 834) bis zu den beiden Schuttkegeln verfolgt. An ihrem unteren Rande quert man nach O und bewegt sich auf begrüntem Band in gleicher Richtung horizontal weiter (möglichst nahe der Wand), bis man den Eingang in die Schlucht erreicht. Über ihren schuttbedeckten Grund gelangt man in einen ringsum von senkrechten Mauern umschlossenen Felskessel. Man verläßt ihn über eine Einsattelung nach O, quert erst 25 m waagrecht, steigt dann 25 m gerade an und quert wieder waagrecht bis in die Latschen, durch welche man (westl. der Abflußrinne aufwärts) den latschenbedeckten Boden des Kleinen Hundsstalles erreicht.

Führe: Um den Nordostgrat des Jungfernkarkopfes bei seinem zweiten Absatz zu erreichen gibt es zwei Möglichkeiten. Die schönere führt durch den die NO-Wand durchreißenden Kamin. Im Winkel, den die

Wand mit der den Kleinen Hundsstall teilenden Wandstufe bildet, plattig empor, dann auf abfallendem Bande nach rechts (N) und nach einer Unterbrechung etwas ansteigend in eine kleine Schrofenmulde. Von hier über ein schwieriges gelbes Wandl links (südl.) empor und weiter zum Beginn des NO-Kamins. Durch ihn in prächtiger Kletterei bis zum Ende am Grat (etwa 120 m) hinauf.

Oder vom untersten Karboden zum Fuß des Grates links einer westl. herabziehenden Rinne aufwärts. Dann quert man diese und strebt links haltend gegen den Grat zurück. Den nächsten Absatz erklettert man an der Westseite des überhängenden Grates über teilweise sehr schwierige Wandstufen und Einrisse. Der dritte, turmartige Grataufschwung wird westl. der Kante von zwei düsteren Kaminen durchrissen. Rechts von diesen gelangt man über ein schräges Band rechts aufwärts zu einem Riß. Durch ihn über die rechte Begrenzung empor (IV) und nach links auf die Höhe des dritten Absatzes. Nun unschwierig empor und der Gratlinie folgend (von rechts her kommt die Nordwandführe, R 834) auf den Turm vor dem großen Grataufschwung und dem Seidlkamin. Wie R 834 weiter zum Gipfel.

● **836** **Nordwestwand**
A. Lippl, H. Prechtl, 1946.
VI— (Stellen), überwiegend jedoch leichter. Kaum begangen.
4—5 Std.

Übersicht: Die NW-Wand des Jungfernkarkopfes besteht aus zwei Abschnitten: einer breiten Schrofenwand, die von ihrem Fuß im Jungfernkar bis etwa auf die Höhe der NO-Gratscharte am Fuße des Seidlkamins (R 834) reicht. Darüber baut sich die eigentliche, steile Gipfelwand auf. Diese ist in ihrem oberen Teil trichterförmig eingebeult. Der Wandkopf rechts des Trichters erscheint vom Reintal aus als Gipfel.

Führe: Diese Gipfelwand zu erreichen gibt es zwei Möglichkeiten: Durch das Jungfernkar und die Schrofenwand oder, besser, durch den Kleinen Hundstall zu der Scharte am Fuß des Seidlkamins (R 834) und von da durch ein Rinnensystem am Fuß der Steilwand absteigend bis etwa in Fallinie des scheinbaren Gipfelpunktes.

Von einem kleinen Gratabsatz zwischen den Rinnen erblickt man in der gegenüberliegenden Wand ein auffallendes, halbmondförmiges Schrofenband. Durch eine Rinne und ein kurzes Kaminstück, dann von rechts nach links auf das Schrofenband. Von hier mittels eines feinen Risses (VI—) in der glatten Wand gerade aufwärts in eine Nische. Etwa 20 m langer schwieriger Quergang nach links und über eine plattige, schmale Steilrampe auf ein Köpfl. Über einen Überhang gerade empor und nach links um eine brüchige Ecke, dann weniger schwierig rechts aufwärts (25 m) zu Stand. Nun links über eine kurze, überhängende Wandstufe auf ein steiles, links aufwärts ziehendes Band. Man verfolgt es, bis es sich verliert. An der sehr brüchigen Wand weiter nach links aufwärts, zuletzt Spreizschritt in eine überdachte Nische. Aus dieser über einen Überhang hinweg (VI—) und durch den anschließenden überhängenden Riß in eine glatte, ausgewaschene Rinne, die in den erwähnten großen Trichter leitet. Nun entweder die Hauptschlucht verfolgend direkt auf den Gipfel, oder links haltend zum NO-Grat und über ihn zum Gipfel.

Die Erstbegeher A. Göttner und M. Meier, 1935, durchstiegen die Gipfelwand weiter westl., rechts von einem ungangbaren Kamin. Vgl. DAZ 1936, Seite 175.

● **837 Ostwand**
H. Schneider und Gef., 1920. A. Deye, J. Pölcher, 1927.
V—, im oberen Teil leichter. Kaum begangen. 2 Std.

Zugang: Wie R 842 in den Kleinen Hundsstall.

Führe: Die westl. Karhälfte des Kleinen Hundstalles wird in halber Höhe durch eine Schrofenstufe unterbrochen. Über dieser nach rechts auf die begrünte Terrasse in der Ostwand und auf ihr bis zu ihrem Ende. Von hier über eine dreieckige Platte schräg links aufwärts, und an der linken Begrenzungskante eines muldenartigen Kamins empor (V—), zuletzt durch einen Riß auf einen kleinen Kopf. Kurzer Quergang nach rechts (V—) und neben einer Rinne sehr steil zu Stand. Nun weniger schwierig schräg hinauf zu einer Scharte. Jenseits 4 m hinab in eine Rinne, die die obere Fortsetzung eines schon von unten gut sichtbaren Kamins bildet. In der Rinne empor (II). Weiter oben in die breite Gipfelschlucht und in ihr zu ihrem obersten, begrünten Teil. Durch gutgriffige Kamine rechts unmittelbar zum Gipfel.

● **840** **Die Hundsställe**

Die beiden einsamen Kare, die zwischen dem Jungfernkar und dem Oberreintal in die Nordwände des Wettersteinkammes eingelagert sind, verdienen als Ausgangspunkte für verschiedene Bergfahrten besondere Beachtung. Der Kleine Hundsstall ist durch den Jungfernkarkopf von Jungfernkar (westl.) und durch den Kleinen Hundsstallkopf-Gamsanger vom Großen Hundsstall (östl.) getrennt. Der Große Hundsstall wird seinerseits im O durch den Zundernkamm vom Oberreintal und -kar geschieden. Aus dem Großen Hundsstall, der durch einen Querriegel in eine untere latschenbewachsene und eine obere Terrasse getrennt ist, gabelt sich südöstl. ein kleines Hochkar ab, das sich zwischen Nordwestlichen und Mittleren Zundernkopf einspitzt. Beide

Hundställe stürzen ins Reintal mit praller Wand ab und sind von dort schwer zugänglich. Leichter erreicht man sie nur aus dem Oberreintalkar über die Große Hundsstallscharte und den Gamsanger zwischen Großem und Kleinem Hundsstall.

- **841**   **Kleiner Hundsstall**
- **842**   **Aus dem Reintal**
         II. 1½—2 Std.

Von der Blauen Gumpe aus sieht man am linken (östl.) Ende der untersten Terrasse des Jungfernkarkopfes den Ausgang einer ins Berginnere ziehenden Schlucht. Man erklettert die Terrasse (R 799) und quert an ihrem oberen Rand über Schuttkegel und ein teilweise begrüntes Band nach O zum Eingang der Schlucht. Über ihren geröllbedeckten Grund gelangt man in einen ringsum von senkrechten Mauern umschlossenen Felskessel. (Landschaftlich hochinteressant.) Man verläßt ihn über eine Einsattelung nach O (links), quert erst etwa 25 m waagrecht, steigt dann 25 m gerade an, quert wieder waagrecht bis in die Latschen, durch die man (westl. der Abflußrinne südl. aufwärts) den latschenbedeckten unteren Boden des Kleinen Hundsstalles erreicht. Dieser wird vom eigentlichen Kar durch eine niedrige Wandstufe getrennt, die am östl. Rand leicht überwunden wird. Schwieriger auch ganz rechts (westl.) im Winkel, den sie mit der NO-Wand des Jungfernkarkopfes bildet.

- **843**   **Übergang zum Großen Hundsstall**
         II. 1—1½ Std.

Über der Latschengrenze vermitteln schwierige Felsen den Anstieg zu dem Rücken, der den Kleinen Hundsstall östl. begrenzt. Erst gerade hinauf, dann durch Latschen und über Schutt südöstl. zum Gamsanger und hart unter den Wänden entlang zur Kleinen Hundsstallscharte, die nicht unmittelbar unter dem Kleinen Hundsstallkopf, sondern weiter nördl. zwischen zwei Felsrücken liegt, die auf der Ostseite latschenbewachsen sind. Jenseits über Schutt und Gras in den Großen Hundsstall hinab.

- **845**   **Großer Hundsstall**

- **846**   **Von der Oberreintalhütte über die Große Hundsstallscharte**
         I und Gehgelände. Gewöhnlicher Zugang. 2 Std.

Wie bei R 254 ins Oberreintalkar. In ihm hinauf, bis vom Zunderngrat nördl. des Nördlichen Zunderkopfes eine gras- und latschenbesetzte Felsrinne herabzieht, die unten abbricht. Links von ihr, von links nach rechts ansteigend, auf Steigspuren über Geschröf aufwärts, bis man schließlich durch eine begrünte Rinne zur Großen Hundsstallscharte, 2020 m, im Zundernkamm gelangt. Jenseits über Gras nach links hinab über einen kleinen Sattel und stets in gleicher Richtung weiter, bis man ziemlich weit unten eine Rippe nach links überschreitet, und damit die Schuttreiße erreicht, die auf die obere Terrasse des Großen Hundsstalls hinabführt.

● **847 Aus dem Reintal über den Nordabsturz**
    II und Gehgelände. Einige Griffringe und zwei Leitern.
    1—1¼ Std.

Von der Bockhütte (R 75) aus sieht man hoch oben in der Wand nahe dem unteren Ausgang des Großen Hundsstalls und etwas rechts unterhalb eine einzelne Lärche. Bei ihr liegt die Einstiegsstelle. Von der Brücke bei der Bockhütte auf dem rechten (südl.) Ufer der Partnach wenige Schritte talein. Dann auf begrastem, kaum begangenen Pfad links. Wo er sich im Wald zu verlieren scheint, schräg rechts aufwärts. Auf einem kleinen Boden teilt sich der Steig. Man hält sich scharf links und gelangt so in aufsteigendem Quergang zu einer aufwärts ziehenden Rippe. Im Hochwald werden die Pfadspuren wieder deutlicher. Sie bringen bis zur Baumgrenze. Links oben steht die Lärche. Über Bänder und Absätze den nunmehr kaum zu verlierenden Steigspuren folgend zu ihr hinauf. Rechts oberhalb sieht man zwei eiserne Leitern. Über sie und die folgenden Wandstufen mittels einbetonierter Griffringe außerordentlich luftig hinauf, auf ein Band, das links um die Ecke in den Großen Hundsstall bringt.

Abstieg: Im Großen Hundsstall abwärts bis in den untersten grabenartigen Teil. Wo er von Wandstufen und Felsen durchzogen ist, hält man sich an seiner orog. rechten Seite in die unterste Mulde hinab. Sie bricht plötzlich mit senkrechter Wand ab. Links unten sieht man die einzelne Lärche. Man quert den Grund des Grabens, steigt jenseits über grasdurchsetzten Fels an und gelangt durch eine Latschengasse zur Kante, wo das Band ansetzt. Man verfolgt es nur kurz, steigt rechts die zwei Eisenleitern hinab und gelangt zur Lärche. Von ihr auf den deutlichen Pfadspuren links zur Baumgrenze und etwas rechts längs einer Rippe, anfänglich noch auf Steigspuren, dann ohne solche, hinunter zur Partnach, die nächst der Brücke bei der Bockhütte erreicht wird.

● **848 Vom Oberreintal durch die Wand**
    II. 1¼ Std. bis zur unteren Terrasse.

Der das Oberreintal vom Hundsstall trennende Zundernkamm stürzt in steiler Wand zur Bockhütte ab. Im oberen Teil der Wand befindet sich eine bandartige flachere Zone, die den Zugang in den Hundsstall vermittelt. Wo der Weg zur Oberreintalhütte (R 97) den flachen Oberreintalboden betritt, wendet man sich westl. und folgt den Steigspuren unter den Wänden und wendet sich bald leicht aufwärts in die flachere Wandzone. In ihr ansteigend gegen W wieder über Geschröf zu Latschen. Danach steigt man über eine kleine Sandreiße und erhält bald Einblick in den Hundsstall. Man erreicht ihn über ein langes, grünes Band unterhalb des teilenden Felsriegels. In diesem befindet sich eine große Gufel.

● 850 **Kleiner Hundsstallkopf,** 2323 m

Der vom Teufelsgrat sich nördl. ablösende Grat, der die Hundsställe trennt, trägt einen doppelgipfligen Felszacken, den Kleinen Hundsstallkopf und seinen nördl. Vorgipfel, den Gamsanger. Erstbesteigung: L. Distel, K. Herr, 1900.

● 851 **Südgrat**

L. Distel, K. Herr, 1900.

II. 1 Std. vom großen Hundsstall.

Zugang: Wie R 847 oder 848 in den Großen Hundsstall.

Führe: Aus dem westl. Teil des Großen Hundsstalls zieht eine auffallend rote, brüchige Rinne von N nach S ansteigend gegen die Scharte zwischen Kleinen Hundsstallkopf und Hauptkamm hinan. Sie mündet auf Grasgelände. In gleicher Richtung weitersteigend erreicht man den Grat nördl. eines Zackens. Nun immer auf der Ostseite unterhalb des Grates zum Gipfel.

● 852 A **Abstieg über den Nordgrat**

H. Burmester, H. Theato, 1920 (im Aufstieg).

III und **II**, 1 Abseilstelle. 1—1½ Std. zum Großen Hundsstall.

Vom Gipfel in Richtung auf den Vorgipfel durch eine Schlucht hinab, die bald in eine ostwärts streichende Rinne übergeht. Aus dieser seilt man sich etwa 10 m auf ein westöstl. verlaufendes Schuttband ab. (Im Aufstieg IV.) Durch eine Rinne zu der Scharte vor dem Vorgipfel hinab (III). Unschwierig auf ihn hinauf. Man folgt nun dem Grat, bis eine Rinne nach O auf grasiges Gelände und einen großen ebenen Grasfleck hinableitet. Von hier nördl. zur Kleinen Hundsstallscharte oder gleich über die Ostflanke in den Großen Hundsstall.

● 853 **Ostwand**

H. Schneider, H. Theato, 1920.

IV (überwiegend), nur selten leichter. Wenig begangen.

2½—3 Std.

Zugang: Wie R 847 oder 848 in den Großen Hundsstall.

Führe: E in Fallinie eines im oberen Drittel der Gipfelsenkrechten sichtbaren gelben Fleckes durch den rechten von zwei Kaminen. Über ihm 15 m nach rechts, und in einer ausgewaschenen Rinne empor. Von da zuerst schwach links, dann gerade hinauf in einem ganz schwach ausgeprägten Rinnensystem, zuletzt ausgesetzt (IV), bis kurz unter den gelben Fleck. Unter ihm Quergang in eine Rinne (IV). Weiter durch einen Kamin, dann weniger schwierig auf eine Gratrippe, die eine große, vom Gipfel herabziehende Rinne begrenzt. Teils auf der Rippe, teils in der Rinne (IV) zum Gipfel.

- **854 Westgrat**
  H. Schneider, H. Theato, 1921.
  V— (Stellen) und IV. Sehr selten begangen. 4—5 Std.

Übersicht: Der Westgrat setzt mit einem durch einen mächtigen Überhang abgeschlossenen Steilaufschwung im Kleinen Hundsstall an. Hart rechts neben der Gratkante durchzieht eine 120 m hohe kaminartige Steilrinne den 200 m hohen Abbruch.

Zugang: Wie R 842 in den Kleinen Hundsstall.

Führe: Man steigt durch diese Steilrinne (durchweg IV, einige Unterbrechungen V—) bis zu einer von unten an ihrer linken Seite deutlich sichtbaren angelehnten, weißen Felssäule. Vom Kopf der Felssäule an der Kante gerade aufwärts zu einem kurzen rauhen Kamin, der unter den eingangs erwähnten Überhang leitet. Von hier in schöner Plattenkletterei nach rechts, auf einer Kante gerade empor, und zuletzt auf der linken Seite des den Überhang rechts begrenzenden Plattenschusses auf den Grat. Auf ihm über alle Aufschwünge zum Gipfel.

- **860**   **Gamsanger,** 2116 m

- **861 Nordwand**
  F. Budian, 1921.
  IV—, nur selten leichter. 5—6 Std. aus dem Reintal.

E links der Fallinie des doppelzackigen Gipfels. (Rechts oberhalb eine große Höhle.) Zuerst über steile Schrofen gerade empor in eine Mulde unterhalb eines gelben Überhanges, der rechts bleibt. In der Mulde links durch einen 10 m langen Riß auf ein Felsband. Von ihm über schwierige Platten zu vier alleinstehenden Bäumchen. Von da schwieriger Quergang nach rechts zu einem nassen Kamin. In ihm etwa 60 m aufwärts auf einen begrünten Kopf. Über diesen an den Gipfelbau des Gamsangerkopfes. Links von dem Gipfelzacken durch eine steile Rinne auf den Grat, der zum Gipfel des Kleinen Hundsstallkopfes führt.

● **862** **Nordverschneidung**
P. Liebel, E. Renk, 1938. (Mitt. 1938/39, S. 85.)
VI—, 9 Std.

Übersicht: Die Verschneidung zieht durch die ganze Wand und ist vom Reintalweg unterhalb der Bockhütte gut zu erkennen.

● **870**   **Großer Hundsstallkopf,** 2559 m

Wenig ausgeprägter Gipfel im Hauptkamm, der nur als Knotenpunkt des Hauptkammes mit dem den Großen Hundsstall östl. begrenzenden Zundernkamm und als östl. Endpunkt des Teufelsgrates Beachtung verdient.

Der **Teufelskopf,** eine unbedeutende Graterhebung zwischen Oberreintalscharte und Gr. Hundsstallkopf, kann mit 10 Min. Zeitaufwand leicht erstiegen werden.

● **871** **Von Süden**
J. Mainzer, J. Dengg, 1892.
I und Gehgelände. 800 mH. 2 Std. von der Wangalm.

Zugang: Wie R 124 zur Wangalm.

Führe: Von der Wangalm auf dem Weg zum Scharnitzjoch (R 120) in den obersten Weidegrund. Hier mit Hilfe des Südsteiges links auf den Roßbergsattel. Nun längs des begrünten Rückens rechts (nördl.) aufwärts zum Anschlußpunkt an die Felsen.
Dieser Anmarschweg ist auch zu empfehlen für die Oberreintalscharte von S (R 254) und den Oberreintalschrofen von SW (R 932). Er bietet den Vorteil, fast ohne Schutt zum Einstieg zu bringen.
Hier öffnet sich eine breite Kluft, die in den großen Trichter mündet, der senkrecht unter dem die Oberreintalscharte überragenden Teufelskopf liegt. Auf der westl. Begrenzungsrippe bis nahe an den Hauptgrat und dicht unter ihm einige mächtige Zacken auf Geschröf umgehend westl. zum Gipfel.

● **872** **Von der Oberreintalscharte**
F. Henning, H. Leberle, 1898.
I. 1 Std. von der Oberreintalscharte.

Zugang: Wie R 254 zur Oberreintalscharte.

Führe: Von der Oberreintalscharte (R 254) auf der Südseite sofort westl. hinter einem Zacken durch auf ein Band, das auf die Südseite bringt. Auf Steigspuren unterhalb des Teufelskopfes durch und auf und südl. neben dem Grat zum Gipfel.

● **873 Aus dem Oberreintalkar**
R. Diehl, L. Distel, 1899.
II und leichter. Kürzester Zugang zum Teufelsgrat von N.
2 Std.

Zugang: Wie R 254 ins Oberreintalkar. 2 Std. von der Oberreintalhütte.

Führe: Wenig oberhalb der Einschnürung des Kars (R 254) steigt man in die Wand ein und wendet sich südl. zu einem Schartl in einem aus der Wand vorspringenden Felssporn. Jenseits der Scharte überschreitet man in ausgesetztem Quergang eine Steilschlucht und gewinnt über begrünte Schrofen den Ostgrat und über ihn den Gipfel.

● **874A Abstieg in den Großen Hundsstall**
F. Henning, H. Leberle, 1898.
II (stellenweise). 1¼ Std.

Vom Gipfel des Großen Hundsstallkopfes in die erste Scharte im Zundernkamm, dann schräg nordwestl. über unangenehme Platten durch einen niedrigen Felsgürtel abwärts. Weiter gerade hinunter auf eine breite Schutt- und Plattenterrasse, die unten in Steilwände übergeht. Man quert rechts (nördl.) zu einer tiefen Rinne im Winkel zwischen Haupt- und Zundernkamm, die auf die in den Hundsstall auslaufenden Platten hinunterleitet. Über Schutt und Schnee auf die obere Terrasse des Großen Hundsstall.

● **875 Gratübergang vom Südlichen Zundernkopf**
III. 1¼ Std. Siehe R 911.

● **876 Gratübergang zum Hinterreintalschrofen und Hochwanner („Teufelsgrat")**
L. Distel, F. Schön, A. Heinrich, F. Henning, H. Leberle, 1897.
III, stellenweise leichter. Interessante und abwechslungsreiche Gratkletterei, teilweise sehr ausgesetzt. Stellenweise brüchig. Wird oft unterschätzt. 5—7 Std.

Der Gratübergang ist durch die Stützpunkte der Oberreintalhütte (R 96) und der Erinnerungshütte (R 118) am Scharnitzjoch erleichtert. Er wird am besten im September bei sicherem und nicht zu heißem Wetter ausgeführt.

Vom Großen Hundsstallkopf hält man sich möglichst am Grat. Der erste Aufschwung wird erklettert, dem nächsten Turm in der Nordseite ausgewichen. Bald folgt ein scharfer rotgelber Aufschwung, der unmittelbar oder besser in seiner SO-Flanke erstiegen wird. Darauf hält man sich eben südl. unter dem Grat und gelangt durch eine Geröllschlucht wieder auf ihn. Man bleibt nun längere Zeit am Grat. Ein gelber Turm wird unmittelbar erklettert. Bei den folgenden in ihrer Südseite gelbrot gefärbten Aufschwüngen quert man um eine Ecke auf die Nordseite und steigt wieder zum Grat hinauf. Nach nochmaligem kurzem Ausweichen auf die Nordseite verfolgt man den leichten Grat bis zu einem klotzigen, gelbgestreiften Aufschwung, der mittels einer von rechts nach links emporziehenden Rinne erstiegen wird.

Der Grat zieht nun im allgemeinen ohne wesentliche Höhenunterschiede zum Hinterreintalschrofen. Über die brüchige Schneide kommt man an einen brüchigen Turm mit Schulter. Hier 15 m nach S in einer Rinne hinab und sogleich in die Gratscharte hinter dem Turm. (Er kann, schwieriger, auch überklettert werden.) Nun ständig auf dem scharfen Grat mit mehreren Reitstellen, bis man nach Passierung zweier Gratfenster zu einem blockerfüllten Einriß gelangt, durch den man nördl. absteigend die nächste Scharte erreicht. Den folgenden Aufschwung ersteigt man von N durch eine Rinne, kommt an einem Steinmann vorbei und kurz darauf zum Gipfel des Hinterreintalschrofens. 3—4 Std.

Abstiegsmöglichkeiten von hier nach S (R 821 A) und N (R 823 A). Der Teufelsgrat kann auch aus dem Großen Hundstall unmittelbar in leichter Kletterei erreicht werden.

Vom Hinterreintalschrofen erst längere Zeit auf dem leichten Grat, bis er scharfsplittrig wird und ein Ausweichen auf die Südseite gegeben erscheint. Man hält sich längere Zeit unter dem Grat (nicht zu tief!), bis schwieriger Fels wieder auf den Grat drängt. Die nun sehr scharfe Schneide wird über den gewaltigen Abstürzen ins Jungfernkar etwa 100 m weit verfolgt, wobei die brüchigen Türmchen sehr ausgesetzt überklettert werden. Danach kann man einige Türme südl. umgehen, hält sich aber gleich wieder zum Grat, dessen plattige Schneide, erst steiler, dann wieder waagrecht an den Aufschwung des Hochwanner-Vorgipfels heranführt. (Vorher kurzes Ausweichen auf die Nordseite.) Der Vorgipfel wird über die steile Südflanke erstiegen, indem man sich stets 1 SL unter dem Grat hält. Bald darauf ist der Hauptgipfel erreicht. 2½—3 Std.

● **880** **Gipfel südl. des Wettersteinkammes**

Die von den Wänden nach S ziehenden begrünten Rippen, die die Almgebiete scheiden, schwingen sich vor ihrem Absetzen ins Gaistal alle zu mehr oder weniger ausgeprägten Erhebungen auf. Sie alle haben gemeinsam den herrlichen Blick nach S, besonders im Gaistal und auf die Mieminger Kette. Touristisch an und für sich außer der Gehrenspitze (R 1150) nicht sehr bedeutungsvoll, bieten sie einen vorzüglichen Einblick in die Südseite des Wetterstein-Hauptkammes von der Wetterwand bis zum Öfelekopf.

Im einzelnen sind dies von West nach Ost:

Issentalköpfl, 1932 m, oberhalb der Ehrwalder Alm.
Hochwannenkopf, 2230 m, oberhalb des Feldernjöchls.
Haberlenz, 2206 m, oberhalb der Steinernen Hütteln.
Predigtstuhl, 2241 m, südlich des Hochwanners.
Schönberg, 2040 m, südlich des Hinterreintalschrofens.
Roßberg, etwa 2150 m, westlich oberhalb der Wangalm.
Gehrenspitze, 2382 m, oberhalb des Puitentales.

● **881** **Hochwannenkopf**, 2230 m

Von der tiefsten Stelle zwischen Kothbachsattel und Feldernjöchl an einer grünen Rippe aufwärts und längs des Grates zum höchsten Punkt. Etwa 20 Min.

● **882** **Haberlenz**, 2206 m

Vom Kothbachsattel auf die Südseite und unterhalb der Felsen aufwärts, bis man links zum höchsten Punkt hinaufsteigen kann. Etwa 15 Min.

Abstieg: Vom höchsten Punkt östl. abwärts unterhalb der Felsen auf einen begrünten Sattel. Von ihm durch die Mulde hinunter zu den schon von oben sichtbaren Steinernen Hütteln. Etwa 25 Min.

● **883** **Predigtstuhl**, 2241 m

a) Von der unteren Hütte der Rotmoosalm (R 131) durch eine grüne Mulde hinauf, die sich oben zu einem kaminartigen Spalt verengt. Durch ihn oder links davon wieder auf flacheres Gelände und rechts über Schrofen zum höchsten Punkt.

b) Ungefähr vom Fußpunkt des felsigen Nordaufschwungs des Predigtstuhls auf der Ost(Rotmoos-)Seite knapp unter den Felsen zu dem unter a) genannten Spalt und wie dort zum Steinmann. Etwa 20 Min.

● **885** **Der Zundernkamin**

Der Zundernkamm zweigt beim Großen Hundsstallkopf vom Wettersteinkamm nach N ab, das Oberreintalkar und den Oberreintalboden westl., den Großen Hundsstall östl. begrenzend. Beim unbedeutenden Südlichen Zundernkopf zweigt ein kleiner Seitengrat zum Nordwestlichen Zundernkopf ab. Er schließt ein vom Großen Hundsstall abgegabeltes Hochkar ein, das zu diesem in steilen Plattenlagen abfällt. Von der Gabelung nördl. trägt der Kamm zwei kühngeformte, turmartige Erhebungen, den Mittleren und den Nördlichen Zundernkopf, deren Besteigung zum Teil sehr schwierige Klettereien bietet. Der Nördliche Zundernkopf setzt mit turmbesetzter Schneide zur nördl. gelegenen Großen Hundsstallscharte ab, 2020 m. Dann zieht der nun unbedeutende latschenbewachsene Kamm nördl. weiter und verliert sich in dem zum Reintal abstürzenden Gürtel senkrechter Wände.

● **886** **Nördlicher Zundernkopf,** 2250 m

Erstbesteigung: L. Distel, K. Herr, 1900.

● **887** **Nordgrat**
H. Burmester, 1907.
III und II. Normalanstieg, häufig auch als Abstieg benützt.
230 mH. 1—1½ Std. aus der Großen Hundsstallscharte.

Zugang: Wie R 846 in die Große Hundsstallscharte.

Führe: Von der Scharte umgeht man den ersten Turm östl. und verfolgt dann den Grat mit geringem östl. Ausweichen bis zu der Scharte, aus der sich der nun ganz felsige Grat mit einem auffallenden Zacken steil aufschwingt. Aus der Scharte vor dem Aufschwung quert man östl. über Schrofen zu einer sehr steilen Platte, über die man in das Schartl hinter dem erwähnten Zacken gelangt. Über den Grat an einen senkrechten Aufschwung, der auf der Westseite nahe der Kante erklettert wird. Bald darauf zum Gipfel.

● **887 A** **Abstieg ins Oberreintal über den Nordgrat**
III und II, kein Gegenanstieg.
Ca. 1 Std. zur Oberreintalhütte.

Vom Gipfel kurz über den Grat nach NW und über eine Wandstelle (III, 2 H) zur Fortsetzung des Grates. Der folgende Abbruch in die Rasenmulde wird rechts umgangen (II). Am nächsten Grataufschwung über Steigspuren links vorbei und jenseits durch steile Schrofenrinnen rechts des Grates (Steigspuren, Steinmänner) zum Weg, der von der Hundsstallscharte herabkommt. Über ihn ins Oberreintalkar und links haltend hinab zur Hütte.

● **888 A** **Abstieg ins Oberreintal durch den Großen Hundsstall**
II, I und Gehgelände. Ca. 1½ Std. zur Oberreintalhütte.
Kurzer Gegenanstieg zur Hundsstallscharte.

Vom Gipfel zuerst links des Nordgrates 40 m durch eine Rinne hinab. Über Steigspuren nach links 20 m an den Grat. Über ihn und rechts davon bis in die Scharte zwischen dem Nördl. und Mittl. Zundernkopf. (Hier zieht nach links die Ostschlucht ins Oberreintalkar hinunter (II, nicht empfehlenswert, da sehr brüchig, steil und steinschlaggefährdet). Von der Scharte leicht links haltend durch eine brüchige Rinne (I) in den Großen Hundsstall. Durch das Kar hinab und rechtshaltend über Steigspuren, zuletzt etwa 100 Höhenmeter ansteigend, zur Hundsstallscharte. Über Steigspuren ins Oberreintalkar und links haltend zur Hütte hinab.

- **889** **Alte Ostwand**

    H. Schneider, F. Schuller, K. und H. Theato, 1920.

    V— (auf fünf SL), sonst wesentlich leichter. In den schweren SL Rißkletterei an überwiegend festem Fels, Rest ziemlich brüchig. Wenig begangen. SH bzw. KK müssen teilweise angebracht werden, wenige ZH vorhanden. Ca. 400 mH, Kletterlänge ca. 450 m. 3—4 Std. Foto S. 259.

Übersicht: Im mittleren Wandbereich ist deutlich eine Plattenverschneidung zu sehen, deren Beginn man über Schrofen erreicht. Links der Verschneidung zieht eine Rißreihe zum Grat empor. Durch diese verläuft die Führe.

Zugang: Von der Oberreintalhütte ins Oberreintalkar und am Fuß der Ostwand zum höchsten Punkt des Kares empor. Hier E. ½ Std.

Führe: Über eine Rippe empor zu Stand bei großem Köpfl (IV—, 35 m). Unter brüchigem Fels Quergang nach rechts um die Kante (III) und rechts haltend ins Schrofengelände. In einer großen Rechts-Links-Schleife über Schrofen zum Beginn der großen Plattenverschneidung (I und II, 100 m). 10 m links derselben durch einen brüchigen Riß empor (IV, 20 m). Im Riß gerade empor (V—, 1 H) und über Wandstellen (IV+, 1 H, 35 m). Im Riß gerade empor (V—, 2 H, 30 m). Im linken Riß empor (V—, 1 H, 30 m). Den Riß verfolgend bis in die Scharte an der Kante (V—, 1 H, 35 m). Über eine Rampe links der Kante empor zu Latschen (II, 25 m). Über Schrofen 15 m nach links und in der Folge zuerst gerade, dann leicht linkshaltend zum Gipfel (II, 120 m).

(G. Härter)

- **890** **Ostverschneidung**

    F. Parzefall, W. Grunenberg, G. Härter, 10. 6. 1973.

    VI— / A0 (2 SL), sonst V+ und IV—, im oberen Teil wesentlich leichter. Verschneidungs- und Rißkletterei. Teilweise brüchig. Die meisten SH und ZH vorhanden; Mitnahme einiger Klemmkeile empfehlenswert. Sehr selten begangen. Ca. 400 mH, Kletterlänge ca. 450 m. 4—5 Std. Foto S. 259.

Übersicht: Vom mittleren Wandteil der Ostwand zieht eine markante Verschneidung bis kurz unter den Gipfel. Durch sie verläuft die Führe.

Zugang: Wie R 889 zum Wandfuß und über den Vorbau zum Beginn der Verschneidung.

Führe: 1.—3. SL: Durch die Verschneidung bis unter eine kleine Höhle (IV und V, mehrere H, 100 m). **4. SL:** Links aus der Höhle heraus, leicht links aufwärts zum Beginn einer Rampe (VI—/A0 und IV—, 3 H, 35 m). **5. SL:** Über die Rampe zurück in die Verschneidung. Leicht links der Verschneidung über Wandstelle (V+, 2 H, 40 m). **6. SL:** Leicht links haltend bis unter die gelbe Schlußwand und nach rechts in die Verschneidung (II, 20 m). **7. SL:** Durch die Verschneidung und den anschließenden Riß über einen kleinen Überhang zu Schrofengelände (VI—/A0, 1 H, 2 HK, 35 m). Über Schrofen zum Gipfel (I und II, 100 m). (G. Härter)

- **891 Direkte Ostwand, Rittler / Schneider-Führe**
  L. Rittler, H. Schneider, 1928.
  V (Stellen), meist IV und III, im unteren Wandteil auch längere Abschnitte wesentlich leichter. Teilweise brüchig. Wenig begangen. Die meisten SH und ZH vorhanden. Ca. 400 mH, Kletterlänge ca. 450 m. 3—4 Std. Foto S. 259.

Übersicht: Der Anstieg führt direkt durch den vorspringenden Wandteil rechts der langen auffallenden Verschneidung.

Zugang: Wie R 889 zum Wandfuß und über den Vorbau zum Beginn der Verschneidung.

Führe: Vom Beginn der Verschneidung etwa 10 m schräg rechts aufwärts um eine Kante, an ihr einige Meter empor zu einem von rechts nach links ziehenden feinen Riß und durch diesen und über eine anschließende Wandstelle zu Stand. Man strebt nun gerade aufwärts zu einer von unten schon deutlich erkennbaren, glatten Plattenverschneidung. In der Mitte über die glatte Platte, teils Risse benutzend, aufwärts (H). Quergang nach links und um eine Kante auf ein kurzes Band und über eine senkrechte Wandstelle (H) wieder zurück auf die Kante

Nördlicher Zundernkopf von Osten

R 889: Alte Ostwand
R 890: Ostverschneidung
R 891: Direkte Ostwand „Rittler"

und auf ihr aufwärts zu einem Stand. Nun bald links, bald rechts in der folgenden Rißreihe empor bis unter den schwarz überdachten kurzen Kamin nahe der NO-Kante. Von hier nach rechts auf die Kante und über diese wieder links auf weniger schwierigem Fels nach 2 SL zum Gipfel.

● **892 Nordostkante**
K. Amann, L. Rittler, 1927.
V—, stellenweise auch leichter. Teilweise brüchig.
Kaum begangen. 2½—3 Std.

Zugang: Wie R 254, 846 ins Oberreintalkar und rechts der Ostwand über die grasdurchsetzte Flanke empor zum Fuß der Kante.

Führe: Stets links haltend mehrere SL an der breiten Kante empor, bis sie sich senkrecht aufschwingt. Über einige Überhänge, dann durch eine 25 m hohe Verschneidung (H) auf ein Schartl. Weniger schwierig stets an der Kante über plattigen, grasdurchsetzten Fels an eine fast senkrechte Kante. An ihr empor (H), dann kurzer Quergang nach links und durch eine Rinne, zuletzt überhängend, weiter. Dann über grasdurchsetzten Fels an eine gelbe Plattenwand. Über eine Wandstelle empor und nach 1 SL auf den Grat und über ihn zum Gipfel.

● **893 Südostgrat**
J. Baumann, H. Theato, 1917.
IV—, stellenweise auch leichter. Teilweise brüchig. Sehr selten begangen. 1½—2 Std.

Zugang: Wie R 254 ins Oberreintalkar.

Führe: E in der Fallinie der zwischen Nördlichem und Mittlerem Zundernkopf herabziehenden Schlucht. Über steile Schrofen in die Rinne und in ihr empor, dann durch eine Rinne mit steiler Platte nach rechts hinter einen markanten, ungangbar abbrechenden Turm. Durch mehrere Rinnen aufwärts in ein Gratschartl und 20 m direkt an der Kante empor (IV—) auf den nächsten Gratturm. Nun auf der Kante bis in die Scharte vor einem auffallenden spitzen Turm. Nördlich um ihn herum und durch eine Rinne in die Scharte hinter ihm. In der gegenüberliegenden Wand von rechts nach links über eine Wandstelle (IV—) auf den nun wieder ausgeprägten Grat, der teilweise sehr schwierig (eine 20 m hohe Wandstelle) verfolgt wird. Die folgenden Gratstellen können weniger schwierig auch rechts umgangen werden. Man gelangt in eine Scharte, von welcher, wenige Meter links der Gratkante, eine Rinne mit anschließendem Stemmkamin auf weniger schwieriges Gelände führt. Über dieses in kurzem zum Gipfel.

- **900**   **Mittlerer Zundernkopf,** etwa 2324 m

Erstbesteigung: L. Distel, K. Herr, 1900.

- **901**   **Nordgrat**
    H. Burmester, 1907.
    III+ (Stellen) und III, stellenweise leichter. Wenig begangen.
    1½ Std. vom Nördlichen Zundernkopf.

Von der Scharte zwischen Nördlichem und Mittlerem Zundernkopf (R 887) quert man kurz nach O in eine brüchige Rinne, die zum Grat führt. Nach kurzem westl. Ausweichen folgt man dem Grat bis zu einem grünen Fleck, von dem aus man ständig auf der sehr steilen, aber festen Schneide emporklettert, bis man auf die Ostseite in der hier Geschröf heraufreicht, übertreten kann. Man bleibt nur kurz auf dem Geschröf und gewinnt den aus groben Blöcken gefügten Grat über ein kurzes, von links nach rechts ziehendes Band. Sogleich wieder auf breitem Schutt- und Plattenband in die Ostseite und durch zwei übereinanderliegende Risse auf den Grat und auf ihm zum nahen Gipfelmassiv. Der Gipfel wird durch eine an seiner Westseite eingerissene tiefe Kluft erklettert.

- **902**   **Nordostgrat**
    L. Eschner, F. Winklmeier, E. Wittmann, 1927.
    V— (stellenweise), überwiegend leichter. Sehr selten begangen. Teilweise brüchig. 3 Std.

80 m an der linken Begrenzung der Ostschlucht empor. Hier entsendet der Grat drei Rippen. An der linken Rippe 40 m aufwärts auf ein Schärtchen: 40 m weiter zu einem Latschenfleck. Nach Überwindung eines Überhanges durch einen 25 m hohen brüchigen Riß zu Stand bei zwei Felsköpfchen. 2 m abwärts und rechts und in einem seichten, brüchigen Riß 25 m hinauf auf eine Kanzel. Etwas rechts absteigend in eine Rinne, durch sie aufwärts, dann links eine Plattenflucht empor. In der folgenden Schlucht erst links, dann rechts (Plattenquergang) auf eine Scharte (Steinmann). Den Weiterweg vermittelt eine Schrofenrinne, durch die man, sich links haltend, wieder zum Grat kommt. Auf ihm in eine Scharte. Dann durch Rinnen und Risse links aufwärts wieder zum Grat und über ihn zu einer Scharte. Links haltend durch Rinnen und Risse, über einen Überhang zum Gipfelgrat.

- **903**   **Nordostwand**
    F. Fischer, W. Groß, T. Lesch, H. Prechtl, 1936.
    V+, im oberen Teil wesentlich leichter. Teilweise brüchig. Einige H vorhanden. Wenig begangen.
    3—4 Std.

E in mehr als halber Höhe der Ostschlucht (zwischen Mittlerem und Nördlichem Zundernkopf), rechts von einer schwarz-gelben überhängenden Wand, 100 m rechts von dem auffallenden Kamin, in einer nassen, schwarzen Nische. Links heraus, mittels eines Risses (H) 10 m zu einer gelben Nische. Über den folgenden Überhang (H) und den Riß weiter zu Stand (H, 35 m), 3 m nach links an eine Kante (H) und abwärts querend zu Stand. Weiter 10 m gerade aufwärts auf ein Köpfl. Hier in der linken plattigen Rinne gerade hinauf, und durch den folgenden Riß mit Überhang zu Stand (20 m). Unmittelbar unter dem darüber befindlichen Dach nach links hinaus und 20 m gerade hinauf (H) über einen Überhang zu Stand. Nun an der im Kamin befindlichen Rampe 6 m aufwärts, dann nach rechts heraus und nach 30 m auf weniger schwieriges Gelände. Einige SL gerade hinauf auf einen Gratabsatz und beliebig zum Gipfel.

- **904** **Aus dem Großen Hundsstall**
Erstbegeher nicht bekannt, wahrscheinlich aber der Weg der Erstbesteiger des Mittleren Zundernkopfes, L. Distel und K. Herr, 1900.
III, meist II und I, vielfach auch leichter.
Teilweise brüchig, sehr selten begangen.
Aus dem Gr. Hundsstall 1¼ Std.

Man hält sich unter der Westflanke des Nördlichen Zundernkopfes entlang nach Süden aufwärts, bis man die hohe Plattenstufe erreicht, die das kleine Hochkar vom eigentlichen Hundsstall trennt. Diese Plattenstufe wird in ihrer Mitte oder an der östlichen Seite erklettert (III). Dann über die Westflanke weiter zum Gipfel (II und I).

- **905** **Ostwand**
H. Schneider, H. Theato und Gef., 1920.
IV. Teilweise brüchig. Sehr selten begangen. 3—4 Std.

E in Gipfelfallinie durch einen seitlich eingeschnittenen Kamin. Dann an seiner linken Begrenzung empor und über ein brüchiges Wandl zu einem Stand. Von hier links aufwärts in einen kleinen Schuttkessel. Man verläßt ihn nach oben über eine sehr schwierige Wandstelle durch eine 20 m lange Rinne, die auf ein Köpfl leitet. Es folgt ein brüchiger Quergang nach links, worauf man über Platten nach links aufwärts zu einem Überhang gelangt. Unter ihm nach rechts und über ein Wandl in eine Rinne. Durch sie nach einigen SL in einen zweiten Schuttkessel. Aus diesem nach links aufwärts durch Rinnen, die in eine Gratscharte führen (IV). Weniger schwierig rechts aufwärts gegen den gelben Gipfel zu, der nach O überhängend durch einen Riß geteilt abbricht. Durch eine Rinne erreicht man eine Scharte, 10—15 m links vom Gipfel.

Der zweite Schuttkessel kann auch von weiter links her durch eine Reihe von Kaminen und Wandstellen erreicht werden (IV). E hierbei 50 m links (südl.) der Gipfelfallinie an der linken (südl.) Seite eines Felssporns, an dessen rechter Seite ein überhängender Kamin eingeschnitten ist.

● **910** **Südlicher Zundernkopf,** etwa 2400 m

Erstbesteigung: L. Distel, K. Herr, 1900.

● **911** **Gratübergang vom Mittleren Zundernkopf und zum Großen Hundsstallkopf**
H. Burmester, 1907.
III. ½ Std. und 1½ Std.

Vom Mittleren Zundernkopf steigt man nach W in das kleine Hochkar ab, quert es und erreicht den Südlichen Zundernkopf über seinen brüchigen NW-Grat.
Vom Gipfel folgt man dem zersplitterten Grat nach S, wobei ein überhängender Abbruch zu tiefem westl. Ausweichen zwingt, bis auf einen breiten Schuttsattel, aus dem sich der Grat zum Hauptkamm aufschwingt. Über schuttbedeckte Platten an der Westseite und durch eine nach O ansteigende Rinne auf die Höhe des ersten Aufschwungs. Der Grat wird nun nicht mehr verlassen. Auch einen klotzigen Turm überklettert man und erreicht längs der zersplitterten Gratschneide den Gipfel des Großen Hundsstallkopfes.

● **912** **Ostwand**
L. Brandler, W. Gerschel, 1954.
IV. Brüchig und steinschlaggefährdet. Kaum begangen.
3 Std.

In der Fallinie des Gipfels zieht eine ausgewaschene Rinne durch die Ostwand herab. Der E befindet sich genau senkrecht darunter. Über kleine Pfeiler und Rippen zu einem Band. Weiter etwa 15 m über eine Steilstufe in die geneigte Rinne, die entweder links oder rechts bis unter den Gipfel führt. Durch die steile Gipfelwand führt eine Rampe, die mit einem Riß auf dem Gipfel mündet.

● **920** **Nordwestlicher Zundernkopf,** 2324 m

● **921 A Abstieg vom Nordwestlichen Zundernkopf**

Der Abstieg erfolgt am besten über den Südgrat in das bei R 904 erwähnte Hochkar.

- **922 Nordgrat**

    A. Jahn, H. Schneider, E. Solleder, 1920.

    V (Stelle), meist IV und III. Teilweise brüchig. Wenig begangen. 2½—3 Std.

Zugang: Wie R 846 in den Großen Hundsstall.

Führe: Der Nordgrat bricht mit zum Teil überhängender Plattenwand in den Großen Hundsstall ab. E etwas südl. der rechten Begrenzungskante dieses Abbruches. Man erreicht den Grat oberhalb des Abbruches durch eine 200 m hohe, zunächst gutgestufte, später schwierige Rinne. Über den brüchigen Grat weiter bis zu einem kleinen Schuttfleck, von dem er sich neuerdings sehr steil aufschwingt. Von dem Schuttfleck etwa 20 m empor (III) zu einem kleinen Rasenfleck, dann noch 10 m gerade empor gegen die wulstförmigen Überhänge. Nun entweder durch einen seichten, überhängenden Riß auf die Gratkante (V); oder, weniger schwierig, 5 m absteigend links um die Kante zu einer kleinen Nische und durch einen brüchigen Einriß (etwa 10 m) in die oben erwähnte Rinne, durch die man auf den Gipfel des Turmes gelangt. Man steigt 5 m durch einen Kamin ab und erreicht über den brüchigen Grat, zuletzt über Schrofen, den Gipfel.

- **923 Nordwand**

    K. Hausmann, H. Köllensperger, 1946.

    V+. Teilweise brüchig. Einige H vorhanden. Sehr selten begangen. 3—5 Std.

Übersicht: Der Nordgrat des Nordwestlichen Zundernkopfes bricht mit einer überhängenden, 300 m hohen Plattenwand nach N ab. Durch den unteren Wandteil zieht von rechts nach links eine etwa 20 m breite Steilrampe, die die Überwindung der riesigen, gelbschwarzen Dächer ermöglicht.

Führe: Der E befindet sich etwa 2 m unterhalb des innersten Winkels des Schutts, der zur Rampe hinaufzieht. 35 m gerade empor auf einen Schuttabsatz (Stand). Von hier etwa 20 m gerade hinauf, dann über eine schmale Leiste nach links an die Begrenzungskante des schon von unten auffallenden, dreieckigen Daches, und in einen Riß zu Stand (H). Auf schmalen Band oberhalb des Daches links zur Kante. Etwas rechts davon über eine plattige Wandstelle in einen Riß, der bis zu einem kurzen, senkrechten Aufschwung verfolgt wird (dürftiger Stand). Über den Aufschwung gerade empor und nach 10 m auf einen Pfeilerkopf. (Ende der großen Steilrampe.) Im folgenden Einriß nach 6 m Stand, von hier ist die schwarzgelbe Gipfelwand sichtbar. Zu ihrem Fuß etwa 50 m durch ein schwach rechts aufwärts ziehendes Rißsystem, Stand am linken Ende der Gipfelwand in einer Nische unter einem gelbroten

Überhang (H). Über ihn hinauf und im folgenden Riß nach etwa 25 m zu Stand. (Kleines Köpfl.) Von hier 4 m Quergang nach links in einen Riß hart rechts einer Kante. Durch ihn 30 m hinauf zu gutem Stand, dann auf der etwas höher ansetzenden Leiste nach rechts bis zu ihrem Ende. Über ein plattiges Wandl in einen 40 m langen, kaminartigen Riß, der bis zu seinem Ende verfolgt wird. (Hier Überhang.) Auf einem schräg rechts ansteigenden Band zum Grat und zum ersten Gratturm.

● **924   Westkante**
  H. Prechtl, M. Schober, 1939.
  V—, im oberen Teil leichter. Genußvolle Kletterei; wenig begangen. 2 Std.

Der E befindet sich direkt am Fuß der Kante. Nicht mit der ähnlichen Kante des Vorgipfels verwechseln! Man steigt über gut gangbaren Fels empor bis zum Beginn eines auffallenden Kamines. Nun nach links um die Kante und den gelben, links aufwärtsziehenden Riß empor (H), und weiter etwa 70 m durch kurze Rinnen und Kamine aufwärts zu einer schwarzen, überdachten Nische. Aus dieser über abgesprengte Blöcke nach rechts heraus an die Kante und an ihr empor auf einen Felsturm. Nun stets an der Kante aufwärtskletternd in Genußkletterei gerade zum Gipfel.

● **930   Oberreintalschrofen, 2523 m**

Die klotzige, trapezförmige Gestalt des Oberreintalschrofens fällt von allen Seiten ins Auge. Sein Westgrat schwingt sich aus der Oberreintalscharte gleichmäßig zum waagrechten Gipfelgrat auf. Von ihm senkt sich der Ostgrat zur Westlichen Wangscharte. Nach N löst sich, etwa 100 m unterm Gipfel ansetzend, ein turmbesetzter Grat ab, der das Oberreintalkar vom Scharnitzkar trennt. Dieser Grat trägt, dem Gipfelmassiv zunächst, den sogenannten Vorgipfel, dann die drei Oberreintalköpfe. Der nördlichste und niedrigste, etwa 1940 m, ist der Oberreintalturm, von dem der Grat mit gewaltigem Abbruch zum Oberreintalboden absetzt. Der Oberreintalturm wirkt besonders imposant vom Oberreintalboden aus. Seine Ersteigung bietet eine ganze Reihe schöner, aber sehr schwieriger Kletterein. Erstbesteigung: H. v. Barth, 1871.

● **931   Westgrat**
  O. Schuster, H. Moser, 1894.
  III+, stellenweise auch leichter. Umgehungsvariante II, jedoch weniger schön. Beide Routen 1½ Std. von der Oberreintalscharte.

Zugang: Wie R 254 in die Oberreintalscharte.

Führe: Von der Oberreintalscharte (R 254) umgeht man das östl. befindliche Türmchen südl. und gelangt über steile Schrofen an den ersten, großen, mit gelbroter Wand abbrechenden Aufschwung. Von einem Köpfl an der linken Kante in schwierigem Quergang auf schmalem brüchigen Band nach rechts ansteigend um eine Ecke, und durch eine Steilrinne zum Grat, der nun stets beibehalten wird. Auch der Gipfelaufschwung wird durch eine in der Gratlinie hinaufziehende, rote Steilrinne erklettert.

Umgehungsvariante: Von der Oberreintalscharte steigt man etwa 50 m nach S ab und quert dann links (östl.) über Schutt, Platten und eine Grasfleck aufwärts, zuletzt durch eine Rinne auf einen Seitengrat. Jenseits quert man weiter wieder horizontal Rippen und Rinnen, bis man das unter R 932 erwähnte Schuttfeld erblickt. Ohne es zu betreten, steigt man durch die westl. von ihm hinaufziehende Rinne hinauf und wie R 932 weiter zum Gipfel.

● 932   **Von Südwesten**
H. v. Ficker, 1900.
II, meist I und leichter. Steile Schrofen. 1½ Std.

Übersicht: Im unteren Teil der SW-Flanke liegt ein Schuttfeld eingebettet, das nächster Richtpunkt ist.

Zugang: Wie bei R 871 auf dem Roßbergkamm aufwärts und an geeigneter Stelle über Schutt östl. querend, an den Fuß der von der Oberreintalscharte herabziehenden Rinne. 1 Std. von der Wangalm.

Führe: Man betritt die Rinne nicht, sondern hält sich in einer anderen plattigen, gegen rechts oben sichtbare gelbe Türmchen, ansteigenden Rinne hinauf, bis man sie nach rechts über begrünte Schrofen verlassen kann. So gelangt man in die schon vom E aus erkennbare, von links nach rechts ansteigende Rinne, die oben auf das erwähnte Schuttfeld mündet. Von hier benützt man besser nicht die vom Schuttfeld ausgehende plattige Schlucht, sondern quert nach links über Schutt und Gras zum Beginn einer zunächst noch durch eine Rippe verdeckten Rinne, die weiter westl. hinaufzieht. In ihr empor zu einem schwach begrünten

Oberreintalschrofen, Südwand

R 934: Alte Südwand
R 935: Südpfeiler
R 936: Südwand Huber, Huber

R 937: Südverschneidung
R 938: Dir. Südpfeiler
R 939: Kaspar – Jennewein

Sattel in ihrer östl. Begrenzungsrippe. (Von hier kann man, viel schwieriger, zum Grat und durch einen schweren Riß zum westl. Steinmann auf dem Gipfelgrat gelangen.) Besser steigt man schräg rechts östl. zu einem durch zwei Zacken gekennzeichneten Schartl einer Seitenrippe empor und erreicht jenseits durch eine 50 m lange Rinne den Gipfelgrat zwischen dem westl. und dem Gipfelsteinmann.

- **933 Ostgrat**
    O. Ampferer, G. Beyrer, W. Hammer, 1897.
    II, stellenweise auch leichter. ¾ Std.

Zugang: Wie R 996 zur Westlichen Wangscharte.

Führe: Von der Westlichen Wangscharte hält man sich auf dem Grat ständig in der Nähe des Südabsturzes über grasdurchsetzten Fels aufwärts und gelangt über den fast ebenen Gipfelgrat, dessen Zacken teilweise überstiegen, teilweise umgangen werden, zum Gipfelsteinmann.

- **934 Südwand, alte Führe**
    H. Burmester, W. Nonnenbruch, 1905.
    IV, meist II und II. Ein Teil der erforderlichen H vorhanden. Wenig begangen. 2½–3 Std. Foto S. 267.

Übersicht: Den westl. Teil der Südwand bildet ein mächtiger Vorbau, der sich nach SW mit breiter Schrofenflanke abdacht und nach S (bzw. SO) in steiler, nach W niedriger werdender Wand abbricht. Etwa in Gipfelfallinie verschneidet sich diese mit der vom Gipfel abfallenden Südwand. Diese Verschneidung bildet die Richtlinie des Anstieges. In ihr ist etwa 150 m über dem Schutt ein Schrofenkessel eingebettet. Diesen muß man zunächst erreichen.

Zugang: Wie R 996 zum Wandfuß. E in Fallinie unter dem östlichen Endpunkt des Gipfelgrates. Von der Wangalm 1 Std.

Führe: E bei einer Wandeinsenkung, die in ihrem rechten Teil von einer weißlichen Steilrinne durchzogen wird. In oder neben dieser 30 m hinauf, bis man durch einen Riß nach rechts gedrängt wird. Über zwei balkonartige Absätze hinauf und in der anschließenden Rinne 30 m weiter. Dann, vom unteren Ende eines rechts aufwärts ziehenden Risses, nach rechts um die Ecke und über Schrofen einige Meter aufwärts nach 40 m zu einem versteckten Schuttfleck. Von ihm durch einen Kamin in den erwähnten Schrofenkessel (IV). In diesem ziemlich gerade, später etwas nach links empor. In der hier ansetzenden Wand befindet sich eine auffällige Einbuchtung, aus deren linker Ecke ein Riß hinaufführt, der, zuerst handbreit, nach 5 m stemmweit wird, und dann wieder als schmaler Riß in der Wand verläuft. Man verfolgt ihn bis zu seiner Erweiterung und klettert dann über die kurze, aber besonders durch ihre Brüchigkeit sehr schwierige Wand links aufwärts zu einem Schartl; weniger schwierig gerade hinauf zu einem Schuttfeld. Nach links querend erreicht man bald eine zwischen dem Vorbau und dem Massiv westl. hinaufziehende Steilschlucht. Diese verfolgt man bis 20 m unter ihrem Ende und strebt dann über mäßig schwierige rote Felsen dem Grate zu, der neben dem Gipfelsteinmann erreicht wird.

- **935 Südpfeiler**
    H. Buhl, J. Spindler, 1946.
    V+ / A0 (1 SL), meist V und IV. Erforderliche H vorhanden. Stellenweise etwas brüchig. Wenig begangen. 2½—3½ Std. Foto S. 267.

Übersicht: Der Südpfeiler ist der östlichste, sich mit der Gipfelwand verschneidende Pfeiler des großen S-Vorbaus (vgl. die Vorbemerkung zu R 934). Er wird in seinem rechten Wandteil von einer Rißreihe durchzogen, welche den Durchstieg vermittelt.

Zugang: Wie R 996 zum Wandfuß. 1¼ Std. von der Wangalm.

Führe: E in Fallinie des Pfeilers über unschwierigen Fels bis zum Beginn einer auffallenden roten Verschneidung (Grasband). Rechts der Verschneidung an einer steilen Platte 1 SL empor in eine Nische. Aus ihr links in einem feinen Riß zu einer Verschneidung. Diese kreuzt man und gelangt schwach links ansteigend nach einer weiteren SL in eine Nische. Über roten brüchigen Fels in einen Riß und unter einen brüchigen Überhang. Unter diesem quert man links hinaus in eine Rißreihe, die zu der schon von unten sichtbaren gelben Rißverschneidung führt (H). Im überhängenden Riß (V+ / A0 empor, bis man nach 20 m nach rechts in die Platte hinausgedrängt wird (H). Nach 5 m wieder in den Riß zurück zu Stand (◊). Nach einer weiteren SL erreicht man den Kopf des Pfeilers. Nun über unschwierigen, brüchigen Fels zum Gipfel.

- **936 Südwand, „Huber-Huber-Führe" („HU-HU")**
    W. Huber, S. Huber, 1964.
    VI— / A1, meist V und V+ / A0. Interessante und abwechslungsreiche Kletterei in meist festem Fels. Die meisten SH und ZH vorhanden, teilweise auch schlechte HK (einige größere KK empfehlenswert). Nicht sehr häufig begangen. 3½—4½ Std. Foto S. 267.

Übersicht: Der Oberreintalschrofen wird in Gipfelfallinie, etwa 35 m über den Einstiegsschrofen, von einem Dach durchzogen. Über diesem bauen sich zwei abgesetzte, rechts von einer grauen Platte begrenzte Pfeilerverschneidungen auf, die von einem auffallenden, gelben Dach abgeschlossen werden. An der linken Begrenzung dieses Daches zieht eine Verschneidung auf das große Band, die etwas rechts ihre Fortsetzung findet. Damit ist die Route vorgegeben.

Führe: E links unter dem breiten Dach bei einer kurzen Verschneidung. Die kurze Verschneidung 3 m empor (links H). Ein Linksquergang führt zu einem H in einem Riß, den man, zwei Überhänge überwindend (mehrere H), bis zu einem Schlingenstand auf einer großen, gelben Schuppe unter dem Dach verfolgt (2 HK). Man klettert schräg hinaus zur Dachkante (H, 4 HK) und quert an dieser nach rechts (mehrere H), bis man in den einmündenden Riß klettern kann. Einige Meter oberhalb muß man an einer Knotenschlinge nach rechts (H), um dann links oben nach einem Überhang (H) gestuftes Gras zu erreichen (Standplatz unter der ersten Pfeilerverschneidung, 2 H). 3 m darüber gelangt man etwas rechts durch einen Riß (HK) in ein Loch (H). Auf Seilzug 2 m heraus und über den Überhang (3 H) hinweg. In freier Kletterei (1 HK, 1 H) zum nächsten, ausgezeichneten Stand (H). Die zweite Pfeilerverschneidung bringt in anfangs leichterer, dann in anstrengender Kletterei (3 H) in gutgriffigen Fels (Stand, H). Links haltend (H) gelangt man an den Rand des großen, gelben Daches (H) und gewinnt nach einer glattgeschliffenen, geneigten Platte (2 H) einen schönen Absatz und gleich darauf einen guten Standplatz (H). Über Schrofen erreicht man etwas rechts, nach dem Band, die Verschneidung des Kaspar-Jenewein-Weges (R 939). Über sie erreicht man den Gipfel.

● **937 Südverschneidung**
H. Bischofer, S. Plattner, 1934.

V, eine Stelle **A0** (Seilquergang), meist V— und IV. In der eigentlichen Südverschneidung meist sehr schöne Riß- und Verschneidungsklettern in bestem Fels. Nach der Verschneidung leider sehr brüchige Schrofen bis zum Gipfel. Die meisten SH und ZH vorhanden. 320 mH (davon 130 m in der eigentlichen Verschneidung). Kletterlänge ca. 400 m. 1½—2 Std. Foto S. 267, Skizze S. 271.

Übersicht: Der westliche Teil der Steilwand des S-Vorbaues wird von einer auffallenden Verschneidung durchzogen. Die Führe verläuft durch diese Verschneidung und erreicht über die anschließenden Schrofen den Gipfel.

Zugang: Zum Wandfuß wie bei R 996 über einen kleinen Vorbau zum Fuß der Verschneidung. Von der Wettersteinhütte 1¼ Std.

Führe: Über einen Vorbau zum Beginn der Verschneidung (II, 20 m). **1. SL:** Durch die Verschneidung empor zu Nische (IV +, 20 m). **2. SL:** Durch die Risse im Verschneidungsgrund gerade empor über einen

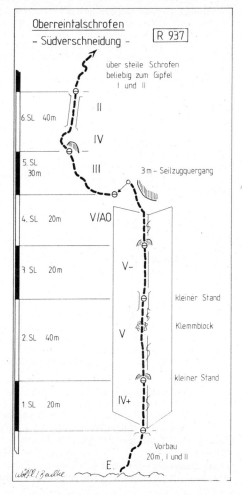

Klemmblock zu einer kaminartigen Rißerweiterung (V, 40 m). **3. SL:** Gerade empor in eine größere Höhle (V—, 18 m). **4. SL:** Gerade empor bis zu Ringhaken unter einem Überhang, 3 m Seilzugquergang nach links (V / A 0, 20 m). **5. SL:** Plattenquergang schräg links ansteigend unter eine kaminartige Verschneidung (III, 30 m). **6. SL:** Durch den Kamin gerade empor in leichteres Gelände (IV und II, 40 m). Weiter über die sehr brüchigen Gipfelschrofen beliebig empor zum höchsten Punkt (I und II, ca. 220 m). (B. Wölfl)

● **938 Direkter Südpfeiler**
A. Mey, W. v. Spaeth, 1961.
VI— / A 0, meist V und IV. Die meisten H sind vorhanden. Seilquergang, Schlingenstand. Selten begangen. 4—5 Std.
Foto S. 267.

Übersicht: Die Führe hält sich an ein auffallendes System von Rissen und Verschneidungen, das links der Buhl-Führe (R 935) hochzieht. Vom E der Buhl-Führe verfolgt man die nach links hinaufziehende Rampe etwa 50 m (IV—) bis in eine Gufel. Dort befindet sich der eigentliche E der neuen Führe.

Zugang: Wie R 996 zum Wandfuß. 1¼ Std. von der Wangalm.

Führe: Zuerst nach rechts in einen Riß und durch ihn zu Ringhaken. Mittels Seilquergang gelangt man nach rechts über eine Platte zu Stand. Nun 3-m-Quergang nach rechts und über einen Überhang in einen Riß. Man verläßt ihn nach 7 m nach rechts über einen Überhang und steigt weiter schräg rechts hinauf zu Stand. Von hier zuerst 3 m gerade hinauf, dann nach links zu H; 3 m gerade empor zu H und Quergang nach links um einen Pfeiler zu schlechtem Stand. Über das folgende Dach in eine Verschneidung, die nach etwa 25 m zu Stand auf Graspolstern führt. Weiter durch die folgende Verschneidung 15 m hinauf zu Schlingenstand an einer Schuppe. Den nächsten großen, die Verschneidung abschließenden Überhang überwindet man mittels eines breiten Risses, der in einen Kamin leitet, durch den man nach 10 m den Ausstieg erreicht.

● **939 Südwand, Jenewein / Kasper-Führe**
T. Jenewein, H. Kasper, Paula Winkler, 1931.
IV, meist III und leichter. Die meisten H sind vorhanden. Relativ wenig begangen. 2—3 Std. Foto S. 267.

Zugang: Wie R 996. Der E befindet sich wenig links der Fallinie des Südpfeilers, R 935.

Führe: Zuerst über unschwierige Schrofen zu einer steil nach links aufwärtsziehenden Rampe rechts von einem tiefen, plattigen Kamin. Über die Rampe und die anschließenden Steilrinnen zum Fuße des auffallenden rotgelben Pfeilers. Von hier zieht eine Verschneidung nach links aufwärts, doch werden die links davon befindlichen, festen und gutgriffigen Platten zum Anstieg benützt. Man gelangt so auf eine große Schuttrampe, links des Pfeilers. Nun gerade aufwärts durch die Risse und Verschneidungen, die der Pfeiler mit dem Wandmassiv bildet. Einen dachartigen Überhang überwindet man links und erreicht über Rinnen und Platten die Einschartung zwischen dem Südvorbau und der Wand. Nach kurzem Abstieg in die Schlucht über die unschwierigen Gipfelfelsen direkt zum höchsten Punkt.

● **940 Südwandriß**
S. Huber, S. Strickner, 1966.
VI— (einige Stellen), meist V und IV. Sehr selten begangen.
2—3 Std.

Übersicht: Der Oberreintalschrofen wird links der Südverschneidung von einem Riß durchzogen, der im Kar bei einer etwa 50 m hohen, dreieckigen Platte fußt.

Zugang: Wie R 996.

Führe: E etwa 10 m rechts des Risses bei einer Grasrampe. Auf der Rampe von rechts nach links (15 m) in den Riß. Nun zuerst im Riß (VI—), dann rechtshaltend zu U-Haken. Quergang zurück in den Riß und nach wenigen Metern zu schlechtem Stand. Von hier 15 m im Riß hinauf (V); wo er sich gabelt durch den rechten Riß (VI—) zu Stand. Rechts der Kante durch seichten Riß (IV) nach 40 m zu Stand direkt an der Kante. Man gelangt so unter den ersten Turm, der rechts umgangen wird. Nun durch einen Kamin 20 m hinauf zu Stand. Weiter im Kamin, bis er sich schließt. Rechts über einen Überhang (V+) und nach 10 m zu gutem Stand. Von hier entweder gerade hinauf (brüchig) oder besser, man quert nach rechts zur Südverschneidung und erreicht durch diese nach 40 m das große Band. Nun beliebig zum Gipfel.

● **941 Südwestpfeiler**
S. Gschwendtner, E. Stiebritz, 1967.
VI—/A0, meist V und IV. Die meisten H sind vorhanden.
Relativ wenig begangen. 200 mH. 2½—3 Std.

Zugang: Wie R 932 zum Wandfuß.

Führe: E links eines in den Fels geschlagenen Pfeilers. Über eine Platte (VI—/A0) 5 m hinauf, kurzer Quergang nach links in einen Riß und durch ihn 20 m hinauf zu Stand unter einem Wulst. Links über den Wulst, 4 m Quergang nach rechts und im Riß 12 m hinauf zu kleinem

Stand. Weiter 10 m empor zum nächsten Standplatz. In der Folge durch den Riß 40 m hinauf (V) zu gutem Stand. Nun durch den leicht überhängenden Riß und nach rechts hinaus zu Stand. Von hier immer an der Pfeilerkante 2 SL hinauf zum Pfeilerkopf.

● **942   Von Norden**
A. Heinrich, O. Schlagintweit, 1899.
III. Wenig begangen. 1¼ Std.

Zugang: Man erreicht zunächst die dem Gipfelmassiv vorgelagerte Scharte entweder aus dem Oberreintalkar oder weniger mühsam und darum besser aus dem Scharnitzkar schwierig durch plattige Rinnen. 3½ Std. von der Oberreintalhütte.

Führe: Von der Scharte steigt man erst etwa 10 m gegen O ab, sodann über festen Fels links aufwärts und durch eine Steilrinne hinauf. Sie geht in ein ausgesetztes von großen Blöcken geländerartig flankiertes Steilband über. Das Band wird bald zur brüchigen Rinne, aus deren oberstem Teil man links in eine andere, oben durch ein Wandl gesperrte Rinne quert. An ihrer jenseitigen brüchigen Begrenzungswand zum Grat hinauf, den man hart links (östl.) vom östl. Eckpunkt des Gipfelgrates betritt. Über ihn zum höchsten Punkt.

● **950**   **Oberreintalturm,** etwa 1940 m

Erstbesteigung: A. Schmid, A. Barth, 1908, durch den danach benannten „Schmid / Barth-Kamin". Damit wurde gleichzeitig auch die alpinistische Erschließung des Oberreintales eingeleitet.

Eckpfeiler des Seitengrates, der, vom Oberreintalschrofen ins Oberreintal hinabzieht und das Scharnitzkar vom Oberreintalkar trennt. Einer der beliebtesten Kletterberge im Bereich der Oberreintalhütte. Die Routen auf der Ost- und Nordseite werden relativ selten begangen und können wegen des teilweise brüchigen Felses sowie oft uninteressanter Kletterei (grasig) als wenig lohnend bezeichnet werden. Lediglich der „Göttnerpfeiler" (R 970) weist jedes Jahr einige Wiederholungen auf.

Oberreintalturm, Westwand

R 952:	Alte Westwand	R 956:	Heiße Nummer
R 953:	Südwestkante	R 956a::	Sommernachtstraum
	„Fahrradlkant'n"	R 957:	Neue Westwand
R 954:	Kalte Nummer		„Henke/Parzefall"
R 955:	Direkte Westwand	R 957a:	Ausstiegsvariante
	„Brych"		„Idealausstieg"

Als wirkliche Genußklettereien und beliebte Modetouren können die Anstiege auf der Westseite bezeichnet werden. Die „Alte Westwand" (R 952) zählt zweifellos zu den lohnendsten Klettereien des mittleren Schwierigkeitsbereiches im Wetterstein. Bei der „Direkten Westwand", auch kurz „Brych" genannt (R 955, nach dem Erstbegeher Martin Brych), handelt es sich um genußvolle, ausgesetzte Plattenkletterei an festem, rauhem Fels. Sie zählt zu den beliebtesten Klettereien im gehobenen Schwierigkeitsbereich und kann jedem Freund von klassischer Freikletterei sehr empfohlen werden. Steigender Beliebtheit erfreut sich auch die 1965 eröffnete „Neue Westwand" (R 957), bei der es sich, vor allem mit dem sog. „Idealausstieg" (R 957a) um interessante und abwechslungsreiche Kletterei handelt. Die Südwestkante (R 953), auch unter dem Namen „Radlkant'n" bekannt, dürfte als elegante und ausgesetzte Genußkletterei relativ bekannt sein, wobei die Schwierigkeiten nicht unterschätzt werden sollten. Noch zwei historisch interessante Fakten: Die Erstbegeher der „Direkten Westwand" seilten sich zuvor zur Erkundung über die Wand ab, um einzelne Passagen auf ihre „Kletterbarkeit" zu überprüfen. Sportkletterstil also schon 1946?

Im Juli 1962 schon wurde der Abstieg vom Oberreintalturm durch die Westschlucht mit eingebohrten Abseilhaken versehen. Es war gleichzeitig die erste Abseilpiste im Wetterstein, die mit solchen Haken eingerichtet wurde. Später sollten noch weitere an den Berggeisttürmen und an der Schüsselkarspitze folgen. Dennoch ist zu beachten, daß die Abseilpiste durch die Westschlucht, besonders wenn sich mehrere Seilschaften im Abstieg befinden oder bei starkem Regen, stark dem Steinschlag ausgesetzt ist. Vor allem im Frühsommer ist auch das steile, und oft sehr harte Schneefeld am Schluchtende nicht zu unterschätzen.

Anmerkung: Gerade am Oberreintalturm mit seinem kletterfreundlichen, gut gegliederten Fels wurden im Laufe der Jahre sehr viele Varianten begangen, so daß es nahezu unmöglich ist, diese alle einzeln aufzuführen oder genau zu beschreiben. Dies trifft vor allem auf die Zustiegsvarianten zum unteren Teil der „Fahrradlkant'n" (R 953) als auch die Ausstiegskamine der Alten Westwand (R 952) zu. Generell kann man mit großer Wahrscheinlichkeit davon ausgehen, daß schon nahezu fast jeder Riß oder Kamin im Bereich dieser Routen irgendwann einmal schon durchstiegen worden ist. (S. Beulke)

- **951 Westschlucht**
  H. Ehret, O. Fertl, 1914 (im Abstieg); H. und W. Spindler, 1923 (im Aufstieg). Der unterste Abbruch der W-Schlucht wurde von A. Deye und R. Peters 1928 direkt erstiegen (VI).

III und II im unteren Schluchtabschnitt, die obere Hälfte bietet steiles Geh- und Schrofengelände; steinschlaggefährdet. 2 Std.

Vom Lawinenkegel am unteren Schluchtende erst schwach rechts haltend in die Flanke südl. der Schlucht und dann links haltend in dieselbe. Immer in der Schlucht rechts haltend aufwärts.

Man kann die Schlucht auch durch Queren nach der ersten schweren SL (IV) der SW-Kante (R 953) erreichen.

● 951 A **Abstieg ins Oberreintalkar durch die Westschlucht**
Abseilpiste, 5×20 m abseilen, massive AH vorhanden; Rest Schrofengelände (I). Achtung! Bei Gewitter oder mehreren Seilschaften im Abstieg Steinschlaggefahr. Ca. 200 mH. ½—1 Std. Foto S. 282, Skizze S. 281.

Übersicht: Rechts von R 953 zieht eine auffallende Schlucht herab, die unten mit einer Plattenwand abbricht. Durch diese verläuft der Abstieg.

Abstieg: Vom Gipfel wenige Meter auf dem Grat nach S und über Schrofen nach rechts in die Schlucht hinein. Links haltend (Steigspuren) durch die Schlucht hinab bis zum ersten AH (I, 100 m). 5 mal 15—20 m abseilen bis in einen kleinen Schuttkessel. Aus dem Kessel 2 m absteigen zum letzten AH. 20 m abseilen zu Schrofen und über diese (im Frühjahr steiles Schneefeld!) ins Oberreintalkar.   (G. Härter)

● 952 **Alte Westwandführe**
G. Hausmann, H. Schneider, 1920.
IV (nur wenige Stellen), sonst III. Schöne, abwechslungsreiche Kletterei an festem Fels. Viel begangen. Die meisten ZH und SH vorhanden. Ca. 270 mH, Kletterlänge ca. 380 m. 2—3 Std. Foto S. 275, Skizze S. 279.

Übersicht: Im linken Wandteil zieht ein gestuftes Rinnen- und Rißsystem zu einem ausgeprägten Gratabsatz hinauf. Nach etwa zwei Drittel Wandhöhe verläßt die Führe dieses Rinnensystem nach rechts in die steile Wand. Die auffallende, graue Platte kurz unterhalb des Gipfels wird in einer Rechts-Links-Schleife umgangen.

Zugang: Von der Oberreintalhütte ins Oberreintalkar und links haltend zum Wandfuß. E in einer Wandeinbuchtung bei dunklem, wasserzerfressenem Fels. Hier setzt das Riß- und Rinnensystem an, das bis zum Grat hinaufzieht. ½ Std.

Führe: 1. SL: Leicht rechts und gerade über rauhen Fels (IV—, 2 H) empor und über eine Rampe nach rechts heraus zu Schrofen (III u.

IV—, 45 m). **2. SL:** Querung links aufwärts zu kurzer Rampe und gerade hinauf auf einen Absatz (II, 30 m). **3. SL:** Durch eine seichte Verschneidung und die anschließende Rinne bis zu Absatz. Rechts heraus und gerade hinauf auf einen Absatz (III, 2 H, 45 m). **4. SL:** Über die Wandstelle empor (IV—) und über Graspolster aus dem großen Rinnensystem heraus in eine markante Gufel (IV—, 35 m). **5. SL:** Nach rechts auf die Rampe und kurz vor ihrem Ende nach rechts ausgesetzt um die Kante (III+, 1 H, 30 m). **6. SL:** Zuerst gerade empor, kurzer Quergang nach rechts und wieder gerade über Wandstellen empor (IV, 3 H, 45 m). **7. SL:** Einige Meter gerade empor und unter der auffallenden, grauen Platte über Schrofen nach rechts zum Beginn einer Rinne (IV u. II, 40 m). **8. SL:** Durch die Rinne empor und nach rechts (III, 25 m). **9. SL:** Querung nach links und über die Rampe am oberen Ende der Platte linkshaltend zu großem Felsblock (IV, 40 m). **10. und 11. SL:** über Schrofen zuerst links haltend, dann gerade empor zu Gipfelgrat (III und II, 80 m). Über ihn kurz zum Gipfel. (G. Härter)

- **953** Südwestkante, „Fahrradlkant'n"
    E. Solleder, G. Hausmann, 1920.
    IV+ / **A0** (in 1 SL), meist III und IV—, (Rotpunkt: V—). Abwechslungsreiche und genußvolle Freikletterei in meist festem, griffigen Fels. Teilweise recht ausgesetzt. Häufig begangen, zählt zu den schönsten Touren des mittleren Schwierigkeitsbereichs im Gebiet der Oberreintalhütte und überhaupt im Wetterstein. Nach Regen schnell wieder begehbar. Die meisten ZH und SH sind vorhanden. Bis zum Gipfelgrat ca. 230 mH, Kletterlänge ca. 290 m. 1½—2½ Std.
    Foto S. 282, Skizze S. 281.

Übersicht: Die Führe verläuft direkt über die Kante, wobei der steilste Kantenaufschwung unterhalb des Fahrrades in einer Rechts-Links-Schleife überklettert wird.

Zugang: Wie R 952 ins Oberreintalkar. E am tiefsten Punkt der Südwestkante (markantes Schneefeld). Von der Oberreintalhütte 45 Min.

Führe: 1. SL: Den Schrofenrücken empor auf Absatz unter Steilaufschwung, Stand kurz unterhalb des Verkehrsschildes. (II, 40 m). **2. SL:** Kurz nach links, dann über Wandstellen und Hangelschwarten empor an die Kante und über diese auf Absatz (IV, 4 H, 45 m). **3. SL:** Nach rechts in Rinne und links empor auf bandartigen Absatz (III, 25 m). **4. SL:** Zurück in die plattige Rinne, diese empor, am Schluß links heraus zu Blöcken auf Kantenabsatz unter dem letzten Steilaufschwung (III+, 30 m). **5. SL:** Empor unter eine Rißverschneidung und durch diese auf Pfeilerkopf (IV, 1 H, 20 m). **6. SL:** Nach rechts auf Köpferl,

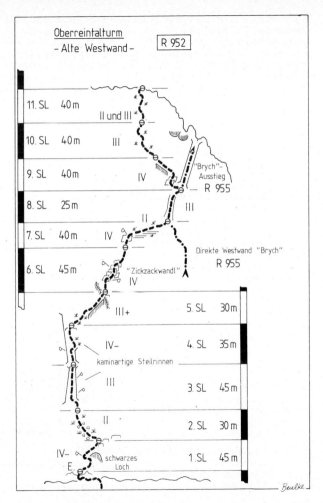

in der Wand 3 m gerade empor (1 H) (Achtung! Nicht zum Schild „Notausgang" klettern, schwieriger!), nach links um die Kante und Quergang nach links in eine Gufel (IV+ /A0, 4 H, 20 m). **7. SL:** Gerade empor in Steilrinnen und durch diese an die Schrofenkante (Köpfl; zuerst IV, dann III und II, 30 m). **8. SL:** Über eine Rippe empor zu Gratschneide und ihr folgend (ein Gratturm wird direkt überklettert) über kurzen Steilaufschwung zu flachem Gratabsatz (IV und III, 40 m). **9. SL:** Links des Grates durch Verschneidung zu großem Absatz und über Steilstufe zu flachem Gipfelgrat (III, 40 m). Über den schmalen, teilweise recht ausgesetzten Grat zum höchsten Punkt (II und I, 100 m). (S. Beulke)

● **953 a Einstiegsvariante, „Parzefalleinstieg"**
F. Parzefall und Gef., vermutlich auch schon früher begangen.
V (1 SL), sonst IV und III.
Sehr schöne abwechslungsreiche und genußvolle Kletterei in festem, rauhem Fels. Vermeidet die schrofige und relativ uninteressante Einstiegs-SL der Originalführe. Zu Unrecht relativ selten begangen. Die 1. SL der Einstiegsvariante ist identisch mit der Neuen Westwand, R 957.
Ca. 80 mH, Kletterlänge ca. 120 m.
1 Std. bis zur Originalführe.

Übersicht: Ein Rißsystem durchzieht den plattigen Sockel der Westwand, um danach eine flachere, grasdurchsetzte Bänderzone zu erreichen. Danach leitet steiler, aber gut gegliederter Fels nach rechts auf die Südwestkante.

Zugang: Zum Wandfuß wie bei R 952. Der E ist identisch mit der Neuen Westwand, „Henke / Parzefall", R 957. Von der Oberreintalhütte 45 Min.

Führe: 1. SL: Die rißdurchzogenen Platten gerade empor bis zu einem schräg nach rechts ziehenden Riß, durch diesen empor in leichteres Gelände (V, 1 H, 50 m). **2. SL:** Über die teilweise grasdurchsetzten Bänder und Steilschrofen schräg rechts ansteigend (III, 45 m). **3. SL:** Über Rippen, Risse und Kamine in steilem, aber gut gegliedertem Fels (mehrere Möglichkeiten) rechts haltend empor an die Südwestkante (III und IV je nach gewählter Route, 30 m). (S. Beulke)

● **953 b Variante zur „Fahrradlkant'n, „Fischerverhauer"**
Erstbegehung nicht bekannt, u.U. der legendäre, frühere Hüttenwirt Franzl Fischer.
VI— / A 0, 2 SL. Nicht sehr lohnend, wesentlich schwieriger

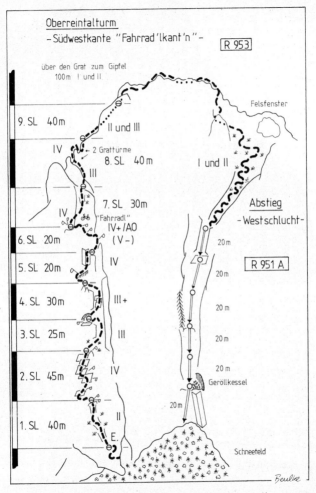

als die Originalführe. Schon mehrere Stürze, da sich ahnungslose Kletterer vom Schild „Notausgang" verleiten ließen, in die Variante zu klettern und dann den technischen Schwierigkeiten nicht gewachsen waren.

Führe: Zweigt in der 5. SL beim Schild „Notausgang" nach rechts von R 953 ab. Ein ansteigender Plattenquergang führt zu einer steilen Rißverschneidung (H), durch die man wieder in leichteres Gelände gelangt. Nach 1 SL erreicht man wieder die Südwestkante. (S. Beulke)

● 953c Sehr empfehlenswert sind die **Kaminvarianten** zur Alten Westwand, R 952. Es sind die Kamine zwischen dem Originalausstieg der Alten Westwand an der grauen Riesenplatte vorbei und dem Kaminausstieg der Direkten Westwand (R 955). Meist 2–2½ SL anregende Kamin- und Rißkletterei, je nach gewählter Route zwischen IV und V. Es empfehlen sich einige Klemmkeile zur zusätzlichen Absicherung, da nur wenige SH und ZH vorhanden sind. (S. Beulke)

● 954 **Westwand, „Kalte Nummer"**
W. Henke, F. Parzefall, K. Wehrle, 11. 9. 1982.
V—, meist V und V+, genußvolle und elegante Riß- und Plattenkletterei in meist festem, rauhem Fels. KK und Friends zur Absicherung empfehlenswert. Nach Regentagen sowie im Frühjahr wegen Nässe u.U. nicht empfehlenswert. Zählt zu den schönsten Routen im Oberreintal in diesem Schwierigkeitsbereich, sehr beliebt.
250 mH, Kletterlänge 340 m, 2–4 Std.
Foto S. 275, Skizze S. 285.

Übersicht: Zwischen der Direkten Westwand (R 955) und der Alten Westwand (R 952) fallen mehrere dunkle, meist feuchte Streifen auf, die von einem großen schwarzen Überhang in zwei Drittel Wandhöhe herunterziehen. Die Führe verläuft meist in der Nähe dieser Streifen.

Zugang: Siehe R 952. Der E befindet sich ziemlich genau in der Mitte zwischen R 952 und R 957.

Führe: 1. SL: Linkshaltend zu einem von schwarzen Gufeln gebildeten Rinnensystem, durch dieses und den anschließenden Rißkamin nach links in leichteres Gelände (V—, 1 H, 40 m). **2.SL:** Linkshaltend empor zu großem Block (II, 15 m). **3. SL:** Links von einem torartigen Ausbruch schräg rechts ansteigend empor (V—, 35 m). **4. SL:** Linkshaltend auf einen Pfeilerkopf (IV—, 30 m). **5. SL:** Den Riß empor zu verkeilten H, über plattigen Fels schräg rechts in eine versteckte Verschneidung, diese empor und nach links zu einer von Erosionsrillen durchzogenen Platte, diese empor und nach links über eine Kante in eine Gufel (VI—, 3 H, 35 m). **6. SL:** Über einen angelehnten Block in ein Verschneidungssystem und dieses empor zu Stand links außerhalb der Verschneidung (IV+, 25 m). **7. SL:** Die Verschneidung weiter empor auf ein Band (V—, 1 H, 40 m). **8. SL:** Die Verschneidung und die anschließende Rinne empor zum Band der Alten Westwand (R 952). Stand bei einem torartigen Ausbruch am unteren linken Rand der Riesenplatte (V, 1 H, 40 m). **9. SL:** Aus der Höhle nach links heraus und zu einem feinen Rißsystem, durch dieses empor zu leichterem Gelände (VI, 2 H, 35 m). **10. SL:** Durch den markanten Schulterriß anstrengend empor zur SW-Kante (V, 45 m). Über die Kante empor zum Gipfel. (W. Henke, S. Beulke)

● **955   Direkte Westwand, „Brych"**
M. Brych, W. Fischer, 1946.
VI—/A0, meist V und V+ (Rotpunkt: VI+). Elegante Wand- und Rißkletterei an rauhem, festem Fels. Häufig begangen. Die meisten ZH und SH vorhanden. Ca. 250 mH, Kletterlänge bis zum Grat ca. 315 m. 3—4 Std.
Foto S. 275, Skizze S. 287.

Zugang: Wie R 952. E am Beginn des auffallenden Risses. Von der Oberreintalhütte ½ Std.

Führe: 1. SL: Durch den Riß empor links heraus über Wandstelle in leichtes Gelände und weiter in Rinne zu Stand. (V, 3 H, 45 m). **2. SL:** Weiter über grasiges Gelände (III u. IV—, 35 m). **3. SL:** Schräg links empor über einen kleinen Pfeiler nach links in einen Riß, diesen empor zum markanten Dachüberhang und über diesen hinauf (V+/A0, mehrere H, 35 m). **4. SL:** An feinen Erosionsrissen gerade empor zu einem kleinen, gelben Ausbruch („Afrika", da er aus dem Kar betrachtet die Form des Kontinents hat) und weiter empor unter ein kleines, schräges Dach (VI—/A0, mehrere H, 30 m). **5. SL:** Kurz empor zum Schrägdach, leicht ansteigender, langer Rechtsquergang zur Kante und gerade empor (VI—, 4 H, 35 m). **6. SL:** Von hier zwei Möglichkeiten: Vor dem großen, angelehnten Pfeiler durch eine Rißverschneidung gerade empor auf den Pfeilerkopf und von diesem gerade weiter zu leichterem Gelände auf den Westwandterrassen (V, 2 H, 40 m). Oder (leichter, aber weniger schön): Nach rechts um den Pfeiler herumqueren in

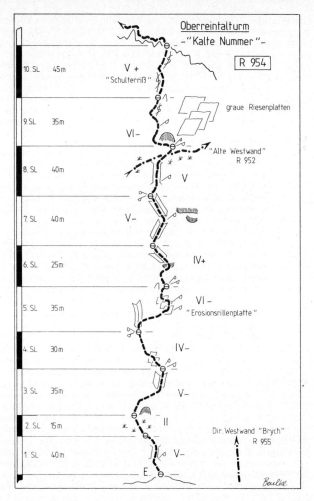

eine verdeckte Verschneidung auf der Rückseite des Pfeilers und durch diese empor zu leichterem Gelände (IV+, 2 H, 45 m). **7. SL:** Nach rechts empor in ein Rinnen- und Kaminsystem, das zur Südwestkante emporzieht. (III, 40 m). **8. SL:** Durch den Kamin gerade empor unter einen kleinen Überhang (IV, 1 H, 25 m). **9. SL:** Über einen kurzen Steilaufschwung in einen Körperriß und durch diesen gerade empor zum Ausstieg an der Südwestkante (IV+, 1 H, 25 m). **Achtung:** Der Parallelriß links vom Körperriß kann auch durchstiegen werden, ist aber wesentlich schwieriger (V+). Weiter über die Südwestkante zum Gipfel (zuerst IV, dann II und II). (G. Härter, S. Beulke)

● **956 Westwand, „Heiße Nummer"**
A. Gilgenrainer, S. Beulke, 31. 5. 82, in Verbindung mit dem „Idealausstieg" der Neuen Westwandführe, R 957 a.
VIII— (1 SL), einige kurze Passagen VII— bis VII, sonst meist VI— bis VI+. 5 Std. Interessante, abwechslungsreiche Wandkletterei in sehr festem, rauhem Fels. Sehr anstrengende und technisch anspruchsvolle Kletterei mit schwieriger Schlüsselstelle (kleingriffige Wandstelle). Sehr frei, größere Stürze möglich (10 m). In Verbindung mit dem „Idealausstieg" (R 957 a), der abwechslungsreiche Rißkletterei bietet, eine der schönsten und anspruchsvollsten Freiklettereien im Wetterstein. Alle ZH vorhanden, außerdem ein Teil der notwendigen SH. Einige H (für die Standplätze) sowie einige KK (Friend Nr. 1—3 sowie kleine und mittlere Stopper) notwendig. 275 mH, Kletterlänge 325 m. Foto S. 275, Skizze S. 288.
Übersicht: Die Route verläuft in gerader Linienführung durch den zentralen, plattigen Wandteil zwischen der „Brych" (R 955) und der „Henke / Parzefall" (R 957).
Zugang: Wie R 952. E und 1. SL gemeinsam mit der „Brych", R 955.
Führe: 1. SL: Gerade empor und über kurze Wandstelle in leichteres Gelände (V, 3 H, 45 m). **2. SL:** Über gestuften Fels und steile rißdurchzogene Platten (VI—, Stopper 7, 45 m). **3. SL:** Über die Platten schräg rechts empor unter gelben Überhang, kurz nach links zu kurzem Riß und über den anschließenden Überhang empor (VII, 2 H, Friend 2, 2× Friend 3, 25 m). **4. SL:** Durch Rißspur gerade empor zu Sanduhr, Quergang nach links, gerade empor und nach links zurück unter kleinen Überhang, über diesen und den anschließenden Riß (VIII—, Stopper 4 und 6, Friend 3, 1 SU, 25 m). **5. SL:** Überhängend nach rechts und gerade empor auf freien Absatz (VII—, 8 m). **6. SL:** Ansteigender Plattenquergang nach rechts zu Block und weiter gerade empor zur „Henke / Parzefall" (VII, Friend 3, 25 m). **7./8. SL:** Über die

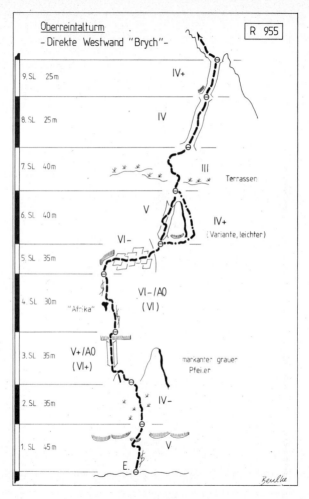

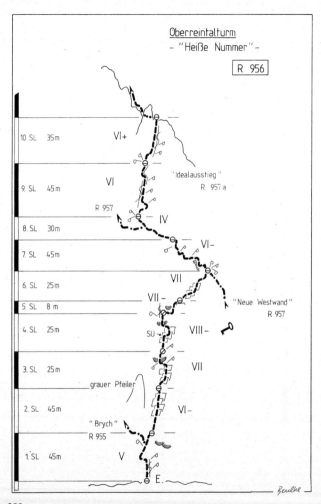

„Henke / Parzefall" bis unter den markanten Riß zum Beginn des „Idealausstieges" (VI— und IV, mehrere H, 75 m). **9. SL:** Von rechts in den Hauptriß und durch diesen in schöner Riß- und Piazkletterei empor (VI, 4 H, 45 m). **10. SL:** Durch das Rißsystem empor zu markantem Gratturm an der Südwestkante (VI+, 3 H, Friend 2, 35 m).

(S. Beulke)

● **956a Westwand, „Sommernachtstraum"**
S. Glowacz, B. Schmid, nach Vorarbeiten, 20.7.1983.
VII (1 SL), meist VII— und VI+, selten leichter. Interessante und abwechslungsreiche Wandkletterei in sehr festem und rauhem Fels, teilweise recht anstrengend. In der vierten SL finden sich einige der besten Wandkletterstellen im Wetterstein; die SL ist mit Mammut-Bohrhaken abgesichert. Alle Haken wurden belassen; dazu einige kleine und mittlere Stopper und Hexentric sowie ein Sortiment Friends notwendig. Etwa 275 mH, Kletterlänge bis zur Westwandterrasse 185 m. Zeit der Erstbeg. 6 Std. Foto S. 275, Skizze S. 290.

Übersicht: Die Route verläuft zwischen der „Brych" (R 955) und der „Heißen Nummer" (R 956) durch die zentrale Plattenzone der Westwand. Die von unten sichtbaren Überhänge werden links umgangen. Eine von zwei schwach ausgeprägten Pfeilern begrenzte, längere Wandstelle führt anschließend zur Westwandterrasse.

Zugang: Wie bei R 955 zum Wandfuß. Der E sowie die 1. SL sind mit der „Brych" (R 955) identisch.

Führe: 1. SL: Durch einen Riß empor, nach links heraus und über einen Überhang gerade empor in gestuftes Gelände und über dieses gerade empor zu Stand (V, 2 H, 45 m). **2. SL:** Über gestuften Fels an den Beginn des markanten, grauen Pfeilers und an dessen rechter Seite hinauf zu Stand auf dem Pfeilerkopf (VI—, 3 H, 35 m). **3. SL:** Über eine kurze Wandstelle hinauf, dann wenige Meter in einer Verschneidung empor und anschließender Quergang nach links zu Stand (VII—, 1 H und 1 fixer Keil, 25 m). **4. SL:** Nach links in einen ausgewaschenen Riß. Durch diesen und über eine Unterbrechungsstelle hinauf, Querung nach links und anschließend gerade empor und weiter hinauf zu kleinem Stand (VII, 4 H, 25 m). **5. SL:** Vom Stand über eine abdrängende Wandstelle auf eine Rampe, weiter über eine Unterbrechungsstelle in das anschließende Wandstück, von hier gerade hinauf zu Stand an Block (VII—, 2 H, 45 m).

Von hier entweder nach links zum Ausstieg der „Alten Westwand" (R 952) oder der „Brych" (R 955) oder über den „Idealausstieg" (R 957a) zum Gipfel des Oberreintalturms. (B. Schmid)

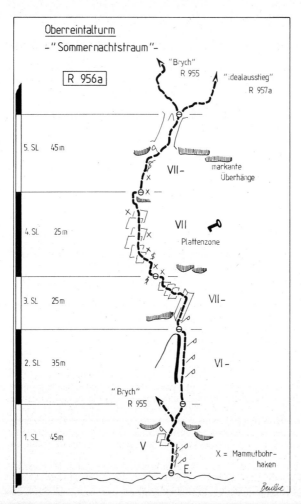

● 957   Neue Westwand, „Henke / Parzefall"
W. Henke, F. Parzefall, 26. 9. 1965.
VI— / A2, meist V und V+ / A0, (Rotpunkt: VII).
Abwechslungsreiche und interessante Wandkletterei in meist festem, sehr rauhem Fels, die sich in den letzten Jahren zunehmender Beliebtheit erfreut. Besonders in Verbindung mit dem von W. Henke und Chr. Krah am 30. 8. 1981 eröffneten „Idealausstieg" zweifellos eine der lohnendsten Routen im Oberreintal. Die meisten SH und ZH vorhanden. Für den „Idealausstieg" sind einige größere KK (Rißkletterei) notwendig! Da die Route nach Westen exponiert ist und keine Kamine aufweist, ist sie nach Regentagen schnell wieder begehbar. 275 mH, Kletterlänge ca. 300 m.
„Henke / Parzefall" und „Idealausstieg" 3½—5 Std.
Foto S. 275, Skizze S. 293.

Übersicht: Die Neue Westwand verläuft durch den plattigen Wandteil zwischen der „Heißen Nummer" (R 956) und der „Fahrradkante" (R 953). Nach Erreichen einer markanten Bänder- und Terrassenzone in zwei Drittel Wandhöhe zieht ein deutliches Rißsystem direkt empor zum Gipfelgrat.

Zugang: Wie R 952. E bei rißdurchzogenen, hellgrauen Platten ca. 50 m rechts des Einstiegsrisses der „Brych", (R 955).

Führe: 1. SL: Die rißdurchzogenen Platten gerade empor bis zu einem schräg rechts empor ziehenden Riß, durch diesen empor zu leichterem Gelände (V, 1 H, 50 m). **2. SL:** Zuerst links haltend über plattigen Fels empor, dann nach rechts zurück und über eine Rampe schräg rechts empor zum höchsten Punkt der Rampe (III und II, 30 m). **3. SL:** Kurz gerade empor und langer Quergang nach links, eine rinnenartige Verschneidung querend unter eine markante Rißverschneidung (IV—, 30 m). **4. SL:** Durch die Verschneidung empor und über die anschließenden Wandstellen unter einen großen, dachartigen Überhang (VI— / A1, mehrere H, 25 m). **5. SL:** Den H folgend über das Dach, an der Dachkante Quergang nach rechts und weiter den H folgend zu einer glatten Gufel (A2 / V+, mehrere H, 25 m). (Bei freier Kletterei kann das Dach entweder direkt überklettert werden oder an der rechten Begrenzungswand umgangen werden!) **6. SL:** Links über eine markante Piazschuppe empor und weiter gerade empor zu Quergangshaken, Quergang nach links (u.U. Seilzug) zu einer gelben Nische (V+ / A0, mehrere H, 25 m). **Variante** (schöner): Nach der Piazschuppe Plattenquergang nach links und gerade empor in die gelbe Nische (VI—, 1 H, 20 m). **7. SL:** Überhängend gerade empor zu Bändern und über diese nach links ansteigend (V / A0, dann III, 2 H, 35 m). Ab hier zwei Möglichkeiten: **Originalausstieg: 8. SL:** Über plattigen Fels ansteigend nach links queren, bis man kurz unterhalb der Westwandterrassen mit der Direkten Westwand (R 955) zusammentrifft (IV+, 40 m). **9./10. SL:** Gemeinsam mit R 955 zum Ausstieg an der Südwestkante (III und IV+, mehrere H, 90 m). (S. Beulke)

● **957a Ausstiegsvariante „Idealausstieg"**
Foto S. 275.

8. SL: Gerade empor über geneigten Fels auf schräge Platte am Beginn eines markanten Rißsystems (IV, 10 m). **9. SL:** Von rechts nach links in den markanten Hauptriß und diesen empor an einer großen Piazschuppe vorbei zu kleinem Absatz (VI, mehrere H, 45 m). Es ist auch möglich, vor der markanten Piazschuppe Zwischenstand zu machen. **10. SL:** Feinen Rißspuren folgend zuerst schräg rechts, dann gerade empor zum Ausstieg (VI—/A0, 2 H, 35 m). (S. Beulke)

● **958 Westwand, „Haben oder Sein"**
H. Ostler, L. Reitzner, 15.8.1982
VI— (eine Stelle), sonst meist V und IV. Schöne Kletterei in festem, rauhem Fels. Das verwendete Material wurde belassen. Zeit der Erstbeg. 3 Std.

Übersicht: Die Route verläuft im linken Teil der Westwand, noch links der „Alten Westwand" (R 952). Sie verfolgt ein die ganze Wand durchziehendes Rißsystem.

Zugang: Wie bei R 952 zum Wandfuß. Der E befindet sich etwa 40 m links der „Alten Westwand" im Grund einer Verschneidung.

Führe: 1. SL: Links des Verschneidungsgrundes über rauhe Platten zu Stand (IV+, 45 m). **2. SL:** Durch die Rißverschneidung empor, dann Quergang nach links zu Sanduhr und bei dieser gerade hinauf. Weiter nach rechts unter den markanten Dachüberhang und schräg links zu Stand (V, 45 m). **3. SL:** Die Verschneidung empor auf ein schwach ausgeprägtes Band und die schräg links emporziehende Verschneidung hinauf, dann nach rechts hinaus zu Stand (V+, 45 m). **4. SL:** Einen kurzen Kamin empor, dann schräg nach rechts zu Stand (IV—, 20 m). **5. SL:** Nun den markanten Riß empor zu Stand bei Latschenbusch (VI—, 30 m).

Abstieg: Einige Meter westlich der Latschen durch eine Rinne 5 m hinab. Von hier seilt man 15 m ab und erreicht so die „Alte Westwand" (R 952), über welche man abkletternd bzw. abseilend das Oberreintalkar erreicht. (L. Reitzner)

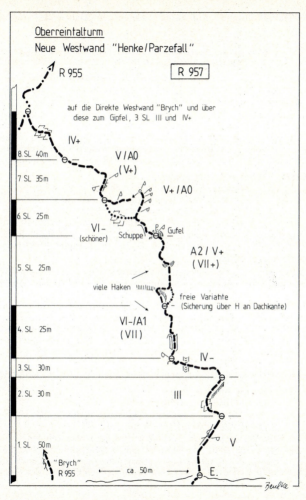

● **958 a   Westwand, „Kini Faruk" (Variante zu „Haben oder Sein")**
P. und N. Swoboda, 7.5.1983.
VI— (2. SL), nur selten leichter. 1—2 Std.
Ebenso wie die Originalroute herrliche Kletterei, insgesamt jedoch etwas schwieriger als R 958.

Übersicht: Die Variante verläßt die Originalroute zu Beginn der 3. SL und erreicht diese wieder am Stand unter dem markanten Ausstiegsriß.

Führe: (nur die Variante) **1. SL:** Vom Stand nach der 2. SL von R 958 kurz gerade empor, dann nach links aus der Verschneidung heraus und weiter links empor zu einem Köpferl; gerade empor, dann nach rechts zu Riß und diesen empor zu Stand (VI—, 45 m). **2. SL:** Nach links zu Verschneidung und durch diese gerade empor zu Stand bei Grasbüscheln unter dem markanten Ausstiegsriß von R 958. (L. Reitzner)

● **959   Westwand „Jodeldiplom"**
P. Swoboda, R. Rauch, L. Reitzner, 21.8.1983.
VI—/A2, meist IV+, V+ und VI— (Rotpunkt: VII—).
Abwechslungsreiche Wand- und Rißkletterei in sehr rauhem, festem Fels. 8 SH und 2 ZH geschlagen und belassen. 4 Std.

Übersicht: Die Route verläuft rechts der „Henke / Parzefall" R 957 durch die Plattenwand und erreicht die „Fahrrad'lkante" R 953 beim markanten Quergang.

Führe: 1. SL / 2. SL: Einen markanten Riß 20 m rechts von R 957 empor zu Stand auf einem Grasband (IV+, 1 H, 80 m). **3. SL:** Schräg links empor zu Stand (V+, 35 m). **4. SL:** Vom Stand rechts querend in eine Wandeinbuchtung, dann links empor zu Stand bei angelehntem Pfeiler (V—, 20 m). **5. SL:** Zuerst 15 m gerade empor, dann schräg nach links zu Stand (VI—, 25 m). **6. SL:** Nach links und durch einen Riß auf einen Pfeiler (V, 15 m). **7. SL:** Schräg rechts empor unter den Rißüberhang und über diesen empor zur Südwestkante R 953 (VII— oder VI—/A2, 1 H, 30 m).
Über die Südwestkante R 953 weiter zum Gipfel. (L. Reitzner)

● **961   Nordwestwand**
D. Cukrowski, L. Döllein, 1947.
VI—. Sehr selten begangen, teilweise brüchig. Einige H vorhanden. Ca. 300 mH. 3—4 Std.

Übersicht: Die unbedeutende NW-Wand ist der rechte Teil der Nordwand. Sie wurde, ganz oder teilweise, schon früher durchklettert. Die Führe bewegt sich in einem feinen Rißsystem vom tiefsten Punkt des Oberreintalkars gerade hinauf zum unschwierigen Gelände des Gratbeginns.

Zugang: Von der Oberreintalhütte ins Oberreintalkar und zu seinem tiefsten Punkt queren. E dort, wo der grasige Boden in senkrechte Wände übergeht. 30 Min.

Führe: Quergang über Platten schräg links empor auf ein markantes Köpfl (20 m). In rauhem, steilem Fels 6 m schräg rechts aufwärts in ein Rißsystem. In ihm auf ein Grasband (25 m). 3 m Quergang auf einem Band nach links und in einer steilen Rinne nach 25 m zu Stand. In der überhängenden Verschneidung hinauf bis unter ein Dach (H). Einen Piazriß hinauf zu Stand an der linken Begrenzungskante der Verschneidung, Quergang 2 m nach links an der Kante in eine seichte Verschneidung und in ihr zu Stand (25 m). 3 m schräg rechts in ein senkrechtes Wandl, dieses 5 m hinauf unter einen Überhang (H). Über ihn zu Stand. Nun die auffallende Verschneidung hinauf, zuerst über einen Rißüberhang, dann über das Dach der Verschneidung. 3 m gerade hinauf unter einem Überhang, unter ihm links und in einem Rißsystem (H) gerade aufwärts zu Stand rechts an der Kante. Gerade aufwärts auf weniger schwieriges Gelände und über den Grat zum Gipfel.

● **962   Nordwand**
C. Lischer, H. Schneider, 1923.
V—. Sehr selten begangen, teilweise brüchig.
Ca. 400 mH. 3—4 Std.

Übersicht: Die Führe setzt im Oberreintalboden an und zieht leicht links haltend empor zum oberen Teil der Nordkante.

Zugang: Von der Oberreintalhütte zu dem vom Oberreintalkar herabkommenden Wasserfall (Hüttenwasser). E etwas links davon bei einem auffallenden nach links emporziehenden Band. 5 Min.

Führe: Über das Band nach links aufwärts. Von seinem Ende durch einen Kamin, dann Quergang nach rechts (20 m) zu einem zweiten Band, das zu einer großen, an der linken Wand auffallend gelb gefärbten Schlucht leitet. (Hierher kann man auch in absteigender Querung vom Fuß des Schmid-Barth-Kamins, R 963 gelangen.) Weiter entweder hart rechts neben der Schlucht, in Richtung auf einen weiter oben sichtbaren schwarzen Spalt. Durch ihn hinauf und nach rechts in die etwas weniger steile Wand. Weiter rechts haltend zu dem Gipfelfelsen.
Oder (Anstieg der Erstbegeher) nach 30 m nach links in die Schlucht oberhalb von einem großen eingeklemmten Block. In der linken Begrenzungswand der Schlucht über eine mit feinen Rissen durchzogene Platte und über einen Wulst (V—), dann über Schrofen 30 m zu einem Turm. Von hier nach links abwärts, einen Schuttkessel an seinem oberen Rand querend, zum Beginn einer kaminartigen Schlucht. Durch sie zum Nordgrat und über diesen zum Gipfel.

● **963 Nordkante, „Schmid / Barth-Kamin"**
A. Schmid, A. Barth, 1908, bei der Erstbesteigung des Oberreintalturmes.
IV, im oberen Teil III. Der Kamin ist nach Schlechtwetter lange naß und schmierig. Erforderliche H vorhanden. Wenig begangen. Ca. 300 mH. 2—3 Std.

Übersicht: Vom tiefsten westlichen Ausläufer des Scharnitzkars zieht ein Grasband waagrecht in die Nordwand hinein. Durch den mittleren der drei hier ansetzenden Kamine verläuft die Führe und hält sich im oberen Teil an der schwach ausgeprägten Kante.

Zugang: Wie R 1061 ins Scharnitzkar und zum oben beschriebenen Kamin queren. ½ Std. von der Oberreintalhütte.

Führe: In dem tiefen Kamin ca. 80 m empor bis zu seinem Ende. Von hier durch eine Felsmulde östl. der Gratkante zu einem kleinen Seitengrat hinauf. Wo dieser an eine glatte Plattenwand anschließt, schräg links 15 m zu einem Plattenhang empor (IV). Von hier sehr ausgesetzt nach rechts um einen Abbruch herum und durch einen Riß zur Gratkante (III). Durch eine Rinne jenseits zur luftigen Gipfelschneide und auf derselben zum Gipfel.

● **964 Deye-Kamin**
A. Deye und Gef., 1928.
2—3 Std. Sehr schöne Kletterei. Einzelheiten nicht bekannt.

Übersicht: Der Deye-Kamin ist östl. vom Schmid / Barth-Kamin eingeschnitten und von diesem durch einen Pfeiler getrennt.

● **965 Ostwand „Nobi-Kamin"**
Norbert „Nobi" Sialkowski, solo, 1978.
VI— (eine SL), meist V und IV+. Herrliche Kletterei, meist Wandkletterei in bestem, rauhem Fels. 2 SH vorhanden.

Übersicht: Siehe R 966.

Führe: Der E befindet sich direkt am Kaminbeginn. **1. SL:** Durch den Kamin empor zu Stand an einem Köpfl (IV+, 15 m). **2. SL:** Im Kamin oder in der rechten Begrenzungswand, mehrere Überhänge überspreizend empor zu Stand bei 2 H (VI—, 40 m). **3. SL:** Den Kamin weiter empor zu Stand in kleinem Kessel (V und IV, 45 m).

Abstieg: 15 m links empor zu eingerichteter Abseilpiste. (P. Swoboda)

● **966 Ostwand, „Rambazambakamin"**
H. Ostler, P. Swoboda, 5.6.1983.
VI—, meist V und V+. Schöne Kletterei in festem Fels. Ein Teil der notwendigen ZH und SH vorhanden. 2 Std.

Übersicht: An der Ostflanke des Oberreintalturms befinden sich vier markante Kamine. Der am weitesten rechts befindliche ist der „Schmid/Barth-Kamin" (R 963 — die Route der Erstersteiger des Oberreintalturms), links anschließend der „Deye-Kamin" (R 964) und der „Nobi-Kamin" (R 965) 10 m links des „Nobi-Kamins" befindet sich der „Rambazamba-Kamin", der zu Beginn nur wenig ausgeprägt ist.

Zugang: Der E befindet sich direkt am Kaminbeginn.

Führe: 1. SL: Den Kamin gerade empor zu Stand mit Haken (15 m, IV+). **2. SL:** Den Kamin gerade hinauf und den nach links führenden Riß weiter zu ansteigendem Band, das zu einem kurzen Rißkamin führt; diesen empor und nach rechts zu Stand (V+, 1 H, 40 m). **3. SL:** Die ausgewaschene, steile Rinne gerade empor, bis sie sich zu einem breiteren Kamin erweitert, durch diesen weiter empor zum Ausstieg (VI— und V, 2 H, 50 m). (P. Swoboda)

● **967 Nordostkante**
III (?). Einzelheiten nicht bekannt.

Übersicht: Man erreicht den E vom Band des Schmid/Barth-Kamins (R 963) oder (schwieriger) vom Einstiegsband der Nordwandführe, R 962.

● **968 Ostwand, Spindlerführe**
H. Spindler, H. Reischböck, 1923.
V— (Stellen), meist IV. Teilweise brüchig. Wenig begangen. Ca. 250 mH. 2—3 Std.

Übersicht: Der Durchstieg vollzieht sich in der großen Wandeinbuchtung, welche vom Gipfel gegen das Scharnitzkar herabzieht.

Zugang: Von der Oberreintalhütte ins Untere Scharnitzkar und zum Fuß der Ostwand. Im unteren Teil der Einbuchtung sind mehrere Felsrippen eingelagert, deren westliche den E vermittelt. ½ Std.

Führe: Von links auf die Rippe und über sie 25 m empor zu einem Grasfleck. Hier kurzer Quergang nach links und 15 m über die folgende Rippe hinan zu einer glatten Platte. Über sie 3 m schräg links empor, dann über eine niedrige, senkrechte Wandstelle hinweg und gerade empor zu Stand (IV). Etwas links haltend erreicht man von hier eine anfangs gutgestufte, später plattige Rinne. Man verfolgt sie (60 m) bis zu ihrem Ende und gewinnt nach wenigen Metern einen Grasfleck rechts (1 SL unterhalb des mächtigen, in die Wandeinbuchtung eingelagerten Plattenschusses). Nun etwa 20 m horizontal nach links (zwei mächtige, nach links emporziehende Plattenverschneidungen bleiben unberührt), dann rechts ansteigend und gerade empor (IV) zum Beginn eines schwach ausgeprägten Risses (25 m). Durch ihn zu einem Stand (15 m) am linken Eckpunkt des oben erwähnten Plattenschusses. Den weiteren Anstieg vermittelt eine steile schwarze Platte unter überhängenden Wänden. Über sie 12 m empor zu H (V—), dann 4 m schräg rechts abwärts auf ein Grasband. Über dieses gewinnt man nach einigen Metern einen kurzen Riß mit gutem Stand. In der darauffolgenden Verschneidung einige Meter empor, dann an die rechte Begrenzungskante und über sie ausgesetzt 8 m aufwärts zu Stand (IV). Über die nun folgenden Wandstellen und Steilrinnen meist sehr schwierig in etwa 4 SL zum Nordgrat kurz unterhalb des Gipfels.

● 969   **Ostwand, Ertl / Heckmair-Führe**
H. Ertl, A. Heckmair, 1928.
V— und IV. Stellenweise brüchig. Sehr selten begangen.
Ca. 250 mH. 2—3 Std.

Übersicht: Die Führe verläuft im linken, nach NO gerichteten Wandteil der großen Wandeinbuchtung.

Zugang: Wie R 971 an den Fuß der Ostwand. E 20 m links der Spindlerführe (R 968). ½ Std. von der Oberreintalhütte.

Führe: 2 SL in der Rinne oder auf der Rippe hinauf zu einem kleinen Grasfleck. Weiterhin mehr links haltend zum Fuß des schon von unten sichtbaren schwarzen Plattenschusses. Nun Quergang (IV) nach links zu zwei kaminartigen Rissen. Im linken Riß (IV) etwa 10 m hinauf zu Stand. 6 m Quergang auf steiler Platte (H) nach rechts; 2 m absteigend unter gelbem Überhang zu leidlichem Stand (V—). Über gutgriffige Platten nach links in eine zweite Rinne und in dieser 4 m brüchig hinauf (V—). Anschließend durch steile, brüchige Rinnen zu einer Scharte im SO-Grat, und in 1 SL zum Gipfel.

● 970   **Ostpfeiler, Göttnerpfeiler**
A. Göttner, M. Meier, 1934.
V+, stellenweise auch leichter. Teilweise brüchig. Wenig begangen. Kaum H vorhanden. Ca. 250 mH. 3—4 Std.

Übersicht: Der Ostpfeiler ist der breite Strebepfeiler, der die stark eingebuchtete Ostwand links (südl.) begrenzt.

Zugang: Wie R 971.

Führe: Über die Rippe, die seinen Fuß bildet, 40 m empor (H) zu Stand. Durch Rinnen links der Kante 60 m aufwärts zu einem freistehenden Block (Steinmann). 2 m nach links und über eine kleingriffige Wandstufe in eine Plattenmulde, die man an ihrem linken Ende durch einen rauhen Riß verläßt (Stand). Über glatte Platten, zuerst schwach links haltend, dann überhängend, in eine Nische (Steinmann) am Beginn eines nach links ziehenden Bandes. Zuerst absteigend, dann waagrecht an immer schmäler werdender Leiste nach rechts zur Pfeilerkante. An der Kante über mehrere Überhänge empor zu einem gelben Fleck. An der überhängenden, großbrüchigen Wand nach links in die Verschneidung und durch sie zu gutem Stand. Durch eine 10 m hohe, senkrechte und glatte Verschneidung empor, dann, leicht links haltend, über die senkrechte Wand in eine Rinne und durch sie auf einen Kopf. Weitere 8 m gerade empor und auf einem steil nach links ziehenden Band zur Pfeilerkante. An der Kante zu einem Absatz empor, 2 m nach links auf einen Kopf und durch einen Riß zu der nun gratartigen Kante. Auf ihr in einigen SL direkt zum Gipfel.

- **971** **Ostpfeiler, Cukrowski / Schließler-Führe**
    D. Cukrowski, M. Schließler, 1945.
    VI— und V, nur selten leichter. Wenig begangen.
    Ca. 250 mH. 2—3 Std.

Übersicht: Die Führe verläuft etwa 50 m links des Göttnerpfeilers, R 970.

Zugang: Von der Oberreintalhütte ins untere Scharnitzkar und zum linken (südl.) Teil des Ostwandsockels. E dort, wo eine 40 m hohe Felskante mit der rechten Wand eine Verschneidung bildet. ½ Std.

Führe: Durch die Verschneidung 35 m hinauf zu schlechtem Stand am Kopf der Rippe. Nun 2 m nach rechts, dann 5 m schräg links über ein brüchiges Wandl aufwärts, 6 m nach links unter einem feinen Riß vorbei, zuletzt hangelnd, zur Kante. Über eine geneigte Platte 7 m schräg rechts um die Kante und etwa 30 m gerade empor zu gutem Stand. Weitere 30 m über geneigte Platten gerade aufwärts (schlechter Stand), dann 5 m schräg rechts aufwärts, um die Kante, und 15 m über Platten gerade empor, zuletzt schräg rechts über einen Überhang auf ein Band. 3 m nach links zu Stand unter Überhang. Über diesen hinauf und 6 m rechts aufwärts zu winzigem Stand. Nun etwas abwärts und 4—5 m nach links an die glatte Kante und zu schlechtem Stand. Über Platten gerade hinauf und 6 m nach rechts zu einem Köpfl (Stand). Durch einen gelben Riß 10 m hinauf und weiter 20 m in einen gelben Kamin. Durch diesen 2 SL empor, dann weniger schwierig zum Gipfel.

- **980** Oberreintalköpfe

Unbedeutende Gipfel im Verbindungsgrat vom Oberreintalschrofen zum Oberreintalturm.

● **981 A   Abstieg oder Übergang zum Oberreintalschrofen,** 2 Std.

Übergang: Vom Nördlichsten Oberreintalkopf steigt man über den Grat nach N, die letzten Türme westl. umgehend, zur Scharte vor dem Oberreintalturm. Hier Abstiegsmöglichkeit nach W (R 951 A). Oder über den Grat nach S, über einige Köpfe, zuletzt südöstl. durch eine Rinne zu der begrünten Scharte vor dem Vorgipfel des Oberreintalschrofens, von der man nach O ins Scharnitzkar absteigen kann.

Von der Scharte kann man den Vorgipfel des Oberreintalschrofens und, rechts unter den Grattürmen querend, die Scharte vor dem Hauptmassiv erreichen, die der Nordanstieg (R 942) auf den Oberreintalschrofen berührt.

● **982   Nördl. Oberreintalkopf, Ostwand**
    A. Göttner, M. Meier, 1934.
    V—, im oberen Teil leichter. Kaum begangen. 2—3 Std.

Zugang: Wie R 971 ins Scharnitzkar. E bei einem vorspringenden Sporn in der Fallinie der plattigen Gipfelwand, rechts einer mächtigen Plattenschlucht.

Führe: In einer Steilrinne empor und unter einem Übrhang nach rechts auf einen Kopf. Schwach rechts haltend hinauf zu einer brüchigen Steilrampe unter gelben Überhängen, und über sie nach links auf ein Köpfl. 2 m nach links in einen überhängenden Kamin und durch ihn in eine Scharte (bis hierher teilweise V—). Durch eine breite Rinne zu einem grünen Sattel und weiter über unschwieriges Gelände unter einem mächtigen schwarzen Abbruch auf den Kopf des Sporns. Durch eine nach rechts ziehende, steile Plattenrinne in schöner Kletterei empor in eine Scharte hinter dem schwarzen Abbruch. Nun nach links in einen Kamin und durch ihn zum Grat und in wenigen Minuten zum Gipfel.

● **984   Nordwestwand**
    M. Schober, L. Kleisl, 1939.
    VI (1 SL), meist V und V+, stellenweise auch leichter. R.P.
    VII—, Riß-und Wandkletterei in meist festem, rauhem Fels, teilweise häufig naß. Bisher nur sehr selten begangen, obwohl sie schöne Freikletterei bietet. Einige SH und ZH vorhanden. Ca. 220 mH, Kletterlänge ca. 315 m. 3—4 Std.

Übersicht: Die Route verläuft zunächst relativ gerade, dann in einer großen Links-Rechts-Schleife durch die graue, plattige Nordwestwand.

Zugang: Wie R 254 ins Oberreintalkar. E in Fallinie des höchsten Punktes, wo das Schuttfeld am weitesten in die Wand hinaufzieht. Von der Oberreintalhütte 1 Std.

Führe: 1. / 2. SL: Durch teilweise etwas brüchige Rinnen und über kurze Wandstellen zuerst gerade, dann leicht links ansteigend empor bis zum Fuß einer flachen Verschneidung (III und IV, 80 m). **3. SL:** Durch die Verschneidung gerade empor (IV+, H, 35 m). **4. SL:** Durch einen Riß gerade empor zu einem kleinen Überhang, über diesen hinweg und über graue Platten schräg rechts ansteigend empor (VI—, H, 40 m). **5. SL:** Über gutgriffige Platten zuerst gerade, dann links ansteigend (IV, 40 m). **6. SL:** Weiter über Platten querend nach links (III, 40 m). **7. SL:** Über graue Wandstellen gerade empor, Quergang nach rechts, dann über einen kleinen Überhang gerade empor und die anschließende Wand rechtshaltend empor (V+, H, 35 m). **8. SL:** Zuerst kurz nach rechts absteigend, dann schräg rechts aufwärts und zuletzt in schöner Wandkletterei gerade empor unter einen großen, gelben, dachartigen Überhang (V+, H, 35 m). **9. SL:** Gerade empor bis zum gelben Überhang, durch eine Verschneidung den H folgend schräg rechts empor in eine seichte Nische, dann über einen markanten Rißüberhang empor (VI; technisch V, V+ / A0 und A1, mehrere H, 30 m). **10. SL:** In einem Riß einige Meter links aufwärts, dann über eine graue Wand gerade empor zu einem großen Schuttfleck (IV+, H, 25 m). Weiter über Schrofen und Schutt zum Gipfel. (S. Heinl)

● **985 Ostverschneidung**
F. Mayer, H. Schmidt, 1951.
IV, nur wenige Passagen leichter. Eine der schönsten Genußklettereien im Oberreintal an durchgehend festem, rauhem Fels. Überwiegend Rißkletterei. Häufig begangen. Die meisten SH und ZH vorhanden.
200 mH, Kletterlänge 260 m. 2—3 Std.

Übersicht: Der zweithöchste Oberreintalkopf ist der zweite Felskopf von Süden. Nördlich des Gipfels zieht ein ausgeprägter, mit mehreren kleinen Türmen besetzter Grat in die Ostwand. Etwa in halber Höhe (vom Scharnitzkar gerechnet) verliert er sich in steiler Wand. Durch diese Wand zieht eine schon von weitem auffallende Verschneidung bis zum Beginn des Ostgrates. Diese Verschneidung und die anschließenden geneigten Platten links des Grates vermitteln den Durchstieg in schöner Kletterei. Die Türme des Ostgrates können auch direkt überklettert werden (F. Freyer, M. Kramheller, 1955). Etwas länger.

Zugang: Von der Oberreintalhütte ins Scharnitzkar und dieses bis zur Höhe der auffallenden Gufel hinauf. Von links nach rechts über Schrofen (I) in die Gufel. 1 Std. von der Oberreintalhütte.

Führe: 1. SL: Aus der Gufel rechts heraus und durch eine Verschneidung zu einer Nische (IV, 3 H, 45 m). **2. SL:** Leicht rechts haltend über

Wandstellen und gerade hinauf zu Schrofen (IV, 3 H, 35 m). **3. SL:** Gerade empor zu einer Piazplatte, über diese und durch den anschließenden Riß auf einen Absatz (III und IV, 2 H, 40 m). **4. SL:** Durch Risse gerade hinauf und unter dem Pfeilerfuß über ein Schrofenband nach links hinauf zu einer Nische (IV und I, 35 m). **5. SL:** Etwas links der Verschneidung über eine schwach ausgeprägte Kante zu Köpfl (IV und III, 40 m). **6. SL:** Zurück in die Verschneidung und durch einen Riß unter einem Klemmblock hindurch hinauf zum Grat (III, 30 m). **7. SL:** Nach links zu einem Gratturm und durch einen Piazriß auf diesen hinauf zu Köpfl (II und IV, 35 m). Über Schrofen (Steigspuren) zum Gipfel (60 mH, 10 Min.).

Abstieg: Nach S über steile Schrofen absteigen zu Grasgelände (50 m, I). Nun in südwestl. Richtung durch die Schrofenflanke leicht rechtshaltend (Steigspuren) hinunter ins Scharnitzkar und über den Aufstiegsweg zur Oberreintalhütte. Vom Gipfel etwa 1 Std.   (G. Härter)

● **986   Nordwestwand, „Stein der Weisen"**
P. und N. Swoboda, 18. 9. 1982.
VI— (1 SL), sonst meist IV, V, und V+.
Abwechslungsreiche Riß- und Wandkletterei in festem und rauhem Fels, die meisten SH und ZH vorhanden, einige KK mittlerer Größe empfehlenswert.
Ca. 250 mH, Kletterlänge ca. 310 m. 2½—3½ Std.

Übersicht: 250 m rechts der Abseilschlucht des Oberreintalturmes (R 951 A) befindet sich die Nordwestwand des „Stein der Weisen", eines Vorgipfels des Oberreintalkopfes. Im unteren Teil folgt die Route einer markanten Rampe links aufwärts. Nach einer kurzen Links-Rechts-Schleife führt sie gerade durch Risse und Platten zum Gipfel.

Zugang: Durch das Oberreintalkar bis unter die Nordwestwand. E 50 m rechts der Fallinie eines riesigen gelben Ausbruches bei einer schräg nach links ziehenden Rampe (Steinmann).

Führe: 1. SL: Den Riß hinauf, dann nach links durch einen zweiten Riß zu Köpfl (IV, 35 m). **2. SL:** Die Rampe links aufwärts in einen großen Kessel zu dessen linker Begrenzung (III, 40 m). **3. SL:** Über die gratartige Kante hinauf, dann über eine Wandstelle zu Köpfel (IV+, 45 m). **4. SL:** Nach links in eine kaminartige Rinne, die nach rechts zu einer Erosionsplatte führt, über diese und nach rechts (IV, 40 m). **5. SL:** Durch die folgenden Risse bis unter Überhänge (V, 40 m). **6. SL:** Über die überhängende Wand und den folgenden tiefen Riß (V+, 25 m). **7. SL:** Durch den Riß unter die dachartigen Überhänge, Plattenquergang 6 m nach links, über den folgenden Überhang hinweg und weiter zu einer Gufel (VI—, 2 H, 30 m). **8. SL:** Leicht rechtshaltend hinauf, dann schräg rechts zu Köpfl (V, 30 m). **9. SL:** Gerade hinauf unter die gelbe löcherige Schlußwand, über diese in leichteres Gelände (V+, 1 H, 30 m).

Abstieg: Man verfolgt den Grat aufwärts in Richtung Oberreintalkopf bis zu einem Absatz. Von hier kurz nach links queren zu einer Abseilschlinge. 20 m abseilen. Über Schrofen nun 50 m aufsteigen, bis man ein Kar queren kann. Durch dieses Kar, unten etwas rechts haltend, ins Oberreintalkar. (P. Swoboda)

● **987** „Vergißmeinnicht"
M. Bader, P. Swoboda, 1983.
VI— (einige Stellen), meist V und IV+, selten leichter. Ernste Kletterei in teilweise brüchigem Fels. Ein Teil der notwendigen SH und ZH vorhanden. Zeit der Erstbeg. 3 Std.

Übersicht: Rechts der Abseilschlucht des Oberreintalturms befindet sich ein markanter Turm, durch dessen Nordwestwand sich ein auffallender Rißkamin zieht. Dieser Riß und die darunterliegende Plattenwand vermitteln den Durchstieg.

Zugang: Der E befindet sich etwa 40 m rechts des Endes der Abseilschlucht, die vom Oberreintalturm herunterzieht (H).

Führe: 1. SL: Zuerst links aufwärts, dann über Platte gerade empor und links haltend hinauf zu Stand (V—, 1 H, 45 m). **2. SL:** Über leichtes Gelände gerade hinauf zu Stand (II, 50 m). **3. SL:** Gerade hinauf, dann rechts heraus und durch einen Riß zu Stand (III+, 50 m). **4. SL:** Den Riß empor und den überhängenden Kamin weiter hinauf zu Stand VI—, 1 H, 40 m). **5. SL:** Durch den langen Körperriß empor zu Stand (VI—, 1 H, 40 m). **6. SL:** Gerade über einen Überhang und durch einen Riß weiter zum Gipfel (V und IV+, 45 m).

Abstieg: Vom Gipfel 20 m AS in die Abseilschlucht des Oberreintalturms. (P. Swoboda)

● **995** Westliche Wangscharte, 2336 m

● **996** Von Süden
III— und leichter. 1½—2 Std. von der Wangalm.

Zugang: Zur Wangalm siehe R 124. Auf Steigspuren in den obersten Weidegrund und über Gras und Schutt aufwärts. Im unteren Teil der von der Wangscharte abstürzenden Wand liegt eine Grasterrasse, die man von der höchsten Schuttzunge aus, von rechts nach links über grasiges Gelände ansteigend, erreicht. Von hier gibt es zwei Wege.

Führe: a) Man steigt durch die breite und tiefe, gegen die Scharte hinaufziehende Rinne und den linken von zwei allseits geschlossenen Kaminen empor. Sodann folgt ein weiterer Kamin, der zuletzt über Schrofen zur Scharte leitet. Sie wird nächst dem Oberreintalschrofen in ihrem westl. Teil betreten. Wenn Schnee im Schluff, ist dieser Weg ungangbar.

b) Von der Terrasse quert man unter Felsen nach O, bis man über Gras nach links aufwärts zu Geschröf gelangt, von dem ein steiler Grasstreifen links aufwärts zu einem Kamin führt. Er gabelt sich bald; man benutzt den rechten Ast und verläßt ihn dann nach rechts auf grasiges Terrain, über das die Scharte in ihrem östl. Teil erreicht wird.

● **997   Von Norden**
        IV, im oberen Teil leichter. Kaum begangen. 1½ Std.
Zugang: Wie R 1061 ins Scharnitzkar.
Führe: Im Scharnitzkar an die von der Wangscharte abstürzende Wand heran. Rechts von der Fallinie der Scharte zieht ein mehrfach gestuftes Felsband schwach nach links aufwärts. Man verfolgt es, bis es einige Meter vor schwarzen, wasserüberronnenen Felsen ungangbar wird. Nun neben braunem verwaschenem Fels gerade empor zu einer mannshohen, schon von unten sichtbaren Gufel in etwa ein Drittel der Wandhöhe. Noch einige Meter links aufwärts zu einem kleinen Felsköpfl (Stand). Nun durch einen seichten Riß auf ein plattiges Felsstück hinauf, über den darauf sitzenden, etwas überhängenden Zacken (♂) und auf schuttbedeckten schmalen Leisten querend zur Höhe eines über der Wandmitte eingebetteten größeren Schuttfeldes. Von hier nach rechts erst über plattigen Fels, dann weniger schwierig durch schwach ausgeprägte Rinnen zur Scharte, die in ihrem westl. Teil erreicht wird.

● **998   Südwand, „Kleines Intermezzo"**
        N. Graf und Gef., 1983.
        VI, VI— und V (lt. Erstbeg.), 80 mH, 1 Std. 2 SH, 2 ZH, gute KK-Möglichkeiten. Rißkletterei in rauhem, festem Fels.
Übersicht: Die Führe verläuft von der Grasterrasse durch die plattige Wand westl. der Rinne von R 996a.

● **1000   Scharnitzspitze, 2463**
Zwischen den wuchtigen Gestalten des Oberreintalschrofens und der Schüsselkarspitze ihrer geringeren Höhe wegen weniger hervortretend, zeichnet sie sich durch ihren eleganten Aufbau aus. Die schöne dreigipflige Berggestalt wird über den O- und W-Grat in anregender Kletterei erstiegen. Nach S stürzt sie in praller Wand ab, während sich nach N der von den kühnen Schüsselkartürmen geschmückte Grat ablöst,

der das Scharnitzkar (westl.) vom Schüsselkar (östl.) scheidet. Erstbesteigung: J. Mainzer, Johann und Josef Dengg, 1892.

- **1001** **Westgrat**
  O. Ampferer, H. Beyrer, W. Hammer, 1897.
  III, meist II und leichter. Relativ selten begangen. 130 mH.
  1½ Std.

Zugang: Wie R 996 oder 997 zur Westlichen Wangscharte.

Führe: Von der Scharte folgt man dem mäßig steilen Grat, einen Turm überkletternd, in ein Schartl vor dem eigentlichen Massiv der Scharnitzspitze. Hier einige Meter schräg links abwärts und wieder auf den Grat, der bis zu einer breiten schuttbedeckten Scharte verfolgt wird. Von hier wenige Meter südl. hinab, unter einem gelben Überhang durch und durch einen kurzen Riß wieder auf den Grat. Auf ihm bis kurz vor einen senkrechten Aufschwung. Hier steigt man kurz nach N ab, quert eine gute SL unter dem Grat durch nach O und erreicht ihn wieder durch eine Rinne. Den letzten Steilaufschwung umgeht man rechts (südl.) unter ihm auf grasdurchsetztem Fels querend, bis ein schwieriger, kaminartiger Riß wieder zum Grat führt. Über ihn in kurzer Zeit zum Gipfel.

- **1002** **Ostgrat**
  O. Schuster, H. Moser, 1894.
  III— (einige Stellen im Gipfelbereich), meist II und I. Teilweise etwas brüchig und steinschlaggefährdet. Häufig begangen; wird üblicherweise als normaler Abstiegsweg von der Scharnitzspitze benützt. 110 mH. 1 Std.

Zugang: Wie R 1061 zur Östlichen Wangscharte.

Führe: Von der Scharte verfolgt man den leichten Grat bis zum ersten, großen Steilaufschwung. Nun entweder südl. über eine Wand in einen Kamin und wieder auf den Grat oder, kaum leichter, wenige Meter vom Kamin empor zu einem jenseits (nördl.) der Rippe befindlichen Band, das zu einem Kamin führt. Nicht durch ihn, sondern rechts davon über ein Wandl und Geschröf von N her auf den Grat. Vor dem nächsten Aufschwung quert man leicht absteigend zu einer waagrechten Stelle in dem nach N vorspringenden Seitengrat hinüber und steigt jenseits über steile Schrofen in die zwischen Haupt- und nördl. Vorgipfel herabziehende blockerfüllte Rinne ein, durch die man zum Gipfel gelangt.

- **1003** **Vom Oberen Schüsselkarturm**
  G. Fester, A. Lehner, O. Oppel, 1910.
  III. 1—1½ Std.

Übersicht: Vom Oberen Schüsselkarturm (R 1021) kann die Scharnitzspitze unmittelbar über den nördlichen Gratabsenker erreicht werden.

Führe: Einzelheiten nicht bekannt.

● **1004 Südwand, Alte Führe**
H. Leberle, A. Schulze, 1905.
IV (eine Stelle), sonst IV— und III. Kamin- und Verschneidungsklettterei an festem Fels. Sehr oft begangen. Die meisten SH und ZH vorhanden. Bis zum Grat ca. 200 mH, Kletterlänge ca. 215 m. 1—2 Std.
Foto S. 315, Skizze S. 307.

Übersicht: Am Wandfuß liegt im östlichen Teil ein riesiger Felsblock. Dahinter zieht eine auffallende Rampe links empor und verliert sich kurz unterhalb des Gipfelgrates. Die Führe verläuft über die Rampe und mündet etwas rechts des Gipfels auf dem Ostgrat (R 1002).

Zugang: Wie R 1062. E direkt hinter dem riesigen Felsblock. Ca. 1 Std.

Führe: 1. SL: Durch die rampenartige Verschneidung zu Köpfl (III, 30 m). **2. SL:** Weiter durch die Verschneidung zu kleinem Absatz (IV— und III, 1 H, 40 m). **3. SL:** Über eine Wandstelle und über die Rampe zum Beginn des steilen Kamines (III und II, 35 m). **4. SL:** In den engen Kamin und durch ihn bis unter einen Überhang. Links heraus, gerade empor und rechtshaltend zu Köpfl (IV, 2 H, 30 m). **5. / 6. SL:** Über die Rampe empor und gerade hinauf auf den Ostgrat (II und III, 80 m). (G. Härter)

● **1005 Direkte Südwand, „Spitzenstätterführe"**
W. Spitzenstätter, H. Baldauf, 1957.
V+ / A0, meist V / A0 im unteren und IV und III im oberen Wandteil. R P: Mit Umgehungsvariante VI+, original der Hakenreihe VII. Abwechslungsreiche Wand- und Rißkletterei an festem Fels. Häufig begangen. Die meisten ZH und SH vorhanden. Ca. 200 mH, Kletterlänge ca. 240 m. 2—3 Std. Foto S. 314, Skizze S. 308.

Übersicht: Die Führe verläuft im zentralen Wandteil in Gipfelfallinie.

Zugang: Wie R 1062. E am Ende eines Vorbaues in Gipfelfallinie ca. 50 m links der markanten Südwestkante, R 1009. Von der Wettersteinhütte 1 Std.

Führe: 1. SL: Gerade empor zu Hangelschuppe und nach rechts den H folgend empor (V+ / A0, mehrere H, 40 m). **2. SL:** Durch den linken

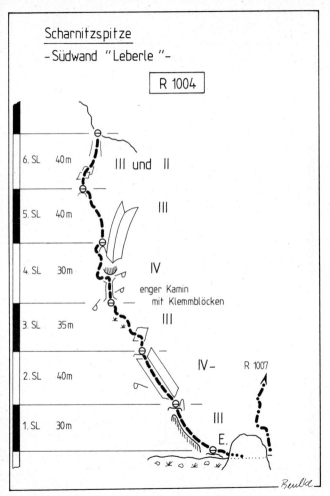

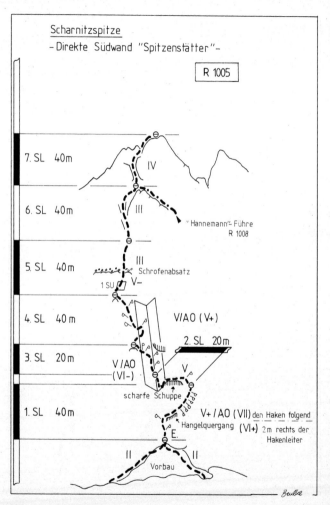

Riß 5 m empor zu großer Hangelschuppe, 7 m Quergang nach links, am Schluß leicht fallend in schwarze Verschneidung und 3 m gerade empor (V, 2 H, 20 m). **3. SL:** Die Verschneidung empor, unter Überhang nach links heraus und schräg links empor (V/A0, mehrere H, 20 m). **4. SL:** Nach rechts zurück in den Riß, 2 m empor, dann nach links über glatte Platte und weiter schräg links empor unter steile Wandstelle (V/A0, 5 H, 40 m). **5./6. SL:** Über Wandstelle (1 SU) gerade empor in leichteres Gelände, zuerst leicht links haltend, dann rechts empor zu breitem Band unter der Gipfelwand (V—, dann III, 1 SU, 80 m). **7. SL:** Durch markanten Kamin zu Grat und über diesen zum Gipfel (IV, 40 m). (S. Beulke)

● **1006** **Südwand, Eberharter / Streng-Führe**
E. Streng, H. Eberharter, 1946.
VI—/A0, nur selten leichter, (Rotpunkt: VII bis VII+). Schöne Wand- und Rißkletterei an festem Fels. Oft begangen. Die meisten ZH und SH vorhanden. Bis zum Grat ca. 200 mH, Kletterlänge bis zur Alten Südwand (R 1004) ca. 180 m. 3–4 Std. Foto S. 314, Skizze S. 310.

Übersicht: Links der Alten Südwand (R 1004) zieht durch die senkrechte Wand ein unterbrochenes Rißsystem empor und erreicht die Alte Südwand nach ca. zwei Drittel Wandhöhe. Der Originalausstieg durch die Risse links der Alten Südwand wird sehr selten begangen.

Zugang: Wie R 1062. E bei einer stumpfen Verschneidung, welche von einem großen Überhang abgeschlossen wird. Von der Wettersteinhütte 1 Std.

Führe: 1. SL: Durch die stumpfe Verschneidung unter den Überhang, dann rechts abwärts über die glatte Platte queren (leichter mit Seilzug) und rechts aufwärts (VI—, 3 H, 25 m). **2. SL:** Aufwärts unter gelben Überhang, Querung nach links und gerade in eine Einbuchtung hinauf, links heraus in leichteres Gelände und rechtshaltend (VI—/A0, mehrere H, 35 m). **3. SL:** Nach links auf eine steile Rampe und über sie bis unter einen meist feuchten Überhang (V, 2 H, 35 m). **4. SL:** Unter dem Überhang nach rechts in einen Riß und durch ihn empor (VI—/A0, mehrere H, 40 m). **5. SL:** Im Rißkamin empor und vor seinem Ende nach rechts in die Alte Südwand. Ende der Schwierigkeiten. (V und IV—, 2 H, 45 m). Über R 1004 in 3 SL zum Grat.

● **1007** **Südwand, „Schmidhuberkamin"**
H. Schmidhuber, M. Roberg, 1936.
VI—/A0 (Rotpunkt VI). Kurze, jedoch schöne Kamin-und Verschneidungskletterei, stellenweise brüchig. Wenig be-

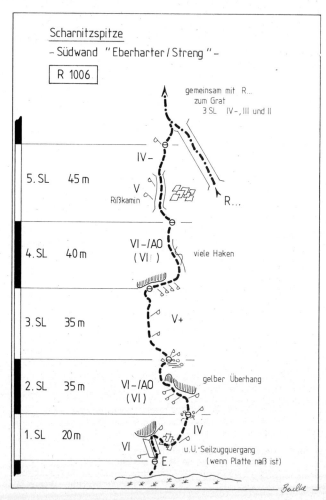

gangen. Die SH und ZH vorhanden. Kaminhöhe ca. 90 m, Kletterlänge ca. 115 m, 1—2 Std.

Foto S. 315, Skizze S. 312.

Übersicht: Rechts der Alten Südwand (R 1004) zieht eine auffallende Kaminreihe gerade nach oben. Durch diese führt der Anstieg.

Zugang: Wie R 1062. E wenige Meter rechts der Alten Südwand bei einer Verschneidung.

- **1008 Südwand „Hannemann"**
  K. Hannemann, E. Hoesch, 1920.

  V— / A0 (einige Stellen, RP V+) meist IV und III.

  Sehr genußvolle und abwechslungsreiche Kletterei in meist festem Fels, sehr beliebt und häufig begangen. Befinden sich schon Seilschaften im oberen Wandteil, so ist auf dem markanten Plattenschuß in Wandmitte mit Steinschlag zu rechnen. Die meisten SH und ZH vorhanden, ca. 200 mH, Kletterlänge ca. 250 m. Zeit: 2—3 Std.

  Foto S. 314.

Übersicht: Die Führe verläuft etwas rechts der Gipfelfallinie durch den auffallenden großen, rautenförmigen Plattenschuß.

Zugang: Wie bei R 1062. E in der Fallinie des oben erwähnten Plattenschusses.

Führe: 1. SL: Über einen kleinen Vorbau empor, über eine Platte nach rechts und durch den anschließenden kurzen Riß empor und weiter über gut griffiges Gelände zu Stand auf einem kleinen Pfeilerkopf. (V— und IV—, 1 H, 30 m), **2. SL:** Durch eine kurze Verschneidung empor, nach rechts heraus und über plattigen Fels rechts haltend empor zu einer kurzen Rinne, diese hinauf zu Stand (V— / A0, mehrere H, 25 m). **3. SL:** Kurz empor zu einem kleinen Wulst, nach links zu zwei Parallelrissen, und durch diese über den kleinen Überhang empor und weiter hinauf auf ein Band, auf diesem nach rechts zu Stand (V— / A0 mehrere H, 25 m). **4. SL:** Nach rechts um die Kante in eine erdige, rote Rinne, durch diese und den anschließenden überhängenden Riß empor zu schlechtem Stand in einer Verschneidung (V— / A0 und IV—, mehrere H, 25 m). **5. SL:** Über großblockiges Schrofengelände schräg links empor zum breiten Band unter der Gipfelwand (III und II, 35 m). **6. SL:** Durch den markanten Kamin zum Grat und über diesen zum Gipfel (IV, 40 m).

- **1009 Südwestkante**
  M. Kuffner, H. Reischböck, 1924.

  V (eine Stelle), meist III und IV. Nur im unteren Teil ansprechende Kletterei, im oberen Teil stellenweise etwas brüchig.

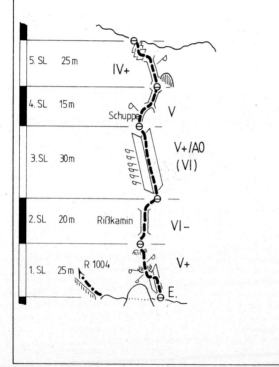

Etwa 240 Hm, Kletterlänge etwa 290 m. Die meisten SH und ZH vorhanden. Nicht sehr häufig begangen. 2½—3 Std.
Foto S. 314.

Übersicht: Die Südwestkante trennt die Südwand von der Südwestwand. Sie ist nur im unteren Teil ausgeprägt.

Zugang: Wie bei R 1062. E direkt am Fuß der Kante.

Führe: 1. SL: Vom Fuß der Kante schräg links empor in eine überdachte Nische (IV+, 3 H, 20 m). **2. SL:** Nach rechs in eine Verschneidung; diese empor und nach links heraus zu Stand (IV+, 4 H, 40 m). **3. SL:** Schräg rechts empor zu Stand bei Köpferl (II, 30 m). **4. SL:** Kurz nach rechts in eine Verschneidung; diese empor und nach links zu Stand V—, 3 H, 20 m). **5. SL:** Kurzer ansteigender Hangelquergang nach links, dann zuerst gerade, dann leicht rechts haltend empor zu Stand in einer Rinne (V, 3 H, 40 m). **6. SL:** Durch die Rinne empor zu Stand bei Köpferl (II, 20 m). **6./7. und 8. SL:** Nach rechts in eine weitere kaminartige Rinne, und durch diese empor zum Westgrat (III und IV—, etwa 100 m). (B. Wölfl)

● 1009a „Neue Südwestwand"
Buchner, Schneider und H.-J. Randl, 10.7.1982.
VI— (eine Stelle), sonst meist V (lt. Erstbeg.).

Übersicht: Die neue Route verläuft zwischen der Südwestkante (R 1009) und der Südwestwand (R 1010).

Führe: Einzelheiten sind nicht bekannt.

● 1010 Südwestwand
G. Frey, H. Kadner, H. Pfann, 1920.
V— (Stellen), meist IV; bei Benützung des Direkten Einstiegs (Welzenbach) V/A0 (eine Stelle), (Rotpunkt VI—).
Sehr beliebte und abwechslungsreiche Kaminkletterei in meist festem Fels. Erforderliche H vorhanden. 2½ bis 3½ Std.

Übersicht: Der untere Teil der Südwestwand wird von einem auffallenden Kamin durchzogen, der unten überhängend abbricht. Rechts von der Fallinie des Kamins ist der Wand eine niedrige, beiderseits abfallende Rampe vorgebaut.

Zugang: Wie R 1062.

Führe: Vom höchsten Punkt der erwähnten Rampe 7 m gerade empor, 3 m nach links und in fallendem Quergang (Seilbenützung) nach links zum oberen Ende eines Gesimses. Von seinem linken Ende 1 m gerade empor, dann schräg links in die vom Kamin herabziehende Steilrinne. Hierher gelangt man auch direkt (E. Röckl, W. Welzenbach, 1922) in-

Scharnitzspitze, Südwand

R 1004: Alte Südwand „Leberle"
R 1005: Direkte Südwand „Spitzenstätter"
R 1005a: Direktausstieg IV (ohne Beschreibung)
R 1006: Eberharter/Streng
R 1007: Schmidhuberkamin
R 1008: Südwand „Hannemann"
R 1008a: Umgehungsvariante der Plattenseillänge
R 1009: Südwestkante
R 1015: Telfser Weg (S. Aeberli, H. Wagner, VI–/A2, ohne Beschreibung)

dem man über die auffallende Steilplatte in der Fallinie des Kamins emporsteigt und den Überhang (am oberen Rande gute Griffe) direkt überwindet.

An der linken Kante der Steilrinne 4 m empor zu Stand. Dann 2 m nach links um die Ecke und über den sich darüber aufbauenden Fels schräg rechts aufwärts in den Kamingrund. An der Kante seiner linken Begrenzungswand 7 m empor, dann wieder in den Kamin hinein und in prächtiger Stemmarbeit bis unter den großen, den Kamin überdachenden Überhang (V—). Über diesen wegspreizend zur rißartigen Fortsetzung des Kamins. Eine plattige Stelle kann direkt erklettert oder links umgangen werden. Man kehrt sofort in die Rinne zurück und verläßt sie gleich wieder nach rechts durch eine Verschneidung. Am Rande der Rinne (links aufwärts) weiter, bis man gerade ansteigen kann, dann schräg rechts (rißartiges Band mit Graspolstern) und unter senkrechten Wänden (H) Spreizschritt in eine tiefe Rinne. Gerade aufwärts zum Westgrat und über ihn zum Gipfel.

- **1011** **Südwestwand, „Gipfelstürmerweg"**
    S. Huber, K. Zeitler, 1967.
    V + / A0 (in den ersten 3 SL), dann meist III und II (Rotpunkt: VII). Im unteren Wandteil schöne Kletterei, der obere Teil dagegen bietet mehrere Durchstiegsmöglichkeiten, teilweise wenig lohnend. Erforderliche H vorhanden. Selten begangen. 2½—3 Std.

Zugang: Wie R 1062. E etwa 20 m links bei einem großen, vorgelagerten Block. Von der Wangalm 1 Std.

Führe: Etwa 20 m den H folgend, dann 10 m links ansteigen und um einen Pfeiler zu Stand. Nun folgt man der Rampe nach links, dann über eine Platte gerade hoch zu gutem Stand unter einem auffallenden Riß. Über einen kleinen Überhang links des Pfeilers zu einer Hangelleiste. Nun nach rechts und später den H folgend gerade hinauf zu einem kleinen Köpfchen. Von hier rechts absteigen zu gutem Stand. Kurzer Quergang nach rechts in eine Verschneidung, diese empor in weniger schwieriges Gelände unter einer Wandeinbuchtung. Über eine glatte Wandstelle hinauf in das Rinnensystem, das bis zu einem großen Schuttkessel verfolgt wird. Rechts davon in 1 SL auf den Grat und über ihn zum Gipfel. (S. Beulke)

- **1012** **Nordwestwand**
    A. Gretschmann, J. Leopoldseder, C.R. v. Overkamp, 1920.
    IV— und III. Teilweise brüchig. Sehr selten begangen.
    2½—3 Std.

Zugang: Wie R 1061 ins Scharnitzkar. E dort, wo der Schutt am höchsten in die Wand reicht, in Fallinie eines im Westgrat befindlichen, doppelköpfigen Zackens.

Führe: Über Platten zu einem Schutt-(Schnee-)fleck rechts unterhalb einer großen schwarzen Wand, die schon vom Kar aus auffällt. Von seinem rechten (westl.) Ende durch eine 35 m lange Steilrinne empor. Von ihrem Ende quert man etwas ansteigend 25 m nach links über eine Platte unter hereindrängenden Wänden (meist wasserüberronnen) zu einem Gesimse, das auf eine sehr steile, schmale Rampe führt. Über diese zu einem schon von unten deutlich sichtbaren, schwarzen Loch, aus welchem man über einen Überhang in die kaminartige Fortsetzung der Rampe gelangt. Nach einem weiteren Überhang nicht gerade weiter, sondern nach links auf gutem, luftigem Band um eine Ecke in eine kesselartige Vertiefung (schon über dem rechten Teil der eingangs erwähnten schwarzen Wand). Nun über Platten wieder 25 m nach links. Man ist hier nahe an der großen Rinne, welche vom Kar aus gesehen links der schwarzen Wand bis unter den Gipfel hinaufzieht. An ihrer westl. Begrenzung über eine 7 m hohe Wand (IV—) zu einer schrofigen Kante und über weniger schwierigen Fels zum Grat, knapp westl. des Gipfels.

- **1013 Nordwand**
  M. Dußmann und Gef., 1934 (vermutlich).
  V— (Einstiegsverschneidung), sonst leichter. 2½—3 Std.

Übersicht: Die unbedeutende Nordwand liegt zwischen der Nordwestwand und dem Gratabsenker zum Oberen Schüsselkarturm. Vom Gipfel zieht ein Rinnensystem herunter und endet oberhalb eines markanten schwarzen Wandabbruches.

Führe: Vom Scharnitzkar den Vorbau von links nach rechts hinauf unmittelbar unter die schwarze Wand. Weiter in eine Schleife von links nach rechts zum Beginn der Verschneidung, die die schwarze Wand durchzieht. Stand (H). Die Verschneidung gerade hinauf, über den Abschlußüberhang und die anschließende Wandstelle zu Stand. Quergang nach rechts in das oben erwähnte Rinnensystem, dieses hinauf, über eine dachartige Unterbrechung, und weiter in und neben den Rinnen zu einem Schuttabsatz und gerade zum Gipfel.

(R. Hechtel, F. Stadler, 1947)

- **1014 Nordwestpfeiler, „Via Goovy"**
  S. März, R. Elflein und H. Will, 29.7.68.
  V (einige Stellen), meist III und IV. Lohnende Kletterei in meist sehr festem Fels. Nur ein Teil der notwendigen ZH und SH vorhanden. 3—5 Std.

Übersicht: Die Nordwand der Scharnitzspitze wird von drei markanten Pfeilern durchzogen. Der rechte, schmale Pfeiler vermittelt den Durchstieg.

Führe: Über den Schrofenvorbau in Fallinie des Pfeilers von rechts nach links 50 m hinauf zu Stand bei einer Rißverschneidung (I und II). **1. SL:** 20 m den Riß empor, 5 m Quergang über Platte und kleinen Überhang zu Stand (V und IV+). **2. SL:** Den Riß gerade empor bis unter Überhänge (IV+, 1 H, 35 m). **3. SL:** Absteigender Quergang nach links in Verschneidung, durch diese überhängend zu Stand (V und IV+, 20 m). **4. SL:** Nach rechts an die Kante, und etwas rechts der Pfeilerkante empor zu Stand (V und III, 30 m). **5. SL:** Nach links über Platte an die Kante, 10 m empor und nach links queren in eine tiefe Rinne (IV+). **6. SL:** Links heraus und rechts haltend wieder in die steile kaminartige Rinne hinein, 20 m gerade hinauf und nach rechts zu Stand auf Absatz (III und IV). **7. SL:** Leicht links haltend hinauf zu Stand in markanter Rinne (II, 30 m). **8. SL:** Parallel zur Rinne rechts heraus, 15 m empor über die Wand, 3 m Quergang nach rechts und 25 m gerade empor zu Stand bei Köpfl (III und IV). **9. SL:** 15 m Quergang nach rechts aufwärts zu Stand auf Absatz an der Kante (III). **10. SL:** 10 m hinauf zu Riß, diesen empor und über die Kante 30 m weiter zu Stand (V— und IV+). **11./12. und 13. SL:** Über leichtes Gelände 100 m gerade empor zu Absatz unter Gipfelaufschwung (II). **14. SL:** 20 m in rißartiger Rinne mpor und nach links an die Kante zu Stand (III+). **15. SL:** Über die Pfeilerkante gerade empor zum Gipfel (IV+, 30 m). (P. Swoboda)

● **1020**   **Schüsselkartürme**

Zwei vom Oberreintal aus gesehen kühn geformte Felstürme in dem von der Scharnitzspitze ausgehenden Seitengrat, der Schüsselkar und Scharnitzkar trennt.

● **1021**   **Oberer Schüsselkarturm,** 2350 m

Erstbesteigung nicht genau bekannt, vermutlich K. Theobald, Fischer und Reichard über das Westband, 1921. Trotz seines imposanten Gipfelaufbaues ist der Obere Schüsselkarturm nur von untergeordneter Bedeutung und wird sehr selten besucht. Im Gegensatz zum Unteren Schüsselkarturm ist der Fels hier relativ brüchig, die Klettereien sind deshalb wenig empfehlenswert.

● **1022 A Abstieg über den Südgrat**
      II und I. ¼ Std. bis in die Scharte.

Führe: Über den schrofigen und teilweise sehr brüchigen Südgrat in die Scharte zwischen Scharnitzspitze und Oberem Schüsselkarturm. Von dort westlich hinab in das obere Scharnitzkar.

- **1023   Ostwand**
    H. und W. Spindler, 1923.
    IV, stellenweise auch leichter. Sehr selten begangen. 2 Std.

Führe: E in Gipfelfallinie, am rechten Ende der der Wand vorgelagerten Schutterrasse. Von da über gutgestuften Fels gerade aufwärts, dann über einen nach links ansteigenden Schrofengürtel ein gutes Stück empor, bis gutgriffige Wandstellen links von einem engen Riß zu einem links ansteigenden Schuttband hinaufleiten. Von seinem Ende gerade empor und schräg links aufwärts. Auf luftigen Leisten zu einer Ecke. Von da rechts aufwärts zu einem Grasfleck unter großem Überhang. 30 m schräg rechts über gutgriffige Platten bis auf eine kleine Rippe. Über den hier ansetzenden Rißüberhang und nach weiteren 20 m links querend um die Kante und empor auf ein waagrechtes, überdachtes Schuttband. Seine schwierige Fortsetzung 30 m nach rechts verfolgend zu einem Steinmann. Nun schwach links haltend noch etwa 70 m durch das hier ansetzende Rißsystem direkt zum Gipfel.

- **1024   Von Norden**
    Erstbegeher unbekannt.
    III. Wenig begangen. 1 Std. aus der Scharte zwischen den beiden Türmen.

Zugang: Wie R 1041 in die Scharte zwischen beiden Türmen.

Führe: Vom Gratansatz südl. der Scharte 20 m nach rechts schwach ansteigend über eine glatte Platte in eine kurze Steilrinne (III) und durch sie auf ein Schuttplätzchen. Nun im allgemeinen schräg rechts (teilweise Gehgelände) zum Gipfel.

- **1025   Nordostwand**
    K. Münch, M. Schober, 1938.
    VI— (Stellen), meist jedoch, besonders im oberen Teil leichter. Stellenweise brüchig. Wenig begangen. Einige H vorhanden. 4—5 Std.

Übersicht: Vom Fuß der Nordostwand ziehen mehrere kaminartige Rinnen empor. Diejenige, die am weitesten in die senkrechte Wand emporzieht, vermittelt im unteren Teil den Anstieg.

Führe: Man klettert die Rinne, die vielfach sehr steil und brüchig ist, etwa 50 m empor zu einem Sicherungsplatz. Dann quert man an der rechten Begrenzungswand 6 m heraus auf eine Kante, diese 15 m aufwärts, dann 6 m Quergang nach rechts und über einen Überhang gerade empor (H). Weiter einige Meter gerade aufwärts bis an die senkrechte, sperrende Wand. Von hier auf einer grauen, grifflosen Platte 7 m nach links queren, dann 15 m gerade empor zu H. Nun einige Meter rechts an eine graue senkrechte Kante (H). An ihr aufwärts (H), zuletzt über einen Überhang, dann quert man links auf einen mit Moos bewachsenen Platz (H). Den rechts aufwärts ziehenden Riß 15 m empor auf einen großen Felsblock, weiter über einen Rißüberhang gerade empor (VI—, H) auf eine schmale Leiste. Von hier zuerst einige Meter nach rechts, dann wieder links aufwärts in eine feuchte Nische. Aus dieser nach rechts heraus (H) und weiter eine graue Wand rechts aufwärts auf ein schmales schuttbedecktes Band, das einige Meter nach links bis an die Kante verfolgt wird (Steinmann). Nun an der fast senkrechten Kante gerade aufwärts auf eine waagrechte schmale Leiste. Diese quert man einige Meter nach links zu H, und über einen Überhang gerade empor zu gutem Stand. Von hier klettert man auf gutgriffigem Fels, zuerst nach rechts, dann schräg links aufwärts in mehreren SL zum Gipfel.

- **1026 Nordwand**
    A. Koch, H. Schmidt, 1950.
    VI (1 SL), sonst VI—, im oberen Teil auch leichter. Einige H vorhanden. Sehr selten begangen. 4—5 Std.

Übersicht: Die Nordwand wird von der Nordostwand (R 1025) durch eine breite, gelbe Kante getrennt. In der seichten Wandeinbuchtung rechts dieser Kante vollzieht sich der Durchstieg. Durch das Scharnitzkar (R 1061) zur Scharte zwischen Unterem und Oberem Schüsselkarturm. Über den brüchigen Vorbau steigt man der Wand entlang links abwärts zum E. Als Anhaltspunkt dient eine auffallende Höhle.

Führe: Von dieser Höhle quert man noch etwa 15 m nach links um eine Rippe, dann einige Meter an sehr brüchigem Gestein aufwärts zu einem überhängenden Riß. Durch diesen (H) auf eine steile Plattenrampe, die zu Stand leitet. Einige Meter empor (H), dann Quergang an senkrechter Wand nach rechts zu feinem Riß und durch diesen zu Stand (H, schwierigste SL). Nun eine schwache SL schräg rechts aufwärts unter eine kurze Verschneidung (Stand, H). In ihr empor und nach rechts hinaus um eine Ecke in eine andere Verschneidung. Diese leitet (H) auf einen breiten, flachen Plattenschuß, der nach rechts bis zum Nordgrat zieht. Man benützt ihn aber nur etwa 40 m und steigt dann empor auf ein waagrechtes, geräumiges Band. Nun über glatte Platten 10 m nach links empor (H) und Quergang nach links in einen Riß und durch diesen zu Stand. Nun weniger schwierig durch den hier ansetzenden tiefen

Kamin oder links desselben gerade empor auf einem breiten Grat, der in kurzer Zeit zum Gipfel leitet.

● **1027 Nordgrat**
E. Müller, W. Welzenbach, K. Wien, 1925.
IV, nur selten leichter. Wenig begangen. 1½—2 Std.
Zugang: Wie R 1041 in die Scharte zwischen beiden Türmen.
Führe: Aus der Scharte über die flache, brüchige Gratschneide bis an das eigentliche Bergmassiv. An einer hier eingelagerten Plattentafel an kleinen festen Griffen 12 m empor, dann nach links um eine Ecke auf ein steil ansteigendes Plattenband, das man bis zu seinem Ende verfolgt (20 m). Man quert nun über Platten 30 m fast horizontal nach links zum Fuß eines Steilabbruches. Dieser wird von einem breiten Wasserstreifen durchzogen, an dessen unterem Ende eine graue, rautenförmige Platte eingelagert ist. Empor zum Kopf der Platte (IV). Dann Quergang waagrecht nach links um eine Ecke in eine kurze Steilrinne, welche in eine flache Höhle am Beginn eines überhängenden Risses führt. Durch ihn 8 m empor und über die anschließende Platte bis an deren Ende (IV). Hier 10—12 m nach links und durch eine Steilrinne 15 m empor (IV). Von ihrem Ende um eine Kante nach rechts in eine zweite Rinne und nach deren Durchsteigung weiter nach rechts zum Grat, und über ihn zum Gipfel.

● **1028 Westband**
Fischer, Reichard, K. Theobald, 1921.
IV—. 1 Std.
Übersicht: Vom Scharnitzkar sieht man unter der Nordwestwand der Scharnitzspitze ein schiefes Band von O nach W ansteigend zum Gipfel des Oberen Schüsselkarturmes hinaufziehen. Über brüchige Schrofen und Wandln gelangt man auf das Band, das mit einigen Unterbrechungen (IV—) zum Gipfel leitet.

● **1040 Unterer Schüsselkarturm**, 2200 m

Erstbesteigung vermutlich durch H. Theobald über den Südgrat aus der Scharte zwischen dem Unteren und dem Oberen Schüsselkarturm, 1921. Dies ist der heute übliche Normalweg, bzw. Abstieg. Fester, griffiger und rauher Fels sowie ein kurzer und relativ einfacher Abstieg machen den Unteren Schüsselkarturm zu einem der beliebtesten Kletterziele im Bereich der Oberreintalhütte. Seine kleine, aber sehr steile Nordwand gehört zu den schönsten Wandfluchten im Wetterstein. Sehr beliebt als kurze Genußkletterei ist die Nordostkante, R 1044. Sie wird auch häufig in Verbindung mit der Militärkante, R 1317, am Unteren

Berggeistturm begangen, woraus sich eine sehr abwechslungsreiche Tagestour ergibt. Die Herbst / Teufel-Führe, R 1047, durch die Nordwestwand ist ein gutes Beispiel für eine klassische Route im V. Grad. Fester und rauher Fels sowie abwechslungsreiche und genußvolle Freikletterei zeichnen diese sehr häufig begangene Führe aus. Die schönste Route aber ist zweifellos die 1938 von M. Schober erstbegangene Nordwand, R 1045, die einen Höhepunkt der klettersportlichen Erschließung des Wettersteins vor dem II. Weltkrieg darstellt. Sie gehört zweifellos zu den schönsten und abwechslungsreichsten Routen im Wetterstein; der Begriff „extreme Genußkletterei" ist hier durchaus angebracht. Der 1972 eröffnete „Charly-Hermann-Gedächtnisweg", R 1046, bietet moderne Kletterei mit einigen kürzeren Hakenpassagen und stellt eines der anspruchsvollsten Unternehmen im Oberreintal dar. Leider wurde diese Route bis heute etwas vernachlässigt. Daran ist natürlich die unmittelbare Nachbarschaft der viel bekannteren und sehr beliebten „Schober", R 1045, nicht ganz unbeteiligt. Nach längeren Regenphasen trocknet die Nordwand nur langsam ab, besonders die 1. SL der Schoberführe kann dann oft unangenehm naß sein. Achtung! Da die Nordwand keinen Wandvorbau hat, besteht am Wandfuß Steinschlaggefahr, besonders wenn Seilschaften schon im schrofigen Ausstiegsgelände der Nordwandrouten klettern. (S. Beulke)

- **1041 Südgrat**
  H. Theobald, 1921.
  II. 20 Min. von der Scharte zwischen beiden Türmen.

Führe: Die Scharte zwischen beiden Türmen erreicht man leicht aus dem obersten Scharnitzkar über Schrofen und Gras nordöstlich ansteigend. Der Aufschwung des Turmes wird an und links der Kante bezwungen.

- **1042 Ostwand zum Hauptgipfel**
  C. R. v. Overkamp, W. Spindler, 1926.
  IV. Sehr selten begangen. Brüchig. 1 Std.

Übersicht: Vom Schüsselkar gesehen wird der linke (südl.) Teil der Wand von links unten nach rechts oben von einem auffallenden Band durchzogen, von dessen oberem Ende Schrofenbänder nach links zum Gipfel leiten.

Unterer Schüsselkarturm von Norden

R 1045: Nordwand „Schober"	R 1047: Nordwestwand „Herbst/Teufel"
R 1046: Charly-Herrmann-Gedächtnisweg	R 1048: Niemandsland

Führe: E am südl. Fußpunkt der Wand. Durch einen kurzen Riß auf ein Köpfl, dann Quergang nach rechts (etwa 30 m) an den Fuß einer großen, gelben Wand. Unter ihr ausgesetzter Quergang waagrecht nach links (10 m). Durch einen Riß rechts aufwärts und über einen Überhang (IV) auf das Band. Dieses wird (2 SL) bis zu seinem Ende verfolgt, worauf man links haltend über Rinnen und Bänder den Gipfel erreicht.

- **1043   Ostwand zum Nordgipfel**
  H. Theobald, 1921.
  IV— (stellenweise), überwiegend leichter. Sehr selten begangen. Brüchig. 1 Std.

Führe: Am Fuß der Nordostkante des Turmes befindet sich eine Zone grasbewachsener Felsen. Über sie unschwierig empor und über eine steile Rampe, links von einer muldenartigen Schlucht, 15 m empor und etwa 4 m Quergang zu einem bequemen, rechts aufwärts führenden Band, das oben in eine kaminartige Rinne mit Klemmblöcken übergeht. Man erreicht so ein nach links aufwärts ziehendes Band, das etwa 40 m unter der Grathöhe die ganze Ostwand durchquert. Nach etwa 20 m auf dem Band erreicht man einen Riß, der in die Scharte südlich des Nordgipfels führt.

Anmerkung: Außer den beschriebenen Wegen wurde in der an sich unbedeutenden Wand eine große Anzahl von Varianten aller Schwierigkeitsgrade begangen, vgl. TB Oberreintalhütte.

- **1044   Nordostkante**
  G. Haber, P. Nuber, 1929.
  IV (eine Stelle), sonst IV— und III. Schöne Kletterei an festem, gutgriffigem Fels. Häufig begangen. Die meisten ZH und SH vorhanden. Ca. 120 mH, Kletterlänge ca. 150 m. 1½—2 Std.

Übersicht: Die Führe hält sich im unteren Teil links der ausgeprägten Kante, welche die senkrechte Nordwand nach Osten hin begrenzt. Nach einer auffallenden, grauen Platte im Mittelteil wird direkt über die Kante der Gipfelgrat erreicht.

Zugang: Von der Oberreintalhütte ins Schüsselkar. Oberhalb des Wandfußes der Nordwand von links nach rechts (Steigspuren), zuletzt über Schrofen (I und II), zum Beginn eines ausgeprägten Risses. Hier E. 1 Std.

Führe: 1. SL: Durch den Riß auf kleinen Absatz (IV—, 2 H, 30 m).
2. SL: Gerade hinauf zu kleinem Überhang und über ihn nach rechts auf die geneigte Platte. Leicht linkshaltend (IV, 2 H, 20 m). **3. SL:**

Über die aufsteilende Platte gerade empor auf größeren Absatz (IV—, 1 H, 30 m). **4. SL:** Durch einen Rißkamin gerade empor und nach rechts heraus zu Köpfl direkt an der Kante (IV—, 1 H, 35 m). **5. SL:** Durch einen Riß direkt an der Kante ausgesetzt empor und leicht rechts der Kante in eine kleine Scharte an der Kante (IV— und III, 25 m). Nach links über ein Band in die große Scharte und den Aufschwung rechts umgehend (II) zum Grat zurück. Über ihn nach S kurz zum Gipfel (I und II).

(G. Härter)

- **1045   Nordwand**

    K. Münch, M. Schober, 7. 10. 1938.

    VI— / A 0, meist V und V + / A 0 (Rotpunkt: VI +). Wand- und Rißkletterei an gutgriffigem, festem Fels. Zählt zu den schönsten der schwierigen Routen im Oberreintalgebiet. Viel begangen. Die meisten ZH und SH vorhanden. Ca. 250 mH, Kletterlänge ca. 300 m. 3—4 Std.

    Foto S. 323, Skizze S. 326.

Zugang: Von der Oberreintalhütte ins Schüsselkar und leicht rechts haltend zum Fuß der Nordwand. E am Beginn der auffallenden Rißverschneidung. 45 Min.

Führe: 1. SL: Durch den Riß zu Köpfl (30 m). **2. SL:** Noch 10 m durch den Riß empor und bei einem Köpfl Quergang nach rechts. **3. SL:** Leicht rechtshaltend zu einem Überhang hinauf. Über ihn hinweg und nach rechts in eine Verschneidung. Nach ihrem Ende nach rechts. **4. SL:** Leicht links empor und durch eine Rißverschneidung. Nach links heraus, durch einen Riß, am Schluß links haltend in eine Gufel. **5. SL:** Quergang nach links an die Kante und an ihr über zwei Überhänge. **6. SL:** 3 m schräg links hinauf und Quergang nach links in die gelbe Verschneidung. An ihrem Ende nach links heraus. **7. SL:** 3 m empor, Quergang nach links in den überhängenden Riß und durch ihn empor. **8. SL:** Rechts haltend in einen Riß und durch ihn zu leichterem Gelände. Links haltend zur NO-Kante und über sie zum Gipfel.

(S. Beulke, G. Härter)

- **1046   Nordwand, „Charly-Hermann-Gedächtnisweg"**

    W. Henke, H. Hillmaier, 3. 9. 1972.

    VI— / A 2, nur selten leichter. Überwiegend Freiklettere an festem Fels, nur wenige Passagen technisch. Wenig begangen. Die meisten ZH und SH vorhanden. Ca. 250 mH, Kletterlänge ca. 300 m. 3—4½ Std.

    Foto S. 323.

Übersicht: Die Führe verläuft zwischen der Schoberroute (R 1045) und der NW-Wand (R 1047). In der Wandmitte sind zwei auffallende,

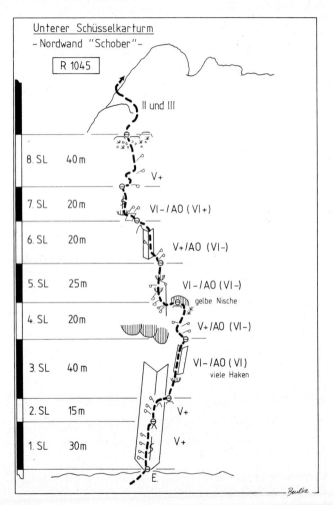

schwarze Löcher. Diese bilden einen zentralen Punkt in der mehr oder weniger geraden Anstiegslinie.

Zugang: Wie R 1045 zum Fuß der Nordwand. E wenige Meter links des Einstieges von R 1045 unter einem Überhang.

Führe: 1. SL: Über einen schwach ausgeprägten Pfeiler und nach links zu einem überhängenden Riß. Durch diesen empor und 12 m Quergang nach links zu Stand (IV und VI—/A0, mehrere H). **2. SL:** Durch die seichte Rinne empor zu H, nach rechts um die Kante und gerade empor unter Überhänge. Im Zickzack über diese und zu einem Block (IV+ und V, H). **3. SL:** Den Riß empor zu H, Querung nach rechts und gerade empor zu überdachtem Band. Seilzugquergang nach rechts und gerade empor (VI—/A1, H). **4. SL:** Leicht fallender Quergang nach links und zur unteren der beiden auffallenden Höhlen empor (VI— und III, H). **5. SL:** Den H folgend in die obere Höhle (A1, mehrere H). **6. SL:** Überhängend aus der Höhle rechts hinaus (A2) zu Block. Links haltend auf einer Steilrampe zu abschüssigem Stand (A2/VI—, mehrere H). **7. SL:** Nach links zu einem Pfeiler und den überhängenden Riß empor bis man in plattigem Fels nach rechts gedrängt wird. Quergang nach rechts auf schmales Band (VI—/A0, H). **8. SL:** Gerade empor in drei übereinanderliegende, flache Höhlen. Aus der dritten Höhle gerade hinauf und links durch einen Rißkamin auf einen großen Block. 3 m nach links und überhängend empor (VI—, H). Nach links in eine Rinne und gerade empor zum Gipfelgrat (III). Über ihn kurz zum Gipfel. (W. Henke)

● **1047 Nordwestwand**
A. Herbst, H. Teufel, 1935.

V, zwei Stellen **A0**, im oberen Teil III und II. (Rotpunkt: VI—). Elegante Freikletterei an festem, rauhem Fels. Überwiegend Rißkletterei. Viel begangen. Die meisten ZH und SH vorhanden, vielfach natürliche Sicherungsmöglichkeiten. Ca. 250 mH, Kletterlänge ca. 280 m. 2—3 Std.

Foto S. 323, Skizze S. 328.

Übersicht: Im rechten, gegliederten Teil der Nordwand vermittelt ein Rißsystem den Durchstieg. Den mittleren Wandbereich durchzieht ein Riß von rechts unten nach links oben. Durch ihn und über Schrofen zum Gipfel.

Zugang: Wie R 1045 zum Fuß der NW-Wand. E ca. 50 m rechts vom E R 1045 bei einem kleinen Absatz wenige Meter über dem Wandfuß. 45 Min.

Führe: 1. SL: Durch eine schwach ausgeprägte Rinne und über eine Wandstelle (H) empor, dann rechts haltend (V/A0, 4 H, 35 m).

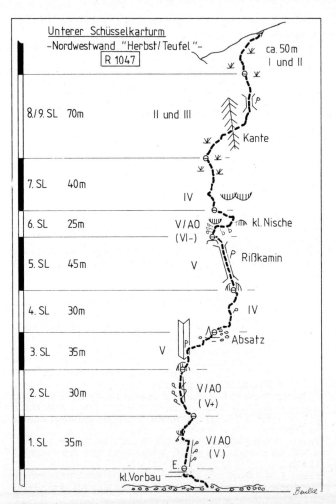

2. SL: Durch den Riß gerade empor in eine Nische (V/A0, 3 H, 30 m). **3. SL:** Gerade empor durch den Riß und nach rechts zu Köpfl auf kleinem Schuttplatz (V, 1 H, 35 m). **4. SL:** Nach rechts und gerade empor in eine kleine Höhle am Beginn eines markanten Risses (IV, 1 H, 30 m). **5. SL:** Durch den Riß empor und nach links auf ein Band unterhalb einer Wandstelle (V, 1 H, 45 m). **6. SL:** Über die Wandstelle empor und Quergang nach rechts in eine flache Nische. Aus ihr links haltend empor (V/A0, mehrere H, 25 m). **7. SL:** Gerade empor zu Schrofengelände (IV, 40 m). **8./9. SL:** Über gestuftes Gelände nach rechts um die Kante und durch den darauf folgenden Kamin (II und III, 1 H, 70 m). Über Schrofen zum Gipfelgrat (50 m) und über diesen kurz zum Gipfel (I und II). (G. Härter)

● **1048 Nordwand, „Niemandsland"**
A. Gilgenrainer, S. Beulke, 30. 5. 82.

VII— (2 SL), meist VI— und VI. Ausgesetzte Wandkletterei in meist sehr festem Fels. Interessante und abwechslungsreiche, teilweise anstrengende Freikletterei, eine der anspruchsvollsten Routen im Gebiet des Oberreintals. Alle ZH und ein Teil der SH vorhanden. Es empfiehlt sich, einige H sowie KK (Friend Nr. 1—3 sowie kleine und mittlere Stopper) mitzuführen. Ca. 250 mH, Kletterlänge 325 m. Zeit der Erstbegeher: 5½ Std.
Foto S. 323, Skizze S. 330.

Übersicht: Die Route verläuft durch den Wandteil links der Schoberführe, R 1045. Über plattige Wandstellen wird der markante Schrofenkessel erreicht. Von dort führt die Route durch ein Rißsystem in die markante Kaminreihe des Nordwandausstieges der Nordostkante und über diese zum Gipfel.

Zugang: Wie zur Schoberführe, R 1045. E ca. 5 m links unter einer schwach ausgeprägten Rippe.

Führe: 1. SL: Gerade empor, kurz nach rechts zu Piazriß und an ihm zu großem Block (VI, 2 H, Friend 2, 25 m). **2. SL:** Auf den Block und schräg rechts empor in kleine Gufel, Quergang nach links und über markante Lochwand gerade empor (VI, 1 H, 35 m). **3. SL:** Quergang nach links und gerade empor zum markanten Kessel, dann eine kleine Rampe rechts empor zu Köpfl (VI+, Stopper 4, 45 m). **4. SL:** Gerade empor, plattiger Quergang nach links um brüchige Kante in die Verschneidung (V+, 20 m). **5. SL:** Nach links um die Kante, kurz empor, dann kurze Querung nach rechts zu Riß und gerade empor (VII—, 2 H, Stopper 5, 25 m). **6. SL:** Durch den Riß gerade empor und über die anschließende Wandstelle in gut gestufte Steilrinnen (VII—, Friend 1—3,

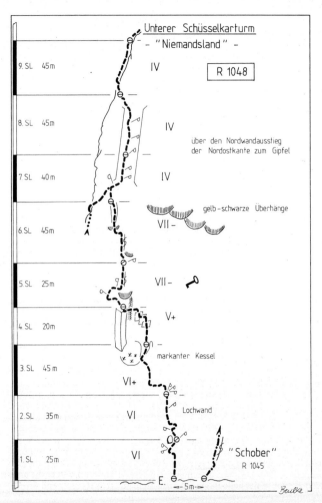

Stopper 7, 45 m). **7. SL:** Schräg rechts empor in das markante Kaminsystem und durch dieses empor (IV, 3 H, 40 m). **8. / 9. SL:** Durch das Kaminsystem und über den obersten Teil der Nordostkante weiter zum Gipfelgrat (III und IV, 2 H, 90 m). (S. Beulke)

● 1049 **Nordwestkante**

K. Grünwald, H. Reischböck, 1925.

V, im oberen Teil wesentlich leichter. Sehr selten begangen. 3 Std.

Zugang: Wie R 1061 ins Scharnitzkar.

Führe: Die Nordwestkante setzt mit einer plattigen Rippe zum Scharnitzkar ab. Rechts von ihr durch eine Rinne zu einer Nische. Durch einen überhängenden Riß 15 m empor und einige Meter zur Kante. Gerade aufwärts über ein Wandstück in eine Rinne. Weiter durch einen mehrfach überhängenden Riß, dann kurzer Quergang rechts zu weniger schwierigem Fels. Mehrere SL aufwärts zu einer kaminartigen Rinne. Die Fortsetzung derselben ist ein kurzes Wandstück mit anschließendem Überhang. Dann 8 m rechts aufwärts, Quergang nach links, und über einen Überhang in eine breite Rinne. Mehrere Absätze überkletternd gewinnt man nach links haltend weniger schwieriges Gelände, über welches man den Nordgipfel erreicht.

● 1060 **Östliche Wangscharte, 2351 m**

● 1061 **Von Norden**

II und leichter. Stellenweise deutliche Steigspuren.

3 Std. von der Oberreintalhütte. Foto S. 67.

Von der Hütte auf deutlichen Spuren zu der aus dem Schüsselkar abstürzenden Wandstufe. Vom höchsten Punkt des Schuttkegels (hart rechts einer ausgewaschenen Rinne) auf deutlichen Spuren im allgemeinen gerade aufwärts über grasiges, mit Latschen bestandenes Geschröf. Dem Steig folgend nach links bis unter die Wände des Unteren Berggeistturmes (westl. des Unt. Schüsselkarturms liegt das Scharnitzkar) und weiter ins hinterste Schüsselkar bis zu den Plattenlagen am Fuße der Schüsselkarspitze. Hier wendet man sich scharf nach rechts, überwindet in mäßig schwieriger Kletterei den Steilgürtel und erreicht, wieder links haltend, über Schutt und unschwierige Schrofen die Östliche Wangscharte.

● 1061 A **Abstieg nach Norden**

II und leichter. 2 Std.

Nicht im innersten Karwinkel absteigen (Steilplatten!), sondern von der Scharte links halten und dann, sich scharf rechts wendend, den Fuß der

Schüsselkar-Nordwände erreichen. Abstieg aus dem Schüsselkar zum Oberreintalboden bei Nebel oder Dunkelheit nicht einfach zu finden.

● **1062   Von Süden über die Abseilpiste**
V, stellenweise leichter. 1 Std.

Zugang: Von der Wangalm (R 123) zum Scharnitzjoch (R 118) und über den begrünten Rücken hinauf bis zu den Felswänden. Hier führen Steigspuren westl. zu den Routen an der Scharnitzspitze-Südwand und östl. zur Schüsselkarspitze-Südwand.

Führe: E westl. vom Ansatz des Scharnitzjoch-Rückens durch einen versteckten, nach O offenen Kamin, der auf einen Absatz führt. Etwas westl. absteigen, dann über grasige Steilfelsen aufwärts und durch eine kleine Scharte nach rechts in die von der Wangscharte herabziehende Rinne und in ihr aufwärts zu Stand (eingebohrter AH). Die Rinne hinauf bis zur Gabelung. Von hier entweder im rechten Ast gerade hinauf oder um den Ansatz der trennenden Rippe nach links auf die rißartige Rampe, über die man sich beim Abstieg abseilt, und auf ihr zum AH unter der Scharte.

● **1063 A Abseilweg nach Süden**
Foto S. 334.

3 Abseilstellen (gebohrte AH im Abstand von 15 bis 20 m) zu markantem Absatz. Von hier abklettern zu Kamin und durch diesen oder an seiner Außenwand ins Kar (II).

● **1064   Plattenband**
IV. 1¼ Std.

Wie R 1062 durch die kleine Scharte in die von der Wangscharte herabziehende Rinne. Aus dieser nach rechts zu einer großen grauen Platte und schräg rechts durch diese (am Anfang weiter Spreizschritt). Auf schrofigem Fels weiter auf einen der Wand vorgebauten Zacken. Von ihm durch einen Riß auf eine kleine Terrasse und durch eine Verschneidung links 5 m zu einem Stand. Von diesem westlich etwas abwärts und Querung waagrecht gegen den Westgrat der Schüsselkarspitze, den man kurz über der Wangscharte erreicht.

● **1065   Südwand, „Schartenriß"**
(Vermutlich) J. Mair, U. Wiesmeier, 25. 11. 1978.
VI, meist V und V+. Kurze, sportliche Übungskletterei in festem, rauhem Fels. Riß- und Piazkletterei. 3 ZH vorhanden, einige KK zur zusätzlichen Absicherung empfehlenswert. 1—1½ Std. Foto S. 334.

Übersicht: Der „Schartenriß" ist der markante Faust- und Piazriß etwa 10 m rechts der Abseilpiste und links vom „Plattenband", R 1064.

Zugang: Wie R 1062. E links neben der Auckenthaler-Gedenktafel in einer auffallenden Felsnische.

Führe: 1. SL: Aus der Felsnische über überhängende Klemmblöcke in den rauhen Faustriß, bis er sich in geneigterem Fels verliert (VI, 30 m).
2. / 3. SL: Von hier durch das anschließende Rißsystem schräg links aufwärts zur Scharte (V und V+, 60 m). (U. Wiesmeier)

● **1066   Südwand, „Zackenweg"**
  IV. 1 Std. Foto S. 334.

E wie R 1071. 20 m durch eine Steilrinne auf ein Grasband, auf ihm nach links zu einem versteckten Kamin. 1 SL in ihm empor, dann über die linke Begrenzung auf den Zacken. Weiter wie R 1064.

● **1070   Schüsselkarspitze-Westgratturm**

Der Westgratturm ist eine wenig markante, nahezu waagerechte langgestreckte Erhebung im Grat, der von der Östlichen Wangscharte zur Schüsselkarspitze zieht und auch als Westgrat bezeichnet wird. Obwohl der Westgratturm keinen ausgeprägten Gipfelcharakter aufweist, hat er sich, insbesondere durch die beliebten Kletterführen durch die steile Südwand, immer mehr zu einem selbständigen Tourenziel entwickelt. Deshalb erscheint eine Anführung als eigenständiger Gipfel gerechtfertigt. Die Erstbesteigung ist nicht genau bekannt. Vermutlich erfolgte sie aber 1898 durch Otto Ampferer und Franz Hörtnagel von der Östlichen Wangscharte über den Westgrat im Zusammenhang mit der Erstbegehung des gesamten Westgrates bis zur Schüsselkarspitze.

Bis zur Erschließung der heute sehr beliebten Extremklettereien durch die bis zu 200 m hohen Südabstürze blieb der Westgratturm relativ unbeachtet. Die Tatsache, überhaupt einen eigenständigen Namen erhalten zu haben, verdankt er dem ca. 15 m hohen Riß, der aus der Scharte zwischen Schüsselkarspitze und Westgratturm auf den Turm emporzieht. Im Aufstieg zur Schüsselkarspitze seilt man gewöhnlich über den Riß ab (eingebohrter Abseilhaken vorhanden), im Abstieg über den Westgrat dagegen stellte der Riß — bis zur Einrichtung des sog. Schnellabstieges, der Abseilpiste aus der Scharte nach Norden, R 1082A, die Schlüsselstelle des gesamten Westgrates dar. Die Klettereien am Westgratturm sind vergleichbar mit den Routen durch die Süd- und Südostwände der Schüsselkarspitze, wenngleich auch wesentlich kürzer. Ihrer Länge, der südseitigen Lage und dem relativ einfachen und kurzen Abstieg (Abseilpiste zur östl. Wangscharte), verdanken sie ihre Beliebtheit als Frühjahrs- und Spätherbstklettereien sowie als Ausweichtouren, falls das Wetter für die längeren Schüsselkarrouten zu unsicher erscheint. Außerdem bietet sich die Möglichkeit, insbe-

**Schüsselkarspitze,
Westgratturm und Südwand,
linker Wandteil**

- R 1063A: Abseilweg nach Süden
- R 1065: Schartenriß
- R 1066: Zackenweg
- R 1071: Südwestwand
  "Siemens/Wolf"
- R 1071a: Direktausstieg IV
  (ohne Beschreibung)
- R 1072: Bergführerweg
- R 1073: Erdenkäufer/Sigl
- R 1074: Jörg/Simon
- R 1074a: Buhlvariante VI-
  (ohne Beschreibung)
- R 1075: Knapp/Köchler
- R 1076: Lagger/Mayr
- R 1084: Locker vom Hocker
- R 1085: Morgenlandfahrt
- R 1086: Spindlerführe
- R 1086a: Auckenthalerriß
  (ohne Beschreibung)
- R 1087: Messner/Sint
- R 1087a: Direkteinstieg
- R 1089: Südverschneidung
- R 1090: "Raupe, Stück für Stück"

sondere während der langen Sommertage, mehrere Routen hintereinander zu begehen, da zeitraubende Abstiege sowie erneute Zustiege zu den Einstiegen entfallen. Alle Routen können als interessant und lohnend bezeichnet werden, fester Fels und abwechslungsreiche Freikletterei sind die Regel. Besonders hervorzuheben wäre die Knapp/Köchler-Führe, R 1075, im rechten Wandteil. Rassige Platten- und Rißkletterei dominiert hier, der große Plattenquergang zählt zu den eindrucksvollsten Kletterstellen im Wetterstein. Von anderem Charakter, aber ebenso interessant ist die erst 1968 eröffnete Erdenkäufer/Sigl-Führe, R 1073, die in nahezu idealer Linienführung durch den zentralen, gelben Wandteil verläuft. Auch sie bietet begeisternde, ausgesetzte, wenn auch leider etwas kurze Freikletterei in bestem Fels. (S. Beulke)
Normalweg über den Westgrat: R 1081.
Schnellabstieg: R 1082 A.

● **1071 Südwestwand, Siemens/Wolf-Führe**
E. v. Siemens, H. v. Wolf, 1922.
IV—, meist III. Schöne Plattenkletterei an festem Fels. Viel begangen. Die meisten SH und ZH vorhanden. Ca. 180 mH, Kletterlänge ca. 200 m. 1—2 Std. Foto S. 335.

Zugang: Wie R 1062. E direkt am Ende des Schrofengrates. Von der Wettersteinhütte oder Wangalm 1 Std.

Führe:1. SL: Durch eine Rinne auf ein Grasband und nach rechts unter einen Riß (III, 20 m). **2. SL:** Durch den Riß, einmal kurz links ausweichend, auf ein Band. Über dieses nach rechts zu Köpfl (SU, IV—, 2 H, 35 m). **3. SL:** Zuerst über Platten, dann über ein Band rechts empor in eine Gufel unter einem Überhang (III und II, 35 m). **4. SL:** Links heraus auf eine Platte und über diese in Schrofen in eine Rinne (IV—, 2 H, 40 m). **5. SL:** Rechts haltend aus der Rinne heraus und gerade empor unter den letzten Aufschwung (III, 40 m). **6. SL:** Durch einen Riß und leicht links haltend auf den Grat (IV—, 25 m). (G. Härter)

● **1072 Südwand, „Bergführerweg"**
P. Brandstätter, E. Schwarzenlander, 28. 10. 1977.
VI—, meist V. Reine Freikletterei mit sehr sportlichem Charakter. Interessante und ausgesetzte Wand- und Rißkletterei in meist festem Fels. 1—1½ Std. Foto S. 335, Skizze S. 337.

Zugang: Wie R 1062. E wie bei der Erdenkäuferführe, R 1073.

Führe: 1. SL: Durch eine rißartige Verschneidung empor, dann durch eine Rinne zum Beginn des Rißkamins, den der auffallende, abgespaltene Turm mit der Wand bildet (IV+, 1 H, 30 m). **2. SL:** Am äußeren

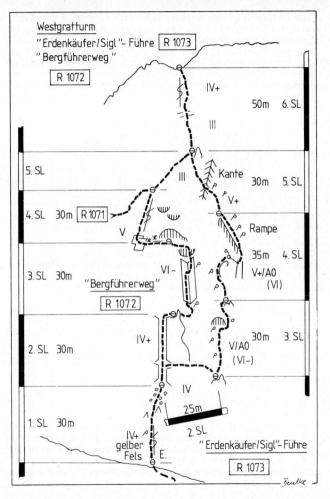

Rand des Kamins auf den Kopf des Turmes (IV+, 30 m). **3. SL:** Etwas absteigend nach rechts in eine Verschneidung und durch diese teilweise überhängend empor in eine große Höhle (VI—, 2 H und einige SU-Schlingen, 30 m). **4. SL:** Einige Meter leicht nach links, dann leicht absteigender Quergang über glatte Platten nach links in einen tiefen Riß, durch diesen gerade empor in leichteres Gelände (V, 30 m). Über Platten, auf oder neben der Siemens/Wolf-Route (R 1071), zum Gipfelgrat (III und IV+, ca. 80 m). (P. Brandstätter)

- **1073 Südwand, Erdenkäufer / Sigl-Führe**
  H. Erdenkäufer, O. Sigl, 15. 6. 1968.
  V+ / A0 und **IV+**. (Rotpunkt: VI). Elegante Freikletterei an festem, gutgegliedertem Fels. Überwiegend Wandkletterei. Viel begangen. Die meisten ZH und SH vorhanden.
  Ca. 150 mH bis zum Grat, Kletterlänge ca. 200 m. 2—3 Std. Foto S. 335, Skizze S. 337.

Zugang: Wie R 1062. Etwa 50 m nach rechts hinab, bis im gelben, brüchigen Fels ein Riß zu leichterem Gelände am Beginn eines Kamins führt. Hier E. Von der Wettersteinhütte 1 Std.

Führe: 1. SL: Im Riß empor und über Blöcke zum Anfang des Kamins (IV+, 1 H, 30 m). **2. SL:** In den engen Kamin und waagrecht nach rechts zur anderen Seite. 3 m absteigen auf kleinen Absatz (IV, 25 m). **3. SL:** Bis unter den Überhang gerade empor, rechts heraus und gerade hinauf auf kleinen Absatz (V/A0, mehrere H, 30 m). **4. SL:** Links über den Überhang und durch den von einer Schuppe gebildeten Riß empor zu kleinem Absatz. Seilzugquergang nach rechts in die Rinne. Diese bis zum Beginn der nach links aufwärtsziehenden Rampe hinauf. Über die Rampe bis an ihr Ende (V+ / A0, mehrere H, 40 m). **5. SL:** Den Riß 3 m empor und ausgesetzt nach links heraus um die Kante in leichteres Gelände. Links haltend empor zu großem Köpfl (V+ und III, 3 H, 30 m). **6. SL:** Gerade hinauf und durch den Riß zum Grat (III und IV+, 50 m). (G. Härter)

- **1074 Südwand, „Jörg / Simon"**
  A. Jörg, K. Simon, 1945.
  V+ / A0, meist V und IV (Rotpunkt: VI+).
  Sehr schöne und abwechslungsreiche Riß- und Kaminkletterei in sehr festem Fels. Nach Regen relativ schnell wieder trocken. Sehr häufig begangen. Die meisten SH und ZH vorhanden. 230 mH, Kletterlänge 285 m. 2½—3½ Std.
  Foto S. 335, Skizze S. 339.

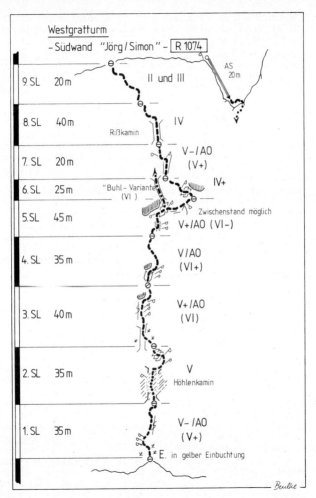

Zugang: Wie R 1062. E in einer Einbuchtung in Fallinie der auffallenden Rißverschneidung, die vom Gipfel des Westgratturms herabzieht. Von der Wettersteinhütte 1¼ Std.

Führe: 1. SL: Über Schrofen zu einem Riß und durch diesen zum Beginn des schon vom E aus sichtbaren Höhlenkamins (V—/A0, 3 H, 35 m). **2. SL:** Durch den Höhlenkamin empor, nach rechts heraus, gerade empor und nach links (V, 3 H, 35 m). **3. SL:** Nach links in die tiefe Rinne und den Riß den H folgend hinauf bis unter gelben Überhang, kurzer Quergang nach rechts und gerade empor (V+ / A0, 4 H, 40 m). **4. SL:** In der Verschneidung empor, über Überhang nach rechts hinweg und schräg links aufwärts (V / A0, 3 H, 35 m). **5. SL:** Nach rechts und an gut griffiger Kante aufwärts, dann Quergang nach rechts unter markanten Rißkamin („Buhl-Variante", VI, wenig empfehlenswert, weil meist feucht und etwas splittrig). In der Gufel weiter nach rechts an die Kante queren unter eine auffallende Platte (V+ / A0, 4 H, 45 m, auch Zwischenstand in der Gufel möglich!). **6. SL:** Über die Platte schräg links empor unter eine auffallende, kaminartige Rinne (IV+, 1 H, 25 m). **7. SL:** Die Rinne 20 m empor, dann nach links und über Wandstelle (V—/A0, 2 H, 20 m). **8. SL:** Den ansetzenden Rißkamin empor in leichtes Gelände und linkshaltend (IV, 40 m). **9. SL:** Linkshaltend beliebig empor zum Gipfelgrat (III und II, 20 m).

(S. Beulke, A. Baier, W. Pohl)

● **1075 Südwand, Knapp / Köchler-Führe**
E. Knapp, P. Pflauder, H.J. Köchler, K. Budinger, 18.10.1959.
VI—/A1 (Rotpunkt: VII—). Eindrucksvolle Plattenkletterei an festem Fels. Weniger häufig begangen als die übrigen Westgratturmführen. Die meisten ZH und SH vorhanden. Ca. 200 mH, Kletterlänge ca. 225 m. 2½—3½ Std.
Foto S. 335, Skizze S. 341.

Zugang: Wie R 1062. Über den Schrofenbau in Fallinie der Riesenplatte etwa 60 m links empor zu SH unter einer kleinen Verschneidung (I und II). E von der Wettersteinhütte 1¼ Std.

Führe: 1. SL: Gerade empor, dann über die glatte Platte nach rechts, zuletzt über einen kleinen Überhang empor (VI—/ A1, mehrere H, 30 m). **2. SL:** Schräg rechts aufwärts dem H folgend auf schmales Band (V / A1, mehrere H, 25 m). **3. SL:** Durch eine Rißverschneidung gerade empor, dann Plattenquergang links aufwärts unter eine Verschneidung (V+ / A0, mehrere H, 30 m). **4. SL:** Die Verschneidung gerade empor unter den großen Überhang, über diesen links empor und durch eine kurze Rinne (V+ / A1, mehrere H, 30 m). **5. SL:** Über Platten

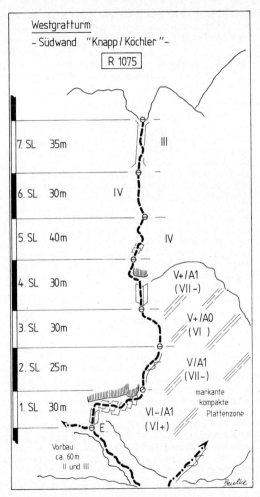

und leichteren Fels gerade empor (IV, 40 m). **6. SL**: Empor zu markantem Rißkamin und durch diesen (IV, 3 H, 30 m). **7. SL**: Durch den sich erweiternden Kamin empor zum Grat (III, 2 H, 40 m).

(S. Beulke, G. Härter)

- **1076   Südwand, Lagger / Mayr-Führe**
V+ / A0 (Rotpunkt: VI+). Nähere Angaben nicht bekannt. Foto S. 334.

- **1080**   **Schüsselkarspitze,** 2537 m

Die Schüsselkarspitze ist der langgestreckte, schmale Felskamm, der über dem Schüsselkar aufragt. Da es sich mehr um einen vielfach zerscharteten Grat handelt, besitzt die Schüsselkarspitze — entgegen ihrem Namen — nur wenig ausgeprägten Gipfelcharakter. Während sie von Norden gesehen sich nur wenig aus dem Wettersteinhauptkamm abhebt, bricht sie nach Süden mit eindrucksvollen, 200—350 m hohen Steilwänden ins Puitental ab. Diese Südabstürze stellen auch den eindrucksvollsten Abschnitt der Wetterstein-Südseite dar. Der Gipfel der Schüsselkarspitze ist von allen Seiten nur schwer zugänglich und nahezu ausschließlich dem Kletterer vorbehalten. Auf Grund der unmittelbaren Nachbarschaft des dominierenden Massives der Dreitorspitze blieb die Schüsselkarspitze früher viele Jahre von untergeordneter Bedeutung; noch lockten die großen und unbestiegenen Wettersteingipfel. Die erste Besteigung erfolgte 1894 durch O. Schuster und H. Moser vermutlich über die **Nordflanke.** 1898 erkletterten Otto Ampferer und Franz Hörtnagel den **Westgrat** (R 1081), der von der Östlichen Wangscharte zum Gipfel zieht, und eröffneten damit den heute üblichen und sehr beliebten Normalanstieg.

Das Interesse der alpinen Öffentlichkeit für die Schüsselkarspitze erwachte aber erst richtig 1912. Die klettersportliche Entwicklung, die sich in den herausragenden Erfolgen Hans Dülfers im Wilden Kaiser (Fleischbank-Ostwand) dokumentierte, hatte die bis dahin als undurchsteigbar erachteten Südabstürze der Schüsselkarspitze in den Bereich des Möglichen rücken lassen und damit eine neue Erschließungsphase im Wetterstein — den Beginn der extremen Felskletterei — eingeleitet. Namhafte Vertreter der Kletterelite der damaligen Zeit, wie Tita Piaz und Paul Preuß, bemühten sich, wenn auch vergeblich, um einen Durchstieg. Dabei hat sich leider auch eine chronistische Ungenauigkeit eingeschlichen, die sich in allen vorangegangenen Auflagen des Wettersteinführers hartnäckig gehalten hat. Die bekannten „Pfeilerrisse" (R 1095) wurden nicht von Adolf Deye und Anton Schmid 1912 durchstiegen, ihr Versuch scheiterte schon in der ersten Seillänge. Die gesamte Durchsteigung der Pfeilerrisse gelang erst 1935 Hans Hintermeier

und Sepp Meindl. Nach einigen Versuchen und Erkundungen gelang schließlich dem Münchner Otto Herzog und dem Zillertaler Bergführer Hans Fiechtl am 1. und 2. 10. 1913 der endgültige Durchstieg, die erste Südwandroute war eröffnet. Die **„Fiechtl / Herzog"** (R 1091) gehörte zweifellos zu den schwierigsten Alpenkletterein der damaligen Zeit. Kletterstellen wie das „8-m-Wandl" und der große Pendelquergang sind eindrucksvolle Beweise für den Mut und das Kletterkönnen der Erstbegeher. Bedingt durch die Unterbrechung durch den Ersten Weltkrieg setzte die klettersportliche Erschließung an der Schüsselkarspitze erst wieder Ende der 20-er Jahre ein. Die Gebrüder Spindler fanden 1927 eine neue Route durch den geneigteren, linken Teil der Südwand. Bei der **Spindlerführe** (R 1086) handelt es sich um mittelschwere Genußkletterei, das Niveau der Fiechtl / Herzog wurde aber trotz eines schwierigen Seilquerganges bei weitem nicht erreicht. Das gleiche gilt für die 1933 eröffnete **Südverschneidung (Göttner / Bertl)** (R 1089), eine dennoch sehr zu empfehlende Kletterei im V. Schwierigkeitsgrad.
Die erste wirkliche Steigerung erfolgte 1934, als Rudolf Peters und Rudolf Haringer die eindrucksvolle **Südostwand** (R 1098) durchstiegen, um die sich schon zuvor einige Seilschaften vergeblich bemüht hatten. Die „Südost" galt für einige Jahre als das absolut Äußerste in Bezug auf die Kletterschwierigkeiten und deren Häufigkeit, auch über das Wettersteingebirge hinaus. Zum ersten Mal wurde im Wetterstein vom Haken als Fortbewegungshilfe in größerem Maße Gebrauch gemacht, es überwogen aber noch deutlich die schwierigen Freikletterstellen. Heute zählt die Südostwand zu den schönsten und beliebtesten Routen an der Schüsselkarspitze und ist leider auch dementsprechend vernagelt. In den folgenden Jahren wurden dann noch die **Ostwand (Schober / Kleisl)** (R 1100) und die **Direkte Südwand** (Aschenbrenner / Rainer, R 1094) eröffnet. Es handelt sich dabei um elegante und lohnende Freiklettereien im klassischen Stil mit relativ wenig technischen Passagen. Besonders die „Direkte" in Verbindung mit dem direkten Einstieg über die „Pfeilerrisse" entwickelte sich zum Wettersteinklassiker und kann als eine der abwechslungsreichsten Routen in bestem Fels bezeichnet werden.
Nach dem II. Weltkrieg setzte eine Welle der Nacherschließung ein, die durch neue technische Hilfsmittel, u.a. auch die Verwendung von Bohrhaken, ermöglicht wurde. Glücklicherweise blieb die Schüsselkarspitze von der Modewelle der hakenverschwenderischen Direttissimas und Superdirettissimas verschont; niemand hat sie vermißt. Einen vorläufigen Endpunkt glaubte man erreicht zu haben, als Klaus Werner und Pit Schubert 1973 die **Ostsüdostwand** (kurz OSO genannt R 1099), eröffneten, eine sehr anspruchsvolle Route, die einem Vergleich mit be-

rühmten Dolomitenrouten wie z.B. der „Hasse / Brandler" an der Rotwand durchaus standhält. Dabei wurden auch zum ersten (und bisher einzigen) Mal im Wetterstein an den Standplätzen sog. DAV-Sicherheitshaken (gebohrte und mit Kunststoff eingelassene Ringhaken) verwendet. Mit dem Einsetzen der Freikletterbewegung Mitte der 70-er Jahre machten die Steigerungsformen auch vor den Süd- und Südostwänden der Schüsselkarspitze nicht halt. Innerhalb weniger Jahre erhielten die meisten klassischen Routen ihre ersten „Rotpunktbegehungen", und erste Kletterstellen im Bereich des VII. Grades wurden gemeistert. 1979 eröffneten Reinhard Schiestl und Ludwig Rieser links der Südverschneidung ihre **„Morgenlandfahrt"** (R 1085), womit das erste Mal der VII. Grad an der Schüsselkarspitze bei einer Erstbegehung erreicht wurde. In den folgenden zwei Jahren folgte eine weitere gesteigerte Übertragung dieser neuen Schwierigkeitsdimensionen auf Neutouren, wobei aber auch teilweise neuzeitliche Stilformen wie z.B. Bohrhakenschlagen aus Cliffhängern und anschließendes Freiklettern der abgesicherten Stelle sowie das Einüben von Kletterstellen mit Seilsicherung von oben (Top rope) zur Anwendung kamen.

Den Anfang machten 1980 Sepp Heinl und Albert Gilgenrainer mit dem **„Bayerischen Traum"** (R 1097), der durch den kompakten Wandteil zwischen dem Herzogpfeiler und der Südostwand verläuft. Ideale Linienführung, bester Fels, interessante und abwechslungsreiche Kletterei sowie hervorragende Absicherung zeichnen diese Route aus, die man ganz sicher als eine der schönsten Kletereien im Wetterstein bezeichnen kann. Obwohl der „Bayerische Traum" zwar die schwierigeren Freikletterstellen aufweist, kann man ihn in Bezug auf die Gesamtanforderungen etwa mit der Schubertführe vergleichen. Die relativ hohe Anzahl von Haken sollte aber nicht zu deren Mißbrauch verleiten, die Route ist als Freiklettereien gedacht, eine gute Absicherung kann dabei nur als angenehm empfunden werden. Bei freier Kletterei bietet der „Bayerische Traum" anhaltend sehr schwierige und teilweise anstrengende Kletterstellen, die Routenlänge ist dabei nicht zu unterschätzen. Bei der ersten freien Begehung im Herbst 1980 durch Kurt Albert wurde dabei gleichzeitig im Wetterstein die erste Passage im VIII. Schwierigkeitsgrad geklettert, allerdings mit Seilsicherung von oben (Top rope). (3 Haken preprotected). Der Rest der Route wurde rotpunkt geklettert.

Der **„Hexentanz der Nerven"** (R 1096), ebenfalls 1980 von den Tirolern Heinz Zak und Hans-Jörg Leis eröffnet, stellt bei (mit Ausnahme der top rope-Stelle) vergleichbaren Schwierigkeiten wesentlich höhere Anforderungen an die Begeher als der „Bayerische Traum". Es handelt sich um sehr schwierige und ernste Rißkletterei. Da keine Haken stecken, ist ein großes Maß an Erfahrung im Umgang mit Klemmkeilen notwendig, um eine ausreichende Sicherung zu ermöglichen. Leider verläuft die Route genau in Fallinie eines Wasserstreifens und ist deshalb nur nach längeren Trockenperioden zu empfehlen. Den bisherigen Höhepunkt der Erschließung unter dem Aspekt der Suche nach extremer Freikletterei stellt die Südwandführe **„Locker vom Hocker"** (R 1084) dar, die im Sommer 1981 von den Deutschen Kurt Albert und Wolfgang Güllich erstbegangen wurde und durch die kompakte, steile Plattenzone rechts der „Knapp/Köchler" (R 1075) verläuft. Damit wurde gleichzeitig die erste Neutour im VIII. Grad im Wetterstein eröffnet. „Locker vom Hocker" gehört zu den ersten Routen im VIII. Grad in den Kalkalpen und kann momentan (1982) zweifellos als eine der schwierigsten Freiklettereien in den Alpen überhaupt bezeichnet werden. Die Sicherung erfolgte weitgehend mit Klemmkeilen, außerdem wurden einige Bohrhaken geschlagen. Allerdings muß erwähnt werden, daß bei der Erstbegehung jeweils nur der Nachsteiger die Seillängen ohne Ausruhen an den Klemmkeilen durchgeklettert ist, während der Seilerste teilweise rastete (also a.f. kletterte). Dies war notwendig, um Haken zu bohren und brüchiges Gestein zu entfernen. Perfektes Beherrschen der Klemmkeiltechnik ist natürlich auch hier Grundvorraussetzung.

Allgemein handelt es sich bei den Routen an der Schüsselkarspitze — mit Ausnahme der Nordanstiege — durchwegs um ansprechende, genußvolle Klettereien in festem, gutgriffigem Fels. Die meisten Haken stecken, oft mehr als notwendig. Dennoch handelt es sich um ernste, alpine Unternehmungen mit einem besonders im Frühjahr nicht zu unterschätzenden Abstieg. Die 1978 unweit des Hauptgipfels errichtete Biwakschachtel (Unterkunft für 10 Personen, Betreuung durch die DAV-Sektion Garmisch-Partenkirchen) in der Nähe des Ausstieges der Südostwand bietet Schutzmöglichkeit bei Wettersturz oder Unfall.

Eine Fülle von interessanten Klettermöglichkeiten (nahezu alle Routen können in ausschließlich freier Kletterei begangen werden) sowie die südseitige Lage machen die Schüsselkarspitze zum wichtigsten Kletterziel im Wetterstein und darüber hinaus zu einem der bedeutendsten Kletterberge der Nördlichen Kalkalpen. (S. Beulke)

● **1081** **Westgrat**
O. Ampferer, F. Hörtnagel, 1898.
III+ (im Aufstieg, wenn über den Riß am Abstieg vom Westgratturm in die Scharte abgeseilt wird), meist III, nur stellenweise II und leichter. Wird über den gesamten Westgrat auch wieder abgestiegen und nicht der sog. „Schnellab-

stieg" R 1082 A gewählt, so erhöhen sich die Schwierigkeiten auf IV— (1 SL). Sehr schöne und abwechslungsreiche Genußkletterei in meist sehr festem, griffigem Fels. Teilweise recht luftig und ausgesetzt. Einige ZH vorhanden, SH dagegen nur sehr selten. Eine AS 20 m vom Westgratturm. Eine der schönsten Routen im Wetterstein in diesem Schwierigkeitsbereich. Relativ häufig begangen. Der Grat ist bei Gewitter sehr blitzschlaggefährdet.

Ca. 180 mH, Kletterlänge ca. 550 m. 2—3 Std.

Zugang: Entweder vom Oberreintal aus über R 1061 zur Östlichen Wangscharte. Von der Oberreintalhütte 2 Std. Oder von der Wettersteinhütte wie R 1062 zum Wandfuß (1 Std.) und über R 1062 oder R 1064 (1 Std.) in die Östliche Wangscharte. E in der Scharte am Fuß des steilen Kantenaufschwunges, mit dem der Westgrat ansetzt.

Führe: An der Kante und teilweise auch links davon den ersten steilen Aufschwung empor auf einen markanten Schrofenabsatz (III und III+, mehrere Möglichkeiten). Nun immer an der Gratkante teils recht ausgesetzt empor, ein kleiner Gratturm wird direkt überklettert, bis auf den nahezu waagerechten Gipfelkamm des Westgratturms (III+). Über eine schartige Unterbrechungsstelle weiter bis zu einem eingebohrten AH vor einem Steilabbruch (III+). 20 m abseilen in die Scharte unterhalb des Westgratturms. (Klettert man den Grat wieder zurück, wird dieser Abbruch direkt in Fallinie der Abseilstelle durch einen markanten Riß erklettert, 1 SL IV—. Oder man wählt den „Schnellabstieg" R 1082 A). Den folgenden Gratturm östlich der Scharte umgeht man in der Nordflanke (II). Den nächsten Grataufschwung erklettert man am besten direkt über die in sehr schöne, griffige und ausgesetzte Gratkante (III). Weiter auf dem Grat und über diesen mit kleineren nord- oder südseitigen Umgehungen zum Gipfel (III und II, je nach gewählter Route). (S. Beulke)

● **1082 A Schnellabstieg**

Stellenweise II und I, teilweise auch leichter, 2×20 m abseilen. Bequemster und leichtester Abstieg von der Schüsselkarspitze, vermeidet den im Abstieg schwierig zu erkletternden Westgratturm (1 SL Rißkletterei, IV—). Sind mehrere Seilschaften gleichzeitig unterwegs, dann u.U. Steinschlaggefahr. Von der Scharte unterhalb des Westgratturms bis zur Östlichen Wangscharte ½ Std.

Im Winter ist der Schnellabstieg nicht begehbar. Im Frühjahr und Frühsommer sind oftmals harte Schneereste in der Nordflanke anzutreffen, dann ist der Schnellabstieg sehr gefährlich und von einer Begehung ist abzuraten. Auch können die Abseilhaken vom Schnee bedeckt und deshalb nicht mehr auffindbar sein. Von der Scharte unterhalb des Westgratturms zieht eine mäßig geneigte Schrofenrinne in die Nordflanke. Man folgt dieser Rinne etwa 100 m, bis sie sich in plattigem Fels verliert. Im Sinne des Abstieges kurz nach links zu eingebohrtem AH 2×20 m abseilen auf eine geneigte Platte. Von der Platte über gestufte Bänder und Schrofen immer links haltend absteigen zur Östlichen Wangscharte. Nun nach Norden ins Oberreintal (R 1061 A) oder nach Süden zum Scharnitzjoch (R 1063 A). (S. Beulke)

● 1083   Übergang zur Leutascher Dreitorspitze über den „Plattenschuß"
II, meist I. Bei Nebel schwer zu finden. 2 Std.
Man lasse sich nicht durch Zeitmangel, Wettersturz oder den abweisenden Eindruck des Plattenschusses zu dem Versuch verleiten, aus dem Winkel direkt ins Schüsselkar abzusteigen. Das scheinbar günstige Gelände bricht in sehr schwer gangbaren Wänden ab!

Übersicht: Der Plattenschuß ist eine riesige, ziemlich steile Plattenrampe, welche von einer nach W vorspringenden Gratrippe des Leutascher Gipfels nach Süden in den Winkel zwischen Schüsselkarspitze und Leutascher Dreitorspitze herabzieht.

Führe: Vom Gipfel der Schüsselkarspitze folgt man zunächst dem Grat nach O, bis er stärker zerschartet wird und bis in der Nordseite Steigspuren in östl. Richtung abwärts führen. Man strebt dem innersten Winkel am Beginn des Plattenschusses zu (großer Block). Von hier steigt man den Plattenschuß ohne Schwierigkeiten hinauf, am besten schräg nach links und dann am linken Rande aufwärts. Von dem Sattel am oberen Ende des Plattenschusses nach links (etwa 50 m) in eine Schrofenrinne, die zum Sattel zwischen Vor- und Hauptgipfel der Leutascher Dreitorspitze führt. Von diesem Sattel führt jenseits (Osten) die Schneerinne zum Platt. Deutliche Steigspuren leiten weiter zum Hermann-von-Barth-Weg und zur Meilerhütte.

● 1084   Südwand, „Locker vom Hocker"
K. Albert, W. Güllich, 31. 7. 1981, nach Vorarbeiten (a.f.).
VIII—, meist VII— bis VII+ im unteren Wandteil, V bis VI+ im oberen Wandteil.
Anspruchsvolle und technisch schwierige Riß- und Plattenkletterei in meist sehr festem Fels. Eine der anspruchsvollsten und schwierigsten Routen im Wetterstein, zählt zweifellos zu den ganz schwierigen Freiklettereien in den Nördli-

chen Kalkalpen. Alle Standplätze sind gut abgesichert. Ein ausgewähltes und komplettes Klemmkeilsortiment mit Schwerpunkt auf kleinen und mittleren Keilgrößen ist notwendig. Die Route stellt hohe Anforderungen an die Klemmkeiltechnik und ist sehr gefährlich, wenn man hier nicht ausreichende Praxis und Erfahrung besitzt.
250 mH, Kletterlänge ca. 295 m. 5—8 Std.
Foto S. 335, Skizze S. 349.

Zugang: Wie R 1062. E am Beginn der markanten, diagonal rechts aufwärts ziehenden Rißspur. Von der Wettersteinhütte 1 Std.

Führe: 1. SL: Die nach rechts aufwärts ziehende Rißspur empor auf schmales Band (45 m, VII+, 1 H, kleine KK zusätzlich). **2. SL:** Nach links in eine Verschneidung und durch sie empor zu RH; kurzer Quergang nach rechts und Wand gerade hoch. Unter Überhang nach rechts zu einem Riß und diesen empor (25 m, VII+, 1 H, kleine und mittlere KK zusätzlich). **3. SL:** Waagerechte Traverse nach links in die Platte hinein (10 m, VI—). **4. SL:** Nach links zum Beginn eines Fingerrisses, diesen empor und an seinem Ende mit Reibung nach rechts zu BH; über die Platte hoch zum nächsten BH, gerade weiter und eine Rampe links aufwärts zum Beginn eines Risses (35 m, VIII—, ⚹SL, 2 BH, kleine KK zusätzlich). **5. SL:** Den Hand- und Piazriß gerade empor auf Absatz in leichterem Gelände; hier wird die alte Spindlerführe gekreuzt (25 m, VI, mittlere bis große KK). **6. SL:** Rechts aufwärts um eine Kante, dann links an H vorbei über eine Platte und in leichtem Gelände empor in einen Kessel (45 m, V+, 1 H). **7. SL:** Nach rechts aufwärts um die Pfeilerkante herum und eine kurze Verschneidung empor zu kleinem Absatz an der Pfeilerkante (20 m, V). **8. SL:** Einen Fingerriß und nachfolgenden Piazriß empor, zuletzt nach links (35 m, VI+, kleine und mittlere KK). **9. SL:** Nach links hinauf zu einem Verschneidungssystem, das in leichtes Gelände führt (45 m, V+). (K. Albert)

● **1085 Südwand, „Morgenlandfahrt"**
R. Schiestl, L. Rieser, 6. 9. 1979.
VII— (1 SL) einige Stellen VI u. VI+, über längere Abschnitte auch leichter. Abwechslungsreiche und anspruchsvolle Freikletterei in festem Fels. Meist Riß- und Wandkletterei. Zählt zu den schönsten und anspruchsvollsten Freikletterrouten an der Schüsselkarspitze und im Wettersteingebirge. Einige KK zur Absicherung empfohlen, die meisten SH und einige ZH vorhanden.
Ca. 320 mH, Kletterlänge 350 m. 3—5 Std.
Foto S. 335, Skizze S. 351.

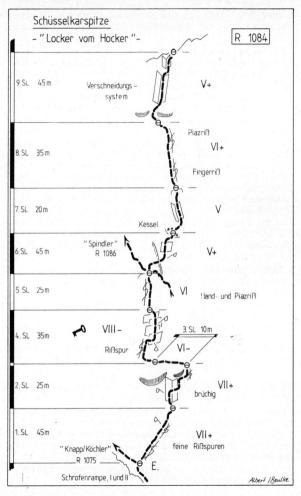

Zugang: Wie R 1062. E in einer schwarzen, schwach ausgeprägten Verschneidung links des Auckenthalerrisses. Von der Wettersteinhütte 1¼ Std.

Führe: 1. SL: Durch die Verschneidung bis unter einen kleinen Überhang und etwas brüchig nach rechts (V, 1 H, 25 m). **2. SL:** Über eine kurze Wandstelle auf einen Absatz zum Beginn des Risses, überhängend empor, dann immer dem Riß entlang bis in leichteres Gelände (VI+, 50 m). **3. SL:** Gerade empor bis zum Quergang der Spindlerführe, R 1086 (III+, 50 m). **4. SL:** Weiter gerade empor bis (Abzweigung der Südverschneidung) in eine Nische direkt unter einer auffallend glatten, sehr steilen Rinne (II und III, 45 m). **5. SL:** Aus der Nische zuerst leicht bis zur Rinne und durch diese bis unter einen Überhang (V, 45 m). **6. SL:** Schwierig nach links heraus und mittels einer kleinen Schleife zu einem zweiten Überhang. Kleingriffig nach links in einen Riß und durch diesen in leichteres Gelände (VII—, 3 H, 50 m). **7. SL:** Nach rechts unter eine große, meist feuchte Nische, in dieser wieder nach links und um ein Eck in eine kleinere Nische (IV+, SU, 20 m). **8. SL:** Über einen gelben Überhang in ein markantes Riß- und Verschneidungssystem, Stand entweder direkt unter dem Abschlußdach oder (besser) 15 m darunter (VI, 40 m). **9. SL:** 8 m nach links und gerade hinauf bis zum Grat (V+, 25 m). (L. Rieser, R. Schiestl)

● **1086** Südwand, „Spindlerführe"
K. Linden, R. Maier, Gebr. Spindler, 1927.
V/A0 (1 SL), meist III und IV, über weite Strecken auch leichter. Platten- und Kaminkletterei mit einer interessanten Quergangspassage, meist fester, rauher Fels, in den leichteren SL teilweise etwas grasig. Zählt zu den leichtesten Routen durch die Südwand der Schüsselkarspitze. Nicht sehr häufig begangen. Die meisten SH und ZH vorhanden. Ca. 280 mH, Kletterlänge 440 m. 2½—3½ Std.
Foto S. 335, 361, Skizze S. 352.

Zugang: Wie R 1062. E ca. 30 m rechts des markanten Auckenthalerrisses, R 1086a. Von der Wettersteinhütte 1¼ Std.

Führe: 1./2. SL: Gutgestuften, teilweise etwas brüchigen und grasigen Fels zuerst rechtshaltend, dann links empor zu Nische (III, 50 m). **3. SL:** Nach links zu AH, 12 m abseilen auf kleinen Absatz, Quergang nach links, zuletzt etwas absteigend (IV/A0, 3 H, 25 m). **4. SL:** Links empor zu Quergangshaken, 8 m Seilquergang nach links und weiter nach links (V/A0, 3 H, 20 m). Hier Einmündung der Einstiegsvariante „Auckenthalerriß", R 1086a. **5. SL:** Vom Köpfl durch kurzen Riß

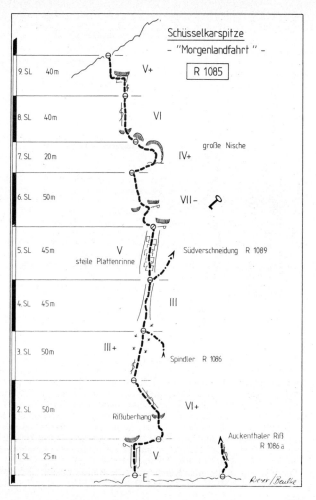

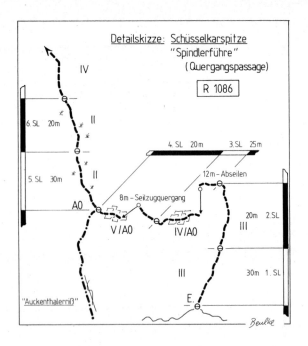

zum Beginn des Plattenschusses (A0, dann II, 2 H, 30 m). **6. SL:** Linkshaltend empor (II, 20 m). **7. SL:** Über eine kurze Wandstelle und die anschließende Rinne (IV, 2 H, 30 m). **8. SL:** Links empor zu Schuttabsatz und über Grasbänder (III, 30 m). **9. SL:** Einige Meter links hinab, Querung nach links und wieder nach links hinauf (III, 30 m). **10. SL:** 3 m nach links, gerade durch scharfe Erosionsrillen hinauf und nach links empor (IV, 1 H, 35 m). **11. SL:** Nach links um die Ecke zur Sanduhr und nach links empor auf Schotterband am Beginn eines gelben Kamins (IV, 1 H, 40 m). **12. SL:** Durch den Kamin gerade empor (IV, 15 m). **13. SL:** Hinauf, bis der Kamin gesperrt scheint, Spreizschritt an die linke Kaminwand, nach links queren und gerade empor (V—, 3 H, 35 m). **14. SL:** Den Riß und den darauffolgenden

Kamin gerade empor (IV, 3 H, 40 m). **15. SL:** Gerade empor zum Ausstieg in der Scharte östlich des Westgratturms (IV—, 40 m).

(B. Wölfl / S. Beulke)

● **1086 a   Auckenthalerriß** (Einstiegsvariante zur Spindlerführe, R 1086)
M. Auckenthaler, Bischofer, 1931.
V / A1, Rotpunkt: VI—. 1 Std.
Foto S. 335, 361, Skizze S. 356.

Zugang: Wie R 1062 und nach rechts zum markanten Riß durch glatte Platten.

Führe: 1. SL: Durch den Riß zu Köpfl (V / A1 bzw. VI—, mehrere H, 35 m). **2. SL:** Leicht rechts haltend empor zu kleinem Überhang, darüber hinweg, kurz nach links und gerade empor zu schrofenartiger Verschneidung (V / A0 bzw. VI—, III, mehrere H, 40 m). Hier mündet von rechts die Spindlerführe.   (G. Härter)

● **1087   Südwand, Messner / Sint-Führe** (Einstiegsvariante zur Spindlerführe, R 1086)
M. Meßner, F. Sint, 1965.
V+ / A0, meist V und V+, selten leichter. (Rotpunkt: VI+). Rassige, schwierige Rißkletterei in festem Fels. Erfreut sich in den letzten Jahren zunehmender Beliebtheit. Relativ wenig H vorhanden; einige KK (mittlere und große) zur Absicherung empfehlenswert.
Kletterlänge bis zum Zusammentreffen mit der Spindlerführe ca. 210 m, bis zum Ausstieg ca. 290 mH; 3—4 Std.
Foto S. 335, Skizze S. 354.

Zugang: Wie R 1062. E am rechten Rand der Plattenzone links der Fallinie des Rißsystems. Von der Wettersteinhütte 1 Std.

Führe: 1. SL: Über eine markante Hangelschuppe nach rechts (V—, 35 m). **Einstiegsvariante zur 1. SL:** Nicht von links über die Hangelschuppe, sondern direkt in Fallinie des Risses einsteigen und durch den Riß eine kurze SL gerade empor (VI—, KK, 25 m). **2. SL:** Den Riß empor und über einen Überhang (V+ / A0, 3 H, 30 m). **3. SL:** Über eine Platte zu einer Hangelschuppe, diese entlang um die Kante und gerade empor zu einem Absatz (V+ / A0, mehrere H, 30 m). **4. SL:** Nach links in einen Kamin, gerade empor und über steile Platten nach rechts (V, 3 H, 40 m). **5. SL:** Gerade empor zu einem kleinen Überhang, über diesen hinweg und nach links empor (V+, 2 H, 35 m). **6. SL:** Durch den Riß gerade empor auf ein großes Band, Zusammentreffen mit der Spindlerführe (IV+, 30 m).   (A. Kubin)

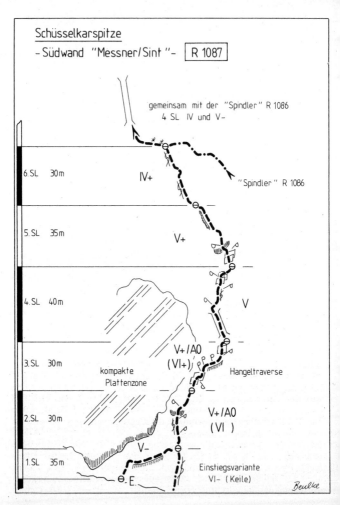

● **1088 Südwand, Neue Südverschneidung** (Einstiegsvariante zur „Fiechtl / Herzog"-Führe, R 1091)
F. Sint und H. Perktold, 1965.
VI— / A 0, meist V und V+ (Rotpunkt: VII).
Kurze, aber interessante Verschneidungskletterei mit eindrucksvollen Kletterstellen. In Verbindung mit dem Spindler-Einstieg R 1086 und dem Ausstieg über die „Fiechtl / Herzog", R 1091, ergibt sich eine abwechslungsreiche Route mit idealer Linienführung.
Die meisten ZH und SH vorhanden. 2 Std. für die Variante.
Foto S. 361.

Übersicht: Die Route erreicht durch die markante Verschneidung in gerader Linienführung die Ausstiegskamine der „Fiechtl / Herzog"-Führe R 1091.

Zugang: Der E und die 1. SL sind identisch mit der Spindler-Führe R 1086.

Führe: 1. SL: Über gutgestuften, teilweise etwas brüchigen und grasigen Fels empor in eine Nische. Hier zweigt R 1086 nach links ab. **2. SL:** Gerade in die Verschneidung empor und durch diese zu Stand unter gelben Überhängen. **3. SL:** Weiter durch die Verschneidung empor zu Stand an abgespaltenen Platten. **4. SL:** Durch die Verschneidung empor zu kleinem Stand. **5. SL:** Plattenquergang nach rechts an die Kante und kurz gerade empor zu Stand. **6. SL:** Über Wandstellen und Risse schräg rechts hinauf, zu Beginn der Ausstiegskamine der „Fiechtl / Herzog" R 1091. (M. Hoffmann)

● **1089 Südverschneidung**
A. Göttner, J. Bertl, 1933.
V+ / A 0 (Rotpunkt: **VI—**). Überwiegend Rißkletterei an festem Fels. Verhältnismäßig wenig begangen. Die meisten SH und ZH vorhanden. Ca. 300 mH, Kletterlänge ca. 400 m. 3—4 Std. Foto S. 335, 361, Skizze S. 356.

Zugang: Wie R 1062 zum E des Auckenthalerrisses (R 1086a). Von der Wettersteinhütte oder Wangalm 1 Std.

Führe: 1. / 2. SL: Wie Auckenthalerriß, R 1086a. **3. SL:** Weiter durch die Verschneidung unter gelbsplittrigen Fels (IV—, 3 H, 35 m). **4. SL:** Gerade über eine Wandstelle aus der Verschneidung heraus, durch die folgenden Risse und über Schrofen nach links (V / A 0, frei VI—, mehrere H, 45 m). **5. SL:** Über eine Schrofenrampe links empor und rechts haltend über eine Wandstelle zum Beginn einer nach rechts ziehenden Rampe (III und V—, 4 H, 30 m). **6. SL:** Über die Rampe empor und

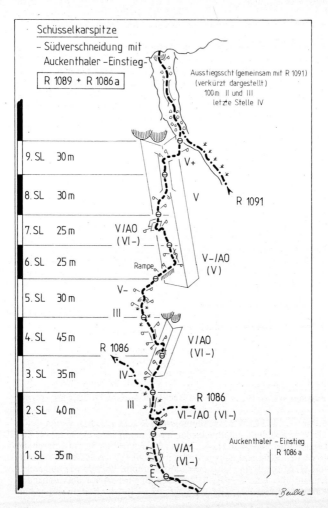

gerade durch einen Riß in die große Verschneidung (V—, mehrere H, 25 m). **7. SL:** Leicht links der Verschneidung empor und über eine Wandstelle zu Stand etwas links der großen Verschneidung (V / A 0, frei VI—, 2 H, 25 m). **8. SL:** Gerade empor und rechts haltend in die Verschneidung. Durch einen Kamin kurz hinauf und links heraus (V, mehrere H, 30 m). **9. SL:** Weiter durch den Kamin, unter einem gelben Überhang Quergang nach rechts und durch einen Riß gerade empor auf eine Schrofenrampe (V +, 3 H, 30 m). Variante: Durch den Kamin über einen Überhang gerade empor in die Ausstiegsschlucht; brüchig (V +, mehrere H, 30 m). **10.—12. SL:** Über die Schrofenrampe nach links in die Ausstiegsschlucht und durch sie auf den Gipfelgrat (II und III, letzte Stelle IV, 1 H, 100 m). (S. Beulke, G. Härter)

● **1090 Südwand, „Raupe, Stück für Stück"** (Verbindungsvariante zwischen der Südverschneidung, R 1089, und der Fiechtl / Herzog-Führe, R 1091)
A. und M. Orgler, 14. 8. 1982.
VII und **VII—** (jeweils eine Stelle), meist V bis VI +. Reine Freikletterei, meist Riß- und Wandkletterei. Ein Teil der notwendigen SH und ZH vorhanden, außerdem sind einige KK (bis Hex 11) zur Absicherung notwendig, ebenso ein 50-m-Seil. Kletterlänge der Verbindungsvariante: 4 SL (170 m). Zeit der Erstbeg. 4 Std.
Foto S. 335, 361.

Zugang: Wie R 1062 und zum E des Auckenthalerrisses (R 1086 a), diesen 2 SL empor. Beginn der Verbindungsvariante.
Führe: 1. SL: Leicht rechts haltend den gegliederten Pfeiler empor zu Überhang an der Pfeilerkante, über den Überhang empor und zuerst gerade empor, dann nach links (VII—, 3 H, 45 m). **2. SL:** Über die Platte gerade empor und weiter gerade empor zu Köpfl (VI, 2 H, 50 m). **3. SL:** 4 m nach rechts zum Beginn der Rißspur und in ihr gerade empor (zuerst VII, dann VI und VI +, 50 m). **4. SL:** Schräg rechts empor auf die Rampe der Fiechtl / Herzog-Führe, R 1091 (IV, 25 m). Über die Fiechtl / Herzog (R 1091) zum Gipfel. (A. Orgler)

● **1091 Südwand, Fiechtl / Herzog-Führe**
H. Fiechtl, O. Herzog, 1913.
V + / A 0, im oberen Teil IV und III (Rotpunkt: VI). Die klassische Kletterei an der Südwand. Riß- und Wandkletterei an festem Fels. Oft begangen. Die meisten SH und ZH vorhanden. 2. Seil für Quergänge erforderlich.
Ca. 320 mH, Kletterlänge ca. 540 m. 4—5 Std.
Foto S. 335, 361, Skizze S. 359.

Zugang: Wie R 1062. Unter den Südwänden absteigend bis zum Fuß des markanten „Herzogpfeilers". An seiner rechten (östl.) Begrenzung über Schrofen bis unter einen senkrechten Riß (II, 40 m). Hier E. Von der Wettersteinhütte oder Wangalm 1¼ Std.

Führe: 1. SL: Durch den Riß empor und nach rechts auf kleinen Absatz (V+, 4 H, 25 m). **2. SL:** Über eine Wandstelle gerade hinauf und durch einen Riß (V+, 40 m, mehrere H). **3. SL:** Durch Risse gerade empor bis kurz unterhalb des Pfeilerkopfes (V+ / A0, mehrere H, 45 m). **4. SL:** Auf den Pfeilerkopf und auf der anderen Seite 10 m absteigen zu SU (III, 1 H, 20 m). **5. SL:** 15 m abseilen und links haltend empor auf Absatz (A0 und III, 1 H, 25 m). **6. SL:** Über eine Rampe links empor unter einen Riß. Durch ihn zu Köpfl (V, mehrere H, 45 m). **7. SL:** Kurz durch den Riß empor, Quergang nach links und links haltend über die Wandstelle („8-m-Wandl") in eine Verschneidung. Durch sie auf Absatz (V / A0, mehrere H, 35 m). **8. SL:** Durch einen meist nassen Riß bis unter einen Überhang empor. Seilzugquergang nach links abwärts auf ein Band und über dieses nach links vor eine Kante (V / A0, mehrere H, 30 m). **9. SL:** Quergang nach links abwärts, einmal kurz abseilen, in einen Kamin (V / A0, mehrere H, 35 m). **10. SL:** Durch den Kamin unter einen Überhang (V, mehrere H, 40 m). **11. SL:** Links unter dem Überhang heraus in die Fortsetzung des Kamins und durch ihn auf einen Absatz (IV, 2 H, 45 m). **12. SL:** Weiter durch den Kamin zu einem Absatz, von dem links ein Schrofenband emporzieht (III, 45 m). **13.—15. SL:** Über das Band nach links in die Ausstiegsschlucht und durch diese zum Gipfelgrat (II und III, letzte Stelle IV, 1 H, 120 m). (G. Härter)

● **1092 Südwand, „Dementia Praecox"** (Einstiegsvariante zur Fiechtl / Herzog-Führe, R 1091)
A. und M. Orgler, 18.9.1981.
VI+ (1 SL), meist IV und V. Lt. Erstbeg. sehr gefährliche Kletterei, da die ♂SL brüchig und zudem sehr schwer zum Absichern sei. Kletterlänge bis zur Fiechtl / Herzog-Führe (R 1091) 190 m. Zeit der Erstbeg. 4 Std.
Foto S. 361.

Zugang: Wie R 1091. E 40 m rechts der Spindlerführe, R 1086. Von der Wettersteinhütte 1¼ Std.

Führe: 1.—3. SL: Über grasigen Fels linkshaltend bis unter einen gelbbrüchigen Turm, auf diesen hinauf (III und IV, 115 m). **4. SL:** Durch den Riß 20 m gerade empor unter Überhänge, unter ihnen leicht ansteigend 10 m nach rechts queren, dann über einen Überhang empor in

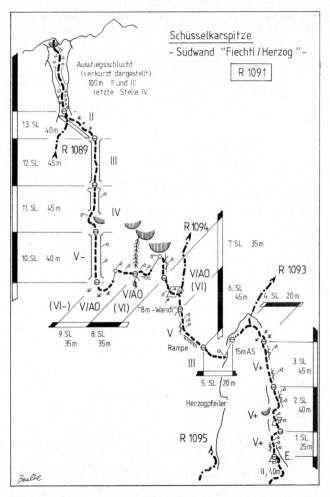

eine Nische (VI+, 1 H, 45 m). **5. SL:** Durch die Risse gerade empor zur Fiechtl / Herzog-Führe, R 1091 (V+, 30 m). Über sie zum Gipfel.

(A. Orgler)

● **1093 Südwand, Verbindungsvariante „Wersin"**
F. Purtscheller, G. Wersin, 1958.
V+ / A1, davon einige Stellen V+, eine längere Passage A1, meist IV und V / A0.
Interessante Frei- und Hakenkletterei, recht ausgesetzt. Relativ selten begangen, da als selbständiges Routenziel nur von untergeordneter Bedeutung. Die meisten SH und ZH vorhanden. Zeit für die Variante: 2½—3 Std.
Foto S. 361, 371.

Übersicht: Die Verbindungsvariante führt vom markanten Pfeilerkopf der „Fiechtl / Herzog"-Führe R 1091 entlang eines markanten Rampen- und Rißsystems schräg rechts empor zur Ausstiegsrampe der Südostwand R 1098.

Zugang: Über die „Fiechtl / Herzog" R 1091 empor bis auf den Pfeilerkopf.

Führe: Der Hakenleiter folgend empor zu Stand. Durch den anschließenden Riß kurz empor, und Quergang nach rechts zum Beginn einer schräg nach rechts ziehenden Rampe, und auf dieser empor zu Stand. Weiter die Rampe 15 m hinauf, dann nach links zu einem leichteren Riß und durch ihn zu Stand neben einem Köpfl. Weiter die Rampe 10 m empor, nach links in einen Riß und durch ihn in leichtes Gelände. (Variante: Nicht nach links queren, sondern über die Rampe weiter empor bis in leichteres Gelände). Schräg empor unter den Riß, der den rechten Teil der folgenden Riesenverschneidung durchzieht. Durch diesen Riß empor bis auf die Rampe der Südostwandführe R 1098, die man unterhalb des markanten „Holzkeilrisses" erreicht.

Schüsselkarspitze, mittlerer Wandteil

R 1086:	Originaleinstieg Spindlerführe	R 1092:	Dementia Praecox
R 1086a:	Auckenthalerriß	R 1093:	Verbindungsvariante „Wersin/Purtscheller"
R 1088:	Neue Südverschneidung	R 1094:	Direkte Südwand
R 1089:	Südverschneidung	R 1095:	Pfeilerrisse
R 1090:	Raupe, Stück für Stück	R 1096:	Hexentanz der Nerven
R 1091:	Fiechtl / Herzog	R 1097:	Bayerischer Traum
R 1091a:	Direktausstieg V (O. und Chr. Herzog, 1914, ohne Beschreibung)	R 1098:	Südostwand
		R 1099:	Ostsüdostwand „Schubert"

- **1094** **Direkte Südwand**
K. Rainer, P. Aschenbrenner, 25. 6. 1939.
VI— / A0 (Rotpunkt: VII). Eigenständige Führe erst nach der 5. SL der Fiechtl / Herzog-Führe (R 1091) beim „8-m-Wandl". Wegen der direkteren Linienführung wird sie meist in Verbindung mit den Pfeilerrissen (R 1095) begangen. Eine der lohnendsten Routen an der Schüsselkarspitze, überwiegend Riß- und Verschneidungsklettererei. Sehr viel begangen. Die meisten ZH und SH vorhanden. Ca. 320 mH, Kletterlänge ca. 360 m, 4—6 Std. Foto S. 361, 371, Skizze S. 363.

Zugang: Wie R 1062. Unter den Südwänden absteigend bis zum Fuß des markanten Herzogpfeilers. E an seiner linken Seite am Fuß einer Rißverschneidung. Von der Wettersteinhütte 1¼ Std.

Führe: (= R 1094 + R 1095). **1. SL:** Über die Felsblöcke und den kleinen Vorbau von links in die Verschneidung hinein und durch sie an Rissen empor (VI— / A0, mehrere H, 40 m). **2. SL:** Über die Erosionsplatte gerade empor zum markanten Dachüberhang, unter ihm nach links und durch den hier ansetzenden Riß gerade empor (VI— / A0, 4 H, 30 m). **3. SL:** Links ansteigend empor zu Verschneidung und durch diese auf Köpfl (V+, 4 H, 45 m). **4. SL:** Durch die Verschneidung und den darauffolgenden Riß unter einen kleinen Überhang. Über diesen und nach rechts in eine Nische (VI— / A0, mehrere H, 40 m). **5. SL:** Nach rechts heraus über einen kleinen Überhang und durch den darauffolgenden Riß in eine Rinne (VI— / A0, 4 H, 35 m). **6. SL:** Durch die Rinne empor. Über eine überdachte Platte links heraus an die Kante und über diese ausgesetzt empor (VI—, 3 H, 40 m). **7. SL:** Durch eine Verschneidung und weiter links haltend (IV, 45 m). **8. / 9. SL:** Über eine kurze Wandstelle und über Schrofen zu einer plattigen Rinne, die von einer Gratscharte herabzieht. Durch sie auf den Grat (III und II, 80 m). Kurz nach rechts zum Gipfel. (S. Beulke)

- **1095** **Südwand, „Pfeilerrisse"** (Direkteinstieg zur Direkten Südwand, R 1094). H. Hintermeier, S. Meindl, 1935.
VI / A0, meist V und V+ / A0 (Rotpunkt: VI+).
Interessante und rassige Riß- und Piazkletterei in festem, rauhem Fels. Die Verbindung mit der Direkten Südwand ergibt eine der schönsten Routen im oberen Schwierigkeitsbereich an der Schüsselkarspitze. Im Sommer häufig naß, dann nicht empfehlenswert. Die meisten SH und ZH (teilweise schlecht) vorhanden. Kletterlänge 70 m, 1—2 Std.
Foto S. 361, 371, Skizze S. 363.

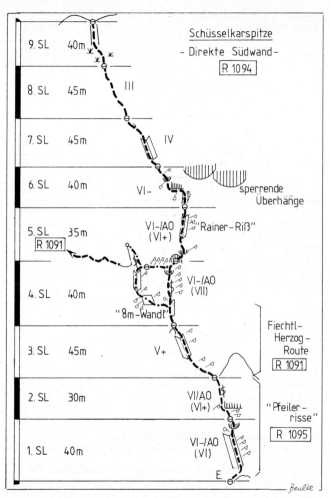

Zugang: Wie R 1062. E unterhalb der markanten Verschneidung bei großen Felsblöcken knapp links des „Herzogpfeilers". Von der Wettersteinhütte 1¼ Std. (siehe auch R 1094).

Führe: 1. / 2. SL: Siehe 1. u. 2. SL von R 1094. Hier treffen die Pfeilerrisse auf die „Fiechtl / Herzog", R 1091. (S. Beulke)

● 1096   Südwand, „Hexentanz der Nerven"
H. Zak, H.-J. Leis, 20. / 21. 9. 1980.
VII, meist VI und VI+, selten leichter.
Anspruchsvolle und anstrengende Freikletterei in festem, rauhem Fels, meist Rißkletterei. Häufig naß, dann noch schwieriger. Zählt zu den anspruchsvollsten Wettersteinrouten. Sicherer Umgang mit der Klemmkeiltechnik unerläßlich! Ca. 400 mH, Kletterlänge bis zum Zusammentreffen mit dem „Bayerischen Traum" (R 1097) 180 m. 5—7 Std.
Foto S. 361, 371, Skizze S. 365.

Zugang: Wie R 1062. E bei einem kleinen Vorbau rechts des Herzogpfeilers in Fallinie des Rißsystems, durch das der „Hexentanz" führt. E über den kurzen Vorbau in Fallinie des linken Endes des markanten Dreieckdaches rechts des Herzogpfeilers. Von der Wettersteinhütte 1½ Std.

Führe: 1. SL: Den markanten Riß empor, nach links in eine kurze Verschneidung und nach links heraus (VI—, 3 H, 45 m). **2. SL:** Über Platten schräg links empor und ansteigender Rechtsquergang hinter eine Schuppe (V—, 40 m). **3. SL:** Die Rampe einige Meter empor. Quergang 10 m nach links auf ein Köpfl unter großem, schwarzem Überhang, über diesen empor in eine kleine Nische und weiter den anschließenden Riß empor (VI+, 25 m). **4. SL:** Kurzer Quergang nach rechts und die folgende Rißspur gerade empor (VII, 20 m). **5. SL:** Über eine kompakte Platte in Rißspur und in ihr oder rechts davon gerade weiter hinauf in leichtere Platten, dann die schwarzen Platten schräg rechts hinauf zu kleinem Rasenplatz (VII, 1 H, 50 m). **6. SL:** Kurz absteigen und leicht bis an die Kante und sehr schwierig um sie herum und leichter zum Standplatz des „Bayerischen Traums" (VI, 15 m). Weiter über die Südsüdostwand (R 1097) und die Südostwandführe (R 1098) zum Gipfel. (H. Zak)

● 1097   Südsüdostwand, „Bayerischer Traum"
J. Heinl, A. Gilgenrainer, nach Vorbereitungen am 10. 8. 1980.
VI+ / A1, wenn ein Großteil der vorhandenen ZH als Hilfsmittel benutzt wird. Freigeklettert bis auf 3 BH im

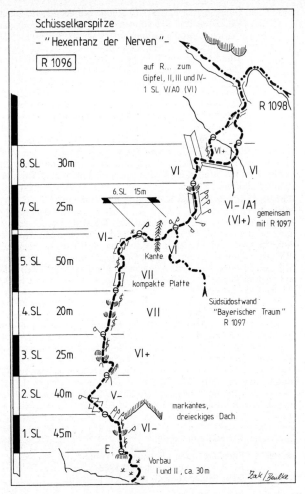

Quergang der 8. SL (A0) erhöht sich die Schwierigkeit auf
VII. Diese drei BH können allerdings auch frei umgangen
werden (toprope-Variante unterhalb der Hakenreihe, Sicherung über den 3. BH, **VIII—**).
Mündet nach 10 SL in die relativ leichten Ausstiegs-SL der
SO-Wand, R 1098. Herrliche, anspruchsvolle Freikletterei
an durchwegs festem, rauhem Fels. Wand- und Rißkletterei.
Zweifellos eine der schönsten Routen im Wetterstein. Häufig begangen. Die meisten SH und ZH vorhanden, einige
größere KK (vor allem Friend Nr. 4 oder Hex 11) sehr empfehlenswert. Ca. 400 mH, Kletterlänge bis zur Südostwand
ca. 315 m. 5—7 Std. Foto S. 361, 371, Skizze S. 367.

Zugang: Wie R 1062. Unter den Südwänden absteigend bis ca. 40 m
rechts des Herzogpfeilers. E unmittelbar rechts von 15 m hohen
schwarz-gelben Streifen am Beginn eines Rißkamins. 1¼ Std. von der
Wettersteinhütte.

Führe: 1. SL: Durch den Rißkamin und die darauf folgende Wandstelle auf ein Band (IV und VI, 1 H, 35 m). **2. SL:** Auf dem Band nach
rechts, bis man über einem dachartigen Überhang wieder nach links
queren kann, zu SU (IV, 30 m). **3. SL:** Gerade über eine Wandstelle,
links haltend über Platten und Quergang nach links in einen kurzen
Riß. Durch ihn auf einen Absatz (VI, 1 H, 35 m). **4. SL:** Über rauhen
Fels gerade empor und Seilzugquergang links hinab (frei VI+) auf kleinen Absatz rechts des markanten Piazrisses (VI—/A0, 3 H, 1 KK,
25 m). **5. SL:** Quergang nach links in den Riß und durch ihn auf schräge Platte (VI, VI+ und VI—, 1 H, 40 m). **6. SL:** Quergang nach links
und rechts über eine rampenartige Verschneidung (VI/A1, frei VII—,
mehrere H, 30 m). **7. SL:** Der Rampe folgend bis unter BH- Quergang
nach links (VI/A0, frei VII—, mehrere H, 25 m). **8. SL:** Den H folgend links empor, über eine Wandstelle links haltend hinauf in einen
Riß und durch ihn unter einen Überhang (VI—/A1, frei VIII— und
VII—, mehrere H, 40 m). **9. SL:** Unter dem Überhang nach rechts und
durch eine stumpfe Verschneidung über einen kleinen Überhang
(VI—/A1, frei VI+, mehrere H, 25 m). **10. SL:** Leicht rechts zu einem kurzen Riß hinauf, durch diesen und kurzer Quergang nach rechts
zum Beginn eines nächsten Risses. Durch diesen an die Kante der großen Rampe der SO-Wand (IV—, VI und VI+, 2 H, 30 m). Über die
SO-Wand (R 1098) zum Gipfel. (S. Beulke, G. Härter)

- **1097a Südsüdostwand „Bayerischer Traum", Direktvariante**
  M. Hoffmann, S. Ketterer, 1982.
  VI+ (einige Stellen), meist VI. 1—2 Std.

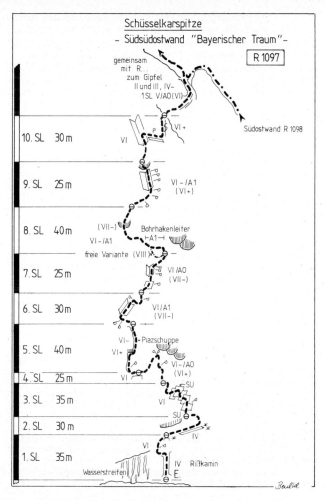

Anspruchsvolle Plattenkletterei, teilweise schwierig abzusichern. KK und Friends notwendig. Kletterlänge ca. 60 m.

Übersicht: Die Variante verläßt die Originalführe nach der 1. SL und erreicht diese wieder in idealer Linienführung am Stand nach der 4. SL.

Führe: Vom Stand nach der 1. SL an einer Schuppe schräg links empor (IV) auf ein Grasband. Über die Platten gerade empor, und nach rechts um die Kante. Weiter einer Rißspur folgen. Im oberen Teil der Platte kurzer Rechtsquergang und durch eine Rißverschneidung empor zu Stand (VI und VI+, 50 m). Gerade empor und nach links zur markanten Piazschuppe der 5. SL der Originalführe (VI+, 10 m).

(M. Hoffmann)

● **1098 Südostwand**
R. Peters, R. Haringer, 25. / 26. 6. 1934.
VI—/A0, meist V und V+ / A0, im oberen Wandteil überwiegend III und II (Rotpunkt: VI+). Schöne und lohnende Kletterei in festem Fels, hauptsächlich Riß- und Verschneidungskletterei. Sehr viel begangen. Die meisten ZH und SH vorhanden. 400 mH, Kletterlänge 500 m. 4—6 Std.
Foto S. 361, 371, Skizze S. 369.

Zugang: Wie R 1062. Unter den Südwänden absteigend entlang bis zu einem markanten Felskopf, der den tiefsten Punkt des schrofigen Wandsockels darstellt. E in der kleinen Scharte zwischen Felskopf und Wandvorbau. Von der Wettersteinhütte 1¼ Std.

Führe: 1. SL: Zuerst gerade, dann links aufwärts (III+, 1 H, 40 m).
2. SL: Schräg nach links unter gelben, schiefen Überhang, darüber hinweg und unter eine kaminartige Einbuchtung (V, 3 H, 35 m). **3. SL:** Den Kamin empor bis zum dachartigen Überhang und an dessen linker Seite empor in dunkle Nische (V / A0, 4 H, 15 m). **4. SL:** Aus der Nische gerade empor, leicht rechts, dann wieder links haltend über festen, plattigen Fels, bis man nach rechts in einen rauhen Rißkamin queren kann. Diesen 5 m empor auf Pfeilerkopf (VI—/ A0, mehrere H, 30 m). **5. SL:** Den nach links ziehenden Riß aufwärts, dann kurzer Hangelquergang nach links zu anstrengendem Körperriß und durch ihn empor (VI—/ A0, mehrere H, 30 m). **6. SL:** Durch die Verschneidung empor, rechts heraus in die nächste Verschneidung und nach ihr leicht links aufwärts zu grasdurchsetztem Fels (V / A0, mehrere H, 35 m).
7. SL: Links aufwärts um die Kante, 5 m hinab und empor zu sperrenden Überhängen. Rechts darüber hinweg und über eine verschneidungsähnliche Wandstelle (V+ / A0, mehrere H, 40 m).
8. SL: Die Verschneidung empor bis unter einen Überhang, rechts heraus und über eine abdrängende Platte auf ein Band (VI—/ A0, mehre-

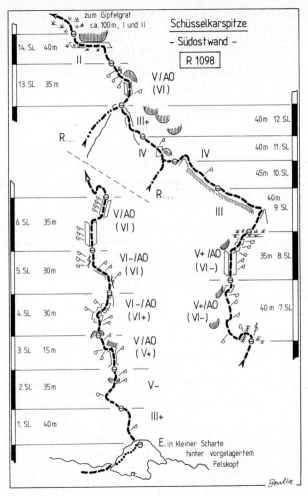

re H, 35 m). **9. SL:** Leicht rechts aufwärts über Blöcke zu der markanten, nach links aufwärts ziehenden Rampe und über diese (III, 40 m).
10. / 11. SL: Die Rampe empor bis zu ihrem Ende unter einer meist feuchten Höhle (IV und III, 1 H, 85 m). **12. SL:** Durch einen Kamin zur Höhle hinauf, links heraus und gerade empor zu Köpfl (V+, 4 H, 35 m). **13. / 14. SL:** Links empor unter einen mächtigen Überhang, den man auf einem Band links umgeht. Über Schrofen gerade empor zum Grat und nach links zum Gipfel (II, 80 m). (W. Pohl, S. Beulke)

● **1099 Ostsüdostwand, Schubert / Werner-Führe**

P. Schubert, K. Werner, 25. / 26. 8. 73, nach Vorbereitungen.

VI— / A2 und V, nur selten leichter, wenn H fehlen u.U. auch erheblich schwieriger. (a.f.: VII+, 2 BH A0 in der 11. SL, Stand 1981.)

Interessante und abwechslungsreiche Haken- und Freikletterei in festem Fels. Riß- und Wandkletterei, teilweise recht ausgesetzt, nach Regen länger naß als die anderen Südwandrouten. Zählt zu den anspruchsvollsten Wettersteinrouten. Relativ wenig begangen. Die meisten ZH vorhanden (teilweise schlechte), zur zusätzlichen Absicherung einige Klemmkeile mittlerer Größe empfehlenswert. Die Standplätze sind mit insgesamt 13 DAV-Sicherheitshaken eingerichtet. Ca. 450 mH, Kletterlänge ca. 600 m. 6—8 Std.

Foto S. 361, 371, Skizze S. 373.

Zugang: Wie R 1062. Unter den Südwänden absteigend entlang bis zum Fuß eines steilen, schrofigen Vorbaues, ca. 30 m rechts des Felskopfes der Südostwand, R 1098. Den Vorbau empor, wobei einige kürzere Steilstufen überklettert werden (II und III), bis zu einer markanten, flachen, grasdurchsetzten Platte. Über einen weiteren kurzen Aufschwung zu einer Bänderzone. E (bis hierher gemeinsam mit der Ostwandführe, R 1100). Von der Wettersteinhütte 1½—1¾ Std.

Führe: 1. SL: Über Bänder und Wandstellen schräg links ansteigend empor auf Band (2 SU) unterhalb eines gelben Überhangs (III+, 40 m). **2. SL:** Über den Überhang und schräg nach rechts empor zu

Schüsselkarspitze, rechter Wandteil

R 1091: Fiechtl/Herzog
R 1093: Verbindungsvariante
„Wersin/Purtscheller"
R 1094: Direkte Südwand
R 1095: Pfeilerrisse

R 1096: Hexentanz der Nerven
R 1097: Bayerischer Traum
R 1098: Südostwand
R 1099: Ostsüdostwand „Schubert"
R 1100: Ostwand „Schober"

371

eingebohrtem DAV-Sicherheitshaken (ab hier jeder Standplatz mit Sicherheitshaken) V+ / A1, 2 H, 25 m). **3. SL:** An Hangelschuppe nach rechts zu H mit Karabiner, mit Seilzug nach rechts zu Riß, durch ihn unter Überhang und Quergang nach links (VI— / A0, mehrere H, 35 m). **4. SL:** Nach links in schwarze Verschneidung und diese gerade empor unter Überhänge, dann den H folgend zu Schlingenstand (V+ / A2, mehrere H, 35 m). **5. SL:** Den H folgend zu rauhem Riß und durch ihn und die anschließende Steilrampe unter den großen, meist feuchten Überhang (VI— / A1, mehrere H, 40 m). **6. SL:** Nach links und gerade empor auf Absatz (A2 / V, mehrere H, 20 m). **7. SL:** Quergang nach links zu kleinem Absatz, dann über eine senkrechte Wandstelle und die darauffolgende Erosionsrinne empor (V / A1, mehrere H, 35 m). **8. SL:** Empor zu Überhang, nach links zu feinem Riß und durch den Riß, dem H folgend, auf großen Absatz (VI— / A1, mehrere H, 35 m). **9. SL:** Empor zu Quergangshaken, Seilzugquergang nach links und über gestuftes Gelände nach links ansteigend zu einem markanten Pfeiler, vom Pfeilerkopf über eine steile Wandstelle auf Absatz (V+ / A1, 3 H, 40 m). Achtung! Hier besteht die Möglichkeit, bei Notfällen in die relativ leichte Ausstiegsrampe der Südostwandführe (R 1098) hinauszuqueren. **10. SL:** Rechts empor, dann nach links zurück in den Riß, diesen empor, dann kurzer Quergang nach links (V / A1, 3 H, 30 m) **oder:** gerade empor und Quergang nach rechts in den Riß (logischer, V+, 1 H). **11. SL:** Den H folgend empor in Steilrinne und nach links unter Überhänge (IV+ / A2, mehrere H, 35 m). **12. SL:** Schräg rechts in stumpfe Verschneidung, diese empor (Achtung! Letzter HK sehr schlecht) und unter einem Rißkamin nach links unter großen Überhang (Wandbuch; V+ / A2, 5 H, 35 m). **13. SL:** Nach rechts zurück in den Rißkamin und diesen empor zu Kaminerweiterung (V+, 2 H, 35 m). Gerade empor (III+) in leichteres Gelände und zum Grat (I und II, 100 m). (S. Beulke)

● **1100 Ostwand**
M. Schober, L. Kleisl, 26. 7. 1938.
VI— / A0 und **V** (Rotpunkt: VII—). Schöne Freikletterei an festem Fels. Überwiegend Riß- und Wandkletterei. Verhältnismäßig wenig begangen. Die meisten SH und ZH vorhanden. Ca. 400 mH, Kletterlänge ca. 540 m. 4—5 Std.
Foto S. 371.

Zugang: Wie R 1062 oder durch das Puitental (R 119) ansteigend zum Wandfuß. E ca. 80 m rechts des SO-Wandeinstieges bei einem kleinen Felsturm. An seiner linken Seite ist ein Hufeisen in einen Riß eingeschlagen. Von der Wettersteinhütte 1 Std.

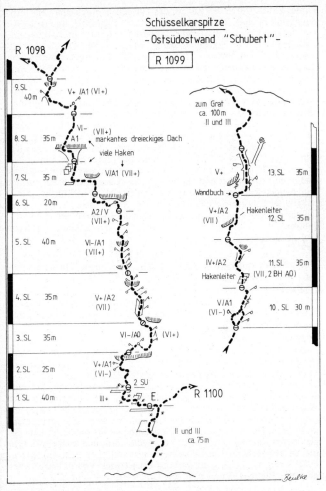

Führe: 1. SL: Durch den Riß auf das Türmchen, durch eine Verschneidung, und in einer Rechts-Links-Schleife zu Platte (III, 40 m). **2. SL:** Durch einen kurzen Riß und über Wandstellen rechts haltend unter eine auffallende Rißverschneidung (IV+, 40 m). **3. SL:** Durch den Riß empor (V+ / A0, mehrere H, 25 m). **4. SL:** 3 m rechts abwärts und durch eine Verschneidung empor zu einer Platte. Über die Platte nach rechts und weiterer Quergang nach rechts (V, 40 m). **5. SL:** Rechts empor und Quergang nach rechts in einen Riß, durch ihn empor (VI—, mehrere H, 25 m). **6. SL:** Links über einen Überhang und rechts haltend zu einem Absatz. Durch einen gelben Riß links haltend empor (VI— / A0, mehrere H, 40 m). **7. SL:** Den Riß weiter hinauf, rechts heraus und links haltend über eine Platte und einen Überhang (VI— / A0, mehrere H, 40 m). **8. SL:** Durch einen rinnenartigen Kamin empor, über eine Platte nach links und durch einen Riß hinauf (V—, 2 H, 35 m). **9. SL:** Durch ein Loch in einen geschlossenen Kamin und in ihm empor, bis man durch einen Spalt wieder ins Freie gelangt. Durch einen Riß empor zu Köpfl (V, mehrere H, 45 m). **10. SL:** Links haltend zu Schrofengelände (IV und III, 20 m). Über Schrofen links haltend empor zum Grat, der etwas rechts des Gipfels erreicht wird (II, 180 m). (A. Baier, G. Härter)

● **1101 Nordwand**
  H. Burmester, F. Schneider, 1908.
  IV (mehrere Stellen), teilweise auch leichter. Brüchig. Sehr selten begangen. 2—3 Std.

Übersicht: Der E liegt unter der Mitte der ins Schüsselkar abfallenden Plattenwände und wird über flache Platten (Schneereste) erreicht. Dort befindet sich ein von rechts nach links ziehendes Band, das man durch einen Riß erklettert.

Zugang: Wie R 1061 ins Schüsselkar.

Führe: Vom östl. Ende des Bandes gelangt man in eine unten abbrechende Rinne, die nach kurzer Stelle (IV) längere Zeit emporleitet (II). Man erreicht so, im allgemeinen nach links haltend, eine sehr breite, seichte Schlucht, die schon vom Schüsselkar als von links nach rechts ansteigender Absatz unter ganz markanter, breiter, gelbgestreifter Wand deutlich erkennbar ist. Über ihre schuttbedeckten Platten bis zum rechten oberen Ende. Die Gipfelwände brechen mit 10 m breitem, klaffendem Überhang auf diese Platten ab. Rechts davon, in dem engen, tiefen Kamin hinauf, bis er ungangbar wird, und man gezwungen ist, an der rechten (westl.) Begrenzungswand (IV) weiterzuklettern. Dann weniger schwierig aufwärts zu einer Gufel. Von da nach rechts über eine Platte (IV) und bald zum Grat westl. des Gipfels.

- **1120**   **Dreizinkentürme**

- **1121**   **Südwand**
  H. Hillmaier, W. Henke, 12.9.1976.
  V+ / A1, meist IV und V, teilweise auch leichter. Großteils freie Kletterei in meist festem Fels. Die meisten SH und ZH vorhanden. Bisher sehr selten wiederholt. Ca. 400 mH, Kletterlänge 620 m. 3—5 Std.

Übersicht: Die Führe verläuft durch den Wandteil zwischen der Schüsselkarspitze-Ostwandführe (R 1100) und der Südrinne der Dreizinkenscharte (R 1141).

Zugang: Wie R 1062. E in etwa 2000 m Höhe etwa 30 m links eines markanten Kaminsystems in einer kleinen Gufel am Beginn einer nach rechts ziehenden Rampe. Von der Wettersteinhütte 1½ Std.

Führe: 1. SL: Die nach rechts ziehende Rampe empor zur Schluchtkante, 5 m hinab in einen Kamin und einige Meter empor (V / A0 2 H, 40 m). **2. SL:** Den Kamin empor, über eine überdachte Rampe nach links und über eine kurze Wandstelle zu kaminartiger Rinne (V—, 30 m). **3. SL:** Den Rißkamin empor und nach links (IV, 40 m). **4. SL:** Über gestuften Fels empor (III+, 40 m). **5. SL:** Gerade empor auf pfeilerartigen Vorbau (III, 45 m). **6. SL:** Rechtshaltend über plattigen Fels empor, dann gerade hinauf, 6 m Quergang nach links zu Rißkamin und durch diesen zu feuchter Nische (V+ / A1, mehrere H, 45 m). **7. SL:** Nach links zu Riß, diesen empor bis zu einer rechts aufwärts ziehenden Rampe, vom Ende der Rampe schräg links empor zu Nische (V / A0, 2 H, 45 m). **8. SL:** Nach links zu Rampe und diese empor zu gelber Gufel (V—, 40 m). **9. SL:** Nach links in ein Kaminsystem und weiter zu einem Riß, diesen hinauf und links haltend im nächsten Riß (IV+, 40 m). **10. SL:** Über eine Rampe zu einer kleinen Scharte (IV, 35 m). **11. SL:** Auf den abgespaltenen Pfeiler, Spreizschritt an die Wand und links empor zu einem Riß und durch diesen empor auf kurzen Seitengrat (V / A0, 1 H, 35 m). **12. SL:** Rechts haltend empor auf den Grat und unter den nächsten Aufschwung (IV+, 30 m). **13. SL:** Über den Aufschwung empor und weiter zu einer Rinne, durch diese zu einer Gufel unter einer Scharte (V, dann III, 35 m). **14. SL:** Dem Grat folgend bis zu einer kleinen Scharte (III, 35 m). **15. SL:** Nach rechts in eine Rinne und durch diese bis unter eine gelbe Wand (III, 35 m). **16. SL:** Auf den Grat zurück bis unter eine gelbe Wand, unter dieser schräg nach rechts hinauf in eine kleine Scharte (IV, 40 m). **17. SL:** Empor zu höchstem Punkt (III und II, 15 m). (W. Henke)

Pantherkopf

● **1130**

● **1131 Südwandrisse**
S. Gschwendtner, N. Sialkowsky, F. Scheidhacker, 19.5.1977.
VI (eine Stelle), meist V und IV. Schöne Freikletterei an rauhem und festem Fels; überwiegend Rißkletterei. Relativ wenig begangen. Einige ZH vorhanden, Rest kann mit KK abgesichert werden. Ca. 250 mH, Kletterlänge ca. 300 m. 3—4 Std. Skizze S. 377.

Übersicht: Vom Gipfel des Pantherkopfes zieht bis nahe des E eine Rißreihe herunter, durch welche die Führe verläuft.

Zugang: Wie R 119 ins Puitental und zum Fuße der Südwand. E ca. 50 m rechts von einer Schlucht und etwa 30 m rechts von glattgeschliffenen, weißen Platten. Über eine nach rechts ziehende Rampe (II) wird ein SH erreicht. 1½ Std.

Führe: 1. SL: Mittels einer abgesprengten Schuppe zu einer glatten Platte, darüber hinweg und rechtshaltend (VI—, 1 H, 15 m). **2. SL:** Über Platteneinrisse gerade aufwärts und nach 10 m links haltend (V und IV, 30 m). **3. SL:** Nach links und über die Platte empor. An ihrem Ende nach rechts und im rechten, rauhen Riß bis an sein Ende hinauf. Spreizschritt nach links in den Hauptriß und durch diesen empor (VI und V, 2 H, 40 m). **4. SL:** Durch den linken Rißkamin (IV—, 30 m). **5. SL:** Links haltend weiter, nach 15 m Quergang nach rechts und gerade empor (IV—, 25 m). **6. SL:** Den linken Rißkamin hinauf und bei einer gelben Schuppe Hangelquergang nach rechts und gerade empor zu einer Terrasse (IV, 45 m). **7. SL:** Im markanten Rißkamin hinauf (V, 1 H, 40 m). **8. SL:** Im Riß weiter, nach ca. 20 m links heraus über eine Wandstelle und weiter links haltend (V—, 40 m). **9. SL:** Links um die Ecke, dann rechts haltend über den kurzen Grat zum Gipfel (III und II, 40 m). (S. Beulke)

● **1132 Südwand, „Zweiter Streich"**
S. Gschwendtner, F. Scheidhacker, M. Ertl, 29.9.1979.
VI (eine Stelle), überwiegend V. Elegante Freikletterei an festem Fels; überwiegend Wand- und Plattenkletterei. Selten begangen. 1 ZH belassen, Rest kann mit KK aller Größen abgesichert werden. Ca. 250 mH, Kletterlänge ca. 350 m. 3—5 Std. Skizze S. 378.

Übersicht: Die Führe verläuft links der Südwandrisse (R 1131) und mündet nach etwa zwei Drittel Wandhöhe in diese ein.

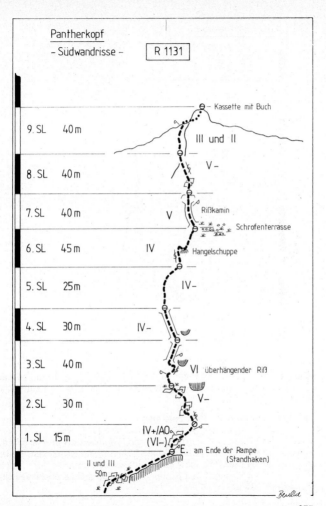

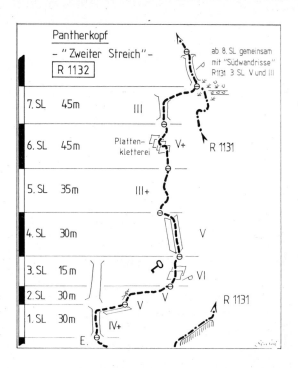

Zugang: Wie R 119 ins Puitental und zum Fuß der Südwand. E ca. 50 m links der Rampe, die zu den Südwandrissen führt, an einer Kaminschlucht. 1½ Std.

● **1133 Südwand, „Regenausflug"**
S. Grasegger, T. Härtl, Chr. Krah, 17. 7. 1982.
VI, meist V und IV. Riß- und Wandkletterei in sehr festem Fels. In der ⚿SL schlechte Sicherungsmöglichkeiten. Keine SH oder ZH, die Absicherung erfolgte ausschließlich durch KK (Friends und Stoppers). Ca. 200 mH, Kletterlänge ca. 235 m.

Übersicht: Die Route verläuft in relativ gerader Linienführung zum Gipfel und durchsteigt dabei den Wandteil rechts der markanten „Südwandrisse", R 1131.

Zugang: Wie R 119 ins Puitental. E ca. 50 m rechts der Südwandrisse bei einem markanten Kamin.

Führe: 1. SL: Durch den Kamin und die folgenden kleinen Rinnen und Wandstellen zu auffallender, kleiner Plattennische (V, 35 m). **2. SL:** - Über die 15 m hohe Platte zuerst nach links, dann gerade hoch zu schrägem Riß, Quergang nach rechts und durch den folgenden Riß (VI, 35 m). **3. SL:** Leicht rechts haltend empor zu Grasband (IV, 40 m). **4. SL:** Vom rechten Ende des Grasbandes in einer Rechts-Links-Schleife zu einem Riß und durch diesen (VI—, 45 m). **5. / 6. SL:** Über leichteres Gelände in einer Links-Rechts-Schleife zum Gipfel (III und IV, 80 m). (T. Härtl)

● **1140**   **Dreizinkenscharte**

Die Dreizinkenscharte ist die turmbewehrte Scharte zwischen Schüsselkarspitze und Leutascher Dreitorspitze.

● **1141**   **Von Süden**
        III (überwiegend). Wenig begangen. 4 Std.

Zugang: Wie R 119 aus dem Puitental zum Wandfuß.

Führe: Auf der Laßberg / Heinrich-Führe (R 1167) bis zum oberen Ende der „der Wand am nächsten liegenden Rinne". Hier steigt man etwas westl. ab und gelangt so in die unten abbrechende Hauptschlucht, die man bis zu ihrem Ende in der Scharte eines Seitengrates unterhalb einer Plattenverschneidung aufwärts verfolgt. Jenseits der Scharte steigt man in die von der Dreizinkenscharte herabkommende Rinne hinab, die unten abbricht. In ihr aufwärts, zuletzt an ihrer westl. Begrenzung zur Scharte (III), die westl. des großen viereckigen Turmes erreicht wird. Von der Scharte längs des Grates westl. in kurzem zur Schüsselkarspitze.

● **1142**   **Von Norden**
        IV (stellenweise), meist leichter. Brüchig. Sehr selten begangen. Im Abstieg schwer zu finden. Etwa 3 Std. vom Schüsselkar.

Zugang: Von der Oberreintalhütte durch das Schüsselkar (R 1061) zu der aus Richtung der Dreizinkenscharte herabziehenden Schlucht, die mit tiefeingeschnittenen Kaminen ins obere Schüsselkar abstürzt, 1½—2 Std.

Führe: E etwa 100 m westl. dieser Kamine. Im allgemeinen links haltend über Platten und eine Rinne zu einem Schutt- und Grasplatz; nach links auf einer schmalen Leiste um eine Rippe in eine glattgewaschene Rinne, in dieser empor bis zu einer Höhle, in deren hinterem Teil eine Öffnung nach oben leitet. Weiter oben verengt sich die Rinne zu einer teilweise überhängenden Verschneidung. Dann rechts heraus auf schuttbedeckten Schrofen zu einer Rinne, die etwa 40 m weit verfolgt wird. Nun auf die linke Begrenzungsrippe, weiter scharf links in die oben erwähnte Schlucht. Weiterer Richtpunkt ist der daumenartige Turm in der Scharte. Diese wird, stets etwas rechts haltend, über schuttbedeckte Platten erreicht.

● 1150　　　　　　　　　　**Gehrenspitze,** 2382 m

Langgestreckter, der Leutascher Dreitorspitze und Schüsselkarspitze südl. vorgelagerter Kamm, der durch das Scharnitzjoch mit dem Hauptkamm verbunden ist. Während die Süd-Seite sanft und begrünt ist, bricht die Gehrenspitze ins Puitental mit 500 m hoher, steiler Nordwand ab. Die Gehrenspitze bietet einen ausgezeichneten Überblick über die Süd-Wände der Schüsselkarspitze und Leutascher Dreitorspitze.

● 1151　**Westgrat**
　　　　Gewöhnlicher Anstieg, überwiegend Gehgelände. Steigspuren. 320 mH. 1 Std.

Zugang: Wie R 120 zum Scharnitzjoch.

Führe: Auf dem südöstl. streichenden grünen Kamm bis zum Gratansatz hinauf. Dann stets südl. unter dem Grat auf den jeweils höchsten Steigspuren überwiegend auf Gras bis zum höchsten Punkt.

● 1152　**Nordwand**
　　　　R. Scheid, 1904.
　　　　III und II. Steinschlaggefährdet. Sehr selten begangen.
　　　　2 Std.

Übersicht: Zur Orientierung geht man am besten auf die gegenüberliegende Seite des Puitentales. Die ganze Wand wird von einem sehr breiten Schichtband durchzogen, das von rechts nach links ansteigend wenig östl. des Ostgipfels auf den Grat mündet. Dieses Band vermittelt den Anstieg.

Führe: Den untersten Abbruch des in der Übersicht erwähnten Schichtbandes vermeidet man, indem man erst ein gleich gerichtetes, weiter rechts beginnendes Band benützt und nach etwa 15 Min. auf das Hauptband absteigt. Es wird mäßig schwierig, mit einigen schwierigen Stellen, bis zum Grat verfolgt. Nach W in kurzer Zeit zum Gipfel.

- **1153 Direkte Nordwand**
H. Frenademetz, K. Piberhofer, R. Pischl, L. Unterberger, 1935.
V (einige Stellen), meist IV. Sehr brüchig. Kaum begangen. 3—5 Std.

Übersicht: Die Nordwand wird von einem riesigen Schichtband durchzogen, welches von rechts nach links ansteigend wenig östl. des Hauptgipfels auf den Grat mündet.

Führe: E vom Puitental über ein mit dem großen Schichtband gleichlaufendes, weiter rechts beginnendes Band (gleicher E wie zur Nordwandführe, R 1152). Man verfolgt dieses etwa 100 m vom E (hier wendet sich der alte Anstieg absteigend nach links auf das Hauptband). Nun rechts ansteigend auf eine Rampe und um die Kante in eine Steilrinne. 30 m aufwärts zu gutem Standplatz. Links um die Ecke und gerade weiter in den Kamingrund. Über den Überhang und die rißartige Fortsetzung (H) in weniger schwieriges Gelände. Gerade ansteigend und einen Überhang umgehend zu einer plattigen Wandstelle. Von links her über diese hinauf und links aufwärts in eine Steilrinne. Nun rechts aufwärts zu einem gelben Turm. Durch einen Einriß nach rechts an die Kante und auf ein Köpfl. Über die überhängende Wandstelle (V, H) in einen Kamin und auf einen Zacken. Quergang 20 m nach links und schräg links aufwärts in die Scharte eines plattigen Turmes. Weiter auf ein Köpfl. Über den kleingriffigen Überhang (V) hinauf, dann schräg links hoch zum Beginn eines auffallenden Risses. Diesen benützend zu einem gelben Überhang. Von links über diesen zu einem zweiten Überhang am Beginn eines Bandes. Quergang 30 m nach rechts (Unterbrechungsstelle, H) zu einem Abbruch. 8 m absteigend in eine Wandeinbuchtung. Schräg rechts aufwärts auf ein Köpfl; über die graue Wand in festem Fels zu Schrofen. Zuerst rechts, dann schwach links ansteigend zu einer links oben sichtbaren gelben Kante. Links davon über Risse und Rinnen, zuletzt über einen Überhang auf den Grat (Schartl), 10 m westl. vom Gipfelsteinmann des Westgipfels.

- **1154 Nordostwand**
T. Braun, R. Lanznaster, 1947.
V—, nur im oberen Teil leichter. Sehr wenig begangen.
Brüchig. 4—4½ Std.

Übersicht: Links des Nordwandweges (R 1152) wird die Wand von mehreren Verschneidungen von rechts nach links durchzogen, die unter gelben Überhängen enden. Durch diese führt der Anstieg.

Führe: E 80 m östl. der Nordwandführe, wo die Wand nach N vorspringt. In der kaminartigen Verschneidung etwa 12 SL über mehrere Überhänge (V—, H) empor, bis man auf einem ausgesetzten Band nach rechts queren kann. Die nunmehr erreichte Verschneidung 5—6 SL empor, bis man die gelben, die ganze Wand durchziehenden Überhänge erreicht. Kleingriffig und brüchig nach links heraus und über dem Überhang 60 m leicht rechts haltend zu einem schwarzen Loch. Rechts davon über brüchige Wandstellen empor und oberhalb links durch eine gelbe, flache Verschneidung auf weniger schwieriges Gelände, und auf die Schulter am Ostgrat.

● **1160**　　　　　　　**Leutascher Dreitorspitze,** 2673 m

Östlich der Schüsselkarspitze bildet der östl. Wettersteinkamm seinen höchsten Gipfel in dem kühnen Horn der Leutascher Dreitorspitze. Der Hauptkamm biegt hier für eine kurze Strecke in süd-nördl. Richtung um, während ein Seitenkamm in der West-Ost-Flucht weiter verläuft und über den Söllerpaß den Öfelekopf bildet. Diese beiden Kämme umschließen das Leutascher Platt. Erste touristische Besteigung: H. v. Barth, 1871. Angeblich soll der Gipfel bereits 1857 durch Ph. Rauth und A. Neuner aus Leutasch anläßlich von Vermessungsarbeiten erstiegen worden sein.

● **1161**　　**Gratübergang von der Partenkirchener Dreitorspitze**
　　　　　　II, meist I und leichter. Der Übergang ist anspruchsvoller
　　　　　　als die Überschreitung der Partenkirchener Dreitorspitze
　　　　　　vom Nordost- zum Westgipfel. 1 Std.

Vom Westgipfel folgt man dem H.-v.-Barth-Weg (R 1251), bis er den zur Leutascher Dreitorspitze ziehenden Grat berührt. Hier führt eine Steigspur auf den Grat und bald wenig östl. unter ihm nach S, dann über den Grat auf die Westseite und wieder auf die Ostseite zurück und waagrecht unter dem Grat entlang. Bis hierher fast immer Steigspuren. Nun folgen kurz nacheinander am Grat zwei teilweise überhängende Abbrüche: Der erste wird unmittelbar, der zweite in seiner Ostflanke durch einen Spalt überwunden. Bald nach einigen unmittelbar zu nehmenden Abbrüchen biegt man kurz in die Westflanke aus (Steigspur), geht dann wieder auf die Ostseite über und gelangt in die Scharte vor dem steilen Aufschwung des Vorgipfels der Leutascher Dreitorspitze. Hier erst eben in die Westflanke, dann über steile, schuttbedeckte Platten auf den Vorgipfel und jenseits leicht in die Scharte vor dem Hauptgipfel, wo von links R 1162 heraufkommt. Noch kurz auf dem Grat, dann in der Ostflanke zum Gipfel.

● **1162 Vom Leutascher Platt durch die Schneerinne**
  M. Schulze, Joh. Dengg, 1881.
  I, wenn kein Eis in der Rinne. 2 Std. von der Meilerhütte.

a) Von der Meilerhütte auf dem H.-v.-Barth-Weg (R 1251) aufs Leutascher Platt. Wo nach etwa 20 Min. der Weg gegen die Partenkirchener Dreitorspitze umbiegt, zweigt links ein Steig ab, der über Schutt und Schnee im Bogen leicht ansteigend zum Beginn einer steilen Schneerinne führt, die in der Scharte hart nördl. des Gipfels auf dem Grat mündet. Wenn kein Eis in der Rinne, ist ihre Begehung ohne Schwierigkeiten. (Im Abstieg Vorsicht und nicht abfahren!) Aus der Scharte in der Ostflanke des Grates zum Gipfel.

b) Ist die Schneerinne vereist, so empfiehlt sich folgende Umgehung: Am Fuß des Verbindungsgrates zwischen Partenkirchener und Leutascher Dreitorspitze ist unterhalb des niedrigsten Punktes ein Klamml eingeschnitten. Man steigt durch dieses (II) auf die oberhalb befindlichen Schutt- und Schrofenhänge und über sie zum Grat. Auf ihm wie R 1161 zum Gipfel.

● **1163 Nordostwand**
  K. Hannemann, U. Hoesch, 1920.
  V— (Stellen), meist IV und III. Sehr selten begangen.
  1½—2 Std.

Übersicht: Die vom Gipfel nach NO streichende Gratrippe bricht zum Plattach in 200 m hoher Plattenwand ab, welche von rechts unten nach links oben von einem gut sichtbaren, feinen Riß durchzogen wird. Seine Mitte wird durch ein kleines Köpfl gekennzeichnet.

Führe: Zu dem in der Übersicht erwähnten Köpfl gelangt man vom E unter der Wandmitte durch einen oben überhängenden Riß (V—). Nun in dem Schrägriß gut links aufwärts weiter. An seinem Ende in sehr ausgesetzter Hangeltraverse nach rechts um eine Plattenkante herum und rechts aufwärts gegen die eigentliche Nordostkante. Durch einen seichten Riß, links von einem gelben Köpfl an der Kante, 7 m empor zur Gratkante (III), die über einen Vorkopf unschwierig zum Gipfel verfolgt wird.

● **1163a Variante zu R 1163**
  H. Kleine, H. Witting, 1917.
  III. 1 Std. bis zur Einmündung in R 1163.

Den Fuß der Nordostkante oberhalb der Plattenwand kann man durch eine Schrägschlucht erreichen (II), in die man 20 m links vom unteren Ende der Schneerinne einsteigt. Vom Fuß der Kante erst gerade aufwärts, dann links ausgesetzt um das gelbe Köpfl herum in den oben erwähnten 7-m-Riß und zum Gipfel.

● 1164   **Ostgrat**
P. Ass'n, A. Schmid, 1908.
III. Ausgesetzt und brüchig. Kaum begangen. 1½ Std.

Zugang: Wie R 115 oder R 248 zum Söllerpaß.

Führe: Vom Söllerpaß längs (westl.) des gegen W ziehenden Gratrückens dahin, wo der Ostgrat sich über dem Schutt des Leutascher Platts steil aufschwingt. (Hierher auch von der Meilerhütte über das Platt.) Über eine 20 m hohe Wand schräg links hinauf zum Grat und über seine ganz schmale zerhackte Schneide zur Scharte zwischen dem südl. Vor- und dem Hauptgipfel. Durch eine Rinne in der rotgelben Schlußwand zum Gipfel.

● 1165   **Ostwand**
H. Treyz, W. v. Spaeth, 1960.
VI—, stellenweise auch leichter. Sehr selten begangen. 6—8 Std.

E 30 m rechts eines großen, überhängenden, gelben Felsflecks in der linken Hälfte der Plattenwand. Durch einen Riß schräg links 35 m hinauf zu Stand. Nun nach rechts über einen kleinen Überhang, dann nach links in eine Verschneidung; durch sie links haltend hinauf zu gutem Stand. Wenige Meter nach rechts um einen weißen Pfeiler, dann um einen grauen Pfeiler nach rechts hinauf unter ein kleines Dach; über diesen rechts empor und dann nach links in eine Rinne. Durch diese links haltend hinauf, über einen dachartigen Überhang und links hinauf zu gutem Stand. Von hier etwas rechts haltend über plattigen Fels, dann gerade aufwärts zu Stand. Quergang nach rechts zu einer abgesprengten Schuppe. Über eine senkrechte, glatte Wandstelle in einen Riß und durch diesen auf ein Köpfl. Etwas nach links hinauf und nach rechts über eine Wandstelle zu abschüssigem Stand. Durch die nun folgende gutgriffige Verschneidung 15 m zu Stand. Weiter nach links über einen Block und nach rechts zur Kante. Von hier gerade hinauf zu einer Platte und nach rechts um eine Rippe zu Stand. Nun beliebig über den folgenden Grat zum Gipfel.

● 1166   **Südwand**

Die ins Puitental absinkende Südwand wird nach W begrenzt von einem System kulissenartig gestaffelter, nach O geöffneter Schluchten, die von der Dreizinkenscharte herabziehen. Den oberen Teil der Wand bildet ein mäßig steiles Schrofendach, das parallel zur Schluchtreihe von den Steilwänden des Vorgipfels nach SO herabzieht und gegen die

Schluchten mit senkrechtem Wandgürtel abbricht. Dieser wird von zwei großen Bändern steil nach rechts (O) oben durchzogen. Aus dieser Struktur ergeben sich die bisher begangenen Anstiege:
Die Findeiß / Gürtler-Führe, bzw. Salisko / Spindler-Führe benützt das untere Band.
Die Führe der Erstbegeher Heinrich / v. Laßberg benützt das obere Band.
Der direkte Anstieg Bertl-Spindler hält sich in einer Plattenzone weiter westl. zum obersten Teil des Schrofendaches am Fuß des Vorgipfels. Da die Wand von unten schlecht zu überblicken ist, ist es wertvoll, zur Orientierung auf den grünen Kamm unter den Wänden der Schüsselkarspitze und Leutascher Dreitorspitze hinüberzugehen. Der Gipfel der Leutascher Dreitorspitze ist der höchste, rotgelbe Felszacken. In seiner Fallinie liegt ein unten begrünter Felssporn. Über diesen führen sämtliche Anstiege.

● **1167 Laßberg / Heinrich-Führe**
M. v. Laßberg, A. Heinrich, 1902.
III (Stellen), meist leichter. 3—4 Std.

E an der Westseite des bei R 1166 erwähnten Felssporns. Auf Grasbändern quert man, im allgemeinen leicht ansteigend, lange Zeit nach O auf einen breiten, grasdurchsetzten Schuttstreifen, von dem ein parallel zur Wand streichendes Rinnensystem nach W ansteigt. Man klettert stets an der der Wand am nächsten liegenden Rinne bis zu ihrem Ende in der Scharte eines Seitengrates. Hier setzt in der Steilwand rechts das eingangs erwähnte Band an. Auf ihm, an der rechten äußeren Rippe, zum Teil sehr ausgesetzt, aber ohne besondere Schwierigkeiten hinauf zu den leichten, schuttbedeckten Plattenhängen des Schrofendaches. Über sie hinauf und rechts (östl.) um den mit gelbroten Steilwänden ansetzenden Vorgipfel herum in die Scharte zwischen Vor- und Hauptgipfel. Über die gelbe brüchige 30 m hohe Steilwand unmittelbar zum Gipfel.

● **1168 Findeiß / Gürtler-Führe und Salisko / Spindler-Führe**
A. Findeiß, K. Gürtler, 1910; E. Salisko, W. Spindler, 1924.
IV, stellenweise leichter. 3—4 Std.

E an der Westseite des bei R 1166 erwähnten Felsspornes. Auf Grasbändern quert man, im allgemeinen schwach ansteigend, lange Zeit nach O bis auf einen breiten, grasdurchsetzten Schuttstreifen, von dem ein parallel zur Wand ziehendes Rinnensystem nach W ansteigt. Man klettert stets in der der Wand am nächsten liegenden Rinne hinauf bis zu ihrem Ende. Hier teilen sich die Führen.

a) Salisko / Spindler-Führe: Man steigt vom Ende der Rinne nach W in die Hauptschlucht ab und quert (etwa 40—50 m vom Einstieg zu b) von links nach rechts zum Beginn einer etwa 30 m langen, sehr steilen Schrofenrampe, die ohne besondere Schwierigkeiten zu gutem Stand führt. Nun nach rechts um eine Kante und um einen Block hangelnd, zum Ansatz eines 25 m hohen, rauhen Risses (II), der auf das „untere Band" führt. (In diesen Riß mündet 5 m höher von rechts her der Anstieg b.)

b) Findeiß / Gürtler-Führe: Wesentlich länger und schwieriger. Vom Ende der Rinne einen 8 m hohen Riß hinauf (IV), Quergang 10 m nach rechts in eine Rinne dicht oberhalb ihres Abbruches, dann 30 m auf einer steilen Plattenrampe rechts empor, bis sie sich in der Wand verliert, und 3 m gerade auf eine Kanzel. Von ihr gerade empor über eine 5 m hohe, glatte Wandstufe (Steigbaum; freie Erkletterung im linken Teil möglich). Dann 25 m schöner, aber sehr ausgesetzter Quergang nach links. In einem rauhen Kamin 4 m absteigend und 8 m schräg links aufwärts in einen 20 m hohen, von links nach rechts aufwärts ziehenden rauhen Riß. (Durch diesen kommt von unten Anstieg a) herauf.)

Weiter gemeinsam: Der Riß führt luftig und sehr schwierig auf ein breites Plattenband, das mäßig steil auf grasdurchsetzte Felsen leitet (Ende der eigentlichen Schwierigkeiten). Über eine Wandstufe zur Linken gerade empor und über brüchiges Geschröf in gleicher Richtung längere Zeit aufwärts. Später quert man eine tiefe, meist mit Schneeresten erfüllte Rinne nach rechts und gelangt schließlich, unter dem südl. Vorgipfel durchquerend, in die geräumige Scharte zwischen ihm und dem Hauptgipfel. Durch die 30 m hohe, rotgelbe brüchige Schlußwand zum Gipfel.

- **1169 Bertl / Spindler-Führe**
  J. Bertl, W. Spindler, 1932.
  IV, im oberen Teil leichter. Eindrucksvolle Plattenkletterei. Wenig begangen. 3½ Std.

Übersicht: Unter den gelben, senkrechten Wänden des Südwestgrates beginnt eine Flucht von glattgescheuerten Platten, die schräg von W nach O herabzieht. Wo sie unten abbricht, stößt sie in stumpfem Winkel an eine weitere, von O nach W herabziehende Platte. Durch diese Platten ist der Durchstieg in großen Zügen vorgezeichnet (vom Scharnitzjoch aus gut zu erkennen).

Führe: Man folgt der Salisko / Spindler-Führe (R 1168) in die mittlere der kulissenartigen Schluchten. Diese durchsteigt man bis zu ihrem Ende am Kopf einer Gratrippe. Die anschließende, direkt zur Dreizinkenscharte führende Schlucht verfolgt man einige Meter, wendet sich dann nach rechts und steigt die erwähnte Platte (die **zweite** Plattenverschneidung nach dem Rippenkopf) nach O hinauf. Von ihrem Ende durch eine senkrechte aber gutgriffige Rinne auf den von O nach W emporführenden Plattenschuß. An seinem östl. Rande hinauf, bis er nach O umbiegt. Der hier sperrende, steilere Gürtel wird links durch eine weißgescheuerte Rinne überwunden. Dann wieder nach rechts, eine kurze Steilrinne hinauf und rechts haltend zum Fuß der senkrechten Wände. Über ein brüchiges Köpfl nach links in der brüchiger Fels zu einer Steilrinne (an ihrem Beginn senkrechte Stufe) und durch sie zu den schuttbedeckten Platten des Schrofendaches. Über diese, rechts um den Vorgipfel herum, zur Scharte zwischen Vor- und Hauptgipfel und über die steile Schlußwand unmittelbar zum Gipfel.

- **1170** **Südwestgrat von der Dreizinkenscharte**
  H. v. Haller, W. v. Redwitz, 1906.
  IV— (stellenweise), meist leichter. Brüchig. Sehr selten begangen. 2—2½ Std.

Übersicht: Als Richtpunkt dient der dem Gipfel südl. vorgelagerte Turm. Von der Schüsselkarspitze über den Ostgrat zur Dreizinkenscharte.

Führe: Vor dem großen gelben Turm in der Scharte in die Nordflanke hinab, bis man die breite, von der Dreizinkenscharte herabkommende Rinne queren und in der westlichsten, ausgeprägten Rinne, die vom Vorturm herabzieht, gegen diesen ansteigen kann. Man gelangt so zu einem kleinen Schuttkessel vor dem großen Aufschwung (bis hierher keine wesentlichen Schwierigkeiten). Der Aufschwung wird umgangen. Man quert wenige Meter in die S-Seite und klettert über brüchigen Fels sehr schwierig gerade empor, quert dann ausgesetzt nach links, bis man durch ein langes Loch in die weite, zum Sattel zwischen Vorturm und Gipfel hinaufziehende Schuttrinne gelangt. Aus dem Sattel über die Schlußwand zum Gipfel.

- **1171** **Direkter Südwestgrat**
  E. Allwein, W. Köhler, F. Pfannmüller, F. Sitte, 1925.
  IV, stellenweise auch leichter. 2½—3½ Std.

Der gelbe Turm in der Dreizinkenscharte und ein folgender Zacken werden nördl. umgangen, dann über plattigen Fels schräg links wieder zum Grat angestiegen. Auf ihm bis zum Abbruch in die östlichste Einschartung. Erst am Grat dann links in einer brüchigen Steilrinne hinab, bis man auf einem Band, unter einem Überhang durchquerend, den Grat wieder betritt. Durch eine Verschneidung hart links von ihm zur tiefsten Einschartung. Auf der schmalen Schneide über ein Köpfl und links unter einem zweiten durch zu dem großen Aufschwung. Die ersten 30 m sehr schwierig längs der Kante, dann links von ihr, zuletzt über ein bauchiges Wandl wieder zum Grat. Auf oder links neben ihm zum nächsten Aufschwung, der mit Hilfe eines steil von links nach rechts ansteigenden Bandes erstiegen wird. Anfangs schwierig über die senkrechten Südabstürze hinaus, dann weniger schwierig auf den Kopf des Abbruches und am Grat weiter auf die Höhe des Turmes. Die letzte Zackengruppe umgeht man nach links. In die Scharte vor dem südl. Vorgipfel und über die Schlußwand auf den Gipfel.

- **1172 Aus dem Oberreintal über die Westflanke**
  J. Mainzer, Joh. Dengg, 1892, im Abstieg.
  II (stellenweise), meist leichter. 4 Std.

Zugang: Siehe R 1161.

Führe: E (wie R 1297) am unteren Ende einer südl. hinter dem Westgrat des Oberen Berggeistturmes eingeschnittenen Schlucht. Über dem E hält man sich aber statt nach links, sobald das Gelände es erlaubt, nach rechts gegen das Massiv der Leutascher Dreitorspitze zu. Über steiles, plattiges Gehänge erreicht man von einer schneebedeckten Mulde aus schief rechts aufwärts steigend einen vom einem großen roten Abbruch herabziehenden Seitengrat. Jenseits desselben liegt ein kleines schutterfülltes Hochkar, das an seinem unteren Ende in senkrechten Wänden gegen das Schüsselkar abbricht. Am linken Rande dieses Kares steigt man nun, den eben erreichten Seitengrat benützend, ein großes Stück aufwärts. Oben in der Nähe der Schlußwände wird das Kar nach rechts gequert und man steigt gegen den rechten Begrenzungsgrat an. Durch Rinnen und auf Bändern bis in die Nähe seiner Schneide, an ihrer linken Seite noch ein Stück aufwärts, bis man den Grat selbst betreten kann und nach seiner Überquerung die Schuttrinne erreicht, die in die Scharte zwischen Vor- und Hauptgipfel leitet. In wenigen Minuten südl. zum Gipfel.

- **1173 Von der Schüsselkarspitze über den Plattenschuß**
  O. Ampferer, F. Hörtnagel, 1899.
  II (überwiegend). 2 Std. Siehe R 1083.

Vom Schuttsattel oberhalb des Plattenschusses kann der Gipfel der Leutascher Dreitorspitze auch über die von hier hinaufziehende Gratrippe („Westgrat") erreicht werden.

- **1174 Nordwestgrat**
  K. Merk, H. Schneider, J. Schartl und Gef. 1929.
  Keine weiteren Einzelheiten bekannt.

- **1175 Westpfeiler, „Take The Long Way Home"**
  L. Reitzner, P. Swoboda, 14.8.1983.
  VI— (1 SL), meist V und IV (lt. Erstbeg.).
  3 SH und 2 ZH geschlagen und belassen.
  Etwa 650 Hm. Zeit der Erstbeg. 5 Std.

Übersicht: Man folgt dem Weg zur Östlichen Wangscharte (R 1061) bis in die Höhe des Oberen Schüsselkarturms. Hier wendet man sich nach links gegen eine Schlucht, welche von zwei Höhlen begrenzt wird. Durch diese Schlucht und die rechte Begrenzungswand, sowie über den plattigen Pfeiler im oberen Wandteil vollzieht sich die Route.

Führe: Man gelangt von links nach rechts in die Schlucht und verfolgt diese bis zu einem Steilaufschwung, wo man sich nach rechts wendet und über Risse und Platten den Kopf des ersten Pfeileraufschwungs erreicht (III und IV, eine Stelle V, 300 m). Die sich anschließende Schrofenzone wird etwa 100 m bis zu einem markanten Turm verfolgt (I und II); sodann wendet man sich unter einer plattigen Wand nach links und erreicht, zuletzt schräg links ansteigend, den Beginn einer Plattenrampe (II und III, 80 m). Diese Rampe 70 m empor (IV+) und weiter aufwärts zu Stand unter brüchigem Überhang. Über diesen empor, dann leicht links haltend zu Stand (V, 45 m). Die anschließende Plattenrampe empor zu Stand (V, 50 m). Nun im rechten Kamin empor, nach links in den Hauptkamin und durch diesen zu Stand (VI—, 50 m). Linkshaltend weiter empor auf den Pfeilerkopf (IV— und III, 80 m). Über den anschließenden Grat zum Gipfel (I und II). (P. Swoboda)

- **1180   Söllerköpfe**

Der östliche Teil der Südwand der Leutascher Dreitorspitze wird westl. des Söllerpasses durch zwei unbedeutende Erhebungen, die Söllerköpfe, gekrönt.

- **1181 Südwand**
  Balcome, McClymont, Evans, J. Mall, Marples, T. Messmer, Ritson, H. Stoepler, Taylor, 1936. Nähere Einzelheiten siehe Jahrbuch 1936 der DAV S. Bayerland.

- **1182 Südwestkante**
  A. Gilgenrainer, J. Heinl, 4.7.1981.
  VII—, meist V+ bis VI+, nur selten leichter.
  Anspruchsvolle Riß- und Wandkletterei in festem, teilweise sehr rauhem, wasserzerfressenem Fels. Einige SH vorhanden, für Zwischensicherungen wird ein komplettes Sortiment Stoppers sowie Friend Nr. 2 und 3 empfohlen. Ca. 200 mH, Kletterlänge ca. 255 m. 4 Std.

Übersicht: Die Südwestkante ist die wenig ausgeprägte Kante links der „Freien Verschneidung", R 1183.

Zugang: Wie R 1183. Das Kar links der „Freien Verschneidung" hinauf, dann nach rechts in die Schrofen und den Schrofenvorbau unterhalb der Südwestkante empor bis auf einen kleinen Schuttabsatz.

Führe: 1. SL: Den hier ansetzenden, rauhen Erosionsriß schräg rechts empor zu leichterem Gelände (VII—, 50 m). **2. SL:** Schräg links empor in eine rampenartige Verschneidung, in ihr rechts empor (V—, 25 m). **3. SL:** Durch die Verschneidung weiter bis zu ihrem Ende, dann gerade empor (IV+, 35 m). **4. SL:** Aus der Nische rechts heraus an die Kante und weiter gerade empor unter einen Überhang (VI+ und VII—, 50 m). **5. SL:** Über den Überhang gerade empor und weiter empor zu leichterem Gelände (VI, 30 m). **6. SL:** Relativ gerade empor unter die markante Abschlußverschneidung (IV—, 25 m). **7. SL:** Durch die Verschneidung gerade empor zum Ausstieg (VI+ bis VII—, 50 m).

Nun entweder weiter durch die rechte Schlucht ca. 250 m empor auf den Grat und weiter zum Söllerpaß, oder (bequemer) über die Abseilpiste der „Freien Verschneidung" (R 1183) hinunter ins Kar zum Wandfuß. (J. Heinl)

● **1183   Südwand, „Freie Verschneidung"**
B. Bianchi, S. Gschwendtner, J. Kaufhold, 3.6.1978.
VI, meist VI— und V+ Wand- und Rißkletterei in festem Fels. Reine Freikletterei, Zwischensicherung nur durch KK. Empfehlenswert Stopper 1—5, einige normale Größen sowie Hexentric 10 und 11 für den Ausstiegsriß. Eine der anspruchsvollsten Rißklettereien im Wetterstein. Ca. 280 mH einschließlich Vorbau; Kletterlänge vom Beginn der Schwierigkeiten 180 m. 3—4 Std.

Übersicht: Zwischen der Leutascher Dreitorspitze und dem Öfelekopf zieht sich südseitig eine gut 300 m hohe Wand über dem Puitental entlang, die durch einige Pfeiler und Schluchten gegliedert ist. Die Führe verläuft auffällig rechts eines gelben Wandstreifens schräg links auf einem dieser Pfeiler.

Zugang: Durch das Puitental zum E auf einem markanten Schrofenvorbau. 1¼ Std.

Führe: Vom Einstiegsvorbau (Steinmann) über leichtes Klettergelände und Schrofen (II und III) etwa 100 Höhenmeter empor zum Beginn der Verschneidung (Steinmann). **1. SL:** Die Verschneidung empor (III und IV, 25 m). **2. SL:** Die Verschneidung weiter, nach etwa 25 m nach links (IV+, 30 m). **3. SL:** Links empor zu gelbem Fels, Quergang nach

rechts in die Verschneidung und durch Handriß (VI und V+, 35 m).
4. SL: Etwas hoch, nach links um die Ecke, über Wandstelle zu Riß und gerade weiter (V+, 40 m). **5. SL:** Den Piazriß gerade empor (V+, 20 m). **6. SL:** Den Ausstiegsriß, zuerst Faust-, dann Schulterriß empor zu Schrofenband (VI—, 30 m). Dose mit Wandbuch.

Abstieg: Entweder bei einem alten H (Route von 1936) über eine Wand und über Schrofen zu den Söllerköpfen und über den Söllerpaß, **oder** sofort über ein Schrofenband nach rechts, eine schuttige Kaminrinne abklettern, dann über Abseilpiste (Doppelseil!) wieder zum Wandfuß.

(S. Gschwendtner)

● 1190　　　　　　　　　　Öfelekopf

Der Ostgrat der Leutascher Dreitorspitze setzt da, wo der die hohen Gipfel tragende Hauptkamm nach N umbiegt, die bisherige Streichrichtung des Wettersteinkammes orog. fort. Die Kammlinie senkt sich hier sanft, nur nach S zu steil abfallend, über die Söllerköpfe zum Söllerpaß und schwingt sich dann zum zerklüfteten, selbständigen Felsbau des Öfelekopfes auf, einer besonders von der Meilerhütte und von Seefeld aus imponierenden Felsgestalt. Von den zwei Gipfeln ist der Ostgipfel der höhere. Die Anstiege sind alle nicht leicht. Sie erfordern einen geübten, sicheren Geher, da der Fels vielfach brüchig ist. Durch die Südflanke ziehen schwierigste Anstiege.

● 1191　　　　　　　　Öfelekopf-Westgipfel, 2469 m
Erstbesteigung: H. Gazert, L. Rieger, 1895.
Übergang vom Ostgipfel siehe R 1211.

● 1192　Westgrat
　　　O. Ampferer, W. Hammer, 1899.
　　　II. Leichtester Anstieg. 250 mH. 1 Std.

Zugang: Wie R 115 oder R 248 zum Söllerpaß.

Führer: Vom Söllerpaß östl. zur tiefsten Einsenkung und auf dem begrünten Kamm zu einem dem Massiv vorgelagerten Turm, der überklettert werden muß. Von der Scharte hinter ihm etwas nach links und eine Wandstufe empor. Weiter bis zu einem größeren Grataufschwung, der hart südl. der Kante erklettert wird. Die letzten Abbrüche werden südl. umgangen. Dann auf dem Grat zum Gipfel.

● 1192 A　Abstieg über den Westgrat
　　　II. 1 Std.

Man hält sich durchweg in der Nähe des Grates, einige Abbrüche werden an der Südseite umgangen. Zuletzt etwas nach N ausweichend zur

Scharte zwischen dem Massiv und einem westl. vorgelagerten Turm, der nach W überschritten wird.

● **1193 A Abstieg ins Puitental**
III— (eine Stelle), sonst meist II und I. 300 mH. 1 Std.

Von der Scharte östl. des vorgelagerten Turmes kann man durch einen kurzen Kamin (III—) oder einige Meter östl. davon in ein Rinnensystem absteigen. Immer westl. haltend durch schottrige Rinnen hinab bis auf die Höhe des ersten Gratturmes der Südwestkante. Über begrünte Bänder zu den Einstiegen oder nach W zum Söllerpaßweg (R 115, 248).

● **1194 Vom Leutascher Platt**
A. Heinrich, E. Eichwald, 1899.
II. 1½—2 Std.

Übersicht: Vom Massiv des Westgipfels springt eine starke Rippe gegen das Platt vor. Im Winkel zwischen ihr und der Wand westl. ist eine tiefe, deutlich sichtbare Rinne eingeschnitten, die unten senkrecht abbricht.

Führe: Der E erfolgt rechts der Rinne durch einen steilen, plattigen Kamin, der durch eine vorspringende Seitenrippe und die Wand gebildet wird. Durch den Kamin auf die Seitenrippe, dann scharf links (östl.) in eine Parallelrinne. In ihr empor, bis Steilwände wieder nach O drängen, wodurch man die eingangs erwähnte Rinne erreicht. Durch sie unschwierig auf eine Rippe, auf die die Rinne in einer kleinen rötlich gefärbten Scharte mündet. Nun steigt man schwach rechts über schwierigere Schrofen zu einem kleinen Schuttkessel an, aus dem man sich rechts (westl.) wendet und den Westgrat durch eine Rinne wenige Minuten unter dem Gipfel erreicht.

Im Abstieg wählt man das erwähnte rötlich gefärbte Schärtchen, das vom Gipfel sichtbar ist, als Richtpunkt.

● **1195 Südgrat, „Preußgrat"**
P. Preuß, 1913.
IV—. Teilweise brüchig. Sehr selten begangen. 2—3 Std.

Vom Söllerpaßweg (R 115, 248) nach O über begrünte Bänder, ungefähr an der Latschengrenze auf den Grat, der als mächtiger Pfeiler die SW-Wand rechts begrenzt. An ihm über brüchige Stufen bald steiler in wechselnder Schwierigkeit empor. Man hält sich weiterhin in teilweise brüchigem Fels auf oder rechts neben dem Grat, der direkt zum Gipfel leitet. (Vielfach Gelegenheit, nach O in die mäßig schwierige Südwand-Schlucht auszuweichen.)

- **1196　Südwestkante**
   A. Baumgartner, J. Schuster, 1914; F. Aign, H. Kadner, O. Leixl, 1920.
   V— (Stellen), meist leichter. Brüchig. Sehr selten begangen. 3½—4 Std.

Übersicht: Die Wand wird (nur vom Puitental aus erkennbar) von einer riesigen Schlucht gespalten. Auf der linken (nördl.) Begrenzungskante dieser Schlucht vollzieht sich der Aufstieg.

Führe: Man verläßt den Weg zum Söllerpaß (R 115, 248), kurz nachdem er durch Latschen steil angestiegen ist und quert nach O über Rinnen und Schrofen zu einer begrünten Scharte hinter dem untersten abgespaltenen Turm der genannten Begrenzungskante. Von dieser Scharte links der Kante 15 m empor, dann über ein Kriechband rechts zur Kante selbst und an ihr empor bis unter ein stark überhängendes Stück. Von hier sehr heikler Quergang 6 m nach links, dann gerade aufwärts wieder zum Grat, der nun, zuletzt waagrecht, bis unter einen gelben, senkrechten Aufschwung verfolgt wird. Unmittelbar rechts seiner Kante 10 m heikel empor, dann 8 m unterhalb des Schlußüberhanges Quergang nach rechts (V—); anschließend gerade empor zu einem größeren Platz. Von ihm 60 m schräg empor zu einem Schartl, von dem aus man nach 40 m zu einem zweiten Schartl gelangt. Von diesem 4 m gerade empor, dann luftiger Quergang um einen Plattenwulst nach links in eine Rinne. Diese empor und über eine Stufe (V—) und einen anschließenden 10 m langen Quergang nach links in einen kurzen, kaminartigen Riß. Von seinem Ende durch einen Riß (III) zu weniger schwierigen Felsen. Sich nun stets rechts haltend empor und auf einer Rippe rechts zum Gipfel.

- **1197　Südwestwand**
   H. Frenademetz, H. Tiefenbrunner, 1933.
   V+, meist IV und III, oft auch leichter. Teilweise sehr brüchig. Kaum begangen. 4—5 Std.

Übersicht: Die eigentliche Südwestwand wird links (westl.) von einer mächtigen Schlucht begrenzt, deren linke Begrenzungskante die Südwestkante (R 1196) ist. Die rechte Begrenzung der Schlucht ist der Südwestpfeiler (R 1198). Etwa 80 m weiter rechts in der eigentlichen Südwestwand zieht ein auffallender gelber Riß empor, der, im oberen Teil sich schwach nach links neigend, die darüberliegende Wandeinbuchtung von rechts her erreicht.

Führe: Von links nach rechts aufwärts in der Fallinie des Risses, dann durch eine Steilrinne zu einem niederen gelben Wandgürtel. Gerade

aufwärts, dann durch einen rechts eingeschnittenen Spalt in die folgende Steilrinne. 15 m gerade aufwärts, und waagrecht 10 m nach links zum Beginn des anfangs erwähnten Risses.
Über ein 10 m hohes Stück (H) zu einem Stand. Durch den folgenden 30 m hohen Kamin kommt man unter einen gelben, höhlenartigen Überhang. Querung 8 m nach links, zuletzt um eine Rippe und über ein Wandl (H) gerade aufwärts. Nun schwach rechts hoch in den Riß zurück 10 m gerade weiter (sehr brüchig). Auf handbreiter Leiste 3 m nach links auf die Kante. Einen seichten Riß gerade weiter (30 m) und unter den abschließenden Überhang. Diesen mit Hilfe eines links herabziehenden Risses überwindend, gelangt man auf ein Band, das nach links abwärts in die Wandeinbuchtung leitet. Von hier ohne jede Schwierigkeit schwach links aufwärts, zuletzt über eine südöstl. abfallende, gestufte Gratkante unmittelbar zum Gipfel.

● **1198** Südwestpfeiler („Öfelepfeiler", oder „Rebitschpfeiler")
M. Rebitsch, H. Frenademetz, W. Mariner, 1935.
VI / A 0, meist V und V+ in den ersten 11 SL (Rotpunkt: VII—). Nur sehr selten und auf kurzen Abschnitten leichter. Die obere Pfeilerhälfte ist wesentlich leichter, II und III, einige Stellen IV, je nach gewählter Route.
Sehr anspruchsvolle Freikletterei mit alpinem Charakter in nicht immer ganz festem Fels. Zählt zu den anspruchsvollsten der klassischen Routen im Wetterstein. Die untere, steile Pfeilerhälfte ist nahezu durchgehend schwierig und anspruchsvoll. Die Route ist auf Grund ihrer Abgeschiedenheit und ihres alpinen Charakters bei vergleichbaren Schwierigkeiten höher einzustufen als die „classics" in den Süd- und Südostwänden der Schüsselkarspitze. Da nach Süden exponiert, ist der Pfeiler schon sehr zeitig im Jahr zu begenen. Einige SH und ZH vorhanden. Ca. 550 mH, Kletterlänge bis zum Ende der Hauptschwierigkeiten ca. 380 m, Schrofenkletterei bis zum Gipfel ca. 200 m = ca. 600 m Kletterlänge. 5—6 Std. Skizze S. 395.

Übersicht: Rechts der großen Südwestwandschlucht, die links von der SW-Kante, R 1196, begrenzt wird, strebt ein schmaler Pfeiler senkrecht aufwärts, der oben von gelben Überhängen abgeschlossen wird. Im obersten Teil setzt er sich in einer turmbesetzten Gratkante fort, die direkt zum Gipfelsteinmann führt. Etwa in der Mitte der Pfeilerwand erkennt man einen großen, gelben Streifen. In seiner Fallinie befindet sich der eigentliche E am Fuße eines Risses, der unter den gelben Streifen zieht. Weiter geht es links durch die Wand und später durch ein Ka-

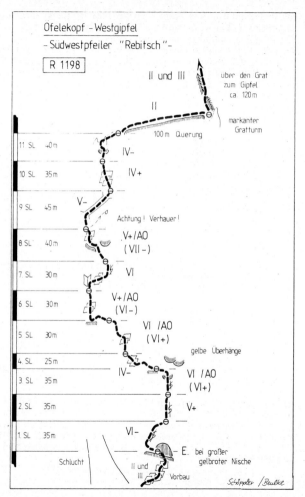

minsystem auf den Pfeilerkopf. Von hier entweder direkt über den anschließenden Grat weiter zum Gipfel oder langer Rechtsquergang auf den Preußgrat und über diesen zum Gipfel.

Zugang: Von Leutasch auf R 115 ins Puitental. Bei der Abzweigung zum Söllerpaß rechts weg und auf dem Söllerpaßweg etwa 10 Min. bergan. Bald jedoch rechtshaltend, einige Geröllrinnen verfolgend zum Beginn einer Schlucht, die zwischen der SW-Kante, R 1196, und dem Pfeiler verläuft. An der rechten Schluchtseite über gestuften Fels empor bis zum E bei einer großen, gelbroten Nische (I und II, 100 m vom Beginn der Schlucht). Vom Parkplatz in Leutasch-Gasse ca. 2½ Std.

Führe: 1. SL: Links der Nische in einen gelben Riß und diesen empor und nach rechts heraus (VI—, 3 H, 35 m). **2. SL:** Durch den Riß und den anschließenden Kamin (V+, 3 H, 35 m). **3. SL:** Hinauf zu einem großen Kaminüberhang, über diesen hinweg und weiter durch den Kamin bis unter den großen gelben Überhang, unter diesem nach links (VI/A0, 3 H, 35 m). **4. SL:** Nach links und um ein Köpfl herum, kurz absteigen und wieder nach links empor (IV—, 1 H, 25 m). **5. SL:** Leicht links haltend über abdrängende Wandstellen empor in eine Nische (VI/A0, 4 H, 30 m). **6. SL:** Nach links zu H mit Karabiner, 4 m abklettern (u.U. auch mit Seilzug) auf ein Band, nach links und dann gerade empor unter eine gelbe Verschneidung (V+/A0, 3 H, 30 m). **7. SL:** Die Verschneidung kurz empor, nach rechts heraus und gerade empor unter große, gelbe Dächer, dann an Hangelleiste nach links zu einem Köpfl (VI, 3 H, 30 m). **8. SL:** Auf einer Rampe nach links um ein Eck und einen Riß gerade empor auf ein Band, zuerst gerade, dann nach links haltend empor auf Band (V+/A0, mehrere H, 40 m). **9. SL:** Nach links in einen Kamin und durch diesen zu einer kleinen Scharte (V—, 1 H, 45 m). **10. SL:** Zuerst durch einen Kamin, dann über leichteres Gelände gerade empor (IV+, 35 m). **11. SL:** Durch eine kleine Verschneidung gerade empor in eine Scharte (IV—, 20 m). Nach rechts in eine schluchtartige Rinne absteigen und durch die Rinne zu einer weiteren Scharte (IV—, 20 m).

Nun zwei Möglichkeiten:

a) Von der Scharte auf die sehr brüchige Gratkante und über diese sehr brüchig in ca. 6 SL zum Gipfelkreuz (II und III, stellenweise IV).

b) Von der Scharte 100 m nach rechts queren (II und III), bis man den Preußgrat erreicht. Über diesen zum Gipfel (ca. 150 m, II und III).

(B. Wölfl, U. Schöppler, M. Lutz)

● **1199 Südpfeiler**
K. Werner, M. Kempa, 1. 6. 1969.
VI— / A 1 (nur stellenweise), sonst V und IV, im oberen Teil

III. Wand- und Rißkletterei an überwiegend festem Fels mit kurzen, technischen Passagen. Selten begangen. Die meisten ZH und SH vorhanden. Ca. 650 mH, 4—5 Std.

Übersicht: Die auffallende, gelbe Verschneidung der SW-Wand (R 1197) wird rechts von einem schwach ausgeprägten Pfeiler begrenzt. Über diesen und im oberen Teil über den Südgrat (R 1195) verläuft die Führe.

Zugang: Wie R 115 ins Puitental und rechts haltend zur mächtigen Südwand des Öfelekopfs. Am Beginn der markanten SW-Wand-Schlucht rechts haltend empor auf den Rücken des Vorbaues (II). In Fallinie der Pfeilerkante bis kurz unterhalb der sich aufsteilenden Wand und auf einem schmalen Band einige Meter nach rechts zu zwei SH (III, insges. 120 m). Hier E. Ca. 2 Std.

Führe: 1. SL: Über eine Wandstufe auf ein schmales Band und nach links zu einem feinen Riß rechts der Pfeilerkante. Durch diesen (A1) empor (V/A1, mehrere H). **2. SL:** Gerade über die Wand empor (A1), durch eine kurze Rißverschneidung und schräg rechts unter einen Felsgürtel (V und III/A1, mehrere H). **3. SL:** Rechts haltend empor zu kleiner Nische, gerade hinauf und rechts über die Kante auf einen Absatz (V+ und III, 3 H). **4. SL:** Zuerst rechts, dann links über eine Felsstufe und gerade empor unter eine Felsstufe (V— und III). **5. SL:** Schräg rechts über eine kurze Rampe, dann gerade über gelben Fels (A1) in eine Rinne. Durch sie nach 15 m zum Fuße der rechten Seite des nächsten Pfeileraufschwunges (V/A1 und III, 4 H). **6. SL:** Über Schrofen und kleine Felsstufen zu Sanduhrschlinge und leicht links davon 4 m hinauf zu schmaler Leiste. Etwas nach rechts und gerade empor auf den Pfeileraufschwung (VI— und V, 1 H, 1 SU). **7. SL:** Kurz nach rechts, gerade hinauf und wieder rechts haltend über einen Überhang zu gelbem, überhängendem Fels. Kurz nach links in den gelben Riß und durch ihn (VI— und IV, 1 H). **8. SL:** Durch den weiter werdenden Riß 5 m empor, bis er sich schließt und nach links in eine flache Verschneidung. Gerade hinauf auf den Pfeilerkopf (V und IV, 1 H).

Nach links in die Rinne auf der linken Seite und durch diese hinauf zum Südgrat (R 1195), (III und II, 120 m). Über ihn zum Gipfel (III und II, 200 m). (K. Werner)

- **1200 Südwand, „Vergessener Pfeiler"**
  H. M. Götz, A. Schrank, 15. 7. 1978.
  VI—, überwiegend V. Sehr selten begangen, teilweise brüchig. SH und ZH müssen angebracht werden.
  250 mH, 3—4 Std.

Übersicht: Die Führe verläuft über den westlichsten Pfeiler der Südwand.

Zugang: Wie R 115 ins Puitental. Durch das Rinnensystem westlich des Öfelekopfes bis zum Fuß des Pfeilers. Ca. 2 Std.

Führe: 1. SL: Durch den Rißkamin hinauf, von seinem Ende rechts haltend auf großes Köpfl (V, 45 m). **2. SL:** Fallender Quergang nach rechts in einen Kamin, durch ihn und über Wandstelle (V+, dann V; 50 m). **3. SL:** Den folgenden Kamin hinauf bis zu seinem Ende (VI—, dann V, 35 m). **4. SL:** Plattenquergang unter Überhängen 15 m nach links bis zu Riß; durch ihn empor (IV+, 30 m). **5. SL:** Erst rechts, dann links haltend direkt über die graue Wand (V, 30 m). **6. SL:** Über den Grat (Fortsetzung des Pfeilers) bis zu großer Schutterrasse (Steinmann) (III—III, 55 m). Nun über den Westgrat (R 1192) zum Gipfel.

(H.M. Götz)

● **1210**   **Öfelekopf-Ostgipfel,** 2449 m

Erstbesteigung: H. v. Barth, 1871.

● **1211**   **Vom Leutascher Platt**
       H. v. Barth, 1871. Variante: A. Zott, O. Böhm, J. Dengg, 1880; Umgehung des Barthkamins: J. Enzensperger, C. Neumann, R. Wisbeck, 1892.
       III (stellenweise) und leichter. 2—3 Std. von der Meilerhütte.

Übersicht: Vom Ostgipfel des Öfelekopfes zieht nach NW eine Rippe herunter, die von hier gesehen seine linke Begrenzung bildet. Die Schlucht rechts davon wird westl. von einer zweiten Rippe begrenzt, die den Anstieg vermittelt.

Zugang: Auf dem Weg ins Berglental (R 114). Nach Überschreiten der „Trockenklamm" verläßt man ihn rechts.

Führe: Man erreicht die oben erwähnte Rippe von rechts her, indem man knapp unter der Spitze der höchsten Schutzzunge östl. auf ihren begrünten Rücken steigt. Über ihn, dann links in der Rinne über Schutt und Wandeln zum Grat, den man an einer waagrechten, begrünten Stelle erreicht, wo jenseits eine breite grüne Rinne gegen das Leutaschtal hinabzieht. (Im Abstieg hält man sich von hier nach N hinab erst etwas rechts, dann in der Rinne, dann auf der orog. linken Begrenzungsrippe, bis man nach links auf Schutt aussteigen kann.)

Den dem Gipfel vorgelagerten Gratrücken nördl. umgehend, kommt man in die Scharte vor dem Gipfelaufbau. Er schwingt sich in zwei Wandgürteln auf. Den ersten überwindet man nach längerem Quergang in der Nordseite und gelangt dadurch auf ein Schuttband zwischen den beiden Wandgürteln, das nach links breiter wird. Dort führt in der Nordostflanke ein 5 m hoher schwieriger Riß (Barthkamin) auf die obersten Schuttfelder. Über sie zum Gipfel.

- **1212 Übergang vom Ostgipfel zum Westgipfel**
  III. 45 Min.

Vom Gipfel folgt man dem westl. ziehenden Grat. Der obere Wandgürtel wird südl. des Grates ausgesetzt durchklettert (III), der zweite an der Kante. So gelangt man in die Scharte zwischen dem Hauptgipfel und dem unbedeutenden Mittelgipfel. Aus der Scharte nördl. über Schutt hinab. Hier und zwischen den Wandgürteln kann man auf R 1211 hinüberqueren. Ein waagrechtes Schuttband in der Nordseite führt um den ganzen Mittelgipfel herum in die Scharte westl. von ihm. Von ihr steigt man etwas nördl. ab und quert dann eben, bis man leicht zum Westgrat nahe dem Westgipfel hinaufsteigen kann.

Man kann umgekehrt vom Westgipfel aus auf diesem Band nördl. unter dem Mittelgipfel hindurch auf R 1211 hinüberqueren. Bequemer und kürzer als über den Westgipfel.

- **1213 Südwand**
  H. v. Ficker, O. Melzer, 1900.
  II. Landschaftlich interessant. Orientierungsgabe erforderlich. 4½ Std.

Zugang: Im Puitental vom Söllerpaßweg (R 115) über einige Gräben und durch Krummholz an den Fuß der mächtigen Südwand. Hier E. 1½ Std.

Führe: Die Wand wird von einer flachen und breiten Rinne durchzogen, die aus der Scharte zwischen beiden Gipfeln herabkommt und unten überhängend abbricht. Man steigt daher westl. von ihr, durch eine Gratrippe von ihr getrennt, über eine Wandstufe nicht leicht in einen Felsgraben ein. Durch ihn in leichter Kletterei zu einem Schartl hinauf. Von hier quert man etwas absteigend gegen die große Rinne hin, steigt aber, ohne sie zu betreten, an der westl. Begrenzung über steile rasendurchsetzte Platten hinan, überschreitet einen vom Westgipfel herabkommenden brüchigen Graben und betritt den obersten Teil der Hauptrinne, die, sich zusammenschnürend und brüchig, zur Scharte zwischen West- und Mittelgipfel hinaufführt. Von hier nördl. um letzteren herum und auf R 1212 zum Hauptgipfel.

- **1214 Südostgrat**
  K. Gürtler, A. Seidl, 1909.
  III, meist II und leichter. Brüchig. Sehr selten begangen. 4—5 Std.

Zugang: Siehe R 1213.

Führer: Die große unter R 1213 erwähnte Rinne wird am oberen Ende der großen karähnlichen Erweiterung nach O durchquert. Man steigt über Gras und Latschen nach O hin, erst weniger, zum Schluß sehr steil gegen den Grat an. Man hält sich nun am besten an der linken (südwestl.) Gratseite und steigt, teilweise schwierig, über latschenbedeckte Wandstufen gerade aufwärts, bis die Bewachsung aufhört und der Felsgrat ansetzt. Man ersteigt den ersten Aufschwung auf der rechten (nordöstl.) Seite des Grates und kommt in eine Scharte, aus der sich der Grat sehr steil aufschwingt. Man umgeht den Aufschwung, indem man aus der Scharte in der NO-Flanke über brüchigen Fels fast eben bis zu einem etwa 15 m hohen schwierigen Kamin quert. Durch ihn und über steiles Gras wieder auf den Grat. Unter dem nächsten Aufschwung steigt man in einer brüchigen Rinne 25 m rechts nach NO ab, quert 40 m nach N und klettert durch eine etwa 40 m hohe, feste Rinne wieder zum Grat empor, der nun bis zum Gipfel verfolgt wird.

● **1220**   **Partenkirchener Dreitorspitze**
Nordostgipfel 2606 m, **Mittelgipfel** 2622 m, **Westgipfel** 2633 m

Die dreigipflige Partenkirchener Dreitorspitze bildet den nördl. Teil des nord-südl. verlaufenden Kammstückes nördl. der Leutascher Dreitorspitze. Während zum Platt (O) und zum Frauenalpl (N) mäßig hohe, wenn auch z.T. sehr steile Wände absetzen, sinken vom Westgipfel ins Oberreintal mächtige, fast 1000 m hohe Gratpfeiler ab. Die ungewöhnlich bequeme Erreichbarkeit der meisten Anstiege, vor allem von der Meilerhütte, hat zusammen mit der Schönheit der Fahrten die Dreitorspitze zu einem der meistbesuchten Kletterberge gemacht.

● **1221**   **Nordostgipfel,** 2606 m

Der NO-Gipfel entsendet von seinem östl. Vorturm nach O einen steilen Grat, den Ostgrat. Sein erster (unterster) Turm setzt in breiter, praller Plattenwand (der Ostwand) zum Plattach ab. Mit der nach NO gerichteten, in die Schlucht zwischen NO-Gipfel und Bayerländerturm abfallenden Wand (deren Krönung der Ostgrat ist) bildet die Ostwand eine flache Kante, die Ostkante. Südlich wird der Ostgrat von einem System breiter, von Nebenrippen gegliederten Schluchten begleitet, die wenig tiefer als der erwähnte erste Ostgratturm in die Ostwand abbre-

Partenkirchener Dreitorspitze von Osten

R 1222: Normalanstieg über die Signalkuppe	R 1281/R 1282A: Nordgrat
	R 1284: Nordostkante

chen. Diese Struktur gibt die Möglichkeit, bei Begehung eines der Ostanstiege im oberen Teil den Ostgrat nach Belieben auf kürzere oder längere Strecken zu benützen oder ganz zu meiden. Erstbesteigung: F. v. Schilcher, A. Rauth, 1884.

- **1222 Über die Signalkuppe**

    II, stellenweise auch leichter. Sehr beliebte Kletterei an festem Fels. Häufig begangen. 1½ Std. Foto S. 401.

Von der Meilerhütte wird erst der runde Felskamm der Signalkuppe überstiegen. Links der Gratkante auf grasigen Schrofen empor zum Grat, dann auf die Nordwestseite (man kann auch am Grat bleiben) und auf Felsbändern unterm Grat entlang, bis das steiler werdende Gelände wieder auf ihn hinaufdrängt. (Überall Trittspuren.) Von der Signalkuppe links der Gratkante zur Einsattelung vor dem Nordostgipfel hinab.

Der Nordostgipfel wird von einem östl. gelegenen, ganz bezeichnenden Felsturm (höchster Punkt des Ostgrates) durch eine tiefe Scharte getrennt. Zu ihr ziehen zwei, schon von der Meilerhütte sichtbare Kamine hinauf. Der rechte, gekennzeichnet durch einen gewaltigen Klemmblock, muß durchstiegen werden.

Von der Einsattelung steigt man etwas rechts (südwestl.) ab und gelangt so an das Massiv des Nordostgipfels heran. Nun über steiles Geschröf gerade auf ein links aufwärts leitendes Band. Von ihm über gutgriffigen, aber steilen Fels in den erwähnten rechten Kamin. Nach Überwindung eines glatten Blockes steigt man unter dem großen Klemmblock durch. Hinter dem Klemmblock nicht im Kamin weiter (!), sondern sofort links über ein senkrechtes Wandl auf die Trennungsrippe zwischen beiden Kaminen und in die nahe Scharte zwischen dem erwähnten Felsturm und dem Gipfel. Nun hart südl. der Gratkante in anregender, luftiger Kletterei zum Gipfel.

- **1223 Übergang vom Nordostgipfel zum Mittel- und Westgipfel**

    II. 1 Std. Siehe R 1252.

- **1224 Ostwand**

    H. Eichhorn, H. Theato, 1916.

    IV— (im unteren Teil), sonst III und II. Schöne Kletterei an festem, gutgriffigem Fels. Häufig begangen. Die meisten SH und ZH vorhanden. Ca. 250 mH, Kletterlänge ca. 310 m. 2—3 Std. Foto S. 403.

Partenkirchener Dreitorspitze

R 1224: Ostwand
„Eichhorn/Theato"

Bayerländerturm

R 1285: Ostwand „Hannemann"
R 1285A: Direktvariante

Übersicht: Die Ostwand wird von rechts unten nach links oben von einem Rampen-, Riß- und Schluchtsystem durchzogen. Dieses vermittelt den Durchstieg.

Zugang: Von der Meilerhütte auf dem H. v. Barth-Weg (R 1251) unter der Ostwand des Bayerländerturms hindurch. Vor dem letzten Stück Stahlseil zieht ein Band zu einer auffallenden Rampe der NO-Gipfel-Ostwand. E am Beginn der Rampe. Von der Hütte 10 Min.

Führe: 1. SL: Der Rampe folgend zu Stand in Nische (IV— und III, 35 m). **2. SL:** Weiter durch den Kamin und nach rechts (IV—, 20 m). **3. SL:** Kurz an einer Schuppe nach rechts und gerade durch einen Kamin auf Absatz (IV—, 25 m). **4. SL:** Links über die Rampe und über ein Plattenband (III und I, 30 m). **5. SL:** Links haltend unter einen Kamin und durch diesen auf Absatz (III, 2 SU, 35 m). **6. SL:** Nach links, hinter einem Zacken vorbei, und leicht absteigend nach links ausgesetzt um die runde Kante herum (III, 2 H, 30 m). **7. SL:** Durch die Rinne zu Schrofengelände (III, 1 SU, 40 m). **8.—10. SL:** Über eine schwach ausgeprägte Rippe gerade hinauf und Querung nach rechts in eine Schlucht. Durch diese im linken Teil empor zu einer kleinen Scharte (I und III, 100 m). Jenseits 10 m hinab und nach rechts ca. 40 mH hinauf (I und II) zur Scharte. Über den Normalweg (R 1222) in wenigen Min. zum Gipfel. (G. Härter)

● **1225 Ostwand-Ostgrat**
H. Eichhorn, H. Theato, 1916.
IV+, meist IV und III. Teilweise brüchig. Selten begangen.
2½—3 Std.

Will man den Ostgrat vollständig überklettern, so steigt man nach Erreichen des gekrümmten Zackens des Ostwandweges (R 1224) an der gegenüberliegenden Wand gerade empor, dann sehr schwierig schräg rechts in die Hauptschlucht hinauf. In ihr 10 m aufwärts bis zu einem großen Klemmblock. Über ihm rechts durch einen 8 m hohen Kamin hinauf und rechts um die Kante zu einem Doppelriß. Erst im linken, dann, sobald man ihn erreichen kann, im rechten Riß empor. Über die nun folgende, ganz stumpfe, schwach gerundete Plattenverschneidung (schwierigste Stelle) zu einem Stand auf der Gratkante und auf ihr zur Spitze des ersten Turmes. Diesen Turm hinab zur Scharte vor dem zweiten Turm. Von einem kleinen Vorbau in der Scharte spreizt man an die gelbe, brüchige Wand und klettert (IV, durch Brüchigkeit gefährlich) links haltend an abgespaltenen Kanten zu einem Köpfl (10 m) und um die Kante nach links in einen rauhen Riß. (Diesen kann man auch von unten erreichen, wenn man von der Scharte einige Meter nach links [S] absteigt.) Nach einigen Metern nach links in einen gleichlaufenden Riß, der zum zweiten Turm leitet. Die nächsten Zacken werden an der Kante überklettert, die folgenden Aufschwünge durch Rinnen erstiegen. Den Gipfel des östl. Vorturmes umgeht man zweckmäßig einige Meter tiefer in der NO-Seite und steigt durch einen 12 m hohen Riß zur Scharte ab, in der man den gewöhnlichen Weg zum NO-Gipfel erreicht. Auf ihm in wenigen Minuten zum Gipfelkreuz.

- **1226　Ostkante**
  K. Hannemann, E. Hoesch, 1920.
  V—, meist IV und III. Abwechslungsreiche Kletterei. Wenig begangen. 2½—3 Std.

E am unteren Ende der gewaltigen zwischen Bayerländerturm und Ostgrat herabziehenden Schlucht. Erst unmittelbar an der Kante etwa 15 m empor, dann (H) über den sperrenden Überhang (V—) nach links auf weniger schwieriges Gelände.
Oder vom E nach links mit Benützung des links aufwärts ziehenden feinen Risses und über einen Überhang zu Stand; über die folgende Wandstufe auf die weniger schwierigen Schrofen; Anstieg der Erstbegeher.
Wo die Kante sich, etwa 20—30 m rechts oberhalb, in ihrer halben Höhe, etwas zurücklegt und ihr schwarzgebuckelter Fels gangbar wird, zieht ein plattiges, mehrfach unterbrochenes Band unter den mächtigen, rotgelben Wänden des ersten Ostgratturmes von links nach rechts hinaus an die Kante. Dieses Band gilt es zu erreichen. Auf Schrofenbändern etwa 1½ SL links aufwärts steigend, gelangt man dicht unter dem linken Ende des Bandes in eine Nische, wo die Schrofen enden. Nun kurzer, luftiger Quergang nach links in eine 3 m hohe, plattige Verschneidung (H), und durch sie (sehr ausgesetzt, ♂) auf ein kleines Köpfl. Auf schmalem Band quert man noch einige Meter weiter, dann über eine erodierte Platte gerade hinauf in den 3 m höher beginnenden Riß und auf das erwähnte Band, welches nach rechts über eine Unterbrechung zur Kante verfolgt wird. Um die Kante herum und in ihrer Nordostflanke durch ein System plattiger Rinnen zum ersten Ostgratturm, oder zur Scharte zwischen diesem und dem zweiten Turm. Weiter wie R 1225 zum Gipfel.

- **1227　Direkte Ostkante**
  J. Bertl, L. Kleisl, 1932.
  V+ (einige Stellen) und IV. Sehr selten begangen. 3 Std.

Wie bei R 1226 über den Einstiegsüberhang empor. 20 m über diesem befindet sich ein plattiges Band, das man von links her erreicht. Von seinem Ende einige Meter über Schutt, dann 3 m aufwärts zu einem H.

Von hier Seilquergang schräg rechts abwärts um die Kante. Man kommt so etwa 2 m unter den Fuß einer Platte, die von rechts unten nach links aufwärts zieht. Auf diese schwierig hinauf und an ihrem Ende über einen Überhang (H) zu gutem Stand. Nun in einer 10 m langen überhängenden Verschneidung aufwärts, dann noch einige Meter über die anschließende Platte hinauf, bis knapp an einen sperrenden Überhang. Hier vermittelt eine steile Rampe links der Kante den weiteren Durchstieg. Am Ende derselben einige Meter Quergang nach rechts in eine Rinne. In ihr 15 m empor zum Ende des Quergangs, der die normale Ostkanten-Führe von links her wieder zur Kante zurückführt. Weiter wie R 1226 zum Gipfel.

- **1228 Südostwand**
  Gebr. Spindler, 1925.
  V—. Brüchig. Sehr selten begangen. 2½ Std.

Übersicht: In Fallinie der Schlucht, in welche man bei Durchkletterung der Ostwand durch den 15 m hohen Kamin absteigt, zieht eine markante Rißreihe herab, welche, unten in eine plattige Steilschlucht übergehend, die südl. des Ostwandeinstieges gelegenen, senkrechten Wandpartien durchschneidet.

Führe: Den untersten Abbruch dieser Steilschlucht umgeht man von links her über eine bandartige Zone und ein luftiges Köpfl. In der Schlucht über eine 20 m hohe Wandpartie (Stand); rechts durch die Steilrinne spreizend auf ein kleines Köpfl. 2 m rechts und etwa 6 m oberhalb setzt die erwähnte Rißreihe an. Ausgesetzt über die sperrende Wandstelle empor und durch die Rißreihe hinauf zur Ostwandführe. Weiter nach R 1224 zum Gipfel.

- **1229 Nordwand**
  A. Heinrich, M. v. Laßberg, 1899 sowie G. Haupt, 1916.
  IV—, meist leichter. Brüchig. Sehr selten begangen.
  1½—2 Std.

Zugang: Von der Meilerhütte nach N hinab und unter den Abstürzen der Signalkuppe durch zu dem großen Felssporn, der in Fallinie der Einschartung zwischen NO- und Mittelgipfel sich weit ins Geröll vorbaut.

Führe: Dieser Vorbau wird durch eine Schuttrinne erstiegen. Dann über bandartige Schrofen und links empor und durch eine blockerfüllte Rinne auf einen Absatz. Hier setzt rechts der Gipfelfallinie ein schwach ausgeprägter Riß mit einem Überhang an. Durch diesen 30 m empor zu einem Köpfl; Quergang um eine Ecke rechts aufwärts und weiter zu einem gelben, sehr brüchigen Riß. 2 m rechts von ihm hinauf, über einen

Überhang und zur Fortsetzung des Risses, der nach links aufwärts zu dem von unten gut sichtbaren Gratfenster leitet. Über den Grat in kurzer Zeit zum Gipfel.

- **1230** **Direkte Nordwand**
    J. Bertl, L. Kleisl, 1934.
    V+, meist IV und leichter. Teilweise brüchig. Sehr selten begangen. 2—3 Std.

Der E befindet sich in der Fallinie des Gipfels, östl. vom Fuß des großen Felsspornes, über den die Nordwand (R 1229) führt. Hier befindet sich ein meist wasserüberronnenes Band, das vom Schutt aus von links nach rechts aufwärts zieht. Eine SL auf diesem Band hinauf, dann 20 m senkrecht aufwärts an den Fuß einer nach rechts aufwärts ziehenden Platte. Etwa diese auf ein breites, nach links aufwärts ziehendes Schuttband. Etwa 40 m hinauf auf den höchsten Punkt desselben. Gerade empor über steile Platten, und einen durch eine abgespaltene Platte gebildeten Kamin zu einem großen Schuttplatz. 40 m auf einem breiten Band nach rechts, einmal etwas absteigend, in eine kleine Scharte. 20 m aufwärts auf ein Köpfl. Unter einem Überhang Quergang 8 m schwach ansteigend nach links (H) und wieder steil nach rechts zu Stand. 10 m in einem Riß und anschließend durch einen seichten Kamin hinauf zu weniger steilen Felsen und in 2 SL direkt zum Gipfel.

- **1231** **Nordkante**
    L. Hall, F. Schütt, W. Stößer, 1928.
    VI—, im oberen Teil wesentlich leichter. Sehr brüchig. Kaum begangen. 3—4 Std.

Übersicht: Die nicht sehr ausgeprägte Nordkante flankiert mit einem schmalen Sporn die Schlucht, die den NO-Gipfel von der Signalkuppe trennt. Die darüber sich aufbauende pralle gelbe Wandzone wird von einem markanten geknickten Riß-Kamin durchzogen. Rechts darüber erhebt sich eine große graue Platte, deren Kopf den von der Meilerhütte her auffallenden, nördl. vorgelagerten Turm bildet, mit dem die eigentliche Kante abschließt.

Führe: E etwa 30 m rechts der Kante. Über ein nach rechts ansteigendes Band zu einem Riß. In ihm und dem anschließenden Kamin hoch, bis man nach links über ein schmales Band ausweichen kann. Noch 5 m über eine kurze Wandstufe, und weiter halblinks über brüchige Stufen zu einer Schutterrasse am Fuß des geknickten Risses. (Eleganter wäre Einstieg direkt über den Sporn.)
Über die rampenartig vorgebaute linke Rißwand hoch (VI—, H) und zu Stand. In dem anschließenden engen Kamin empor, und über den ab-

schließenden Überhang (Stand). Der Kamin wird weiter in schöner Stemmarbeit verfolgt. Man wendet sich dann nach rechts (die Erstbegeher wandten sich nach links, den Plattenturm umgehend, in die Schlucht hinter diesem) zu dem schon von unten sichtbaren Riß, der die graue Platte von links unten nach rechts oben durchreißt. Durch ihn hinauf und an der rechten Kante des Plattenturmes zu der Scharte hinter diesem.

Über den hier ansetzenden Grat (II) weiter zum Gipfel. Anstatt des geknickten Rißkamines wurde auch die Wand unmittelbar rechts desselben bereits mehrfach begangen. Schwieriger als der Kamin.

- 1240   **Mittelgipfel,** 2622 m

- 1241   **Übergang vom Nordost- und zum Westgipfel**
  II. Siehe R 1252.

- 1242   **Vom Frauenalpl**
  A. Heinrich, M. v. Laßberg, 1902.
  III. Sehr brüchig. Kaum begangen. 3 Std.

Führe: Der Anstieg führt durch die zwischen Mittel- und Westgipfel eingelagerte Felsmulde, deren unteren Teil (meist Schneereste) man vom Schutt aus auf Bändern und Platten rechts querend erreicht. Hier scharf links durch einen Riß auf eine sehr brüchige Rippe, die schwierig und ausgesetzt zu einer Schuttmulde emporleitet. Weiter stets links haltend über Rippen und durch Mulden zum Gipfel.

- 1243   **Nordwand**
  J. Dreher, W. Spindler, 1926.
  V + (Stellen), meist IV und III. Teilweise brüchig.
  Wenig begangen. 3 Std.

Übersicht: Die im linken Teil gelbschwarz und überhängend abbrechende Wand wird in der oberen Hälfte hart rechts der Gipfelfallinie von einer auffallenden senkrechten, nassen schwarzen Verschneidung durchzogen. Diese dient als Richtpunkt und vermittelt den Ausstieg.

Zugang: Von der Meilerhütte wie R 1229 auf den der Nordwand vorgelagerten Schrofenvorbau hinauf. Der E liegt etwa 50—60 m rechts westl. vom Kopf des Vorbaues, etwas links der Fallinie der oben erwähnten Verschneidung.

Führe: An der linken Seite einer hier eingeschnittenen Steilrinne 10 m gerade empor, sodann rechts, anschließend links aufwärts zum Beginn des auffallend dünnen, von links nach rechts aufwärts ziehenden Risses. Durch ihn hinauf (III), 4 m gerade empor, dann Quergang nach links um die Ecke zu einem kurzen Überhang. Über ihn auf das oben befindliche Plattenband und mit Benützung eines feinen Risses weiter gerade empor zum Beginn eines steilen, schmalen von links nach rechts aufwärts ziehenden Bandes. Von seinem Ende über die anschließende plattige Wandstelle schräg rechts aufwärts zu einem kleinen Schuttfleck. Weiter einige Meter etwas links haltend, darauf etwa 30 m schräg rechts aufwärts über einige brüchige Wandstufen zum unteren Ende der erwähnten Verschneidung. In derselben sind mehrfach überhängende Risse eingeschnitten. Durch diese (V+), bis unter den gelben Schlußüberhang aufwärts. Über den Überhang empor und gerade zum Gipfel, oder (wesentlich weniger schwierig) nach rechts über ein Kriechband an die Kante und über das anschließende Plattenband rechts aufwärts auf weniger schwieriges Gelände. In 2 SL gerade hinauf zum Gipfel.

● **1250**   **Westgipfel**, 2633 m

Erstbesteigung: K. Kiendl, J. Grasegger, 1853. Übergang zum Mittelgipfel H. v. Barth, 1870. Vom Leutascher Platt erstieg J. Dengg 1880 den Westgipfel.

● **1251   Hermann-von-Barth-Weg**
I und leichter. Drahtseilsicherungen und Farbmarkierungen. 2 Std. von der Meilerhütte. Steinschlaggefährdet.

Von der Meilerhütte führt der Hermann-von-Barth-Weg fallend an die Plattenabstürze des Bayerländerturms heran, deren untersten Teil er, mit Drahtseilen gesichert, quert. (Gedenktafel für Hermann von Barth.) Er senkt sich dann (Achtung auf die Bez.!) zum Schutt des Leutascher Platts und steigt im Schutt sogleich wieder an, um in zwei großen Kehren die von den Wänden des Mittel- und Westgipfels herabziehende Sandreiße zu überwinden.

Aus den Wänden tritt in Fallinie des Mittelgipfels ein schwach ausgeprägter Felssporn hervor, dem sich der Steig zuwendet. Bei einem großen Block mit deutlichen Farbflecken erreicht er die Felsen. ¾—1 Std. Über steile Schrofen und durch plattige Rinnen leiten die Sicherungen in allgemein gerader Richtung empor, bis man etwa 60—80 m unter der Grathöhe waagrecht nach links (südwestl.) quert. Hier leiten die Steigspuren über weniger geneigtes schuttbedecktes Geschröf links aufwärts auf den Verbindungsgrat zur Leutascher Dreitorspitze, der kurz südl. des Westgipfels betreten wird. Der hier deutliche Steig wendet sich in der Ostflanke rechts aufwärts und erreicht in einigen Kehren den Gipfel.

- **1251 A Abstieg über den Hermann-von-Barth-Weg**
    I, stellenweise Drahtseilsicherungen und Farbmarkierungen. 1½ Std. bis zur Meilerhütte.

Man hält sich von der Stelle, wo der Steig den Verbindungsgrat berührt, nach links (NO), bis man den Beginn der Drahtseile erreicht.

- **1252 Übergang vom Nordost- über den Mittel- zum Westgipfel, „Dreitorspitze-Überschreitung"**
    J. Mainzer, Joh. Dengg, 1892.
    II (mehrere Stellen), vielfach I. Sehr beliebte, genußvolle Gratkletterei in festem Fels. In Verbindung mit dem Hermann-von-Barth-Weg (R 1251) eine abwechslungsreiche Rundtour. 1 Std. für die Überschreitung.

Vom Nordostgipfel südl. anfangs auf Steigspuren unter dem Grat, zuletzt auf schmalem Band, in die tiefste Scharte vor dem Mittelgipfel. Von der Scharte hält man sich ebenfalls erst links unterhalb des Grats (aber nicht zu tief!) dann rechts zum Mittelgipfel. ½ Std.
Von hier ab ist der Grat etwas schwieriger. Man steigt erst über Schutt, dann durch einen kleinen Kamin hinab und nach links wieder zum Grat, der nun schmal und plattig (keine Steine ablassen, da unterhalb der Hermann-von-Barth-Weg durchführt) auf der Schneide bis zum Westgipfel verfolgt wird. ½ Std.

- **1253 Vom Frauenalpl über die Nordwestwand**
    A. Resch, 1887.
    III+ (überwiegend), nur selten leichter. Sehr brüchig.
    Sehr selten begangen. 1½ Std.

E dort, wo sich der Schutt am höchsten in die Wand hinauf erstreckt. Ein von unten nicht sichtbares, leichtes Band zieht von hier schräg nach links aufwärts bis zu einer mächtigen Gufel. Von der Gufel gerade empor über steile, schwierige Wandstellen zum Gipfel.

- **1254 A Abstieg ins Oberreintal**
    W. Brouwer, J. Ostler, 1873 im Aufstieg.
    II, stellenweise auch leichter. Früher üblicher Anstieg; wegen des vielen Schutts mehr für den Abstieg zu empfehlen. Orientierungsvermögen erforderlich. 3—3½ Std.

Vom Westgipfel auf dem Hermann-von-Barth-Weg (R 1251), bis er den Verbindungsgrat zur Leutascher Dreitorspitze berührt. Hier reicht der Schutt bis zum Grat herauf. Man hält sich nun stets rechts (nordwestl.) hinab. Vor dem Abbruch des benützten Schuttstroms über eine Rippe nach rechts und einen anderen Schuttstrom hinab. Bei Teilung folgt man seiner orog. rechten Abflußrinne. Über einen Schuttsattel vor einem auffallenden Turm nach rechts, bald aber, bei einer Gabelung in die plattige, linke Hauptschlucht. Sobald sie sich da, wo von N eine Schlucht mit rotgelben Abbrüchen mündet, erweitert, steigt man über einen grünen Sattel rechts hinaus, jenseits durch eine enge Rinne und rechts von ihr über Schrofen zum Sattel vor einem Turm. Von hier wenige Meter südl. in eine breite, nicht sehr steile Schneeschlucht hinunter und oberhalb ihres überhängenden Abbruchs links über Schrofen ins Schüsselkar, das etwa in gleicher Höhe mit dem Fußpunkt des Unteren Schüsselkarturmes betreten wird. Auf dem Steig westl. der Wasserrinne ins Oberreintal.

- **1255 Westgrat**

    H. Behrendt, A. Schmid, 1909. Direktvariante („Kadnerriß"): H. Kadner, C.R. v. Overkamp, 1920.

    IV (einige längere Passagen im unteren Teil), meist III und II im oberen Gratabschnitt. Bei Benutzung der Direktvariante erhöhen sich die Schwierigkeiten auf **IV**+ (1 SL).

    Schöne und abwechslungsreiche Kletterei in festem, gutgriffigem Fels. Empfehlenswert allerdings bloß bis zum Gipfel des Oberreintaldoms. Ab hier bis zum Gipfel der Dreitorspitze weniger lohnend und brüchig. Im Aufstieg relativ selten begangen, dafür aber sehr beliebter Abstieg vom Oberreintaldom (R 1331A, dabei wird über den schwierigen „Kadnerriß" abgeseilt.) Ergibt in Verbindung mit der Südostkante („Militärkante", R 1317) des Unteren Berggeistturms eine sehr schöne und durch die Länge auch anspruchsvolle Genußkletterei auf den Oberreintaldom. 5–6 Std., wenn fast alles gesichert wird. Bei teilweise seilfreiem Klettern im oberen Gratabschnitt verkürzt sich diese Zeit erheblich.

Übersicht: Der Westgrat der Partenkirchener Dreitorspitze sinkt zunächst mäßig steil zu einem flachen Sattel ab, von dem er sich zu einem langgestreckten flachen Kammstück, der sog. Oberreintaldom (R 1330) erhebt, der mit einer gewaltigen, plattigen Gratkante ins Schüsselkar abbricht. Den untersten Abschluß dieser Kante bildet ein ganz markanter, an dem Aufschwung lehnender Turm, der Untere Berggeistturm (R 1310). Zwischen dem Unteren Berggeistturm und dem Westgrat zieht eine, vom Oberreintal aus nicht sichtbare Kaminschlucht empor zur Scharte zwischen dem Unteren Berggeistturm und dem Westgrat. Die Route verläuft durch das Kamin- und Rinnensystem und den anschließenden Grat zum Gipfel der Dreitorspitze.

Zugang: Ausgangspunkt ist das Untere Schüsselkar (hierher auf R 1061). Von hier ist die tief eingekerbte Scharte hinter dem Unteren Berggeistturm gut sichtbar, von der ein 30 m hoher Kamin herabzieht, der sich in einer plattigen Kaminrinne fortsetzt. Aus dem Kar nach links empor zum Unteren Ende einer Schlucht, die an den gelben Südwestabstürzen des Oberen Berggeistturms von der Dreitorspitze herabzieht (durch diese Schlucht verläuft auch der Abstieg vom Oberreintaldom und Oberen Berggeistturm, siehe R 1331A). Von hier links ansteigend über eine bandartige Zone grasdurchsetzter Schrofen (Steinmänner!) um eine Rippe herum zum Fuß der oben erwähnten Kaminrinne. Von der Oberreintalhütte 45 Min.

Führe: Originalroute: Durch das plattige Kamin- und Rinnensystem 3 SL empor zum Fuß des markanten Schartenkamins (IV, III und II). (Diese Route verläuft gemeinsam mit der Abseilpiste vom Unteren Berggeistturm. Steinschlag!). **Variante** (schöner): Über die ersten 3 SL der „Militärkante" (R 1317) zum Fuß des Kamins (IV und III). Der nächste große Grataufschwung bietet die Hauptschwierigkeiten und kann auf zwei verschiedenen Routen erklettert werden.

Originalroute: Durch den Kamin gerade empor in die Scharte (IV, 1 H, 25 m). Aus der Scharte über die steile Wandstufe empor bis auf den nächsten Gratabsatz (IV, 1 H, 20 m). Einige Meter nach rechts (hier kreuzt die Kadnervariante) und über ein plattiges Wandl hinab und nach rechts zu einem begrünten Fleck am Fuß eines schwarzen Risses, der sowohl vom Kar als auch vom Unteren Berggeistturm aus gut zu sehen ist. Durch den Riß empor und nach rechts zum unteren Ende eines Kamins (IV und III). Über einen ausgesetzten und glatten Überhang in ihn hinein. Nach etwa 15 m links hinauf in einen Nebenkamin, dessen oberer Teil durch eine glatte Wand geschlossen ist. Man klettert 10 m unterhalb dieser Stelle nach links aufwärts und erreicht schließlich durch einen ausgesetzten Quergang einen links gelegenen Riß, den man durchklettert. An seinem oberen Ende verflacht sich das Gelände. Schließlich wieder rechts aufwärts durch Rinnen und Rippen empor zum Grat, der vor einem mächtigen Aufschwung erreicht wird (IV und III, 2 H).

Variante Kadner / v. Overkamp (schöner, aber schwieriger: der große steile Grataufschwung, den die Originalführe in der rechten Flanke umgeht, wird dabei direkt erklettert): In der Wand rechts des Schartenkamins durch Risse empor auf den flacheren Gratabsatz (hier kreuzt die nach rechts führende Originalroute; IV, 35 m). Nach links empor zu einem steilen Riß und durch diesen empor („Kadnerriß", IV+). Nach links heraus und nahe der Gratkante empor, zuletzt nach rechts in leichteres Gelände zu einer Latsche (IV+ und IV, 40 m). Leicht rechts haltend empor durch Rinnen und Kamine zum Fuße eines großen Grataufschwunges (hier trifft man wieder auf die Originalroute).

Nun gemeinsam: Der Steilaufschwung wird in einer Links-Rechts-Schleife erklettert (mehrere Möglichkeiten, III). Weiter durch die steile Schrofenflanke zuerst gerade, dann rechtshaltend empor auf den mächtigen Grataufschwung des Oberreintaldoms (III und II). Über die luftige Gratschneide des Oberreintaldoms weiter in die östlich gelegene Scharte (II). Nun über den unschwierigen Grat zu einem bogenförmigen Schutthang. Weiterhin hält man sich rechts unter dem Grat und erreicht eine Seitengratscharte, die rechts von einem Turm flankiert wird. Jenseits (dicht beim Turm) durch einen roten, brüchigen Kamin hinab auf ein Schuttband, das in der südwestlichen Gratflanke steil aufwärts führt. Wo es ungangbar abbricht, ermöglichen kleine Bänder und Klammeln einen Durchstieg zum Grat, den man nun bis zum Gipfel verfolgt (meist I und II, stellenweise III).

Hinweis: Lohnend und schön ist der Westgrat nur bis zum Gipfel des Oberreintalturms. Dabei bietet folgende Routen- und Variantenkombination die wahrscheinlich abwechslungsreichste und genußvollste Kletterei: Auf der „Militärkante", R 1317, bis zum Schartenkamin (IV und III); auf der Originalroute durch den Kamin auf den ersten Gratabsatz (IV); über die Kadnervariante den Steilaufschwung erklettern (IV und IV+); weiter auf der Originalführe zum Gipfel. (S. Beulke)

● **1256 Nordwestgrat, „Eichhorngrat"**
H. Eichhorn, H. Ehret, H. Theato, 1916.

V—/A0 (eine Passage) (Rotpunkt: V), sonst im unteren Teil überwiegend IV, im oberen Teil nur noch II (Stellen III). Vorwiegend Gratkletterei an teilweise brüchigem Fels mit exponierten Kletterstellen. Relativ wenig begangen. Die meisten ZH sind vorhanden, die Standplätze müssen größtenteils selbst eingerichtet werden. Vielfach natürliche Sicherungsmöglichkeiten, ein kleines Hakensortiment ist empfehlenswert. Ca. 1000 mH, Kletterlänge ca. 1500 m. 5—7 Std. Foto S. 67, 443.

Übersicht: Der Grat setzt mit scharf gezackter Schneide im Oberreintal an. Er verläuft zunächst gegenüber der Nordwand des Oberreintaldoms, vereinigt sich dann mit dem Westgrat (R 1255) und führt hinauf zum Westgipfel.

Zugang: Von der Oberreintalhütte über den Talboden und etwas links der Domrinne über steile Schrofen zum Ansatz des Grates. E in der Rinne unmittelbar rechts des Grates. ½ Std.

Von der Meilerhütte durch das Frauenalpltal Richtung Oberreintal auf Steigspuren hinunter. Am Beginn der Latschenzone über steile Schrofen links haltend zum Ansatz des Grates. 1 Std.

Führe: Durch die Rinne rechts des Grates 30 m empor und nach links über geneigte, glatte Platte (3 ZH, V—) heraus an den Grat. Am Grat 3 SL hinauf bis zum ersten steilen Aufschwung. Durch eine seichte Verschneidung links des Grates und rechts heraus an den Grat (IV, mehrere H). Nun immer in Gratnähe, zuletzt über ein waagrechtes, brüchiges Gratstück, mehrere SL bis zu einem auffallenden, glatten Turm. Links vom Grat durch eine Verschneidung auf den Turm empor (V—/A0, frei V, mehrere H, 25 m). Ende der Schwierigkeiten.

Achtung: Die Steinmänner von hier bis zum Gipfel sind nicht immer richtig!

Zuerst über schuttbedeckte Bänder nach links und in Gratnähe empor zu einer Höhle unter dem großen, gelben Aufschwung links der Gratkante. Nach links in eine Schuttrinne (eventuell Schneereste) und aus ihr über splittrigen Fels (Stellen III) empor zum Grat. Über ihn ausgesetzt zum Gipfel. (S. Beulke, G. Härter)

● **1257** „Rudi Ratlos" im Plattenschuß zum Eichhorngrat
Ch. Krah, T. Härtl, 5. 6. 1982.
VII— (eine Stelle), sonst VI und V + . Anspruchsvolle Rißkletterei in meist festem Fels. Zwischensicherungen ausschließlich durch Stopper und Friends. Zeit d. Erstbeg. 4 Std.

Übersicht: Die Führe verläuft durch die markanten Verschneidungen im Plattenschuß zum Eichhorngrat. 50 m links der Verschneidungen zieht eine Rißreihe von rechts oben nach links herunter zur Wolfsschlucht.

Zugang: Man verfolgt den Weg zur Meilerhütte (R 112) bis ca. 50 m über die Höhe des 2. Wasserfalles (Markierungshaken).

Führe: 1. SL: Über kurze Wandstellen und Risse 40 m empor (IV—, H). **2. SL:** Durch kurze Risse nach rechts zur Kante und über kleinen Überhang (IV, 40 m). **3. SL:** Die folgende Rippe 30 m aufwärts (III). **4. SL:** Über kurze Wandstellen zum folgenden Riß (V—, 15 m). **5. SL:** 50 m Quergang nach rechts (II). **6. SL:** Zunächst über eine kurze Wandstelle nach links zu einem Riß, diesen einige Meter empor und nach rechts über eine Platte (V + , 30 m). **7. SL:** 15 m in der folgenden Verschneidung hoch, nach rechts heraus in den folgenden Riß weiter (V + , 50 m). **8. SL:** 3 m den Fingerriß hoch, nach links heraus in die Wand und den linken Riß weiter unter Überhang (VI, 30 m). **9. SL:** 3 m Quergang nach links zu Rißüberhang und über diesen und den folgenden Riß und den anschließenden kleinen Überhang (VII—, VI und V+, 35 m). **10. / 11. SL:** Schräg nach rechts hoch zum Grat (IV— und III, 70 m).

Hinweis für den Abstieg: Bei einer Scharte vor einem Turm kann man stets links haltend in die Domschlucht absteigen und über diese ins Oberreintalkar gelangen. (T. Härtl)

● **1258 Westschlucht**
W. Spindler, J. Schropp, A. Wiedemann, 1935.
V— (eine Stelle), sonst III und II. Wenig lohnend.
Sehr selten begangen. 5 Std.

Übersicht: Die Westschlucht ist die mächtige Schlucht zwischen dem Westgrat (R 1255) und dem Eichhorngrat (R 1256).

Führe: Man verfolgt die Schlucht in ihrer ganzen Länge (nur eine kurze Stufe IV) bis an die senkrechte gelbe Wand, die die Schlucht nach oben abschließt. Hier zieht ein Bandsystem (unter einer auffallenden Höhle in der gelben Wand durch) nach S zum Westgrat, westl. von einem auffallenden, trichterförmigen Kamin. Einstieg durch einen kurzen, schuppenförmigen Riß (Steigbaum zweckmäßig). Gleich anschließend links neben einem Riß weiter, dann auf der hier beginnenden Rampe nach rechts. Nach einem kurzen Kaminstück folgt eine Wandstufe, die schräg rechts aufwärts auf die Fortsetzung des Bandes führt (15 m, V—). Ohne Schwierigkeiten weiter zum Westgrat, der im Sattel östl. des Oberreintaldomes erreicht wird. Weiter wie R 1255 zum Gipfel.

● **1259 Nordgrat**
H. Eichhorn, H. Theato, 1917.
IV. Sehr selten begangen. 4—4½ Std.

Übersicht: Der Westgipfel entsendet nach NW einen Gratrücken, der sich im oberen Drittel in den West-, den NW- (Eichhorn-) und den weniger ausgeprägten Nordgrat teilt. Dieser letztere bricht unten in glatten, eigenartig geschichteten Platten ab. Der Abbruch wird von links (O) her erreicht.

Zugang: Von der Meilerhütte auf R 112 am Bach entlang hinab. Dieser wird überschritten kurz oberhalb der Stelle, an der er über rotbraunen Fels in einem kleinen Wasserfall abstürzt. Hier E.

Führe: Der der glatten Wand am nächsten gelegene Kamin wird als Aufstieg benützt. Auf einem Felsband zu diesem hin, dann in ihm hoch und über ein paar brüchige Überhänge hinauf. Hierauf 25 m waagrecht auf einem Schuttband wieder aufwärts in der Fortsetzung des Kamins, der oben eine kleine Höhle zeigt. Aus dieser Höhle führt ein stark überhängender Riß zur untersten Gratscharte heraus (Blick ins Oberreintal). Von der Scharte zuerst etwas nach links, dann mit kurzem Ausweichen gerade empor zu glatten Platten auf der Grathöhe. Von hier etwa 60 m von links nach rechts aufwärts, an einem schwarzen Kamin vorbei, der einige Meter weiter rechts umgangen wird. Nun wieder auf dem Grat 30 m zu einem großen gelben Aufschwung. Rechts von ihm empor. Man kommt so in eine kurze Schuttrinne, die wieder zur Grathöhe leitet. Dieser folgt man fast ständig bis zur Vereinigung mit dem Eichhorngrat. Weiter wie R 1256 zum Gipfel.

- **1260**   **Verbindungsgrat zum Oberen Berggeistturm**
  A. Göttner, Käthe Häußler, R. Unterberger, 1934.
  V—, meist jedoch leichter. Interessante Gratkletterei.
  2—2½ Std.

Von der Scharte zwischen Oberem Berggeistturm und Oberreintaldom über den Grat 30 m empor in ein Schärtchen. Über eine Wandstufe weiter in eine Rinne und durch sie in eine Scharte (Steinmann). Nun immer am Grat in schönster Kletterei einige SL empor bis zu einem kleinen Abbruch. Rechts hinunter und durch einen überhängenden Riß (H) zum Westgrat der Partenkirchener Dreitorspitze. Über diesen (R 1255) weiter zum Westgipfel.

- **1270**   **Signalkuppe**, 2486 m

Südwestlich der Meilerhütte liegender Felsgrat, der den Anstieg auf die Dreitorspitze vermittelt.

- **1271**   **Westwand**
  K. Hannemann, 1920.
  IV, im oberen Teil wesentlich leichter. Übungskletterei im Bereich der Meilerhütte. 1—1½ Std.

E von der Sandreiße unter der Dreitorspitze-Nordwand, da, wo die Wand am höchsten ist, 10 m links von einem großen Felsblock. 15 m über ein Plattendach empor, dann schräg rechts aufwärts zu einem überhängenden Riß (4 m); weiter über schrofiges Gelände etwas ansteigend zu großen von der Wand abgesprengten Blöcken, und weiter zu einigen wackeligen Zacken. Hier zieht ein feiner, etwa 5 m hoher Riß durch die Wand, nach dessen Durchkletterung man in einen versteckten Stemmkamin gelangt (IV). Durch diesen 15 m hinauf. Weiter durch einen etwa 8 m hohen Riß (IV), dann auf weniger schwieriges Gelände in eine große Schlucht, die schräg nach links parallel zur Wand eingeschnitten ist. In der Schlucht hinauf zu einem Schartl. Von hier spreizt man zwischen den Wänden etwa 20 m empor und gelangt so auf einen plattigen Felskopf. Weiter über einige Wandstellen gerade empor auf unschwierige Schrofen, die rechts zum höchsten Punkt führen. Die Signalkuppe besitzt in ihrer Westwand zwei Kamine, welche ebenfalls schon durchklettert wurden.

● **1280** **Bayerländerturm,** etwa 2507 m

Felsturm südl. der Scharte zwischen NO-Gipfel und Signalkuppe, über die er sich nur etwa 50 m erhebt. Zum Barth-Weg und zur Schlucht, die ihn vom NO-Gipfel trennt, bricht der Bayerländerturm in prallen Wänden ab, die kurze, schöne Kletterein bieten.

● **1281** **Nordgrat**
III (eine Stelle), sonst II und I. Nette, kurze Kletterei im Bereich der Meilerhütte. Wird auch als Abstieg benützt. Fester Fels. 1 Std. von der Hütte. Foto S. 401.

Von der Scharte zwischen Signalkuppe und Bayerländerturm gegen letzteren ansteigen bis zum senkrechten Aufschwung. Unter diesem plattiger Quergang nach links und durch einen Riß zum Grat hinauf. Auf diesem zum Gipfel.

● **1282 A** **Abstieg zur Meilerhütte**
II und I und 1 × 20 m abseilen. Massiver AH vorhanden. ½ Std. Foto S. 401.

Vom Gipfel wenige Meter über den Grat nach W zum AH (II, 20 m) und 20 m abseilen. Flach 50 m nach W bis zum Aufschwung der Signalkuppe. Der Abbruch zur Meilerhütte wird rechts (ostseitig) über Schrofen (I) umgangen.
Man kann kurz vor dem AH nordseitig durch einen Riß absteigen. Mit einem kurzen plattigen Rechtsquergang gelangt man ans Ende der oben erwähnten Abseilstelle (III, 25 m).

● **1283** **Südsüdostkante**
E. Salisko, Gebr. Spindler, 1925.
V— (Stellen), meist IV und III. Hübsche Kletterei. Wenig begangen. 1½ Std.

Übersicht: Die Südsüdostkante ist die Kante, welche die Ostwand mit der in die Schlucht zwischen Bayerländerturm und Dreitorspitze abbrechenden Westwand bildet. Man folgt dem H.-v.-Barth-Weg (R 1251) bis an die Schlucht.

Führe: Über den Schrofenvorbau, mit dem die Kante beginnt, aufwärts. Von seinem Ende Quergang nach links, und in Steilrinnen gerade aufwärts, bis man nach links um die Kante in die Schlucht gedrängt wird, die wenig oberhalb von überhängenden Abbrüchen gesperrt ist. Aus der Schlucht über eine Steilrampe (15 m) rechts aufwärts auf ein Band. Dieses Band kann man (H. Leubner, E. v. Radecki) auch an seinem südl. Ende direkt vom Schrofenvorbau her erreichen, ohne die Schlucht zu berühren (VI—, eine Stelle).

Auf dem Band 5 m nach rechts und an abgespaltenen Kanten und guten Griffen über die senkrechte Wand gerade empor, dann nach links in eine Verschneidung (die Fortsetzung der Steilrampe) und über diese zu Stand (V—). Noch einige Meter aufwärts, dann unschwierig nach links zu einer Rinne, welche zum Südende der großen, die Ostwand durchziehenden Terrasse leitet. Von dem Sattel gleich links durch einen Riß auf gegliederten Fels, der gerade aufwärts zum Gipfel führt.

- **1284 Nordostkante**
    Erstbegeher unbekannt.
    IV— (eine Stelle), sonst III und II.
    Kurze, schöne Kantenkletterei an festem Fels. Häufig begangen. In Abständen von 15—20 m steckt jeweils ein gebohrter Sicherheitshaken. Kantenhöhe ca. 80 m, Kletterlänge ca. 130 m. ½ Std. Foto S. 401.

Übersicht: Die Führe hält sich genau an die Kante und beginnt etwa in Höhe der Meilerhütte.

Zugang: Von der Hütte unter dem Signalkopf hindurch und leicht ansteigend zur Kante, die über eine ausgeprägte Rampe erreicht wird. 10 Min.

Führe: Direkt über die Kante zum Gipfel. Schwierigste Stelle im oberen Teil. (G. Härter)

- **1285 Ostwand**
    K. Hannemann, U. Hösch, H. v. Preger, 1920.
    IV+, im oberen Teil leichter. Überwiegend Wandkletterei an nicht ganz festem Fels. Viel begangen. Die meisten SH und ZH vorhanden. Kletterlänge ca. 320 m. 1½—2 Std. Foto S. 403, Skizze S. 419.

Übersicht: Die Ostwand wird in ihrem unteren Teil von einer unterbrochenen Rinne durchzogen. Die Führe zieht teilweise links ausweichend bis zur Wandmitte durch diese Rinne. Von dort leitet ein breites Band nach links. Der obere Wandteil wird von links nach rechts durchstiegen.

Zugang: Von der Meilerhütte auf dem Hermann v. Barth-Weg (R 1251) abwärts, bis dieser unter der Ostwand waagrecht wird. E 3 m oberhalb des Weges bei riesigem RH. 5 Min.

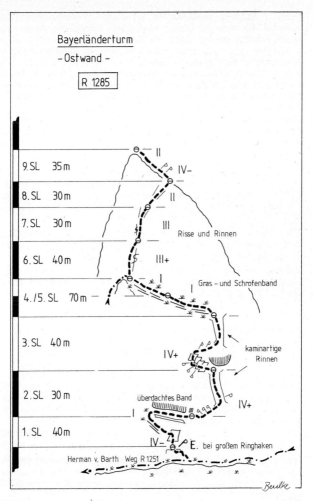

Führe: 1. SL: Kurz gerade empor, auf einem Schrofenband nach links aufwärts, bis man auf einem überdachten Schuttband wieder nach rechts abwärts queren kann. Zu Gedenktafel (IV— und I, 40 m). **2. SL:** Quergang nach rechts und durch die breite Rinne gerade empor unter einen großen, gelben Überhang (IV+, 4 H, 30 m). **3. SL:** Links heraus, kurz gerade empor und Quergang nach rechts in die Fortsetzung der Rinne. Durch sie an der rechten Begrenzung zu Köpfl unter dem breiten Schrofenband (IV+, mehrere H, 40 m). **4./5. SL:** Über das Band nach links empor bis zu seinem Ende (I, 70 m). **6.—8. SL:** Durch ein Riß- und Rinnensystem, oben rechts haltend, an die SSO-Kante, R 1283 (III+ und II, 100 m). **9. SL:** Über die Kante zum Gipfel (IV— und II, 2 H, 35 m). (G. Härter)

● **1286   Westwandriß**
G. Schwaiger, K. Friedrich, 1938.
VI— und **V.** Sehr schöne Freikletterei an festem, rauhem Fels. Überwiegend Rißkletterei. Wenig begangen. Die meisten SH und ZH vorhanden. Ca. 140 mH, Kletterlänge ca. 190 m. 1½—2 Std.

Übersicht: Die Führe beginnt in der engen Schlucht zwischen Bayerländerturm und dem NO-Gipfel der Dreitorspitze und verläuft durch ein Rißsystem zum Gipfel.

Zugang: Auf dem H. v. Barth-Weg (R 1251) bis kurz vor die Schlucht. Über Schrofen und Rinnen links haltend empor bis man nach links in die Schlucht gelangt. E am Beginn eines brüchigen Risses, kurz unter einer senkrechten Stufe der Schlucht (stellenweise III). Von der Meilerhütte 20 Min.

Führe: 1. SL: Durch den Riß auf ein Band, kurz nach rechts, und über eine Wandstelle empor auf einen Absatz (V, 3 H, 40 m). **2. SL:** Kurz gerade empor und Quergang nach links zum Beginn des nach links emporziehenden Risses. Durch ihn unter einen Überhang und links daran vorbei auf Absatz (VI—, 3 H, 40 m). **3. SL:** Links haltend unter einen Riß und durch diesen empor (VI—, 5 H, 35 m). **4. SL:** Weiter durch den Riß zu seinem Ende und leicht rechts über eine Wandstelle in den nächsten Riß. Durch ihn auf Pfeilerkopf (V, 3 H, 35 m). **5. SL:** Durch einen Riß gerade empor zum Gipfel (V+, 2 H, 25 m).

(G. Härter)

● **1290   Oberer Berggeistturm,** etwa 2250 m
Mächtiger, turmartiger Gratpfeiler, der dem Westgrat der Partenkirchner Dreitorspitze südl. vorgelagert ist und an ihn am „Oberreintaldom" (P. 2371) durch einen Verbindungsgrat anschließt. Der ungewöhnlich

schroffe Turm wurde 1926 durch Franz und Toni Schmid erstiegen. Die zweite Ersteigung folgte erst 1933. Seitdem ist der Turm zu einem bevorzugten Kletterberg des Oberreintals geworden.

● **1291 A Abstieg nach Süden ins Schüsselkar**
3 mal abseilen, II und Schrofengelände (I) sowie eine Schneerinne. Massive, gebohrte AH (Abstand 20 m) vorhanden. ½—1 Std.

Übersicht: Die kurze Südwand wird abgeseilt. Über Schrofen gelangt man in die große, vom Oberreintaldom herabziehende Schneerinne, welche ins Schüsselkar hinableitet.

Führe: Vom Gipfel wenige Meter nach SO über den Grat in die Scharte zwischen Oberem Berggeistturm und Oberreintaldom. Nach rechts 20 m in die Südwand bis zu AH absteigen (II). 3 × abseilen (15 m und 2 × 20 m) bis zum Fuß der Südwand. Über Schrofen (Steigspuren) nach links über eine Rippe (Steinmann) und durch die anschließende Rinne, im unteren Teil rechts haltend, bis zur großen, breiten Schneerinne. Durch diese hinab und vor ihrem letzten Abbruch auf Steigspuren nach links heraus ins Schüsselkar. (G. Härter)

● **1292 Westwand**
F. und T. Schmid, 1926.
V— (überwiegend), IV+ und III. Wandkletterei in teilweise brüchigem Fels. Selten begangen. Die meisten ZH vorhanden; SH müssen teilweise angebracht werden. Kletterlänge ca. 440 m. 2—3 Std.

Übersicht: Den Durchstieg vermittelt im unteren Teil eine große, plattige Wandeinbuchtung, die zwischen der Westkante des Oberreintaldoms (R 1347) und dem Westgrat des Oberen Berggeistturms (R 1293) herabzieht. Die Führe verläuft ziemlich geradlinig zum Gipfel.

Zugang: Siehe R 1293.

Führe: 1. SL: Links um die Kante und über Platten aufwärts (IV+, 35 m). **2. SL:** Links aufwärts über kleingriffigen Fels, zuletzt nach links in eine Rinne (V—, 4 H, 40 m). **3. SL:** Gerade empor und über einen Überhang zu einer Nische (V—, 2 H, 45 m). **4. SL:** Nach rechts in eine plattige Rinne. An ihrem Ende Quergang nach rechts und über Schrofen empor zu Köpfl (V—, 45 m). **5.—7. SL:** Nach rechts über eine Rinne und gerade empor bis unter einen steilen Grataufschwung (III, 110 m). **8. SL:** Quergang nach links und gerade empor (V—, 1 H, 30 m). **9. SL:** 10 m aufwärts, Quergang nach links und gerade empor (IV+, 1 H, 40 m). **10.—12. SL:** Quergang nach links und links haltend zu einem Grat. Gerade empor und Quergang nach rechts zum Westgrat (R 1293). Über diesen kurz zum Gipfel (IV und III, 100 m).

(P. Swoboda)

● **1293 Westgrat, Schobergrat**
M. Schober, L. Kleisl, 10. 10. 1938.
VI—, eine Stelle **A0**, im oberen Teil III und IV. Wand- und Kantenkletterei an teilweise brüchigem Fels. Selten begangen. Die meisten ZH und SH vorhanden. Ca. 280 mH, Kletterlänge ca. 380 m. 2—3 Std. Foto S. 426, 438.

Übersicht: Der Obere Berggeistturm entsendet nach W zwei markante, scharfe Grate. Der rechte (südl.) ist die Westkante (R 1294), der linke (nordwestl.) Grat, der mit einer plattigen Kante auf dem steilen Schrofenvorbau fußt, ist der Westgrat. Die Führe verläuft immer nahe des Grates.

Zugang: Von der Oberreintalhütte ins Schüsselkar und in Fallinie des Oberen Berggeistturmes über Schrofen empor zum Beginn des sich steil aufschwingenden Westgrates. E wenige Meter rechts davon unter einem 40 m hohen, grauen Riß. 1 Std.

Führe: 1. SL: 5 m rechts des Risses empor zu H (A0), Quergang nach rechts und gerade empor. 20 m über dem E Quergang nach links in den Riß, diesen kurz hinauf und nach links heraus auf eine Platte (VI—, eine Stelle A0, mehrere H, 40 m). **2. SL:** Links haltend über die Platte hinauf und gerade empor auf kleinen Absatz (V+ und III, 2 H, 20 m). **3. SL:** Rechts haltend brüchig empor an die Kante und über eine Rampe an die Kante (V und III, 25 m). **4. SL:** Über die Kante brüchig bis unter einen Überhang, rechts haltend darüber hinweg und gerade empor auf einen Absatz (VI—, 4 H, 30 m). **5. SL:** Über die Kante empor bis auf einen großen Gratabsatz (IV— und III, 1 H, 30 m). **6. SL:** Links an dem Turm vorbei und zu Köpfl (IV—, 35 m). **7. SL:** Etwas links der Kante zu Köpfl unter einem Aufschwung (IV und III, 45 m). **8. SL:** Dem Aufschwung links ausweichend und gerade empor zum Grat (IV+, 2 H, 35 m). **9. SL:** Über den Grat bis zu einem Türmchen (IV—, 1 H, 40 m).
Über den Grat zum Gipfel (II und III, 80 m). (G. Härter)

● **1294 Westkante, Hausstätterkante**
F. Hausstätter, F. Zimmermann, 1934.
V+, stellenweise leichter. Sehr selten begangen, teilweise sehr brüchig. Ca. 250 mH, 3—4 Std.
Foto S. 426.

Übersicht: Die Westkante begrenzt links die gelbe SW-Wand und vereinigt sich weiter oben mit dem Westgrat (R 1293).

Zugang: Wie R 1293. Über plattige Schrofen nach rechts bis nahe zur großen Schlucht südl. des Turmes. Hier E. 1 Std. von der Oberreintalhütte.

Führe: Von rechts her über das markante, rampenartige und grasdurchsetzte Band steil nach links aufwärts zur Kante. Schräg links in eine gelbe Steilrinne, die 1 SL verfolgt wird (IV). Bei einer gelben Schuppe links um die Kante und zweckmäßig noch 10 m gerade hinauf zu gutem Sicherungsplatz. Von hier wieder 7 m zurück und Quergang nach links in die gelbsplittrige Rinne. Wenige Meter in derselben abwärts und abermals kurzer Quergang nach links auf schmaler Leiste zu kleinem Köpfl an der plattigen grauen Kante. Hinter dieser, knapp links davon, weniger schwierig zu Stand unter dem prächtigen, überhängend ansetzenden, rauhen Riß, etwa 10—12 m links der hier unmöglichen, überhängenden Kante. Der Riß wird 2 SL verfolgt. Etwa 15 m unter dem abschließenden, schwarzen Überhang (rechts glatter, von feinen Rissen durchsetzter Plattenschuß) links heraus und über kleingriffige, plattige Wandstelle (1 SL) zu Stand. Nun wieder rechts empor und in den Riß, der oberhalb des Überhangs sich fortsetzt und nochmals schwierig zu einer geräumigen Kanzel hinaufführt. Von hier auf der sich nun zurücklegenden Kante weniger schwierig weiter, meist direkt auf die Schneide mit nur geringen Umgehungen. Von einem scharfen Schartl steigt man in der Südseite etwas ab und erklettert dann eine rauhe, prächtig griffige 15-m-Wandstelle. (Hier kommt der Südgrat, R 1296, herauf.) Im obersten Teil hält man sich wieder mehr in der linken, plattigen Flanke und gewinnt über die letzte Rippe direkt den Gipfel.

● **1295 Südwestwand**
D. Cukrowski, L. Döllein, 1947.

VI/A1, überwiegend VI—/A1, nur selten leichter. Rotpunkt VII. Im unteren Teil schöne Plattenkletterei an festem Fels, im oberen Teil überwiegend Rißkletterei an teilweise brüchigem Fels. Rückzug nach Überwindung der Platte besser auf R 1295a, zwei 45-m-Seile notwendig. Relativ wenig begangen. Die meisten ZH und SH vorhanden. Bis zum Grat ca. 150 mH, Kletterlänge bis zum Grat ca. 190 m. 3—5 Std. Foto S. 426, Skizze S. 425.

Übersicht: Durch die gelbe SW-Wand zieht von rechts unten eine auffallende, rampenartige Verschneidung nach links oben. Die Führe beginnt unterhalb der Höhle am Anfang der auffallenden Verschneidung. Der weitere Anstieg verläuft leicht links der Verschneidung und in ihr bis zum Grat. Über ihn unschwierig zum Gipfel.

Zugang: Von der Oberreintalhütte ins Schüsselkar und bis zum Schrofenvorbau unterhalb der SW-Wand. Von hier zieht eine Rinne leicht rechts haltend bis zur Höhle empor. Man klettert größtenteils in der Rinne, manchmal links derselben, bis etwa 20 m unter die Höhle. Hier E. Etwa 1 Std. II und III.

Führe: 1. SL: Durch einen meist nassen Riß und links davon in die Höhle hinauf (IV+, 20 m). **2. SL:** Gerade zum Höhlendach empor, dann den H folgend nach links (V / A 1) zum Beginn der plattigen Rampe. Auf dieser 2 m hinauf (VI) zu H. Seilzugquergang nach links und zu zwei H empor. Über die Platte gerade empor (VI, 5 m) zu H. Seilzugquergang nach links (VI / A 0, mehrere H, 35 m). **3. SL:** Waagrecht nach links in den Riß (hier mündet R 1295 a) und durch diesen empor. Über leichtes Gelände zum Beginn eines feinen Risses (VI— und III, 1 H, 25 m). **4. SL:** Durch den Riß bis unter einen Überhang. Quergang nach links und gerade in einen gelben Winkel hinauf. Links um die Kante und durch einen brüchigen Riß hinauf. Bei einem losen Köpfl brüchig nach links heraus in eine Nische (VI—/ A 0, mehrere H, 45 m). **5. SL:** Durch den Riß frei empor, nach rechts und wieder nach links aus der Nische heraus über eine Wandstelle nach rechts zu seichter Nische (VI—/ A 1, 3 H, 30 m). **6. SL:** Gerade empor und rechts am Überhang vorbei. Über große Blöcke nach links auf den Grat (IV +, 1 H, 25 m). Durch den Kamin links vom Grat (an seinem oberen Ende Beginn des Schnellabstiegs, R 1291 A) und über den Grat zum Gipfel (II und III, 100 m). (W. Pohl, G. Härter)

● **1295 a Direkter Einstieg zur Südwestwand**
L. Brandler, H. Wünsche, 1956.

VI / A 0 (Rotpunkt: VI +). Hauptsächlich Rißkletterei, zu Beginn etwas Wandkletterei. Teilweise splittriger Fels. Bis 1980 nur 5 Wiederholungen. 4 ZH vorhanden, Rest kann mit Hexentric Gr. 4—6 gut abgesichert werden. 45 m, am besten in 1 SL klettern. Ca. 1 Std.

Foto S. 426, Skizze S. 425.

Übersicht: Zur „Cukrowskiplatte" zieht von links unten ein Riß herauf und begrenzt diese auch links. Durch diesen verläuft die Variante.

Zugang: Links vom E zu R 1295 zieht unter einem gelben, splittrigen Überhang ein Band nach links zu einem Köpfl. Hier E.

Variante: Vom SH über die Platte links aufwärts und gerade empor zu H. Quergang nach rechts und gerade empor zum Beginn des Risses. Durch diesen nach 35 m zu Stand. Weiter wie bei R 1295. (G. Härter)

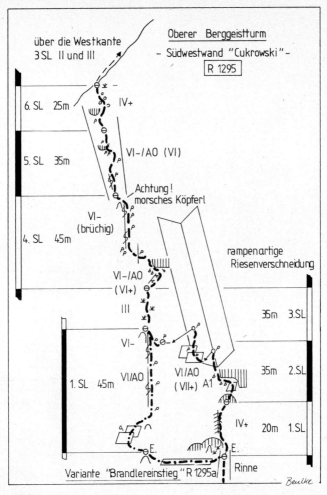

- **1296 Südgrat**
    A. Göttner, Käthe Häußler, R. Unterberger, 1934.
    IV+. Sehr selten begangen. 2—3 Std.

Zugang: Südl. des Oberen Berggeistturmes zieht eine Schlucht herab, die durch einen Turm in zwei Teile gespalten wird. Durch die rechte Schlucht empor bis in eine Scharte hinter dem Turm.

Führe: Halbrechts aufwärts über eine Rippe, nach links in eine Plattenmulde. Über glatte Platten 20 m gerade empor zu einem Stand unterhalb einer Rinne. Durch diese 60 m empor zum Grat und über ihn weiter bis zu einem nächsten Aufschwung. Querung 35 m nach links bis fast an die Kante. Über eine rauhe, 10 m hohe Wandstelle (H) gerade empor zum Grat. Über die zerhackte Schneide bis unter einen gelben Abbruch. Hangelquerung nach links in eine Nische, und über den Grat weiter zum Gipfel.

- **1297 Südwand**
    A. Göttner, M. Meier, 1934.
    V (1 SL) und III. Kurze Übungskletterei an festem Fels entlang der Abseilpiste. Sehr selten begangen. Ca. 80 mH, Kletterlänge ca. 100 m; ½ Std. Foto S. 426.

Zugang: In der großen, südl. des Oberen Berggeistturmes herabziehenden Schlucht aufwärts bis links eine Rippe unter die Südwand hinaufleitet. Über sie zum E.

Führe: 1. SL: Vom Wandfuß über eine Rampe nach links und gerade empor zu gebohrtem AH (II und III, 30 m). **2. SL:** Etwas rechts gerade empor und plattiger Quergang nach rechts zu gebohrtem AH. Durch eine schwach ausgeprägte Rinne empor zu gebohrtem AH (V, 1 H, 35 m). **3. SL:** Durch die Rinne rechts auf den Grat und über ihn links zum Gipfel (II, 40 m). (G. Härter)

- **1310 Unterer Berggeistturm,** etwa 2000 m

Erstbesteigung: A. Schmid, H. Behrendt, Herbst 1909, im Zusammenhang mit der Erstbegehung des Westgrates des Westgipfels der Partenkirchener Dreitorspitze. Der Untere Berggeistturm ist der erste selb-

---

Oberer Berggeistturm und Oberreintaldom von Südwesten

R 1293:	Westgrat „Schobergrat"	R 1295a:	Brandlereinstieg
R 1294:	Westkante „Hausstätterkante"	R 1297:	Südwand
R 1295:	Südwestkante „Cukrowski"	R 1332A:	Abstieg vom Oberreintaldom nach Süden

ständige Turm des Dreitorspitz-Westgrates, er bricht mit steilen Wänden ins untere Schüsselkar ab.

Wegen des kurzen Zuganges und des bequemen Abstieges (Abseilpiste mit gebohrten AH) beliebtes Kletterziel, einer der Hauptkletterberge im Oberreintal. Bei den Klettereien handelt es sich durchwegs um Genußklettereien in bestem Fels.

Die „Militärkante" (R 1317) bietet nette, aber etwas kurze Kletterei im III. und IV. Grad und zählt zu den beliebtesten Routen im Oberreintal in diesem Schwierigkeitsbereich. Das „Gelbe U" (R 1312) ist die klassische Kletterei am Unteren Berggeistturm und wird auch dementsprechend häufig begangen. Die erst 1979 eröffnete „Sepperl-Verschneidung" (R 1318) bietet interessante, relativ kurze Rißkletterei. Zu bemerken ist, daß dies die erste Neutour im Oberreintal war, die im modernen Stil (Klemmkeile zur Zwischensicherung) eröffnet wurde.   (S. Beulke)

● 1311 A **Abstieg ins Schüsselkar**

4× abseilen; gebohrte, massive AH (Abstand 20 m) vorhanden. Rest Schrofengelände (I und II). **Achtung:** Bei Gewittern kann der Abstieg durch Wasserfälle aus den Wänden des Oberreintaldoms nahezu unpassierbar werden. ½—1 Std. ins Kar. Skizze S. 436.

Vom Gipfel wenige Meter über den Grat nach S zu kleiner Scharte. Hier eingebohrter AH. 20 m in die Scharte zwischen Unterem Berggeistturm und Oberreintaldom Richtung Osten abseilen. Hier gebohrter AH. 20 m Richtung Süden in die Rinne abseilen. Durch die Schrofenrinne 70 m absteigen (I und II). Gebohrter AH am orogr. rechten Rand der sich teilenden Rinne. 20 m abseilen. Gebohrter AH am orogr. linken Rand der Schlucht. 20 m abseilen zu kleinem Schuttkessel. (Hier E von R 1317). Von hier nach S zu kleiner Scharte. **Achtung:** Vom Schuttkessel **nicht** gerade absteigen, da die Rinne sich in Abbrüche verliert. Nun auf Steigspuren waagrecht 50 m nach S und über Schrofen Abstieg ins Schüsselkar (I und II).   (G. Härter)

● 1312 **Nordwestwand, „Gelbes U"**

L. Rittler, T. Schmid, 1928.

V / A 0, Vorbau IV— und II (Rotpunkt: VI). Ausgesprochen schöne Kletterei an festem, gutgriffigem Fels. Sehr häufig begangen. Die meisten ZH und SH vorhanden. Ca. 300 mH. Kletterlänge ca. 370 m. 2—3 Std.

Foto S. 431, Skizze S. 429.

Übersicht: Die Führe verläuft im rechten Zweig des auffallenden „gelben U". In der Folge leicht links des ausgeprägten Risses, welcher vom Gipfel herabzieht.

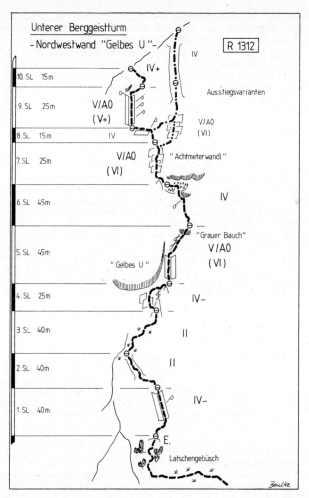

Zugang: Von der Oberreintalhütte durch den Plattenschuß zum untersten Schüsselkar. Am Fuße der Westwand nach links zum höchsten Punkt des Latschendreiecks. Hier E. ½ Std.

Führe: 1. SL: Über gestuften Fels nach rechts in eine plattige verschneidungsartige Rinne und diese empor zu Stand an ihrem Ende (IV—, 1 H, 40 m). **2. SL:** Über bänderartige Schrofen nach links über die Rinne, rechts der Rinne empor zu Stand (II, 40 m). **3. SL:** Über Schrofen rechtshaltend empor zu Stand in einer kaminartigen Nische unter einem überhängenden Riß (II, 40 m). **4. SL:** Links des Risses über eine Wandstelle gerade empor, nach rechts zu markanter Felsschuppe und um diese herum nach rechts zu Stand an einem Köpfl direkt unter dem „Gelben U" (IV—, 25 m). **5. SL:** Den gelben Riß gerade empor und nach rechts heraus auf einen Absatz, durch den Riß weiter und über einen kleinen Überhang („Grauer Bauch") in leichteres Gelände zu Stand auf einem Band (V/A0, mehrere H, 45 m). **6. SL:** Die Schlucht empor unter einen großen Überhang, nach links heraus in leichteres Gelände und weiter nach links zu Stand am Rand des Kessels (IV, 1 H, 45 m). **7. SL:** Gerade durch Risse empor auf eine Kanzel an der Kante, weiter gerade empor zu Wandstelle und von links nach rechts über diese („Achtmeterwandl") in den anschließenden Riß, diesen weiter empor zu Stand (V/A0, mehrere H, 25 m). **8. SL:** Über einen kleinen Überhang zu einem Plattenband. Quergang über diesen nach links zu Stand unter der markanten Rißverschneidung (IV, 1 H, 15 m). **9. SL:** Die Rißverschneidung empor zu Überhang, unter diesem nach rechts heraus zu Stand auf schräger Platte (V/A0, 3 H, 25 m). **10. SL:** Gerade empor und nach links auf den Grat (IV+, 15 m). Über den Nordgrat zum Gipfel (II, 50 m).

Anmerkung: Ab der 8. SL sind auch zwei Ausstiegsvarianten möglich. Details siehe Skizze „Gelbes U".

- **1313 Direkte Westwand, „Donnerwetter"**
  S. Glowacz, B. Schmid, 31.5.1982.
  VI/A2 (meist VI und V+, 1 SL A2, schon früher begangen). Mit Ausnahme der 1. SL reine Freikletterei in festem Fels, meist Platten- und Rißkletterei, nach Regen relativ schnell wieder zu begehen, da nach Westen exponiert. Einige Stopper und Friends bis Größe 3 zur zusätzlichen Absi-

Unterer Berggeistturm von Westen

R 1312: Nordwestwand „Gelbes U"
R 1313: Direkte Westwand „Donnerwetter"
R 1314: Westwand „Spindlerriß"
R 1318: Sepperlverschneidung

cherung notwendig. Kletterlänge von der Abzweigung vom „Gelben U" (R 1312) 145 m. Von der Abzweigung bis zum Gipfel 2½—3 Std. Foto S. 431, Skizze S. 433.

Übersicht: Die Führe verläuft durch die markante, abweisende Plattenzone links des „Gelben U", R 1312.

Zugang: Die ersten 3 SL gemeinsam mit R 1312, dann schräg rechts empor zum höchsten Punkt des Schrofenvorbaus unter gelbschwarzen, wulstartigen Überhängen. E links unter einer überhängenden Wand (BH).

Führe: 1. SL: Der H-Leiter folgend empor (A2, viele H, 45 m). **2. SL:** Ansteigender Plattenquergang nach rechts, gerade empor und ansteigender Quergang nach links in eine Verschneidung, durch diese empor und nach links heraus (VI, 4 H, 35 m). **3. SL:** Nach rechts zu einem Riß, durch diesen und den anschließenden Überhang empor, dann schräg links empor (VI—, 1 H, 25 m). **4. SL:** Nach links zu Verschneidung und diese empor, ansteigender Quergang nach links in markante Verschneidung und durch diese unter eine markante Rißverschneidung (V+, 1 H, 40 m). Hier trifft das „Donnerwetter" wieder mit dem „Gelben U" zusammen. Über das „Gelbe U" weiter zum Gipfel (1 SL V+, dann III und II). (B. Schmid)

● **1314 Westwand, „Spindlerriß"**
Gebr. Spindler, 1925.

V / A0 (1 SL), meist III und IV (Rotpunkt: VI—).

Nur im oberen Teil abwechslungsreiche und interessante Kletterei. Der obere Teil wird deshalb öfters in Verbindung mit den unteren SL des „Gelben U" begangen und ergibt so eine sehr schöne Routenkombination. Die meisten SH und ZH vorhanden. Kletterlänge 345 m, ca. 280 mH. 2½ bis 3½ Std.

Foto S. 431, Skizze S. 434.

Übersicht: Die Führe verläuft durch den zentralen Wandteil der Westwand und erreicht im oberen Wandteil durch ein wenig markantes Rißsystem rechts der zentralen „Sepperlverschneidung" (R 1318) den Gipfel.

Zugang: Zustieg zum Wandfuß wie bei R 1312. E am Beginn einer markanten Verschneidung etwa in Gipfelfallinie. Von der Oberreintalhütte ca. ½ Std.

Führe: 1. SL: Durch die markante Verschneidung empor (IV, 1 H, 40 m). **2. SL:** Über Schrofen links haltend aufwärts (III und II, 40 m). **3. SL:** Gerade empor, dann rechts zu Nische (II, 35 m). **4. SL:** Links über Platte, dann Quergang nach rechts über Kante in leichteres Gelän-

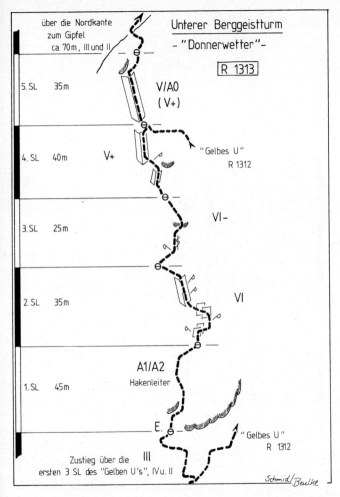

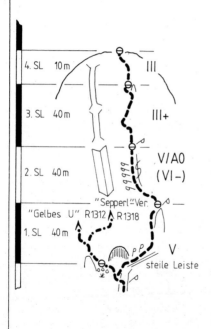

de und gerade empor (IV+, 1 H, 30 m). **5. SL:** Im Riß aufwärts, den H folgend, zum Schluß über Überhang zu Schrofenabsatz (V—/A0 bzw. V+, mehrere H, 35 m). **6. SL:** Kurz rechts aufwärts, dann wieder gerade über Platten empor (IV+, 2 H, 35 m). Hier trifft die Westwandführe mit dem „Gelben U" (R 1312) zusammen. **7. SL:** Quergang auf Leiste 10 m nach rechts, dann gerade empor unter einen Riß (V, 2 H, 40 m). **8. SL:** Links empor in den Riß („Spindlerriß") und durch ihn empor (V/A0 bzw. VI—, mehrere H, 40 m). **9. SL:** Zuerst leicht links, dann gerade empor zu Köpfl (III+, 40 m). **10. SL:** Links empor zu Gipfel (III, 10 m). (W. Pohl, G. Reindl)

● **1315 Direkte Nordwand und Nordkante**
R. Hechtel, R. Mäser, 1948.
VI—, stellenweise auch leichter. Sehr selten begangen.
4—5 Std.

Übersicht: In der unteren Fortsetzung des Nordwandkamins (R 1316) zieht eine Rißreihe herab, die in ihrem unteren Teil von einer aus der Wand vorspringenden Rippe begleitet wird. Der E befindet sich am Fußpunkt dieser Rippe.

Führe: Über die Rippe 1½ SL empor, und links um die Kante (H) in einen versteckten Kamin, der bis unter einen großen Überhang verfolgt wird. Nach rechts hinaus auf eine kleine Kanzel, einige Meter schräg rechts empor und auf einer Leiste nach links unter den großen Abschluß-Überhang. Über diesen hinweg in einen Kamin, der 2 SL aufwärts verfolgt wird bis zu einem Schuttplatz. (Verfolgt man den Kamin weiter, so gelangt man auf den alten Nordwandweg, R 1316.) Von hier über eine kurze Rampe und ein abschüssiges Band (mehrere H) nach rechts hinaus an die Kante, und sofort gerade empor zu einer überhängenden Verschneidung (weiter rechts steckende H rühren von früheren Versuchen her). Vom Ende der Verschneidung durch einen überhängenden Riß schräg rechts empor und über einen weiteren Überhang zu Stand. Waagrechter Quergang nach rechts an die Kante zu einer Kanzel, durch einen überhängenden Riß einige Meter empor, dann nach links in eine Rinne und durch diese zu kleinem Stand an der Kante. Einige Schritte nach rechts und über eine überhängende Wandstufe zurück zur Kante, die sich nach weiteren 20 m zurücklegt und ohne Schwierigkeiten direkt zum Gipfel führt.

● **1316 Nordwand**
K. Markert, B. Neigert, 1921.
IV, nur selten leichter. Teilweise brüchig. Kaum begangen.
2—2½ Std.

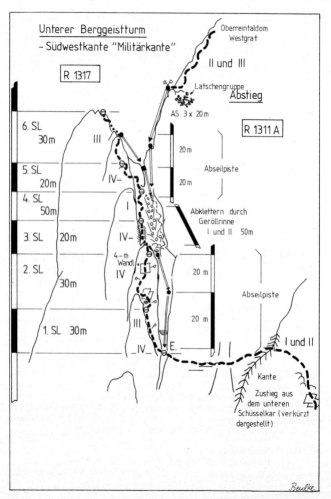

Zugang: Vom Oberreintalboden steigt man in der Rinne der zwischen Eichhorngrat (R 1256) und Oberreintaldom eingeschnittenen Schlucht empor bis 40 m unter die Plattenwände. 25 Min.

Führe: Unter einem Felskopf leitet nach rechts gegen die Nordwand des Berggeistturmes ein Band, das man, zum Schluß sehr kleingriffig, etwa 60 m weit verfolgt. Dann rechts aufwärts an eine Kante (IV) und 15 m Quergang schräg abwärts in den Kamin, der den Turm vom Westgratmassiv abspaltet. Erst an einer Rippe im Kamin, dann in seinem Grunde an der rechten Begrenzung, zwei Überhänge überkletternd (IV), zu einer Gabelung. Im linken Ast an brüchigen, steilen Felsen zur Scharte, und unschwierig weiter zum schmalen Gipfel.

- **1317**   **Südwestkante, „Militärkante"**
  Erstbegeher nicht bekannt.
  IV (zwei Stellen), sonst leichter. Schöne, kurze Kletterei an festem Fels. Häufig begangen. Erforderliche H vorhanden. Ca. 150 mH, Kletterlänge ca. 100 m, da im Mittelteil Gehgelände. 1—2 Std. Foto S. 438, Skizze S. 436.

Übersicht: Die Führe hält sich im unteren Teil an die Kante. Der steile Aufschwung im oberen Teil wird rechts umgangen.

Zugang: Vom unteren Schüsselkar in Fallinie des Oberen Berggeistturmes über Schrofen empor und nach links (Steinmänner) zum Auslauf der Abseilschlucht des Unteren Berggeistturmes. E an der orogr. rechten Schluchtwand. Von der Oberreintalhütte 1 Std.

Führe: 1. SL: Über eine Wandstelle und leicht rechts der Kante empor (IV und III, 1 H, 30 m). **2. SL:** Nach rechts und gerade empor zu kleiner Scharte. Nun an der Kante und über einen Aufschwung auf einen Absatz (IV und IV—, 3 H, 30 m). **3. SL:** Durch die kleine Scharte (IV—) und über den Grat ins Schrofengelände (20 m). **4. SL:** Nun im leichten Gelände der Abstiegsrinne empor bis zum letzten Aufschwung (I, 50 m). **5. SL:** Auf einem Band nach links und gerade empor zur Kante (IV—, 20 m). **6. SL:** Über die Kante zum Gipfel (III, 30 m).

(G. Härter)

- **1318**   **Nordwestwand, „Sepperlverschneidung"**
  S. Eichinger, S. Gschwendner, N. Sialkowsky 8. 9. 1979.
  VI (überwiegend) und IV. Rißkletterei an festem Fels. Mittlere Klemmkeilgrößen empfehlenswert. Die meisten SH und wenige ZH vorhanden. Kletterlänge ca. 100 m. 1½—2 Std. Foto S. 431, Skizze S. 440.

Übersicht: Vom Gipfel zieht rechts von R 1312 ein auffallendes Riß- und Verschneidungssystem bis zu einer markanten Höhle herab, das den Durchstieg vermittelt.

Zugang: Entweder auf R 1312 oder auf dem Direkten Einstieg R 1318 a.

Führe: 1. SL: Vom Stand vor dem „Achtmeterwandl" des Gelben U (R 1312) Quergang nach rechts in die Verschneidung und empor unter einen Rißüberhang (VI, 2 H, 35 m). **2. SL:** Über den Rißüberhang und die folgende plattige Stelle (VI– und V, 25 m). **3. SL:** Durch die Verschneidung auf den Grat (IV, 40 m). Über den Grat zum Gipfel (II, 35 m). (S. Beulke)

● **1318a Direkter Einstieg zur Sepperlverschneidung**
S. Eichinger, C. Wehrle, 11. 10. 1979.
VI / A 0 (eine Stelle), sonst V. Die meisten SH und ZH vorhanden. Kleines Klemmkeilsortiment empfehlenswert. Kletterlänge bis zur Sepperlverschneidung ca. 220 m. 2—3 Std.

Übersicht: Der Direkte Einstieg verläuft zwischen dem Gelben U (R 1312) und den Westwandrissen (R 1314).

Zugang: Von der Oberreintalhütte an den Fuß der Westwand zum Beginn eines breiten, markanten Kamins. Hier E. ½ Std.

Führe: 1. SL: Durch den Kamin zu Latsche (IV +, 40 m). **2. SL:** Über eine Platte nach links in eine Verschneidung und durch diese 20 m empor (V und VI, eine Stelle A 0, 2 H, 35 m). **3. SL:** Durch die Verschneidung bis unter einen gelben Überhang und Quergang nach links zum Beginn eines Pfeilers (V +, 20 m). **4. SL:** Über die Rampe rechts haltend zu Bäumchen (V, 45 m). **5. SL:** Nach links in einen Kamin und durch diesen zu Schrofen (III, 20 m). **6. SL:** Über die Schrofen zum linken Rand einer Höhle (II, 40 m). **7. SL:** Links aus ihr heraus und durch Risse zuerst rechts, dann links haltend (V +, 2 H, 30 m). Von hier weiter auf R 1312 oder auf R 1318. (C. Wehrle)

● **1330 Oberreintaldom,** 2371 m

Erstbesteigung: A. Schmid, H. Behrendt, Herbst 1909, im Zusammenhang mit der Erstbegehung des Westgrates des Westgipfels der Partenkirchener Dreitorspitze.

Eigentlich nur ein langgestreckter, schmaler Grathöcker ohne eigentlichen Gipfelcharakter. Früher war er unter dem Namen Teufelsturm bekannt. Seinen jetzigen Namen verdankt er seiner markanten, durch

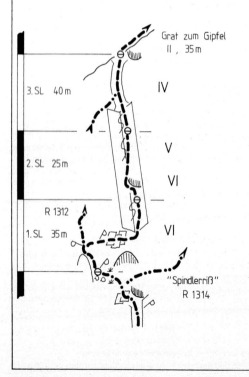

mehrere Pfeiler aufgegliederten Nordwand, die, besonders im Abendlicht, an eine gotische Kirche erinnert. Neben dem Unteren Schüsselkarturm und dem Oberreintalturm ist der Oberreintaldom der Hauptkletterberg im Bereich der Oberreintalhütte. Es wird dabei (leider) ausschließlich der extreme Kletterer auf seine Kosten kommen, da die einzig leichtere Route, der Westgrat (R 1255), wenig lohnend ist.
Bei den Routen handelt es sich um relativ ernste, alpine Unternehmen. Steiles Schrofengelände bestimmt den Zustieg für die Routen in der Südflanke des Oberreintaldoms. Die Domrinne als Zugang zu den Routen in der Nord- und Nordwestwand ist steinschlaggefährdet und nicht zu unterschätzen. Besonders im Frühsommer können harte Altschneereste die Schwierigkeiten sehr erhöhen. Vom Oberreintaldom gibt es keinen leichten Abstieg. Der früher übliche Abstieg durch das Rinnensystem nach Süden setzt Orientierungsfähigkeit und gute Sicht voraus, verbunden mit der nötigen Vorsicht bei Schneeresten. Der Westgrat als meistbegangener Abstieg ist zwar kürzer, weist aber auch Stellen im III. Schwierigkeitsgrad auf und erfordert sicheres Beherrschen der Abseiltechnik. Die Routen in der durch Rippen und Schluchten stark gegliederten Südflanke werden relativ wenig begangen. Der Zustieg ist lang, die Touren selbst teilweise brüchig und wenig lohnend. Lediglich die Schöne/Wünsche-Führe (R 1347) wird öfters begangen. Die Prachtseiten des Oberreintaldoms sind dagegen seine steilen Nord- und Nordwestabbrüche, die durchaus einem Vergleich mit der Fleischbank-Ostwand standhalten und von einem dichten Netz interessanter Routen durchzogen werden. Es handelt sich dabei durchwegs um ernste, schwierige Freikletterreien klassischen Stils, teilweise mit einigen kurzen Hakenpassagen vermischt. Bis auf die Ausstiegsseillängen trifft man fast durchwegs festen Fels an. Nach längeren Regenphasen trocknet die Nordwand relativ langsam ab, da oftmals Rißkletterei dominiert (PS-Verschneidung, R 1337, Gondaverschneidung, R 1334).
Die Nordverschneidung, nach dem Erstbegeher Karl-Heinz Gonda auch oft Gondaverschneidung genannt (R 1334), zählt zu den großen Wettersteinklassikern. Besonders der untere Wandteil bietet interessante und teilweise anstrengende Riß- und Piazkletterei. Der frühere gute Ruf einer schwierigen Freikletterei ist leider im Laufe der Jahre einer starken Vernagelung zum Opfer gefallen. 1979 wurde ein Teil der überflüssigen Haken entfernt, wodurch die Route ihren Charakter als ernste Freikletterei zurückgewann. Die Zahl der Begehungen ist seitdem stark zurückgegangen. Die Schließlerführe (R 1336) war lange Zeit die schwierigste Route am Oberreintaldom und zählt heute noch zu den anspruchsvollsten klassischen Routen im Wetterstein. Dank der Nachbarschaft zur bekannteren Gondaverschneidung blieb die Schließlerführe

weitgehend vor unnötiger Übernagelung verschont und konnte immer ein gutes Beispiel für den klassischen VI. Grad darstellen. Die Kletterei ist vergleichbar mit der Schoberführe (R 1045) am Unteren Schüsselkarturm, die Linienführung ist ideal. Nach Regen ist sie als erste Route in der Nordwand wieder zu begehen, da keine Risse oder nassen Kamine zu bewältigen sind. Insgesamt kann die Schließlerführe vielleicht als die schönste Route am Oberreintaldom bezeichnet werden.

Die Brandlerführe durch die Nordwestwand (R 1339) ist die wahrscheinlich am häufigsten begangene Route am Oberreintaldom. Sie bietet elegante, klassische Freikletterei in sehr festem, rauhem Fels. Einziger Nachteil ist der etwas lange, teilweise brüchige Vorbau zum Beginn der eigentlichen Schwierigkeiten. Als Entschädigung fällt dafür der relativ lange Abstieg vom Oberreintaldom weg. Der Ausstieg der Brandlerführe befindet sich nur unweit vom Beginn der Abseilpiste zum Unteren Berggeistturm. Die Direktvariante (R 1339a) zur Nordwestwand bietet kurze, aber rassige Freikletterei, die der Brandlerführe an Schönheit nicht nachsteht, diese an Schwierigkeit aber deutlich übertrifft.

(S. Beulke)

- **1331A Abstieg über den Westgrat**
  III und II, Abseilpiste mit eingebohrten AH, 1983 von Pit Schubert und Charly Wehrle eingerichtet. 1½ Std. Kürzer und leichter zu finden als R 1332A.

Vom Gipfel oder vom Ausstieg einer der Nordwandführen immer möglichst weit rechts haltend über Steilstufen den Westgrat in Richtung Unterer Berggeistturm abklettern (III). Etwa 30 Höhenmeter oberhalb dessen Gipfel bei einer Latsche kurzer Quergang nach Norden zu AH. 3 × 20 m AS in die Scharte zwischen Unteren Berggeistturm und Oberreintaldom. Weiter auf R 1311A in das Schüsselkar.

(G. Härter, S. Beulke)

- **1332A Abstieg nach Süden**
  II und I, 1½ Std.
  Der Abstieg nach Süden durch die Schrofenrinnen und durch die große Schlucht südlich des Oberen Berggeistturms

Oberreintaldom von Nordwesten

R 1256:	Eichhorngrat	R 1339:	Brandler
R 1333:	Lesch/Prechtl	R 1339a:	Hey Joe
R 1334:	Gondaverschneidung	R 1340:	Octopus
R 1335:	Erdenkäufer	R 1340a:	Octopus-Direktausstieg
R 1336:	Schließler		
R 1337:	PS-Verschneidung	R 1341:	Dornröschen
R 1338:	Sodbrennen	R 1342:	Quergeil

ist technisch leichter, dafür aber problematischer zu finden und im Frühsommer u.U. nicht ganz ungefährlich (Altschneereste!). Foto S. 426.

Vom Gipfel nach Osten in die Scharte vor der Dreitorspitze. Nun nach Süden durch steile Schrofenrinnen hinab (I und II), linkshaltend hinunter bis in die große Schlucht, die nach rechts ins Schüsselkar hinableitet. **Achtung:** Das steile Schneefeld ist oft sehr hart! Kurz vor dessen Ende nach links über Steigspuren aus der Schlucht heraus ins Schüsselkar queren. Nicht weiter abfahren, die Schlucht bricht am Ende überhängend ab! (G. Härter, S. Beulke)

- **1333** Nordwand, „Lesch / Prechtl"
  Th. Lesch, H. Prechtl, 1936.
  V, meist IV+ und V— im unteren und III und IV— im oberen Wandteil. Die erste Route, die in der Nordwand des Oberreintaldoms begangen wurde. Sehr selten begangen. Bis auf die erste SL (sehr brüchig) meist relativ fester Fels. Die meisten SH und ZH vorhanden. In der Route erfolgte in Frühsommer 1983 ein großer Felssturz. Seitdem wurden keine Begehungen mehr bekannt. Über die momentanen Verhältnisse kann deshalb keine Auskunft gegeben werden.
  250 mH, Kletterlänge ca. 355 m. 2½—3½ Std.
  Foto S. 443.

Übersicht: Die Route verläuft durch den schwarz-gelben Wandbereich links der Nordverschneidung, R 1334.

Zugang: Wie zum E zur „Gonda", R 1334, jedoch dann die Domrinne noch weiter empor über einige Steilstufen und ausgewaschenen Gufeln (I und II). E am Beginn eines schrägen, rampenartigen und brüchigen Risses, den man vom oberen Ende der Domschlucht über eine brüchige Steilstufe erreicht (II und III). Von der Oberreintalhütte 1¼—1½ Std.

Führe: 1. SL: Durch den Riß empor, dann rechts heraus und gerade empor (IV+, 3 H, 35 m). **2. SL:** 5 m gerade empor, Quergang 6 m nach rechts in einen Riß, diesen empor und nach rechts (V, 4 H, 25 m). **3. SL:** Über Platten und Risse gerade empor (V—, 1 H, 30 m). **4. SL:** Durch den Riß gerade empor unter eine flache Verschneidung (V, 1 H, 30 m). **5. SL:** Durch die flache Verschneidung rechtshaltend empor auf ein Köpfl (III, 35 m). **6. SL:** Durch einen Kamin empor zu einer Rinne (IV+, 40 m). **7. SL:** Nach rechts über eine Kante und über Platten auf einen großen Kopf (III, 40 m). **8. SL:** Links über eine Rampe empor, zuletzt nach links um die Kante in eine große Rinne (III und IV, 40 m). **9. SL:** In der schluchtartigen Rinne empor in eine Nische (II und III,

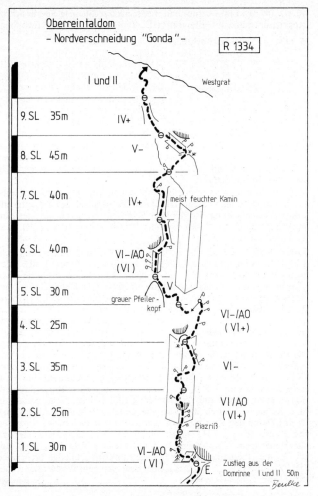

40 m). **10. SL:** Links heraus und wieder nach rechts in leichteres Schrofengelände, das zum Gipfel führt (III, 40 m). (P. Swoboda)

● **1334 Nordverschneidung**
K. Gonda, H. Hackel, 1952.
VI / A 0, meist VI—/ A 0 (Rotpunkt: VI+). Ernste Freikletterei an festem Fels, überwiegend Rißkletterei. Oft begangen, nach Regenfällen leider oft feucht. Die notwendigen ZH und die meisten SH sind vorhanden. KK sind gut anzubringen. Bis zum Ende der Schwierigkeiten ca. 220 mH, Kletterlänge ca. 270 m. 3—4 Std.
Foto S. 443, 448. Skizze S. 445.

Übersicht: Rechts des mächtigen Pfeilers im linken Teil der Nordwand zieht eine riesige Verschneidung empor. Diese vermittelt im unteren Teil teilweise den Durchstieg. Im oberen Teil ermöglichen ausgeprägte Risse den Routenverlauf.

Zugang: Von der Oberreintalhütte über den Talboden und von links her in die Domrinne hinein (II). Durch die Rinne empor bis unter die riesige Verschneidung. Rechts über Schrofen hinauf bis zu einer Einbuchtung knapp rechts unterhalb der Verschneidung (II und III). Hier E. Von der Hütte 1 Std.

Führe: 1. SL: Über die glatte Platte hinauf und links haltend zu einem Riß. Durch diesen zu einer Gufel (VI—/ A 0, 2 H, 30 m). **2. SL:** Nach rechts zu einem Riß mit HK und durch ihn 10 m hinauf bis unter einen Überhang. Links heraus und gerade hinauf in eine kleine Gufel. Dem Riß schräg rechts folgend zu der großen Verschneidung (VI / A 0, 4 H, 25 m). **3. SL:** 2 m empor, links heraus und wieder zurück in die Verschneidung. Quergang 10 m nach rechts um die Kante und gerade hinauf zum Beginn eines Risses, durch ihn 10 m (VI—, 3 H, 35 m). **4. SL:** Kurzer Rechtsquergang und gerade hinauf in die gelbe Verschneidung. An ihrem Ende rechts heraus und gerade hinauf in eine kurze Verschneidung. Mit Seilzug nach links heraus und gerade empor (VI—/ A 0, mehrere H, 25 m). **5. SL:** Kurz gerade hinauf und 15 m nach links zu einem Riß und durch ihn auf großen Pfeilerkopf (V, 30 m). **6. SL:** Durch die Verschneidung 10 m hinauf, rechts haltend in eine Rinne und durch diese in eine Gufel (VI—/ A 0, 3 H, 40 m). **7. SL:** Durch den Kamin empor und bei Absatz nach rechts heraus an die Kante (IV+, 2 H, 40 m). **8./9. SL:** Nach rechts empor zu schartenartigem Schrofengrat, von dort wieder schräg links empor unter braune Überhänge und weiter nach links in schrofige Steilrinnen (III, V— und IV+, 2 H, 80 m). Über Schrofen zum Westgrat und über diesen zum Gipfel (I und II). (S. Beulke)

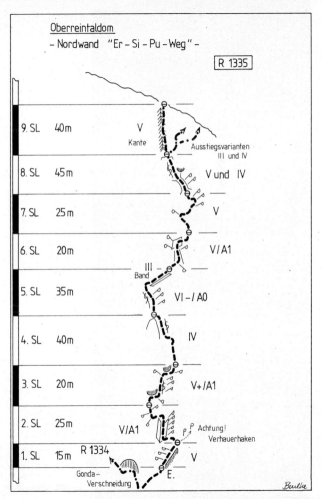

Oberreintaldom, Nordwand, linker Wandteil

R 1334: Nordverschneidung „Gonda"
R 1335: Erdenkäuferführe (Er-Si-Pu-Weg)
R 1342: Quergeil

Oberreintaldom, Nordwand, mittlerer Wandteil

R 1336: Schließlerführe
R 1337: PS-Verschneidung
R 1341: Dornröschen

- **1335 Nordwand, „Er-Si-Pu-Weg"**
  A. und H. Erdenkäufer, O. Sigl, Pullen, 21. 9. 1969.
  VI—/A1 (nur eine Passage), meist V. Im unteren, leicht überhängenden Teil viel Hakenkletterei; Rest überwiegend Wand- und Rißkletterei an festem Fels. Wenig begangen. Die meisten ZH und SH vorhanden. Bis zum Grat ca. 220 mH, Kletterlänge ca. 270 m. 3—4 Std.
  Foto S. 443, 448, Skizze S. 447.

Übersicht: Rechts der ausgeprägten Verschneidung der Gondaführe ist eine schwach ausgeprägte Kante im gelben Fels. Die Führe erreicht diese Kante durch einen rechts aufwärts ziehenden Riß. In der Folge über einen auffallenden Pfeiler und über Wandstellen rechts und gerade zu einem markanten nach links ziehenden Riß. Durch diesen und gerade empor zum Grat.

Zugang: Wie R 1334. E 15 m rechts davon bei dem nach rechts aufwärtsziehenden Riß. Von der Oberreintalhütte 1 Std.

Führe: 1. SL: Durch den Riß (V, 3 H, 15 m). **2. SL:** Quergang nach links in die gelbe Verschneidung und durch diese hinauf (A1). Quergang nach links und gerade empor (IV und V/A1, mehrere H, 25 m). **3. SL:** Nach rechts unter den Überhang. Nach diesem im Riß gerade empor. Rechts heraus unter den nächsten Überhang und an der Kante empor (V+/A1, mehrere H, 1 HK, 20 m). **4. SL:** Gerade empor und in einer Rechts-Links-Schleife zum Pfeilerfuß. Im Riß auf den Pfeilerkopf empor zu Köpfl (IV, 40 m). **5. SL:** Durch den Riß (VI—/A0) auf ein Band und über dieses nach rechts zu Köpfl (VI—/A0 und III, 3 H, 2 HK, 35 m). **6. SL:** Schräg rechts in die Rinne, gerade empor und über eine Wandstelle (A1). Quergang 4 m nach rechts und gerade empor (V/A1, 5 H, 20 m). **7. SL:** Links haltend empor zu H und rechts haltend über Wandstellen, zuletzt nach links zum Beginn eines Rißkamins (V, 3 H, 25 m). **8. SL:** Durch den Rißkamin und anschließenden Riß bis auf Absatz (IV und V, 2 H, 45 m). **9. SL:** Mehrere Möglichkeiten; am besten und schönsten vom Absatz gerade über die Kante empor zum Grat (V, 40 m). (G. Härter)

- **1336 Nordwand, Schließlerführe**
  M. Schließler, W. Fischer, 1947.
  VI und **A1**, überwiegend VI— und V (Rotpunkt: VIII—).
  Schöne Freikletterei an festem, rauhem Fels; meist Wandkletterei. Zählt zu den anspruchsvollsten Freikletterein im Wetterstein. Wenig begangen. Die meisten SH und ZH vorhanden. Bis zum Grat 230 mH, Kletterlänge ca. 260 m. 4—6 Std. Foto S. 443, 449, Skizze S. 451.

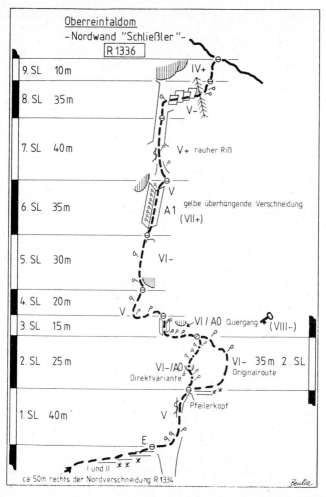

Übersicht: Im zentralen Wandteil befindet sich links des zweiten Pfeilers (links von R 1341) eine auffallende gelbe Wandzone. Die Führe verläuft rechts daran vorbei.

Zugang: Wie zum E von R 1334. Von dort leitet ein ausgesetztes Schrofenband ca. 50 m waagrecht nach rechts bis an einen auffallenden Riß. Hier E. Von der Oberreintalhütte 1 Std.

Führe: 1. SL: Nach rechts in den Riß und durch ihn auf einen Pfeilerkopf (V, 3 H, 40 m). **2. SL:** Auf dem Band nach rechts um eine Kante und über eine Wandstelle gerade empor und links haltend (VI—, 2 H, 35 m) oder

Direktvariante: Gerade empor über einen Überhang und rechts haltend empor (VI—/A0, mehrere H, 25 m). **3. SL:** Quergang nach links in eine Rißverschneidung und durch sie empor (VI/A0, mehrere H, 15 m). **4. SL:** Quergang nach links und gerade empor unter Überhang (V, 3 H, 20 m). **5. SL:** Links über den Überhang und gerade empor auf Absatz unter einer gelben Verschneidung (VI—, 3 H, 30 m). **6. SL:** Durch die Verschneidung empor und rechts heraus unter einen rauhen Riß (A1/V, mehrere H, 35 m). **7. SL:** Durch den Riß und anschließenden Kamin (V+, 2 H, 40 m). **8. SL:** Gerade empor und rechts haltend über Platten um eine Kante und gerade hinauf (V—, 3 H, 35 m). **9. SL:** Leicht rechts haltend empor zum Grat (IV+, 10 m).

(S. Beulke)

- **1337 Nordwand, „PS-Verschneidung"**

    F. und W. Scheffler („Papa und Sohn"), 6. 9. 1959.

    VI—/A1, meist V+ und VI—/A0 (Rotpunkt: VII+). Interessante und anspruchsvolle, teilweise anstrengende Riß- und Wandkletterei in festem, rauhem Fels. Zählt zu den schwierigen klassischen Führen im Oberreintal. Teilweise schlechte ZH, einige KK zusätzlich empfehlenswert. Nicht allzu häufig begangen. Nach Regenfällen durch die schattige Lage im Verschneidungswinkel länger naß als andere Routen. Die meisten SH und ZH vorhanden. Vom E oberhalb der Domrinne 200 mH, Kletterlänge ca. 255 m. 3—4 Std. Foto S. 443, 449, Skizze S. 453.

Übersicht: Zwischen der Brandlerführe, R 1339, und der „Schließler", R 1336, wird die Nordwand von einer mächtigen Verschneidung durchzogen. Durch sie verläuft die Führe.

Zugang: Von der Oberreintalhütte wie bei R 1334 in die Domrinne. Diese empor bis zum markanten Wasserloch (in trockenen Spätsommern u.U. ausgetrocknet, I und II). Nun zuerst gerade, dann rechts ansteigend empor über Schrofen zu Stand links von einer Gratrippe in

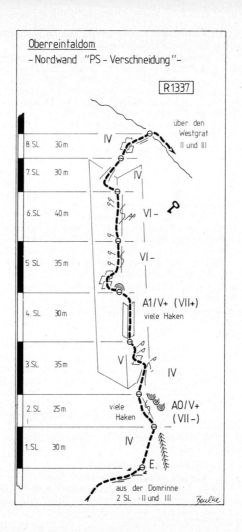

Fallinie der markanten Riesenverschneidung (aus der Domrinne 2 SL II und III). Von der Oberreintalhütte 1 Std.

Führe: 1. SL: Über gestuften Fels schräg rechts empor unter eine links emporziehende Rißspur (IV, 30 m). **2. SL:** Die Rißspur den H folgend empor (A0 / V +, mehrere H, 25 m). **3. SL:** Gerade empor zu einem kleinen Köpfl, über plattigen Fels ansteigend nach links und wieder gerade empor zum Verschneidungsgrund (V, 3 H, 35 m). **4. SL:** In der Verschneidung den H folgend empor und nach links heraus in eine kleine Nische (A 1 / V +, mehrere H, 30 m). **5. SL:** Kurz nach links, dann rechts haltend empor in den markanten Riß, durch diesen empor (VI—, 2 H, 35 m). **6. SL:** Durch den Riß gerade empor (VI—, 4 H, 40 m). **7. SL:** Nach links zu einem rinnenartigen Riß und durch diesen schräg rechts empor (IV, 30 m). **8. SL:** Über plattigen Fels zuerst gerade empor, dann nach rechts zum Ausstieg am Westgrat (IV, 30 m).

(P. Brandstätter)

● **1338 Nordwestwand, „Sodbrennen"**
T. Härtl, Ch. Krah, 10. 6. 1982.

VI + (zwei Stellen), sonst VI und V +. Anspruchsvolle Wand- und Rißkletterei in sehr rauhem und festem Fels. 4 ZH belassen, Zwischensicherungen ausschließlich durch Stopper und Friends. Erstbeg. 6 Std. Zeit der Erstbeh. 6 Std. Foto S. 443, Skizze S. 455.

Übersicht: Die Führe verläuft zwischen der PS-Verschneidung (R 1337) und der Brandlerführe (R 1339).

Zugang: Über die Domrinne und den Vorbau empor zum E der Brandlerführe, R 1339.

Führe: 1. SL: Über die Wandstelle gerade 10 m empor und weiter links querend zu Pfeiler (VI, 30 m). **2. SL:** Gerade den Riß empor auf den Pfeiler (V +, 2 SH, 30 m). **3. SL:** Nach links über Wandstellen zu Riß (H), diesen empor und über eine Platte nach rechts (VI, 2 ZH, 2 SH, 30 m). **4. SL:** Über Wandstellen zu Riß, diesen hoch zu H, Quergang nach rechts zu kleinem Pfeiler und gerade empor zur Brandlerführe (VI +, 1 ZH, 1 SH, 30 m). **5. SL:** 40 m gerade die Verschneidung empor (VI— und V, 5 ZH, 2 SH). **6. SL:** Über den Überhang nach links heraus und über das Rißsystem und den Rißüberhang (VI +, 1 ZH, 30 m). **7. / 8. SL:** Durch die folgenden Risse empor und rechts haltend zum Grat (IV, 70 m).

(T. Härtl)

● **1339 Nordwestwand, Brandlerführe**
L. Brandler, Walpert, 1954.

VI— / A0 auf 4 SL; die letzten 3 SL V + und IV (Rotpunkt VI +). Ausgesprochen schöne, luftige Freikletterei an fe-

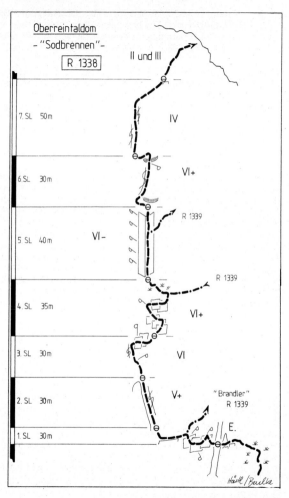

stem, wasserzerfressenem Fels. Überwiegend Riß- und Wandkletterei. Viel begangen. Die meisten SH und notwendigen ZH vorhanden. Bis zum Grat ca. 130 mH, Kletterlänge bis zum Grat ca. 180 m. 2—3 Std. Foto S. 443, Skizze S. 457.

Übersicht: Im westlichen Teil der Nordwand zieht links der Schlucht des Unteren Berggeistturmes ein versetztes Verschneidungs- und Rißsystem zum Grat empor. Dieses vermittelt den Durchstieg.

Zugang: Wie R 1334 in die Domrinne. Durch diese bis zu einem großen Wasserloch empor (III und II). Von hier über Schrofen und Platten bis zum Beginn der Schlucht, die vom Unteren Berggeistturm herunterzieht (III und IV—). Wenige m nach links zu einem an die Wand angelehnten, kleinen Pfeiler. 5 m absteigen zu SH. Hier E. Von der Oberreintalhütte 1 Std.

Führe: 1. SL: Über die Wandstelle gerade empor zu H (Steigbaum, sonst VI). Quergang links abwärts und gerade empor (V+ / A0, 3 H, 20 m). **2. SL:** Vom Stand nach rechts und gerade empor bis unter einen Überhang. Rechts darüber hinweg und durch den Riß (VI— /A0, 4 H, 25 m). **3. SL:** Durch den Riß weiter empor bis zum großen Überhang. Unter diesem links haltend empor (V+, 3 H, 25 m). **4. SL:** Plattiger Quergang links abwärts und links haltend empor zu Rasenfleck (V+ / A0, 2 H, 15 m). **5. SL:** Durch die Verschneidung 20 m empor und nach rechts in die nächste Verschneidung (V+, 3 H, 30 m). **6. / 7. SL:** Durch den Riß gerade empor zum Grat (IV und III, 60 m).

(G. Härter, S. Beulke)

- **1339a Direkte Nordwestwand, „Hey Joe"** (Ausstiegsvariante zur Brandlerführe)

    S. Beulke, J. Gössner, 31. 8. 1981.

    VI+, V und IV. Riß- und Wandkletterei an festem, rauhem Fels. Mittlere und große KK (u.a. Friend Nr. 3) sowie 50-m-Seil empfehlenswert. 1 ZH und 1 SH vorhanden. Kletterlänge der Ausstiegsvariante ca. 100 m. 1 Std. Foto S. 443, Skizze S. 457.

Übersicht: Vor dem Beginn des großen Linksquerganges der „Brandler" (R 1339) zweigt die Direktvariante rechts ab, um durch ein Rißsystem in direkter Linienführung den Grat zu erreichen.

Zugang: Auf der Brandlerführe (R 1339) 3 SL empor zu schlechtem Stand unter dem großen, meist feuchten Überhang. Beginn von „Hey Joe".

Führe: 1. SL: Über den Überhang und durch den darauffolgenden Riß bis in leichteres Gelände, über plattigen Fels Quergang nach rechts in

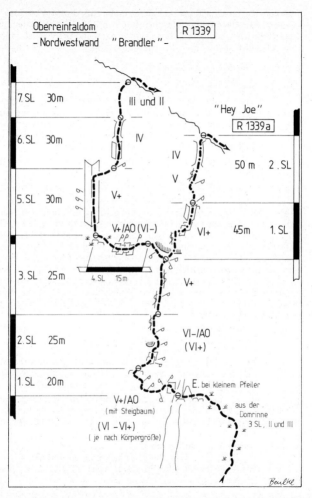

markante Rißverschneidung und diese empor auf Absatz (VI+ und V, 45 m). **2. SL:** Über Wandstelle zurück in den Riß, der sich später zum Kamin erweitert, und durch diesen zum Grat (V und IV, 1 H, 50 m; bei kürzeren Seilen auch vorher Zwischenstand möglich).   (S. Beulke)

● **1340 Nordwand, „Octopus"**
B. Schmid, G. Reindl, 5. 9. 1982.
V II— (1 SL), meist V und VI—.
Interessante und abwechslungsreiche Wand- und Rißkletterei in festem Fels. Reine Freikletterei. Absicherung ausschließlich durch KK (Friends 2—4, einige Stopper sowie kleine und mittlere Hexentrics). 110 mH, Kletterlänge 160 m. 2—3 Std. Foto S. 443, Skizze S. 459.

Übersicht: Die Route verläuft durch den plattigen Wandteil rechts der Brandlerführe, R 1339.

Zugang: Zugang wie bei R 1339. E einige Meter rechts des Brandler-Einstieges in einer markanten Rißverschneidung.

Führe: 1. SL: Über eine kurze Rißverschneidung gerade hinauf, dann über eine Rampe nach rechts ansteigend zu einem Köpfl (VI+, 1 H, Friend 2 und 3, 45 m). **2. SL:** An einer Griffleiste nach rechts, dann rechtshaltend hinauf zu einer Gufel (VII—, Friend 2½, 15 m). **3. SL:** Nach links queren und auf einen kleinen Pfeilerkopf hinauf, weiter in einer Rechts-Links-Schleife unter einem Riß in einer Gufel (VI—, KK, 45 m). **4. SL:** Den Riß empor, unter einem Überhang nach rechts in eine Gufel und weiter über ein kurzes Wandstück gerade an die Westkante des Oberreintaldoms (V, 35 m). **5. SL:** Nach rechts hinauf an eine Abseilstelle (III, 20 m).   (B. Schmid)

● **1340a Nordwand, „Octopus-Direktausstieg"**
B. Schmid, M. Bader, 14. 5. 1983.
VI+ (1 SL). ½ Std. Die Direktvariante begradigt in idealer Linienführung den Ausstieg der „Octopus-Route" (R 1340). Material: Friends 3 und 3½, Stopper. Foto S. 443.

Führe: Vom SP nach der 3. SL zuerst über einen Überhang, dann durch ein markantes Riß- und Verschneidungssystem empor zum Ausstieg am Westgrat (VI+, 40 m).   (B. Schmid)

● **1341 Nordwand, „Dornröschen"**
T. Härtl, Chr. Krah, nach Vorarbeiten, 30. 4. 1983.
VII/A1 (jeweils eine Passage), meist VI und VI+, selten leichter.

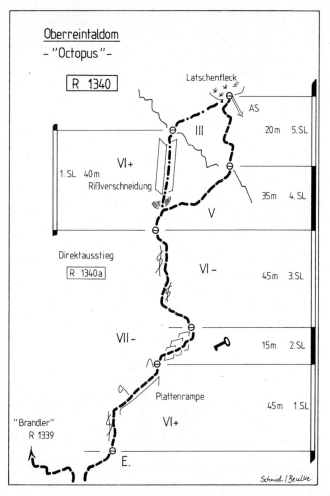

Anspruchsvolle und anstrengende Rißkletterei, unterbrochen von sehr schwierigen Wandstellen; zählt zweifellos zu den anspruchsvollsten Routen im Oberreintal. Sämtliche geschlagenen Haken (einschließlich drei Mammutbohrhaken) wurden belassen. Zur weiteren Absicherung sind Stopper und Friends sowie 2 bis 3 Profilhaken für die 7. SL (A1-Stelle) notwendig. 5—7 Std. Foto S. 443, 449, Skizze S. 461.

Übersicht: Die Führe verläuft über den markanten Pfeiler zwischen Schließler-Führe (R 1336) und PS-Verschneidung (R 1337). Durch ein Riß- und Verschneidungssystem ist der Routenverlauf vorgegeben.

Zugang: Durch die Domrinne bis unter die Fallinie des Rißsystems, das aus der Schlucht heraus direkt über Bänder und Stufen erreicht wird (I und II).

Führe: 1. SL: Direkt über Platten gerade empor (IV, 45 m). **2. SL:** Gerade in eine Verschneidung und über diese und die folgende Wandstelle zu Riß und durch diesen zu Stand (VI+, 2 H, 40 m). **3. SL:** Die Verschneidung gerade empor und an deren Ende nach rechts zu Stand (VI—, 35 m). **4. SL:** Über Wandstellen in einer Rechts-Links-Schleife zu Stand unter der großen Verschneidung (VI, 3 H, 20 m). **5. SL:** Über eine kurze Wandstelle in die Verschneidung und durch diese empor zu Stand (VI, 3 H, 35 m). **6. SL:** Vom Stand nach rechts über die Wandstelle (♂) in den anschließenden Riß und diesen weiter zu Stand (VII, 2 H, 25 m). **7. SL:** Vom Stand 1 m absteigen, dann links um die Kante in die nächste Verschneidung, einige Meter empor zu geschlossenem Riß, diesen empor (5 m, A1), bis sich der Riß wieder öffnet und durch diesen Riß weiter empor zu Stand (VI+/A1, 3 H, 40 m).

Die „Dornröschen-Führe" mündet hier in die Schließler-Führe (R 1336). **8./9. SL:** Über die Schließler-Führe (R 1336) weiter zum Gipfel (V und IV+, mehrere H, 90 m). (T. Härtl)

● **1342 Nordwand „Quergeil"**
W. Grummich, M. Hoffmann, 13. 7. 82.
VII— (eine SL) sowie **A0** (anspruchsvoller Seilquergang), meist V+ und VI. Interessante und originelle Kletterei mit leider etwas unlogischer Linienführung. 2 ZH vorhanden, normales KK-Sortiment sowie einige Friends empfehlenswert. 4—5 Std. Foto S. 443, 448.

Übersicht: Die Route verläuft durch den Wandteil rechts der „Erdenkäufer" R 1335.

Zugang: E sowie die 1. SL gemeinsam mit dem „Er-Si-Pu-Weg" R 1335.

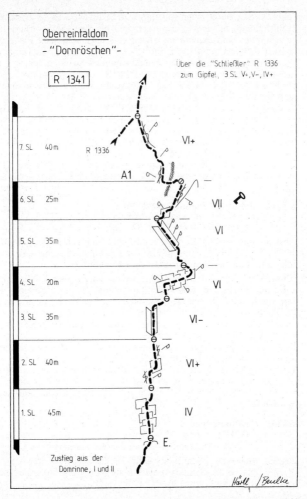

Führe: 1. SL: Durch einen Riß empor zu Stand (V, 3 H, 15 m). **2. SL:** Rechtshaltend an einer Rißspur empor, bis sich diese verliert, anspruchsvoller Seilzugquergang nach rechts über kompakte Platte, bis zu einer Rißverschneidung, Stand (VI + / A0, 2 H). **3. SL:** Durch die Verschneidung ca. 30 m empor und anschließend 20 m schräg links aufwärts über eine kompakte Platte zum Standplatz der „Erdenkäufer" (VI). **4./5. SL:** Gemeinsam mit der „Erdenkäufer", zunächst über Wandstufen (V), dann durch einen Riß (VI +, viele H), bis diese nach rechts abzweigt. **6. SL:** 10 m Quergang nach links und um eine Kante herum, über eine Erosionsplatte gerade empor, bis man zu einer schräg nach rechts emporziehenden Rampe gelangt, Stand an deren Ende (VII—, schwierig abzusichern). **7. SL:** Ausgesetzter Linksquergang in gestuftes Gelände, über dieses schräg links empor und weiter durch eine Rißverschneidung empor zu Stand (VI und VI—, 1 H). Nun leichter empor auf den Westgrat und über diesen weiter zum Gipfel. (M. Hoffmann)

- **1345 Südwestkante, Schoberkante**
  L. Kleisl, M. Schober, 1938.
  V (Gipfelaufbau), sonst IV. Sehr selten begangen. 5 Std.

Zugang: Man verfolgt die Westwand-Führe zum Oberen Berggeistturm (R 592) bis zu dem 8 m langen Plattenquergang nach rechts. Hier zieht links eine Kante als Anstieg zum Oberreintaldom empor.

Führe: Man steigt durch einen 20 m hohen, gutgriffigen Riß links aufwärts auf ein kleines Türmchen (Steinmann). Nun durch einen Riß links der Kante 2 SL empor, dann nach rechts an die Kante und an ihr 1 SL aufwärts in ein kleines Schartl. Weiter fast immer an der Kante empor bis zur steilen, plattigen Gipfelwand. Über die senkrechte graue Wand 35 m (V +) gerade empor (H) zu Stand. Von hier nach rechts an die Kante und an ihr 20 m aufwärts zu H. Nun 6 m Quergang nach rechts (H) zu einem Felsturm, von hier weitere 6 m nach rechts in eine glatte steile Rinne. Durch diese empor, dann nach links heraus, über eine Wandstelle und weiter durch einen Kamin auf einen Felskopf. Von hier klettert man den linken rauhen Riß empor zum Grat und weiter zum Gipfel.

- **1346 Südwestwand**
  H. Hintermeier, H. v. Schlebrügge, H. Borst, 1949.
  VI (eine SL), sonst V und IV. Selten begangen. 4 Std.

Zugang: Man verfolgt die Westwandführe des Oberen Berggeistturmes (R 1292) bis zu der Stelle, wo sie die ausgeprägte Plattenrinne nach rechts in Richtung Schobergrat (R 1293) verläßt.

Führe: Den hier ansetzenden Plattenaufschwung gerade etwa 10 m hinauf (von unten nicht sichtbarer H), anschließend Querung nach rechts zu einem Köpfl. Nun wieder in Richtung Rinne weiter (zum Teil Gehgelände) bis in einen großen Kessel, der über seine rechte Begrenzungswand verlassen wird. Eine seichte Rinne weiter bis zur überhängenden Gipfelwand. Vom Ende der Rinne nach rechts über einen Überhang (H) in die Schrofenmulde unterhalb des Sattels zwischen dem Oberen Berggeistturm und dem Oberreintaldom (hierher auch in wenigen Minuten vom Gipfel des Oberen Berggeistturms). 30 m nach links querend erreicht man eine kleine Kanzel am Fußpunkt eines auffallenden, überhängenden Risses, der den weiteren Anstieg vermittelt (schwierigste Stelle). Nach etwa 40 m setzt ein nach rechts ziehender Kamin an, der in reizvoller Kletterei auf unschwieriges Gelände führt, über das man in kurzer Zeit den Gipfel erreicht.

Es ist auch lohnend, einen der Anstiege auf den Oberen Berggeistturm mit dem oberen Teil des SW-Wand-Anstieges auf den Oberreintaldom zu verbinden.

- **1347 Westkante**
  H. Schöne und H. Wünsche, 1954.

  VI—/A0, teilweise meist IV und III. Rotpunkt: VI—. Größtenteils Kantenkletterei, teilweise brüchig. Selten begangen. Die meisten SH und ZH vorhanden. Kleines Klemmkeilsortiment empfehlenswert.

  Kletterlänge bis zum Ende der Schwierigkeiten 500 m. 5—6 Std.

Zugang: Wie beim Zugang von R 1317 bis unter eine Mulde etwas rechts der Westkante. Hier E. Von der Oberreintalhütte 1 Std.

Führe: 1. SL: Über eine Platte links haltend in die Mulde (V, 15 m). **2. SL:** Durch eine ausgewaschene Rinne links hinauf und über eine Rampe an die Kante. Über diese brüchig empor (IV+, 40 m). **3. SL:** Etwas links der Kante brüchig empor und über die Kante in Plattenkletterei zu einer Scharte (V+, 2 H, 45 m). **4. SL:** Über die Kante bis in eine Gufel (IV+, 40 m). **5. SL:** Links aus der Gufel heraus, gerade hinauf, und rechts haltend über eine Platte (A0) auf kleinen Absatz an der Kante (V/A0, mehrere H, 45 m). **6. SL:** Über die Kante bis zu Latschenfleck unter einer Gufel (II, 60 m). **7. SL:** Rechts aus der Gufel heraus und durch eine breite Rinne (II, 45 m). **8. SL:** Über einen kleinen Überhang und gerade empor in eine große Mulde unter dem Gipfelaufbau (IV und II, 45 m). **9. SL:** Links heraus und weiter links haltend durch einen Kamin zu einem Block (V, 2 H, 40 m). **10. SL:** Durch einen Riß hinauf und über eine glatte Platte (A0) in einen weiteren Riß bis zu seinem Ende. Rechts haltend über eine Platte (VI— / A0, mehrere H, 40 m). **11. SL:** Quergang nach rechts und über Blöcke gerade empor rechts einer Schuttrinne (IV+, 45 m). **12. SL:** Gerade empor zum Grat (III, 45 m). Von hier über den Grat zum Gipfel (I und II, 100 m). (S. Beulke)

● **1360 Frauenalplkopf,** 2352 m; **Frauenalplspitzen,** 2369 m

Ersterer eine flache, breite Kuppe, die nördl. in Plattenwänden zur Schachenalm abbricht (fälschlich auch Schachenplatte genannt; diese liegt weiter westl.). Der Frauenalplkopf wird vom Frauenalpl mühelos in 1 Std. erreicht. Er wurde auch schon über den plattigen N-Grat erstiegen. (A. Schmid, 1908). 1¼ Std. III.

Die Frauenalplspitzen entragen dem Frauenalpl südl. des Frauenalplkopfes. Von N ohne Schwierigkeit. Schwieriger von S: Vom Frauenalplsattel (R 111) in 30 Min. zur südwestl. und über den scharfen Grat in 15 Min. zur nordöstl. Spitze.

● **1365 Frauenalplhöhle**

Sie befindet sich in den Wänden, mit denen das Frauenalpl zum Oberreintal abbricht. Sie fällt schon von der Oberreintalhütte aus auf und ist mit einem von dort sichtbaren Steinmann gekennzeichnet. Ihr Besuch lohnt sich bei einer Wetterlage, die größere Unternehmungen nicht ratsam sein läßt. Man steigt von der Hütte, sich ober den Latschen des Oberreintales links haltend, durch die Rinne links der Fallinie der Höhle empor. Unter den Wänden rechts, an einer kleinen Höhle vorbei wieder nach links und ansteigend zur Höhle. Gewaltiger Dom von 50—70 m Höhe und etwa 6000 qm Flächeninhalt. 45 Min.

● **1370 Törlspitzen und Törltürme**

Erhebungen im Gratverlauf von der Meilerhütte zum Musterstein. Nord- und Südseiten brechen in teils steilen Plattenfluchten ins Angerloch bzw. Berglental ab. Die Törltürme befinden sich zwischen der Östl. Törlspitze und dem Musterstein.

● **1371 <u>Westliche Törlspitze</u>, 2427 m**

● **1372 Von der Meilerhütte**
<u>I und Gehge</u>lände. 5 Min.

Zwischen der alten und der neuen Meilerhütte in eine Felsgasse und weiter in der Schutt- und Schrofenflanke zum höchsten Punkt.

- **1373 Nordwand**
  P. Ass'n, J. Glaser, G. Sixt, 1911.
  IV (überwiegend), stellenweise leichter. Brüchig. Sehr selten begangen. 2—3 Std.

Zugang: Von der Meilerhütte steigt man ins Angerlloch ab.

Führe: Einstieg im Angerlloch, senkrecht unter dem Gipfel, an dem deutlich vorspringenden Felssporn. Aufwärts zu einer von links nach rechts emporziehenden Rinne. Von ihrem Ende unter brüchiger Wand nach links um eine Ecke und hinter ihr durch einen Riß empor (III), bis dicht unter einen schwarzgelb gestreiften überhängenden Plattenschuß (hierher auch direkt von der Rinne über die brüchige Wand). In sehr ausgesetztem Quergang nach links an die Begrenzungskante des Plattenschusses und unmittelbar hinter ihr über eine Wandstelle hinauf (IV). Dann durch eine steile, schlechtgriffige und oben plattige Rinne aufwärts zu einem 25 m hohen Riß, der die Platte zur Linken durchreißt. Durch ihn anstrengend (aber gute Griffe an der rechten Kante) empor. Von seinem Ende über eine breite Platte absteigend auf ein großes Schuttband. Von dem Band gleich durch die erste, von links nach rechts aufwärts ziehende Rinne (IV und gefährlich) oder besser über eine 3 m hohe Plattenwand in eine hinter ihr nach rechts aufwärts ziehende Rinne und durch sie zum Gipfel.

Hübsche anregende Kletterei bietet auch der westliche Teil der Nordwand, die man, bei dem abgespaltenen Felsturm (östlich der zur Meilerhütte führenden Gasse) einsteigend, ohne größere Schwierigkeiten durchklettern kann.

- **1380**   **Östliche Törlspitze, 2443 m**
- **1381 Nordwand**
  J. Koch, A. Liebl, 1919.
  V— (eine längere Passage), überwiegend leichter. Brüchig. Sehr selten begangen. 3½—4 Std.

Übersicht: Die Führe berührt die eigentliche, senkrechte, gelbe Nordwand der Östlichen („Großen") Törlspitze nicht, sondern hält sich östlich davon.

Führe: E an der höchsten Schutt- und Schneezunge in der Fallinie des dritten Gratturmes (von O gerechnet). Von hier auf einem Band nach links aufwärts. Am Ende desselben über ein etwa 5 m hohes Wandl (III), dann etwas weniger schwierig etwa 30 m aufwärts. Hier zieht ein Schuttband etwa 8 m nach rechts, worauf man über Schuttbänder links ansteigend zu einer Wandeinsenkung gelangt. Diese ein Stück abwärts und weiter auf einem deutlich erkennbaren, nach links ansteigenden

Band. An seinem Ende um eine Kante und dem Fuß der Gipfelwand zu, die rechts durch einen auffallenden schwarzen Kamin begrenzt wird. Zum Fuß des Kamins durch eine Rinne empor. Von hier zieht unterhalb einer gelben Wandstelle ein horizontales Band nach links (H). Nun in einer senkrechten, im oberen Teil überhängenden Verschneidung etwa 40 m luftig empor (V—, H). Die Fortsetzung dieser Verschneidung bildet ein 20 m hoher Kamin, dann durch eine nach links geneigte Rinne bis zu einer kleinen Scharte. Nun Quergang nach links und direkt zum Gipfel.

- **1382 Südwand, Östlicher Weg**
  G. Schwaiger, Artmann, 1938.
  VI—/A1, überwiegend V/A0 und IV+ (Rotpunkt: VI).
  Schöne Kletterei an festem, rauhem Fels. Überwiegend Rißkletterei. Wenig begangen. Die meisten SH und ZH vorhanden. Ca. 130 mH, Kletterlänge ca. 190 m. 1½—2½ Std.
  Foto S. 468, Skizze S. 467.

Übersicht: Die Südwand wird von einem auffallenden Schlucht- und Verschneidungssystem durchzogen. Die Führe hält sich im unteren Drittel knapp rechts davon, leitet im mittleren Drittel durch Risse weiter rechts und erreicht durch die zentrale Schlucht im oberen Drittel die Gipfelschrofen.

Zugang: Von der Meilerhütte zum Fuß der Südwand hinab. Rechts der ausgeprägten Verschneidung in der Mitte des Wandfußes zieht ein auffallender Riß empor. Hier E. 10 Min.

Führe: 1. SL: 2 m links des Risses durch eine flache Verschneidung und links haltend auf Absatz (V+/A1 und II, mehrere H, 35 m). **2. SL:** Über eine Rampe links haltend empor und rechts haltend auf Pfeilerkopf (A0/V und IV—, 3 H, 25 m). **3. SL:** Durch einen kurzen Riß auf ein abstehendes Türmchen, kurzer Quergang nach rechts unter einen Riß und durch ihn auf einem Absatz (VI—/A0, mehrere H, 40 m). **4. SL:** Im Kamin, einmal links ausweichend, in kleine Scharte (IV+, 2 H, 35 m). **5. SL:** Nach links abwärts in die Gipfelschlucht und durch einen Kamin auf Absatz (IV+, 2 H, 30 m). **6. SL:** Gerade empor zu Schrofengelände (IV+, 25 m). Über Schrofen 50 mH hinauf bis zu einem waagrechten Steiglein, das vom Musterstein kommt. Nach links in 15 Min. zur Meilerhütte. (G. Härter)

- **1383 Südwand**
  R. Leutenbauer, F. Vojik 20.9.1975.
  VI—, meist IV und V. Riß- und Wandkletterei in meist festem Fels. Ein Teil der SH und ZH vorhanden. 3—4 Std.

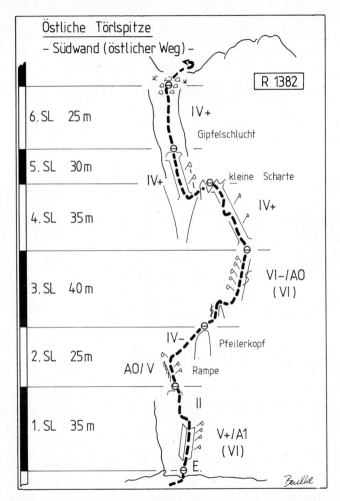

1382

Übersicht: Die Route hält sich im unteren Teil an eine graue Rißreihe ca. 150 m rechts (östlich) der östlichen Route durch die Südwand der Östlichen Törlspitze. Der obere Teil der Führe überwindet die pralle Wand des linken von drei Gipfelzacken, die schon vom Kar aus gut sichtbar sind.

Zugang: Wie R 1382. Der E ist auf einem 40 m hohen, hellgrauen, geschuppten Vorbau (H) in Fallinie der erwähnten Rißreihe. Von der Meilerhütte 15 Min.

Führe: 1. SL: Vom E etwas nach rechts, dann gerade empor und über eine senkrechte, plattige Wandstelle zum Beginn der erwähnten Rißreihe und in ihr empor (V+, H, 30 m). **2. SL:** Weiter empor zu einem überhängenden, schwarzen Riß, diesen empor und weiter VI—, H, 35 m). **3. SL:** Den Riß weiter empor zum höchsten Punkt eines Schrofenbandes (V, H, 40 m). **4. SL:** Eine Rippe hinauf, dann rechts aufwärts durch den ausgeprägten Riß zu RH, mit Seilzug 2 m rechts hinab auf eine steile, schmale Rampe und in schöner Kletterei weiter hinauf (V, H, 40 m). **5. SL:** An einem steilen, splittrigen Riß gerade empor bis zu einer grauen Platte, dann schräg links aufwärts auf gelbe Rampe (V und V+, H, 30 m). **6. SL:** Wieder nach rechts zu H und splittrig empor in den senkrechten Kamin, diesen empor und zuletzt nach rechts hinaus in leichteres Gelände (IV+, H, 30 m). (F. Vojik)

● **1384 Südwand (Westlicher Weg)**
S. Emmer, B. Herbst, E. Schiegg, 1946.
VI (Stellen) und leichter. Wenig begangen. 3—4 Std.

Zugang: Wie R 1382.

Führe: E 40 m links des E von R 1383. Durch eine kaminartige Steilrinne 15 m empor zu gutem Stand. Von hier Quergang nach rechts (Quergang-Haken 8 m höher) zu einem seichten Riß. Durch den Riß (H) zu schlechtem Stand unter einem Überhang. Über diesen gerade empor, dann links haltend, später wieder gerade empor (35 m) auf ein Köpfl unter einer gelben Wanddepression. Von hier 4 m gerade empor und unter großen Überhängen nach links auf ein Band, zu Stand (kleiner Schuttkessel). Nun rechts haltend 2 SL hinauf, dann links haltend weiter in genußreicher Kletterei zum Gipfel. (Man kann vom Schuttkessel aus auch nach links in leichtes Gelände queren.)

- **1385 Westlicher Törlturm von Norden**
    Erstbeher unbekannt.
    III (stellenweise). 2 Std.

Zugang: Man steigt von der Meilerhütte ins Angerloch ab, bis man sich in der tiefsten Mulde, in Fallinie des östlichen Turmes befindet.

Führe: Über dem niedrigen, der Wand vorgebauten schuttbedeckten Schrofengürtel befinden sich rechts dunkelgefärbte Steilwände und links von ihnen ein auffallender Turm. Über den Schrofengürtel beliebig ansteigend, dann von links nach rechts über ein Schuttband in die Scharte hinter dem genannten Turm. Anschließend in gleicher Richtung durch einen auffallenden, 15 m hohen, engen und schweren Kamin. Zunächst links über Wandstufen, dann stets rechts haltend in Richtung auf den durch einen auffallenden Einriß gekennzeichneten Gipfel des westl. Turmes. Nahe unter dem Gipfel, rechts von einem auffallenden geschweiften Kamin, über einige schwierige Stellen, dann ein Band nach links verfolgend zu einer nach rechts emporführenden Rinne, die auf gutgestuften Fels leitet. Über ihn zum westl. Eckpunkt des Turmes.

- **1386 Östlicher Törlturm von Norden**
    Erstbeher unbekannt.
    III (überwiegend). Stellenweise luftige Kletterei an festem Fels. 3 Std.

Zugang: Wie R 1385.

Führe: Zunächst auf R 1385 ungefähr 4 SL weit. Von hier erst links aufwärts, dann durch das auffallende, nach links ansteigende, abgespaltene Rißsystem in schwieriger und sehr luftiger Kletterei hinauf, zum Teil durch die freie Wand, zuletzt auf schmalem Band zu einem etwa 12 m hohen, engen und glatten Riß. Durch ihn sehr anstrengend hinauf, dann noch einige Meter links an die Kante und über sie in schwieriger prächtiger Kletterei in etwa 3 SL zum Gipfel des Turmes.

- **1400** **Musterstein,** 2478 m

Erstbesteigung: J. Mainzer, Joh. Dengg, 1892.

- **1401 Westgrat**
    E. Enzensperger, H. Leberle, 1899.
    III— (einige Stellen), meist II und I. Teilweise brüchig.
    2 Std. von der Meilerhütte.

Zugang: Wie R 1372 auf die Westl. Törlspitze.

Führe: Von der Westl. Törlspitze auf deutlichen Steigspuren in der schuttbedeckten Südflanke, unter dem Gipfel der Östl. Törlspitze hindurch, mehrere Mulden auf der Südseite des Grates querend, zu einer markanten Scharte östl. eines zu der Scharte überhängend abbrechenden rötlichen Turmes. Nun auf den Grat hinauf und auf ihm bis zu einem Abbruch. Hier etwa 8 m nach Süden hinab und 2—3 m querend östl. in eine kleine Seitengratscharte. Jenseits östl. in einem gut kletterbaren Plattenriß etwa 15 m hinunter in eine nach S offene Schuttrinne. Am besten steigt man nun etwa 10 m nach S ab und quert um einen kleinen Turm herum etwa 30 m östl. Man gelangt so zu einer steil schief rechts aufwärts ziehenden reitrißartigen Rinne. Durch sie zum Grat. Man verläßt ihn sofort wieder nach N und quert luftig, aber an guten und festen Griffen in die nächste Scharte, die durch einen gekrümmten Zacken gekennzeichnet ist. Nun auf und neben dem Grat zum Gipfel.

- **1401 A Abstieg über den Westgrat**
  III—, meist II und I. 1—1½ Std. zur Meilerhütte.

Vom Gipfel auf oder dicht neben dem Grat in die große, durch einen gekrümmten Zacken gekennzeichnete Scharte. Die nächsten Meter umgeht man im N zu einem Schärtchen vor dem nächsten Turm. Von hier durch eine Steilrinne 30 m nach SW hinunter in eine breite Schuttrinne. Einige Meter hinauf und um den nächsten kleinen Turm herum querend in die nächste nach S herabziehende Rinne. Aus ihr einige Meter unter dem Grat durch einen Riß in einer grauen Platte auf ein Seitengratschartl; kurze Querung auf den Grat, der breit und unschwierig, bis zur Scharte vor einem großen rotgelben Überhang verfolgt wird. Von der Scharte einige Meter nach S hinab und auf deutlichen Steigspuren über einige Rippen und Mulden im schuttbedeckten Schrofengelände unter den Törlspitzen durch zur Meilerhütte.

- **1402 A Innsbrucker Abstieg durch die Südostflanke**
  Im Aufstieg vermutlich R. Lanznaster, erste Abstiegsbegehung nicht bekannt.
  III—, meist I und II. 1×25 m abseilen.

Vom Gipfel nach Osten über den östlichen Vorgipfel hinweg; weitere 300 m über den Grat nach Osten hinab, bis sich nach Süden ein trichterförmiges Schuttkar öffnet. Über Schrofen hinab bis an das schluchtartige Ende des Kares, von dem mehrere ungangbare Kamine weiterführen. Nach Westen hinter einen Turm, etwas ansteigend auf eine Scharte; jenseits durch eine Rinne hinab (III—) zu einem Absatz. Weiter etwa 15 m in dieser Rinne zu einem AH. 25 m abseilen auf ein Köpfl. Durch den das Köpfl östlich begrenzenden Kamin zurück in die Hauptschlucht. Von einem markanten Köpfl 10 m abseilen und über einige brüchige Wandstellen zum Fuße der Flanke.

● **1403** **Südwand, „Leberleweg"**
A. Heinrich, H. Leberle, 1902.
IV, über lange Strecken II und III. Viel Schrofenkletterei mit einigen schönen Passagen an festem Fels. Die schwierigen Stellen sind hauptsächlich Riß- und Kaminkletterei. Häufig begangen. Die meisten SH und ZH sind vorhanden. 240 mH, Kletterlänge 320 m. 2—3 Std. Foto S. 478, Skizze S. 473.

Übersicht: Die Führe verläuft im linken Wandteil, durchzieht den Leberlekessel und leitet durch ein Riß- und Kaminsystem zum Westgrat hinauf.

Zugang: Von der Meilerhütte in wenigen Min. zum Fuß der Südwand. E bei einer von links nach rechts emporziehenden Felsrinne links der Fallinie des Leberlekessels.

Führe: 1. SL: Durch die Rinne zu Köpfl (II, 40 m). **2. SL:** Gerade empor über eine Wandstelle auf Absatz (III, 25 m). **3. SL:** Rechts durch die Rinne auf Absatz (II und III, 45 m). **4. / 5. SL:** In den Schrofenkessel (Leberlekessel) und rechts haltend kurz vor seinem Ende unter eine Rampe (I und II, 70 m). **6. SL:** Über die Rampe in einen Riß, durch ihn und über Schrofen zum Beginn einer Rampe (IV—, 1 H, 30 m). **7. SL:** Über die Rampe rechts haltend (IV—, eine Stelle IV, 3 H, 35 m). **8. SL:** Gerade durch einen Kamin zu einer Gabelung (IV—, 1 H, 25 m). **9. SL:** Nach links in einen Kamin und durch ihn (am besten ohne Rucksack) (IV, 3 H, 20 m). **10. SL:** Weiter durch den Kamin, unter einem Klemmblock hindurch und über eine Schrofenrampe nach links zum Westgrat (III und I, 40 m). Über den Grat in wenigen Min. zum Gipfel. (G. Härter, Chr. Krah)

● **1404** **Südwand, „Nieberlweg"**
J. Klammer, F. Nieberl, 1902.
III, meist II. Teilweise brüchiger Fels. Sehr selten begangen, umständliche Wegführung. Wenn mehrere Seilschaften unterwegs sind, besteht Steinschlaggefahr. Einige SH und ZH vorhanden. 2½—3 Std. Foto S. 478, Skizze S. 473.

Übersicht: Zuerst führt die Route in den sog. Nieberlkessel (mehrere Möglichkeiten). Von dort wird der Gipfelgrat durch ein schräg links emporziehendes Kaminsystem erreicht.

Zugang: Eigentlicher Ausgangspunkt der Route ist der Nieberlkessel. Dieser kann auf verschiedenen Varianten erreicht werden.

a) Originaleinstieg Nieberl: Durch ein Rinnensystem in Fallinie des Kessels zuerst gerade, dann rechts empor in den Kessel (II).

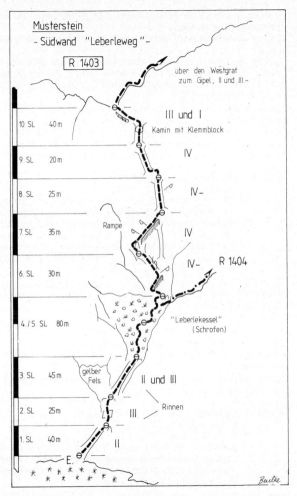

b) **Hannemann:** In der Fallinie des Kessels gerade empor (nicht empfehlenswert, Steinschlag!).
c) Über das Schmidband: Gute Möglichkeit, allerdings zeitraubend (III und II).
d) Über den unteren Teil des „Leberleweges", R 1403 bis in den Leberlekessel (II und III, ca. 190 m). An dessen rechter, äußerer Begrenzung erreicht man ein Seitengratköpfl. Von hier Quergang nach rechts in den Nieberlkessel (II und III).

Führe: Aus dem Nieberlkessel über eine Rampe schräg links empor zu einem auffallenden, schiefen, schwarzen Kamin (III). An der linken Begrenzungskante des Kamins gerade empor. Weiter durch ein Kaminsystem gerade empor in geneigte Schrofen. Über diese schräg rechts empor auf den Grat etwa 40 m westlich des Gipfelkreuzes.

● **1405   Südwand, „Schmidband"**
A. Barth, A. Schmid, 1908.
III, meist II und I, über weite Strecken auch leichter. Als selbständiger Wanddurchstieg wohl nur von historischer Bedeutung. Allerdings ist das Schmidband der wichtige Zustieg für mehrere lohnende Routen durch den oberen Teil der Südwand des Mustersteins (wie z.B. der Direkten Gipfelwand, R 1408, oder der beliebten Kubanek / Spindler-Führe, R 1409). Foto S. 478. Skizze S. 475.

Übersicht: Das Schmidband ist das auffallende Band, das die östliche Wandhälfte von rechts nach links ansteigend durchzieht und in den Nieberlkessel mündet.

Zugang: Das Schmidband beginnt links der Schlucht- und Kaminreihe des Südostwandweges, R 1413. Unterhalb des Schmidbandes findet man ein weniger ausgeprägtes, gleichlaufendes Band, das sich jedoch bald in der Wand verliert und das mit dem Schmidband nicht verwechselt werden darf.

Führe: Über das Schmidband schräg links empor zum Nieberlkessel. Von dort weiter auf dem Nieberlweg, R 1404.

● **1406   Südwand, „Spindler / Wolf-Kamin"**
W. Spindler, W. Wolf, 1931.
V (Stelle), sonst IV und III. Kurze Ausstiegsvariante zum Nieberlweg (R 1404), wobei die schwierigste Stelle Wandkletterei bietet. Wenig begangen. Die meisten SH und ZH vorhanden. Vom Nieberlweg zum Gipfel 130 m Kletterlänge, 1 Std. Foto S. 478, Skizze S. 475.

Übersicht: Vom Beginn des Ausstiegskamins des Nieberlwegs zieht ein Rampen- und Kaminsystem zum Gipfel. Durch dieses verläuft die Führe.

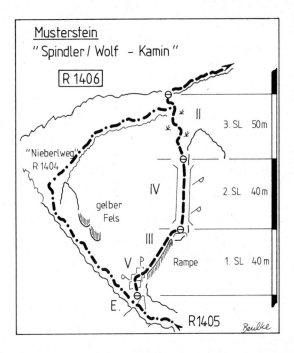

Zugang: Am besten steigt man vom Gipfelgrat 60 m den Ausstiegskamin des Nieberlwegs ab (III). E bei einem großen Köpfl am Ende des Kamins.

Führe: 1. SL: Vom Köpfl von links nach rechts über die Wandstelle und über eine steile Rampe auf Absatz (V und III, 2 H, 40 m). **2. SL:** Durch den folgenden Kamin zu Schrofen (IV, 2 H, 40 m). Über Schrofen zum Gipfel (II, 50 m). (G. Härter, Chr. Krah)

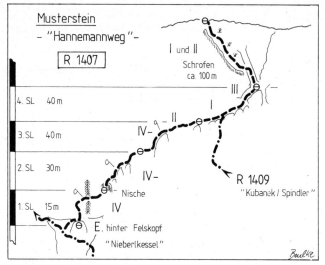

- **1407 Südwand, „Hannemannweg"**
  K. Hannemann, W. v. Redwitz, 1920.
  IV, vielfach leichter. Interessanter Ausstieg vom Nieberlkessel zum Gipfel an festem Gestein. Wenig begangen. Die meisten SH und ZH vorhanden. Ca. 250 mH, Kletterlänge ca. 350 m. 2—3 Std. vom Wandfuß. Foto S. 478, Skizze S. 476.

Übersicht: Vom Nieberlkessel zieht unter einer gelbroten Wandzone eine Reihe abgespaltener Felsschuppen nach rechts empor. Diese vermitteln den Durchstieg.

Zugang: Über den Nieberlweg (R 1404) in den Nieberlkessel. E an seinem rechten oberen Ende hinter einem Felskopf. Von der Meilerhütte 1½ Std.

Führe: 1. SL: Kurz gerade empor und Quergang nach rechts um die Kante zu Nische (IV, 1 H, 15 m). **2. SL:** Rechtshaltend über Schuppen empor (IV—, 1 H, 30 m). **3. SL:** Durch eine Rinne und nach rechts (IV— und II, 1 H, 40 m). In den darüberliegenden Kamin und leicht links haltend über Schrofen zum Gipfel (II und I, 100 m).

(G. Härter, Chr. Krah)

- **1408 Südwand, „Direkte Gipfelwand"**
  J. Becherer, R. Hechtel, A. Jörg, B. Pflugmacher, 1945.
  VI—, meist V und IV. Wand- und Rißkletterei in meist festem Fels. Sehr selten begangen. Einige SH und ZH vorhanden. 3—4 Std. Foto S. 478.

Übersicht: Der Anstieg führt durch die glatte Plattenwand zwischen der Kubanek / Spindler-Verschneidung (R 1409) und dem Nieberlkessel, kreuzt die Hannemannführe (R 1407) bei den abgespaltenen Platten und führt von hier hart rechts der großen gelben, überhängenden Wand in gerader Linie zum Gipfel.

Zugang: Vom Nieberlkessel oder vom oberen Ende des Schmidbandes auf Schrofenbändern zum Fuß der oben erwähnten Plattenwand (Steinmann). 10 m links davon ein großer, an die Wand gelehnter Block, hinter dem ein zweiter, kleinerer eingeklemmt ist; vom Nieberlkessel gut sichtbar.

Führe: Eine SL gerade empor zu gutem Stand. Dann etwas links haltend zu den abgespaltenen Platten der Hannemannführe (R 1407). Durch eine schwarze, senkrechte Verschneidung und über die anschließende Wandstufe 30 m empor zu einer Nische. Wenige Meter nach rechts, dann links haltend, zuletzt über einen brüchigen Überhang empor zur Gratkante. Über diese kurz empor zum Gipfel.

- **1409 Südwand, „Kubanek / Spindler-Führe"**
  L. Kubanek, Gebr. Spindler, 1926.
  VI—, überwiegend V+ und leichter. Sehr schöne Wand- und Plattenkletterei an nicht immer festem Gestein. Wenig begangen. Die meisten SH und ZH sind vorhanden. Kletterlänge vom Schmidband bis zur Hannemannführe (R 1407) 220 m. E bis Gipfel 3 Std. Foto S. 478, Skizze S. 481.

Übersicht: Die gewaltige graue Plattenwand in Gipfelfallinie wird von einer Plattenverschneidung durchzogen, deren rechte, rechtwinklig aus der Wand vorspringende Begrenzung, eine riesige senkrechte Kante bildet. In der Plattenzone links davon und durch ein anschließendes Rißsystem zur Hannemannführe (R 1407) hinauf verläuft die Route.

Zugang: Von der Meilerhütte absteigend unter der Südwand queren, bis das Schmidband erreicht wird. Über dieses linkshaltend empor, bis es in ein schmales, rotbrüchiges, waagrecht verlaufendes Band übergeht (I). Hier E. Ca. 1 Std.

Führe: 1. SL: Über eine Wandstelle und durch eine kurze Verschneidung zu Schrofenrampe (IV—, 35 m). **2. SL:** Über die Schrofenrampe hinauf und jenseits absteigend (I, 30 m). **3. SL:** Durch einen Kamin in

Musterstein, Südwand

R 1403:	Leberleweg
R 1404:	Nieberlweg
R 1405:	Schmidband
R 1406:	Spindler/Wolf-Kamin
R 1407:	Hannemannweg
R 1408:	Direkte Gipfelwand
R 1409:	Kubanek/Spindler-Führe
R 1410:	Schmid/Behrendt-Führe
R 1411:	Südpfeiler
R 1411a:	Einstiegsvariante
R 1412:	Ass'n/Glaser-Führe
R 1413:	Südostwand

die große Verschneidung (IV—, 40 m). **4. SL:** Durch die Verschneidung zu Köpfl (IV—, 1 H, 15 m). **5. SL:** Linkshaltend empor und fallender Quergang nach links über Platten zu Stand nach einer Kante (VI—, 4 H, 40 m). **6. SL:** Durch einen Riß unter einen kleinen Überhang. Rechts daran vorbei und durch die Fortsetzung des Risses unter großen Überhang (V+, mehrere H, 45 m). **7. SL:** Unter dem Überhang links heraus und leicht linkshaltend auf Absatz (V+, 4 H, 45 m). **8. SL:** Gerade hinauf zur Hannemannführe (R 1407) (IV—, 15 m). Über diese zum Gipfel. (G. Härter, Chr. Krah)

● **1410** **Südwand, „Schmid / Behrendt-Führe"**
H. Behrendt, A. Schmid, 1910.
IV, vielfach III. Teilweise brüchig. Sehr selten begangen. Ein Teil der notwendigen ZH und SH vorhanden. 2½—3 Std. Foto S. 478.

Übersicht: Rechts unterhalb der markanten Verschneidung der Kubanek / Spindler-Führe, R 1409, zieht vom Schmidband schräg rechts eine Riß- und Kaminreihe empor, die sich nach oben hin zu einer Schlucht erweitert. Damit ist die Route vorgegeben.

Zugang: Über das Schmidband, R 1405, zum Beginn der Kaminreihe.

Führe: Immer dem Riß- und Kaminsystem folgend gerade empor. Nach der Durchkletterung der Kamine kann man die Schlucht bis zum Grat verfolgen, oder schon vorher nach links in Richtung Gipfel ansteigen.

● **1411** **Südpfeiler**
S. Douschan, W. Mariner, K. Rainer, 1939.
VI, meist V und IV. Riß- und Wandkletterei in meist festem Fels. Ein Teil der notwendigen SH und ZH vorhanden. Sehr selten begangen. Eine der schwierigsten Routen in den Südwänden des Mustersteins. 4—6 Std. Foto S. 479.

Übersicht: Aus den Südabstürzen des Mustersteins tritt im rechten (östlichen) Teil ein markanter Pfeiler hervor, der im Winkel zwischen dem Schmidband (links) und der Südostschlucht (rechts) fußt. Im unteren Teil setzt er mit glatten Platten an, darüber wird er von einem auffallenden, schräg nach links ziehenden Riß durchzogen und endet etwa 80 m unterhalb des Gipfelgrates als ein aus der Wand hervorstechender Kopf.

Zugang: Wie auf dem „Ass'n / Glaser-Weg", R 1412, in den ersten Schuttkessel.

Führe: Durch den hier ansetzenden Kamin links empor. Eine flache Verschneidung führt zu einem mächtigen, schon von unten sichtbaren,

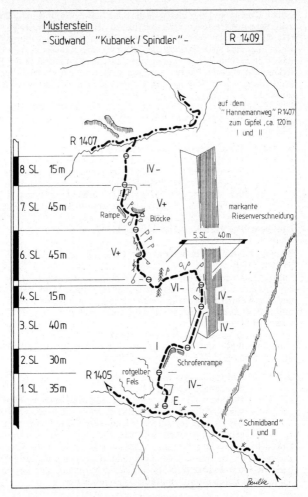

gelben Überhang. Über diesen nach rechts hinweg (H) in einen schwarzen, wasserzerfressenen Riß, der bis zu seinem Ende verfolgt wird (H, ⚒). Hier setzt der oben erwähnte Riß an. Man folgt ihm 100 m, steigt über eine steile Wandstelle empor zu einem kurzen Kamin und über eine anschließende Plattenrampe auf einen Felskopf an der Pfeilerkante. Auf einem Plattenband nach rechts in die den Pfeiler begrenzende Riesenverschneidung. Diese etwa 100 m empor auf den Pfeilerkopf.

Durch eine Rinne steigt man in die große Wandeinbuchtung ab, dann über Wandln und durch Kamin schräg links empor auf den Gipfelgrat.

● **1411 a Einstiegsvariante zum Südpfeiler**
L. Gillarduzzi, R. Lanznaster, R. Ruthard, H. Seelos, 1948.
V, stellenweise IV. Umgeht die schwierigsten Passagen von R 1411. Weniger lohnend, sehr selten begangen. Ein Teil der notwendigen SH und ZH vorhanden. Bis zu R 1411 2½ Std. Vom Schmidband bis zum Pfeilergipfel 4 Std.
Foto S. 478.

Übersicht: Die Variante verläuft durch die Wandzone links der Pfeilerführe, R 1411.

Zugang: Über das Schmidband etwa 150 m hinauf. E bei einem angelehnten Turm.

Führe: Links des angelehnten Turmes durch kaminartige Rinnen empor zu einer V-förmigen Verschneidung (H). Einige Meter nach rechts und durch einen Spalt auf den ersten Pfeiler. Nach rechts in einen Kamin und 15 m empor. Durch den folgenden Riß 20 m empor (H) und vom 4. H Seilquergang nach rechts auf den zweiten Pfeiler. Einige Meter nach rechts absteigen zu einem anfangs überhängenden Riß. In diesem 12 m empor und nach rechts um die Kante in die Riesenverschneidung von R 1411. Wie dort zum Gipfelgrat.

● **1412 Südwand, „Ass'n / Glaser-Route"**
P. Ass'n, J. Glaser, 1912.
IV, meist III, über weite Strecken auch leichter. Meist fester, griffiger Fels mit teilweise sehr rauhen Rissen. Einige ZH und SH vorhanden, Klemmkeile nur teilweise gut zu legen. Relativ selten begangen. 3—4 Std. Foto S. 479.

Übersicht: Im rechten Wandteil stößt ein markanter, heller Felssporn in den Schutt vor. Wenige Meter oberhalb zieht nach links das Schmidband (R 1405) und nach rechts eine Schlucht hinauf. Der Beginn der Schlucht ist durch einen Schuttkessel gekennzeichnet.

Zugang: Wie bei R 1405 zum Wandfuß. Den oben erwähnten Schuttkessel erreicht man über den hellen Felssporn in einer langen Rechts-Links-Schleife. E (H).

Führe: Nach rechts aus dem Schuttkessel und an Rissen etwa 1½ SL die Schlucht empor, bis man diese nach links über anfangs geneigte Risse (1 H) verlassen kann. Nach der Teilung der Risse entweder rechts gerade empor oder leichter zuerst links und dann nach rechts unter einen markanten Doppelriß. Durch den linken Ast (2 H) hinauf (H). Zuerst leicht links, dann kurzer Quergang nach rechts zu griffiger Schuppe und leicht rechts auf ein Band. Weiter rechts haltend in Richtung auf den großen Turm und vor seinem Fuß nach links. Weiter nach links unter einen Riß, der leicht nach rechts zieht (H). Durch den Riß (2 H) empor unter eine lange, nach rechts ziehende Rampe (H). Die Rampe wird bis an ihr Ende (gegenüber Kamin mit Klemmblock) verfolgt, dabei werden zwei kleine Überhänge direkt überklettert. Vom Ende der Rampe gerade empor, zum Schluß links haltend zum Ostgipfel.

(K. Scholz)

- **1413   Südostwand**
  E. Clement, F. Schösser, G. Seidl, 1908.
  IV (einige Stellen), meist leichter. Sehr selten begangen.
  3—4 Std. Foto S. 479.

Zugang: Siehe R 1405.

Führe: Wie R 1412 bis über die beiden übereinanderliegenden Risse empor. In der Schlucht oder auf der rechts begleitenden Rippe bis zu deren Ende. Senkrecht oberhalb gelbe, brüchige Felsen. Etwa 10 m langer Quergang links zum Beginn der Kaminreihe. Durch einen 60 m hohen Kamin zu einem eingeklemmten Block (III). Über einen Überhang nach links und gerade hinauf (nicht in den Schuttkessel rechts) durch ein kurzes Kaminstück auf Schrofen, die nach rechts in die schluchtartige Fortsetzung der Kamine leiten. Die Schlucht verengt sich bald wieder zu Kaminen. Das untere Stück umgeht man, indem man links querend und über eine schwere Wand und ein Band wieder in den Kamin zurückkehrt. Dann im Kamin weiter und bei einer sperrenden Felsmasse über ein Wandl hinauf. Oben verflacht sich die Schlucht und man gelangt auf das vorher erwähnte Schartl in der Seitenrippe. Dann links über leichte Schrofen auf den niedrigen Ostzacken und zum Gipfel.

- **1414   Südostwand, Göttnerkamin**
  A. Göttner, A. und E. Schmitt, 1934.
  V— (stellenweise), überwiegend leichter. Kaum begangen.
  2½—3½ Std.

Zugang: Siehe R 1405.

Führe: Rechts vom E der Ass'n / Glaser-Führe (R 1412) springt ein stark begrünter Sporn weit ins Geröll vor. Vom Kopf des Spornes nach rechts bis in die Fallinie eines auffallenden, tief eingerissenen Kamins. Über eine 60 m hohe Wandstufe von links nach rechts empor. Querung nach links und gerade empor in einen Schuttkessel. Teils im Kamin, teils neben ihm auf einen Kopf (etwa 80 m). Über eine rauhe Platte aufwärts in einen Kamin, durch ihn auf weniger schwieriges Gelände und gerade empor zum Grat, den man unmittelbar neben dem östl. Vorgipfel erreicht.

- **1420 Gratübergang zur Wettersteinwand**
  A. Heinrich, F. Henning, 1897.
  III (einige Stellen), meist leichter. 3—4 Std.

Führe: Siehe R 1476.

- **1421 Von Norden über den Hirschbichlsattel**
  I, meist Gehgelände. 3 Std. von der Meilerhütte.

Von der Meilerhütte in das große Kar unter den Törl-Nordwänden (Angerlloch). Unter den Wänden des Mustersteines querend, empor zum Hirschbichlsattel. Vom Sattel durch die Sandreiße gerade hinauf zu den Felsen. Schräg rechts brüchig empor auf eine Schutthalde, die zum Ostgrat des Mustersteins hinaufzieht. Über diesen zum Gipfel. Beim Abstieg Richtung zum Hirschbichlsattel einhalten.

Der **Hirschbichlkopf,** 2276 m, wurde schon auf verschiedenen Wegen erstiegen. Siehe Tourenbuch Schachen.

- **1422 Nordwand und Nordgrat**
  A. Heinrich, H. Leberle, 1902.
  III, stellenweise auch leichter. Sehr selten begangen.
  3 Std.

Zugang: Von der Meilerhütte absteigend ins Angerlloch (R 113).

Führe: Westl. vom Gipfel des Mustersteins befindet sich eine tiefe Scharte, von der nördl. eine deutlich ausgeprägte Rinne (die NW-Schlucht, R 1424) herabzieht. E am unteren Ende der Rinne. Man gewahrt hier ein sehr steiles, nach links (östl.) aufwärts ziehendes Band, das man bis auf den Nordgrat verfolgt. Weiter hart rechts des Grates zum Gipfel.

- **1423 Nordwestwand**
  K. Hannemann, U. Hösch, 1920.
  V— (eine SL), meist leichter. Sehr selten begangen.
  3 Std.

Zugang: Von der Meilerhütte absteigend ins Angerlloch.

Führe: Die Nordwestwand ist links begrenzt vom Nordgrat, rechts von der Nordwestschlucht, die von der letzten großen Westgratscharte herabzieht. Der untere Teil dieser Schlucht bildet einen schrofigen Vorbau, den man von rechts her über gutgriffige Wandln und Rinnen ersteigt. Kurz vor einer deutlichen Biegung der Rinne erklettert man links über schmale Leisten ein 5 m hohes Wandl, verfolgt darüber weitere 5 m eine nach links ziehende Rinne und quert, kurz bevor diese Rinne zu einem tiefen, kaminartigen Spalt wird, auf Leisten nach rechts in eine flache Rinne. Einige Meter empor bis zu einem mannshohen Felsspalt (Sicherungsplatz). Hier beginnt, nach links ziehend, der große, geschweifte Kamin, der, bereits von unten gut sichtbar, den östl. Teil der Nordwestwand durchreißt. In ihm empor bis zu einem mächtigen Überhang. Nach links über den Überhang auf die linke Begrenzungsrippe des Kamins und an ihr 25 m empor zu Stand (V— und anstrengend). Hierauf überschreitet man das obere Ende des Kamins und klettert etwa 40 m schräg rechts aufwärts über Gesimse und griffige Wandln bis zu einem Parallelkamin, der direkt zum Gipfelmassiv emporleitet. Durch ihn zum Gipfelgrat, den man beim Nordgratansatz, etwa 20 m westl. des Steinmanns erreicht.

- **1424** Nordwestschlucht
  Gebr. Spindler, 1927.
  III. 1½ Std.

Zugang: Wie R 1423.

Führe: Die Nordwestschlucht zieht von der östlichsten Westgratscharte nach N ins Angerlloch herunter. Sie wird in ihrer ganzen Länge durchklettert, indem man sich in ihrem Grunde oder an der westl. Begrenzungswand hält. Sie weist keine größeren Abbrüche auf.

- **1440**   **Zirbelkopf,** 1989 m

Der Zirbelkopf ist dem Zirbelsattel nördl. vorgelagert. Er wird von diesem aus in leichter Kletterei ersteigen. Lohnende Aussicht. Markiert. Etwa 20 Min.

Führe: Vom Sattel erst kurz gerade aufwärts, dann rechts und von Osten her längs des Grates zum höchsten Punkt.

- **1441**   **Drei Scharten,** etwa 2300 m

Die Drei Scharten sind eine tiefe Kammeinsenkung zwischen Musterstein und Wettersteinwand. Von S, vom Berglental aus, erscheinen sie tatsächlich als drei dicht nebeneinander liegende Einschnitte. Von N, von Garmisch-Partenkirchen, fällt als tiefer viereckiger Einriß die mittlere auf. Sie allein ist gangbar. Als eigentlicher Übergang sind die Drei Scharten ohne Bedeutung. Jedoch sind die Abstiegsmöglichkeiten nach S und N bei Witterungsumschlag wertvoll.

● **1442A   Abstieg nach Süden**
I und Gehgelände. 1 Std.

Von der breiten Einsattelung erst gerade über Felsen, dann halbrechts abwärts auf die Steigspuren, die ungefähr über Felsen, dann halbrechts abwärts auf die Steigspuren, die ungefähr an der Latschengrenze entlang ins Berglental leiten. Es wird ziemlich genau am Fußpunkt der SO-Wand des Mustersteins erreicht.

● **1443A   Abstieg nach Norden**
II (einige Stellen) überwiegend leichter, einige Drahtseilsicherungen. 1½ Std. bis zur Wettersteinalm.

Von der Scharte links (nordwestl.) über Schutt, Gras und Platten hinunter in das östl. des Hirschbichlkopfes eingebettete Schafkar. Das Kar nördl. abwärts. Nachdem eine steilere Stufe an seinem Ausgang mit Hilfe eines Drahtseiles überwunden ist, gelangt man links (westl.) ohne Schwierigkeiten auf die obersten Weidegründe der Wettersteinalm.
Das **Schafkar** kann auch vom Hirschbichlsattel aus erreicht werden. Man steigt von ihm östl. zuerst durch eine Rinne hinunter und quert dann rechts auf die obersten Schutthänge des Kars (II).

● **1450**   **Wettersteinwand,** 2483 m

Die breite Felsmauer der Wettersteinwand mit ihren beiden wenig ausgeprägten Schulterpunkten, dem **Wettersteinkopf** (2431 m) im W und der **Rotplattenspitze** (2429 m) im O, wirkt von N gesehen eindrucksvoll. Von S ist sie leicht, aber mühsam zugänglich. Die Nordanstiege werden mangels günstiger Stützpunkte sehr selten ausgeführt. Der Gratübergang von der Meilerhütte über den Musterstein und die Wettersteinwand — Wettersteinspitzen nach Mittenwald ist schwierig und lang, aber landschaftlich sehr schön und guten und ausdauernden Kletterern sehr zu empfehlen.
Erstbesteigung: H. v. Barth, 1871.

● **1451   Vom Berglental über die Südflanke**
I und Gehgelände. 2½—3 Std. von der Meilerhütte.

Wie R 114 ins Berglental bis dahin, wo die Südwände des Mustersteins nach O hin an Höhe verlieren und auf Geschröf absetzen. Von hier erscheint der Gipfel der Wettersteinwand als letzte sichtbare Erhebung im Hauptkamm. Vor (westl.) der vom Gipfel herabziehenden Gratrippe liegt eine große Mulde, die man durch Queren etwas über der Latschengrenze auf spärlichen Steigspuren erreicht. Aus der Mulde auf die erwähnte Rippe und über sie zum Gipfel.

- **1452** **Von Leutasch durch das Kar „Im Flecken"**
  I und Gehgelände. Sehr mühsam. 5 Std.

Übersicht: Die grüne Schrofenmulde des Kars „Im Flecken" liegt südöstl. unter der Rotplattenspitze und südwestl. unter der Oberen Wettersteinspitze eingebettet.

Führe: Von Leutasch-Unterlochlehen ersteigt man den auffallenden, bewaldeten Schuttkegel, der unter einer deutlich sichtbaren klammartigen Felsrinne weit ins Tal vorspringt. Noch vor der Felsrinne wendet man sich rechts (östl.) einem versteckten, schlechten Steig zu, der durch Latschen östl. der Rinne steil zur Karmulde hinaufführt. 2½ Std. In der Karmulde hält man sich gerade aufwärts und über den Grat westl. zur Rotplattenspitze und weiter zur Wettersteinwand.

- **1453** **Gratübergang vom Musterstein und zur Oberen Wettersteinspitze**
  III und II. 6 Std. Siehe R 1476.

- **1454** **Von Norden**
  II. 3 Std. vom Kämisattel.

Zugang: Wie R 255 zum Kämisattel.

Führe: Vom Kämisattel (nicht Kämitor!) steigt man über Schrofen und Gras etwa 80 m empor und quert dann etwa 100 m fast eben auf luftigen Grasbändern in die hier hinaufziehende, breite, rinnendurchfurchte Wanddepression, durch die man, erst gerade, dann links ansteigend, zu einer schuttbedeckten Rippe gelangt. Über sie erreicht man den Gipfelgrat östl. des höchsten Punktes. Im Abstieg benützt man die erste östl. vom Gipfel ansetzende Rippe. Zwei rechts unten sichtbare Karmulden bleiben besser rechts liegen. In Höhe der unteren beginnt der lange Quergang nach links abwärts.

Auch der **Wettersteinkopf** kann vom Kämitor über die dort ansetzende, leicht geknickte Rippe erstiegen werden (Franz Dengg, 1893, III.)

- **1459** **Mittagsscharte** (Wettersteinwand)

Eine tief eingeschnittene, schon in Garmisch-Partenkirchen und in der Leutasch auffallende Scharte im Grat zwischen Rotplattenspitze und Oberer Wettersteinspitze. Von der Scharte zieht nördl. eine ungangbare Rinne herunter, die westl. von einer ausgeprägten Rippe begleitet wird.

Sie wird vom Sattel zwischen Zirbelkopf und Hauptmassiv durch Querung nach O erreicht. Sie führt in zum Teil ziemlich luftiger Kletterei (III) zum Grat. 1½ Std. — Abstieg nach S siehe R 1452.

● **1460 Obere Wettersteinspitze,** 2296 m

Wenig aus dem Kamm hervorragende Erhebung, gekennzeichnet durch den etwa 200 m hohen Absenker, mit dem sie östl. zur Unteren Wettersteinspitze absetzt.

● **1461 Gratübergang von der Wettersteinwand und zur Unteren Wettersteinspitze**
A. Heinrich, H. Leberle, G. Leuchs, 1899.
III und II. Siehe R 1476.

● **1462 Durch das Kar „Im Flecken"**
I und Gehgelände. Mühsam. 4 Std.

Wie R 1452 ins Kar. Man strebt, sich möglichst tief haltend, scharf östl., mehrere sich von der „Weißen Wand" ablösende Rippen querend, dem vom Gipfel südl. streichenden Rücken zu. Auf ihm über üppige Grasterrassen und gutgestuften Fels zum Gipfel.

● **1463 Von Norden über den Gamsanger**
I, markiert. 4½ Std. vom Tal.

Vom Franzosensteig (R 258) ungefähr da, wo er sich an der Landesgrenze östl. wendet, einem Ww. folgend westl. und in Kehren durch Wald in das unter der Oberen Wettersteinspitze nordöstl. eingebettete Kar. Aus ihm in Windungen durch den schrofigen Steilabfall auf den grünen Sattel des Gamsangers und von ihm durch Schrofenrinnen zum Gipfel.

● **1464 Von Nordwesten**
Erstbegeher unbekannt.
III und leichter. Sehr selten begangen. 2½ Std.

Zugang: Von Mittenwald auf dem Franzosensteig (R 258) bis zur Wegteilung etwa 45 Min. oberhalb des Ferchensees.

Führe: Von hier nicht mehr auf dem Franzosensteig, sondern auf spärlichen Spuren gerade weiter (kaum steigend) bis unter die Mulde, die zwischen Gamsanger und Zirbelkopf eingebettet ist (Hanimossalpl). Vom Hüttenplatz über den Geröllboden zur Wand, die etwa 80 m oberhalb einige Bäume trägt. Sie werden von rechts her durch einen Kamin erreicht. Von den Bäumen über Gras zu einer Steilrinne, die bis zu ihrem endgültigen Abbruch verfolgt wird. Nun halblinks gegen den Fußpunkt eines gelben Turmes. Oberhalb einer festgriffigen Plattenstelle wieder halbrechts gegen eine höher befindliche auffallende schwarze Wand. An ihr entlang aufwärts durch gassenartige Steilrinnen zum nördl. Nebengrat und in schrägem Aufstieg zum Gipfel.

● **1470**   **Untere Wettersteinspitze,** 2152 m

Dieser östliche felsige Eckpunkt des Wettersteinkammes fällt mit praller Wand nach O ab und wirkt besonders eindrucksvoll von Mittenwald aus.

● **1471**   **Von Leutasch durch das Kar „Im Flecken"**
           II (Stellen), meist I und Gehgelände. Langer und sehr mühsamer Anstieg. 5 Std.

Zugang: Siehe R 1473.

Führe: Wie bei R 1452 ins Kar „Im Flecken" und auf den von der Oberen Wettersteinspitze herabziehenden Rücken. Jenseits auf spärlichen Steigspuren tief in eine Mulde hinab. Mehrere Rinnen querend hält man sich wieder östl. aufwärts durch Krummholz und über steiles Gras dicht an den Fuß der Kante der Unteren Wettersteinspitze. Durch eine Felsschlucht mit linksseitigem Ausweichen anstrengend empor, bis man die Kammhöhe nach O hin über Rasenpolster erreicht. Westl. entlang zum Gipfel.

● **1472**   **Ostwand**
           F. Arndt, G. Fester und Gef., 1910.
           III+, meist jedoch leichter. Brüchig. Sehr selten begangen. 2 Std.

Übersicht: Die unteren zwei Drittel der Ostwand werden von einer Steilschlucht durchzogen; sie dient als Richtpunkt.

Führe: In der Fallinie des Gipfels über Schutt hinauf. E in die Wand nördl. eines vorspringenden Felsköpfls. Von rechts her zu ihm hinauf, dann ein Stück über brüchige Schrofen gerade aufwärts. Über steile Platten nach rechts querend gelangt man in die Schlucht. In ihr empor, wobei man mehrere kurze Kamine (man wähle immer den zur Linken) mit sehr brüchigem Gestein durchklettert. Oben gelangt man auf Grasschrofen und von links her zum Gipfel.

● **1473**   **Von Osten**
           II (Stellen), meist I und leichter. 2 Std. von der Schanz, 4½ Std. von Mittenwald, 3 Std. von Unterleutasch.

Zugang: Von Mittenwald oder Unterleutasch auf R 258 über den Franzosensteig zu dessen höchstem Punkt. Von hier folgt man möglichst der

Kammlinie erst durch Wald, dann durch Latschen auf die freien Hänge unter dem Vorbau der Wettersteinspitze.

Führe: Man wendet sich nun der Sandreiße zu, die unter dem Ostfuß der Unteren Wettersteinspitze herabzieht und oben in eine plattige Schlucht zwischen ihr und einem südl. Vorkopf übergeht. Man durchsteigt die Schlucht (II, schwieriger über die rechte Begrenzungswand) und gelangt auf den vom Gipfel südl. streichenden Grat. Auf ihm westl. in wenigen Minuten zum Gipfel. 1 Std. vom Betreten der Schlucht.

Im Abstieg darf man den Übergang über die Südrippe in die Schlucht nicht verpassen. Man verfolge daher nicht zu lange die nach S hinabführenden verlockenden Rinnen!

● **1474 Nordwand**
   H. Burmester, 1910.
   II. Etwa 1¼ Std. aus dem Kar unterm Gamsanger.

Zugang: Wie R 1463 ins Kar unterm Gamsanger.

Führe: Vom Kar aus hält man sich rechts einer Schlucht und erreicht in ihrer Fortsetzung eine nach N vorspringende Rippe, die das Kar östl. begrenzt. Auf ihr zum Gipfel.

● **1475 Nordwestwand**
   K. Hausmann, F. Schmitt, 29. 9. 1946.
   V— (eine SL), sonst IV und III. Wenig begangen.
   Ca. 500 mH. 3½—4 Std.

Übersicht: Die Nordwestwand ist in den unteren 300 m gestuft, im oberen Teil fällt eine große Platte auf, die von riesigen Überhängen überdacht ist.

Zugang: Von Mittenwald (bzw. vom Ferchensee) auf dem Weg zum Gamsanger (R 1463) ins Ferchenkar am Fuß der Wand.

Führe: E, wo der Schutt am höchsten hinaufreicht. Von hier durch Rinnen ohne größere Schwierigkeiten zu der schon von unten auffallenden großen Platte, die an ihrem rechten Rand erreicht wird. Nun etwa 50 m in einer schrägen, überdachten Verschneidung aufwärts unter die gewaltigen Dachüberhänge. Wo die Verschneidung nach links biegt, Stand. Von hier 5 m senkrecht an brüchigem Fels zu H, 5 m Quergang an glatter Wand zu einem feinen Parallelriß, der oberhalb eines Überhanges erreicht und bis zu einem kleinen Köpfl durchklettert wird (vom Stand bis hierher V—). Auf einer Rippe am Rand der Überdachung 20 m aufwärts, auf einem Schuttband 15 m nach links und über schöne steile Platten direkt zum Gipfel.

● **1476 Gratübergang vom Musterstein über die Wettersteinwand zur Unteren Wettersteinspitze (Wettersteingrat)**
III und II, stellenweise auch leichter. Lange, aber landschaftlich sehr schöne Überschreitung. Anstrengend. Zählt zu den klassischen und anspruchsvollen Winterunternehmen im Wetterstein. 7—8 Std.

Vom Musterstein (R 1400) über den leichten Grat zum östl. Vorgipfel. Beständig auf der Gratschneide leicht abwärts bis etwa zur flachen Kammsenke der „Drei Scharten" (R 1441). Die „Drei Scharten" werden durch eine Reihe kleiner Türmchen gebildet. Sie werden am besten überklettert (III). Den großen, trapezförmigen Kopf (Grataufschwung) umgeht man nordseitig und gewinnt anschließend wieder den Grat. Auf ihm ohne Schwierigkeit zum Wettersteinkopf und zum Gipfel der Wettersteinwand (R 1450), 3—4 Std.

Von der Wettersteinwand über den leichten Grat zur Rotplattenspitze und auf den Gratkopf östl. davon (2372 m). Weiter südl. des Grates zur tiefsten Einsenkung zwischen Wettersteinwand und Oberer Wettersteinspitze (Mittagsscharte). Ein folgender Grataufschwung wird südl. umgangen. Auch weiterhin hält man sich eine Zeit lang südl. des Grates, bis man ihn durch einen kurzen Riß (II), nunmehr von N, wieder erreicht. Bald darauf zum Gipfel der Oberen Wettersteinspitze (R 1460), 1½—2 Std.

Von der Oberen Wettersteinspitze steigt man am Grat oder unter Benützung des in der Nordflanke eingelagerten Schuttfeldes etwa 200 m ab, bis der Grat ein Stück eben verläuft. Die hier befindlichen steilen, teilweise brüchigen Gratzacken werden, z.T. überklettert (III) oder nördl. umgangen. Zuletzt erreicht man über den Grat die Untere Wettersteinspitze. Etwa 1 Std.

1.6 Arnstock

Der Zug der Arnspitzen wird im W und N vom Leutaschtal, im O vom Isartal und im S vom Satteltal begrenzt. Er hat drei stattliche Felsgipfel: Die Große Arnspitze oder Vordere Arnspitze, 2196 m, als nordöstlichste und höchste Erhebung; die Mittlere Arnspitze oder Arnkopf, 2130 m, einen kühnen, gescharteten Felszahn; und die Arnplattenpitze (Hintere Arnspitze, Arnsteinspitze, 2172 m). Ausgangspunkte für die Besteigung sind Scharnitz, Mittenwald und Leutasch (Mühle und Arn). Die Aussicht von den Arnspitzen ist dank ihrer freien Lage sehr schön. Die Ersteigung der Großen Arnspitze ist durch eine Weganlage und eine ostsüdöstl. unter dem Gipfel liegende Unterstandshütte erleichtert.

Die Überschreitung der drei Spitzen von O nach W ist für geübte und ausdauernde Bergsteiger eine sehr genußvolle Bergfahrt.

- **1500**   **Große Arnspitze,** 2196 m
- **1501**   **Von Scharnitz**
  Leichtester und kürzester Anstieg, bez. Steig. Ohne Schwierigkeiten. Ca. 1100 mH. 3½—4 Std.

Der von der DAV S. Hochland angelegte, spärlich bez. Steig führt, an der Porta Claudia bei Scharnitz beginnend, erst an den Nordhängen des Arntalkopfes (P. 1524), dann in der breiten Mulde der Hasellähne in Windungen steil bergan zur Unterstandshütte (1930 m). 3—3½ Std. von ihr leitet der Pfad westl. zu einem begrünten Sattel im breiten SO-Grat hinan und an diesem entlang in Kehren über Schrofen und Schutt zum Gipfel. ½ Std.

- **1502**   **Von der Riedbergscharte**
  Ohne Schwierigkeiten. 2½ Std.

Zugang: Wie R 271 zur Riedbergscharte, 1½ Std. von Unterleutasch oder von Mittenwald.

Führe: Von der Scharte, 1400 m, auf dem AV-Weg den Rücken entlang über die Achterköpfe, zuletzt in der Ostflanke des Kammes unter der Arnspitze hindurch zur Unterstandshütte. Kurz vor ihr kommt von links der Weg von Scharnitz herauf. Weiter auf R 1501 zum Gipfel. Letztes Wasser etwas unterhalb der Riedbergscharte auf der Leutascher Seite.

- **1503**   **Ostgrat**
  Th. Hüttenhofer, F. Pfannmüller, 1935.
  V— (Stellen), überwiegend leichter. Stellenweise luftige Kletterei. Sehr selten begangen. 2—3 Std.

Übersicht: Von der Arnspitzhütte aus gesehen fällt im unteren Teil des Ostgrates ein markanter, überhängender Felskopf auf. Unter ihm ziehen sich die Latschen am höchsten gegen die Felsen hinauf. Hier befindet sich der E.

Führe: Unmittelbar rechts neben dem Kopf setzt eine steile Plattenflucht an, die mit den Felsen zur Linken eine Verschneidung bildet. Vom E 10 m gerade hinauf über eine Wandstufe (III) zum unteren Teil der Plattenflucht. Teils mit Hilfe der Verschneidung, teils an der rechten Begrenzung der Plattenflucht erreicht man nach 30 m vom E einen schlechten Stand (H). Vom Standplatz schräg rechts ansteigend hinaus zur Kante und in schöner Kletterei an kleinen Griffen 2 SL hinauf, bis man durch einen 3 m hohen Kamin zur Linken einen kleinen Felskopf oberhalb des großen Überhanges erreicht. Von ihm zieht nach links ein mit Graspolstern durchsetztes Felsband zu einem Kamin, der auf ein weiteres Felsköpfl leitet. Nun direkt an der Kante in luftiger Kletterei gerade empor, bis sich nach etwa 10 m der Grat zurücklegt. In unschwierigem Gelände steigt man in ½ Std. zum Gipfelkreuz des Vorgipfels und erreicht über den Nordgrat den Hauptgipfel.

- **1504 Nordwand**
    Erstbegeher unbekannt.
    II. Sehr selten begangen. Etwa 1 Std.

Zugang: Wie R 271 zur Riedbergscharte.

Führer: Man geht auf dem von der Riedbergscharte kommenden Grat an die Nordwand heran. Über dem letzten Absatz steigt man westl. in die erste große Rinne. Durch sie, mehrere Steilabsätze umgehend, in eine Scharte und über den Ostgrat zum Gipfel.

- **1510   Mittlere Arnspitze, 2130 m**
- **1511   Übergang von der Großen Arnspitze**
    II und I. 1 Std.

Von der Großen Arnspitze in Richtung auf die Mittlere über einige Felsen hinab auf einen Sattel und auf und neben dem Grat ohne Schwierigkeiten an den Aufschwung der Mittleren Arnspitze heran. Über ein bösartig aussehendes Band an guten Griffen nach links auf eine Terrasse. Von ihr über gutgestuften Fels zum Grat und über seine steilen Absätze zum Gipfel.

Bei Überschreitung der drei Arnspitzen kann der Mittelgipfel auf einem Gamswechsel der Nordseite leicht umgangen werden.

- **1512 A Abstieg durch die Nordwestschlucht**
    Stellenweise **III**, sonst II und leichter. Empfehlenswerter beim Übergang von der Großen zur Hinteren Arnspitze ist der Westgrat, R 1513. ½—¾ Std.

Von der tiefsten Scharte zwischen Mittlerer Arnspitze und ihrem westl. Nebengipfel unmittelbar in die nördl. steil abfallende Rinne. Sie mündet, sich bald verengend, in eine stark zurücktretende, moosige, kaminartige Höhle mit eingeklemmtem Block. Unter diesem Block durch kurze steile Rinnen in eine sich immer mehr erweiternde Schlucht mit grasdurchsetzten Schutthängen, die mit einem nur wenige Meter hohen, durch eine Rinne leicht zu nehmenden Wandl auf den den Gipfel nördl. umgehenden Gamswechsel abbrechen.

Auch für den Anstieg geeignet. Die Schlucht ist schon von unten deutlich sichtbar.

- **1513 Westgrat**
    Erstbegeher unbekannt.
    II. ½—¾ Std.

Von der Einsattelung zwischen Hinterer und Mittlerer Arnspitze über die steilen Gratabsätze nahe dem prallen Südabsturz mittels plattiger Stufen und kleiner Rinnen luftig empor zu einem westl. Vorbau (Nebengipfel). Nun über den Grat und eine Felsbrücke zum Nordaufschwung des Gipfels und über gebänderte steile Stufen auf ihn.

- **1514 Südpfeiler**
    O. Fröhlich, K. Krall, O. Roilo, 1924.
    IV (Stellen), sonst leichter. 1½ Std.

Übersicht: Den Anstieg zur Schulter vermittelt ein tief eingeschnittener Kamin an der rechten Seite des Pfeilers, der schon von Gießenbach aus auffällt. Der günstigste Zugang zum E führt von der Großen Arnspitze entlang dem Grat zum Fuß der Mittleren Arnspitze. Hier links hinunter zum E.

Führe: Über Schrofen erreicht man das untere Ende des Kamins. In ihm über einige Überhänge hinauf. Von der teilweise latschenbestandenen Schulter unschwierig aufwärts, bis die Kante sich steil aufschwingt. Am besten knapp neben ihr oder etwas weiter links aufwärts auf eine kleine Kanzel. Die folgende Wandstelle, die teilweise überhängt, wird mittels Steigbaum überwunden. Dann bedeutend weniger schwierig auf die zackige Krone des Vorgipfels und über den kurzen Grat zum Gipfel.

- **1515 Südostwand**
    R. Maier, T. Wurmer, 20.11.1980.
    V— (einige Stellen), **IV** und **III**. Teilweise brüchig. 2—2½ Std.

Übersicht: Die Route führt durch die auffallenden Platten links der markanten Schlucht, die den Hauptgipfel vom Vorgipfel trennt.

Zugang: Durch die Schlucht und links davon über Schrofen bis zu einem Schuttkessel, etwa 100 m über dem Wandfuß (II und III). Links setzt ein anfangs geneigter, rißdurchzogener Wandgürtel an, der nach oben durch Überhänge begrenzt wird.

Führe: 1. SL: Über Platten zu einer senkrechten Wandstelle und über diese zu einem Riß (III und V—, 20 m). **2. SL:** Über grasdurchsetzten Fels links haltend auf ein Latschenband nahe der Kante (II und III, 25 m). **3. SL:** Kurz nach links, an senkrechter Wand 3 m empor zu einem nach links aufwärtsziehenden Hangelriß. Hangelnd nach links zu einem Riß und durch diesen zu Blöcken (V—, 25 m). **4. SL:** Durch den splittrigen Riß zum Grat (IV, 30 m). **5./6. SL:** Über den Grat zum Gipfel (II). (R. Maier)

- **1520** **Arnplattenspitze** (Hintere Arnspitze), 2172 m

Der sowohl von Osten als auch von Westen imponierende Felsturm ist in hübscher Kletterei zu erreichen.

- **1521** **Nordostgrat**
  II. ½—¾ Std.

Von der Einschartung westl. der Mittleren Arnspitze durch Latschen zu dem in der unteren Hälfte latschenbewachsenen NO-Grat und über ihn an der Kante zu einem Absatz, von dem sich der Gipfel in Plattenschüssen aufschwingt. Über ein schmales Band von rechts nach links in eine Plattenrinne die, weiter oben rißartig verengt, unmittelbar zum Gipfel leitet.

Im Abstieg ist die Rinne vom Gipfel aus zu überblicken.

- **1522 A** **Abstieg nach Westen**
  III— (Stelle) und leichter. 1 Std.

1. Vom Gipfel über die schuttbedeckten Schrofen des Westgrates hinab zum begrünten Kamm. 10 Min.
2. Vom Gipfel den kurzen Südgrat entlang. An seinem Ende nach rechts (W) durch eine etwa 25 m lange Rinne auf ein schräg abwärtsführendes Band, das bei einem etwa 2 m hohen abgespaltenen Zacken endigt. Über den Zacken und jenseits durch den engen Riß zwischen Zacken und Wand (III—) und eine Steilrinne zu einem Latschenfleck, von wo rechts um die Ecke der Weg 1) etwa 10 m oberhalb des E erreicht wird. Auch als Anstieg zu empfehlen. Weiterer Abstieg siehe R 1523.

- **1523** **Vom Hohen Sattel**
  II (Stellen) und I, sonst leichter. Teilweise Steigspuren.
  2 Std.

Zugang: Wie R 273 zum Hohen Sattel.

Führe: Man verläßt den Hohen Sattel beim Wegweiser zu den Arnköpfen, steigt zunächst in einer schmalen Waldschneise aufwärts zu einem kleinen Boden und trifft bald etwas oberhalb im Hochwald einen Felsklotz mit Steinmann. Hier links hinüber, wo eine Latschenzunge nach oben zieht, die beiderseits von Schuttreißen begleitet wird. In der Latschenzunge, nur anfangs auf einem Steiglein, aufwärts, bis sie sich hoch oben unter einem Felsgürtel im Geröll verliert. Hier in langem Quergang rechts hinüber und um eine felsige Ecke in eine vom Grat herunterkommende Mulde. In und an ihrer rechten Begrenzung empor, zum Schluß auf Steigspuren von rechts nach links zu einer Einsenkung im Grat. Etwa 1½ Std. vom Hohen Sattel.

Nun links in einigen Min. zum Arnkopf oder rechts in etwa 30 Min., zuletzt in unschwieriger Kletterei zum Gipfel der Hinteren Arnspitze. Für den **Abstieg:** Man quert von der „felsigen Ecke" so lange nach rechts, bis man längs der Schuttreißen und Latschenstreifen einen zusammenhängenden Überblick bis zum Wald erhält. Mehr oder weniger mühsam hinunter und durch den Hochwald zum Hohen Sattel. Bei Nebel sehr schwer zu finden.

Aus der Lehrschriftenreihe des Österreichischen Alpenvereins

Pit Schubert
Alpine Eistechnik

Herausgegeben vom Österreichischen Alpenverein
Allgemeine Ausrüstung - Alpintechnische Ausrüstung - Fahrt, Gefährten, Seilschaft - Eis und seine Gefahren - Knoten - Anseilen im Eis - Anbringen von Sicherungspunkten im Eis und Firn - Sicherungstheorie - Sicherungspraxis - Gehen und Sichern auf Gletschern - Spaltenbergung - Gehen und Sichern im Steileis - Biwak im Eis - Rückzug im Eis - Überleben im Eis - Alpines Notsignal - Schwierigkeitsbewertung im Eis.
276 Seiten. Zahlreiche Fotos und Zeichnungen. 12. Auflage 1981.

Pit Schubert
Alpine Felstechnik

Allgemeine Ausrüstung - Alpintechnische Ausrüstung - Gefahren im Fels - Seilknoten - Klemmknoten - Anseilmethoden - Anbringen von Sicherungs- und Fortbewegungsmitteln - Sicherungstheorie - Sicherungspraxis - Ökonomisch richtiges Verhalten im Fels - Spezielle Freiklettertechnik - Künstliche Klettertechnik - Fortbewegung der Seilschaft - Geologie und Klettertechnik - Gang an der Sturzgrenze - Der Sturz im Fels - Hilfsmaßnahmen beim freien Hängen - Schwierigkeitsbewertung im Fels - Routenbeschreibung und Anstiegsskizzen - Gefahren im Fels - Biwak - Rückzug - Rückzug mit Verletzten - Überleben im Fels - Alleingang im Fels - Erstbegehungen im Fels.
Zahlreiche Fotos und Zeichnungen. 3. Auflage 1982.

Zu beziehen durch alle Buchhandlungen

Bergverlag Rudolf Rother GmbH · München

2. Mieminger Kette

2.1 Hauptkamm

● **1600** **Hohe Munde**
Westgipfel, 2659 m; **Ostgipfel,** 2592 m

Östlicher Eckpfeiler der Mieminger Kette, von allen Seiten gesehen ein ausgeprägter Gipfel. Die Hohe Munde erhebt sich besonders eindrucksvoll über dem Inntal, das von ihr um 2000 m überragt wird. Leicht besteigbarer Gipfel, guter Aussichtspunkt, einer der meistbesuchten Gipfel der Gruppe. Erstbesteigung: A. Sauter, 1829.

● **1601** **Über den Ostrücken**
I und Gehgelände. Leichtester Anstieg. 2½—3 Std. von der Rauth-Hütte.

Von der Rauth-Hütte (R 163) durch eine anfangs flache, später steiler werdende Grasmulde zum obersten Punkt der Wiesen, dem sogenannten Jöchl (Aussichtspunkt). Nun in einer Latschengasse erst steil nach links zu den freien Hängen hinauf und über diese, einem deutlichen Steig folgend, auf den breiten Kopf des Ostgipfels. Nach einem kurzen Abstieg zum „Steinernen Mannl" in der Scharte zwischen den zwei Gipfeln über den stellenweise etwas schmalen Grat zum Hauptgipfel empor, etwa 20 Min. vom Ost- oder Signalgipfel.

● **1602** **Westgrat**
H. v. Barth, 1873, im Abstieg.
I und Gehgelände. Einige Drahtseilsicherungen. Empfehlenswerter Anstieg. 2½ Std. vom Niedermundesattel.

Zugang: Wie R 281 zum Niedermundesattel.

Vom Niedermundesattel auf deutlichen Steigspuren über zwei Latschenköpfe zum Beginn des Grates. Den ersten, schrofigen Teil umgeht man am besten auf einem Schuttband rechts der Kammhöhe, die man erst dort betritt, wo der Kamm als breiter Gras- und Schutthang hinaufzieht. Dieser Hang endet mit einem Kopf vor einem Schärtchen. Im Schärtchen setzt mit einer glatten Platte (Drahtseil) der erheblich schmälere Grat an, der aber ohne Schwierigkeit bis auf den Vorgipfel verfolgt wird (1¾ Std.). Hier wird der Grat scharf und schwierig, man steigt deshalb ungefähr 100 m in die Einbuchtung „Rauhes Tal" zwischen Vor- und Hauptgipfel ab (Drahtseile) und quert in die Mulde bis zu einer Schuttrinne, die zu einer engen Gratscharte emporzieht. Knapp unter ihr über abgekletterte Felsen nach rechts zum Gipfelgrat und in wenigen Minuten zum Gipfel.

Die Gratzacken zwischen Vor- und Hauptgipfel können, ohne in das „Rauhe Tal" abzusteigen, überklettert werden (II). Auch südseitige Umgehung in Schrofen (leichter) ist möglich. Wird der Westgrat als Abstiegsweg benützt, muß aus dem „Rauhen Tal" wieder zum westlichen Vorgipfel aufgestiegen werden. Man lasse sich nicht verleiten, direkt gegen Straßberg abzusteigen. Davor wird dringend gewarnt!

- **1603 Südostverschneidung**
  Erstbegeher unbekannt.
  V—, stellenweise auch leichter. 2—2½ Std.

Übersicht: Vom tiefsten Punkt der Südwand der Hohen Munde zieht eine kurze Rampe nach links und eine bedeutend längere nach rechts aufwärts. Fast am oberen Ende der rechten Rampe leitet ein Band nach links aufwärts gegen die Wandmitte. Senkrecht über dem Bandende beginnt die große Verschneidung (SO-Verschneidung), die den Grat bei einem kleinen Zacken östlich vom Gipfel erreicht.

Zugang: Vom Ghf. Straßberg auf dem Weg nach Lehen bis zu einem breiten, trockenen Bachbett (Grieslehn) 25 Min., von Telfs über Lehen hierher 1¼ Std. Am östlichen Rand auf anfangs breitem Holzweg, bei erster Wegteilung links, bei zweiter rechts durch Wald aufwärts, bis der Weg bei einer Bachrunse endet. Nun zum Teil auf Steigspuren steil hinauf zu einem Jagdsteig, der am Fuße der Felsen entlangzieht. Man verfolgt diesen Steig nach rechts, bis man in die tiefe Arzbergklamm hinabsieht. Nach links aufwärts zu den letzten Bäumen und auf einem Steig durch die Latschen in die tiefe Felsrinne, die unter die Südwand führt. Durch die Rinne empor, bei Gabelung links bis zum Ende, dann eben etwa 200 m nach rechts in eine andere Rinne, unmittelbar unter dem Vereinigungspunkt der zu Beginn erwähnten Rampen. Hier befindet sich der E. 2 Std. von der Grieslehn.

Führe: Rechts einer Kante einige Meter durch eine steile Rinne gerade empor, dann nach links um die Kante zum untersten Punkt der Rampe. Von hier auf der breiten Rampe nach rechts, dann auf einem Band unter senkrechten gelben Wänden gegen die Wandmitte nach links aufwärts. Knapp vor dem Ende des Bandes nach rechts über eine Wandstelle und schräg links aufwärts zu einer kleinen Höhle. Nun 3 m nach rechts auf eine Kante und etwa 8 m gerade empor (mehrere H), dann nach links auf ein kleines Band und über eine kurze, glatte Wandstelle in die Verschneidung. In dieser immer gerade empor bis auf den Grat, der links eines kleinen Felszackens erreicht wird.

- **1604   Drei-Pfeiler-Weg (SW-Pfeiler)**
    Erstbegeher unbekannt.
    V (Stellen), meist leichter. 2—2½ Std.

Übersicht: Die drei Pfeiler, die dieser Führe den Namen geben, bilden die linke Begrenzung der Südwand und fallen vom Gipfel in drei Absätzen zur SW-Ecke der Südwand ab.

Zugang: Wie R 1603 in die Rinne unter der Südwand.

Führe: Vom Ende der Rinne nach links hinauf, um den untersten Pfeiler herum, der als Kante aufsetzt, bis zum Fuß einer gelben Wand, die mit dem Pfeiler eine Ecke bildet. Aus dieser Ecke zieht nach rechts eine steile Rinne zum Grat empor. In der Rinne 2 SL hinauf. Bevor sie sich in der steilen Wand verliert, verläßt man sie und quert rechts aufwärts zum Grat, den man auf dem ersten Pfeiler betritt.

Über ein flaches Gratstück an den Fuß des zweiten Pfeilers. Links vom Grat durch die Rinne empor und nach rechts auf den Grat, auf der Ostseite etwa 5 m absteigen in eine andere Rinne und in dieser nach links auf die Gratkante zurück. Man befindet sich nun senkrecht über dem E. Nach einem langen Schritt über gestufte Felsen erst einige Meter nach links, dann gerade empor unter einen Überhang, der an hervorstehenden Felsschuppen direkt überklettert wird (H). Darüber guter Stand. Nun über eine kleingriffige Wandstufe gerade empor und nach rechts in ein Schärtchen. Von diesem lange Querung nach links, erst 10 m aufwärts, dann etwas absteigend und weiter in einen großen Felskessel. In unschwierigem Gelände etwa 100 m aufwärts in eine Scharte. Über eine Wandstufe und einen Kamin (III) auf der Ostseite auf den Kopf des zweiten Pfeilers.

Ein ebenes Gratstück leitet an den Fuß des dritten Pfeilers. Über eine gelbe, kleingriffige Wand 10 m hinauf, dann links in einer Rinne nach weiteren 15 m zu Stand. Eine überdachte Verschneidung führt gerade empor auf den Grat, der nun ohne Schwierigkeiten bis zum Gipfel verfolgt wird.

- **1605   Südwestgrat**
    E. Beyrer, K. Schuck, E. Stumme, 1903.
    III. Nähere Einzelheiten nicht bekannt.

- **1606   Nordwand**
    C. Bär, F. Stainer, E. Kirchebner, 3. 7. 1897, im Abstieg.
    Nur noch von historischer Bedeutung. Nähere Einzelheiten nicht bekannt.

- **1610**   **Karkopf,** 2471 m

Viereckiger Gipfel westlich der Niedermunde mit schönen Anstiegen, besonders lohnend in Verbindung mit dem Übergang zur Hochwand.

Früher schon von Hirten und Jägern bestiegen. Erste touristische Besteigung: O. Ampferer, W. u. H. Hammer, A. Greil, 23.8.1894.

● **1611 Über die Südhänge (Schafböden)**
I und Gehgelände. Teilweise deutliche Pfadspuren. 970 mH. 2½—3 Std. vom Alplhaus.

Vom Alplhaus 5 Min. talein und nach einer Wasserrunse über eine Wiese in die rechte obere Ecke, wo ein schlechter Steig beginnt, der durch eine breite Latschenmulde in nordöstl. Richtung auf den Rücken führt, der das Alpltal vom Kar trennt (Hintereggen). Hierher gelangt man auch, wenn man vom Alplhaus dem Steig zur Niedermunde (R 280) bis Hintereggen folgt und auf dem Rücken, die Hintereggen-Köpfe auf der Alplseite auf deutlichem Steig umgehend, in nordwestl. Richtung ansteigt. Vom Vereinigungspunkt auf dem Rücken weiter bis zur oberen Latschengrenze und nach rechts in die große Mulde am Fuße der Hochwand-SO-Wand. Von hier über die grasigen Hänge, stellenweise auf Pfadspuren, zur Kammhöhe hinauf und nach links zum Gipfel. Der plattige Felsklotz, der unmittelbar vor dem Gipfel den Grat sperrt, wird überklettert oder unschwierig links umgangen.

● **1612 Ostgrat**
O. Ampferer, G. Beyrer, 26.9.1897.
II (im oberen Teil) sonst Gehgelände. 400 mH. 2 Std. vom Niedermundesattel.

Übersicht: Der Ostgrat zieht sich von der Niedermunde flach dahin und ist auf der Nordseite mit Gras bewachsen. Erst im letzten Drittel wird er steil und felsig.

Zugang: Wie R 281 zum Niedermundesattel.

Führe: Im ersten, grasigen Teil hält man sich immer etwas auf der Nordseite, wobei man auch einige Graterhebungen umgeht. Die Kletterei beginnt bei einem abgespaltenen Block. Erst etwas nach rechts, dann gerade hinauf zum östlichsten Punkt des Gipfelkammes und wie bei R 1611 zum Gipfel.

● **1613 Knöpflerband**
Erstbegeher unbekannt.
III (einige Stellen), sonst meist II. Empfehlenswerter Anstieg. Ca. 650 mH. 1½ Std.

Übersicht: Durch die SO-Abstürze des Karkopfes zieht von einem großen Latschenfleck ungefähr in der Mitte der Wandflucht am Fuße einer prallen Wand ein breites Band schräg rechts aufwärts und endet am östlichsten Punkt des Gipfelgrates.

Zugang: Vom Ghf. Straßberg durch das Kar, bis von links der Steig vom Alplhaus zur Niedermunde (R 280) das Kar kreuzt, 50 Min. Rechts oben sieht man durch eine Latschenlücke einen Felssporn, zu dem man über Schutt aufsteigt. Nun nach rechts über Geschröf und durch einige Latschenfelder aufwärts zum Beginn des Bandes, 1 Std.

Führe: Man verfolgt das breite Band etwa ¼ Std. und wechselt dann nach rechts auf ein zweites, das sich nach unten als Rinne fortsetzt. Die folgende Steilstufe wird rechts eines kleinen Felskopfes durchstiegen und man gelangt auf eine flache, breite Platte. Entweder nun rechts der Platte hoch und nach links in die tiefste Rinne, aus der man über eine kurze, senkrechte Wandstufe die Fortsetzung des Bandes erreicht, oder man hält sich am linken Rande der Platte entlang der senkrechten Felsen bis in eine Höhle. Aus dieser durch den schon von unten sichtbaren engen Riß und weiter über eine senkrechte Wandstelle. Nach dieser zuerst 30 m rechts aufwärts, dann wieder nach links, bis die oben erwähnte Fortsetzung des Bandes erreicht wird. Ohne große Schwierigkeiten zum obersten Punkt des Ostgrates und wie bei R 1612 zum Gipfel.

- **1614 Südostwand**
  Erstbegeher unbekannt.
  III (Stellen) und II, teilweise auch leichter. Ca. 600 mH.
  2 Std.

Übersicht: Die Führe verläuft in der Fallinie des östlichen Eckpunktes des Gipfelgrates.

Zugang: Vom Ghf. Straßberg in das Kar und durch eine anfangs breite Rinne, die nach oben immer schmäler wird, in einen Schuttkessel am Fuße der Felsen, in dessen Mitte sich ein Latschenkopf befindet. Links an diesem vorbei zum E. 1 Std.

Führe: Links in einer engen Rinne empor zu einer Wandeinbuchtung und über Schrofen hinauf, bis die Wand steil wird, dann nach rechts in einem Kamin auf ein Köpfchen. Von diesem leicht steigend in eine Rinne und durch diese empor, bis nach links auf die westliche Begrenzungskante gequert werden kann. An der Kante 80 m gerade hinauf, dann rechts haltend in einer Folge von Kaminen zum östlichsten Eckpunkt des Gipfelgrates.

- **1615A Abstieg über den Westgrat**
  II. Der Westgrat wird meist im Abstieg beim Übergang zur Hochwand begangen. 15 Min. bis zur tiefsten Scharte zwischen Karkopf und Hochwand.

Vom Gipfel auf dem Grat oder etwas südl. davon in die erste Scharte des Westgrates und auf der Nordseite in die zweite Scharte hinab. Weiter durch eine Rinne in der SW-Seite auf eine kleine Schutterrasse vor einer Höhle. Über ein scharfes Schärtchen zum tiefsten Punkt zwischen Karkopf und Hochwand. Weiter auf die Hochwand siehe R 1622.

- **1616   Nordwand**
    L. Ohlenschläger, A. Ruech, 12. 9. 1898, im Abstieg.
    II. Nur noch von historischer Bedeutung. Nähere Einzelheiten nicht bekannt.

- **1620   Hochwand**
    NO-Gipfel, 2721 m, SW-Gipfel, 2715 m

Schöner und ausgeprägter Gipfel, bricht mit einer senkrechten Steilstufe ins Alpltal ab; gegen das Gaistal gewaltige Wände und Kanten. Erste touristische Besteigung: H. v. Barth, 9. 8. 1873.

- **1621   Über die Südhänge**
    I und Gehgelände. Teilweise Pfadspuren. 1200 mH. 4 Std. vom Alplhaus.

Wie bei R 1611 zur oberen Latschengrenze auf den Rücken zwischen Alpltal und Kar. Auf dem schmäler werdenden Rücken weiter und östlich vom Steilabbruch der Hochwand auf schwachen Pfadspuren auf die Hänge oberhalb des Abbruches (im Abstieg, besonders bei Nebel, halte man sich so weit als möglich links, da die Südhänge unvermittelt gegen das Alplkar abbrechen und der Abstieg nur östlich des Abbruches möglich ist). Anfangs über Grashänge, dann über schuttbedeckte Felsen ziemlich gerade aufwärts über die schwach ausgeprägte Südkante, die von den Südhängen und der SO-Wand gebildet wird, zum SW-Gipfel der Hochwand. Den etwas höheren NO-Gipfel erreicht man in 15 Min. über den teilweise scharfen und brüchigen Verbindungsgrat.

- **1622   Südostgrat**
    O. Ampferer, W. u. H. Hammer, A. Greil, 23. 8. 1894.
    II (überwiegend). Wird beim Übergang vom Karkopf begangen. Empfehlenswert. 1¼ Std. von der tiefsten Scharte zwischen beiden Gipfeln.

Von der tiefsten Einsattelung zwischen Karkopf und Hochwand, die man vom Karkopf in 15 Min. (R 1615) oder (unschwierig aber mühsam) von den Südhängen des Karkopfes (R 1611) erreicht, folgt man mit geringen Abweichungen der Gratschneide. Den ersten Grataufschwung erklettert man durch einen festen grauen Riß. Übergang vom NO-Gipfel zum SW-Gipfel siehe R 1615, aber in umgekehrter Richtung.

- **1623 Südwestgrat**
  O. Ampferer, G. Beyrer, 25. 9. 1897.
  III (einige Stellen), meist II, stellenweise auch leichter. 400 mH. 2 Std. von der Alplscharte.

Zugang: Wie R 285 oder R 286 zur Alplscharte.

Führe: Von der Alplscharte über die ersten Felsstufen in eine Schuttrinne, aus dieser über eine kurze senkrechte Wand in eine steile seichte Plattenrinne. In ihr steigt man bis auf die Schulter des SW-Grates empor. Nun ohne Schwierigkeiten auf dem flachen Grat an den Fuß des Gipfelaufschwunges. Über einen plattigen Absatz und Schutt zu einer steilen Rinne, die durch einen schmalen Riß gewonnen wird. In der Rinne bis auf den Grat und nach rechts über brüchige Felsen zum SW-Gipfel, wo der Südweg (R 1621) heraufkommt.

- **1624 Nordwestgrat**
  Erstbegeher unbekannt.
  IV— (Stellen), meist leichter. Im unteren Teil fester Fels, im oberen Abschnitt brüchig. Großzügiger Anstieg. Selten begangen. 1100 mH. 6—7 Std.

Übersicht: Vom NO-Gipfel zieht ein mächtiger Grat nach NO und ein zweiter nach NW ins Gaistal hinab. Zwischen den Fußpunkten dieser Grate sind zwei mächtige Felsschüsseln eingelagert. Über die Grate führen großzügige Anstiege auf den Gipfel. Der NW-Grat teilt sich in zwei Äste. Der Anstieg führt über den östlichen Ast. E zwischen der westlichen der eingelagerten Schüsseln und dem Fußpunkt des Grates.

Zugang: Von der Tillfußalm (R 180) ¼ Std. talein bis unter die westl. Schüssel. Über das meist ausgetrocknete Bachbett der Leutascher Ache und am östlichen Rand eines hier einmündenden Schuttstromes zum Beginn eines Jagdsteiges, der in bequemen Serpentinen durch den steilen Wald bis unter die Wände führt. Von der westlichen Schüssel nach W zum E.

Führe: Östlich einer Rinne über steile, feste Platten schräg links empor zu einem Schärtchen, das von unten nicht zu sehen ist. Nun etwa 30 m nach rechts und über rißdurchzogene Platten weiter nach rechts empor auf den Grat. Von hier nach links auf einen breiten Rücken und zu einem Zundernkopf empor. Nach einem flachen Gratstück links der Kante durch einen steilen Riß und über Platten auf den Grat zurück (♂) Nun auf dem Grat bis zu einem senkrechten Abbruch, über den 10 m abgeseilt wird. Ende der Schwierigkeiten. Im allgemeinen nun auf dem Grat oder rechts des Grates zum Gipfel.

- **1625 Nordostgrat**
  Erstbegeher unbekannt.
  IV (im unteren Teil), im oberen Teil wesentlich leichter. Großzügiger Anstieg in nicht immer festem Fels. Die Führe ist leichter zu finden als R 1624. 1000 mH. 6 Std.

Zugang: Wie bei R 1624 unter die Wände hinauf, dann den Latschenrücken zwischen den Felsschüsseln empor und in einer Mulde zur Gratkante (Blick in die östliche Felsschüssel). Hier E.

Führe: Links der Gratkante ziemlich schwierig 3 bis 4 SL empor, bis man den Grat erreicht, wo er sich verflacht. Nun immer dem Grat entlang zum Gipfel.

- **1626 Nordostwand**
  Th. Mayer, H. v. Ficker, 8. 9. 1900.
  IV. Nähere Einzelheiten nicht bekannt.

- **1627 Nordwand**
  E. Beyrer, Marg, Stapf, 1905.
  IV. Nähere Einzelheiten nicht bekannt.

- **1628 Nordwestwand**
  A. Wachter, 1902.
  III. Nähere Einzelheiten nicht bekannt.

- **1640   Hochplattig**

Ost- oder Signalgipfel, 2698 m; **Hauptgipfel,** 2768 m; **Westeck,** 2749 m

Höchste Erhebung der Mieminger Kette; breite Berggestalt mit zackigem Gipfelgrat, vom O-Gipfel bis zum W-Eck 700 m Luftlinie. Der höchste Punkt (Hauptgipfel) liegt ziemlich genau in der Mitte zwischen O- und W-Gipfel. Unschwierig besteigbar und wegen seiner prachtvollen Aussicht ein sehr lohnendes Ziel.

Der Ostgipfel wurde früher schon von Einheimischen erstiegen. Erstbesteigung des Hauptgipfels: H. v. Barth am 11. 8. 1872. Das Westeck wurde durch L. Purtscheller am 21. 8. 1883 erstbestiegen.

- **1641 Über den Henneberg**
  I und Gehgelände. Teilweise Pfadspuren. Ca. 1500 mH.
  4—5 Std. von Obermieming oder Barwies.

Vom Ghf. Post in Obermieming auf Fahrweg am östl. Ufer des Lehnbaches nach N zu einem Brunnen und Wegkreuz. Etwa 100 m weiter rechts auf breitem Forstweg in Kehren durch lichten Föhrenwald empor und auf Steig (Abzw. in ungefähr 1220 m, 200 m höher, schwer zu finden) auf den Rücken des Henneberg.

Von Barwies ausgehend am Schwimmbad vorbei auf bez. Weg zur ersten Stöttlbrücke, 1 Std., und gleich jenseits des Baches auf Steig gegen O abzweigend zum Forstweg und wie oben auf den Rücken des Henneberg. Diesem folgend an einer Jagdhütte vorbei zum „Gachen Blick" (Einblick in die wildzerklüftete Schlucht des Judenbaches). Nach kurzem Abstieg auf dem Bergrücken weiter, bis man nach rechts auf das Gehänge des Hochplattig queren kann (hierher gelangt man auch, wenn man vom Forstweg westlich vom Henneberg über Schutt und in einer Schuttrinne, an einer Quelle vorbei, gerade ansteigt). Nun entweder in der auffallenden Rinne, die westlich vom Hauptgipfel den Grat erreicht, empor und nach rechts zum Gipfel, oder schräg rechts aufwärts über Rasen und Schutt zum Signalgipfel.

- **1642   Überschreitung des Gipfelgrates**
  L. Purtscheller, 21. 8. 1883.
  II. Signalgipfel — Hauptgipfel 40 bis 50 Min., Hauptgipfel — Westeck, ¾—1 Std.

Im allgemeinen verfolgt man den Grat selbst, einige Umgehungen auf der Südseite; der Grat ist teilweise mit feinem Schutt bedeckt.

- **1643   Vom Alplhaus**
  F. Kilger, P. Probst, 12. 8. 1891.
  I und Gehgelände. Einige Drahtseilsicherungen. 1250 mH.
  4 Std. vom Alplhaus.

Vom Alplhaus nach W in das hinterste Alplkar und durch eine mächtige Schuttgasse zur Scharte zwischen dem Judenfinger und dem Hauptmassiv, 2 Std. Kurz unterhalb der Scharte zieht eine brüchige Kluft nach N hinauf. In dieser etwa 80 m empor auf unschwierigeres Gelände (Drahtseil). Nun auf dem Rücken östl. der auffallenden Rinne, die vom Signalgipfel herabzieht, gerade hinauf zum Signalgipfel.
Im Abstieg findet man die Kluft mit dem Drahtseil, indem man in der Nähe der Kante, welche zum Alpltal abbricht, östlich der großen auffallenden Rinne solange abwärts geht, bis man das versteckte obere Ende des Drahtseiles erblickt.

- **1644   Von der Neualplreise**
  II, stellenweise auch leichter. 650 mH. 2 Std. vom Rasenkopf (Schafkopf) im Neualplkar.

Übersicht: Die Neualplreise zieht aus dem Winkel, den die Südflanke des Hauptkammes mit der Hochplattig-Westeck-NW-Wand bildet, als gewaltiger Schuttstrom zum Stöttlbach hinab. Rechts, östlich, befindet sich am Fuße des Hochplattig-SW-Grates eine begrünte Flachstufe, die in senkrechten Schichten gegen die Neualplreise abfällt. Den obersten

Punkt dieser begrünten Stufe (Schafkopf) erreicht man, wenn man oberhalb der Jagdhütte auf dem Henneberg auf einem Jagdsteig zur Neualplreise hinüberquert und an geeigneter Stelle zu einem breiten Rasenband aufsteigt, das schräg nach links auf die Höhe der Flachstufe leitet. Wesentlich mühsamer ist der Aufstieg im Schutt der Neualplreise.

Vom Verbindungsgrat Hochplattig — Mitterturm ziehen nahe dem Hochplattig mehrere tiefe Felsrinnen auf die Geröllhalden im Neualplkar herab, die alle durchstiegen werden können. Die geringsten Schwierigkeiten bietet die westlichste Rinne.

Führe: Vom begrünten Kopf am Fuße der NW-Wand des Westecks erst über Schutt, dann über Geschröf in die westlichste Rinne, die bis auf die Grathöhe verfolgt wird. Die Rinne ist ausgewaschen und zum Teil kleingriffig. Ungefähr in halber Höhe befindet sich rechts von roten brüchigen Felsen eine Steilstufe, die direkt überwunden wird. Auf der Grathöhe wendet man sich nach rechts und überschreitet einige Graterhebungen. Bei einem großen Gratfenster etwas nach S absteigen und auch die folgenden Grattürme auf der Südseite umgehen. Aus der Scharte nach dem letzten Turm über niedrige Wandstufen auf das Westeck.

- **1645** **Nordostgrat**
  O. Ampferer, G. Beyrer, 14. 6. 1897.
  III und II. Teilweise brüchig, im oberen Abschnitt fester Fels. 450 mH. 2—3 Std. von der Alplscharte.

Zugang: Wie R 285 oder R 286 zur Alplscharte.

Führe: Der Grat setzt an der Alplscharte zuerst breit an, bevor er in seinem weiteren Verlauf sich in mehreren Türmen aufsteilt. Der erste Aufschwung wird rechts umgangen, dann dem Grat entlang, bis man auf der Nordseite in eine Scharte absteigt. Von hier in der Südseite durch eine schräge Rinne in einen senkrechten Kamin. Die folgenden Türme bis zum Signalgipfel werden umgangen oder zum Teil überklettert.

- **1646** **Südwestgrat**
  E. Clément, Zangerle, Blaschke, 1909.
  III (Stellen) und leichter. 550 mH. 3 Std.

Zugang: Wie R 1644 auf die begrünte Flachstufe und durch einen Kamin zum Beginn des SW-Grates hinauf. Hierher auch über den Henneberg wie bei R 1641 bis auf das Plattiggehänge und nach links aufwärts an den Fuß der Felsen.

Führe: Durch eine breite Rinne vom Hauptgrat getrennt, zieht links eine Seitenrippe empor. Der E befindet sich einige Schritte östlich der

Mündung der breiten Rinne. Der erste plattige Aufschwung wird in der engen kaminähnlichen Rinne überwunden, die sich mitten durch die Platten des Hauptgrates zieht. Die Rinne wird bis zum Grat verfolgt, den man in einer kleinen Scharte erreicht. Nun direkt dem Grat entlang und auf einem schmalen Band links der Gratkante sehr ausgesetzt empor, bis man am oberen Ende des Bandes nach rechts auf unschwieriges Gelände gelangt. Möglichst nahe der Gratkante längere Zeit empor bis unter einen steilen, plattigen Turm. Dieser wird rechts umgangen. Man quert fast bis auf den Grund der großen Rinne rechts vom Turm und steigt dann nach links über plattigen Fels zum Grat empor, der in einer kleinen Scharte oberhalb des Turmes erreicht wird. Von hier mit geringen Abweichungen auf dem Grat bis zum Gipfel.

- **1647   Südostwand**
    M. Schneider, 1903.
    III (einige Passagen), meist II und leichter. Ca. 750 mH.
    4 Std.

Übersicht: Die SO-Wand ist die gewaltige Wandflucht, die vom Signalgipfel gegen das Alptal abfällt. Sie wird vom NO-Grat und der Südkante begrenzt. Durch eine Rinne, vor deren Ausmündung ein pyramidenförmiger, oben latschenbewachsener Vorbau lagert, wird sie geteilt. In und neben dieser Rinne vollzieht sich der Abstieg.

Zugang: Vom Alplhaus in das Kar unter dem Signalgipfel. Östlich des genannten Vorbaues über Rasenflecke empor und links haltend in und neben der Rinne bis zu der Stelle, wo die vom Vorbau hinaufziehende Rippe an einer Rinnengabelung einen Sattel bildet.

Führe: Die erwähnte Rippe noch hinauf bis zu den obersten Grasflecken. Nun 10 Min. in der Hauptrinne, dann unter einer dunkelgrauen Wand auf einem Schuttband links aufwärts (zur Linken eine steile Rinne) in eine seichte, steile Rinne mit sehr guten Griffen. Von ihrem oberen Ende über schuttbedeckte, unschwierige Schrofen gerade empor zu einer einzelnen Latsche und von dieser auf schmalem, schuttbedecktem Band einige Meter nach links, hierauf gerade empor zu einer grasigen, stark geneigten Fläche unter einem massigen Felsbau. Dann in der Hauptrinne, hierauf in einer rechts benachbarten Rinne gerade aufwärts (III) und durch eine Schuttmulde auf den Grat einer südöstlich ziehenden Rippe. Dieser Rippe folgt man 10 Min. bis an eine breite, große Schuttmulde; nun durch seichte Rinnen und über Geschröf auf eine Rippe und absteigend in die neben ihr hinaufziehende Schlucht. An der Stelle, wo sie sich zu einem engen Kamin verengt, nach links aufwärts hinaus und bald zu einer zweiten breiten Schuttrinne, die bis zu ihrem oberen Ende unter steiler Wand verfolgt wird. Nach rechts in

10 Min. zu einer kleinen Scharte und an schmaler, steiler Schneide kurze Zeit empor, dann mit kurzer Querung nach links in eine Nebenrinne und durch sie zu kleiner Nische und gerade empor zum Grat, den man kurz vor dem östlichen Vorgipfel erreicht.

● **1648 Nordwand**
A. Wachter, 1904.
II. Wenig empfehlenswerter Anstieg in meist brüchigem Fels, abhängig von den Schneeverhältnissen. Ca. 550 mH. 2 Std.

Zugang: Von der Scharte zwischen Hochplattig und Breitenkopf zieht gut gangbares Gelände nach rechts aufwärts und reicht zwischen Hauptgipfel und Westeck bis zum Grat. Die Scharte wird auf einem von rechts nach links ansteigenden Plattenschuß erreicht, ½ Std. von der Breitenkopfhütte.

Führe: Man behält den Nordgrat als Richtlinie und klettert, sich allmählich von ihm entfernend, an seiner Westflanke über brüchigen Fels und steile Schneefelder zum Grat, den man einige Minuten östlich des Westecks erreicht.

● **1660 Mitterturm,** 2621 m

Roter, brüchiger Turm im zersplittertsten Kammstück des zentralen Hauptkammes; äußerst selten besuchter, schwer zugänglicher Gipfel, wird bei der Gratüberschreitung vom Hochplattig zu den Mitterspitzen oder umgekehrt überschritten.

Erstbesteigung: E. Beyrer, P. Waitz, 5. 8. 1901 anläßlich der ersten Gratüberschreitung vom Hochplattig zur Östl. Mitterspitze.

● **1661 Vom Hochplattig**
III+ (Stellen), meist III und II. Teilweise sehr heikel. 3—4 Std.

Vom Westeck zuerst auf der Nordseite, dann durch eine Rinne in der SW-Seite auf den Grat hinunter, dem man mit wenigen Abweichungen folgt, bis ein Gratturm überhängend zu einer engen, tiefen Scharte abbricht. Auf einem Sekundärgrat etwa 30 m nach S und durch eine brüchige, seichte Rinne südseitig hinab, bis man über plattige Felsen zur Scharte hinter dem Turm aufsteigen kann (letzte Scharte vor Mitterturm). Über steile, feste Felsen auf den Gipfel.

● **1662 Übergang zur Östl. Mitterspitze**
II, stellenweise auch leichter. 1¼ Std.

Vom Mitterturm auf der Nordseite zur nächsten Scharte hinab und den folgenden Turm 30 m absteigend auf der Südseite umgehen. Nun an-

und absteigend in die Nordflanke queren auf gut gestuften Fels, über den man den Grat nahe dem Gipfel wieder erreicht.

● **1670** **Mitterspitzen**
Östliche 2705 m, **Mittlere** 2686 m, **Westliche** 2693 m

Die Mitterspitzen liegen zwischen Hochplattig im O und Grießspitzen im W im zentralen Hauptkamm. Sie erreichen nicht ganz die Höhe ihrer Nachbarn und sind auch nur auf langwierigen Anstiegen zu erreichen, weshalb sie selten besucht werden.

Erstbesteigung der drei Mitterspitzen am 7. 8. 1894. Östliche: O. v. Unterrichter, G. Beyrer; Westliche: O. Ampferer, W. u. H. Hammer; Mittlere: O. Ampferer.

● **1671** **Aus der Kleinen Schoß**
Weg der Erstbesteiger.
II (einige Stellen) und leichter. Günstigster Anstieg auf die Mitterspitzen, jedoch mühsam. 1700 mH. 6 Std. von Obermieming oder Barwies.

Übersicht: Von der Westlichen Mitterspitze zieht ein Grat nach S (Schoßkopfgrat), der die Schoßköpfe trägt und die Kare der Großen und Kleinen Schoß teilt. Von letzterer aus führen die günstigsten Anstiege auf alle drei Mitterspitzen.

Zugang: Von Obermieming oder Barwies wie bei R 1641 über den Henneberg oder westlich davon zur Neualplreise.

Führe: Aus dem noch höher oben links, westlich liegenden Kar der Kleinen Schoß zieht eine plattige Rinne durch Geschröf herab. Erst rechts (östlich der Rinne), dann in der Rinne selbst in die Kleine Schoß (4 Std.) Das Kar gabelt sich oben in zwei schneegefüllte Hauptrinnen, die rechte leitet zur Scharte zwischen Östlicher und Mittlerer Mitterspitze, die linke Rinne, bei Gabelung linker Ast, führt zur Scharte zwischen Westlicher und Mittlerer Mitterspitze. Von den Scharten zu jedem der drei Gipfel. Siehe auch R 1676, Überschreitung der drei Gipfel.

● **1672** **Aus der Großen Schoß**
II (einige Stellen) und leichter. Ca. 500 mH. 2—2½ Std.

Übersicht: Die Große Schoß, ein Schuttkar zwischen Östlicher Grießspitze und Westlicher Mitterspitze im Südabhang eingebettet, bricht in steilen Plattenwänden nach S ab. Diese Abbrüche werden sehr weit östlich in den Hängen unter den Schoßköpfen von rechts nach links ansteigend überwunden. Wer also den Abstieg durch die Große Schoß nimmt, hat sich stets stark nach links zu halten.

Zugang: Von Barwies wie bei R 1641 zur ersten Stöttlbrücke. Am östlichen Bachufer an der oberen Stöttlbrücke vorbei in etwa 20 Min. zu einer grünen Latschenlichtung. Von hier führt ein dürftiger Steig in steilen Kehren (bei Abzw. gleich nach Beginn rechts) zur obersten Waldspitze des Mitterberges, 1 Std. von der Stöttlbrücke. Auch von der Neualplreise führt ein mehrmals unterbrochener, schlechter Steig durch die Latschen zur Waldspitze. Anfangs gerade über die mit Fels durchsetzten steilen Grashänge unter die Schoßköpfe empor, dann nach links haltend knapp am SW-Fuß des Westlichen Schoßkopfes vorbei unter die niedere Felsstufe, mit der die Große Schoß abbricht. Ziemlich weit rechts (östlich) erreicht man durch einen kleinen Kamin und eine Felsrinne das Kar der Großen Schoß, 1 Std. von der Waldspitze, 3 Std. von Barwies oder Obermieming.

Führe: Vom oberen Rand der Großen Schoß durch die westlichste in Betracht kommende Rinne sowie über Geschröf zur Einsattelung zwischen Östlicher Grießspitze und Westlicher Mitterspitze und auf dem Grat ohne Schwierigkeiten nach rechts zum Gipfel der Westlichen Mitterspitze.

- **1673 Schoßkopfgrat**
  L. Ohlenschläger, A. Ruech, August 1900.
  II. 1 Std. von der Östl. oder Westl. Schoßkopf.

Übersicht: Der Schoßkopfgrat zieht von der Westlichen Mitterspitze nach S herab und gabelt sich in zwei Äste, die mit den beiden Schoßköpfen enden. Westlich des Grates liegt die Große Schoß, östlich die Kleine Schoß.

Führe: Vom Östlichen oder Westlichen Schoßkopf zur Gabelungsstelle (R 1875) und immer auf dem Grat zum Gipfel.

- **1674 Westl. Mitterspitze von Norden**
  M. Schneider, J. Spielmann, 1906.
  II und leichter. 5 Std. von der Coburger Hütte.

Zugang: Von der Coburger Hütte auf das Hintere Tajatörl (R 310) und ins oberste Brendlkar, wo man eine scharf ausgeprägte Rinne erblickt, die von der Westlichen Mitterspitze von O nach W zum Brendlkar herabzieht und in einer steilen Geröllhalde mündet.

Führe: Die erwähnte Rinne wird etwa ein Viertel ihrer Länge verfolgt, dann rechts der Rinne, höher oben wieder in ihr, bis auf den Grat. Über diesen auf den Gipfel.

- **1675 Mittlere Mitterspitze, Nordgrat**
  E. Beyrer, 1902.
  III, stellenweise auch II und leichter. 600 mH. 3—4 Std.

Übersicht: Von der Mittleren Mitterspitze senkt sich der Nordgrat in mächtigen Türmen zum Igelskopf herab und scheidet das Brendlkar vom Igelskar.

Zugang: Von der Ehrwalder Alm, R 190, auf dem Fahrweg zur Seebenalm, bis bei einer Waldschneise ein Fußweg links abzweigt. Auf diesem weiter, durch einen Zaun und gleich links auf einem Steig in das Brendlkar hinauf. Ein zweiter Steig zweigt ungefähr 200 m weiter vom Fußweg links ab. Von der Abzw. sieht man durch die Bäume eine auffallende Höhle am Fuße der Felsen des Vorderen Tajakopfes und im Schutt links davon den Steig, der zum Brendlsee führt. Von der Coburger Hütte gelangt man über das Hintere Tajatörl in das Brendlkar. Nun nicht zur Igelsscharte, der tiefsten Einschartung zwischen Igelskopf und Mitterspitzen, sondern durch eine Schuttrinne zu der südl. davon gelegenen Scharte. Hierher am kürzesten von der Breitenkopfhütte. 2 Std. von der Ehrwalder Alm, 1½ Std. von der Coburger Hütte, 45 Min. von der Breitenkopf-Hütte.

Führe: Der erste, von Rasenpolstern durchsetzte, turmartige Aufschwung wird links durch einen Riß erklettert. Die nächsten Türme werden überklettert bis zu einer tiefen Einschartung, dann östlich Umgehung des Grates auf brüchigem Geschröf bis zu einer flachen, plattigen Rinne, die oben in einen Stemmkamin ausgeht und zum nächsten großen Gratturm emporleitet. Von diesem kurzer Quergang nach links und wieder auf dem Grat bis zu einer Scharte. Im folgenden Grataufschwung sieht man drei Risse. Durch den am weitesten rechts gelegenen hinauf. Man verläßt ihn links über einen schwierigen Überhang. Nun über steil ansteigende Felsen zum Gipfel.

- **1676**   **Überschreitung der Mitterspitzen von Ost nach West**
  O. Ampferer, G. Beyrer, 14. 11. 1897.
  II. 1 Std.

Führe: Man folgt mit einigen Umgehungen immer dem Grat.

- **1690**   **Östliche Grießspitze,** 2751 m

Zweithöchste Erhebung der Mieminger Kette, wuchtiger Felsbau ohne ausgesprochene Spitzenbildung, gewaltige Wandfluchten nach N und S; Ersteigung erfordert auf allen Wegen sicheres Gehen in schrofigem Gelände, von S auch Ausdauer.
Erstbesteiger: H. v. Barth.

- **1691**   **Aus der Großen Schoß**
  Weg des Erstbesteigers.
  II (Stellen) und leichter. Mühsam und langwierig.
  550 mH. 2½—3 Std.

Zugang: Wie R 1672 in das Kar der Großen Schoß, 3 Std. von Obermieming oder Barwies.

Führe: Erst am Westrand mühsam empor, dann nach links ansteigend über steiles, zerrissenes Geschröf zum Grat, den man in der Nähe des Gipfels erreicht.

● **1692 Ostgrat**
Th. Mayer, E. Beyrer am 15. 9. 1898.
III (einige Stellen), überwiegend II. 190 mH. 2½ Std. von der Scharte zwischen Östl. Griesspitze und Westl. Mitterspitze.

Von der Westlichen Mitterspitze kommend, den ersten Gratturm auf der Südseite umgehen oder aus der Großen Schoß durch die westlichste Rinne über Geschröf und wieder durch eine Rinne zur tiefen Einscharung westlich des oben genannten Turmes. Der erste Steilaufschwung wird einige Meter auf der Nordseite überwunden, dann immer auf dem schmalen Grat bis zu den obersten Grattürmen, von denen einige auf der Südseite umgangen werden.

● **1693 Von Norden**
O. Ampferer, O. v. Unterrichter, W. Hammer, G. Beyrer, 12. 8. 1897.
II und leichter. Brüchig und von den Schneeverhältnissen abhängig. 500 mH. 2 Std. vom Hinteren Tajatörl.

Übersicht: Vom Gipfel der Östlichen Grießspitze löst sich nach N ein Seitengrat ab, der zum Hinteren Tajatörl absinkt. Sowohl über diesen Seitengrat, wie auch westl. und östl. davon kann zum Gipfel aufgestiegen werden.

Zugang: Von der Coburger Hütte wie R 310 zum Hinteren Tajatörl.

Führe: Von hier am besten 100 bis 150 m nach O, dann gerade empor und auf Schuttbändern rechts zum Grat, etwas westlich vom Gipfel.

● **1694 Übergang zur Westl. Griesspitze**
O. Ampferer, O. v. Unterrichter, W. Hammer, G. Beyrer am 12. 8. 1897.
II, stellenweise leichter. 1 Std.

Mit ganz geringen südlichen Ausweichungen auf dem Grat bis zu wild abbrechenden Grattürmen, die auf Schuttbändern etwa 20 m unter dem Grat südlich umgangen werden. Darauf ansteigend zu einem Gratschärtchen, von dem aus die letzten Türme auf der Schneide in ausgesetzter Kletterei bis zum Gipfel überstiegen werden.

● **1700**   **Westliche Grießspitze,** 2743 m

Mächtiger Gipfel östlich der Grünsteinscharte mit großartiger Aussicht. Erstbesteiger: F. Kilger, P. Probst.

● **1701**   **Von Süden**
       Weg der Erstbesteiger.
       II (Stellen) und leichter. 700 mH. 2—3 Std. vom Stöttltörl.

Zugang: Von Obsteig nach Arzkasten und über die Lehnbergalm auf dem Weg zur Grünsteinscharte bis in die Hölle, von hier nach rechts zum Stöttltörl (2039 m). Von Obermieming gelangt man durch die Stöttlreise wesentlich mühsamer hierher, 3 bis 4 Std.

Führe: Vom Törl östlich an der Felswand entlang abwärts und durch die erste gangbare Schlucht links empor. Hier trifft man auf einen gänzlich verfallenen Knappensteig (teilweise noch vorhandene Eisenklammern sind mit äußerster Vorsicht zu benützen). Am oberen Ende der Schlucht über eine gelbe senkrechte aber gutgriffige Wandstufe nach rechts hinaus, dann mehrere steile Rinnen querend und stellenweise ausgesetzt nach rechts aufwärts in flacheres Gelände. Über Schrofenhänge und in Rinnen gerade, später etwas rechts haltend, zum Schluß wieder möglichst gerade durch steile Rinnen empor zum Gipfel.

● **1702**   **Nordwand**
       F. Pflaum, J. Staudinner, M. Schneider, 1902.
       II. 450 mH. 3½ Std. von der Coburger Hütte.

Übersicht: Die breite Nordwand kann an mehreren Stellen durchstiegen werden. Der geradeste Anstieg führt direkt auf den Gipfel.

Zugang: Von der Coburger Hütte auf dem Steig zur Grünsteinscharte (R 289) bis zu den Schutthalden, die vom Fuße der Nordwand herabziehen.

Führe: Über Schutt mühsam zu den Felsen empor und am besten von rechts nach links auf eine Schuttstufe (lange Schnee). Von hier am einfachsten in einer seichten Rinne gerade hinauf zum Gipfel.

● **1703**   **Westgrat**
       O. Ampferer, A. Hintner, O. v. Unterrichter, 17. 9. 1894.
       III und II. Im Mittelteil sehr brüchig; mehrere Möglichkeiten. 480 mH. 2—3 Std. von der Grünsteinscharte.

Zugang: Wie R 289 zur Grünsteinscharte.

Führe: Von der Grünsteinscharte südlich unter den ersten Gratürmen hindurch bis zu einer Plattenverschneidung in der östlichsten Ecke. Durch diese und die darüber ansetzende Plattenrinne auf den Grat, der von der Grünsteinscharte herüberkommt. Hierher auch durch den festen Kamin westl. der Verschneidung, aus dem man in den oberen Teil der Plattenrinne gelangt. An der folgenden Wandstufe zuerst gerade hinauf, dann nach rechts zu einem engen Schärtchen. Die Schuttrinne dahinter wird waagrecht gequert, dann etwas fallend etwa 20 m nach rechts in eine weite Plattenrinne. Durch diese und rechts davon zur Grathöhe. Nun auf dem schmäler werdenden Grat weiter, bis er bei einem Gratturm überhängend in eine Scharte abbricht. In die Scharte abklettern oder abseilen. Aus der Scharte leitet eine tiefe Rinne zum Süd-Anstieg hinab. Östlich der Scharte über plattigen Fels gerade empor auf eine steile, schuttbedeckte Rampe. Auf dieser ein Stück in die Nordseite, dann nach rechts auf den Grat zurück und in wenigen Minuten zum Gipfel.

- **1710** **Grünstein,** 2660 m

Bedeutendster Gipfel im westlichen Teil der Mieminger Kette mit herrlichem Blick auf Drachen- und Seebensee und die Zugspitze; häufig besucht. Von Einheimischen schon früher bestiegen. Erste touristische Besteigung: H. v. Barth, 26. 7. 1873.

- **1711** **Von Süden durch die Riffelrinne**

R. v. Lichtenberg, Führer Guem, Hirt Grüßer, 17. 7. 1885.
I und leichter. Teilweise steinschlaggefährdet. 540 mH.
1½–2 Std. vom Hölltörl.

Übersicht: Von der Scharte unmittelbar östlich des Gipfels zieht eine enge Rinne auf eine lange Schutthalde herab, von deren unterem Rand eine tiefe Rinne auf einen Schuttkegel und zum Hölltörl leitet.

Zugang: Wie R 301 zum Hölltörl.

Führe: Vom Hölltörl über den steilen Schuttkegel zur Mündung der Rinne. Hier unbedingt die rechte Rinne verfolgen, die über drei kurze Wandstufen zur langen Schutthalde führt. Am linken Rand der Halde in die enge Rinne hinauf bis nahe unter die Scharte, dann nach links hinaus und von SW auf den Gipfel.

Vorsicht beim Abstieg! Die Rinne ist teilweise mit losem Schutt angefüllt und sehr steinschlaggefährdet, besonders im unteren, auf die Schutthalde mündenden Teil.

- **1712** **Von Norden durch die Schneerinne**

E. Diehl, 26. 8. 1896.
Schwierigkeit von der Schneebeschaffenheit abhängig.
Ca. 350 mH. 2–3 Std. von der Coburger Hütte.

Übersicht: Im Frühsommer bei guten Schneeverhältnissen stellt die steile, aus dem Drachenkar auf den Ostgrat führende Rinne den kürzesten Anstieg von der Coburger Hütte dar. Im Spätsommer nicht zu empfehlen. Große Steinschlaggefahr.

● **1713 Ostgrat**
M. Wopfner, E. u. G. Beyrer, 25. 7. 1897.
II und I. 400 mH. 2—3 Std. von der Grünsteinscharte.

Übersicht: Der Ostgrat bricht mit steiler Schlucht zum obersten Teil der Höllreise ab. Der Beginn des eigentlichen Ostgrates wird über den nördlichen Begrenzungsgrat der Schlucht erreicht.

Zugang: Wie R 289 zur Grünsteinscharte.

Führe: Von der Grünsteinscharte südlich um den ersten Turm zum Ausgang der Schlucht und nach rechts zur Scharte westlich des Turmes. Durch einen kurzen Kamin und über eine steile Wandstufe auf den nun unschwieriger werdenden Grat, der mit geringen Abweichungen bis zum Beginn des Ostgrates verfolgt wird. Der Begrenzungsgrat kann auch an mehreren Stellen höher oben erreicht werden, indem man in der Schlucht weiter emporsteigt und dieselbe dann nach rechts aufwärts verläßt.
Am Ostgrat selbst hält man sich im allgemeinen auf der Kammhöhe. Von der zweiten Graterhebung leitet eine kleine Rinne auf der Nordseite in eine Gratsenke hinunter. Der nun stets gut gangbare Grat führt zu einem steilen Grataufschwung, der nordseitig über Schutt und brüchigen Fels umgangen wird. Weiter auf dem Grat über den Vorgipfel zur Scharte, in die von N die Schneerinne mündet (R 1712). Von hier auf der Südseite am Rande der Felsen über Schutt empor und nach rechts wieder auf den Grat. Vor dem Gipfel in eine doppelte Scharte hinab und über eine Steilstufe direkt zum Gipfel. Die Scharte vor dem Gipfel kann auch südlich umgangen werden, so daß der Gipfel wie bei R 1711 von SW erreicht wird.

● **1714 Westgrat**
W. Hammer, H. Beyrer, 3. 7. 1898.
II. Abwechslungsreicher Anstieg. 530 mH. 2½ Std. vom Hölltörl.

Zugang: Wie R 301 zum Hölltörl.

Führe: Vom Hölltörl quert man unter den Felsen des Grünsteins nach W bis zu einer breiten Schuttrinne, die von der Östlichen Marienbergscharte herunterzieht (Scharte zwischen Östlicher Marienbergspitze und Grünstein, die Westliche Marienbergscharte ist die Grateinsenkung zwischen den zwei Marienbergspitzen). Durch die Rinne empor. Wo sie sich verengt, nach rechts hinaus auf grasige Hänge, weiter oben wieder in die Rinne und zur Scharte, 1¼ Std. Vom Marienbergjoch kommend, verläßt man bald den Steig, der zum Hölltörl führt und steigt über Almböden zur großen Schutthalde unter der Schuttrinne empor. Weiter wie oben. Aus der Scharte über eine steile Wandstufe zu einem flacheren Gratstück. Unter dem folgenden Steilaufschwung Querung nach rechts und durch eine flache Rinne empor. Nun auf Felsrippen oder in Schuttrinnen zum SW-Grat und nach links zur Westecke des Grünsteins. Auf dem Grat oder südlich des Grates bis zu den vier Grattürmen (Riffeln). Der erste Turm wird nördlich, die übrigen werden ohne Höhenverlust südlich umgangen. Nach dem letzten Turm nach links auf den Grat und zum Gipfel.

- **1715 Nordkante**
  Erstbegeher unbekannt.
  IV+ (Stellen), sonst III, im oberen Teil leichter, jedoch brüchig. Empfehlenswerte Kletterei. Ca. 250 mH. 3 Std.

Übersicht: Die Nordkante ist die westliche Begrenzung der Nordwand des Grünstein-Hauptgipfels. Sie fällt vom Gipfel steil zur Hinteren Drachenscharte.

Zugang: Von der Coburger Hütte durch das Drachenkar oder Schwärzkar zur Hinteren Drachenscharte, 1 Std.

Führe: Von der Scharte über den schrofigen Vorbau empor, auf dem die Kante fußt. Wenige Meter rechts der Kante durch einen kurzen Kamin mit eingeklemmter Platte empor. Unter dem Überhang um die Kante und nach rechts in einen Riß, der auf ein schmales Band führt. Von ihm gleich schief links an die Kante hinaus und auf ihr bis in die anfangs höhlenartige Verschneidung, die die Kante mit von rechts hereindrängenden Überhängen bildet. In ihr über Platten empor, dann links um eine Nase und gerade hinauf auf ein breites Plattenband, weiter durch Rinnen noch ein Stück empor, dann unschwierig auf oder neben der sich nun zurücklegenden Kante, zum Schluß sehr brüchig, zum Gipfel.

- **1716 Nordwand**
  W. Schaarschmidt, Trautmann, 1911.
  V— (?). Durch Nässe und Brüchigkeit gefährlich. Nähere Einzelheiten nicht bekannt.

- **1717 Westwand**
  Erstbegeher unbekannt.
  III+, stellenweise auch leichter. Ca. 250 mH. 2 Std.

Übersicht: Der Hauptgipfel des Grünsteins bricht gegen die von den Riffeln herabziehende Rinne in schmaler Steilwand ab. Die Rinne kommt als Zugang nur im Frühsommer in Frage.

Zugang: Wie R 1863 zur Hinteren Drachenscharte.

Führe: Man steigt von der Hinteren Drachenscharte den Schrofenvorbau bis zum Fuß der eigentlichen Nordkante empor und quert waagrecht nach rechts um eine Kante. Nunmehr schräg rechts, dann gerade aufwärts gegen einen auffallenden Einriß in der Gipfelwand. In diesem empor, bis er zu einem engen, überhängenden Riß wird. Von hier führt eine Rampe, zu einer schmalen Leiste werdend, in den von den Riffeln herabkommenden Kamin. In ihm über einen Überhang und über die Steilwand zum Gipfel.

- **1718 NW-Kante des Ostgipfels**
  Erstbegeher unbekannt.
  IV und III. 400 mH. 3 Std.

Übersicht: Die NW-Kante ist von der Coburger Hütte aus gesehen die rechte Begrenzungskante der senkrecht ins Drachenkar abstürzenden gelbschwarzen Nordwand des Ostgipfels.

Zugang: Von der Coburger Hütte durch das Drachenkar hinauf und knapp unter der Wand von links nach rechts aufwärts. Über ein kleines Band und eine Rinne, zuletzt über Schutt an den Fuß der Kante, 1½ Std.

Führe: Hart links der Kante, zuerst in einer schwach ausgeprägten Verschneidung, etwa 40 m empor. Links neben dem dachartig vorspringenden Überhang schlechter Stand. Noch einige Meter rechts aufwärts zu einem Schuttplatz an der Kante. Nun immer schräg rechts aufwärts über schlecht geschichteten Fels. Richtpunkt ist das Schärtchen links des markanten Zackens, von dem ein deutlich ausgeprägtes Rißsystem herabzieht. Durch diese Risse empor (♂). Vom Schärtchen nach links über einen gutgriffigen Überhang und über weniger geneigte Felsen zum Ostgipfel.

- **1719 Drachenpfeiler**
  J. Vogt, M. Olzowy, 5.7.1964.
  VI und V+, ca. 400 mH, 5—8 Std. Alle H belassen.

Übersicht: Von der Coburger Hütte gesehen, setzt sich die linke Begrenzung des Grünsteins nach Norden mit einem langen Grat fort, der mit steilen Wänden ins Drachenkar abbricht.

Führe: E etwas links der Stelle, wo die Wand am weitesten ins Kar abbricht. Die Führe zieht durch ein Rißsystem, das durch den überhängenden gelben Wandabbruch führt und von rechts nach links bis unter einen großen Überhang zieht. Unter diesem langer Quergang nach links und über leichtes Gelände zum Gipfel. (J. Vogt)

● **1730 Östliche Marienbergspitze,** 2561 m

zwischen der Östlichen und Westlichen Marienbergscharte aufragender Gipfel. Aus dem Schwärzkar oder von der Marienbergalm über die Westliche Marienbergscharte unschwierig zu besteigen. Erstbesteigung: G. Beyrer, 13. 9. 1894.

● **1731 Über die Südwesthänge**
I und Gehgelände. 930 mH. 2½ Std. von der Marienbergalm.

Übersicht: Von der Scharte zwischen den beiden Marienbergspitzen zieht eine Schutthalde herab, die sich nach unten immer mehr verengt, und schließlich in eine Schuttschlucht übergeht. Vom breiten Schuttstrom, der von der Östlichen Marienbergscharte kommt, ist der schmale Schuttstreifen, der sich zwischen steilen Begrenzungswänden aus der Schuttschlucht windet, durch einen grünen Streifen getrennt.

Führe: Der Anstieg erfolgt durch die Schuttschlucht. Über Wiesen und Schutthalden zur Mündung der Schlucht. Bei der Gabelung, ungefähr 100 m oberhalb der Mündung, benützt man den rechten Arm. Eine kurze Steilstufe kann mäßig schwierig überklettert oder leichter links (orogr. rechts) umgangen werden. Über der Steilstufe steigt man vorteilhaft rechts auf Rasen weiter an, um nur im obersten Teil die Schutthalde wieder zu betreten. Von der Scharte nach rechts über Schutt und Schrofen in 15 Min. zum Gipfel.

● **1732 Aus dem Schwärzkar**
E. Diehl, 10. 7. 1896.
I und Gehgelände. Ca. 350 mH. 2 Std. von der Coburger Hütte.

Zugang: Von der Coburger Hütte folgt man zuerst dem bez. Weg zum Vorderen Drachenkopf ins Schwärzkar (R 1852), zweigt an der Stelle, wo er sich der breiten Drachenkopfscharte zuwendet, ab und strebt über Schutt und Blockwerk der Schneerinne zu, die zwischen beiden Marienbergspitzen herabkommt.

Führe: In der Rinne hinauf zur Scharte und nach links über Schutt und Geschröf zum Gipfel.

● **1733 Südostgrat**
O. Ampferer, W. Hammer, G. Beyrer, 14. 10. 1897.
III und II. 20 Min. von der Östlichen Marienbergscharte.

Zugang: Wie R 1714 zur Östlichen Marienbergscharte. 1¼ Std. vom Hölltörl.

Führe: Von der Scharte einige Meter waagrechter Quergang nach links und durch einen senkrechten Kamin auf ein schuttbedecktes Gratstück. Dort, wo der Grat wieder steil wird, auf einem Schuttband nach links um eine Ecke und nach rechts durch einen Kamin auf die Grathöhe zurück, die bei einem auffallenden Gratürmchen erreicht wird. Nun über den gestuften Grat zum Gipfel.

Statt auf die Grathöhe zurückzuqueren, kann man auch, besser den linken Kamin benützend, direkt über die Ostwand zum Gipfel aufsteigen.

- **1734 Nordwand**

    Erstbegeher unbekannt.
    III und **II**. Teilweise brüchig. Ca. 350 mH. 2 Std.

Zugang: Von der Coburger Hütte wie bei R 1732 ins Schwärzkar und zum E. 1 Std.

Führe: Der E befindet sich genau in Gipfelfallinie, etwa 20 m rechts der von der Östlichen Marienbergscharte herabziehenden Schlucht. Durch das hier einsetzende, vom Kar aus gut sichtbare, schräg rechts emporziehende Rinnensystem hinauf. Von einem Schärtchen über eine Wandstufe und einen kleinen Kamin auf ein Köpfl. Von diesem noch einige Meter gerade empor, dann auf schmaler, steiler Rampe links aufwärts in die Fortsetzung des vorher benutzten Rinnensystems. Auf diese Weise hat man den gelben Überhang, mit dem die vom Kar sehr gut sichtbare, schwarze, höhlenartige Erweiterung der Rinne abschließt, rechts umgangen. In der hier schutterfüllten Rinne empor und um eine Ecke zu einem Schuttplatz. Von diesem nach links durch brüchige Rinnen empor zu einem Schärtchen hinter dem Kopf eines mächtigen, die ganze Wand durchziehenden Pfeilers. Um den hier ansetzenden, vom Kar aus deutlich sichtbaren, engen, schwarzen Riß zu umgehen, quert man absteigend um eine Ecke nach rechts und steigt schräg rechts aufwärts, bis links ein enger, brüchiger Kamin emporzieht, der bis zu seinem Ende verfolgt wird. Unter dem den Kamin abschließenden Überhang rechts querend (etwa 10 m) in die rißartige Rinne, die links von dem markanten Turm auf den Grat leitet. Über diesen in wenigen Minuten zum Gipfel.

- **1740 Westliche Marienbergspitze, 2535 m**

Bei der Westlichen Marienbergspitze zweigt der bedeutendste Seitenkamm nach N ab. Westlich des Gipfels befindet sich das tief eingesenkte Marienbergjoch. Erstbesteigung: O. Ampferer, W. u. H. Hammer, 25. 7. 1894.

- **1741　Vom Marienbergjoch**
　　Weg der Erstbesteiger.
　　II (am Gipfelaufbau), sonst I und leichter. 750 mH. 2 Std.

Zugang: Wie R 295, 297 zum Marienbergjoch.

Führe: Vom Joch folgt man zunächst R 1731 bis zur Scharte zwischen beiden Marienbergspitzen (Westl. Marienbergscharte). Nun immer einige Meter südlich der Grathöhe nach links zum Gipfel. Im letzten Teil werden die Felsen steil und bereiten einige Schwierigkeiten. Durch eine schrofige, flache Rinne und einen kurzen Kamin an den Gipfelaufbau und an der SO-Seite über eine senkrechte Wandstelle auf den zersprungenen Gipfel. 15 Min. von der Scharte.

- **1742　Aus dem Schwärzkar**
　　G. Beyrer, 13. 9. 1894.
　　II (am Gipfelaufbau), sonst I. Ca. 330 mH. 2 Std. von der Coburger Hütte.

Zugang: Wie R 1732 zur Westl. Marienbergscharte.

Führe: Von der Scharte folgt man R 1741 zum Gipfel.

- **1743　WNW-Grat**
　　Erstbeheger unbekannt.
　　III (Stellen) und II. 750 mH. 2—2½ Std. vom Marienbergjoch (je nach Wegwahl).

Übersicht: Dieser Grat zieht vom Gipfel gegen das Marienbergjoch herab. Er bietet einen empfehlenswerten und landschaftlich großartigen Anstieg.

Zugang: Wie R 295, 297 zum Marienbergjoch.

Führe: Vom Marienbergjoch anfangs über Rasen, später auf dem mit Latschen bestandenen Schuttrücken, teilweise auf Steigspuren in 30 Min. zum Beginn der Felsen empor. E rechts oben in der Ecke, die von einem Vorbau mit der prallen Wand gebildet wird. Durch den hier ansetzenden Kamin und über eine Wandstelle in ein Schärtchen. 10 m höher folgt eine kurze, plattige Stelle. Die sich darüber befindliche Rinne wird nahe ihrem oberen Ende nach links verlassen. Unter überhängenden Felsen steigt man in der Fortsetzung des von links hereinziehenden Bandes über splittriges Gestein erst nach rechts, dann gerade hinauf so weit an, bis man auf einem schmalen Band mit auffallendem, großem Steinblock nach links an die Kante zurückkehren kann. Schöner ist es, wenn man das Band nicht benützt, sondern über die steilen und gutgriffigen Felsen nach links direkt zur Kante emporsteigt. Immer nahe der Kante gelangt man nun in vergnüglicher Kletterei auf einen Gratabsatz. Von hier in ausgezeichnetem Fels rechts, möglichst an der

Kante, weiter (III) oder links davon in einer Geröllrinne unschwierig empor. Wo der Grat wieder eindeutig wird, umgeht man einen Turm links. Aus der Scharte dahinter über plattigen Fels auf den nun begrünten Grat, über den man, zuletzt über Geschröf, ohne Schwierigkeiten den Gipfelaufbau erreicht.

- **1744 Nordgrat**
  W. Schaarschmidt, 1914.
  IV— (Stelle), meist III, wenige Stellen auch leichter. Teilweise sehr brüchig. Ca. 200 mH. 2 Std.

Zugang: Von der Coburger Hütte durch das Schwärzkar in die zwischen Wampeten Schrofen und Marienbergspitzen liegende Schwärzscharte, 1½ Std.

Führe: E 6 m rechts von einer schuttigen, breiten Rinne, 20 m links vom Hauptkamm. Steil 6 m hoch, dann rechts haltend, bis über einem Felskopf, der zurückliegt und nicht betreten wird, ein kleiner Kamin hochzieht. Durch ihn, dann gerade empor, und den Überhängen links ausweichend, auf einen Schuttfleck in der Ostwand. Nun 5 m brüchiger Quergang nach links und in sehr brüchigem Riß 5 m empor und über den sperrenden Überhang (IV—) zu einem Stand. Einfacher zu einem engen Kamin, in ihm zuerst über einen losen Block 10 m empor und unschwierig zu einem kleinen Schärtchen. In einem in dieses mündenden Kamin 12 m abwärts und durch die hierdurch erreichte breite Rinne wieder auf den Nordgrat, den man hinter dem auffälligen, sperrenden Turm, dem man in der Ostflanke ausgewichen ist, erreicht.
Auf dem Grat selbst weiter, seinem letzten Steilaufschwung über zersplitterte Platten an der Ostseite ausweichend, unmittelbar zum Gipfel.

- **1745 Direkter Nordgrat aus der Schwärzscharte**
  Erstbegeher unbekannt.
  IV+ (Stellen), überwiegend IV und III. Teilweise brüchig. Ca. 200 mH. 2 Std.

Zugang: Wie R 1744.

Führe: Unmittelbar aus der Scharte durch einen kaminartigen Einriß empor und nach etwa 25 m in ein von einem Felskopf gebildetes Schärtchen. Weiter über eine Wandstufe und über eine von links nach rechts ansteigende Rampe hinauf zu Stand. Nun über eine weitere Rampe nach links aufwärts und durch eine Rinne auf ein Köpfl. Zuerst einige Meter nach links und etwa 6 m über eine Platte (IV) und einen überhängenden Block zu schlechtem Stand. Von hier nach links querend, erreicht man über brüchigen Fels einen etwa 8 m hohen, stark herausdrängenden Kamin. Durch ihn empor (IV) und nach links etwas absteigend in das Schärtchen, wo R 1744 durch einen Kamin 12 m abwärts in eine Rinne geht. Nun nicht durch den erwähnten Kamin hinab, sondern an winzigen, aber festen Haltepunkten direkt hinüberqueren zur breiten Scharte hinter dem Turm. Weiter wie R 1744.

● **1750** **Handschuhspitze,** 2319 m
Unbedeutende Erhebung im vom Wannig nach NO verlaufenden Felskamm mit beachtlicher Nordwand. Die zwei weiteren Erhebungen in diesem Kamm in Richtung Wannig tragen die Höhenmarken 2351 m und 2399 m.
In früherer Zeit schon von Einheimischen bestiegen. Erste touristische Besteigung: O. v. Unterrichter, G. Beyrer, 28. 7. 1894.

● **1751** **Vom Marienbergjoch**
Weg der Erstbesteiger.
I, meist Gehgelände. Bez. Steig. 530 mH. 1½ Std.
Zugang: Wie R 295, 297 zum Marienbergjoch.
Führe: Vom Marienbergjoch auf bez. Steig, der auf dem teilweise mit Latschen bewachsenen Rücken, meist südlich des Kammes, gegen W führt, bis zur oberen Latschengrenze. Nun etwas abwärts durch eine weite Mulde zu einem kleinen Sattel im Südabhang und auf breitem Rücken immer gerade hinauf zum Gipfel.

● **1752** **Von Süden**
M. Wopfner, E. Beyrer, 23. 7. 1898.
I, meist Gehgelände. 3–4 Std. von Arzkasten oder Aschland.
Auf dem breiten Weg zur Marienbergalm bis zu einer Lichtung, über die man zum Marienbergbach hinuntersieht und an deren nördlichem Rand unterhalb des Weges eine Jagdhütte steht. Bevor man den Wald verläßt, nach links hinauf, einem undeutlichen Steig folgend, in eine weite Wiesenmulde unterhalb der Handschuhspitze. Hierher auch von der Marienbergalm auf einem Viehsteig in 30 Min.
Vom westlichen Rand der Mulde auf Steig durch die Latschen empor, auf einem Absatz nach links und den Latschenkopf, der den kleinen Sattel im Südabhang bildet, östlich umgehend zum kleinen Sattel. Weiter wie R 1751.

● **1760** **Hochwannig,** 2493 m
In einigen Karten auch als Wannig oder Wanneck bezeichnet. Westlichster Gipfel der Mieminger Kette, ohne Schwierigkeiten zu besteigen; gute Rundsicht.
Erste touristische Besteigung: L. Höß, G. Beyrer, 28. 8. 1894.

● **1761 Von Nassereith**
C. Forcher-Mayr, September 1895.
I, meist Gehgelände. Bester Anstieg. 1650 mH. 4 Std.

Von Nassereith gegen O zum Weiler Roßbach. Vor der Säge auf bez. Weg zu einer ebenen Lärchenwiese. In der nordwestlichen Ecke beginnt der Steig zur Mittenau-Alm, dem man folgt, bis er von einem Sattel flach zu den Almhütten führt. Hier Abzw. nach rechts. In Serpentinen über den NW-Hang zum Gipfelkreuz.

● **1762 Von der Marienbergalm bzw. vom Marienbergjoch**
Weg der Erstbesteiger.
I und Gehgelände. 2½ Std.

Wie bei R 1751 auf die Handschuhspitze. Von hier auf der aussichtsreichen, sehr brüchigen (Vorsicht!) Kammhöhe, besser südlich davon nach W zum Gipfel.

● **1763 Nordgrat**
W. Hammer, 6. 10. 1899.
I (im oberen Teil), meist Gehgelände. Ca. 600 mH.
3 Std. vom Marienbergjoch.

Übersicht: Vom Hochwannig-Gipfel zieht ein breites Tal gegen die Almböden nördlich des Marienbergjoches hinab. Dieses Tal (Bergletal) wird im N von einem grünen, im oberen Teil felsig werdenden Rücken begrenzt, der umbiegend als Nordgrat dem Gipfel zustrebt.

Zugang: Wie R 297 bis zur Abzweigung des Weges ins Bergletal.

Führe: Auf dem Steig zur Mittenau-Alm in einer steilen Wiesenmulde nach rechts aufwärts, bis der Steig eben oder leicht fallend zur Mittenau-Alm führt. Man verläßt den Steig nach links und steigt pfadlos über sehr steile Wiesenhänge auf den Rücken empor. Auf diesem, einen aussichtsreichen Pfad entlang zum eigentlichen Nordgrat und in unschwieriger Kletterei zum Gipfel mit herrlicher Sicht auf die Zentralalpen.

● **1764 Nordwand**
H. L. Gehrmann, 29. 7. 1967.
III, im oberen Teil II. Sehr brüchig und steinschlaggefährdet. Ca. 300 mH. 3 Std. aus dem Bergletal.

Zugang: Wie R 297 ins Bergletal.

Führe: Aus dem Bergletal über ein langes, steiles Schuttkar mühsam zur Nordwand. E in den auffallenden Kamin, der sich nach etwa 20 m gabelt und verengt. Im rechts emporziehenden Riß weiter bis zu einer etwa 10 m hohen Unterbrechungsstelle, die jedoch gut griffig ist. Danach Fortsetzung der Rißreihe. Nach deren Ende über unzuverlässigen Fels an den Beginn der auffallenden Gipfelschlucht. Durch diese mäßig schwierig zum Gipfel.

2.2 Nördliche Seitenkämme

Der höchste Gipfel der Mieminger Kette, der Hochplattig, entsendet nach N einen Felsgrat, dem der Breitenkopf entragt. Der zweite Seitenkamm trägt die Igelsköpfe und schließt an der Mittleren Mitterspitze an den Hauptkamm an. Als dritter Seitengrat ist der Tajakamm zu nennen, der etwas westlich von der Östlichen Grießspitze ansetzt. Vom Grünstein strahlt als vierter Seitenkamm der Drachenkopfgrat nach N aus. Der letzte und bedeutendste Seitenkamm zweigt von der Westlichen Marienbergspitze ab. Wampeter Schrofen, Schartenkopf und Sonnenspitze sind seine Gipfel.

● **1770**   **Wampeter Schrofen**
Südgipfel, 2520 m; **Nordgipfel,** 2511 m

Der gewaltige Felsbau verdankt seinen Namen den bauchigen Westabstürzen. Aus dem Schwärzkar unschwierig zu ersteigen, die Aussicht ist umfassender als die der Sonnenspitze; sehr brüchiges Gestein. Erstbesteigung: Dr. Bischof, H. Stabeler, 30. 6. 1896.

● **1771 Von Osten aus dem Schwärzkar**
E. Diehl, 29. 7. 1896.
II (am Gipfelaufbau des Südgipfels), sonst I und Gehgelände. Einfachster Anstieg, leicht zu finden. Ca. 300 mH.
2½ Std. von der Coburger Hütte.

Zugang: Wie R 1732 von der Coburger Hütte in die obere Mulde des Schwärzkares.

Führe: Von links nach rechts ansteigend über Schutt gegen das begrünte Geschröf, das zwischen dem Sporn, der am weitesten in das Kar herabreicht, und der Schwärzscharte betreten wird. Nach kurzem Emporsteigen öffnet sich die Übersicht über die Ostflanke des Berges. Die südlichste Rinne führt unschwierig in die Scharte zwischen Süd- und Mittelgipfel, worauf man in einer steilen, brüchigen Rinne, zuletzt links haltend, den Grat und mit wenigen Schritten den Südgipfel erreicht. Die zweite Rinne leitet zur Scharte zwischen Mittel- und Nordgipfel, die nördlichste zieht unmittelbar zum Nordgipfel empor.

- **1772 Gratübergang vom Nord- zum Südgipfel**
  Dr. Bischof, H. Stabeler, 30.6.1896.
  II. ½ Std.

Vom Nordgipfel steigt man zuerst etwas nach O ab, überschreitet jedoch bald die rechte Seitenrippe und gelangt, sich rechts haltend, in die ausgeprägte Scharte zwischen Nord- und Mittelgipfel. Letzterer wird westlich umgangen. Von der Scharte am besten auf der Westseite einige Meter waagrecht und erst dann an guten Griffen absteigend, bis mit feinem Schutt bedeckte Bänder in die Scharte zwischen Mittel- und Südgipfel ziehen. Weiter wie R 1771 auf den Südgipfel.

- **1773 Durch das Schartenkar**
  Weg der Erstbesteiger.
  II und I. 230 mH. 2½ Std. von der Coburger Hütte.

Zugang: Von der Coburger Hütte bis nahe an die Biberwierer Scharte (R 306) und über steile Hänge in das Schartenkar, das zwischen NO-Grat des Wampeten Schrofen und Schartenkopf eingebettet und durch eine Felsstufe in zwei Teile geschieden ist.

Führe: Die erwähnte Felsstufe wird am besten durch eine von rechts nach links ansteigende Rinne erstiegen. Aus dem oberen Schuttkar zieht eine Rinne, die von einem Block geschlossen wird, zum NO-Grat. Durch diese Rinne bis knapp unter den abschließenden Block empor und durch eine kurze Rinne links davon auf den NO-Grat. Jenseits südöstlich 10 m in eine Schuttrinne hinab, bis ein ansteigendes Band bequem um eine Rippe herum in eine lange Rinne führt, die in einer durch ein abgesprengtes Türmchen gebildeten engen Scharte endet. Von hier über unschwierigeren Fels gerade aufwärts, dann nach links zum Grat und kurz darauf auf den Nordgipfel.

- **1774 Nordostgrat**
  O. Ampferer, W. Hammer, 15.8.1897.
  III (Stellen) und II. Empfehlenswerter Anstieg. 230 mH.
  2½ Std. von der Coburger Hütte.

Zugang: Wie R 1773 ins Schartenkar, aber schon unter seinen ersten Felsstufen über Geschröf nach links auf den Nordostgrat.

Führe: Der Grat wird auf und südlich der Schneide bis zum Klemmblock vor dem Gipfelaufschwung begangen. Nun wie bei R 1775 auf den Gipfel (II), oder schwieriger (III) vom Block gerade durch einen Kamin und über eine Platte zum Gipfelgrat empor und dem Grat entlang zum Gipfel.

- **1775　Nordwestwand**
  Wahrscheinlich von Bergknappen erstiegen.
  II und I. Ca. 500 mH. 2½—3 Std.

Übersicht: Die NW-Wand des Wampeten Schrofen wird von dem Grat, der vom Gipfel über den Schartenkopf zur Biberwierer Scharte zieht, und von einem Gratabsenker begrenzt, der seinen Ausgang von einem Felsköpfl zwischen Wampeten Schrofen und Schartenkopf hat und als mächtiger Westpfeiler herabsinkt. Dieser Pfeiler und seine oben gratartige Fortsetzung dienen als Richtlinien.

Zugang: Das Kar von der Biberwierer Scharte (R 306) gegen Biberwier bricht in der oberen Hälfte mit einer Felsstufe ab. Unter dieser Felsstufe verläßt man den Steig und quert über Schutt zum Beginn einer breiten Rampe, die zu einem Latschenkopf leitet, 2 Std. von Biberwier, 45 Min. von der Coburger Hütte.

Führe: Zuerst am Fuße einer Felswand in einer Rinne über grobes Blockwerk empor, dann nach rechts auf eine ausgedehnte Terrasse. Man folgt nun in gleicher Richtung einem alten, in den Fels gehauenen Knappensteig bis zu einem kurzen Kamin. Durch ihn und einige Meter nach rechts zu einer Rinne mit halbverschüttetem Stollen. (Nicht betreten!) Weiter nach rechts auf das begrünte und mit Latschen bewachsene Gehänge. Durch steile Rinnen, über erdige Stufen, durch Alpenrosengestrüpp und Latschen auf den Rücken des Pfeilers und über Geschröf auf ein dem eigentlichen Berg vorgelagertes Köpfl, das nach W steil zur Silberleite abfällt (Blick auf Marienbergjoch und in die Westabstürze des Wampeten Schrofen). Von hier verfolgt man den mehrfach gestuften Grat, der oberhalb der tiefsten Scharte den Verbindungsgrat vom Schartenkopf zum Wampeten Schrofen erreicht. Nun durch das oberste Schartenkar und durch die Rinne mit Klemmblock auf den NO-Grat. Weiter wie R 1773 oder R 1774.

- **1776　Südwestwand des Südgipfels**
  Erstbegeher unbekannt.
  III (vermutlich), nähere Einzelheiten nicht bekannt.
  2½ Std. von der Schwärzscharte.

Zugang: Von der Coburger Hütte wie bei R 1771 zur Schwärzscharte und in einer Rinne 120 m nach W hinab, bis man einen mit Blöcken erfüllten, markanten Kamin erblickt.

Führe: In diesen Kamin gelangt man durch einen schwierigen Quergang. Im Kamin hinauf und links haltend zur Kante, welche die SW-Wand von der direkten Westwand trennt. Knapp unter der Gipfelwand nach links zu einer kaminartigen Rinne, welche bis zum Hauptgrat führt, über den der Gipfel erreicht wird.

- **1777 Westwand des Südgipfels**
  Erstbegeher unbekannt.
  IV+ (Stellen), meist IV und III, im unteren Teil jedoch wesentlich leichter. Ausgesetzte Wandkletterei in brüchigem Fels. 4½ Std.

Übersicht: In der Fallinie des Nordgipfels ist in der Wand ein kleines Kar eingelagert. Rechts davon setzt unter dem Südgipfel eine deutlich ausgeprägte Rippe an, die auf eine von links nach rechts ansteigende Terrasse führt, welche in halber Wandhöhe (vom kleinen Kar aus gerechnet) die ganze Westwand des Südgipfels durchzieht und auf welche die steilen, fast ungegliederten Gipfelwände abbrechen.

Zugang: Von der Coburger Hütte über die Biberwierer Scharte (R 306) und absteigend unter den Wänden des Schartenkopfes hindurch.
Schräg rechts aufwärts querend trifft man auf einen Steig, der zu den unmittelbar unter der Wand gelegenen Ruinen von Knappenhäusern führt, 1½ bis 2 Std. von der Coburger Hütte, 2½ Std. von Ehrwald.

Führe: Links der Ruinen über einen alten Knappensteig, dann über schmale Bänder nach rechts querend, in das bereits erwähnte kleine Kar. An seiner linken Seite über lange, glatte Plattenschliffe mühelos in den hintersten Winkel und durch die dort emporziehende Rinne hinauf. Bei einer Erweiterung (links rotgelbe Wandpartien) nicht auf das gewaltige, nach rechts emporziehende steile Plattenband, sondern rechts davon in die Rinne, die nach rechts aufwärts in der glatten Wand zu verlaufen scheint. An der Stelle, wo die rechts begleitende Rippe an die Wand ansetzt, heikle Querung auf schmalem Band nach rechts in die von unten heraufziehende Steilschlucht und rechts aufwärts auf die beschriebene Terrasse. Auf dieser rechts aufwärts, bis die einleitend erwähnte Rippe mit einem mächtigen Turm ansetzt. Links in die Scharte hinter dem Turm und gerade empor bis an die riesige Gipfelwand (Schuttsattel). Von hier unmittelbar unter der Wand waagrecht etwa 50 m auf Schutt nach rechts auf den Schuttabsatz der rechts liegenden Rippe (1½ bis 2 Std.). Beginn der Schwierigkeiten. In der schwach ausgeprägten Wandvertiefung 30 m gerade empor und 30 m links aufwärts. Eine Kante, anschließend ein kurzer Riß, führen auf eine abgespaltene Felskanzel. Von hier (✧) 10 m steil rechts aufwärts in eine Rinne. Gerade empor (20 m) auf unschwieriges Gelände und nach 30 m rechts aufwärts auf eine Rippe. Nun 15 m Quergang nach links zum Beginn des gelben, zum Gipfel führenden Kamins. Man umgeht ihn links in der Wand und steigt unmittelbar zum Gipfelsteinmann aus.

- **1778 Westwand des Nordgipfels**
    Erstbegeher unbekannt.
    V (Stellen), sonst IV, stellenweise leichter. Brüchig. 3 Std.

Zugang: Wie R 1777 an den Fuß der Westwand.

Führe: Am oberen Ende des unter der Westwand befindlichen kleinen Schuttkares teilt sich eine Rinne in zwei Äste. Im rechten 1 SL empor, um die Kante rechts herum und 25 m halbrechts aufwärts queren. Auf einem Grat 30 m empor, dann nach links in die von unten auffallende Schlucht. In ihr 4 SL hinauf, dann nach links hinaus und auf der schwach ausgeprägten Kante bis zur Schlußwand. Ein grauer, kaminartiger Riß zieht mitten durch diese zum Gipfel. Im Riß eine halbe SL empor und über zwei brüchige Überhänge. 2 m oberhalb des zweiten befindet sich eine Felsnische (Sicherungsplatz). Nun links durch einen breiten Riß zur Kante und an ihr etwa 6 m empor zu einer Platte. Von hier 2 m nach links, dann an einer schwach ausgeprägten Kante zu einem Steinmann empor und über eine kurze, senkrechte Stelle zum Gipfel.

- **1790 Schartenkopf, 2331 m**

Unbedeutender Gipfel südlich der Biberwierer Scharte mit reizvollen Klettereien. Erstbesteigung: O. Ampferer, 15. 8. 1897.

- **1791 Südgrat**
    Weg des Erstbesteigers.
    II. Kurze, hübsche Kletterei. 15 Min. vom obersten Schartenkar.

Übersicht: Vom Gipfel des Schartenkopfes zieht eine steile Rinne gegen das oberste Schartenkar hinab. Links dieser Rinne vollzieht sich der Aufstieg.

Zugang: Wie R 1773 ins Schartenkar.

Führe: Der erste Turm im Grat wird links umgangen, der zweite an seiner rechten Seite ausgesetzt erstiegen. Auf dem Grat weiter in eine enge Scharte vor der kurzen Gipfelwand, die gerade oder etwas links durchstiegen wird.

- **1792 Nordgrat**
    A. Foertsch, Richter, Steck, 1907.
    III (einige Stellen) und II. 330 mH. 2 Std. von der Biberwierer Scharte.

Zugang: Wie R 307 zur Biberwierer Scharte.

Führe: Von der Biberwierer Scharte über den grasigen Rücken bis zu einem ungangbaren Abbruch am Beginn der Felsen. In der Westflanke werden zwei Rinnen überschritten, durch die dritte wird zum Grat aufgestiegen. Weiter durch einen kurzen, rißartigen Kamin auf einen Absatz, dann 30 m nach rechts in die Gratflanke und in einem Riß wieder zum Grat zurück, von dem man über eine brüchige Stufe in die nächste Scharte hinabsteigt. Zur Umgehung eines etwa 12 m hohen, überhängenden Aufschwunges (direkte Erkletterung, V) steigt man in einer Schuttrinne und einem etwa 8 m hohen Stemmkamin nach O ab. Über plattigen Fels zum Turm vor dem Gipfel. Von diesem steigt man etwa 15 m nach W ab und gelangt nach Umgehung einiger Türmchen auf den Gipfel.

- **1793   Ostwand**
    K. Braß, H. Knorr, J. Kramer, 1910.
    III. Kurze anregende Kaminkletterei. 1 Std.

Zugang: Von der Biberwierer Scharte (R 306) über Gras und Schutt in das obere Schartenkar, 1 Std. von der Coburger Hütte.

Führe: Die Ostwand wird nördlich des Gipfels von Kaminen durchzogen; der südlichste wird durchklettert, wobei zwei Überhänge an der rechtsseitigen Begrenzungswand überwunden werden. Vom Ende des Kamins führen ein Band und eine kleine Rinne in ein Schärtchen unmittelbar nördlich des Gipfels.

- **1794   Nördlichster Ostwandkamin**
    Erstbegeher unbekannt.
    III. Schöne Kaminkletterei in festem Fels. 1 Std.

Zugang: Wie R 1793 an den Fuß der Ostwand.

Führe: Der Kamin, der größte der Ostwand-Kamine, mündet in die Scharte unmittelbar südlich des nördlichen Eckpfeilers des Schartenkopf-Nordgrates. Er wird von unten an durchklettert. Ein schwieriger Überhang nach etwa 30 m wird überklettert, ebenso werden einige darauffolgende kleinere Überhänge direkt überwunden. Der letzte Abbruch wird nicht mehr durchklettert (durch ihn steigt man bei der Begehung des Nordgrates ab, um den überhängenden Gratabbruch zu umgehen). Man quert etwa 10 m nach links, steigt dann zum Grat hinauf und über diesen zum Gipfel.

- **1800   Sonnenspitze**
    Signal, 2412 m; Hauptgipfel, 2417 m

Formenschönster Gipfel und beliebtestes Fahrtenziel in der Mieminger Kette. Der günstigste Stützpunkt für seine Besteigung ist die Coburger Hütte, doch kann die Sonnenspitze auch von Biberwier oder Ehrwald aus leicht an einem Tag bestiegen werden. Erste touristische Besteigung: H. v. Barth, 27. 7. 1873.

● **1801 Nordostrücken**
Weg des Erstbesteigers.
II (eine Stelle), sonst I und Gehgelände. Leichtester Anstieg, meist im Abstieg begangen. Ca. 450 mH. 2—2½ Std. vom Hohen Gang oder Seebensee, 2½—3 Std. von der Coburger Hütte.

Zugang: Von Ehrwald über den Hohen Gang, bis sich der Weg zum Seebensee senkt (2 Std.), R 194. Nun nach rechts durch lichten Wald und Latschen bis an den Fuß des NO-Rückens. Wo der Schutt am höchsten hinaufreicht, wird gegen den Rücken angestiegen, der zuletzt durch waagrechtes Queren an der Latschengrenze betreten wird. Hierher auch vom Südende des Seebensees über Schutt und Latschengassen in 1 Std. oder von der Coburger Hütte auf dem Weg gegen die Biberwierer Scharte, dann nach rechts quer durch die Ostflanke der Sonnenspitze, wobei eine tiefe Rinne überschritten werden muß (II). Man steigt dazu an ihrer Südseite empor, bis man einen Übergang nach rechts findet. Nach der Überschreitung stark nach rechts auf den Rücken; 1½ Std. von der Hütte.

Führer: Auf immer deutlicher werdenden Steigspuren etwas nach links aufwärts und in einer weiten, nach SO offenen Schleife zu einer Felsrippe. Der jenseitige Graben wird höher oben überschritten. Nach langer, ansteigender Querung unter den Gipfelwänden erreicht man über eine Rippe hinweg die zwischen Nord- und Südgipfel herabziehende Rinne. Von der Scharte zwischen den Gipfeln auf jeden der beiden hinauf. Im Abstieg die Schuttrinne zwischen beiden Gipfeln so bald als möglich nach links verlassen und auf Steigspuren bis zur Latschengrenze hinab.

● **1802 Südwand**
O. Ampferer, W. Hammer, 14. 8. 1897.
II (Stellen) und I. Einige Drahtseilsicherungen. Deutliche Begehungsspuren. Meistbegangener Anstieg; empfehlenswert. Ca. 450 mH. 1½—2 Std. von der Coburger Hütte.

Zugang: Von der Coburger Hütte auf dem Weg zur Biberwierer Scharte (R 306) bis zu dem von der Sonnenspitze weit nach S vorspringenden Latschenrücken.

Führer: Zuerst über Schutt östlich des Rückens, dann auf dem Sporn selbst und über Rinnen und Rippen bis unter die Abbrüche hinauf. Dann rechts ansteigend um eine Rippe herum und waagrecht in die vom Südgrat herabziehende Schlucht, die gequert wird. Über Schrofen nach rechts ansteigend in eine Rinne. In dieser empor (zwei Eisenklammern), bis ein Drahtseil nach links in die Wand hinausleitet. Von seinem Ende ziemlich gerade aufwärts, später nach rechts in eine Schuttrinne, die beinahe bis zum Südgipfel leitet, der über den Südgrat erreicht wird.

- **1803 Südgrat**
  Erstbegeher unbekannt.
  IV (2 Stellen), sonst III und II. 410 mH. 2½ Std.

Zugang: Wie R 307 zur Biberwierer Scharte.

Führe: Von der Biberwierer Scharte den breiten, begrünten Rücken auf deutlichen Steigspuren hinauf bis zu den schon von unten sichtbaren Abbrüchen. Rechts der Kante auf grasbewachsenen Bändern ziemlich gerade empor, bis man wieder den Grat erreicht. Nun wenig schwierig auf dem Grat zum nächsten Abbruch. Diesen zuerst gerade hinauf, später nach rechts ausweichend wieder zur Kante (IV, 3 H). Auf dem Grat weiter, bis er wieder steiler wird. Zuerst schräg rechts hinauf (IV, 2 H), dann leicht links in einer gut gestuften Rinne (II) weiter. Mit Ausnahme eines etwa 10 m hohen Aufschwungs (III) bietet der Grat von hier ab keine nennenswerten Schwierigkeiten mehr. (H. Haber)

- **1804 Westwand**
  A. Foertsch, Richter, Steck, 1907 (vermutlich).
  IV (Stellen) und III. Teilweise brüchig. Ca. 550 mH. 3 Std.

Übersicht: Am Fuße der Westwand liegt in der Fallinie des Gipfels ein Felsköpfl, das auf der Nordflanke mit Latschen bewachsen ist. Gegen die Schutthalde, die von der Biberwierer Scharte herabzieht, stürzt es steil, kulissenartig zerspalten, ab. Dieses Felsköpfl muß zuerst erreicht werden.

Zugang: Von der Coburger Hütte zur Biberwierer Scharte, R 306. Am Weg so lange abwärts, bis dieser nach rechts hinauszieht.

Führe: Unter den Felsen nun nach N um eine Rippe herum in eine tiefe Rinne, die gegen das Köpfl hinaufzieht. Ist das Köpfl erreicht, wird ein feiner Riß sichtbar, der sich weiter oben zu einem Kamin erweitert. Vom oberen Ende der Rinne nach rechts und zum Beginn des Risses. In ihm 30 m aufwärts in eine kleine Höhle (Sicherungsplatz). Der Riß setzt sich nun als Kamin fort. Ihm folgt man (ein Klemmblock wird links umgangen) bis zu seinem Ende. Nun über unschwierige Felsen schräg links aufwärts, dann gerade bis zu einem großen Plattenschuß, der rechts umgangen wird. Brüchiges Gestein und glatte Wandstellen vermitteln diese Umgehung. So bald wie möglich wieder schräg links aufwärts in eine plattige Verschneidung. Durch diese 20 m hoch, dann wieder etwas links haltend 10 m aufwärts auf ein Köpfl. Von diesem einige Schritte links in eine Rinne und durch diese gerade empor gegen die Gipfelwand. 6 m nach links um eine Felsrippe in eine zweite Rinne und durch diese zum Gipfel.

Ausstieg zum Südgrat: Vom oberen Ende des Kamins etwas steigend etwa 100 m nach rechts zu einem Quergang (H), der in einen Kamin führt, durch den man dann in eine Scharte des Südgrates gelangt. Dem Grat entlang (1. SL: III) zum Gipfel.

● 1810   (1. SL: III) **Breitenkopf,** 2470 m

Unbedeutender Gipfel zwischen Schwarzbachkar und Igelskar, der nach NO mit prallen Wänden gegen das Gaistal abfällt. In früherer Zeit schon von Jägern bestiegen. Erste touristische Besteigung: Lisl Tillmann, E. Beyrer, 3. 8. 1899.

● 1811   **Aus dem Igelskar**
Weg der Erstbesteiger.
I und Gehgelände. 430 mH. 1 Std. von der Breitenkopfhütte.

Einige Minuten in Richtung Hochplattig gegen den Karhintergrund, dann über begrüntes Geschröf und Schutthänge in die Scharte südlich des Gipfels. Von dieser aus wird der Gipfel ohne Schwierigkeiten erreicht. Die Scharte kann auch unschwierig über den Südgrat erreicht werden.

● 1812   **Aus dem Schwarzbachkar**
I und Gehgelände. 1 Std. aus dem Kar.

Zugang: Wie beim Übergang über die Alplscharte, R 284, in das oberste Schwarzbachkar. 1½ Std. von der Gaistalstraße.

Führe: Über begrünte Schrofen in die Scharte nördlich des Gipfels und unschwierig zum höchsten Punkt. Auch zum Südgrat kann an mehreren Stellen unschwierig aufgestiegen werden.

● 1813   **Nordostgrat**
Erstbegeher unbekannt.
III, stellenweise auch leichter. Empfehlenswerter Anstieg. Ca. 750 mH. 3 Std. vom unteren Rand des Schwarzbachkares.

Zugang: Wie R 286 bis zum unteren Rand des Schwarzbachkares und nach rechts zum E, 1 Std. von der Gaistalstraße.

Führe: In der Rinne links des NO-Grates etwa 80 m empor, dann rechts haltend gerade hinauf und nach links in eine Schlucht. Diese verläßt man sofort wieder nach rechts auf die Gratkante, die nun bis auf den nordöstlichen Vorgipfel verfolgt wird. Hier Ende der Schwierigkeiten. Am Grat entlang in 1½ Std. zum Hauptgipfel.

- **1814** **Nordwand**
  Erstbegeher unbekannt.
  III, stellenweise II. Ca. 650 mH. 4 Std.

Zugang: Von der Brücke vor der Feldernalm auf einem verwachsenen Jägersteig durch den Hochwald zum Fuße der Nordwand. Von der Mitte des Wandfußes zieht eine breite Schuttrinne hinunter zum Gaistalbach. Etwas östl. davon eine zweite Rinne, hier E.

Führe: Am östlichen Rand der Rinne zu einer breiten Schutterrasse in der Wandmitte. Ein mächtiger Wulst riegelt den Weiterweg nach oben ab. Im östlichen Teil, nahe der NO-Kante, durch eine seichte Rinne auf ein von unten nicht sichtbares breites Band und nach links hinauf zu einem Felsköpfl. Weiter durch einen schrägen Riß auf einen Absatz.
Nun über griffigen Fels unter den folgenden Steilaufschwung, dann über einen Plattenwulst waagrecht nach rechts zu einem abbrechenden Bande. Am Abbruch des Bandes in eine Steilrinne hinunter und nach links zu einem Überhang, der schwierig überwunden wird. Oberhalb eine Nische mit Steindaube. Das Schrägband, auf dem man sich hier befindet, wird bis zu seinem Ende verfolgt. Nun ausgesetzte Querung nach rechts um eine Rippe in eine kaminartige Rinne. Durch diese Rinne spreizend hinauf zu einer Nische unter sperrenden Überhängen. Unter diesen hindurch auf ein Band und über einen Wulst zu einer flacheren Wandzone. Unschwierig gerade empor zum nächsten Steilstück, an dessen Fuße über Platten nach rechts gequert wird, bis ein Kamin den Durchstieg ermöglicht. Richtpunkt ist von nun an ein auffallender Gratzacken im obersten Teil des NO-Grates. Der nächste Steilaufschwung wird durch einen schwierigen Riß erklettert. Die anschließende brüchige Rinne führt zum Ausstieg neben dem Gratzacken. Der Gipfel selbst wird über den NO-Grat erreicht.

- **1820**   **Igelsköpfe**
  Nordgipfel, 2223 m; **Südgipfel,** 2219 m

Unbedeutende Erhebungen zwischen Igelskar und Brendlkar. Erste touristische Besteigung: R. Peer, H. u. G. Beyrer, 27. 7. 1896.

- **1821** **Westflanke**
  I und Gehgelände. 1 Std. vom Brendlsee.

Aus dem Brendlkar über Schutt und Grashänge ohne Schwierigkeiten auf den Nordgipfel.

● **1822   Von der Igelsscharte**
    Weg der Erstbesteiger.
    I. 140 mH. 20 Min.

Zugang: Die Igelsscharte liegt südlich des Igelskopfes. Sie wird von der Ehrwalder Alm durch das Igelskar oder Brendlkar in 2½ Std. erreicht, von der Breitenkopf-Hütte quer durch das Igelskar in ½ Std.

Führe: Von der Scharte nach rechts, entlang der Felsen über Schutt und Gras auf eine Seitenrippe empor und auf Steigspuren unter dem Südgipfel hindurch zum Nordgipfel.

● **1823   Südgipfel von der Igelsscharte über die Südseite**
    I. 20 Min.

Über Schrofen an den Beginn der Rinne, die westlich vom Gipfel herabzieht. Durch die Rinne, am Anfang auch links der Rinne und über Schutt empor zum Gipfel.

● **1824   Übergang vom Nord- zum Südgipfel**
    I. 10 Min.

Unschwierige, zum Teil etwas ausgesetzte Kletterei, immer auf der Grathöhe.

● **1830   Tajaköpfe**

Die Tajaköpfe entragen dem Felskamm, der das Brendlkar vom Drachenkar trennt und der sich unter der N-Wand der Östlichen Grießspitze vom Hauptkamm ablöst. Beide Gipfel liegen in der unmittelbaren Umgebung der Coburger Hütte, häufig bestiegen wird aber nur der Hintere Tajakopf.

● **1831   Vorderer Tajakopf, 2452 m**

Erstbesteigung: O. v. Unterrichter, J. Gampl, G. Beyrer, 16. 8. 1894.

● **1832   Von der Coburger Hütte**
    I und Gehgelände. 2 Std. von der Hütte.

Zugang: Auf dem Weg zur Grünsteinscharte (R 289) bis zu einer ebenen Wiese unter dem Hinteren Tajakopf. Nun links über den begrünten Schuttkegel empor, der sich gegen den Hinteren Tajakopf hinaufzieht. Von seinem Ende schräg nach links aufwärts zu einem deutlich erkennbaren Seitengratsattel rechts von einem Grathöcker mit gelbgestreifter Wand. Weiter in der großen Schuttrinne, die vom Vorderen Tajatörl zwischen den beiden Tajaköpfen herabzieht, zum Vorderen Tajatörl hinauf (hierher auch von der Ehrwalder Alm durch das Brendlkar).

Führe: Zuerst über Schutt gegen die Felsen zu, bei ihrem Beginn durch begrünte Rinnen nach links, dann aber wieder durch eine nach oben weiter werdende Rinne etwas nach rechts, zuletzt über ein kleines Wandl zum Südgipfel, 2441 m, ½ Std. vom Vorderen Tajatörl. In ¼ Std. über den Grat zum Hauptgipfel, von diesem ¼ Std. zum Nordgipfel.

- **1833**   **Nordwestschlucht**
  A. Foertsch, Richter, Steck, 1907.
  IV + (vermutlich). Nähere Einzelheiten nicht bekannt.

- **1840**   **Hinterer Tajakopf,** 2409 m

Erstbesteigung: G. Bauer, K. Ranke.

- **1841**   **Von der Coburger Hütte**
  I und Gehgelände. 1½ Std. von der Hütte.

Zugang: Wie R 310 zum Hinteren Tajatörl, der Scharte zwischen Hauptkette und Hinterem Tajakopf.

Führe: Vor dem Erreichen des Törls nach links, unter dem am Tajatörl aufragenden Felsen durch und über Schutt auf den grünen Sattel nördlich davon (aus dem Brendlkar führen Steigspuren hierher). Nun immer auf oder rechts neben dem Südgrat zum Gipfel. Beim Übergang über das Hintere Tajatörl kann dieser Gipfel unter geringem Zeitaufwand leicht mitgestiegen werden.

- **1842**   **Übergang vom Hinteren zum Vorderen Tajakopf**
  I und Gehgelände. 1 Std.

Übersicht: Der Hintere Tajakopf bricht mit einer senkrechten Stufe gegen das Vordere Tajatörl ab. Dieser Abbruch wird auf der Westseite des Berges umgangen.

Führe: Dazu steigt man vom Gipfel durch eine Schlucht so weit ab, bis am Fuße des senkrechten Abbruches eine Querung nach rechts unschwierig möglich ist. Auch vom Südgrat gelangt man, eine Schuttrinne querend, hierher. Dem nun unschwierigen Grat entlang über Schutt zum Vorderen Tajatörl hinab, 15 Min. vom Gipfel. Auf den Gipfel des Vorderen Tajakopfes wie R 1832.

- **1850**   **Drachenköpfe**

Die Drachenköpfe entragen dem vom Grünstein nach N ausstrahlenden Seitenkamm, der das Drachenkar vom Schwärzkar trennt. Der Hintere Drachenkopf ist eine kühn aufstrebende Gratmauer, der Vordere Drachenkopf bildet den Abschluß des Drachenkopfkammes. Die Scharte zwischen Grünstein und Hinterem Drachenkopf heißt Hintere Drachenscharte, die Scharte zwischen beiden Gipfeln Vordere Drachenscharte.

● **1851**   **Vorderer Drachenkopf,** 2301 m

Erste touristische Besteigung: E. Diehl, 10. 7. 1896.

● **1852**   **Südwestgrat**
          Weg des Erstersteigers.
          I und Gehgelände. Bez. Steig. 1 Std. von der Coburger Hütte.

Auf dem Weg zur Biberwierer Scharte unter dem Nordabsturz des Vorderen Drachenkopfes hindurch, dann auf bez. Steig nach links in das Schwärzkar hinauf und wieder nach links, zuletzt über unschwieriges Geschröf zur Vorderen Drachenscharte. Nun über den brüchigen Grat zum Gipfel.

● **1853**   **Von Nordosten**
          E. u. G. Beyrer, 1897.
          I und Gehgelände. Trittsicherheit erforderlich. 1 Std. von der Coburger Hütte.

Über den grasigen Rücken, auf dem die Hütte steht, zum Beginn der Felsen und ziemlich beliebig, bis zum oberen Ende einer Rinne, dann rechts über Schrofen steil empor, zuletzt über ein kurzes Gratstück zum Gipfel.

● **1854**   **Nordwestwandkamin**
          W. Schaarschmidt, 1910.
          II. 1½ Std. von der Coburger Hütte.

Übersicht: Die NW-Wand des Vorderen Drachenkopfes wird von einem mächtigen Kamin durchschnitten.

Zugang: Von der Coburger Hütte folgt man dem Weg zur Biberwierer Scharte, R 308.

Führe: Nach einigen Minuten über steile Schrofen, immer rechts haltend, zu einem Schuttband hinauf, dann nach rechts aufwärts um eine Ecke in den Kamin, der so oberhalb seines untersten Überhanges erreicht wird. Über mehrere Absätze durch den Kamin empor, bis er sich verbreitert, dann nach rechts über Schrofen zum Gipfel.

● **1860**   **Hinterer Drachenkopf,** 2413 m

Erstbesteigung: O. Ampferer, E. Beyrer, 16. 7. 1898.

- **1861   Nordgrat**
    Weg der Erstbesteiger.
    III (Stellen), überwiegend **II**. 230 mH. 3 Std. von der Vorderen Drachenscharte.

Zugang: Wie R 1852 zur Vorderen Drachenscharte.

Führe: Noch vor Erreichen der Scharte nach rechts an den Fuß der ersten Graterhebung, die nach rechts aufwärts erstiegen wird. Die nächste wird rechts (Westseite) auf bequemem Schuttband umgangen. Nach einem fast ebenen Gratstück wieder rechts ausweichen und durch einen etwa 15 m hohen, festen Riß auf den Grat zurück, der sich nun bald mit einem schrofigen Hang zur letzten Scharte vor dem Gipfelaufbau senkt, 2 Std. (in diese Scharte führt aus dem Drachenkar über ein steiles Band ein unschwieriger Anstieg). Von der Scharte auf ansteigendem Band nach rechts, dann über feste Platten empor und über ein steiles Wandl hinab in ein Schärtchen. Etwa 15 m etwas ansteigend nach links und links von einem schiefen Riß in ein schmales Schartl. Nun teils links neben, teils auf dem Grat zum Gipfel.

- **1862   Westwand**
    Erstbegeher unbekannt.
    II. Brüchig. Ca. 200 mH. 1 Std. vom Schwärzkar.

Zugang: Wie bei R 1852 in das Schwärzkar, aber nicht nach links zur Vorderen Drachenscharte, sondern gerade weiter an den Fuß der Westwand.

Führe: Auf einem schrofigen Vorbau in Gipfelfallinie bis zu einem auffälligen gelben Fleck. Über brüchiges Gestein nach links bis zu einer schwarzgelben, vom Nordgrat herabziehenden Wand. Dann auf einem Schichtenband nach rechts, zuletzt durch einen brüchigen Kamin auf den Südgrat, den man unterhalb des Gipfelaufschwunges erreicht. Über den Grat zum Gipfel.

- **1863   Südgrat**
    W. Schaarschmidt, 1910.
    IV (Stellen) und **III**. Wird meist im Abstieg begangen, da kürzer als der Nordgrat. 1—1½ Std. von der Hinteren Drachenscharte.

Übersicht: Der Grat besteht aus drei Abbrüchen mit ebenen Verbindungsstücken. Im Abstieg wird über den mittleren und unteren Abbruch meist abgeseilt.

Zugang: Von der Coburger Hütte durch das Schwärzkar oder Drachenkar in die Hintere Drachenscharte, 1—1½ Std.

Führe: Auf Grasschrofen in die zum Fuß des untersten Abbruches emporziehende plattige Rinne. Durch diese zum untersten Abbruch, der nach rechts aufwärts überklettert wird. Die gerade Überkletterung des mittleren Abbruches ist sehr schwierig. Er kann schwierig umgangen werden, indem man auf der Westseite etwa 3 m in den gerade am Abbruch mündenden Kamin absteigt, dann über Platten nördlich empor und nach einigen Metern durch eine kurze Rinne auf den Grat, den man oberhalb des Abbruches erreicht. Über ein längeres flaches Gratstück zum oberen Abbruch und über diesen zum Gipfel.

● **1864**   **Ostwand**
         W. Schaarschmidt, Ostheimer, C. Spielmann, 1909.
         IV, im oberen Teil leichter. 2 Std. aus dem Drachenkar.

Zugang: Von der Coburger Hütte kommend, steigt man so lange im Drachenkar aufwärts, bis man die große, sehr steile Rinne erblickt, welche unterhalb des obersten Abbruches des Südgrates beginnt. Diese Rinne vermittelt den Anstieg.

Führe: Auf schlecht geschichtetem Gestein in ihr empor, bis sich mitten in der Rinne eine steile Felsrippe fast senkrecht aufschwingt. Hier nach links auf über eine 6 m hohe, unten etwas überhängende Wand hinauf (**IV**) und etwas unschwieriger zum Grat.
Von dort über den obersten Grataufschwung zum Gipfel.

2.3 Südliche Seitenkämme

Die Seitenkämme und Kare auf der Südseite sind nicht so mächtig ausgebildet wie die auf der Nordseite des Hauptkammes.

● **1870**   **Hintereggenkamm**
Vom Westgipfel der Hochwand zieht in der Verlängerung des Südgrates ein Rücken gegen Straßberg hinab. Dieser Rücken scheidet das Alpl vom Tal im „Kar". In einer Höhe von 1580 m überschreitet ihn der Steig vom Alplhaus zur Niedermunde. Nordwestlich der Übergangsstelle erhebt sich der Hintereggenkopf.

● **1871**   **Judenkopfkamm**
Am Signalgipfel des Hochplatigt setzt der Seitenkamm der Judenköpfe ein, der zuerst nach S zieht, dann aber nach O umbiegt und das Alpltal südlich begrenzt. Erhebungen in diesem Kamm sind der nahe der

Abzw. aufragende schlanke Judenfinger und die Judenköpfe, die steil gegen das Alpltal abfallen, südseitig aber mit Latschen bewachsen sind.

● **1872**   **Schoßkopfkamm**

An der Westlichen Mitterspitze löst sich ein Felsgrat gegen S ab, der die Kleine und die Große Schoß trennt. Im unteren Teil gabelt sich der Grat. Den Abschluß bilden der Westliche und Östliche Schoßkopf (etwa 2150 m).

● **1873**   **Westlicher Schoßkopf**

Erstbesteigung: O. Ampferer, G. Beyrer, 1894.

● **1874   Aus der Großen Schoß**
    I und Gehgelände. 1 Std.

Von Obermieming oder Barwies wie R 1672 in die Große Schoß (3 Std.) und über Gras und Schutt zum Gipfel. Der niedere Felsriegel wird auf einem gut gangbaren Band von links nach rechts durchstiegen.

● **1875   Übergang zum Östlichen Schoßkopf**
    L. Ohlenschläger, Führer Ruech, 1900.
    II und I. 1 Std.

Am Grat entlang oder auf einem Schuttband in der Ostseite bis zu einem gelben Gratturm, der westlich umgangen wird. Das folgende scharfe Gratstück wird östlich umgangen. Weiter über Schrofen bis zur Gabelungsstelle, dann dem Grat entlang abwärts zum Östlichen Schoßkopf.

● **1876   Südostwand**
    R. u. Gertrud Goedeke, T. Bartels, A. Nehring, 17. / 18. 5. 1975.
    VI— (Stelle), sonst V+ und V. 300 mH (bei Zugang über die Plattenrinne 250 m länger), 9½ Std. (Erstbeg.).
    13 ZH (5 belassen), 17 SH (entfernt). Für Wiederholer ca. 5 Std. Luftige Freikletterei in fast durchwegs gutem Fels, ideale Linienführung. Foto in Bergsteiger 4 / 1976.
    Skizze S. 541.

Übersicht: Die Südostwand des Westlichen Schoßkopfes wird etwas links der Gipfelfallinie von einer markanten, etwas nach links geneigten Rißreihe durchzogen. Durch diese verläuft der Anstieg.

Zugang: Von Mieming über die Forststraße zur Stöttlbrücke (oder schon vorher rechts abbiegen und in steilen Kehren bis zum Ende der

Straße; etwa 1300 m). Nun wie beim Weg zum Großen Schoß, zuletzt nicht nach links abbiegend, sondern geradeaus weiter über den schrofigen Vorbau zum Wandfuß (etwa 1½—2 Std. von der Stöttlbrücke), oder (wesentlich interessanter!) über die Plattenrinne, die aus dem unteren Teil des Kleinen Schoßes unterhalb der Südwand des Östlichen Schoßkopfes zu dem seichten Kar zwischen Westlichem und Östlichem Schoßkopf führt, in hübscher Plattenkletterei (II und III) zum Wandfuß.

Führe: E etwas links der Gipfelfallinie, etwas links unterhalb der erwähnten Rißreihe. Über Schrofen rechts wenig ansteigend queren zu einer Rinne. Diese und den anschließenden Kamin (III) hinauf und oberhalb weiter in einer Rinne zu deren Ende. Links einer Verschneidung folgend zu abgelöstem großem Block wenig unterhalb vom Fuß eines tiefen Kamins. Über eine Rampe links aufwärts zum Fuße der Verschneidung mit der Rißreihe und einige Meter hoch zu Stand. Den Riß im Verschneidungsgrund hinauf (IV und V—, 1 SH, belassen) bis zu Stand in Grotte. Links an einem Handriß über den Grottenüberhang (V—) und gerade hoch zum Fuß eines schräg in der Verschneidung lehnenden Pfeilers. Rechts davon in einen Kamin und über den abschließenden Blocküberhang (IV+) zu gutem Stand. Rechts an einem Handriß hoch (V) zu Überhang (KK, belassen), dann schwierig nach links queren (V) zu einem anderen Riß, daran weiter (V und IV) und später in seichter Einbuchtung (V) zu einer Nische (SH, entfernt). Rechts hinaus und überhängend (V+, 2 ZH) zu Stand am Beginn einer Schluchtrinne (Biwakplatz der Erstbegeher). Im Schluchtgrund zuerst leicht, dann an Riß zu Stand in Grotte unter überhängender Schluchtsperre (II und IV—). Über Grottendach und das folgende abdrängende Wandl (VI—, 4 ZH) zu tieferem Riß und nach weiteren 10 m zu schlechtem Stand. Am Riß weiter (2 H), zuletzt frei über zwei Dachüberhänge (V+) zur Gratschulter. In einer steilen Rinne zu einem Gratzacken und am Grat zum Gipfel.

Abstieg: Von dem wenig ausgeprägten Gipfel westlich diagonal absteigen in das Kar „Großes Schoß", darin hinab, wobei man sich orographisch links hält und eine Felsstufe dort abklettert (III) oder abseilt. Nun weiter links haltend über grasdurchsetzte Hänge absteigen und schließlich entschieden in östlicher Richtung queren zu Steigspuren. Diesen folgend zum Stöttlbach zurück. Etwa 1—2 Std. vom Gipfel. (R. Goedeke)

● **1880**   **Östlicher Schoßkopf**

Erstbesteigung: E. Beyrer, 1898.

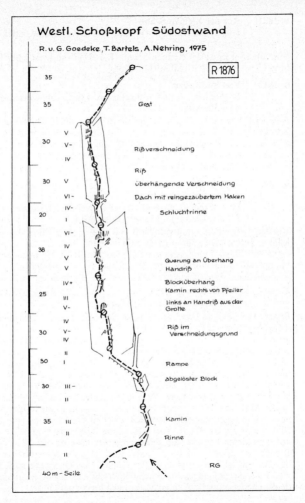

- **1881 Aus der Kleinen Schoß**
  I und Gehgelände. 4¾ Std. von Obermieming oder Barwies.

Vom unteren Ende der Kleinen Schoß (R 1671) in südwestlicher Richtung über Gras und Schrofen zum Gipfel.

- **1882 Von Südwesten**
  II (Stellen), I und Gehgelände. 4 Std. von Obermieming oder Barwies.

Auf dem Weg in die Große Schoß, R 1672, bis unter den Westlichen Schoßkopf, dann nach rechts, zum Schluß über eine Rampe und um eine Ecke in die zwischen beiden Schoßköpfen liegende große, plattige Rinne. In dieser ein Stück empor, bald aber nach rechts über gut gestuftes Gelände zum Grat hinauf und nach rechts zum Gipfel.

- **1883 Südwand**
  Erstbegeher unbekannt.
  IV+ (Stellen), IV und III, stellenweise auch leichter.
  Schöne Kletterei in festem Fels. 3 Std.

Übersicht: Die steil abfallende Südwand wird in ihrer Mitte von einem Kamin durchrissen, der mit einem Überhang zum Schutt abbricht. Oben setzt die tief eingeschnittene Gipfelschlucht an, die in ein Schartl knapp östlich des höchsten Punktes leitet. Im Kamin und in der anschließenden Gipfelschlucht vollzieht sich im allgemeinen der Anstieg.

Zugang: Von Barwies oder Obermieming zur großen Rinne wie R 1882 und waagrecht nach rechts zum E, 3 Std.

Führe: Der unterste Überhang wird östlich umgangen. Durch eine rißartige Steilrinne etwa 13 m zu einem Schuttfleck (H). Nun an glatter Wand waagrecht nach links um eine Ecke und einige Meter gerade empor auf ein abschüssiges Plattenband, das man etwa 15 m nach links verfolgt (IV+). Damit ist der große Kamin erreicht, den man über mehrere Überhänge bis zu dem dachartig abschließenden Überhang verfolgt. Dieser wird mit Hilfe des östlichen der beiden V-förmig verlaufenden Risse überklettert. Vom so erreichten Stand am Anfang der in der Mitte der Wand eingelagerten 60 m hohen Plattenmulde steigt man etwas rechts an einer schwach ausgebildeten Plattenkante 20 m steil empor auf ein Band. Von hier schräg links, später gerade empor auf eine kleine Felsnase am Fuße eines hier ansetzenden 30 m hohen Risses, der anstrengend durchklettert wird (IV). Durch den weiter werdenden Riß leichter zu einer tiefen Höhle. Nun Quergang nach links zum Fuße der tief eingeschnittenen Gipfelschlucht, die bis zu ihrem Ende durchstiegen wird. Wenige Meter nach links zum Gipfel.

● **1884 Ostwand**
R. Goedeke, Sabine Gross, R. Nies, T. Bartels, 2. 6. 1974.
V, 400 mH, Erstbeg. 10 Std. 2 ZH (1 belassen), 17 SH (entfernt). Elegante, luftige Freikletterei in sehr gutem Fels und mit idealer naturgegebener Linienführung. Wegen der relativ niedrigen und sonnigen Lage und des unproblematischen Abstiegs schon früh im Jahr zu empfehlen. Foto in Alp. 2/1975. Skizze S. 545.

Zugang: Von Mieming aus über Forststraße bis kurz vor die Stöttlbrücke und in steilen Kehren bis zum Ende der Straße (etwa 1300 m). Nun über Latschengasse und Lawinenreste hinauf in Richtung Hochplattig, bis man über Firn und Schutt zum Wandfuß queren kann (vom Ende der Straße etwa ¾ Std.).

Führe: E etwa 40 m rechts der Fallinie einer markanten Verschneidung im unteren Wandteil, 20 m links vom Wasserstreifen (Frühsommer). Über schmale Rampe zwischen Platten (III—) schräg links nach 30 m zu Stand bei Kamin. An der linken Kante 10 m hoch (IV—) und dann links zu Grasfleck, schräg rechts über Stufe und Bänder, dann querend bis über Wasserstreifen. Mit Rechts-Links-Schleife zum oberen Ende eines Kamins (II und III) und links über Schrofen zum Fuß eines Kamins knapp rechts von einer stumpfen Kante. Den Kamin überhängend hinauf (IV+) bis zum Beginn einer Verschneidung, dann links ansteigend über Platte queren zu Köpfl und über Überhang (V) zu schlechtem Stand bei Leiste. Rechts zu schmaler, senkrechter Verschneidung, in ihr frei besonders schwierig (V, wenn frei geklettert, 1 SH) hinauf zu Absatz und an Riß (IV+) weiter, nach 10 m überhängend schräg links hoch (V) zu Absatz, an faustbreitem Riß (V) geradeaus bis zu dessen Ende und links zu Stand. Nun weniger schwierig im Zickzack bis unterhalb eines markanten, unten ungangbaren Verschneidungskamins, dann rechts von ihm über Rampe zu Stand unter kleinem Überhang. Über diesen hoch zu großer, kompakter Platte unter Dächerzone. Am unteren Rand der Platte horizontal nach links queren (V—) bis zur linken Begrenzungskante und dort hinauf (IV—), bis man (1 H, entfernt) schräg links in den hier gangbaren Verschneidungskamin queren kann (V—). Darin über Block (IV) zu Stand im Kamingrund. Hoch bis unter Überhang, dann links bei Riß hinausqueren (V) und bei Horizontalriß (KK) links um die Kante (IV+). Schräg links ansteigend queren zu Verschneidung und auf Pfeilerkopf am Fuß eines Kamins. Diesen weiter (IV—) bis zu Schuttplatz. Nun geradeaus weiter an dem glatten Kamin im Grunde der großen Verschneidung über Block (IV+), bei einer Gabelung den linken Ast benutzen und (IV+) zu gestuftem Gelände. Geradeaus weiter (III und II), zuletzt in kleiner Verschneidung rechts von kompaktem Aufschwung (IV—) zum Vorgipfel und rasch zum Gipfel.

Abstieg: Vom Hauptgipfel den Grat in nördlicher Richtung weiter (II) und dann rechts (östlich) absteigen zu Schutt- und Schneefeldern (oder gleich vom Vorgipfel östlich in einer Rinne hinab, eventuell abseilen, zu den Schnee- und Schuttfeldern). Nun auf keinen Fall gerade absteigen (hohe Abbrüche!), sondern in nördlicher Richtung ansteigend die Schutt- und Schneefelder queren, bis man die große Rinne erreicht, die von den Griesspitzen ins große Kar hinabzieht; nördlich neben der Rinne über Schrofen rasch zum Schnee oder Schutt des Kares, und gerade hinab zum Wandfuß der Schoßkopf-Ostwand. Weiter wie Zugang.

(R. Goedeke)

● **1885 Südostverschneidung**
J. Heinl, H.-P. Croce, 7. 3. 1975.
VI (3 m), **A 1**, V+ (20 m), sonst V, IV, III (Lt. Erstbeg.). 400 mH, 8 Std. (Erstbeg.). 10 ZH geschlagen und belassen, alle SH belassen. Gute Standplätze, fester Fels. Klassischer Anstieg mit idealer Freikletterei auf Platten und in Verschneidungen. Foto in Alp. 11 / 1975.

Übersicht: Die Schoßkopf-Ostwand erreicht in ihrem südlichen Teil die größte Höhe. In diesem Wandteil befindet sich ein auffallendes Verschneidungssystem, es vermittelt den Durchstieg.

Zugang: Wie R 1884.

Führe: E einige Meter links in Fallinie der riesigen, auffallenden Verschneidung, die rechts von einer glatten Platte gebildet wird. Über die nach links hochziehende Rampe etwa 60 m hinauf. Über die dort ansetzende Verschneidung hinauf zu Gufel. Quergang nach rechts und linkshaltend zu Stand. Die darüber liegende Verschneidung wird bis zum ersten H erklettert. Auf halber Höhe zu H, Seilzugquergang über die senkrechte glatte Platte an der linken Verschneidungsseite. Über dem runden Griff befindet sich ein H. Von ihm Quergang nach links bis an die Kante, an ihr gerade aufwärts bis zum kurzen, grasdurchsetzten Riß. Über ihm zwei SU, Stand. Über die Platte (an linker Seite ein Riß) hinauf, über den Wulst auf ein Bändchen, nach links zu H. 1 m gerade hinauf, dann durch die Mitte der glatten Platte; äußerst schwieriger Quergang nach rechts in die kurze Rinne, in der Nische oberhalb Stand. Über den rechts aus der Nische ziehenden Riß gelangt man weiter rechtshaltend an eine eigenartige kleine Platte, über sie nach links in den Riß (H). Durch die Rißverschneidung in die Nische, Stand. Der Riß wird weiter verfolgt (1 H), bis man unter Überhang (2 H, A 1) nach

Östlicher Schoßkopf Ostwand

Goedeke – Bartels – Gross – Nies, 1974

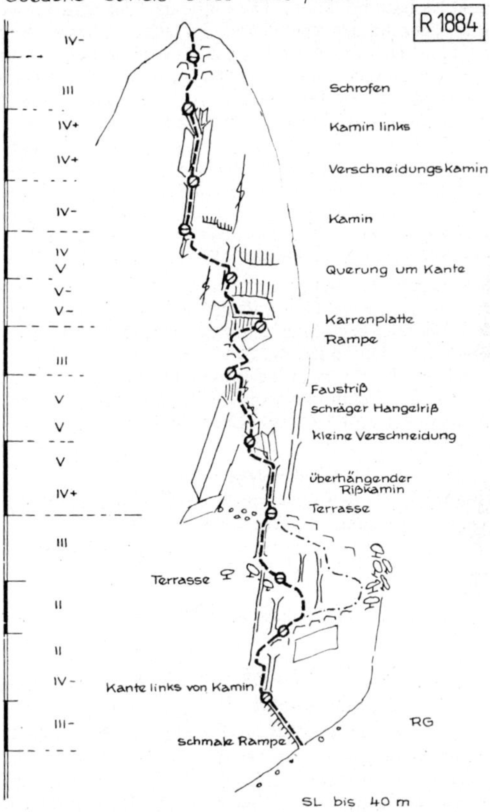

R 1884

- IV-
- III — Schrofen
- IV+ — Kamin links
- IV+ — Verschneidungskamin
- IV- — Kamin
- IV
- V — Querung um Kante
- V-
- V- — Karrenplatte / Rampe
- III — Faustriß
- V — schräger Hangelriß
- V — kleine Verschneidung
- V
- IV+ — Überhängender Rißkamin / Terrasse
- III — Terrasse
- II
- II
- IV- — Kante links von Kamin
- III- — Schmale Rampe

RG

SL bis 40 m

rechts hinausquert auf das große Band, Stand. Über leichtes Gelände zu einer kleinen, glatten Rißverschneidung, die von der Wand und einem abgesprengtem Türmchen gebildet wird. Durch sie (1 H, A 1) hinauf, bis es möglich wird, nach links hinauszusteigen. Über leichtes Gelände nach links zu Latsche, Stand. Die Platte darüber wird zuerst an der linken Seite, dann an der rechten Seite erklettert. Über ihr Stand. Gerade hoch, dann nach rechts und gerade hinauf zu Latsche, links oberhalb auf kleinem Absatz Stand. Zuerst gerade weiter, dann leicht linkshaltend (1 H) in die Verschneidung bis zu RH, Stand. In der Verschneidung bis unter die Graspolster, Quergang nach links (1 H), links von ihm gerade aufwärts, über eine glatte Stelle in den sich verengenden Kamin, Stand (Wandbuch). Weiter im Kamin über einen kleinen Kaminüberhang auf ein großes Podest, Stand. Über den leicht überhängenden Doppelriß genußvoll immer gerade hinauf, von einem Absatz nach etwa 35 m Stand bei Köpfl. Ab hier immer gerade weiter; etwa 80 m zum Gipfel, leichtes Gelände.

Abstieg: Nur wenige Meter östlich des höchsten Punktes befindet sich eine Abseilschlinge. Nicht den Grat aufwärts Richtung Norden verfolgen, Abseilstelle befindet sich hinter dem Eck. Nach der Abseilstelle etwa 50 Meter hinunter, dann quert man leicht ansteigend 40 Höhenmeter auf den Rücken, hinter ihm in die Rinne und erreicht so das Kar. Beim weiteren Abstieg kommt man am E vorbei. Achtung: Nach der Abseilstelle nicht weiter absteigen, 200 Meter hohe Abbrüche!

(H.-P. Croce)

- **1890**   **Wankspitzen**

Südlich der Westlichen Grießspitze erheben sich, durch das Stöttltörl vom Hauptkamme getrennt, die Wankspitzen. Von der Südlichen Wankspitze zieht ein Rücken erst nach SO dann nach SW zum Jöchl und Nißkogel.

- **1891**   **Südliche Wankspitze,** 2208 m

- **1892**   **Von Obsteig**
                 Bez. Steig. 3½ Std. von Obsteig über die Lehnberg-Alm.
                 Im Winter beliebte Skitour.

Von Obsteig über Arzkasten in 2 Std. zur Lehnberg-Alm. Vor der Alphütte dem Lehnstrich oder direkt bei der Alphütte einem Steig folgend nach rechts bergan. Wo das Gelände steiler wird, wieder nach rechts zur Unteren Lacke empor (½ Std.). Hier herrlicher Blick auf das Mieminger Plateau. Weiter dem Rücken nach hinauf, schließlich nach links zum Gipfelkreuz.

- **1893**   **Nordgrat vom Stöttltörl**
    O. Ampferer, 1894.
    III. Sehr brüchig. 170 mH. 1 Std.

Zugang: Wie R 304 zum Stöttltörl.

Führe: Über den Nordgrat auf die Nördliche Wankspitze, wobei Umgehungen in der Westseite möglich sind. Weiter dem Grat entlang zur Mittleren Wankspitze und von dieser sehr brüchig in die Scharte vor der Südlichen Wankspitze. Von hier führt eine anfangs enge Rinne nach W auf die Schutthalde hinab, über die man schnell in die Hölle hinunter gelangt. Auch von der Mittleren Wankspitze ist ein unschwieriger Abstieg auf diese Schutthalden hinab möglich. Aus der Scharte über den Grat in wenigen Minuten zum Gipfelkreuz.

- **1895**   **Arzbergkamm**

Der Arzbergkamm nimmt beim Hölltörl südlich des Grünsteins seinen Anfang, zieht in südwestlicher Richtung gegen Arzkasten und Weisland und scheidet das Marienbergtal vom Lehnbergtal. Südlich des Hölltörls liegt der Höllkopf, 2193 m, nach einer Einsattelung folgt der Zäundlkopf, 2153 m, und nach einer abermaligen Einsenkung der Hohe Kopf, 2120 m.

- **1896**   **Höllkopf**, 2193 m

- **1897**   **Vom Hölltörl**
    I und Gehgelände. 10 Min.

Vom Marienbergjoch oder von der Hölle zum Hölltörl und über Schutt und Gras unschwierig zum höchsten Punkt (bietet schöne Skiabfahrt zum Fernpaß).

- **1898**   **Von Arzkasten über Hohen Kopf und Zäundlkopf**
    I und Gehgelände. 3 Std.

Wie bei R 295 auf dem Steig, der am ostseitigen Hang hoch über dem Marienbergbach zur Marienbergalm führt, etwa 45 Min. talein, bis die Hangneigung geringer wird. Links unten wird am jenseitigen Ufer des Marienbergbaches eine Jagdhütte sichtbar. Knapp vor oder nach einer tiefen Runse verläßt man den Steig nach rechts und steigt vorerst ein kurzes Stück pfadlos bergan. Bald stößt man auf einen Steig, der nach rechts aufwärts führt. Diesem folgt man, sich bei einer Abzw. rechts haltend, bis auf die Höhe des Rückens. Auf diesem führt der Steig durch Latschen bis auf den Hohen Kopf und weiter in freier werdendem Gelände zum Zäundlkopf und Höllkopf.

2.4 Tschirgant-Simmering-Stock

Zwischen Inntal und Gurgltal, durch den Holzleitensattel von der Mieminger Gruppe geschieden, erhebt sich der Tschirgant-Simmering-Stock. Der Tschirgant ist eine aussichtsreiche Pyramide, die das Inntal von Imst aufwärts beherrscht, der Simmering eine abgerundete Kuppe, an derem Ostabfall eine ausgedehnte Alm liegt. Der Vorsprung gegen Obsteig heißt „Auf dem Horn".

Eine Wanderung vom Simmering zum Tschirgant oder umgekehrt, ist der herrlichen Aussicht und der Blumenpracht wegen zu empfehlen.

- **1900**   **Tschirgant,** 2372 m

- **1901**   **Von Karrösten**
  I und Gehgelände. Bez. Steig. 3½ Std.

Vom Bahnhof Imst ½ Std. nach Karrösten, dann 1 Std. zur Karröster Alm. Nun auf bez. Steig auf den Ostgrat und über diesen zum Gipfel.

- **1902**   **Von Karres**
  I und Gehgelände. 3½ Std. Trittsicherheit erforderlich.

Von Karres auf schönem Almweg in 1½ Std. zur Karreser Alm. In nordwestlicher Richtung über Almwiesen zum Beginn des Steiges, der quer durch die Südhänge auf den Ostgrat führt. In mehreren Runsen, die überschritten werden müssen, ist der Steig etwas verfallen. Auf dem Ostgrat zum Gipfel.

- **1903**   **Von Obsteig**
  I und Gehgelände. Herrliche Höhenwanderung. 5 Std.

Von Obsteig auf gutem Forstweg in die Einsenkung zwischen Simmering und östlich vorgelagertem Grünberg. Zwischensimmering genannt. Auf dem neuen Alpweg in Richtung Simmeringalpe bis einige Meter über die erste Kehre, dann auf bez. Steig nach links zur Hubertushütte. Auf einem Steig westwärts unter dem Simmering hindurch zur Haiminger Alm und weiter dem Grat entlang zum Tschirgant.
Von der Hubertushütte auch nach rechts zur Simmeringalpe und über den Simmering zur Haiminger Alm, 1 Std. Mehraufwand an Zeit.
Auf die Haiminger Alm führt auch von Haiming über den Weiler Magerbach ein Alpweg.

- **1905**   **Simmering,** 2098 m

Der Simmering wird am kürzesten in etwa 4 Std. von Obsteig aus erreicht. Von Nassereith leitet ein bez. Steig auf die Simmeringalm.

Das UIAA-Gütezeichen

Die UIAA (Union Internationale des Associations d'Alpinisme) hat Richtlinien für Schwierigkeitsbewertung und Routenbeschreibung herausgegeben. Ist ein Kletterführer nach diesen Richtlinien verfaßt, erhalten Autor und Verlag das Recht, dies durch Abdruck des UIAA-Gütezeichens kundzutun.

Was beinhalten die Richtlinien?

- Alle besonderen Routenmerkmale wie Schwierigkeitsgrad, Zeit, Länge und/oder Höhe des Anstiegs, Art der Kletterei, besondere Gefahren usw. sind im Beschreibungskopf, der Routenbeschreibung vorangestellt, anzuführen.
- Zugang und Anstieg sind voneinander zu trennen und separat zu beschreiben.
- Der Verlauf der Routen ist kurz und eindeutig (wenn möglich, in Seillängen gegliedert) abzufassen.
- Normalwege sind auch in Abstiegsrichtung zu beschreiben.
- Die Bildgestaltung muß unmißverständlich sein.
- Routenskizzen müssen die internationalen Symbole aufweisen.
- Werden Routenbeschreibungen durch Skizzen ergänzt, müssen beide miteinander übereinstimmen.
- Und weitere Forderungen.

Die Überprüfung von Text, Bildern und Skizzen gemäß UIAA-Richtlinien erfolgt durch den DAV (Sicherheitskreis), der die Belange der UIAA in der Bundesrepublik vertritt.

Die Richtlinien verlangen **keine** Überprüfung der Richtigkeit aller Angaben und Routenbeschreibungen. Dies wäre bei der Fülle der Kletterführer und bei der Vielzahl der Routenbeschreibungen jedes einzelnen Kletterführers auch gar nicht möglich. So können sich auch bei UIAA-geprüften Führern nach wie vor unrichtige Beschreibungsdetails einschleichen. Autor und Verlag sind angehalten, möglichst gewissenhaft zu arbeiten.

München, Herbst 1980

Pit Schubert
Sicherheitskreis im DAV

Stichwortregister

Die Zahlen bedeuten die Randzahlen, nicht die Seiten. Bezeichnungen wie „Hintere oder Vordere" sind dem Hauptnamen nachgestellt.

A
Alplhaus 172
Alplscharte 284
Alplehütte 35
Alpspitze 710
Angerloch 113
Arnplattenspitze 1520
Arnspitze, Große 1500
Arnspitze, Hintere 1520
Arnspitze, Mittlere 1510
Arnspitzhütte 147
Arzbergkamm 1895
Arzkasten 1895
Aschenköpfe 711

B
Bannholzweg 104
Barmsee 3
Bärnalplgrat 603
Bärnheimatkopf 600
Barwies 19
Bayerländerturm 1280
Bayernhaus 69
Berggeistturm, Oberer 1291
Berggeistturm, Unterer 1310
Bernadeinkopf 711
Bernadeinwand 750
Bernadeinweg 245
Biberwier 22
Biberwierer Scharte 306
Binderweg 33
Blassengrat 674
Blassenspitze 690
Bockhütte 75
Breitenkopf 1810
Breitenkopfhütte 200
Brunntalkopf 620
Buchen 14, 160

C
Coburger Hütte 193

D
Drachenkopf, Hint. 1860
Drachenkopf, Vorderer 1851
Drachenscharte, Hintere 1863

Drachenscharte, Vordere 1852
Drei Scharten 1441
Dreizinkenscharte 1140
Dreizinkentürme 1150

E
Ehrwald 23
Ehrwalder Alm 143, 190
Eibsee 9
Elmau 7
Erinnerungshütte 118

F
Feldernalm 142, 185
Feldernjöchl 82, 246
Ferchensee 257
Franzosensteig 258
Frauenalplhöhle 1365
Frauenalplkopf 1360
Frauenalplschlucht 112
Frauenalplspitzen 1360

G
Gaif, Hoher 700
Gaistal 256
Gaistalalm 135, 177
Gamsanger 860
Garmischer Haus 68
Garmisch-Partenkirchen 1
Gatterl 82, 246
Gatterlkopf, Mittl. 438
Gatterlkopf, Östl. 431
Gatterlkopf, Westl. 445
Gehrenspitze 880, 1150
Georg-Jäger-Steig 32
Gerold-Wagenbrüchsee 4
Gipfelhotel (Zugspitzbahn) 90
Grainau 8
Griesen 10
Grieskarscharte 242
Grießspitze, Östliche 1690
Grießspitze, Westliche 1700
Grünstein 1710
Grünsteinscharte 288
Gumpenhütte 76

H
Haberlenz 880, 882
Hämmermoosalm 128
Handschuhspitze 1750
Hintereggenkamm 1870
Hintereggenkopf 1870
Hinterreintalschrofen 820
Hirschbichlkopf 1421
Hirschbichlsattel 1421
Hirschbichlschlucht 113
Hochalm 64
Hochblassen 670
Hochplattig 1640
Hochwand 1620
Hochwannenkopf 880, 881
Hochwanner 790
Hochwanning 1760
Hohe Munde 1600
Hoher Gang 194
Hoher Kamm 770
Hoher Kopf 1895
Hoher Sattel 272
Höhlenkopf 810
Höllentalangerhütte 42
Höllentaleingangshütte 40
Höllentalgrathütte 95
Höllentalklamm 43
Höllentalspitze, Äußere 640
Höllentalspitze, Innere 610
Höllentalspitze, Mittlere 625
Höllentor 244
Höllentorkopf 730
Höllkopf 1895, 1896
Hölltörl 300
Holzereck 375
Hundsstall, Großer 845
Hundsstall, Kleiner 841
Hundsstallkopf, Großer 870
Hundsstallkopf, Kleiner 850
Hundsstallscharte, Große 846
Hupfleitenjoch 243

I
Igelsköpfe 1820
Issentalköpfl 880

J
Jöchl 1890
Jubiläumsgrat 338
Judenfinger 1871
Judenköpfe 1871
Judenkopfkamm 1871
Jungfernkarkopf 830
Jungfernkarscharte 823 A

K
Kälberhüttl 102
Kaltenbrunn 5
Kämisattel 255
Kämitor 255
„Kar" 1870
Karkopf 1610
Kirchturm, Großer 651
Kirchturm, Kleiner 660
Klais 2
Klammweg, Unterer 43
Kleiner Wanner 770
Knappenhäuser 46
Knorrhütte 80
Kothbachsattel 253, 792
Kreuzalm 63
Kreuzeckhaus 55
Kreuzjochhaus 62, 720

L
Lautersee 257
Leutasch 13
Leutascher Dreitorspitze 1160

M
Manndl 591
Marienbergjoch 294
Marienbergscharte 1714
Marienbergspitze, Östliche 1730
Marienbergspitze, Westliche 1740
Mathaisenkar 242
Mauerscharte 250
Meilerhütte 110
Mieming 19
Mieminger Plateau 17
Mittagsscharte (Waxenstein) 235
Mittagsscharte (Wettersteinwand) 1459
Mittenwald 11
Mitterjöchl 791
Mitterspitzen 1670
Mitterturm 1660

Münchner Haus 88
Munde, Hohe 1600
Musterstein 1400

N
Nassereith 21
Neue Welt 374
Niedermundesattel 280
Nißkogel 1890
Nordsteig, Oberer 232
Nordsteig, Unterer 231

O
Obermieming 19
Oberreintaldom 1330
Oberreintalhütte 96
Oberreintalköpfe 980
Oberreintalscharte 254
Oberreintalschrofen 930
Oberreintalturm 950
Obsteig 20
Öfelekopf, Ostgipfel 1210
Öfelekopf, Westgipfel 1191
Osterfelderkopf 718, 719

P
Pantherkopf 1130
Partenkirchener Dreitorspitze, Mittelgipfel 1240
Partenkirchener Dreitorspitze, Nordostgipfel 1221
Partenkirchener Dreitorspitze, Westgipfel 1250
Partnachklamm 78
Plattspitze, Östl. 420
Plattspitze, Westl. 410
Predigtstuhl 880, 883

Rauhkopf 722
Rauth-Hütte 163
Reintalangerhütte 77
Riedbergscharte 270
Riffelkopf 470
Riffelscharte 240
Riffelspitze, Nördl. 510
Riffelspitze, Südl. 500
Riffeltorkopf 490
Riffelwandspitze, Große 450
Riffelwandspitze, Kleine 460
Rießerkopfhütte 67
Rinderweg 244
Roßberg 880

Rotmoosalm 131
Rotplattenspitze 1450

S
Schachenhaus 100
Schachentor 255
Schafsteig 238
Scharnitz 12
Scharnitzjoch 248, 249
Scharnitzspitze 1000
Schartenkopf 1790
Schneefernerhaus 85
Schneefernerkopf 370
Schönangerspitze 520
Schönberg 880
Schöneckspitze 540
Schöngänge 711
Schoß, Große 1872
Schoß, Kleine 1872
Schoßkopfkamm 1872
Schoßkopf, Östlicher 1880
Schoßkopf, Westlicher 1873
Schüsselkarbiwak 99
Schüsselkarspitze 1080
Schüsselkarspitze-Westgratturm 1070
Schüsselkarturm, Oberer 1021
Schüsselkarturm, Unterer 1040
Schützensteig 250, 251, 252
Seefeld 15
Signalkuppe 1270
Simmering 1905
Söllerköpfe 1180
Söllerpaß 115, 248
Sonnenspitzl 360
Sonnenspitze 1800
Stangensteig 44, 45, 50
Steinerne Hütteln 140
Stöttltörl 303
Straßberg 168
Stuibenhütte 65
Südsteig 253

T
Tajakopf, Hinterer 1840
Tajakopf, Vorderer 1831
Tajatörl, Hinteres 310
Telfs 16
Teufelsgrat 876
Teufelskopf 870
Tillfußalm 137, 180
Tonihütte 56
Törlen 230

Törlspitze, Östl. 1380
Törlspitze, Westl. 1371
Törltürme 1370
Trögelhütte 66
Tschirgant 1900

U
Untermieming 19

V
Vollkarspitze 669

W
Wagenbrüchsee 4
Wamberg 6
Wampeter Schrofen 1770
Wangalm 123
Wangscharte, Östl. 1060
Wangscharte, Westl. 995
Wanner, Kleiner 770
Wannerkopf 770
Wankspitzen 1890
Wannig (Wanneck) 1760
Waxenstein, Großer 560
Waxenstein, Hinterer 550
Waxenstein, Kleiner 590
Waxensteinhütte 35
Weisland 1895
Wetterspitzen 390
Wettersteinalm 108
Wettersteinhütte 125
Wettersteinkopf 1450
Wettersteinspitze, Obere 1460
Wettersteinspitze, Untere 1470
Wettersteinwand 1450
Wetterwandeck 400
Wiener-Neustädter Hütte 30
Windhaspel 550
Wildermieming 18

Z
Zäundlkopf 1895
Zirbelkopf 1440
Zirbelsattel 255
Zugspitze 330
Zugspitzeck 350
Zundernkamm 885
Zundernkopf, Mittl. 900
Zundernkopf, Nördl. 886
Zundernkopf, Nordwestl. 920
Zundernkopf, Südl. 910
Zwölferkopf 580

Alpenvereinsführer Dolomiten

Die gesamten Dolomiten in 15 Bänden, aufgebaut nach den **„Grundsätzen und Richtlinien für Alpenvereinsführer"** des DAV, OeAV und AVS.

Dr. Richard Goedeke

Dolomiten – Pelmo, Bosconero, Moiazza, Tàmer/Cime di San Sebastiano

Dolomiten – Schiara, Talvena, Monti del Sole, Pramper/Spiz di Mezzodi

Zu beziehen durch alle Buchhandlungen

Bergverlag Rudolf Rother GmbH · München

Alpenvereinsführer Dolomiten

Die gesamten Dolomiten in 14 Bänden, aufgebaut nach den
"Grundsätzen und Richtlinien für Alpenvereinsführer"
des DAV, OeAV und AVS:

- einheitliche Form der Routenbeschreibungen
- Anstiegsskizzen nach UIAA
- zahlreiche Anstiegsfotos
- mehrfarbige Beilagenkarte 1:50 000

Egon Pracht

Dolomiten – Sellagruppe

1. Auflage 1980

Andreas Kubin

Dolomiten – Civettagruppe

1. Auflage 1981

Angelika und Jürgen Schmidt

Dolomiten – Cristallogruppe und Pomagagnonzug

1. Auflage 1981

Ernst Eugen Stiebritz

Dolomiten – Puez- und Peitlerkofelgruppe

Winter 1984

Ernst Eugen Stiebritz

Dolomiten – Geislergruppe und Steviagruppe

1. Auflage 1981

Zu beziehen durch alle Buchhandlungen

Bergverlag Rudolf Rother GmbH · München

NOTIZEN

NOTIZEN

Alpenvereinsführer

*die Führer für den vielseitigen Bergsteiger aus den Gebirgsgruppen der **Ostalpen** und der **Dolomiten** (Arbeitsgebiete des Deutschen, Österreichischen und Südtiroler Alpenvereins), aufgebaut nach dem Grundsatz der **Einheitlichkeit** (erleichtern das Zurechtfinden) und der **Vollständigkeit** (ausführliche Beschreibung der Talschaften, Höhenwege, Klettersteige und Gipfelanstiege einer Gruppe).*

Bisher liegen vor:

Allgäuer Alpen – Ammergauer Alpen – Ankogel-/Goldberggruppe – Bayerische Voralpen Ost mit Tegernseer/Schlierseer Berge und Wendelstein – Benediktenwandgruppe, Estergebirge und Walchenseeberge – Berchtesgadener Alpen – Bregenzerwaldgebirge Chiemgauer Alpen – Civettagruppe – Cristallogruppe und Pomagagnonzug – Dachsteingebirge Ost – Dachsteingebirge West – Eisenerzer Alpen – Ferwallgruppe – Geisler-Steviagruppe – Glockner- und Granatspitzgruppe – Hochschwab – Kaisergebirge – Karnischer Hauptkamm – Karwendelgebirge – Kitzbüheler Alpen – Lechtaler Alpen – Lechquellengebirge – Lienzer Dolomiten – Loferer und Leoganger Steinberge – Marmolada-Hauptkamm – Niedere Tauern – Ortlergruppe – Ötztaler Alpen – Pelmo/Bosconero – Puez/Peitlerkofel – Rätikon – Rieserfernergruppe – Rofangebirge – Samnaungruppe – Schiara – Schobergruppe – Sellagruppe – Sextener Dolomiten – Silvretta – Stubaier Alpen – Tannheimer Berge – Tennengebirge – Totes Gebirge – Venedigergruppe – Wetterstein und Mieminger Kette – Ybbstaler Alpen – Zillertaler Alpen

Zu beziehen durch alle Buchhandlungen

Ausführliche Verzeichnisse vom

Bergverlag Rudolf Rother GmbH · München

Rückseite beachten

Berichtigung

(bitte im Umschlag einsenden an Bergverlag
Rudolf Rother GmbH, 8000 München 19, Postfach 67)

Die Randzahl .... des Alpenvereinsführers Wetterstein und Mieminger Kette, Auflage 1984, bedarf folgender Verbesserung bzw. Neufassung:

....

....

....

....

bitte wenden!

Absender:..

Postleitzahl, Ort:..

Straße:..

Die Bergverlag Rudolf Rother GmbH ist berechtigt, diese Berichtigung dem Verfasser zur Bearbeitung der neuen Auflage zuzustellen. Der Verlag wird bei Erscheinen dieser neuen Auflage dem Einsender ein Exemplar zum Vorzugspreis mit 50 % Nachlaß anbieten.